図説 ユダヤ・シンボル事典

The ENCYCLOPEDIA of JEWISH SYMBOLS

エレン・フランケル ✣ 著
ベツィ・P・トイチ ✣ 画
木村光二 ✣ 訳

悠書館

The ENCYCLOPEDIA of JEWISH SYMBOLS
by Ellen Frankel and Betsy Platkin Teutsch
Copyright©1992 by Ellen Frankel and Betsy Platkin Teutsch
Text copyrighted by Ellen Frankel
Illustrations copyrighted by Betsy Platkin Teutsch
First published in the United States by Jason Aronson Inc.,
Lanham, Maryland U. S. A.
All rights reserved

Japanese translation published by arrangement with Jason Aronson Inc.
through The English Agency (Japan) Ltd.

まえがき

　ユダヤ教の象徴には、ユダヤ文化内部での言葉とイメージの密接な結びつきが表われている。ユダヤ人は常に聖典を研究し、解釈し、それに敬意を表してきた。ユダヤ人はまた、神聖な行為の情景とそれを記念する祝典もきらびやかに飾りたててきた。カリグラフィーと装飾は、ヘブライ文字を芸術にまで高め、聖書の聖句の引用、その解釈、伝説、言葉遊びは、祭具を物語へと変容させた。

　この事典は、芸術と言語のまさにそのような合作を表わしている。作家と美術家であるわたしたちふたりは、最初から最後まで『ユダヤ・シンボル事典』を創りあげるために共同で仕事をしてきた。わたしたちは共同でこの事典の項目を概念化し、調べあげ、1冊の書物に仕立てあげた。その際、ほとんど毎日、たがいに疑問点を出しあい、概念を考察し、多くの難題を解決してきた。調査がほぼ終わると、エレンが本文を執筆し、ベツィが項目のイラストとカリグラフィーを描いた。わたしたちはこの共同作業をしているあいだ、絶えず、ある時は紅茶を飲みながら、ある時は電話で、またある時はフィラデルフィアのマウント・エアリー地区を長時間散歩しながら、事典のことを話しあってきた。そうして、しだいに、ユダヤ教の象徴的表現の魅惑的ダイナミズムの理解と認識を深めることとなった。

　このプロジェクトを特にみのりあるものにしたのは、わたしたちが一緒に作りあげてきたこの事典に対する構想と、わたしたちそれぞれの経験である。ベツィは、クトゥバー（結婚契約書）やユダヤ教の祭式テクストと祭具のデザイナーとして、現代のユダヤ人がなぜ、そして、どのようにユダヤ教の象徴を用いてきたのか、ということに対する認識をこのプロジェクトに持たせてくれた。彼女は数百組のカップルに、15年以上にもわたって、かけがえのない家庭と、個人的、宗教的な環境を表現するユダヤ教の象徴を彼らが選ぶ指導をしてきた。そして、そのことによって、彼らのユダヤ人としての生活を豊かにし、価値あるものとしてきた。『ユダヤ・シンボル事典』を作ろうという考えは、そもそも、彼女自身と彼女の顧客がユダヤ教の象徴をもっと手軽に参照できる文献の必要性から生じた。

まえがき

　エレンは、ユダヤの民話の世界に数年間没頭した後、このプロジェクトに着手した。彼女は、『古典説話――4000 年のユダヤ民間伝承』を著わし、その後、その説話を広範なさまざまな聴衆に語り聞かせているうちに、いかにユダヤ人民衆の想像力が豊かなものであり、ラビの伝承を変容させてきたかを認識するようになった。民話は彼女に、事物の沈黙した世界の内部に埋没している説話を探し求めさせることとなった。彼女はまた、カバラー研究にも関心をいだき、その成果はこの事典にも反映されている。彼女のコンピューターの専門知識は、このプロジェクトでは遺憾なく発揮された。
　要するに、わたしたちの教えることへの深い愛情がこのプロジェクトを結実させたといえるだろう。わたしたちはかつて数年間、学校で教えていた。そして今は、専門的な技術と公けの場での語りを通して教えつづけている。わたしたちはこの事典を、ユダヤ人の豊かな伝承を未来の世代へと伝える努力として見ている。この事典によって、この「視覚的なミドラッシュ（「捜し出す」という意味のヘブライ語から派生した語で、聖書やラビ文書を創造的に解釈する必要性に迫られてそれらに補足的な意味づけをしているラビ文学）」の伝統を活用し、発展させるであろう一般の人びとと専門家たち――教師、ラビ、フェミニスト、民俗学者、非ユダヤ人学者、芸術家――などさまざまな人びとが、ユダヤ教の象徴の伝統を手軽に活用してほしいと願っている。
　この事典の多数の項目を編集するに際して、わたしたちは「象徴」の概念をきわめて大まかに規定してきた。したがって、この事典には、祭具やイメージのみならず、人物、場所、概念、モチーフ、出来事なども含めた。というのも、これらは、中心的なユダヤ思想を表現しているからである。わたしたちは、この事典で扱っている項目が必ずしもすべての読者に理解されるとは考えてはいないが、今日のユダヤ人の経験を明確にするために、伝統内部の象徴は意味ある役割を演じつづけていると考えている。
　わたしたちは、象徴の伝統とは、ほとんどの象徴が生成しつづけているそのダイナミックな過程であると確信している。どの項目でもその象徴の歴史を、ラビたち、神秘主義、民間信仰、そして現代の強い影響のもとでの象徴の変容に留意しつつ、古代の起源から現代的な表現までたどった。わたしたちは、象徴の伝統的な解釈と自由な解釈双方を尊重した。特に、ユダヤ人女性の経験と現代に当てはまる事柄をも表わしている新しい象徴も、古い象徴も、ともに伝統内部に探しだそうと努めた。
　わたしたちは幸い、そのような広範囲な仕事をするために、幅広い専門知識を有した多くの有能な人びとの助力を得ることができた。まずはじめ

まえがき

に、わたしたちの4人の読者——ラビ・ミッチ・チェフィッツ師、ノーマン・ショア氏、ラビ・マイケル・ストラスフェルド師、アーサー・ワスコウ博士にお礼を申し上げたい。これらの方々の原稿全体へのコメントは、多くの重要な視点を与えてくれた。1500ほどもある脚注を厳密にチェックしてくださったノーマン・ショア氏の協力はまた、筆舌に尽くし難いほど大きなものであった。デイヴィッド・ゴロム博士には、ヘブライ語テクストに母音符号を付けて有声音化するのにお手伝いいただいた。アディナ・ニューバーグ氏とラビ・ライラ・バーナー師にもヘブライ語の翻訳に関してお手伝いいただいた。さらに、ハワード・シュウォーツ博士、ラビ・ジュリー・グリーンバーグ師、ラビ・マーク・B・グリーンスパン師、ラビ・スーザン・ハリス師、ミッチ・マーカス氏、ラビ・マーシャ・ブレイガー師、シャローム・サバー博士、ラビ・ザルマン・シャフター・シャローミ師、ラビ・ジェフリー・シャイン師、リビー・ソファー氏、ポール・スタインフェルドご夫妻、デイヴィッド・ワイス博士には、いくつかの象徴の解釈について貴重な助言をいただき、感謝している。また、スー・フェンドリック氏、マイルズ・クラッスン博士、ロサンジェルス女性センターのリヴカ・ウォルトン女史にも、わたしたちが参考にしてきた文献についてご教示いただいた。エレンはデイヴィッド・トイチ博士、スティーヴン・レヴィン博士のおふたりには、序論で理論的な枠組みを展開する際に相談にのっていただき、サラ・ホワイト女史とシャーロット・ウィーヴァー氏には原稿の段階で批評していただき、特に感謝している。もちろんのこと、もしも間違いがあれば、責任はわたしたちにあることは言うまでもない。

この事典の編集者であり、また出版者でもあるアーサー・カーズワイル氏は、本書を概念化し、執筆しているあいだも、終始、力強い支援者であった。氏は、わたしたちが当初思い描いていた以上にこの事典を野心的なものにするようわたしたちを励ましてくれた。さらに、その野心的な構想がわたしたちの予想以上に展開すると、締め切り期限までも延ばしてくれて、このプロジェクトの最初から最後までわたしたちを信頼してくれた。わたしたちの編集長、ミュリエル・ジョージェンスン氏には、このような複雑な内容の事典が完成するまで温かく見守っていただき感謝している。

最後に、わたしたちの家族——デイヴィッド、ノーミ、ザハリー、そして、ハービー、サラ、レス——には特に感謝したい。彼らは、わたしたちが書斎にとじこもってユダヤ教の象徴の世界に没頭していた時、辛抱してくれた。ただ挨拶の言葉を交わすだけの生活は、さぞかし辛いことだったろうと思っ

まえがき

ている。彼らもそのうちに普通の静かな生活に戻ることだろう。もっとも、わたしたちの場合は別であるが。

　もしも読者の方々のお気に入りの象徴が本書で採り上げられていなかったら、お許し願いたい。そのお気に入りの象徴をお教えいただければ幸いです。

　　　ウ・マアセー　ヤデイヌ　コネネフ
　　　（わたしたちの手の働きを　どうか確かなものにしてください）
　　　　　　　　　　　　　　　　　　　——『詩篇』90：17

　　　　　　　　　　　　　　　　西暦1992年／ユダヤ暦5752年
　　　　　　　　　　　　　　　ペンシルベニア州フィラデルフィアにて
　　　　　　　　　　　エレン・フランケル、ベツィ・プラトキン・トイチ

序　　論

　　象徴は、知識人だけに語りかけているのではなく、すべての人間に語りかけている
　　　　　──ミルチャ・エリアーデ『聖と俗』

　　信仰のない象徴は、不要な手荷物と同じである
　　　　　──アブラハム・ジョシュア・ヘシェル『神を探し求める人間』

I

　すべての文化は、固有の象徴事典を持っている。それぞれの文化に属する人びとは、象徴の意味を把握するために知識人を必要としていないし、また、象徴の真意を理解するために学校でむづかしい宗教経典や教義を学ぶ必要もない。象徴は、普遍的な言語である。象徴は、わたしたちの心をしっかりととらえて放さない。象徴には、自己の文化を自覚させ、善悪を判断させる働きがある。象徴には、人びとの記憶と価値観と夢がある。だが、象徴を言葉で表現できないことや理性で解読できないことがよくある。わたしたちは心の奥底から象徴に魅了されるが、象徴を理解することはむずかしい。

　象徴の持っている最も独特な特性は、おそらくはその解釈の多様性であろう。ちょうど神がシナイ山のふもとに集ったイスラエルの人びとにさまざまな声で語りかけたように、象徴もそれに出会う人びとにさまざまな声で語りかける。これらの声は和合してひとつの共通した歌となるが、不協和音を作りあげることもある。

　ユダヤ民族は数千年にもわたって複雑な解釈に満ちた膨大な数の象徴の宝庫を蓄積してきた。象徴には、ユダヤ人のユニークな情況から作りあげられたものもあるし、また、隣人から借用し、ユダヤ人向きに適応させたものもある。時がたつとともにこれらの多くの象徴の起源はわからなくなったり、故意に曖昧にされたりした。新しい象徴が古い象徴の意味あいを吸収して、それと混じり合うこともあったし、古い象徴に完全に取って代わってしまったこともあった。そうでない場合には、新しい象徴はつかの間の人気を享受し、そして別なものに取って代わられるか、さも

なければ捨てられた。

　ユダヤ教の象徴は、今日でも強力な影響力を及ぼしつづけており、多くの声で語りかけつづけている。たとえば、過ぎ越しの祭りのマッツァーは、エジプトでの奴隷状態からの救出を思い起させているばかりでなく、人間のうぬぼれの空しさをも象徴している。この祭りはまた、家族が毎年集まるという温かい気持ちを呼び起してもいる。こうした解釈はすべて妥当である。というのも、ハガダーで語られている4人の息子たち（賢者、懐疑論者、無知な人間、単純な人間）のように、わたしたちにはそれぞれの伝承の解釈があり、それゆえに質問にもさまざまな仕方があるし、答えを聞くにもさまざまな仕方があるからである。

II

　人類の歴史全体を通してそれぞれの共同社会は、その周辺世界を象徴的に描くことによって、その世界を表現し、解釈し、影響を及ぼそうとしてきた。文化人類学者たちは、そのような象徴の体系はふたつの基本的な役割を果たしてきた、と指摘している。すなわち、象徴体系は、どの所定の社会にも現実「のための」モデルと現実「についての」モデルをともに提供している。[1] 前者においては、象徴は、特定の社会のエートス、すなわち、その価値観と審美的様式を表現している。その社会のメンバーは、外見上の宗教的、法律的な規範を通してだけでなく、強力な感覚的、情緒的なイメージを通して、社会のルールの様相を伝えているその社会の象徴を取り入れることによって、社会のルールとタブーを学んでいる。象徴は、暮らしぶりは自然であり、素晴らしいものであるということを人びとに確信させている。

　象徴は、もうひとつ別な重要な文化的役割も果たしている。象徴は、社会のために現実を表現している。象徴は、物質世界の混沌に秩序をもたらし、きわめて曖昧な人間の経験に論理的整合性を与えている。象徴は、世の中はそれ自体に意味があり、ルールに従って動いているのであるから、意味のある、道理にかなった生活をすることができるとわたしたちに確信させている。

　象徴にはさらに別な次元もある。象徴は、可視的な世界を作り出し、整然とさせるだけでなく、知覚できない世界、カバリストが「エイン・ソフ」（無限なる者）と呼んでいる超現実的なもの、すなわち、神をも可視的にする。その過程では、象徴はギリシア人が象徴本来の特性と考えていた役割をも果たしている。古代ギリシアのふたつの都市は通商条約を締結する際には、互いの面前でひとつの硬貨をふたつに割った。これは、相互の交易を保護するという約束を意味していた。この割られた硬貨は「シンボロス」と呼ばれ、「寄せ集める」という意味のギリシア語のふた

つの単語から成っていた。同様に、宗教的な象徴も、宇宙の断片すべてを統一された全体へとまとめあげ、人間の理性でも理解できるようにした。

同様の契約手続きは古代の中近東の文化にも見られる。相互の盟約を確証するために、ふたつの勢力は、屠殺され、ふたつに裂かれた動物の間を通り過ぎた。この象徴的な行為は、契約の不履行（ばらばらに裂かれること）に対して下されるべき罰と、ギリシア人の「シンボロス」と同様の、平和を保つための両者の相互依存性を表わしていた。

アブラハムがそうした神との「裂かれた動物の契約」（創世記15：17-21）を定めた時、社会的契約は別の次元に、すなわち、宗教儀礼となった。不可視の神は、ふたつに裂かれた動物の間を通り過ぎる「煙を吐く炉と燃える松明」として具体的な形をとった。実際に、トーラー全編を通して神の契約は象徴（ヘブライ語でオート）によってくり返し表現されていた。たとえば、虹は全世界的な荒廃の終焉を意味し、エジプトでのイスラエル人の戸口の２本の側柱に塗られた子羊の血は、イスラエル人の初子の命を死の天使から守ることの保証や、割礼の遵守、種なしパンを食べること、安息日を神聖なものとすることなどをも意味していた。このようにユダヤ教ではその初めから、象徴は人間の世界と神の世界を生き生きと結びつけていた。

III

もちろん、専門家ではない人でも、自分の文化のさまざまな象徴について独自の見方を持っているが、文化人類学者、言語学者、哲学者、文芸批評家、心理学者、美術史家、民俗学者、芸術家、作家、神学者、教育者などさまざまな学問分野に従事している人びとは、象徴は自分の専門分野であると言っている。「専門家」はそれぞれ、特定の象徴や象徴体系についての自分の理解こそがもっとも信頼できると主張している。

わたしたちにとっては、見解の相違をことさら強調するよりも、これらすべての見方を総合した知識からのほうが得るものがある。これらに共通した見方は、差異を乗り越える。象徴の理論は下記のことを認めている。

1. 象徴の特質は、文化的であり、自然的ではない。
2. 象徴の解釈は、無限である。
3. 象徴の意義は、社会的な背景の中に表現されている。
4. 象徴の内容は、情緒的であり、かつ認識できるものである。

5．象徴の総数は、その構成要素よりも多い。

　理論家の多くは徴(しるし)と象徴を厳然と区別している。徴は象徴と異なり限定的なものである。徴は、しばしば「事後に」象徴の意味を説明する。たとえば、獅子は勇敢さ、王権、力を表わしている。ユダヤ人の伝統ではそれはまた、ユダ族、ダビデ家、ユダヤ民族、メシアによる贖い、神の霊をも表わしている。

　しかし、ユダヤ人がシナゴーグのトーラーの聖櫃の両側に後ろ足で立ち上がっている一対の獅子を見ても、これらのことは考えないだろう。その代わりに、彼らはこのイメージによって情緒的に突き動かされるかもしれない。彼らは意識的にせよ無意識的にせよ、ユダヤ人の歴史の舞台の中でかつて見たことのある他のあらゆる獅子を思い起こすかもしれない。彼らは、獅子のような民族の一員であるという強さを感じることであろうし、このよく知られたイメージの中に、具体的に表現された長い歴史をはっきりと確認することだろう。彼らはこれらのどれひとつとして言葉で表現できないかもしれないが、それらに敏感に深く感応することを率直に認めることだろう。これこそが象徴の魔力というものである。

　象徴へのさまざまなアプローチを理解する際には、もうひとつ厳密に区別するべきことがある。思想にたいして世俗的にアプローチするように訓練された理論家たちのほとんどは、文化内部の象徴体系の背後にある原理を述べることだけにとどまっている。しかし、「人間性」に根ざした見方もある。その理解に従えば、象徴は特定の文化から出現し、その文化の世界観を表現していると言えよう。だが、そのような世界観は「客観的」には正しくはない。ただ「相対的」に正しいだけである。世俗的な理論家たちは、文化それぞれは固有のデーモンと、自然、悪、超自然的な存在についての固有の観念を持っている、と主張している。彼らは、それぞれの文化には、宗教的な罪と神聖なものについてのある一定の根本的な原理に従ってその社会を規制することを企図した固有の儀礼がある、と言う。そのような理論家たちの目標は、文化体系を説明することであり、文化体系を有効化したり無効化したりすることではない。

　別なグループは、象徴の使用者である。彼らは、象徴を特定の伝統内部から見る。たとえ彼らが自分の象徴体系は普遍的でないとか、他の象徴よりも優れていないと認めていたとしても、それでも彼らは自分が伝統的に受け入れてきた象徴の効力と真実性を信じている。彼らの象徴に対する見方は、人間性に根ざした見方とは異なり、「宗教的」な見方である。この見方では、象徴はある特定の推定上の倫理的、審美的な積極的な原理に従って行動するよう人びとを促すだけでなく、人間の限界を越えた現実をも表現している。この見方は、象徴を実際に存在するありふれた人

為物としてではなく、気候や環境などのような自然現象としてとらえている。

　この事典では、象徴の研究におけるふたつの重要な区別を認めている。まず初めに、この事典は徴(しるし)と象徴を区別している。それぞれの項目は、ユダヤ教の象徴についてのおびただしい数の解釈を提供している。それらの解釈は、古典や民間信仰から引き出されている。さらに、各項目の末尾にはその象徴が表わしている一般的な概念が列挙されている。だが、ひとつの解釈だけが絶対的に正しいとは述べていない。なぜならば、あるひとつの象徴が「表わしている」ことは、それが意味していることすべてを語ってはいないからである。

　次に、この事典では、象徴は歴史から出現した、ということを認めている。各項目では、象徴の発展を聖書の起源からラビ文書、神秘主義の文書、民間信仰の新しい解釈までたどり、さらに、古代イスラエルからディアスポラをへて現代のイスラエルとアメリカまでつづいているその変遷とユダヤ精神（プシュケー）の考古学的な記録としてのその立場を明らかにして、その歴史を体系化した。しかし、この事典では価値判断にもあえて言及した。この事典で扱っている象徴は、ユダヤ人の伝統的な視点から選んだものである。この事典では象徴を情緒的に引きつけるものとしてばかりでなく、神聖なものとしても扱った。

　最後に、もうひとつの象徴の区別について述べよう。再建派ユダヤ教の創立者モルデカイ・カプランは、原始的な宗教と現代的な宗教を区別するものは、前者が象徴の呪術的力、すなわち、象徴は世界に影響を及ぼし、危険な力を支配し、いわゆる神の御手に働きかけることができると信じていたことである、と述べている。現代の宗教は反対に、象徴は彼が「救済を行なう力」と呼んでいる高尚な現実を「表現している」にすぎないし、そのような象徴は無力であり、超現実的な存在に影響を及ぼすことはできない、と述べている。[2]

　読者の中には象徴に対するカプランのこうした評価に同意する方もおられるだろうし、また、同意しない方もおられるだろう。この事典に知的な説明を求めている方もおられるだろうし、また、宗教的な確証と手引きを求めている方もおられるだろう。さらに、ユダヤ教の伝統の内部から接触された方もおられるだろうし、まったく伝統の外側にとどまっている方もおられることだろう。わたしたちは、すべての人が自らの内部に探し求めていることを見つけ出せるよう願っている。なぜならば、象徴は、その本性からして無限であるからである。

Ⅳ

　ユダヤ人の象徴に対する伝統的な姿勢を理解するには、第一に芸術に対するユダ

序　論

ヤ人の伝統的な姿勢をはっきりとさせる必要がある。
　聖書にはふたつの異なった考え方が表われている。

　　「あなたはいかなる像も造ってはならない。上は天にあり、下は地にあり、また地の下の水の中にある、いかなるものの形も造ってはならない」（出エジプト記20：4）

　　「主は、ユダ族のフルの孫、ウリの子ベツァルエルを名指しで呼び、彼に神の霊を満たし、どのような工芸にも知恵と英知を持たせ、金、銀、青銅による細工に意匠をこらし、宝石をはめ込み、木に彫刻するなど、すべての細かい工芸に従事させ、さらに、人を教える力をお与えになった」（出エジプト記35：30-34）

　これらの矛盾した言説は、聖書の内部の、そして実際に、ユダヤ人の歴史内部の根本的な緊張を浮き彫りにしている。他方、ユダヤ教は彫像、つまり、動物や人間の像の崇拝に対しての憎悪を常にはっきりと表明してきた。ユダヤ教の根本原理とは、不可視の神への信仰であり、偶像崇拝ではない。ちなみに、この偶像 idol という語は、ギリシア語で「可視」を意味するエイドゥロス eidulos という語から派生した。超越的な神の唯一無二性と無形性こそがユダヤ教の信仰にとって中心的なものであった。
　だが、十戒を納めた聖櫃は、その上に人間の顔を持った翼のある生き物ケルビムの一対の像を載せていた。エルサレムの神聖な神殿には、そのような像は壁や扉にもたくさんあり、さらにはかつて荒野で蠍からイスラエルの人びとを保護するために用いられていた竿の上にも青銅の雄牛や真鍮の蛇の像があった。北の十部族は２体の黄金の子牛の像を崇拝していた。ヘレニズム時代になると、イスラエルとディアスポラのシナゴーグには、ゾディアック（黄道十二宮）と太陽の戦車に乗ったアポロの姿が描かれた美しいモザイク床があった。数世紀ものあいだ、動物、人間、神話上の生き物の姿、そして、神の姿さえもシナゴーグの内部を飾っていた。今日のわたしたちの時代でも、ユダヤ人の宗教美術には具象的な彫像も含めて、数多くの神聖な形象が見られる。
　理論と実践のあいだのそのような矛盾をどのように説明したらよいのだろうか？至聖所の中の神聖な十戒の上に置かれた翼のあるケルビムの明白な存在と十戒の第２戒とをラビたちはどのように両立させるのであろうか？
　現代の学者たちは、この誰の目にも明らかな矛盾に対していくつかの見解を提出

している。アーウィン・グドイナフはその不朽の作『ギリシア・ローマ時代のユダヤ教の象徴』でこの分野での重要な新生面を切り開いた。彼は、宗教的な象徴は外面的な形態と内面的な形態とでは異なっている、と論じている。というのも、ディオニュソスの盃やシリアの太陽の鷲やメソポタミアのジッグラトなどのような異教の象徴は、同時代のユダヤ人とキリスト教徒の宗教的感性に対峙していたように見えるが、実際には、ユダヤ教とキリスト教の信仰はそれらの象徴的な「価値」に強く共振していたように思われるからであるという。グドイナフは、「ユダヤ人とキリスト教徒は異教の神話と解釈を廃棄する一方で、象徴を引き継ぎ、宗教的な経験の持続性を認めつつ、実際にはその象徴を自らのものとしていた」と主張している。[3]

　ヘレニズム時代のユダヤ人の装飾美術についてのグドイナフの研究は、ユダヤ人が当時の主文化であったギリシア文化のきわめて重要な「葬礼の語彙」を採り入れた、つまり、彼らは死、死後の生命、個人の救済などの同時代のギリシア人の重大な関心事をともに分かち持っていた、ということを明らかにしている。その時代のシナゴーグとユダヤ人の墓には、異教の世界では不死と結びついていたぶどうの木、鳥、木、豊穣神話の人物、動物、そして、植物などの像が満ちあふれている。しかし、ユダヤ人はこれらの異国の象徴を採り入れた時、それらを伝統的なユダヤ教の用語で説明したり、時によっては、それらの起源を聖書に帰したりして、すばやく「ユダヤ教化」した。

　同じようなことは、ユダヤ人がメソポタミア、カナン、エジプトの文化の影響下に入った古代にも行なわれていた。後の時代には、異国の影響、たとえば、エジプトとギリシアの数秘術、錬金術、グノーシス主義の二元論的神話、東方の星辰宗教の宿命論、東欧に広まっていた悪霊、夢魔、黒魔術などの民間信仰、北アフリカの邪視の迷信、キリスト教の救済のイメージなどの影響がユダヤ教の象徴体系の変容に一役かった。さらには、ユダヤ人は周辺民族と同じように、四大元素、天、農業、植物誌、動物誌などの自然世界から普遍的な象徴を引き出した。これらの観念やイメージは、ラビたちの伝統的な解釈の表の入口からも、民衆の文化の裏の入口からも、ユダヤ教の象徴的表現に徐々に入りこんでいった。

　しかし、ユダヤ文化に入りこんだそれらの借用してきた象徴は、その後、変容することとなった。象徴の異質な内容はユダヤ教の徴(しるし)へと変質し、ユダヤ教は伝統の主流内部にその象徴を堂々と位置づけて解釈していた。

　ミドラッシュの文学的な進展と同じように、ユダヤ教の象徴はユダヤ人の歴史的必要性から発展した。これらの借用してきた象徴の創造的な「価値変換」にはさまざまな過程があった。

序　論

1．「論証テクスト」の作為的な提示——借用してきた象徴のユダヤ性を正当化するための聖書やラビ文書からの引用。たとえば、罪を投げ捨てることを象徴するためにパン屑を流れている水に投げ捨てるタシュリーフというユダヤ教の慣習は、おそらくは、川の悪霊を鎮めることを企図した中世ドイツの風習に由来しているものと思われる。ラビたちはミカ書7：19の預言者ミカの言葉（「主は、すべての罪を海の深みに投げ込まれる」）を引用してこの慣習を「ユダヤ化」した。

2．象徴の説教的な説明——象徴はユダヤ人の道徳的、宗教的な教えであるという例証。たとえば、ラビたちは、会葬者は伝統的に卵とレンズ豆を食べる、というのも、この食べ物には開口部、「口」がないからであり、これは死者の面前で悪口を言うために口を開けてはならないということを会葬者に思い起こさせている、と論じている。

3．民俗的語源説——象徴の語源をユダヤ人の歴史上の古い出来事や人物にまで想像的にさかのぼること。たとえば、あるラビは悪霊から身を守るために鉄を用いること（ヨーロッパで広範に行なわれていた風習）を認めていた。というのも、鉄を意味するヘブライ語バルゼルはヤコブの4人の妻、「ビルハ、ラケル、ジルパ、レア」の頭字語であり、彼女たちの美徳が悪から守ってくれるからであった。〔「鉄」の項参照〕

4．民間伝承——特定の慣習や象徴が最初はどのように採り入れられたのかということを説明するための物語や言説。たとえば、ユダヤ人の伝統は、シャヴオート（トーラーの授与を記念する祝祭日）にシナゴーグを花で飾る慣習は、神が十戒を授けた時シナイ山に突然花が咲き乱れたという伝説にまでさかのぼる、と述べている。

5．数字遊び（ゲマトリア）——これはふたつの語のヘブライ語の数値の総和が等しい場合、それらは完全に同じ価値や同じ意味を有している、というものである。たとえば、ツィツィート（祈りのための肩掛け、タリートの房）の五つの結び目と8本の紐の数を加えると13となり、この数はヘブライ語で「1」を意味するエハッドという語と同じ数値である。エハッドはまた、神の単一性を表明するシュマァの祈りの最後の言葉でもある。

6．説明のない充当——このことによって異国のイメージや観念がいつの間にかユダヤ教の象徴的表現の語彙の中に入りこんだ。ダビデの星のユダヤ性を否定するユダヤ人はいないだろう。だが、この象徴は異民族の伝統からユダヤ文化に入りこみ、つい最近になってからユダヤ教をもっぱら表わす象徴と

なったにすぎない。

　ユダヤ民族は、彼らが多年寄留したり亡命したりしていた国々のさまざまな文化に魅かれ、その国々の象徴を借用していった。こうした象徴の獲得の内的な力とは別に、ユダヤ教の象徴的表現を形成するのに寄与した第2の外的な過程があった。同化への傾向を弱めるのは、迫害とユダヤ人コミュニティ内部の孤立主義的な人びとの保守的な考えをはねつけることだった。

　ユダヤ人は最初、エジプト文化を一生懸命に吸収した。だがそのうちに、彼ら自身がエジプト文化に呑みこまれてしまった。モーセはエジプト人の名前を持ち、ファラオの宮殿で育ち、確かにうまく適応していたかもしれないが、彼はエジプトの聖なるナイル川と神々に災いをもたらしてそれまでの流れをくつがえさなければならなかった。同じように、イスラエル人はその神聖な建築物や法規、文学を主文化であったメソポタミア文化から得たが、後にその文化の支配から脱却するために何度も霊的な闘いと武力戦争をした、と現代の学者たちは述べている。イスラエル人は、彼らのユニークさをはっきりと表わすために、羊を乳で煮る異教の儀式を憎悪したり、バビロニアの縁起の悪い第7日「シャバトゥ」を安息日の聖日に変えたりして、自らの慣習と隣人の慣習を象徴的に区別した。

　ヘレニズム時代には、ギリシア文化がユダヤ人のアイデンティティを完全に呑みこもうとした。ほとんどのユダヤ人、とりわけ地中海地域のあちこちに散らばってディアスポラ生活を送っていたユダヤ人たちは、ヘブライ語を知らず、ラビたちの教えにほんの少ししか、あるいは、まったく関心を払わず、異教の風習とユダヤ教の慣習を気ままに混交させていた。しかし、6世紀から8世紀にかけてキリスト教徒による迫害と新興のイスラームの激情的な偶像破壊主義があいまって、ユダヤ人のコミュニティ内部にある反応を引き起こすこととなった。おびただしい数のシナゴーグや墓を飾っていた異教の象徴は、狂信的なユダヤ人によって徹底的に剥ぎ取られてしまった。ユダヤ人はふたたびヘブライ語を学びはじめ、タルムードを権威ある手引書として採り入れた。だが、彼らがギリシア人から借用し、価値を変換した異教の象徴には情念的に愛着を抱いていた。

　確かに、ユダヤ人をその隣人たちと区別するのは、その象徴的表現のユニークさではない。というのも、ユダヤ教の象徴の多くは他民族から借用してきたものであるからである。むしろ、ユダヤ民族のトーラーと十戒へのかたくなな信奉こそが、別な民族として彼らの生き残りを保証したと言えよう。

　ユダヤ人の宗教指導者たちは、異国の影響の執拗な猛攻撃に直面して、フカット・ハ・ゴイと呼ばれる「異教徒の風習」を行なうことを禁じるさまざまな規則を

作り出した。フカット・ハ・ゴイは、「あなたたちの前からわたしが追い払おうとしている国の風習に従ってはならない」(レビ記20：23)という聖書の命令から出てきたものであり、ユダヤ人を外部世界から分離することを企図したものであった。こうして、いつの時代でも、ユダヤ人が隣人たちと交じり合わないように区別する服装がユダヤ人コミュニティの指導者たちによって規定された。ある時は、まさに同じ理由によって、外部からそうすることを強制されたこともあった。時には、ユダヤ人はゲットーに閉じこめられた。また、自ら隔離されることを選択したこともあった。そして、現代に至るまでこの分離は続いている。

こうした潮の満ち引きのような同化と反発は、ユダヤ教の象徴的表現の全歴史を特徴づけている。戦車、四角い独楽、ゾディアックなどの異国の象徴はユダヤの海へと漂流し、その後その航跡の中に象徴の余韻を含んだ殻を残して、その源は視界から遠のいてしまった。これらの殻をすくい上げて、耳に近づけてみると、ユダヤ人の歴史にうまく調律されたよく知られている物語をささやいていることがあるが、これは驚くべきことではない。

V

ユダヤ教の象徴的表現の長い歴史は、ユダヤ教の歴史そのものに近似しているが、その歴史全体を通していくつかの周期が何度もくり返されていた。先ほど述べた同化と反発のダナミックな過程のほかに、3つのイデオロギー上の対立が創造的な緊張の中に共存していた。それらの対立とは、(1)合理主義対神秘主義、(2)メシアニズム対現世主義、(3)父権的一神教対男性的・女性的な宗教的イメージ、である。ユダヤ教は、歴史のいろいろなところで自らをそれらのどちらかの側に位置づけていたが、どちらか一方を完全に否定したことは一度もなかった。

タルムード時代のラビたちは、神秘主義者であり、また同時に律法主義者でもあった。しかし、彼らの後継者の多くは、どちらか一方の立場だけを選択した。この正反対の傾向は特定の個人の中ではうまく調整されていたが、依然として今日までつづいている。幸い、ユダヤ教の象徴は、そのような対立を一度も経験したことはなかった。

同じように、メシアによる贖いへの信仰は、ユダヤ教の礼拝、儀礼、神学では重要なテーマとなっているが、ほとんどの現代のユダヤ人は、とりわけリベラルなコミュニティでは、ユダヤ教は第一に「今、ここで」のことに焦点を合わせるべきであって、「後のこと」に焦点を合わせるべきでない、と主張している。しかし、ほとんどのユダヤ教の象徴は、両次元にまたがっている。

序　論

　ユダヤ教はその始まりから、神秘主義やメシアニズムとではなく、偶像崇拝、換言すれば、単一の不可視の神ではなく、多くの神々が宇宙と人間の出来事の成り行きを支配している、という観念と闘ってきた。今日に至るまで、シュマァの祈り（宗教的なユダヤ人が毎日何度も朗唱する6つの語からなるユダヤ教の信仰告白）は「神は唯一である」と表明している。タリートの房やトゥフィリン、メズザーなどの重要なユダヤ教の象徴の多くは、このユダヤ教の信仰の基石を毎日強化している。

　ユダヤ教信仰にとって脅威となる多神教は最終的に消失したが、やっかいな問題は残ったままであった。その問題は、人間の言語は文法的にも意味論的にも男性形と女性形に分けられているのに、いかに神の唯一性を語るのか、ということだった。ユダヤ教は何世紀にもわたってこのディレンマと格闘し、数多くの解決案を考え出してきた。それらの解決案の中には、神秘主義者のように男性と女性双方のイメージで神をとらえた者もいたし、マイモニデスのように「トーラーは男性の言語で語っている」と釈明した者もいた。現代のフェミニストは、ユダヤ人の象徴的な体験を語る際の不十分な表現には新しい象徴を付け加え、そして、神を男性形で語ることを変えようとしてきた。

　この事典は、象徴の豊かな多様性の中にあるこれらすべての創造的な緊張を表現しようと企てた。ほとんどの項目には、合理主義的な説明と神秘主義的な説明、伝統的な説明と現代的な説明、メシアニズム的な説明と現世的な説明が含まれている。また、ユダヤ・フェミニズムから出現したいくつかの新しい象徴と伝統的な象徴についての新しい解釈も含めた。

　ユダヤ教の象徴的表現の歴史を研究するにつれて、宗教はそのテクスト以上のものであり、また、理路整然とした神学以上のものであるということがはっきりとしてくる。宗教は、その信奉者の根気強い努力のおかげで存続し、発展する。信奉者のさまざまな人生経験は宗教の境界を絶えず押し広げようとする。伝統に独特の声調を付与するのは、人びとと指導者の駆け引きから生じるこの緊張である。

Ⅵ

　象徴は言語である。時制、格、人称などのような形式的特徴を持った話し言葉と同じように、象徴もまたある特定の形式的な特徴を持っている。この研究にとって最も重要なことは、「二価性」と「密度」と「群」である。

　奇妙に思われるかもしれないが、象徴が時として正反対の観念を意味している場合がある。言葉もそうした場合がある。たとえば、"cleave" という語には「裂く」という意味と「付着する」という意味がある。同じように、象徴にも「二価

性」があり、ふたつの正反対の意味が含まれている場合がある。もちろん、わたしたちは一般的にふたつのうちひとつの意味だけを採る。たとえば、鷲は古代では、ユダヤ民族の迫害者であったローマ帝国の象徴であった。ずっと後の時代のプロイセンの鷲は、ユダヤ人にとっては圧制を象徴していた。だが聖書では、「あなたたちは見た、わたしがエジプト人にしたことを。また、あなたたちを鷲の翼に乗せてわたしのもとに連れてきたことを」（出エジプト記19：4）と述べられているように、神は鷲として表現されていた。そして20世紀初頭のユダヤ人移住者にとっては、アメリカの白頭鷲は切望していた自由と新しい生活を表わしていた。

すべての象徴が正反対の意味を表現しているわけではないが、真正な象徴はどれも解釈できる「密度」を特徴として持っている。つまり、そのような象徴はひとつの意味だけでなく、多種多様な意味を持っているのである。この解釈の豊さを文化人類学者は多義性（「たくさんの声」）とも凝縮とも呼んでおり、象徴に特別な力を付与している。教条主義的な正統派ユダヤ教は、たいていの場合、ある特定の伝統のひとつの解釈だけを提出し、その解釈に忠誠を誓うことを要求する。これとは違って象徴は、驚くほどの柔軟性に富んでおり、異なった伝統理解をしている人びとでも同じ屋根の下の避難所に入ることを許容している。

象徴はめったに単独で存在することはなく、「群」をなして集まる傾向がある。ある象徴は他の象徴を連想させ、さまざまな意味をかもし出す。たとえば、古代のシナゴーグと墓のモザイクには、ルーラヴ（なつめやしの枝葉）、エトログ（シトロン）、香匙、メノラー、ショファールなどからなる象徴群が特色として見られる。これらすべてをひとつにすると、これら5つの象徴は神殿を表わしており、さらに拡大解釈すると、ユダヤ教そのものを表わしている。これらがひとつになると、五感すべてを表わすので、特に情感に訴える。もうひとつの象徴群は、聖書とシュマァの毎日の祈りの中で述べられている穀物、ぶどう酒、油である。これら3種類の農産物がひとつになると、神の加護を表わす。というのも、それらは生命を維持するのに最も重要な滋養物を供給しているからである。

イスラエルの地が失われた後、これらの象徴は安息日の食卓の基本的な要素（ハラー〔穀物〕、キドゥーシュ用ぶどう酒、ロウソクの火〔元来は、オリーヴ・オイルのランプが用いられていた〕）として、非常に重要な役割を演じていた。ちょうど人生の周期の出来事や聖なる場所や多くの儀礼にはそれぞれ固有の象徴群があるように、祝祭日それぞれにも固有の象徴群がある。

象徴群が一連の意味を形成する場合もある。すなわち、安息日のロウソクは、「来世の前触れ」と呼ばれている安息日を象徴しているし、さらには、天国とメシアによる贖いをも象徴している。これらのイメージはまさに、物質世界の中に現わ

れている神の霊の象徴にほかならないとも言えるだろう。このように、象徴は、生育している植物が葉を出すように、結びつきの複雑なネットワークを形成し、わたしたちの生活に意味を与えて豊かにしてくれている。

Ⅶ

　象徴はわたしたち自身に時間と空間を形成する能力を与えてくれている。そうでなければ、時間と空間はあらゆる方向に際限なく広がって行くことだろう。わたしたちの人生には周期があり、人生が区分された時初めてそのような区分は真正な意味を獲得する。神聖な暦は儀礼と象徴によって祝福され、わたしたちの終わりのない日々の循環に区切りを与える。農耕民族にとってこの暦は、収穫、風、雨などの太陽周期と月の満ち欠けの太陰周期が同時に進行していた。ユダヤ人は世界に第3の周期、すなわち、週7日の周期をもたらした。これは安息日で区切りをつけ、太陽と月のリズムに規模の小さい人間のリズムを付け加えた。

　ユダヤ民族は、農耕周期と歴史的周期双方の中で生きてきたので、ユダヤ民族の暦はこれら双方の現実を反映している。その神聖な契機すべてに対して自然主義的解釈と歴史的解釈がなされている。ユダヤ民族は離散すると、イスラエルの地のリズムを思い起こさせるだけでなく、予想できる周期の代わりに、特異な出来事で区分けされた不安定な歴史をも思い起こさせる神聖な暦を持ち運んだ。

　それぞれの個人の生活は、コミュニティの集団生活とは別に、公けに承認されて理解される特別な契機によって区分されている。誕生、割礼、バル／バット・ミツヴァー、婚礼、死などは、それぞれある身分から別の身分への移行を、換言すれば、霊的なリンボ界を通って新たな種類の保証の世界へ向う危険な旅路を表わしている。だが、これは暫定的なものである。

　象徴は、時間を区分するほかに、空間を公的にも私的にも区分する。ユダヤ人の生活においては、シナゴーグはちょうど古代イスラエルの第一神殿と第二神殿時代（紀元前1000年〜紀元後70年）の神殿がそうであったように、宗教儀礼的、精神的な生活の中心であった。シナゴーグは、礼拝所、大人と子供の学びの場所、集会所、公的な儀式を行なう場所、社会的な身分を確証する場所としての役割を果たしていた。シナゴーグは、その中心的な役割のために、その長い歴史を通して多くの象徴を生じさせてきた。

　ユダヤ人の墓碑は何世紀にもわたって多種多様な象徴を生み出してきた。それらの象徴は、故人の家族の物語と来世への希望だけでなく、故人の宗教的な身分と職業上の身分をも明らかにしていた。

ユダヤ教研究の別の軸であるユダヤ人の家庭や宗教儀礼、礼拝、社会生活には、メズザー、セデルの食器、キドゥーシュ用の盃、燭台、ハヴダラーの道具など、じつに多くの特徴のある象徴が見られる。これらの多くはすばらしい想像力と技巧で装飾され、家族の家宝となっているものもある。

さらには、想像力とユダヤ人の記憶においてそのような重要性を獲得した場所もいくつかあり、それらはその場所自体が象徴となった。それらの中でも最も重要な場所は、イスラエル、とりわけエルサレムであり、ユダヤ人の歴史の悲劇と希望の象徴となっている。エルサレムは、わたしたちの時代ではユダヤ人の誇りと嘆きの中心となっている。

歴史的な人物も象徴的な意味を獲得した。ユダヤ教はオリエント文化で信奉されていた先祖崇拝を行なってはいなかったが、族長たち、族長たちの妻たち、モーセ、ダビデ、エリヤのような古代の人物の多くは、栄光やメシアへの希望のような抽象的な特質を表わすようになった。カバラーの伝統では、何人かの古代の人物は神の属性を表わしていると考えられている。

象徴によって形成され、境界を設定された時間と場所は、この世界でのわたしたちの立場を的確に見きわめ、ミルチャ・エリアーデの言う「混沌から宇宙へ」[(4)]世界を変えるようわたしたちに促している。

VIII

ユダヤ教はどこに象徴を見出したのだろうか？

三つの源泉、すなわち、自然、文化、歴史が考えられる。自然は、動物、植物、自然現象、地質上の形態、身体、色彩を生じさせた。文化は、建築、農業、畜産、家族、君主政治、料理、数字、芸術、産業をもたらした。そして、ユダヤ人の4000年の歴史は、多数の場所、人びと、出来事を生み出した。これらの源泉がひとつとなって、華美で多種多様な象徴体系の豊かな素材を提供した。

ユダヤ教はこれらの隠喩とイメージに、ヒドゥール・ミツヴァーと呼ばれている宗教的な命令を付け加えた。これは、聖書で「この方こそがわたしの神。わたしは彼を崇める」（出エジプト記15：2）と述べられているように、神の命令の実践を美化することは賞賛に値することである、という考え方である。

荒野でのベツァルエルに始まるユダヤ人の職人は、いつの時代でも、こうした仕事に技巧をもたらし、専心してきた。ソロモンの神殿は、古代の不思議のひとつである。シナゴーグは、バビロニアでの捕囚の時代に最初に発展し、ユダヤ芸術の模範的な傑作となり、現在でもそうでありつづけている。民俗芸術家たちは、ユダヤ

教の宗教的な象徴に愛情と想像力を注ぎこんだ。キリスト教徒の芸術家たちは、彼らのギルドが何世紀にもわたってユダヤ人を締め出してきたとはいえ、ユダヤ教の宗教的な祭具を製作するのに彼らの熟練した技能を注ぎこんだ。そして現代の創造力は、イスラエルとディアスポラで現在に至るまでこのすばらしい伝統を持続させている。

これらの事物の美しさを高めるということは、沐浴すること、食べること、結婚すること、死ぬことなどのありふれた日常の儀式を神聖な行為へと変質させることを企図した宗教儀礼的、象徴的な表現であり、すべては礼拝の中で行なわれ、神を模倣することだった。

IX

不可視の神の原理にもとづいて創始されたユダヤ教が、なぜそのような感性に訴える象徴体系を発展させたのであろうか？　偶像崇拝に敵対して非常に大きな苦しみを味わった人びとが、その宗教儀礼上の生活を高めるそのような多量の象徴的な事物をなぜ生み出したのであろうか？　この現象は、十戒の第2戒に違反していないのだろうか？

おそらくはこの謎への回答は、ユダヤ教の心臓部、つまりトーラーそのものの中にあるのかもしれない。アブラハムとサラは、新しい信仰を創始するために故郷を去り、メソポタミア文化の豊かな都会生活を捨て去るよう命令され、素朴な遊牧生活を送ることとなった。数世紀後、モーセは何もない山の頂上で神と出会うために、奴隷だった人びとを荒野の太陽、砂、風のもとへ連れてきた。この経験から、純粋で抽象的な一神教が出現した。

しかし、イスラエル人が定住すると、そのような純潔主義は食べ物を倹約しているだけのようにしか思われなかった。彼らは、隣人のように神の加護を肉体的に思い起こさせるものに取り囲まれていたい、自分たちのふるまいが雨や収穫などに影響を及ぼすようになりたい、地上に天の雛型を造り出したい、と熱望した。彼らには死、飢饉、悪などの不可思議な経験を、知的にも情緒的にも解釈する方法が必要だった。彼らにとって不可視の神は、象徴を介さなければ到達できないほど彼方の存在であった。彼らは、象徴を深く理解したいと願っていた。

だが、ユダヤ民族は初めから、象徴はそれを信奉しているものにとっては大きな危険性を有している、ということを認識していた。人びとは誤って象徴を崇拝し、その背後にある現実に目を向けなかった。それゆえに、象徴には常に、象徴を用いる人を正しい道に案内するよう企図された道徳的な教えや説明の責任が負わされて

序　論

いた。
　ラビたちが恐れていた危険性は、時がたつにつれてなくなるということはなかった。象徴崇拝も偶像崇拝となる。そして、その偶像崇拝は多くのユダヤ人の慣習の中に浸透しつづけている。現代のユダヤ思想家アブラハム・ジョシュア・ヘシェルは、「神は心を求めるが、象徴は求めない。神は行為を求めるが、儀式は求めない」と警告している。さらに彼は、「信仰心は、過剰な象徴で死滅する」とも警告した。[5]
　わたしたちは、あなた方の心、精神、想像力、経験でこの事典の象徴に接していただきたいと願っている。というのも、ちょうど象徴が経験を形づくり、経験に意味を与えるように、象徴に命を与えるのはわたしたちの経験であるからである。

---

1. Geertz, Cliford, *The Interpretation of Cultures*, p.93（クリフォード・ギアーツ著、吉田禎吾他訳『文化の解釈学Ⅰ』154-5 頁、岩波書店、1987 年）

2. Kaplan, Mordechai, "The Future of Religious Symbolism――a Jewish View" in *Religious Symbolism*, ed. F. Ernest Johnson, p.212.

3. Goodenough, Erwin R., *Jewish Symbols in Greco-Roman Period*, ed. Jacob Neusner, xviii

4. Eliade, Mircea, *The Sacred and Profane*, p.117（ミルチャ・エリアーデ著、風間敏夫訳『聖と俗』107 頁、法政大学出版局、1969 年）

5. Heschel, Abraham Joshua, *Man's Quest for God : Studies in Prayer and Symbolism*, p.139, 143.

凡　例

　本事典の各項目は、邦訳語の五十音順に列挙したものである。各項目の見出し語にはそのヘブライ語名が併記されているが、適切なヘブライ語名がない場合には併記しなかった。各項目には本事典で独立して項目をたてた用語も出てくるので、それらには＊印を、また、用語解説にある語には✢を付しておいた。
　各項目の末尾には出典を示す脚注、参照すべき他の項目、その象徴に相応する項目別分類一覧（付表Aの一覧表）、その象徴が意味する抽象的概念（付表Bの一覧表）を付しておいた。読者はまた、付表Bの特定の概念を調べれば、その概念を表わしているのがどの項目かがわかるだろう。
　各項目は、聖書時代から現代までの象徴の発展を全般的にたどっている。〔旧約〕聖書、ラビ文書、カバラー文書、ハスィディズム文書などのユダヤ教のテクストから引き出された資料については必ずしもはっきりと記してはいないが、その資料が伝統的であるとか、歴史的には権威がないとかは述べておいた。ラビという語は、特別な言及がないかぎりタルムード時代の賢者のことを指している。ラビの伝統という場合は、タルムード時代に始まったラビの解釈の途切れることない方法論のことを指している。
　本事典の末尾にはヘブライ語、アラム語、イディッシュ語、専門用語の用語解説、3つの付表、英語の参考文献一覧表、索引を付しておいた。
　付表は本事典への多様な接近方法を読者に提供している。付表Aの「象徴の項目別分類一覧」には「動物」、「植物」、「祝祭日」、「ホロコースト」、「人生の周期」、「人物」、「女性」など26項目の索引があり、読者がある特定のテーマと結びついた象徴群を見つけ出す際の手助けとなるだろう。付表Bの「象徴の抽象的概念」は、本事典への別な接近方法を提供している。付表Cは、ユダヤ史にあまり精通していない読者のために企図されたものであり、ユダヤ史の簡単な年表を作成しておいた。索引は、読者を関連のある項目へと案内するものである。
　なお、〔　〕内は訳者の補足説明である。

凡　例

出典について

　ヘブライ語の出典については脚注に示されているが、それらは末尾の参考文献一覧表には含まれてはいない。英語での聖書の引用はすべて特別な許可をいただいたユダヤ出版協会発行の 1985 年版タナッハを利用させていただいた。タルムードについては、エルサレム・タルムードは「JT」と、バビロニア・タルムードは「BT」と略記した。ヘブライ語の有声音化と表記については、エヴェン・ショシャンのハ・ミロン・ヘ・ハダッシュ（キリヤット・セフェル、エルサレム、1972 年刊）によった。

目　次

まえがき i
序論 v
凡例 xxi

ユダヤ・シンボル事典

1. アウシュヴィッツ　AUSCHWITZ 2
2. 青　BLUE 2
3. 赤　RED 3
4. アケダー　AKEDAH 4
5. 顎鬚　BEARD 6
6. 頭　HEAD 7
7. アダム　ADAM 8
8. アフィコマン　AFIKOMAN 9
9. 油　OIL 10
10. アブラハム　ABRAHAM 11
11. アマレク　AMALEK 12
12. 雨　RAIN 12
13. アーモンドの木　ALMOND TREE 13
14. アレフベイト　ALEPHBET 15
15. アロン　AARON 18
    安息日　⇒シャバット　SHABBAT
16. イサク　ISAAC 19
17. イシュマエル　ISHMAEL 20
18. 椅子　CHAIR 20
19. 泉　FOUNTAIN 21
20. イスラエル　ISRAEL 22
21. 1　ONE 23
22. いちじく　FIG 24
23. 井戸　WELL 25
24. 糸杉　CYPRESS 26

25. いなご　LOCUS 26
26. いなご豆　CAROB 27
27. 衣服　CLOTHING 28
28. 入口　PORTAL 30
29. 岩　ROCK 31
30. ウシュピズィン　USHPIZIN 31
31. ウリムとトンミム　URIM and TUMMIM 32
    永遠のともしび　⇒ネール・タミード　NER TAMID
32. エサウ　ESAU 33
33. エジプト　EGYPT 34
34. エステル　ESTHER 34
35. エデンの園　EDEN 35
36. エトログ　ETROG 36
37. エバ　EVE 37
38. エリヤ　ELIJAH 38
39. エルサレム　JERUSALEM 40
40. 円　CIRCLE 43
41. 王　KING 44
    黄金　⇒金　GOLD
42. 黄金の子牛　GOLDEN CALF 46
43. 大麦　BARLEY 46
44. 雄羊　RAM 47
45. オメル　OMER 48
46. オリーヴ　OLIVE 49
    会堂　⇒シナゴーグ　SYNAGOGUE
47. 顔　FACE 51
48. 鏡　MIRROR 52
49. 籠　BASKET 52
50. カシュルート（食餌規定）　KASHRUT

xxiii

目　次

　　　　　　　　53
51.　風　WIND　55
52.　割礼　BRIT MILAH　56
53.　カバラー　KABBALAH　58
54.　髪　HAIR　60
55.　神の御名　NAMES of GOD　61
56.　仮面　MASK　64
57.　ガラガラ　GRAGGER　64
　　仮庵　⇒スッカー　SUKKAH
　　仮庵の祭り　⇒スッコート　SUKKOT
58.　冠　CROWN　65
59.　木　TREE　66
60.　黄色　YELLOW　68
61.　キッテル　KITTEL　69
62.　キッパー　KIPPAH　70
63.　宮殿　PALACE　72
64.　経帷子　SHROUD　72
65.　玉座　THRONE　73
66.　ギリシア　GREECE　74
67.　金　GOLD　75
68.　鎖　CHAIN　75
69.　クトゥバー（結婚契約書）　KETUBAH
　　　　　76
70.　軛　YOKE　77
71.　熊　BEAR　77
72.　雲　CLOUD　78
73.　くるみ　NUT　79
　　契約の箱　⇒聖櫃　ARK
　　結婚契約書　⇒クトゥバー　KETUBAH
74.　ゲヒノム　GEHINNOM　80
75.　ケルビム　CHERUBIM　80
76.　5　FIVE　82
　　恋なすび　⇒マンドレイク　MANDRAKE
　　黄道十二宮　⇒ゾディアック　ZODIAC
77.　荒野　WILDERNESS　82

78.　香料入れ　SPICEBOX　83
　　心　⇒心臓　HEART
79.　護符　AMULET　84
80.　小麦　WHEAT　86
81.　暦　CALENDAR　88
82.　ゴーレム　GOLEM　89
83.　婚礼　WEDDING　90
84.　祭司職　PRIESTLY CULT　93
85.　祭司の祝祷　PRIESTLY BLESSING　94
86.　祭壇　ALTAR　96
87.　盃　CUP　97
88.　魚　FISH　98
89.　ざくろ　POMEGRANATE　99
90.　サタン　SATAN　101
91.　サブラ　SABRA　102
92.　サラ　SARAH　102
93.　3　THREE　104
94.　シェヒナー　SHEKHINAH　105
95.　塩　SALT　107
96.　鹿　DEER　107
97.　四角い独楽　DREIDEL　108
98.　色彩　COLORS　109
99.　獅子　LION　110
100.　シナイ　SINAI　112
101.　シナゴーグ（会堂）　SINAGOGUE　114
102.　死の天使　ANGEL of DEATH　116
103.　シフラとプア　SHIFRA and PUAH　117
104.　シャヴオート（7週の祭り）　SHAVUOT
　　　　　117
105.　邪視　EVIL EYE　119
106.　シャバット（安息日）　SHABBAT　120
107.　1 0　TEN　122
108.　1 3　THIRTEEN　123
　　獣帯　⇒ゾディアック　ZODIAC
109.　十二部族　TWELVE TRIBES　125

目 次

110. １８ EIGHTEEN 128
111. 出エジプト EXODUS 129
112. 十戒 TEN COMMANDMENTS 129
　樹木の新年 ⇒トゥ・ビ・シュヴァット TU B'SHVAT
　常夜灯 ⇒ネール・タミード NER TAMID
113. 女王 QUEEN 130
　贖罪日 ⇒ヨーム・キプール YOM KIPPUR
　食餌規定 ⇒カシュルート KASHRUT
　燭台 ⇒メノラー MENORAH
114. 食卓 TABLE 132
115. ショファール SHOFAR 133
116. 書物 BOOK 135
117. 白 WHITE 136
118. 心臓（心） HEART 138
119. 身体 BODY 139
120. 神殿 TEMPLE 140
　新年 ⇒ローシュ・ハ・シャナー ROSH HASHANAH
121. 数字 NUMBERS 142
122. 杉 CEDAR 144
123. 過ぎ越しの祭り PASSOVER 145
124. スッカー（仮庵） SUKKAH 146
125. スッコート（仮庵の祭り） SUKKOT 147
126. スフィロート SEFIROT 149
127. 隅、端 CORNERS 152
128. 聖櫃（契約の箱） ARK 153
129. セデル SEDER 155
130. 戦車 CHARIOT 158
131. ゾディアック（黄道12宮、獣帯） ZODIAC 159
132. ソロモン SOLOMON 162
133. 太陽 SUN 164

134. 竪琴 HARP 165
135. ダニエル DANIEL 166
　種入りパン ⇒ハメッツ HAMETZ
　種なしパン ⇒マッツァー MATZAH
136. ダビデ DAVID 167
137. ダビデの星 STAR OF DAVID 168
138. 卵 EGG 171
139. タリート TALLIT 171
140. 血 BLOOD 174
141. 地 EARTH 176
142. 乳 MILK 177
143. 月 MOON 178
144. 角 HORN 180
145. 翼 WINGS 181
146. ツファット SAFED 182
147. 露 DEW 183
148. 手 HAND 183
149. ティシュアー・ベ・アヴ TISHA B'AV 184
150. 鉄 IRON 185
151. デボラ DEBORAH 186
　天蓋 ⇒フッパー HUPPAH
152. 天使 ANGELS 186
153. 天秤 SCALES 188
154. 塔 TOWER 189
155. トゥ・ビ・シュヴァット（樹木の新年） TU B'SHVAT 190
156. トゥフィリン TEFILLIN 191
　ともしび ⇒ランプ LAMP
157. トーラー TORAH 193
158. 鳥 BIRD 197
　嘆きの壁 ⇒西壁 WESTERN WALL
159. なつめやしの木 PALM TREE 199
160. ７ SEVEN 200
161. ７０ SEVENTY 202
　７週の祭り ⇒シャヴオート

xxv

目次

SHAVUOT
162. 7種類の植物　SEVEN SPECIES　203
163. 名前　NAMES　204
164. 虹　RAINBOW　206
165. 西壁（嘆きの壁）　WESTERN WALL　206
166. ネール・タミード（永遠のともしび、常夜灯）　NER TAMID　207
167. ノア　NOAH　208
168. ノアの箱舟　NOAH'S ARK　208
169. 野ウサギ　HARE　209
170. 灰　ASHES　211
171. ハヴダラー　HAVDALAH　212
172. ハガダー　HAGGADAH　213
　　　端 ⇒ 隅　CORNERS
173. 梯子　LADDER　214
174. 旗　FLAG　215
175. ハッド・ガドゥヤ　HAD GADYA　216
176. 鳩　DOVE　217
177. 花　FLOWERS　218
178. ハヌカー　HANUKKAH　219
179. ハマン　HAMAN　220
180. ハムサ　HAMSA　220
181. ハメッツ（種入りパン）　HAMETZ　221
182. ハメンタシェン　HAMENTASHEN　222
183. ハラー　HALLAH　223
184. ばら　ROSE　224
185. パルデス　PARDES　226
186. バル／バット・ミツヴァー　BAR/BAT MITZVAH　226
187. ハロセット　HAROSET　228
188. パロヘット　PAROKHET　229
189. パン　BREAD　229
190. 火　FIRE　230

191. 東　EAST　233
192. 光　LIGHT　234
193. 羊　SHEEP　236
194. ビマー　BIMAH　237
195. 豹　LEOPARD　238
196. ひよこ豆　CHICKPEA　238
197. ファラオ　PHARAOH　239
198. フッパー（天蓋）　HUPPAH　240
199. ぶどう　GRAPES　240
200. ぶどう酒　WINE　242
201. プーリム　PURIM　244
202. ブルリアー　BERURIAH　245
203. ベツァルエル　BETZALEL　246
204. 蛇　SERPENT　246
205. ベヘモット　BEHEMOTH　247
206. ヘルム　CHELM　248
207. 星　STARS　248
　　　巻物 ⇒ メギラー　MEGILLAH
　　　幕屋 ⇒ ミシュカン　MISHKAN
208. マサダ　MASADA　251
209. 松　PINE　251
210. マッツァー（種なしパン）　MATZAH　252
211. マナ　MANNA　253
212. マロール　MAROR　254
213. マンドレイク（恋なすび）　MADRAKE　255
214. ミシュカン（幕屋）　MISHKAN　256
215. 水　WATER　257
216. 蜜　HONEY　260
217. ミリアム　MIRIAM　260
218. ミルトス（銀梅花）　MYRTLE　262
219. ミンヤン　MINYAN　263
220. 結び目　KNOTS　263
221. 胸当て　BREASTPLATE　265
222. 目　EYE　265

目　次

223. メギラー（巻物）　MEGILLAH　266
224. メシア　MESSAIAH　267
225. メズザー　MEZUZAH　270
226. メノラー（燭台）　MENORAH　272
227. 燃える柴　BURNING BUSH　275
228. モーセ　MOSES　276
229. 門　GATES　277
230. 山羊　GOAT　280
231. ヤキンとボアズ　JAKHIN and BOAZ　281
232. ヤコブ　JACOB　282
233. ヤッド　YAD　283
234. 柳　WILLOW　284
235. 山　MOUNTAIN　285
236. ユダ　JUDAH　286
237. ユダ・マカバイ　JUDAH MACCABEE　287
238. ユディト　JUDITH　288
239. 夢　DREAMS　288
240. ヨセフ　JOSEPH　289
241. ヨナ　JONAH　290
242. ヨブ　JOB　291
243. ヨーム・キプール（贖罪日）　YOM KIPPUR　291
244. 4　FOUR　293
245. 40　FORTY　294
246. 4種類の植物　FOUR SPECIES　295
247. ラグ・バ・オメル　LAG B'OMER　297
248. ラケル　RACHEL　298
249. ランプ（ともしび）　LAMP　299
250. リベカ　REBECCA　300
251. リリット　LILITH　301
252. りんご　APLLE　302
253. ルツ　RUTH　303
254. ルーラヴ　LULAV　304
255. レア　LEAH　305
256. レビヤタン　LEVIATHAN　305
257. レンズ豆　LENTIL　306
258. ロウソク　CANDLES　307
259. ローシュ・ハ・シャナー（新年）　ROSH HASHANAH　308
260. ローシュ・ホデッシュ　ROSH HODESH　310
261. 613　SIX HUNDRED and THIRTEEN　311
262. 600万　SIX MILLION　311
263. ろば　ASS　312
264. ローマ　ROME　313
265. 鷲　EAGLE　315
266. ワルシャワ・ゲットー　WARSAW GHETTO　316

用語解説　317

訳者あとがき　327

付表A：象徴の項目別分類一覧　335
　　イスラエル国
　　イスラエルの地
　　祈り
　　衣服
　　カバラーの象徴
　　木
　　祭具（聖具）
　　色彩
　　自然現象
　　シナゴーグ
　　シャバット（安息日）
　　住居
　　祝祭日

目　次

植物
食物
女性
人生の周期
身体の部位
神殿
人物
数字
天文学
動物
場所

ホロコースト
メシア

付表B：象徴する抽象的概念と、関連する収録項目一覧　343

付表C：ユダヤ史年表　350

参考文献　351

索引　357

図説
ユダヤ・シンボル事典

【ア行】

アウシュヴィッツ　AUSCHWITZ

　ポーランドのガリツィア地方にあるアウシュヴィッツは、ナチ・ドイツ最大の絶滅収容所だった。1942年1月から1944年11月までに、ポーランド、旧チェコスロヴァキア、フランス、オランダ、ベルギー、旧ユーゴスラヴィア、ドイツ、ノルウェー、ギリシア、イタリア、ラトヴィア、オーストリア、ハンガリー、北アフリカ出身の100〜250万人のユダヤ人がアウシュヴィッツで殺された。そのほとんどは、毒ガス・ツィクロンBを使ったガス室で殺された。数千人のジプシーと多数の犯罪者も殺された。アウシュヴィッツでの犠牲者の数がホロコーストで殺された600万*人のユダヤ人のうちで大きな割合を示しているために、アウシュヴィッツの絶滅収容所は、ヨーロッパのユダヤ人の死、絶滅、そしてホロコースト自体の象徴となった。

　象徴するもの：ヨーロッパのユダヤ人の絶滅、ホロコースト
　項目別分類一覧：ホロコースト、場所
　参照箇所：数字、600万、ワルシャワ・ゲットー、黄色

青　BLUE（ヘブライ語：カホール、トゥヘレット）

　青は空と海の色である。それゆえに、高さと深さを、そして、しばしば神聖性を象徴している。青は白*と黒、昼と夜の中間の色あいを連想させるので、均衡をも表わしている。古代エジプト人にとっては、青は真理の色だった。多くのユダヤ人にとって、青は宗教的な伝統と民間伝承、そして現代のイスラエル国との結びつきのために、ユダヤ人の真髄を表わした色となっている

　トーラー*はイスラエルの人びとに、衣服*の四隅*に房（ツィツィート）を縫い付け、その房に「青い（トゥヘレット）紐」を付けるよう命令していた。[1] 古代には、この青い紐はヒラゾン（タリート*の項参照）と呼ばれる地中海の巻貝から抽出された染料から作られた。マイモニデス⁺は、この青は「明るい真昼の空」の色であると言い、ラシ⁺は、この青は「夕方の空の色」であると言った。[2]

　青は古代から中近東と北アフリカの人びとのあいだでは幸運な色であると考えられていた。これらの地域のユダヤ人たちは、彼らの隣人のアラブ人たちのように、家の入口の側柱、頭部や他の身体の部分を青色の染料で染

めていた。彼らはまた、青色のリボンや班紋などで子供たちを飾った。彼らはこの色をお守りの護符＊にも用いている。青は特に邪視＊に対して効力があると考えられていた。これはおそらくは、青い目がセム系の民族の間では珍しく、また、青が植物や動物の世界では非常に珍しい色だったからかもしれない。

ラビ＋の賢者＋たちによれば、青は神の栄光の色であるという。(3)この色をじっと見つめることは、観想の手助けとなるし、大空のように澄んだサファイヤの敷石（これは、神の玉座＊に似ている）をわれわれに垣間見させてくれることにもなる。(4)荒野＊での移動できる聖所＋、ミシュカン＊にあったメノラー＊、多くの什器類、そして契約の聖櫃＊などのたくさんの器物は、持ち運び出される時には青い布で覆われていた。(5)イスラエルの国旗には、白地に青色の２本の線と青色のダビデ＊の星が描かれている。初期のシオニストの詩は、白色は偉大な信仰を、青色は蒼穹の景観を象徴している、と説明している(6)（当初の濃紺の線は、海上でもはっきりと見分けられるように、後に明るい青色にされた）。青はイスラエル国との結びつきのために、現代のユダヤ人のデザインでも非常によく用いられるようになった。たとえば、現代のタリートの中には、白地に青色の縞模様のあるものがよく見かけられる。

(1) 民数記 15：38　(2) ミシュネー・トーラー：ツィツィート２：１、民数記 15：38 の注解　(3) 民数記ラバー 14：3、BT フリーン篇 89a　(4) 出エジプト記 24：10、エゼキエル書１：26、BT フリーン篇 89a　(5) 民数記 ４：6‐12　(6) "Zivei Eretz Yehudah" (1860), L.A.

Frankl

象徴するもの：託身、神の栄光、神の加護、天、聖性

項目別分類一覧：色彩、イスラエル国

参照箇所：護符、色彩、邪視、旗、イスラエル国、タリート、水

赤　RED（ヘブライ語：アドーム）

ほとんどの文化においては、赤はデーモンに対抗する特性を有しているとみなされている。これはおそらくは、赤が悪霊を鎮めるために生贄に献げた動物の血＊を象徴しているからであろう。中世には、ユダヤ人の子供もキリスト教徒の子供も、邪視＊から身を守るために珊瑚のネックレスを身に付けていた。オリエント出身のユダヤ人は今日に至るまで、デーモンを近づけないために婚礼＊の前夜に赤いヘンナの染料で花嫁の手＊を塗っている。赤はまた、出血や血液の病気から身を守る護符＊にも用いられている。

赤は血を連想させるので、生命をも象徴している。トゥ・ビ・シュヴァット＊のセデル＊では、参加者は白＊ぶどう酒＊の盃からはじめ、その後の〔3回の〕乾杯で盃に徐々に赤ぶどう酒を加えていく。これは、冬の後の大地＊の覚醒を象徴している。何世紀にもわたって、不妊症の女性たちは伝統的にベツレヘムの近くにあるラケル＊の墓参りをし、彼女から妊娠の祝福を受けるために赤い帯を墓に巻き付けていた。

古代では、祭司は無傷で欠陥のない赤毛の雌牛を聖所の外で屠り、その灰＊を死体に触れて穢れた人や物を清めるために用いていた。(1)赤毛の雌牛はその際に、杉＊の枝（その

樹皮は赤色である)、緋糸、ヒソプとともに焼かれた。なお、ヒソプは、死の天使*を追い払うためにエジプト*でイスラエルの人びとの家の鴨居と入口の2本の側柱に血を塗るのに最初に用いられた。雌牛、緋糸、杉の枝、血などのこれらすべての赤色の組み合わせは、イスラエルの人びとのコミュニティを脅かしている死の力を打ち破る働きを有していた。

赤は罪とも結びついている。赤毛の雌牛を生贄として献げることは、罪を贖う献げ物とみなされていた。イスラエルの人びとが黄金の子牛*の出来事によって罪を犯したので、子牛の母親、すなわち赤毛の雌牛を生贄として献げることは、その罪を償うことを象徴していた。(2) イザヤはこう述べている──「たとえ、お前たちの罪が緋のようでも、雪のように白くなることができる。たとえ、紅のようであっても、羊の毛のようになることができる」。(3) 神殿*が建っていた時のヨム・キプール*には、籤(くじ)で1匹の雄山羊*を選び、イスラエルの罪を負わせてアザゼルの荒野*へと追いやった。雄山羊の角*には赤い糸が巻かれ、神殿の入口には別の赤い糸が縛り付けられていた。タルムードは、神殿の赤い糸は雄山羊が荒野にたどり着くと白*くなる、と述べている。(4)

赤はまた地の色でもある。地を意味するヘブライ語アダマーは、赤を意味するアドームに由来している。聖書は、神は最初の人間アダム*をアダマーから創造したと述べている。(5) それゆえに、アダムは文字どおり「地の人」、あるいは「赤い人」を意味している。

カバラー*では、赤色はグヴラー〔力〕、あるいはディーン〔審判〕のスフィラー*〔スフィロート*の単数形〕、すなわちヘセッド〔慈愛〕と相対している神の局面と結びついている。

赤は王*権を連想させる場合もある。トーラー*の覆い(外套)、聖櫃*のカーテン、そして他の祭具は赤色であり、神の王権を象徴している。

伝統的に、ほとんどのユダヤ人の祝祭日とシャバット*に用いられる聖餐用のぶどう酒は、赤ぶどう酒である。

最も有名な「赤色」のつく名前は、イスラエルの人びとがエジプトから脱出する時に海水が奇跡的に分かれた紅海であるが、この名前は、皮肉にも筆記上の間違いの結果であった。紅海はヘブライ語ではヤム・スーフと呼ばれており、実際には「葦の海」(reed sea)の意味である。古い綴りの "rede" と "red" はわずか1文字の違いしかなく、印刷機のなかった時代には綴りを書き間違えることがよくあったからである。

───────

(1) 民数記 19：2-10　(2) プシクタ・ラバティ 14：14　(3) イザヤ書 1：18　(4) BT ヨマー篇 67a　(5) 創世記 2：7

象徴するもの：神の審判、神の加護、生命、清め、王権、罪

項目別分類一覧：色彩、カバラーの象徴

参照箇所：アダム、血、色彩、地、カバラー、王、ざくろ、ラケル、スフィロート、トゥ・ビ・シュヴァット、婚礼、白、ぶどう酒

アケダー　AKEDAH（ヘブライ語：アケダー）

古代の中近東では人身供犠が広く行なわれていた。イサク*を「縛る〔生贄として献げ

アケダー　AKEDAH

る〕」という意味のアケダーは、人身供犠の風習からユダ教が革命的に離れた、ということにおいてきわめて重要な事件であった。アケダーは、信仰の究極的な試みの物語でもある。年老いたサラが息子を授けてくれたにもかかわらず、アブラハム*はその後、この最愛の息子をモリヤ山で生贄として献げるよう神に命じられた。最後の最後の瞬間に、神はアブラハムにイサクの命を助けるように命令し、こう語った——「あなたが神を畏れる者であることが、今、わかった。あなたは、自分の独り子である息子ですら、わたしに献げることを惜しまなかったからだ」。[1] ある伝説によると、アブラハムがイサクを生贄として献げるために連れ出した時、サラ*は深い悲しみがもとで死んだという。別な伝説によると、イサクの命が助かったことを聞いた時、サラは心から喜んだという。

ある伝承は、イサク*は実際に祭壇*に生贄として献げられたと語っている。タルムード✝は、公けの断食日には「イサクの灰*」[2] を思い起こすために、灰*が神殿*の聖櫃*の上と、ユダヤ人コミュニティの指導者たちの頭の上に置かれていた、と報告している。後世の伝承は、イサクは生贄として献げられただけでなく、その後生き返りもしたと語っている。この中世の物語は、おそらくはアケダーをイエスの十字架上の死の予兆として解釈していた当時の支配的であったキリスト教的解釈への反発の表われであろう。[3] 迫害の時代には、アケダーはユダヤ人の殉教の象徴とみなされていた。

アケダーは、数世紀ものあいだ、ユダヤ教の宗教画のモチーフとして好んで用いられていた。ドゥラ・エウロポス（バビロニア、紀元後3世紀）とベイト・アルファ（イスラエル、紀元後6世紀）のシナゴーグ*のモザイクでは、イサクを生贄として献げている場面は特に目立つように描かれている。その場面はまた、割礼用のナイフの柄と割礼の道具を載せるお盆にも好まれて描かれていた。アケダーをこれらのものに描くのは、息子に進んで割礼をさせるということは、アブラハムが息子を進んで生贄として献げたことと同じであるという親の希望を表現している。さらに、このような風習は、あるものの一部を放棄するということは、他のものを危害から守ることになるという信念を長いあいだ支えてきた。

カバリスト✝は、アブラハムの中に慈愛、ヘセッドの象徴を、イサクの中に神聖な正義、グヴラーの象徴を見ていた。彼らのアケダー解釈によると、ヘセッドとグヴラー、慈愛と審判、火と水を調和させる仕事を開始するために、アブラハムは非情な心を示す必要があったのであり、そうしてヤコブ*、すなわち、調和の原理であるティフエレット（栄光または美）への道を準備したのである。彼らはさらに、アケダーの人間的な物語はスフィロート*（神の霊の流出）内部の神聖な領域における諸過程を映し出している、とも解釈している。

アケダーの物語は、ローシュ・ハ・シャナー*の第2日目にシナゴーグで朗読される（改革派ユダヤ教のシナゴーグでは、第1日目）。おそらくこれは、われわれは常に死に対して無防備であるということをわれわれに思い起こさせているのかもしれない。そしてこの主題はまた、新年祭での『生命の書』*の重要

視とこの祭りの期間中に着る白い*衣服にも反映されている。この祝祭日に吹かれるショファール*、雄羊*の角笛は、イサクの代わりに生贄として献げられた雄羊を思い起こさせている。

---

(1) 創世記 22：12　(2) BT タアニート篇 16a　(3) これらの伝承についてのより詳細な研究は Shalom Spiegel, *The Last Trial* (Pantheon, 1967) を参照。

象徴するもの：信仰、聖性、おもいやり、愛、殉教、再生、復活、供犠、神意への服従、信仰の試み、無防備

項目別分類一覧：割礼、ホロコースト、カバラーの象徴、ローシュ・ハ・シャナー、神殿

参照箇所：アブラハム、祭壇、灰、割礼、イサク、ヤコブ、カバラーの象徴、雄羊、ローシュ・ハ・シャナー、供犠、サラ、スフィロート、ショファール

顎鬚(あごひげ)　BEARD（ヘブライ語：ザカン）

顎鬚はいつでも、ユダヤ人にとってはきわめて象徴的なものであった。古代の中近東の異教の祭司たちは、自分たちの神聖な身分を示すために顔のある部分の髭を剃っていた。トーラー*はイスラエルの人びととこれら異教徒の人びとを区別するために、占いをすること、顔に傷をつけることなどの一般的に行なわれていた異教徒の風習とともに、髭の両端*を剃ることを禁じた。(1)ハンセン病患者や死者に触れて穢れた人びとのための清めの儀式や*祭壇の清めの場合においてのみ、身体の毛は剃られた。

顎鬚は、顔の装飾としての男性的な美しさと力強さの象徴とみなされていた。中世の聖書注解学者のアブラバネルは、神は特に女性と区別するために男性に顎鬚を与えた、と述べている。ローマ人と頻繁に商売をしていた者だけは顎鬚を刈りこむことを許されていた。後になると、スタイルは多様化した。イスラーム諸国のユダヤ人は長い顎鬚をはやしていたが、東欧のユダヤ人ははさみで顎鬚を整えていた。ヨーロッパの支配者の中には、たとえば、ロシアのニコライ1世のように、ユダヤ人に顎鬚を剃ることを強制したものもいた。他方、オーストリアのマリア・テレジアのように、ユダヤ人をキリスト教徒と区別するために、彼らに顎鬚をはやさせたものもいた。

顎鬚は、男性のイメージとしては非常に活力に満ちたものと考えられていたので、顎鬚〔や頭髪〕を剃り落とすということは、古代では服喪や大きな悲しみのしるしであった。しかし、顎鬚を半分剃り落とすことは、恥辱の象徴だった。(2)中世のラビの宗教裁判所では、姦夫に対する罰として顎鬚を完全に剃り落とさせた。現代ではユダヤ人男性の多くがきれいに顎鬚を剃っているので、顎鬚をはやすことは服喪のしるしとなった。

カバリスト✢は、顎鬚と髪*には神秘的な力があると考えていた。彼らは神をアティカ・カディシャ（聖なる蒼古なるもの）とも呼び、神の慈愛の属性を表わしている13*の巻き毛のある顎鬚は、神の超越的な顕現を象徴していると考えていた。(3)カバラー*思想が東欧全体に広がるにつれて、顎鬚をまったく剃らない慣習が広がった。とりわけハスィディーム✢は、たとえハラハー✢の見地から見て片刃の用具を用いない限りは剃ることが許

されてはいても、剃らなかった。今日でも厳格なユダヤ人の中には、伝統への彼らの心をこめた誓約のしるしとして顎鬚を剃ることを拒んでいる者もいる。顎鬚はユダヤ人男性の間ではもはや一般的なものではないが、アメリカの手話はユダヤ文化における顎鬚の永続的な象徴性を証明している。すなわち、「ヘブライ人」「ユダヤ人」「イスラエル」を手話で表現する際には、どの語にも顎鬚を表わすジェスチャーがある。

---

(1) レビ記 19：27、21：5 (2) サムエル記下 10：4
(3) ゾハール 3：289b-290a (Tishby, The Wisdom of the Zohar, 1：334, 注 264)

象徴するもの：伝統への忠誠、美、区別、男らしさ、服喪、神秘的な力、純粋、分離、精神的な強さ
項目別分類一覧：身体、部分、カバラーの象徴
参照箇所：隅、髪、カバラー、祭司職

頭 HEAD（ヘブライ語：ローシュ）

聖書においては、頭は人の威厳を表わしている。頭を低くすることや覆うこと、または、頭に灰*を置くことは、服従や羞恥心の表現である。頭を上げることは、歓喜のしるしである。[1] ユダヤ人男性——そして、多くの女性も——宗教儀式にかかわる時には、神の前での服従のしるしとして自らの頭を覆う。伝統的な女性の多くは、結婚後は慎み深さのしるしとして、頭を覆っている。

頭は身体の最上部に位置しているので、支配や管理を表わしている。それゆえに、人びとの指導者は「頭(かしら)」と呼ばれている。パレスティナがローマ*の支配下にあった2000年前、ラビ*たちはローマ人によく知られていた諺とは反対に、「狐の頭になるよりは、獅子*の尻尾になるほうが賢明である」[2] と忠告した。同様に、冠は頭の上に置かれるので、王位を表わしている。タルムード*学校の校長は、ローシュ・イェシヴァーと呼ばれているが、これは文字通り「座る者の頭(かしら)」の意味である。

「血はお前の頭に返る」という表現は聖書全体を通して頻繁に出てくるが、これは、もしも悪事、特に殺人を犯した場合に、それに対して責任があるとみなされた時には、「血を流させる」という人の善悪の判断力について言っている。[3]

聖書における「神の御顔*」という表現は、祭司の祝祷*で「神が御顔を向けてあなたを照らしてくださるように」[4] と語られているように、神の慈愛について語っている。神が人びとに腹を立てると神の御顔は隠された、と聖書は語っている。[5] モーセ*は神と「顔と顔をつき合わせて」会った唯一の人間であると誉め称えられている。[6]

頭は始まりをも象徴している。（聖書やラビ文書では、知性は頭にではなく心*臓にあると考えられていたが）頭は、産道から最初に現われ出るものであり、ほとんどの感覚の源である。それゆえに、ユダヤ人の新年はローシュ・ハ・シャナー*、その「年の頭」、そして各月の始まりはローシュ・ホデッシュ*、その「月の頭」と呼ばれているのである。

カバラー*文書においては、人間の身体*は神の霊の10個*の流出であるスフィロート*の小宇宙とみなされている。頭は最初の3*個の（そして最高位の）スフィロート——ケテル（王冠）、ビナー（知性）、ホフマー（叡

アダム　ADAM

智）を表わしている。イツハク・ルーリア[+]のカバラー*によると、物質世界は初め、原アダムであるアダム*・カドモンの頭から流出した光から発生したという。しかし、これらの光のエネルギーが非常に強力であったので、神の秩序を破砕し、閃光は物質世界のすみずみにまで四散した。ティクン、すなわち、宇宙の修復のメカニズムは、パルツフィーム（神のさまざまな御顔）──聖なるエネルギーのさまざまな組み合わせ──の体系を通して成しとげられる。パルツフィームは、神性の原初の統一性を回復するのである。

---

(1) 出エジプト記4：31、イザヤ書58：5、詩篇24：7、9　(2) ピルケイ・アヴォート4：15　(3) サムエル記下1：16　(4) 民数記6：24-26　(5) イザヤ書64：6　(6) 申命記34：10

象徴するもの：始まり、威厳、神の憐れみ、神の霊、指導力、優越、名声、王権

項目別分類一覧：身体の部分、カバラーの象徴、ローシュ・ハ・シャナー

参照箇所：身体、冠、顔、心臓、カバラー、光、スフィロート、トゥフィリン

アダム　ADAM（ヘブライ語：アダム）

トーラー*によれば、アダムは最初の人間であった。アダムの名前は、ヘブライ語のアダマー（土、地*の意）とアドーム（赤*色の意）に由来している。というのも、アダムは原初の土から創造されたからである。

アダムは神の似姿に創造され、すべての生き物を支配する力を授けられた。しかし、アダムとその伴侶エバは蛇にそそのかされて、善悪の知識の木*から取って食べてはいけない、という神の命令にそむいて罪を犯してしまった。[1]こうしてアダムは、神への信心深さと神への反逆をともに象徴することとなった。

ヘレニズム時代のユダヤ人哲学者フィロンによれば、アダムは神の完璧な被造物であったという。ラビ[+]たちはアダムの類いまれな美しさをこう賞賛していた──「アダムのかかとのふくらみは、太陽の光輪よりも燦然と光り輝いている。その顔の輝きのなんと華々しいことか！」。[2]しかし、アダムが罪を犯した時、その美しさは失われ、地上のすべてのものの完全性も失われた。

ある聖書解釈によれば、原初のアダムは「男と女に神は創造された」[3]と書かれているように、男女両性を具有していたという。さらに、アダムはあらゆる人種を代表していたという。というのも、神は彼の身体を地上のすみずみの塵*から創造したからである。別な解釈はアダムを最初の男性と呼び、エバをアダムのあばら骨から造り上げられた最初の女性と呼んでいる。[4]

中世の哲学者たちにとって、アダムは、知的完全性を（マイモニデス[+]）、神聖な力を入れる容器を（イェフダ・ハレヴィ）、人類の元型を（ヨセフ・アルボ）表わしていた。エデンの園*での彼の誘惑と堕落の物語は、人間の本性の寓話と見られていた。

ミドラッシュ[+]の伝承は、原初のアダムは超人的な人間、アダム・カドモン、原アダムであり、彼の身体は「世界の一方の端から他方の端にまで及んでいた」と述べている。彼が罪を犯した時、神は「彼の上に御手*を置き、彼を小さくした」。[5]カバリスト[+]は、神

が自らを収縮させ、原初の空間に神の光を放出させた時に、この原初のアダムが生まれ出た、と解釈している。アダム・カドモンは、物質世界における神の臨在を象徴している。

聖書によれば、アダムは最初の農夫だった。エデンの園*で神の命令に従わなかった結果として、彼とその子孫は野の草を食べ、土から食べ物を得るために苦しみ、顔に汗を流してパン*を得るように運命づけられた。[6]

ユダヤ人の家庭では、アダムとエバは神と天使*たちによって準備され、祝福された最初の結婚を象徴している、と一般的に考えられている。

---

(1) 創世記1：26-28、3：1-7 (2) プスィクタ・デ・ラブ・カハナ4：4 (3) 創世記1：27、創世記ラバー8：1 (4) 創世記2：7、21-22 (5) BT ハギガー篇12a、創世記ラバー8：1 (6) 創世記3：17-19

象徴するもの：農業、美、神の臨在、支配、耕作、信心深さ、人間、無垢、知性、完璧、反逆、罪、統一性

項目別分類一覧：植物、色彩、カバラーの象徴、人物

参照箇所：地、エデン、エバ、カバラー、光、リリット、蛇、木

アフィコマン　AFIKOMAN（ヘブライ語：アフィコマン）

過ぎ越しの祭り*のセデル*では、家長は祝いの食事が始まる前に3枚のマッツァー*のまん中の1枚をふたつに割り、その半分の大きい方を隠しておく。この半分のマッツァーがアフィコマンである。すべての客がこのひと切れを食べ終わらないとセデルは終わらない。

アフィコマンはギリシア語で「食事の後の歌と余興」や「デザート」を意味する。[1] ミシュナー[+]は、「過ぎ越しの祭りの食事の後には、アフィコマンを出してはならない」[2]と述べている。第二神殿*の崩壊後は、まん中のマッツァーの割られた半分が過ぎ越しの祭りの供犠に取って代わり、それを象徴することとなった。これは、セデルの食事で食べてもよいものの最後の食べ物である。

アフィコマンはセデルでのその重要な役割のゆえに、民間信仰においては特別な意味を持つようになった。それは、邪視*から守り、長寿を保証する。中世では、それは護符*として小袋の中に入れて持ち歩かれていた。イラン、アフガニスタン、サロニカ、クルディスタン、ブハラのユダヤ人は、アフィコマンをポケットや家の中に保持しておくと幸運がもたらされる、と信じていた。ユダヤ人コミュニティの中には、妊婦が安産祈願のためにそれを持ち歩いているところもある。もしも、アフィコマンが7*年間保存されたならば、荒れ狂った川の中へそれを投げ入れると、洪水を堰き止めることができる、と信じられていた。クルディスタンやヘブロンのスファラディーム[+]の間では、父親が息子の腕にアフィコマンを結びつけてこう言う――「このようにおまえの花嫁の腕にもクトゥバー*〔結婚契約書〕を結びつけなさい」。東欧のユダヤ人コミュニティの中には、アフィコマンのひと切れを食べると、翌年中には独身女性に夫が必ず見つかると信じていたところもあった。

アフィコマンは破壊によって作られ、その

後、食事を完全にするためにふたたび現われるので、完成とメシアによるティクン⁺、すなわち、調和を乱されたわれわれの世界の修復の象徴となっている。チュニジアのジェルバのユダヤ人社会では、セデルの家長が客のひとりにアフィコマンのひと切れを与え、その客はそれを自分の肩の上に乗せて親戚を訪問する。これは、メシアによる贖いへの希望を象徴している。アフィコマンは3*枚のマッツァーのまん中の1枚から作られるが、そのまん中の1枚はレビ人を表わしている。というのも、それが姿を消すということは、神殿からのレビ人の追放を象徴しているからである。ユダヤ人の伝統では、子供たちを「人類のメシア」とみなしている。それゆえに、子供たちが隠されたアフィコマンを捜して持ってくるということは、子供たちが追放されたレビ人を贖い、家庭の食卓*が象徴している祭壇*での奉仕に彼らを復帰させる、ということを象徴している。⁽³⁾

子供たちにとっては、アフィコマンはご褒美への期待を表わしている。というのも、隠されたアフィコマンを見つけると、プレゼントやお小遣いがもらえたからである。アフィコマンは、子供たちの特別な役割のために、家族の継続性と将来の世代への希望を象徴している。

(1) JTプサヒーム篇10：6、BTプサヒーム篇37d
(2) ミシュナー・プサヒーム篇10：8 (3) Fredman, *The Passover Seder: Afikoman in Exile*, 119, 123.
象徴するもの：継続性、幸運、希望、長寿、贖い、供犠、ティクン・オーラム〔世界の修復〕
項目別分類一覧：食物、メシア、自然現象、過ぎ越しの祭り、神殿、婚礼
参照箇所：邪視、マッツァー、メシア、セデル、神殿

油　OIL（ヘブライ語：シェメン）

古代イスラエルでは、主としてオリーヴ*を押しつぶして作られた油は、食物と衣服とともに三つの生活必需品のひとつだった。油は、食物、化粧品、燃料、薬として用いられていたが、輸出品目でもあった。高価な香りの良い油は、富裕さを象徴していた。⁽¹⁾ 油は人びとの生活上の儀式、たとえば、生贄を献げる儀式や即位式などでは、中心的な役割を演じていた。油は篤い信仰心への報酬として神が約束した祝福のひとつであった。⁽²⁾

油はその価値と重要性のゆえに、名誉、喜び、寵愛を象徴している。⁽³⁾ したがって、罪や恥辱と結びついた生贄の献げものには油を用いなかった。しかし、祝祭日、ナジル人の誓願の完了、感謝の祈り、軍事的勝利、飢饉の休止、祭司の儀式などの喜びに満ちた嬉しい時には、生贄の献げ物に、上等の小麦粉と油と乳香を混ぜ合わせて作られた食物の献げ物（ミンハー）が追加された。

油は生命の象徴でもあった。ハンセン病患者がコミュニティにふたたび迎え入れられた時に彼らが油を塗られた理由は、おそらくはこのためであったのかもしれない。

古代の中近東全体において、油を塗ることは地位の変化を示していた。イスラエルの祭司たち、預言者たち、王*たちは、油を塗られることによって聖別された。また、ヤコブ*の夢*の場所やミシュカン*などのような聖なる場所も、同様に油で聖別された。⁽⁴⁾ こう

して、「油を注がれた」(マシーアッハ)という語は、メシア、油を注がれた者、ダビデ*王家の末裔と同義語となった。

オリーヴの油はイスラエルの地の肥沃さを表わしている7種類の植物*のひとつである。

油は神殿*のメノラー*、シャバット*のランプ*、ネール・タミード*(永遠のともしび)、ハヌカー*のメノラー〔ハヌキヤー〕などの光*の供給源として、ユダヤ民族の中に宿っている神の霊を象徴している。

ハヌカー*では、この祝祭日にとって油の奇跡は非常に中心的な出来事であったので、油で揚げた食べ物を食べるのが伝統となっている。

---

(1) 士師記 9：8-9 (2) 申命記 11：14、33：24、詩篇 23：5、45：8 (3) 歴代誌上 9：29、27：28、列王記下 20：13、イザヤ書 39：2 (4) レビ記 8：12、30、列王記上 19：16、サムエル記上 16：13、創世記 28：18、レビ記 8：10

象徴するもの：祝福、神の霊、寵愛、肥沃、聖性、名誉、喜び、贖い、地位、富

項目別分類一覧：食物、ハヌカー、イスラエルの地、メシア、シャバット

参照箇所：ロウソク、ハヌカー、ランプ、光、メノラー、ネール・タミード、オリーヴ、7種類の植物

アブラハム　ABRAHAM（ヘブライ語：アヴラハム）

トーラー*によれば、アブラハムは最初のユダヤ人であり、イスラエルの民の初代の族長である。彼とその妻サラ*は、神の命令によってカナンで唯一神崇拝という新しい宗教を創始するためにメソポタミアを出発した。アブラハムは、イサク*とイシュマエル*の父であるので、ユダヤ民族とアラブ民族双方の祖先である。

トーラーはアブラハムの名前を「多くの国民の父」を意味するものと説明しているが、それは神が子孫を「天の星のように増やそう」と約束したユダヤ民族の創始者としての彼の役割を意味している。[1] ユダヤ人と神との契約のしるしとなる割礼*の慣習を定めたのは、アブラハムである。[2] 後世の伝承によれば、神はアブラハムの高潔さへの報奨として、ユダヤ民族にツィツィート〔タリート*の項参照〕とトゥフィリン*を授けたという。[3] さらに、毎朝の祈り、シャハリート+を定めたのもアブラハムであるという。[4]

彼は、息子のイサクを生贄として献げよ、という神の命令を快く受け入れたので、神への心をこめた信仰の象徴となった。中世の哲学者にとって、アブラハムは義人と哲学者の模範であった。マイモニデス+は、アブラハムの預言者としての力はモーセ*に次ぐものである、と述べている。カバリストにとって、アブラハムはスフィロート（神の霊の流出）のひとつである慈愛のスフィラー*、へセッドを表わしていた。

アブラハムの天幕は常に見知らぬ人びとに開かれていたので、アブラハムとその妻サラは親切なもてなしの模範であった。彼はまた、多くの非ユダヤ人を唯一神への信仰に改宗させたので、「ユダヤ教への改宗者すべての父」[5] とも呼ばれている。今日まで、ユダヤ教への新しい改宗者は「アブラハムとサラの子」と呼ばれている。

アマレク　AMALEK

(1) 創世記 17：4-5, 22：17　(2) 創世記 17：9-14　(3) BT ソター篇 17a　(4) BT ベラホート篇 26b　(5) BT ハギガー篇 3a

象徴するもの：改宗、契約、信仰、親交、親切なもてなし、おもいやり、哲学、預言、高潔

項目別分類一覧：割礼、改宗、人物

参照箇所：アケダー、割礼、イサク、イシュマエル、カバラー、サラ、スフィロート、ウシュピズィン

アマレク　AMALEK（ヘブライ語：アマレク）

ユダヤ人の歴史と伝説においては、アマレクという名前はイスラエルの敵と同義語となっている。アマレクという場合、エサウの孫アマレクと、イスラエルの子たちが約束の地へ向かう途中の荒野*を通り過ぎる時に背後から彼らを攻撃した、その子孫の民族アマレク人双方を指す。イスラエルの人びとに対するアマレク人の悪行ほど憎むべきものはなかった。彼らは、旅路でしんがりにいた女性たち、子供たち、老人たちなどの落伍者を襲った。それゆえに、トーラーはユダヤ人に、彼らを決して忘れてはならない、許してはならない、と命じている——「あなたは、アマレクの記憶を天の下から消し去らなければならない。決して忘れてはならない」。(1)

エステル*記の悪漢アガグ人ハマン*は、かつてアガグ王に支配されていたアマレク人の子孫とみなされている。(2) プーリム*の前のシャバット*は、「シャバット・ザホール」（想起のシャバット）と呼ばれている。その日には、アマレク人の裏切りの物語がシナゴーグで朗読される。「アマレクの記憶を天の下から消し去らなければならない」という聖書の命令を実践するために、プーリムの時にエステル記のメギラー*（巻物）が朗読されている間には、ハマンの名前が聞こえると騒ぎたて、片方の靴の底に書かれたハマンの名前を床に踏みつけるのが伝統的な慣習となっている。

ラビ文学の伝承では、アマレク人をローマ*ともみなしている。(3) アマレク人のようにイスラエルの破滅を企図しているものに対して愚かにも憐れみを示すようなことは絶対にしてはならない、とラビ+たちは警告していた。

(1) 申命記 25：19　(2) サムエル記上 15：2-33　(3) Ginzberg, *Legends of the Jews*, 5：272, 注.19.

象徴するもの：裏切り、敵、悪、プーリム、復讐

項目別分類一覧：人物、プーリム

参照箇所：エサウ、ハマン、メギラー、プーリム、ローマ

雨　RAIN（ヘブライ語：ゲシェム、マルコーシュ、マタール、ヨレー）

雨は、農業社会では神の摂理の現われと見られている。雨は天から降るので、われわれの世界への精神的なものの降下、神聖なるものの物質的な顕現を象徴している。

中近東においては、雨は農業上の周期の中でも最も重大な不安定要素である。雨は、一般的にイスラエルでは 10 月から 5 月まで、主として、冬の 12 月、1 月、2 月に降る。雨は非常に重要であるので、ヘブライ語では雨を何種類かに分類し、最後の雨（マルコーシュ）とか最初の雨（ヨレー）とか、激しい

雨とか軽い雨とか区別して表現している。古代から今日に至るまで、旱魃は民族の繁栄にとって最大の敵である。雨は、生命あるものすべての保護と存続にとっては欠くことのできないものである。

収穫祭であるスッコート*の終わりにはトゥフィラット・ゲシェムという雨乞いの祈りを朗唱するのが伝統となっている。この祈りでは、翌年の春の収穫のために恵みの雨を降らせてくれるよう神に祈願している。この祈りを朗唱する時には、祈りの先唱者✢は白い*キッテル*を着る。これは、厳粛さを象徴しており、人びとにとって降雨が持っている生と死の重要性を強調している。古代では、スィムハット・ベイト・ハ・ショエヴァー（水汲みの家の喜び）と呼ばれる特別な楽しい儀式が行なわれていた。この儀式は、冬の雨の直前のスッコート*の期間に神殿*とエルサレム*のいたるところでロウソク*をともし、踊り、歌って祝われていた。[1] この儀式は、1年を通して最も楽しいものであった。冬の雨乞い（夏は露*乞い）の短い祈りが、死者の復活を神に感謝するアミダー✢の祈りの部分に毎日挿入されている。これは、降雨を回復させることが神の癒し、捕囚民の救出、メシアによる死者の霊魂の復活と同じことであることを象徴している。カバラー✢では、雨は男性の水*、すなわち、上から下に降る霊的エネルギーの源泉を表わしている。これと対照的に、露*は女性の水*、すなわち、下から上に昇

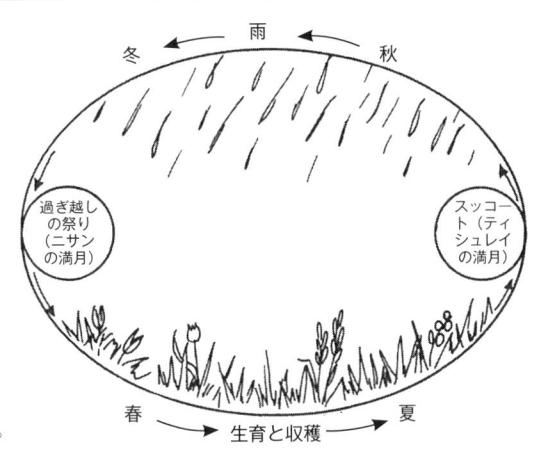

イスラエルの地の雨季と乾季の1年の周期

スッコート*は秋分の日の後の満月の時に祝われる。スッコートの終わりの頃に季節の変化が起こり、雨季がやってくる。秋に蒔かれた穀物は発芽し、その後、春まで冬眠している。

過ぎ越しの祭りは通常、雨季が終った春分の日の後の満月に祝われる。大麦は過ぎ越しの祭りまでには穂をつける。他の穀物は、秋の収穫祭であるスッコートまでの生育期のあいだじゅう実っている。

る霊的エネルギーを表わしている。

---

(1) ミシュナー・スッカー篇5：1-4、イザヤ書12：3

象徴するもの：祝福、神の摂理、肥沃、希望、生命、復活、精神

項目別分類一覧：自然現象、祈り、スッコート

参照箇所：露、スッコート、水

アーモンドの木　ALMOND TREE（ヘブライ語：シュケディヤー）

アーモンドの木には、ユダヤ人の伝統においては、肯定的な意味あいと否定的な意味あ

アーモンドの木　ALMOND TREE

アーモンドの木（学名 *AMYGDALUS COMMUNIS*）。毎年イスラエルで最初に花を咲かせる木であり、夜中のうちに劇的に開花していることがよくある。

い双方がある。それは、一方において、アロン*の杖の物語に明らかなように、神の寵愛を象徴している。その物語では、アロンの杖から芽が吹いてアーモンドの花を咲かせた。それは、アロンは大祭司として人びとを導くために神が選んだ人である、ということを示していた。[1] アーモンドの木はまた、春と再生をも象徴している。というのも、アーモンドはイスラエルで最初に花を咲かせる木であるからである。それは、1月か2月に花が咲く。アーモンドの木は「寝ずに見張る」という意味のヘブライ語に由来している。

他方、アーモンドの木は、はかない人生を表現するのにも用いられてきた。というのも、この木は花を咲かせるのは早いが、実を結ぶのが遅いからである。ここから、「せきたてる」という意味に訳することもできるシャケード〔ヘブライ語でアーモンドの実の意味〕というその名前が出てきた。さらに、この木は遅霜に弱いので、もろさの象徴でもある。

アーモンドの木は、葉が枝に現われる前に花が咲くというユニークな特質を持っている。荒涼とした冬景色から生命が噴出するというこの木の特質は、死者を蘇らせる神の奇跡的な力をわれわれに思い起こさせる。ラビ+たちは、アーモンドの木が花を咲かせるこの時期をトゥ・ビ・シュヴァット*（樹木の新年）として選んだ。それゆえに、アーモンドは、この祝祭日の料理と歌において特に重要な役割を演じている。現代のイスラエルでは、アーモンドはその味わいと香りが尊ばれ、美しさと希望の象徴である。

コヘレトの言葉は、人生の無常の象徴としてアーモンドを比喩的に描写している。[2] 同様に、古代のアラム人の文書では、英雄アヒカルは息子にこう警告している——「アーモンドの木のようにはなるな。なぜなら、この木はどの木よりも早く花を咲かせるが、実を結ぶのはどの木よりも遅いからだ」。これらの文書が語っているアーモンドの珍しい自然的循環は、実りある人生よりも空しい人生を象徴している。

アーモンドの魔術的な特質は、最初にアロンの杖との関連で現われた。アロンの杖は、アーモンドの花を突然咲き出させたばかりか、それ以前には、エジプトの魔術師の杖を呑みこみもした。[3] この奇跡とアーモンドの植物的な特質のために、アーモンドの木は神聖な預言の象徴となった。

アーモンドの木の実は目*のような形をしているので、邪視*からの防護として利用された時もあった。アーモンドのヘブライ語シャケードには「見張る」という意味もある。[4]

アーモンドのもうひとつの名前ルズは、そ

この住人は永遠の生命を与えられていると言われていたイスラエルの伝説的な都市の名前でもある。ミドラッシュ✝によると、背骨の最下部にはひとつの骨があり、ルズまたは「脊柱の木の実」と呼ばれている。そして、そこから「復活の時に人間は生まれ出る」⁽⁵⁾という。中世においては、水にも溶けず、火でも焼き尽くせないこの骨は、「復活の骨」os resurrectionis と呼ばれていた。

---

(1) 民数記17章　(2) コヘレトの言葉 12：5　(3) 出エジプト記 7：11 - 12　(4) エレミア書 1：11 - 12　(5) コヘレト・ラバー 12：5

象徴するもの：美、はかない人生、神の恩寵、もろさ、希望、奇跡を起こす力、預言、再生、復活、春、空しさ、脆弱

項目別分類一覧：身体の部分、植物、食物、木、トゥ・ビ・シュヴァット

参照箇所：アロン、イスラエルの地、エルサレム、木、トゥ・ビ・シュヴァット、白

アレフベイト ALEPHBET （ヘブライ語：アレフベイト）

ヘブライ語のアルファベットは、世界で最も古いもののひとつである。それは、ギリシア語とラテン語のアルファベットを生じさせた同じフェニキア語系を起源としている。それは、22文字（そしてさらに、5＊つの「語末」形文字がある）から成り、文字の上部や下部、あるいは文字の内部に挿入する発音を区別する符号の方式によって母音符号が付けられている。

ラビ✝たちは、「神の御言葉によって天は造られた」⁽¹⁾という一節を引証して、アルファベットの文字に途方もない創造的な力を与えた。モーセ＊がシナイ＊で最初の十戒の石版を壊した時、聖なる文字はその天の源にまで飛んで戻って行ったと言われている。同様に、ラビ・ハニナ・ベン・テラディオンが後にローマ人によってトーラーの巻物に巻かれて焼き殺された時も、トーラー＊の文字は天に舞い上がって行ったという。⁽²⁾

伝統に忠実な聖書注解者たちは、特に文字が不必要に多い場合や、語順が不適当である場合には、文字それぞれに重要な意味を与えていた。現代の学者が文法的な効用とか、場合によっては誤りとしてしか見ていないところでも、伝統に従って聖書を読むユダヤ人は、解読されるべき隠された意味をそこに見ていた。たとえば、ラビ・アキバ✝（紀元後 50 〜 135）は、トーラーの第1行目のエット（直接目的語を指す場合にのみ用いられる）という語は、神が単独で宇宙を創造したということを決定的に証明している

ラメッド = 30	ל	アレフ = 1	א
メム = 40	מ	ベイト = 2	ב
ヌン = 50	נ	ギメル = 3	ג
サメフ = 60	ס	ダレット = 4	ד
アイン = 70	ע	ヘイ = 5	ה
ペイ = 80	פ	ヴァヴ = 6	ו
ツァディ = 90	צ	ザイン = 7	ז
クフ = 100	ק	ヘット = 8	ח
レイシュ = 200	ר	テット = 9	ט
シン、スィン = 300	ש	ユッド = 10	י
タヴ = 400	ת	カフ = 20	כ

ツァディ語末形	カフ語末形
ペイ語末形	メム語末形
	ヌン語末形

ヘブライ語アルファベット22文字とその数値、および終止形

アレフベイト ALEPHBET

と主張していた。[3]

　さらに、ギリシア人の慣習やピタゴラス派の数*の理論の影響を受けて、後になると数的価値が文字に付け加えられ、精緻な解釈の伝統を生じさせた（図参照）。元来は硬貨を数えるために発案されたこの方式によって、解釈者はゲマトリア✛ gematria（ギリシア語で幾何学を意味する geometry か、または、「第3番目の文字は数値が3である」という意味の gammatria どちらかに由来している）と称される独創的な方法を作り出した。この方法は、等しい数値を持つ単語間での同義性を定めた。ラビたちはこの方法を用いることによって、道徳的、儀礼的、哲学的諸原理を引き出した。たとえば、ヘブライ語の単語ヤイン（ぶどう酒）とソッド（秘密）はどちらも等しく70の数値を持つので、これらふたつの単語の数値の等価性を示すことによって、「ぶどう酒が入ると秘密が出てくる」[4]とラビたちは説いた。ある者にとっては、ゲマトリアは単なる遊びにすぎないが、他方、ゲマトリアをわれわれの世界で働いている象徴的な照応の重要な体系を明らかにする神聖な記号としてきわめて真摯に考えている者もいる。今日に至るまで、ユダヤ暦はこの数値対応のアルファベットで表記されている。ちなみに、ユダヤ暦5759年（西暦1999年）をヘブライ文字で表記すると、右からタヴ・シン・ヌン・テットとなる（ヘブライ語の表記法では、5000を表わす最初の文字ヘイを省き、759までを表記している）。

　ひとつの単語を構成している文字それぞれを略語としてみなす場合があるが、その場合それらの略語は、道徳的な教え全体を明らかにするために解読されている〔この解読方法をノタリコン✛ notarikon という〕。たとえば、ローシュ・ハ・シャナー*に先だつユダヤ暦の月エルール✛ Elul は、イスラエルと神のあいだの愛を肯定した一節、「恋しいあの人はわたしのもの、わたしは恋しいあの人のもの」[5]を表わしている。というのも、ヘブライ語のエルールは、この一節のヘブライ語文　Ani Le-Dodi Ve-Dodi Li の A-L-V-L の4文字から成っているからである。カリグラフィーでさえも道徳的な意味を持っていた。有名な伝説によると、タルムード時代の偉大な学者ラビ・アキバ✛は、トーラーの巻物の文字の上にある飾り〔タギン〕（王冠*）の意味さえも理解していたという[6]〔ユダヤ教の数秘学にはさらに、トゥムラー temurah と称せられる方法がある。これはある単語の語順を変換することによってまったく違う語を創り出し、その語に隠されているもうひとつの意味を解読する方法である〕。

　カバリスト*は実際に、ヘブライ語のアルファベットの文字は物質的な宇宙を創造する神聖なエネルギーをその内部に含んでいると考えていた。文字は神の霊が流出して生じた。したがって、それらを人間が操作すると、大きな危険を引き起こす場合もあるし、贖う力をもたらす場合もある。われわれがヘブライ語のアルファベットの文字を発音すると、その霊的な真髄を覚醒させ、それらの文字が生じた流出の天の源に回帰する聖なる諸形態を作り出す。文字は「白*、赤*、緑、黒などの光*のあらゆる色彩で織られた」トーラーの覆いである。[7]

　神秘主義者によると、テトラグラマトン✛

アレフベイト ALEPHBET

の4文字、すなわち、発音できない神の御名*——「ユッド、ヘイ、ヴァヴ、ヘイ」〔英語ではYHVHと表記している。発音できないので、代わりにアドナイ（「わが主」の意味）と呼んでいる。4文字の数値の総和は26〕——には、創造と破壊の比類のない力があるという。カインは、神が彼の額に刻んだ文字ヴァヴによって、復讐者たちの怒りから守られた。[8]

ユダヤ教の魔術においては、ヘブライ文字を組み合わせることは常に、呪文を唱えたりお守りを作ったりする際の主要な方法であった。護符*の多くには、神のさまざまな御名、天使、そして聖書の聖句などが組み合わされている。

文字のいくつかはユダヤ思想においては特別な意味を持っている。

アレフは、ヘブライ語のアルファベットの最初の文字である。それゆえに、「初め」を意味している。もしも母音符号が付けられていなければ、それは無音である。ユダヤ教の数秘学においては、それは数字の「1」と「1000」を表わしている。アレフは、他のすべての文字を包含しており、言葉の源泉である。それゆえに、統一性と完璧を象徴している。

「アレフからタヴまで」[9]というタルムード+の表現は、英語で「AからZまで」と言う場合と同じように、完全性を象徴している。

アレフは、世界の創造と関連のある神の御名、エロヒームの最初の文字である。また、「燃える柴*」の中から啓示された神聖な名前、「エヒイェ アシェル エヒイェ」（「わたしはある。わたしはあるという者だ」）の三つの言葉すべても、アレフから始まる。十戒の最初の言葉、「アノヒ」（「わたしは主、あなたの神」）もアレフから始まる。[10]さらに、アレフの字画は3画であるが、それらの三つの字画を別個の文字として考えると、ふたつのユッドとひとつのヴァヴとなる。そして、これら三つの文字の数値の総和は26であり、これは、神の御名の4文字YHVHの数値の総和と等しい。このような神の御名との力強い結びつきのために、アレフは魔術においては広く用いられてきた。一般的によく知られている呪文「アブラカダブラ」（おそらくは、ヘブライ語の「バラー ケ・ダヴァール」〔御言葉によって創造した〕に由来しているものと思われる）におけるア音の多用さえも、原初のアレフとのこうした結びつきによるものであるのかもしれない。アレフはまた、ユダヤ人の民間信仰においては、護符*や文字の魔術にもよく見られる。

ヘイは、神のヘブライ語名を書く代わりによく用いられ、ハ・シェム（御名）の略記としても用いられる。

ユッドは、ヘブライ語のアルファベットの中では一番小さな文字であり、手*を意味するヘブライ語ヤッド*に由来している。ユッドは、神の聖なる御名*の4*文字YHVHのひとつであり、また、御名の省略形ヤーの2文字のひとつであるので、象徴的には最も重要である。ユッドの文字の数値は10である。ユッドふたつで神の御名を書く場合もある。ユッドはまた、神の霊の流出過程（アツィルート）での最高位の次元をも表わしている。

シンの数値は300であり、もうひとつの神の御名シャッダイ（「全能の神」の意）の最初の文字である。この文字はメズザー*やトゥ

フィリン*、さらにまた護符などのユダヤ教の標章にもよく見られる。ユダヤ人の中には、シュマァ+を朗唱する時に、右手のまん中の3本の指を額に当てる者がいるが、これはこの祈りの最初の文字とシャッダイを象徴している。手にトゥフィリンを巻き付ける時は、紐をシンの文字になるように巻き付ける。祭司たちが祭司の祝祷*を朗唱する時には、ひとつのシンかふたつのシンの形になるように両手の指を広げる。死者を埋葬するために経帷子を着せる際には、経帷子の結び目を固く結ばずに、シンの形に輪結びにするのが慣習となっている。この文字はまた、シナゴーグと祭具などの装飾や建築のデザインとしてもよく用いられている。

(1) 詩篇33:6　(2) BT プサヒーム篇87b、BT アヴォダー・ザラー篇18a　(3) 創世記ラバー1:14　(4) 民数記ラバー10:8　(5) 雅歌6:3　(6) BT メナホート篇29b　(7) ティクネイ・ハ・ゾハールの序文　(8) Ginzberg, Legends of the Jews 1:111-112　(9) BT シャバット篇55a　(10) 出エジプト記3:14、20:2

象徴するもの:〈アレフベイト〉:創造力、危険、神の霊、神、聖性、学習、生命、魔術、神秘、危難、力、啓示、霊魂／〈アレフ〉:始まり、完成、創造、神の神秘、謙遜、魔術、完璧、首位、沈黙、統一性／〈ヘイ〉:神／〈ユッド〉:神、聖性／〈シン〉:神の力、神の加護

項目別分類一覧:数字、シャヴオート

参照箇所:護符、燃える柴、冠、カバラー、光、メズザー、名前、神の御名、数字、十戒、トーラー

アロン　AARON（ヘブライ語:アハロン）

アムラムとヨケベドの息子、モーセ*の兄、ミリアム*の弟。レビ族の一員である彼は、イスラエルの祭司制度の創始者である。祭司職は、彼の名から「アロンの家」と呼ばれている。

ユダヤ人の伝承は、モーセをユダヤ民族の最も偉大な師、預言者、解放者として崇めているが、イスラエルの人びとが約束の地に向かって荒野*をさまよっていた時に彼らの心を捉えていたのはアロンであった。人びとの精神生活を指導したのはアロンとその息子たちであり、生贄を献げて罪の償いをしようとしたのも彼らであった。祭司の祝祷で人びとを祝福したのはアロンの手だった。エルサレム*に神殿*があった時に祭壇*で仕えていたのは、アロンの子孫であった。

アロンは黄金の子牛*の事件に加担したにもかかわらず、神は反逆者コラを呑みこんだ割れた大地や、不思議にも芽を吹きアーモンド*の花を咲かせていたアロンの杖などのような一連の奇跡によって、アロンの祭司としての権威を確約した。モーセの場合と同様に、神はアロンの生涯を聖なる接吻で終わらせた。

ラビ+たちによれば、アロンは平和を作り出す者の模範であった。賢者ヒレル+は言った、「アロンの弟子になりなさい。そして、平和を愛し、平和を求め、同胞を愛し、彼らをトーラーに近づかせなさい」[1]と。アロンはこのうえなく平和を愛していたので、黄金の子牛事件では、同胞であるイスラエルの人びとの間に衝突をひき起こすよりは、神の不興を買うほうをあえて選んだのだ、とラビた

ちは教えている。

アロンはまた、夫婦間に平安を回復するのにも骨を折り、個人的にも家庭内の争いを調停した。彼の名は円満な結婚生活の象徴として婚約指輪に刻まれることがあった。

レビ人の祭司職と荒野の聖所✝との結びつきのために、アロンは伝統的に聖なるものの象徴でもあった。イスラエルや中近東の古代のシナゴーグ*の壁画には、神殿の聖櫃*やメノラー*、その他の象徴とともに、アロンの姿も見られる。

神秘主義者は、アロンをスッコート*（仮庵の祭り）の祝祭日の期間中に招くウシュピズィン*（象徴的な客人）のひとりとして、また、ホッド（神の栄光）を表わしているスフィラー（神の霊の流出）〔スフィロート*の単形〕として考えている。

----

(1) ピルケイ・アヴォート 1：12

象徴するもの：選ばれること、神の恩寵、聖性、結婚、平和、祭司制度、預言

項目別分類一覧：カバラーの象徴、人物、神殿

参照箇所：アーモンドの木、黄金の子牛、ミリアム、モーセ、祭司の祝祷、祭司職、スフィロート、神殿、ウシュピズィン

安息日　→シャバット　SHABBAT

イサク　ISAAC（ヘブライ語：イツハク）

イサクは、3人の族長たちの中で最も不可解な人物である。アブラハム*は、新しい民族を創始したという特質を有している。ヤコブ*は、天使*から「イスラエル」という名前を獲得し、十二部族*の父親となった。だが、イサクについては、神の加護で生贄に献げられずにすんだ、ということだけしか語られていない。彼についての他のほとんどの物語も、同様に無抵抗が特徴となっている。アブラハムは、僕エリエゼルをイサクの嫁を見つけに行かせた。そして、イサクは年をとると、妻のリベカ*と賢い息子ヤコブに騙された。

これらの物語のために、イサクは神意への服従の伝統的な象徴となった。イスラエルの人びとに対する天の非情な裁きは、神が「祭壇の上に積まれたイサクの灰*」を思い出すといつも和らげられた、とラビ✝たちは述べている。これは、イサクはアケダー*の時に実際に死んだが、その後生き返ったという伝説をそれとなく言ったものである。[1] 彼は、イスラエルの人びとに非常に深い憐れみを抱いていた族長として描かれており、彼らが罪を犯した時でさえも、彼らを弁護した。初期キリスト教はこうした描写に影響を受けて、イエスを予示する者としてイサクをみなしていた。

伝承は、「そして、イサクは夕方暗くなるころ、野原を散策——ラスーアッハ——していた」[2] という一節をもととして、イサクが午後の礼拝ミンハー✝を定めた、としている。ラビたちは、「ラスーアッハ」を「観想する」という意味に解釈している。[3]

カバリスト✝は、イサクがアケダー*を経験したのは神の裁きであったので、彼は裁きのスフィラー*・グヴラー〔力〕、あるいはディーン〔審判〕を表わしている、と説いている。

イシュマエル　ISHMAEL

(1)レビ記ラバー 36：5、BT タアニート篇 16a、ピルケイ・デ・ラビ・エリエゼル 31、Shalom Spiegel, *The Last Trial* (Pantheon, 1967) も参照。　(2)創世記 24：63　(3)BT ベラホート篇 26b

象徴するもの：神の憐れみ、神の審判、信仰、無抵抗、供犠、神意への服従

項目別分類一覧：人物、祈り、ローシュ・ハ・シャナー

参照箇所：アブラハム、アケダー、灰、エサウ、イシュマエル、ヤコブ、リベカ

イシュマエル　ISHMAEL（ヘブライ語：イシュマエル）

イシュマエルはアブラハム*の最初に生まれた子供であり、サラ*のエジプト人女奴隷ハガルの息子である。サラには子供が生まれなかったので、アブラハムにハガルとの子供をもうけるように提案したのはサラ本人であったが[1]、サラは結果として自分の行為を悔やみ、ハガルとイシュマエルを荒野*に追いやるようアブラハムに訴えた。アブラハムは悩んだが、神はサラの決心を受け入れ、アブラハムに「あの女の息子もひとつの国民の父とする。彼もあなたの子であるからだ」[2]と約束した。この困惑させる物語は、毎年ローシュ・ハ・シャナー*にトーラー*から読まれている。

サラの行為は異常なほど情け容赦もないものなので、ラビ✝たちはイシュマエルを追放に値する悪者に仕立てあげて、彼女の行為を正当化しようとした。彼らは、「野生のろば*のような人」とか「弓を射る者」とかいうイシュマエルについての聖書の描写にもとづいて、彼は女性を辱め、偶像を崇拝し、自分の矢でイサク*を殺そうと企てたと主張した。[3] しかし、ミドラッシュ✝はいたるところで、イシュマエルを真の悔悛者の模範として描いている。[4] タルムード✝は、夢*でイシュマエルを見る者は祈りがかなえられる、と言っている。[5]

トーラーでは、イシュマエルの子孫はイシュマエル人という遊牧民として描かれている。彼らが後にヨセフ*をエジプトへ連れて行った。後の伝承では、イシュマエルはアラブ人の象徴となった。アラブ人はしばしば、「イシュマエルの子供たち」と呼ばれている。ムスリムの伝承は、「イスマイール」〔アラビア語名〕は先祖であると主張している。あるムスリムの解釈によれば、祭壇*の上で縛られたのはイサクではなく、イシュマエルであったという。

われわれの時代では、サラとハガルの子供たちのあいだの平和、イサクとイシュマエルの子供たちのあいだの平和、すなわち、中東でのユダヤ人とアラブ人のあいだでの平和への祈りが礼拝に付け加えられた。

(1)創世記 16：2　(2)創世記 21：13　(3)創世記 16：12、21：20、創世記ラバー 53：11　(4)BT ババ・バトラー篇 16b　(5)BT ベラホート篇 56b

象徴するもの：兄弟関係、敵、希望、偶像崇拝、悔い改め

項目別分類一覧：人物、ローシュ・ハ・シャナー

参照箇所：アブラハム、アケダー、イサク、ローシュ・ハ・シャナー、サラ

椅子　CHAIR（ヘブライ語：キセー）

空席の椅子があるということは、食卓に誰

泉　FOUNTAIN

かがいないということを表わしている。ユダヤ人の歴史においては、その存在とともに、その不在でも有名な2人の人物がいる。

ひとりは預言者エリヤ*である。その不思議な出現と消失は、ユダヤ人世界全体において、おびただしい数の伝説のテーマとなっている。割礼*においては、エリヤの椅子（キセー・エリヤフ）と呼ばれる空の椅子を置くのが慣習となっている。この椅子は、預言者の存在と新生児の保護を表わしている。

ユダヤ人の民間伝承におけるもうひとりの不在者は、ハスィディズム✝運動の創始者バアル・シェム・トーヴの曾孫であるブラツラフのラビ・ナフマンである。ナフマンの信奉者であるブラツラフ派は、初代の霊的指導者に取って代わる後継者を一度も指名したことのない唯一のハスィディーム✝の一派である。それゆえに、彼らは「死んだハスィディーム」と呼ばれている。彼らは、ナフマンの椅子を復元し、ウマン（ウクライナ）からイスラエルへ持ってきた。その椅子は、信奉者への師の絶えざる霊的指導の象徴として、誰も座ることなく空席のままである。

シナゴーグ*の中には講壇の上に空席の椅子を置いているところがある。この椅子は、宗教的な自由と抑圧的な体制から逃れて移住する許可を拒絶されたユダヤ人を象徴している。

スファラディーム✝は、スッカー*の中に彼らのウシュピズィン*（象徴的な客人）のために椅子を脇に置いている。聖書、ラビ文書、カバラー文書、典礼文書においては、しばしば、神はキセー・ハ・カヴォード（栄光の玉座*）の上に座っていた、と記されている。

これは、神の力を表わす詩的表現である。

象徴するもの：不在、神の力、臨在、神の加護、霊的指導

項目別分類一覧：誕生、割礼、カバラーの象徴、祭具

参照箇所：割礼、エリヤ、玉座、ウシュピズィン

泉　FOUNTAIN（ヘブライ語：マアヤン）

泉は伝統的に生命、若さ、知恵の象徴であった。ギルガメシュからポンセ・デ・レオン〔1460～1521年。スペインの探検家〕に至るまで、英雄たちはそのような不思議な奇跡を起こす力を有した水を求めていた。

聖書においては、泉が生命の普遍的な源を表わしていたこともあったが、[1] たいていの場合は神聖なものを象徴していた。エレミヤは神を「生ける水の源」[2] と記している。サアディア・ガオン〔882～942年。バビロニア・ユダヤ人の指導者〕やマイモニデス✝のような中世の哲学者たちもまた、神を描写するのにこの非擬人的なイメージを用いていた。

女性からは毎月血*が流れ出、また新しい生命を養う乳*も出るので、多くの文化は女性を泉のイメージで象徴化していた。レビ記は、女性の月経による出血を「彼女の血の源（マコール）」[3] と記している。聖書の別な一節は女性を「封じられた泉」と描写しているが、これは、処女性と潜在的な性欲を象徴している。[4]

泉を意味するヘブライ語、エインあるいはアインは、ユダヤ芸術にも時おり見られるが、トーラー*や神を表現するために泉の絵とともに描かれている場合が多い。このイメージ

イスラエル　ISRAEL

は、目*を意味する語アインとの語呂合わせによって、特によく用いられている。

近年、ユダヤ人フェミニストたちは祝祷を朗唱する際に、神の御名*として中性的な「マコール・ハ・ハイーム」（生命の源）や「エイン・ハ・ブラハー」（祝福の泉）を代わりに用いている。(5)

---

(1) 詩篇36：10、箴言5：18　(2) エレミヤ書2：13、17：13　(3) レビ記20：18　(4) 雅歌4：12　(5) エイン・ハ・ハイーム（生命の源）という語は、マーシャ・フォークの造語である。彼女の The Book of Blessings を参照。

象徴するもの：女性らしさ、神、ユダヤ民族、生命、性欲、トーラー

項目別分類一覧：女性

参照箇所：血、乳、神の御名、水、井戸

イスラエル　ISRAEL（ヘブライ語：イスラエル）

イスラエルはユダヤ教では多くのことを意味している。聖書では、イスラエルは最初にヤコブ*と結びついた。彼の名前は、彼がヤボクの渡しで天使と会った後、イスラエル（「神と闘う者」の意味）という名前に変わった。(1)「イスラエルの子供たち——ブネイ・イスラエル」という表現は、最初はヤコブの12人の息子たちのことを指していたが、いつしかユダヤ民族全体を意味するようになった。(2) 英語では古代イスラエルの住民を Israelites「イスラエルの人びと」と呼び、現代イスラエルの住民を Israelis「イスラエル人」と呼んでいる。

十二部族*はソロモン*の治世の後に北王国と南王国に分裂するまでは、イスラエルと呼ばれていた。分裂してからは、北王国の10*部族はイスラエルと呼ばれ、南王国の2部族（ユダ*とベニヤミン）はユダと呼ばれていた。北王国が紀元前722年にアッシリアに征服されて、消失した後、イスラエルはパレスティナにおいても世界中でも生き残った人びとを指すようになった。ローマ人はユダヤ人を征服すると、その地の名前を「ユダヤ」と改めた。

伝統的にイスラエルの人びとには無数の名前と特質が与えられていた。それらには、イスラエル民族（アム・イスラエル）、選ばれた人びと、神からの授かりもの、イスラエルの家、祭司の王国、聖なる民族、神の最愛の人、などがあった。

十二部族は実際には十三*部族であった。というのも、ヨセフの代わりに息子のマナセとエフライムが部族として数えられることがあったからである。13番目の部族はレビだった。レビは部族の遺産としての土地を貰わなかったが、その代わりに祭司職を相続した。この部族の子孫はレビ人として知られるようになった。アロンの一族の直系はコーヘンという特別の称号を持っている。他の十二部族の子孫は、みなただ単にイスラエルと呼ばれている。この区別は、朗読のためにトーラー*の前へユダヤ人を呼び出す時は今でも伝統的に用いられている。

イスラエルはまた、エレツ・イスラエルというように、土地そのものをも指している。この言葉は、神の約束と契約、民族の過去の栄光と未来の贖いの象徴である。この地は、ヨシュアの指導下でイスラエルの人びと

が征服する前は、カナンと呼ばれていた。ユダヤ人の統治下ではイスラエルと呼ばれていた。後になると、非ユダヤ人はたいていの場合はこの地域をパレスティナと呼んでいた。この名前は、ペリシテ人がかつて占領していた古代の海岸沿いの王国の名前に由来している。2000年にもわたる離散のあいだ、ユダヤ人たちはこの地域をイスラエル、あるいは、「聖地」と呼びつづけてきた。というのも、彼らユダヤ民族にとってこの地域は世界で最も神聖な中心地である、という信仰を持ちつづけていたからである。

1948年のイスラエル国家の樹立以後、イスラエルはユダヤ人の郷土の再生と、特にホロコーストの結果として迫害からの避難場所の象徴となった。アラブ諸国、かつてのソ連、エチオピア、そして世界の他の諸地域からのユダヤ人の劇的な帰還を、政治的な贖いと解釈した者もいたし、また、メシアによる贖いの前触れであると解釈した者もいた。現代の言葉では、イスラエル国（メディナット・イスラエル）は、ただ単にハ・アーレツ（地）と呼ばれている。独立記念日（ヨーム・ハ・アツマウート）は、イスラエルでもディアスポラ✢でも、イヤルの月〔西暦4月〜5月〕の4日に盛大に祝われている。

カバラー*においては、クネセット・イスラエル（イスラエルのコミュニティ）とは、神の女性的な面であるシェヒナー*のことを指している。シェヒナーは、神聖なスフィロート*全体の中でも最も人間の経験に身近なものである。ユダヤ民族同様に、クネセット・イスラエルも離散の中にあり、贖いを待望している。

---

(1) 創世記32：29　(2) 創世記46：5、出エジプト記1：7

象徴するもの：コミュニティ、契約、聖性、ユダヤ民族、再生、贖い、主権

項目別分類一覧：イスラエルの地、イスラエル国、メシア、人物

参照箇所：地、ヤコブ、エルサレム、ユダ、カバラー、メシア、祭司職、サブラ、スフィロート、シェヒナー、十二部族

1　ONE（ヘブライ語：エハッド）

「1」は、全体性、唯一無二性、不可分性を象徴している。これは、神の属性でもある。神の単一性は、ユダヤ一神教の根本原理である。これは、「シュマァ　イスラエル、アドナイ　エロヘイヌ、アドナイ　エハッド」（聞け、イスラエルよ。YHVH〔神の聖なる御名〕はわたしたちの神、YHVHは唯一なる者である）という信仰の中心的な宣言に表現されている。(1) 注釈者たちは、エハッドは「唯一無二」と「単一」をともに意味していると指摘している。エハッドのゲマトリア✢は13*であり、この数字は神の属性を表わす伝統的な数字である。

「1」はまた結婚をも象徴している。ふたつの存在は、結合してひとつと成る。聖書はこう述べている――「こういうわけで、男は父母を離れて女と結ばれ、2人は一体となる」。(2) 週の第1日目（土曜日の夜か日曜日）に婚礼*を祝うクトゥバー*は、ベ・エハッドで始まる。これは、「ひとつに」の意味とともに「第1〔日目〕に」をも意味する言葉遊びである。結婚式の後は、花嫁と花婿だけ

いちじく　FIG

にさせられる。この慣習はイフード（2人だけでいること）と呼ばれている。これは、元来、肉体交渉を持つことによる結婚の成就のための時間であった。今日では、花嫁と花婿はこの時に明け方から行なっていた断食を中断して、祝宴にそなえて休んでいる。

　カバリスト⁺は、彼らの神秘主義的な実践のひとつとして、イフディーム〔イフードの複数形〕を行なう。これは、彼らを神に近づけさせることを意図した、神の単一性への特別な観想である。

---

(1) 申命記6：4　(2) 創世記2：24

象徴するもの：神、結婚、唯一無二性、単一性、全体性

項目別分類一覧：数字、カバラーの象徴

参照箇所：カバラー、クトゥバー、神の御名、数字、13、婚礼

いちじく　FIG（ヘブライ語：テエナー）

　古代イスラエルでは、ほとんどすべての個人の庭にはいちじくの木があった。庭の隅に植えられていることが多く、その広い、飾りのような葉は、日陰をたくさん作り出していた。また、その甘い果実は身体に滋養を与え、毎年夏には2回、6月と8月下旬に舌を楽しませてくれた。

　聖書では、いちじくは最初に出てくる果実である。⁽¹⁾トーラー*はイスラエルの恵みの深さを例証している7種類*の植物の中にいちじくを含めている。⁽²⁾聖書全体とその後の文学において、いちじくはイスラエルの地の約束と祝福を象徴している。いちじくはまた、イスラエルにおける平和と安全をも表わしている。

　アダム*とエバ*がエデンの園*の禁断の果実を食べ、自分たちが裸であることを恥じた時、彼らはいちじくの木の広い葉で自らを覆った。⁽³⁾この木が彼らを覆ったことの理由は、いちじくの木こそが禁断の果実の源であったからである、とラビ⁺たちは主張していた。⁽⁴⁾

　預言者たちは、メシア*の時代には人はそれぞれ自分のぶどう*の木といちじくの木の下に座り、脅かすものは何もないと語っている。⁽⁵⁾彼らは破滅の運命についての預言の中で、枯れたいちじくの木をイスラエルの将来における荒廃を象徴するものとして援用している。⁽⁶⁾

　いちじくは、その聖地との結びつきと、その人目につく形とみごとな葉ぶりのゆえに、ユダヤ人の宗教芸術においては長いあいだ広く用いられていた装飾のモチーフであった。いちじくは、イスラエルの地を象徴している7種類の植物のひとつとして、伝統的にトゥ・ビ・シュヴァット*の祝祭日に食べられる。この祭りは、イスラエルの農業生活が

いちじく（学名 *FICUS CARICA*）。いちじくの木は日陰を提供する（また、アダムとエバの腰を覆った）大きな葉でも有名である。

冬の休眠状態の後、ふたたび目覚めたことを祝っている。

---

(1)創世記3：7　(2)申命記8：8　(3)創世記3：7　(4)創世記ラバー15：7　(5)ミカ書4：4　(6)ホセア書2：14

象徴するもの：祝福、平和、繁栄、贖い、罪

項目別分類一覧：植物、食物、イスラエルの地、メシア、木

参照箇所：エデンの園、蜜、イスラエルの地、木、7種類の植物、トゥ・ビ・シュヴァット

井戸　WELL（ヘブライ語：ベエル）

古代の井戸は、コミュニティの生活の中心的な場所としての働きを有していた。人びとは自分たちの水*と家畜の群れの水*を得るために、そしてまた情報交換と商売の取り引きをするために井戸に集まり、井戸を社交の場としていた。聖書の重要な恋愛物語のいくつかは井戸ではじまった。アブラハム*の僕エリエゼルは井戸でリベカ*に出会った。ここで彼女は、神のしるしによってイサク*の花嫁として選ばれていることを示した。ヤコブ*はラケル*（ヘブライ語で「雌羊」を意味する）に井戸で出会い、井戸の大きな石を転がして彼女の羊の群れに水を飲ませてあげた。モーセ*は妻ツィポラと井戸で出会った。彼は、彼女と彼女の姉妹たちに嫌がらせをしていた悪いミディアン人の羊飼いたちを追い払った。(1)アブラハムがハガルとイシュマエル*を遠くへ追いやった時、彼女たちは神が井戸を現わしたので救われた。(2)

ヘブライ語では、井戸を意味する語は「明確にする」という意味の動詞の語根と同じである。井戸はしばしば、知恵の伝統的な象徴だった。

伝説によれば、創造の6日目の黄昏時に、神は奇跡を起こす不可思議な井戸を創造し、これをアブラハムからハガルへ、さらに、イサク*へと伝えたが、エジプト*での捕囚のあいだに所在が不明となってしまったという。だが、ミリアム*の功徳——その預言力、幼児時代のモーセの保護、ヘブライ人の奴隷たちのあいだでのその助産婦としての技量、葦の海でのその勝利の歌——のために、ユダヤ民族が荒野をさまよっている時にこの井戸はふたたび現われ、ミリアムの井戸と呼ばれていた。ミリアムが亡くなると、この井戸も消えてしまった。(3)別の伝説は、神はその時人びとに「井戸よ、沸き上がれ。井戸に向かって歌え」という井戸の歌を歌って井戸を沸き出させる方法を教えたと語っている。(4)ツファット*のカバリスト+とハスィディーム+の一部は、彼らはその井戸のある場所を見つけたと信じていた。(5)ミリアムの井戸は、女性の創造力、霊性、集合的経験、知恵の象徴となった。

フェミニストはハヴダラー*の儀式の間にミルヤム・ハ・ネヴィアー（女預言者ミリアム）を歌う慣習を持ちこんだ。これは、ミリアムの井戸はシャバット*の終りにあらゆる井戸を満たし、その水に奇跡を起こす不可思議な治癒力を与えたという古代の民間伝承の影響を受けたものである。(6)

井戸はまたトーラーの象徴でもある。というのも、トーラーは生きた水*の源泉とみなされているからである。

---

(1)創世記24：12-20、29：1-11、出エジプト記2：

16-22　(2)創世記21：19、25-31　(3)ピルケイ・アヴォート5：6、Ginzberg, *Legends of the Jews* 3：52-54　(4)民数記21：17-18　(5)Adelman, *Miriam's Well*, 63-64、Vilnay, *Legends of the Galilee, Jordan, and Sinai*, 130-132　(6) Kitov, *The Book of Our Heritage* 2：162

象徴するもの：神の愛、生命、ロマンス、トーラー、知恵、女性の霊性

項目別分類一覧：自然現象、女性

参照箇所：ハヴダラー、カバラー、ミリアム、ラケル、リベカ、水

糸杉　CYPRESS（ヘブライ語：テアシュール）

糸杉は伝統的に、ノアがそれで箱舟を作ったゴフェルの木か、さもなければ、つげの木（テアシュールは、「まっすぐ」を意味するヘブライ語ヤシャールが語源）ではないかと考えられている。この見上げるように高い、優美な常緑樹は、古代世界においては船を建造するのに用いられていた。イザヤは、この木は贖いの日に花を咲かせ、神殿*を再建する時に用いられるであろう、と預言した。[1] 現代のイスラエルでは、糸杉はその美しさのゆえに、もっぱら装飾として用いられている。

タルムード+時代とその後の何世紀間も、親にとっては、女の子が生まれた時にはこの木（あるいは、松*など

糸杉の木
(学名*CUPRESSUS SEMPERVIRENS*)。

の常緑樹）を植え、男の子が生まれた時には杉*を植え、そしてそれらの木の枝を切り落として、彼らのフッパー*（結婚式用の天蓋）の支え棒にするのが慣習となっていた。[2]

(1)イザヤ書41：19、60：13　(2)BTギッティーン篇57a

象徴するもの：美、贖い

項目別分類一覧：植物、神殿、木、婚礼

参照箇所：杉、フッパー、松、神殿、木、婚礼

いなご　LOCUST（ヘブライ語：アルベー）

中近東では、今日においても、また古代においても、いなごは飢饉の恐ろしい凶兆を表わしていた。いなごの災いは、神がファラオにもたらした10の災いのうちの9番目の災いであった。その災いの後は、「エジプト*全土のどこにも緑のものは何一つ残らなかった」[1]

いなごの同類のバッタ〔ヘブライ語でハガヴ〕は、いなごほど破壊的ではないが、それでも評判はよくない。バッタは、背丈の高い草の中に隠れるので、上空から見た時の人間の卑小さを象徴している。臆病な斥候がカナンの地を偵察した時、「われわれは、自分がバッタのように小さく見えたし、彼らの目にもそう見えたに違いない」とモーセ*に報告した。[2]

13世紀の「ユダヤ人のイソップ」ベレヒア・ベン・ナトロナイ・ハナクダンは、古典的な伝説から「蟻とバッタ〔キリギリス〕」の古代の物語を借用してヘブライ語に翻訳し〔『狐物語』（ヘブライ語名『ミシュレイ・シュアリーム』）〕、「怠け癖をやめよ。そうすれば、

貧困に苦しむことはないだろう」という教訓を提示した。

(1) 出エジプト記 10：15　(2) 民数記 13：33、イザヤ書 40：22 と箴言 30：27 も参照。

象徴するもの：破壊、飢饉、卑小さ、怠惰

項目別分類一覧：動物

いなご豆　CAROB（ヘブライ語：ハルッヴ）

いなご豆——イディッシュ語で「ボクセル」——は、イスラエルの地中海地域に野生している実を結ぶ常緑樹である。この木については聖書の中では一度も語られてはいないが、「主は岩からの蜜*で養った」という一節はたぶんこの木のことを言っているものと思われる。というのも、いなご豆は岩の間に生え、熟すると蜜がにじみ出るからである。(1)

いなご豆で最も有名なことは、他の果樹に比べて実を結ぶのが非常に遅い、ということである。実際には、風味に富んだ果実は10年で収穫できるようになるが、アガダー✝はこの数字を70年*、すなわち、人間の人生の期間にまで伸ばしている。最もよく知られたラビ伝説のひとつは、この誇大な数字をもとに作られている——奇跡を起こすラビ✝、「円を描く人」ホニ〔「円」の項参照〕はあるとき、ひとりの老人がいなご豆を植えているのを見て叱った。というのも、ラビは、その老人はその木が実を結ぶのを見るまではとうてい生きられないだろうと思ったからである。すると、その老人はラビにこう言った。「わたしがこの世に生まれ出た時には、すでにいなご豆がありました。まさにこれと同じように、わたしは孫が食べられるようにいなご豆を植えているのです」(2)。ここでは、いなご豆は、世代の継続性と未来への希望を象徴している。

タルムード✝によると、いなご豆は貧しい人びとの食べ物だった。ハニナ・ベン・ドーサは、安息日から安息日までいなご豆だけで生活していたという。(3) さらに、いなご豆は、シムオン・バル・ヨハイ〔紀元後2世紀のタンナ。ラビ・アキバの弟子〕とその息子〔エレアザル〕がローマ軍の追っ手から逃げて洞窟に隠れていた時に、12年間も彼らを養った。(4) シムオン・バル・ヨハイとラグ・バ・オメル*の結びつきのゆえに、また、いなご豆の莢（さや）が春の終わり頃に特に大きくなるので、いなご豆は伝統的にこの祝祭日に食べられる。

いなご豆はまた、樹木の新年であるトゥ・ビ・シュバット*にも食べられる。これは、イスラエルの地*とその豊富な果実を象徴している。

いなご豆の木（学名 *CERATONIA SILIQUA*）とその莢。

(1) 申命記 32：13、JT ペアー篇 7：4　(2) BT タアニート篇 23a　(3) BT タアニート篇 24b　(4) BT シャバット篇 33b

象徴するもの：苦味、継続性、信仰、肥沃、希望、長寿、貧困、滋養物、甘味

衣服　CLOTHING

項目別分類一覧：植物、食物、イスラエルの地、ラグ・バ・オメル、木、トゥ・ビ・シュバット

参照箇所：蜜、イスラエルの地、ラグ・バ・オメル、木、トゥ・ビ・シュバット

衣服　CLOTHING（ヘブライ語：ブガディーム）

よく言われているように、衣服は男性を、そして、女性を作る。人間の服装は、職業と物質的な状況を象徴している。さらに、多くの伝統的な社会においては、服装は宗教的な関係、国籍、儀礼における地位、年齢、そして、婚姻の状況などをも象徴的に表わしている。

トーラー[+]によれば、人間の最初の衣服は、アダム[*]とエバ[*]が裸である自分たちに気づいた時に体を覆ったいちじく[*]の葉であったという。[(1)] ミドラッシュ[+]は、最初の夫婦は、もともとは光[*]の衣服を着ていたが、彼らが罪を犯した時に神はそれらの衣服を脱がせ、代わりに、蛇[*]やレビヤタン[*]の皮の衣服を着させたと語っている。[(2)] イスラエルの人びとが荒野をさまよっていた時には、彼らの衣服は一度も擦り切れたことはなく、神の「栄光の雲[*]」がそれらを洗濯し、アイロンをかけていた、と別の伝説は語っている。[(3)] 終末[+]の日には、義人はきちんと衣服を身に着けて復活するという。[(4)]

ユダヤ人の衣服は、非ユダヤ人の服装を模倣したり、変えたりしながら、歴史全体を通して複雑な発展をしてきた。タルムード[+]時代の衣服は、一般的にギリシア風の衣服だった。ただし、すべてのユダヤ人男性は房（ツィツィート）を付けていた。また、学者たちはローマの「パリウム」（肩掛け）を模倣したタリート[*]とターバンを身に着けていた。さらに、ユダヤ人はシャバット[*]には敬意を表するしるしとして特別な衣服を着た。

女性の衣服は、彼女たちの慎み深い、従属的な地位を象徴的に反映していた。タルムード時代と中世においては、彼女たちは髪[*]をたばね、身体のほとんどを覆い隠していた。多くの中近東の文化で長いあいだ風習となっていたヴェールを彼女たちが被っていたかどうかは、はっきりとはしていない。トーラーは、リベカが将来の夫イサク[*]に出会った時に、彼女はヴェール（ツァイーフ）を被っていたと述べている。これがおそらくは、ユダヤ人の婚礼[*]におけるベデケン（結婚式の前に花嫁の顔をヴェールで覆う）の儀式の起源であろうと思われる。[(5)]

ユダヤ人が外国の文化の中を徐々に旅行し始めるようになるにつれて、ユダヤ人指導者たちは、ユダヤ人と異教徒を区別させる独特な服を着るよう要求した。こうして、ユダヤ人の服装は故意に保守的なものとなった。東欧では、多くのユダヤ人がペルシアのカフタン〔丈の長い帯のついた長袖服〕を採り入れていた。それが、ハスィディーム[+]の「カポテ」となった。さらに16世紀になると、多くのユダヤ人は、ポーランドの貴族がすでに着るのをやめていた服装を採り入れた。

多くの国々でも非ユダヤ人の支配者たちは、ユダヤ人と自分たちを区別するためにユダヤ人に独特な服を着るよう要求した。たいていの場合、尖った帽子を被らせ、黄色[*]の丸い[*]バッジを付けさせた。ユダヤ人の中には、もはや要求されなくなった後でさえも、慣習

衣服　CLOTHING

的にそのような帽子を被り続けていた者もいた。フランス革命の頃には、すでにこのような独特なユダヤ人の服装はほとんど見られなくなっていた。しかし、ユダヤ人は、三角帽子やバックルのついた靴のような特別なシャバット*用衣服だけは依然として身に着けていた。ラビ+たちの多くは、特別なラビ用の衣服をずっと着ていた。今日でも、ラビと先唱者+（ハザン）の多くは、シナゴーグ+では特別なローブと帽子を身に着けている。

今日、ユダヤ人の特別な服装で残っているものは、次のような衣服である。タリート・カタン（小さなタリート*）、すなわち、戒律を厳守している多くの男性や少年たちが毎日着ている、房の付いた、衣服の下に着るものである。大きなタリートは、朝の祈りの時に着る。キッテル*は、ある特定の祝祭日と結婚式、葬式に着る。キッパー*。頭に被るスカーフであるティヘル。多くの宗教的な女性が被っているかつら、シェイトゥル。戒律を厳守している多くのユダヤ人たちは、シャアトネズと呼ばれている聖書の律法に従っている。これは、世俗的な衣服と祭司の神聖な衣服を区別するために、亜麻糸と毛糸を織り合わせた衣服を着てはいけないという戒律である。[6] ユダヤ人男性の間での宗教的な戒律の遵守の度合いと仕方は、しばしば、厳格な黒い帽子からより現代風のニットやスエードのキッパーまでの帽子の種類に表われている。多くのリベラルな会派では、女性もキッパーを被っているのを見かけることがある。それは、彼女たちの宗教的な特質を象徴している。ハスィディームは今でも、18世紀のポーランドの独特な服装である毛皮の帽子とカポテを身に着けている。

ユダヤ人の多くは、シャバット+と祭りのために上等な衣服を用意している。また、イスラエルのキブツ+、そしてあるコミュニティでは、聖性のしるしとしてシャバットには白い*衣服を着るのが慣習となっている。白い衣服はまた、伝統的にはヨーム・キプール*の時に着る。

死者が出た場合、服喪のしるしとして、衣服を裂くこと（クリアー）が伝統となっている。今日、多くのユダヤ人にはこの行為を象徴するために、折り襟や服にピンで留めた黒いリボンをつけるのが好まれている。

神秘主義の伝統では、衣服は現世における神の隠されたものの象徴となっている。トーラー*は多くの外面的な衣服を身に着けているので、その衣服を脱がして、その秘密をあらわにしなければならないと言われている。他方、カバリストは、高次の諸世界の目もくらむばかりの光*に耐えるために、防護としてトーラーの衣服を着なければならないと言っている。

---

(1) 創世記 3：7　(2) Ginzberg, *Legends of the Jews*, 5：97, 注 69、103-104, 注 93　(3) 申命記ラバー 7：11　(4) BT サンヘドリン篇 90b　(5) 創世記 24：65　(6) レビ記 19：19、申命記 22：11

象徴するもの：祝い、区別、隠されたもの、聖性、名誉、ユダヤ人のアイデンティティ、慎み深さ、服喪、迫害、保護、尊敬、分離、地位

項目別分類一覧：衣服、死、カバラーの象徴、シャバット、婚礼、女性、ヨーム・キプール

参照箇所：顎髭、身体、色彩、隅、髪、キッパー、キッテル、祭司職、シャバット、タリート、婚

礼、白、黄色

入口　PORTAL

　古代の中近東の宗教では、神殿内部の出入り口や門*は、神聖な領域への入口、聖なる空間と俗なる空間の変わり目を象徴していた。入口はひとつしかない場合もあったし、また、ふたつある場合もあった。入口の両側には柱があり、その垂直な形は天の柱を象徴していた。こうした古代の宇宙観では、神の住居は、立派な門を持った大きな宮殿*として描かれていた。入口によって境界を定められた空間は、聖なる地であった。

　初期のユダヤ教の宇宙観も同じような観念を反映していた。ヤコブ*は天にまで通じている梯子*の夢から目が覚めた時、「ここは、なんと畏れ多い場所だろう！　これはまさしく神の家である。そうだ、ここは天の門だ」と言った。[1] 詩篇作者は、「（神は）天の扉を開き、彼ら（イスラエル）の上にマナ*を降らせ、食べさせてくださった」[2] と神を称えている。エルサレム*の聖なる神殿*は、その建物の内部の空間に通じるおびただしい数の門、という観念を象徴していた。礼拝者たちは、神殿の山を取り囲んでいた外側の城壁からパロヘット*ではっきりと仕切られていた聖なる至聖所の方へ移動した。

　神殿が破壊された後、シナゴーグ*はその建築の外観と聖櫃*にこの入口を模倣した。聖櫃にはたいていの場合は二つの扉があり、ヤキンとボアズ*と呼ばれる神殿の柱のレプリカが両側に立てられていた。この入口がパロヘット*のデザインに見られることもあった。スファラディーム✝のシナゴーグの多くでは、ビマー*の両側に一対、あるいは数対の門が作られている。古代の墳墓には入口がついているものが多いが、これは「オーラム・ハ・バー」（来世✝）への入口を象徴していた。ヨーロッパで出版されたヘブライ語の書物*の扉には、入口をデザインした枠が作られていることがよくあった。

　イスラエルの人びとがエジプト*を出る準備をしていた時、神は彼らに、神がエジプトの初子を撃つ時に彼らの家を死の天使*が「過ぎ越す」ためのしるしとして鴨居に生贄の血*を塗るように命じた。[3] 彼らはエジプトから脱出した後、神への忠誠を思い起こさせるものとして「戸口の柱と門」にメズザー*を付けるよう命令された。[4] 血とメズザーはともに、神に守られた空間と守られていない一般の領域の境界を示している。

　フッパー*（婚礼の天蓋）は、門口に似ている。これは、おそらくは、花嫁と花婿の結婚の聖なる誓約への入口を象徴しているものと思われる。フッパーはまた、彼らの新しい家庭の庇護を、そして、彼らの生活の感情的、肉体的、精神的な変わり目をも象徴している。クトゥバー*にはこの隠喩が反映され、結婚契約書をアーチ状の枠の中に入れている。

　20世紀では、アメリカ合衆国への新しい移民者の入国手続きの中心地であったエリス島が、旧世界での迫害と貧困から逃れてきた数百万人のユダヤ人移民者にとっての自由への入口となった。

(1) 創世記28：17　(2) 詩篇78：23-24　(3) 出エジプト記12：13　(4) 申命記6：9

象徴するもの：境界、神の加護、自由、天、聖性、

避難所、変わり目、来世
項目別分類一覧：死、住居、シナゴーグ、神殿、婚礼
参照箇所：聖櫃、門、フッパー、ヤキンとボアズ、クトゥバー、メズザー、パロヘット、ローシュ・ハ・シャナー

岩　ROCK（ヘブライ語：ツール）

岩は安定性と強さの象徴である。ユダヤ人は聖書時代以来、神を「岩」（ツール）と呼んでいる。モーセ*は人びとへの最後の挨拶の中で、「お前は自分を産み出した岩を思ってはいない」とイスラエルの人びとを叱責した。[1] ダビデ*王は、「わたしの避難所である岩」へ感謝を捧げていた。[2] 詩篇作者は、頻繁にこの名前で神に語りかけていた。[3] このイメージは、礼拝とシャバット*や祝祭日の多くの歌のいたる所に現われている。「強固な岩」（マオーズ・ツール）は、最もよく知られているハヌカー*の歌のひとつである。

岩は神の加護をも象徴している。神の栄光が山*でモーセの前を通り過ぎた時、神は彼を「岩の裂け目」の中に隠し、彼が危害を受けることがないようにした。[4] 神はまた「岩から蜜*を、硬い岩から油*を得させて」ユダヤ民族を養った。[5]

岩は一般的に神の憐れみの象徴であるが、神の審判をも象徴している。モーセは岩に語りかけて水*を生じさせるよう神から命令されたが、代わりに岩を打った。そのために彼は、約束の地に入る前に荒野*で死ぬべく運命づけられてしまった。モーセが岩を打っているイメージは、ユダヤ芸術に頻繁に見られるモチーフである。

伝説によれば、すべての地下水は礎石の下から生じているという。そして、この礎石はまさに地*の中心であり、世界の中心であるエルサレム*の神殿*の中心にあった至聖所の下にあるという[6]（この石はまた、ムスリムの伝承においても神聖なものとみなされている。ムスリムの伝説によれば、神殿の山にある黄金の岩のドームの中にある岩こそが古代の礎石であり、ムハンマドはここから天に昇っていったという）。ユダヤ人の伝承では、礎石の場所をアケダー*と神殿の祭壇*の場所とみなしている。

何世紀ものあいだ、ユダヤ人は墓所がわかるように石でしるしをつけていた。墓参りをした後、思い出のしるしとして墓石の上に小石を置くのが慣習となっている。

(1)申命記32：18。32：4、30-31も参照　(2) サムエル記下22：3　(3)詩篇18：32、47、28：1、42：10、62：3、7、71：3、78：35、89：27、94：22、95：1　(4)出エジプト記33：21-22　(5) 申命記32：13　(6) Vilnay, Legends of Jerusalem, 7-11

象徴するもの：中心、神の憐れみ、神の審判、神の加護、神、想起
項目別分類一覧：死、ハヌカー、自然現象、祈り
参照箇所：アケダー、祭壇、モーセ、山、神殿、水

ウシュピズィン　USHPIZIN（ヘブライ語：ウシュピズィン）

スッコート*では、祭りの食事を供するためにスッカー*の中へ客を招くのが慣習となっている。16世紀のツファット*のカバリスト*は、ウシュピズィン（アラム語で「客」

を意味し、ラテン語のホスペスに由来する）と呼ばれる7人の聖書の人物を、毎夜スッカーの中へ象徴的に招く慣習を持ちこんだ。これらの人物は、スフィロート*（神の霊の流出）を象徴している——アブラハム*（慈愛、ヘセッド）、イサク*（力強さ、グヴラー）、ヤコブ（美、ティフエレット）、モーセ*（勝利、ネツァッハ）、アロン*（栄光、ホッド）、ヨセフ*（土台、イェソッド）、ダビデ*（王国、マルフート）。祝祷を朗唱した後、その夜の人物についての物語を語り、歌い、伝統的な文書を読むのが慣習となっている。

16世紀のカバリスト、ファーノのラマハとして知られているメナヘム・アザリアは、下位の七つのスフィロートに照応している7人の女性——サラ*、ミリアム*、デボラ*、ハンナ、アビガイル（ダビデの妻）、女預言者フルダ、エステル*——を挙げている。[1] 伝統的な男性のウシュピズィンに相対する女性として別の7人の女性も挙げられている。それらの女性の中には、リベカ*、ラケル*、レア*、アセナト（ヨセフの妻）、ツィポラ（モーセの妻）などがいる。普遍的に認知された7人の女性は、まだ確定してはいない。

ウシュピズィンはすべて放浪者であった。ちょうどスッカーが一時的な住居を表わしていたように、これらの古代の人物の放浪時代には一時的な避難所しかなかった。ユダヤ人芸術家たちは何世紀にもわたって、伝統的な象徴やカリグラフィーを用いてウシュピズィンの装飾図を創り出した。

---

(1) セフェル・アッサラー・マアマロート　第2部第1節

象徴するもの：神の臨在、親切なもてなし
項目別分類一覧：人物、祭具、スッコート、女性
参照箇所：アロン、アブラハム、ダビデ、デボラ、エステル、イサク、ヤコブ、ヨセフ、カバラー、レア、ミリアム、モーセ、ラケル、リベカ、サラ、スフィロート、7、スッカー、スッコート

ウリムとトンミム　URIM and TUMMIM
（ヘブライ語：ウリーム・ヴェ・トゥミーム）

ウリムとトンミムは、神託を告げるものとして用いられた祭司*の神秘的な道具、装置であった。ウリムとトンミムは、トーラー*が容認していた占いの三つの方法のひとつだった（他の二つは、夢*と預言）。[1] ウリムとトンミムについて聖書本文は詳しく記してはいないが、おそらくは、棒や石にしるしの付けられたものであったと考えられる。ウリムとトンミムは、大祭司のエフォド（エプロンのような衣服）の中に縫いこまれたポケットの中に入れられ、神託を求める時に相談された。[2] しかしながら、ある伝承によれば、ウリムとトンミムは、「イエス」か「ノー」の答えしかしなかったという。ユダヤ人がバビロニアでの捕囚からイスラエルに戻ってきた時には、ウリムとトンミムはもはや用いられてはいなかった。しかし、民族の指導者、エズラとネヘミヤは、いつか将来にはふたたびウリムとトンミムに相談することがあるだろうという希望を述べていた。[3]

古代の聖書注解者たちの多くは、ウリムとトンミムには大祭司の胸当て*の12個の石に刻みこまれた十二部族*の名前の文字それぞれを輝き出させたり、浮き上がらせたりする働きがあったのではないかと推測してい

ウリムとトンミムが特徴のイェール大学の校章

た。[4]中世の聖書注解者イブン・エズラは、ウリムとトンミムは七＊つの惑星を表わしていた占星術の装置であったのではないかと考えていた。[5]こうした方法で、神の使信は祭司によって神聖化されていたのである。

ウリムとトンミムという不可思議な名前それ自体の語源も曖昧である。それらは、「イエス」と「ノー」を意味していたのかもしれない。あるいはまたウリムという語は、「教えること」（トーラーと同じ語根から派生した場合）か、「光＊」（光を意味するヘブライ語オールから派生した場合）を意味していたのかもしれない。トンミムはおそらくは「真実」（無垢を意味するヘブライ語タミームから派生した）を意味していたものと思われる。イェール大学は大学のモットーとして、レビ人の胸当てに描かれていた「ウリムとトンミム」の語を選び、「光と真実」と訳している。ユダヤ芸術でも、この標章はレビ族のメンバーを象徴している。

---

(1) サムエル記上28：6 (2) 出エジプト記28：15-30、レビ記8：8、民数記27：21、申命記33：8 (3) エズラ記2：63、ネヘミヤ記7：65 (4) ヨセフス『ユダヤ古代誌』Ⅲ：viii 9、BT ヨマー篇73b、ナフマニデスの出エジプト記28：30についての注解 (5) イブン・エズラの出エジプト記28：30につ

いての注解

象徴するもの：神の導き、レビ人、祭司制度、預言、真理

項目別分類一覧：カバラーの象徴

参照箇所：胸当て、夢、光、祭司制度、十二部族

永遠のともしび　→ネール・タミード
NER TAMID

エサウ　ESAU（ヘブライ語：エサーヴ）

エサウは、ヤコブ＊より先に生まれたというだけで双子の兄となったが、古代の相続法では、イサク＊の唯一の正当な後継者であった。聖書はエサウの名前を「赤＊く、毛深い」という意味に解釈しているが、これは、後世の注釈者たちによれば、彼の残忍な性格と粗暴さを示しているという。[1]エサウの別な名前である「エドム」（赤を意味するアドームに由来）は、彼が長子の権利を売ることとなった赤いレンズ豆＊の煮物のことを指している。[2]

伝説においては、エサウはイスラエルの敵の元型、アマレク＊とハマン＊の先祖、ローマ＊の象徴となった。エサウは悔い改めた者として描かれている時もあるが、[3]たいていの場合は、罪深い邪悪な者を象徴している。紀元後135年にローマに対するバル・コフバ＊の反乱が失敗に終った後、ラビ＋たちはこう宣言した——「ヤコブの声が、エサウの手がベタルで彼にしたことを泣き叫んでいる」。[4]エドムはまた、おそらくはエサウの末裔の民族であろうが、イスラエルの永遠の敵の象徴でもあった。[5]エドム人は第一神殿＊の破壊に加わり、そして、彼らの伝説上の末裔であ

エジプト　EGYPT

るローマ人は第二神殿を破壊した。ローマの唾棄すべき手先であったヘロデもまたエドム人であった。ローマがキリスト教を受け入れると、エドムはキリスト教のローマの象徴となり、そしてその後は、キリスト教全体の象徴となった。

---

(1) 創世記25：25、創世記ラバー63：8　(2) 創世記25：27-34　(3) 創世記ラバー78：9　(4) JTタアニート篇4：5、68d　(5) アモス書1：11、エゼキエル書35：5

象徴するもの：キリスト教、残酷、敵、悪、狩猟、嫉妬、兄弟姉妹間の抗争、暴力、粗暴

項目別分類一覧：人物、神殿

参照箇所：アマレク、ハマン、ヤコブ、赤、ローマ

エジプト　EGYPT　（ヘブライ語：ミツライム）

ヘブライ語でエジプトのことをミツライムと言うが、この語は、「狭い場所」の意味のメイツァールや「困った事」の意味のツァアロート（イディッシュ語ではツリス）などの他のヘブライ語と同じように聞こえる。この類似性については、注解者たちもしばしば指摘していた。ユダヤ人の歴史においてエジプトは、抑圧の元型的な経験を表わしていた。ファラオ*はその首謀者であった。出エジプト*は、ユダヤ人の民族としての始まりをはっきりと示している。そしてこのことは、礼拝や祭りのたびごとに「ゼヘル・リツィヤット・ミツライム」（出エジプトの記念）という言葉で祝われている。

エジプトはまた、神の力と正義が世界に対して最初に示された舞台を表わしてもいる。

神は「しるしと不思議なわざで、力強い御手と差し伸ばした御腕で」イスラエルの子らを奴隷状態から自由にさせた。(1) 毎年、過ぎ越しの祭り*には、ユダヤ人の家庭ではセデル*の時にハガダー*を朗読することによって、エジプトでの奴隷状態と神の贖いの物語を再現している。セデルの食卓での儀礼や象徴の多くは、遠い昔にエジプトで起こった出来事について語っている。心理学的には、儀式は、参加者それぞれが個人的に出エジプトを追体験できるように企図されている。「出エジプト」という表現は、奴隷状態や絶望などの他の経験からの解放をも意味するようになった。

---

(1) 出エジプト記13：14

象徴するもの：神の力、自由、解放、抑圧、贖い、奴隷状態

項目別分類一覧：過ぎ越しの祭り、場所

参照箇所：戦車、出エジプト、過ぎ越しの祭り、ファラオ、セデル

エステル　ESTHER　（ヘブライ語：エステル）

エステルは、彼女の名前のついた聖書の一書のヒロインである。エステルの名前は、明けの明星*であり美の女神であるヴィーナスに相当するバビロニアの女神イシュタルに由来しており、ユダヤ人の伝統でもそのように考えられている。(1) 彼女のもうひとつの名前は、アイェレット・ハ・シャハル〔暁の雌鹿〕（明けの明星）である。伝説によると、ペルシアのユダヤ人が危機におちいった時、彼女はこれらの言葉で始まる詩篇22章を朗唱したという。彼女はまたミルトス*を意味するハダサとも呼ばれていた。(2)

ユダヤ人の伝説によれば、エステルはミルトスのように背丈は高くもなく低くもなく、首には慈愛の首飾りを付け、世界で非常に美しい4人の女性のひとりであったという。[3] ペルシアのユダヤ人は、彼女の勇気のおかげで、悪漢ハマン*の企んだ大虐殺から救われた。彼女の名前はまた、隠されたこと――「セテル」――という属性をも暗示している。というのも、彼女は、アハシュエロス王〔クセルクセス王〕に気に入られ、そのために彼女の同胞を救うことができるまで、自らのユダヤ人の出自を隠していたからである。彼女の名前はまた、もうひとつの彼女の伝統的な属性である慎み深さをも示している。

ハマンに対するユダヤ人の勝利を祝う祝祭日プーリム*では、女の子が王妃エステルの仮装をするのが伝統となっている。また、エステルがアハシュエロス王の宮殿にいた時に菜食主義の食事をしていたことを記念して、プーリムにはひよこ豆*を食べるのが伝統となっている。祝祭日の前の小断食〔タアニート・エステル〕と聖書に含まれた一書（巻物――メギラー*〔メギラット・エステル〕）にはともに、エステルの名前が付けられている。

(1)BTメギラー篇13a (2)エステル記2：7 (3)BTメギラー篇13a、15a

象徴するもの：美、賢明、勇気、隠されたもの、おもいやり、慎み深さ、菜食主義

項目別分類一覧：人物、プーリム、女性

参照箇所：熊、ひよこ豆、冠、ハマン、メギラー、ミルトス、プーリム、女王

エデンの園　GARDEN of EDEN（ヘブライ語：ガン・エデン）

ほとんどの民族が、地球と人類がまだ揺籃期にあり、純真無垢で汚れのなかった神話的過去の時代の牧歌的な世界の物語について語っている。この過去の黄金時代は、しばしば、原初の調和が回復される時の、この地上か、さもなければある超自然的な世界での未来のパラダイスを予示している。

ユダヤ人の伝承においては、エデンの園は、人類の理想化された生地と義人たちのパラダイスの二つの世界を指している。これらは、ユダヤ教が達した天国の観念と非常に近いものである。

創世記の第2章と第3章は原初のエデンの園を、4*つの大きな川から水が流れ出ている、肥沃で、調和のある、平安な場所として描いている。神は最初の2人の庭師、アダム*とエバ*に園の支配権を与え、園を管理するように命じた。後世の伝説は、エデンがイスラエル*の地、アラビア、アフリカの中心部のどこかにあったと述べている。[1] アダムとエバがエデンの園から追放された後は、炎の剣を持ったケルビム*が園に再び入れないように道を守っていた。

その後、エデンの園は、より象徴的な意味を持つようになった。エゼキエルはエデンの園を、「火の石」で満ちた「神の聖なる山」と呼んでいる。[2] 聖書のエデンの園と、エデンの園、パラダイス、来世+などと呼ばれる義人たちが死後住む場所との区別は、しばしば曖昧だった。「主の園」という言葉は、非常に肥沃で、祝福された理想的な世界を意味するようになった。[3] マイモニデス+はエデンの園の物語を、知的に完全な世界から肉体と

エトログ　ETROG

情欲の下劣な世界への人間の堕落を劇的に表現した寓話と見ていた。(4)

　毎週のシャバット*の経験は、人間にエデンの園での生活が本来どのようなものであったかを思い起こさせている。メシアの時代には、神はエデンの園の場所を明らかにし、そして、人間はもう一度、パラダイスでの永遠のシャバットを経験することになる。

　エデンの園は、平和の象徴でもある。アダムとエバも含む元のすべての住民は、菜食主義者であった。神は、園を愛する庭師であった。そして、病いと死は、まだ未知のものだった。これらもまた、メシアの時代に対するイメージを形成している。

　婚礼*の宴の後には、七*つの祝祷が朗唱される。そのうちのひとつは、アダムとエバがエデンの園でともに楽しみ、喜んだように、新婚の夫婦を楽しませ、喜ばせるように神に祈願している。ここでは、すばらしい夫婦の至福の象徴としてエデンの園が引き合いに出されている。

(1)BT エルヴィーン篇 19a、BT タミード篇 32b　(2) エゼキエル書 28：13-14　(3) 創世記 13：10、イザヤ書 51：3、エゼキエル書 36：35　(4) Guide of the Perplexed 1：2

象徴するもの：始まり、誕生、祝福、死、永遠性、肥沃、調和、天、不死、平和、完璧、贖い、菜食主義

項目別分類一覧：メシア、場所

参照箇所：アダム、エバ、シャバット、蛇、木

エトログ　ETROG（ヘブライ語：エトログ）
　トーラー*はユダヤ人に、スッコート*（仮庵の祭り）の祝いとして4種類の植物*──「立派な木の実」（プリ・エッツ・ハダル）、ルーラヴ*（なつめやし*の葉）、茂った木の枝（ミルトス*）、柳*の枝を取ってくるように命令している。(1)伝統的に、このプリ・エッツ・ハダルを、大きさと味がレモンと類似した黄色い柑橘類の果物エトログやシトロンと同一視している。

　エトログは、第二神殿時代とその後の数世紀間はイスラエルのコインやシナゴーグ*の壁、モザイクの床の中心的な装飾デザインであった。さらに後になると、エトログは特に石棺に刻まれ、メシアの象徴となっていた。というのも、エトログは、古代の神殿での最高にうれしいスッコートの祝祭と、この祝祭日のメシア的な主題を連想させるからであった。スッコートの祝祭日の期間中は、特にピタム（その折れやすい乳頭〔雌蕊〕）を保護するために華やかな装飾をほどこした特別な容器にその果実を入れるのが慣習となっている。

　エトログは、心*にたとえられ、また、その味の良さと甘い香りにはほれぼれとさせられるので、学問と行ないにおいて立派なユダヤ人を誉め称える際によく用いられる説教上の象徴となった。

　エトログはユニークな果実である。というのも、その乳頭、ピタム（そこで受粉する）は果実が熟しても落ちないし、また、その木には1年中果実がなっているからでもある。さらに、エト

エトログ、別名シトロン（学名 CITRUS MEDICA）

ログは女性の子宮や子宮頸部の形に似ている。それゆえに、エトログは女性の多産と生殖力の象徴でもある。エトログが男性性器を象徴しているルーラヴと結びつくと、このふたつは性的な対称性と均衡を表わし、スッコートの収穫祭にふさわしい象徴となった。

エトログは、伝説によれば「楽園のりんご」とも呼ばれ、エデンの園*でアダム*とエバ*が食べた禁断の果実であったかもしれないという。これは、ヘブライ語動詞の「欲する」（ララグ）という語の言葉遊びにもとづいている。[2] この果実を食べたことに対するエバへの懲罰が苦しんで子供を産むことであったので、民間伝承では、出産の苦痛を和らげるために妊婦がエトログを食べることを勧めている。女性の中にはスッコートの後でピタム（乳頭）を噛み切り、それを重労働している女性の枕の下に置く者もいる。タルムード+は、エトログを食べる妊婦は、「香りの良い子供」を産むと述べている。[3]

(1)レビ記23：40　(2)ラビ・ナフマン〔ナフマニデス〕のレビ記23：40についての注解　(3)BTメナホート篇27a

象徴するもの：美、女性らしさ、多産、学習、甘味
項目別分類一覧：植物、食物、スッコート、女性
参照箇所：4種類の植物、ルーラヴ、メシア、ミルトス、なつめやし、スッコート、神殿、木、柳

エバ　EVE（ヘブライ語：ハヴァ）

エバのヘブライ語名ハヴァは、「生命」（ヘブライ語のハイームやハイとも関係している）を意味している。最初の女性でありかつ最初の母親として、エバは生命の母を象徴している。[1]

性の起源について、聖書は二つの対立する物語を提供している。最初の物語は、男性と女性の存在は同時に創造された、と語っている。[2] 2番目の物語は、女性は男性のあばら骨から創造された、と述べている。後者の説では、エバは女性の男性への従属を象徴している。アダムの身体からの彼女の誕生は、女性の出産の鏡像である[3]（二つの説を両立、融和させるために、ユダヤ人の伝説は、アダムには2人の妻、すなわち、エバとリリット*がいたと解釈している）。

エデンの園*の物語では、蛇*はエバを誘惑して、禁断の善悪の知識の木*の果実を食べさせた。そして、今度は彼女がアダムにその致命的な果実をひと口食べさせた。彼女が神に従わなかったことに対する懲罰は、苦しんで子供を産むことであり、彼女の夫に支配されることだった。[4] アダムとエバがエデンの園から追放された後、エバは2人の息子、カインとアベルを産んだ。そしてその後、殺されたアベルに代わるセトを産んだ。[5] トーラー*は、アダムはその後たくさんの息子と娘をもうけたと述べてはいるが、エバが彼らの母親であるとは述べてはいない。実際に、カインとアベルが産まれた後は、エバの名前は聖書には一度も出てこない。

ユダヤ人の家庭では、アダムとエバは神と天使*たちによって整えられ、祝福された最初の結婚を象徴していると解釈されている。彼らの名前は、互いに喜んでいる理想の夫婦として婚礼*の七*つの祝祷の中で唱えられている。

ミドラッシュ+においては、ラビ+たちはエ

バについてのきわめて正確な人物描写をしている。彼らは彼女を道徳的にも精神的にも欠陥のある者として特徴づけ、これらの欠陥は彼女の性の特質を表わしていると結論している。彼らは彼女の名前とアラム語の「ヒヴヤ」(蛇の意)とを結びつける語呂合わせまでし、彼女を「アダムの蛇」と呼んでいる。(6) 現代の感覚からすると、聖書のエバの物語は、ラビたちの伝統内部における女嫌いの傾向を端的に示していると言えよう。

---

(1) 創世記3：20　(2) 創世記1：27　(3) 創世記2：21-23　(4) 創世記3：16　(5) 創世記4：25　(6) 創世記ラバー 20：11

象徴するもの：平等、生命、結婚、女嫌い、母性、従属

項目別分類一覧：人物、女性

参照箇所：アダム、エデンの園、リリット、蛇、婚礼

エリヤ　ELIJAH （ヘブライ語：エリヤフ）

ユダヤ人の民間伝承において、エリヤフ・ハ・ナヴィ、すなわち、預言者エリヤ以上に人気のある聖書の人物はいなかった。モーセ*でさえもエリヤほどではなかった。逆説的には、聖書のエリヤ像——怒りと不寛容の預言者——は、このような民衆のエリヤ像とあまり似てはいないが、後世の伝承が、彼を貧しき者の憐れみ深い庇護者とメシア*の先駆者へと変容させた。

エリヤは紀元前9世紀、アハブ王と異邦人である彼の王妃イゼベルの堕落した治世に生きていた。エリヤの神への熱望——エリヤの名前は「わたしの神は、YHVH」という意味である——は、彼をして力強いバアルの祭司たちに直接に立ち向かわせた。彼はカルメル山で神に祈願して天から火*を降らせることによって、彼らを打ち負かした。エリヤはかつてのモーセと同じように、逃げざるをえなくなり、ホレブ山にたどりついた。そこで彼は神の「静かにささやく声」を聞いた。(1) ついにエリヤが神に召される時がきた時、神は彼の弟子のエリシャに彼の魔術的な外套を残し、彼を炎の戦車*で天に連れて行った。(2)

エリヤは、最後の預言者マラキの時代にはすでにメシアの贖いの先駆者という伝説的な名声を得ていた——「見よ、わたしは大いなる恐るべき主の日がくる前に、預言者エリヤをあなたたちに遣わす」(3)

初期キリスト教徒たちは、彼ら独自の聖人伝説の伝承としてエリヤに注目した。洗礼者ヨハネはエリヤの生まれ変わりであるとイエスが語っていたからである。ラビ✢たちは、このようなキリスト教徒のエリヤの利用のゆえに、エリヤの昇天を議論し(4)、また、エリヤのユダヤ民族に対する苛立ちを批判して(5)、エリヤのイメージを非神話化しようとした。ラビたちはエリヤの役割を、解決できないハラハー✢の諸問題の未来の裁定者という役割に限定しようとした。

しかし、エリヤの名声を貶めるのは容易なことではなかった。伝統は彼にタルムード✢の賢者✢たちが与えていた役割よりもずっと多くの役割を与えている。彼は調停者としての特徴を持っている。すなわち、天で定められた結婚の記録者、不妊の女性に祝福をもたらす者、トーラー*とタルムード✢の隠された内容の解釈者、雨*などの祝福をもたらす

エリヤ　ELIJAH

ための天との仲介者、奴隷、貧しき者、虐げられた者たちの庇護者。エリヤはたいていの場合、乞食や浮浪者などを装って人びとの前に現われる。

ユダヤ教の礼拝や祝祭においては、特に二つの役割によってエリヤに敬意を表した地位が与えられている。伝統的に彼にはブリット・ハ・ドロート、すなわち、「世代間の契約」を守る仕事が課せられている。それゆえに、彼は早死を運命づけられた新生児と若者の守護天使*としての役割を持っている。メシアの時代には「彼は父の心を子に、子の心を父に向けさせる。わたしがきて、破滅をもってこの地を撃つことがないように」。[6] 彼は庇護者、メシアの先駆者として、割礼*の儀式に呼ばれ、臨席している。彼のために特別な「エリヤの椅子*」が準備されている。

さらにもっと重要なのは、メシアの先駆者としての彼の役割である。終末+の日には、エリヤはメシアの命でショファール*を吹き、創造の最初の光*を現わし、死者を蘇らせ、神殿*を再建するという。彼が戻ってくると、あらゆる悪が地上から放逐される。[7] 過ぎ越しの祭り*のセデル*では、エリヤの盃*と称されるぶどう酒を満たした盃が食卓の上に置かれる。しかし、それは飲まれることはない。というのも、それはメシアの時代の始まりを告げる預言者の到来を期待して置かれているからである。ハヴダラー*の儀式では、エリヤの名前が唱えられる。なぜならば、ここにはメシアの時代の最後の永遠のシャバット*の到来を告げるためにエリヤがやってくるという希望がこめられているからである。

カバリスト+たちはエリヤの超自然的な特質について詳しく述べている。彼らによると、エリヤは本来、天使であり、生命の木から創造されたという。[8] 彼はこの地上に定期的に戻ってきて、ツァディキーム（聖なる霊魂を持った義人たち）に自らを現わし、彼らにトーラーの秘密を説いていると言われている。あるハスィディーム+の教えによれば、エリヤは人間それぞれの内部の男性的な面と女性的な面をひとつにして調和させたという。[9]

民間伝承にはエリヤの謎めいた出現と失踪の物語がたくさんある。それらはたいていの場合、一般民衆の要求に応じている。ミドラッシュは、彼の家系をラケル*にまでさかのぼっている。彼女は慈悲心と彼女の離散した子供たちへの気遣いのゆえに、誉め称えられていた。[10] 彼は夫婦を仲直りさせたり、望みを与えたり、間違いを正したりして、たびたび奇跡を行なう人や困っているときに突然現われる親切なおじさんの役割を演じている。彼の名前は、とりわけ子供を守る時には、護符*に書かれたり、実践的なカバラー*（魔術）では彼の名前を唱えて祈られている。「エリヤがくるまでに」という表現は、「非常に長い期間」を意味する民衆の表現である。

---

(1)列王記上19：8-18　(2)列王記下2：11-12　(3)マラキ書3：23　(4)BTスッカー篇5a　(5)雅歌ラバー1：6、注1　(6)マラキ書3：24　(7) Ginzberg, Legends of the Jews, 4：223-235　(8) Ginzberg, Legends of the Jews, 4：201、6：325、注39　(9) Gottlieb, Lamp of God, 403-405　(10)創世記ラバー71：9

象徴するもの：祝福、憐れみ、永遠性、守護、仲介、

エルサレム　JERUSALEM

　　魔術、奇跡を起こす力、平和、保護、調停、贖い、熱狂
　項目別分類一覧：割礼、カバラーの象徴、メシア、過ぎ越しの祭り、人物
　参照箇所：護符、天使、割礼、椅子、戦車、盃、ハヴダラー、カバラー、メシア、過ぎ越しの祭り

エルサレム　JERUSALEM（ヘブライ語：イェルシャライム）

　ユダヤ人にとっていつの時代でも、エルサレムほど神聖な場所はなかった。エルサレムの伝統的な名前のひとつは、イル・ハ・コデッシュ——「聖なる都」——である。エルサレムは十二部族*の時代には数世紀間にわたって異邦人の町であったこともあったが、ダビデ*（紀元前1000年）が征服した後は、国の行政上の中心となり、民族統一の象徴となった。ダビデの息子ソロモン*がモリヤの山の上に聖なる神殿*を建てると、エルサレムは民族の精神的な中心となった。そこでは、祭司が生贄を献げ、巡礼祭の期間中には1年に3度、すべての人びとが上ってきた。

　エルサレムはその長い歴史全体を通じて多くの名前を持っていた。「イェルシャライム」という名前は、おそらくはカナンの神の名前に由来していると思われるが、ミドラッシュ✚は「平和の礎」という名前に解釈しなおしている。これは、ヘブライ語の語根のヤラー（「礎を置く」の意味）とシャローム〔「平和」の意味〕に由来している。エルサレムはまた、シオン（この語源は不明である）、神の都、正義の都、誠実の都と呼ばれるようにもなった。さらに、エルサレムはユダヤ教におけるその中心的な位置を確立したダビデの役割のために、「ダビデの町」とも呼ばれるようになった。この名前には復興されたダビデ王朝の将来の都という意味と、ダビデの子孫からメシア*が出現するという意味が含まれている。

　ユダヤ人の伝説は、エルサレムの神殿の山で多くの重要な精神的な出会いが起こった、と語っている。それらの中には、アダム*が最初に献げた生贄、アケダー*、ヤコブが夢*で見た天使*たちの梯子*などがある。[1] 伝承は、この特殊な場所に特別な神聖さを与え、エルサレムを世界の臍、中心、地球の地下の泉の源泉、神の住居などとみなしている。エルサレムの古い地図の多くは、エルサレムをアジア、ヨーロッパ、アフリカの3大陸の心臓*部に位置させている。

　神殿が破壊された後、神殿の山はメシアによる贖いの未来の場所とみなされるようになった。ここで地上での死者が復活し、ここにユダヤ人の離散者が集まり、第三神殿が建立される。[2] ラビ✚の伝承は、地上のエルサレムに対する天上のエルサレム、すなわち、神の理想郷についても語っている。

　聖書はエルサレムの美しさは特別なものであると言い、「国々の姫君」、「麗しさの極み、全地の喜び」[3]と呼んでいる。この地域で切り出され、聖書の時代から今日に至るまで町の建築物にとって重要であったばら色の「エルサレムの石」は、その美しさと強さのゆえに、古代世界全体で有名だった。ユダヤ教の礼拝、宗教詩、恋愛詩、歌において、エルサレムはイスラエルの過去と未来の栄光の象徴として誉め称えられていた。

　ラビ✚たちは、エルサレムの町、とりわけ、

エルサレム　JERUSALEM

「トーラーはシオンから、主の御言葉はエルサレムから出る」（イザヤ書2：3）

神殿の山の聖性を高め、守るために、特別な律法を定めた。祈る時は、エルサレムの方向（大多数のユダヤ人にとっては東*の方向）に向かわなければならなかった。ユダヤ人は、かつて至聖所があった場所の上に立ち入るかもしれないという恐れのために、神殿の山の上を歩くことは禁じられていた。町の中にごみの山を作ってはいけなかったし、町の中に墓を作ってもいけなかった（ダビデの家系の者の墓と女預言者フルダの墓だけは例外だった）。

ローマ*による第二神殿の破壊の後は、エルサレムはユダヤ民族の悲劇と希望の象徴となった。断食日、ティシュアー・ベ・アヴ*は、第一神殿と第二神殿の破壊、そして、エルサレム自体の破壊を追悼するために設けられた。神殿の再建とダビデ王朝の再興への祈りが礼拝の中に持ち込まれた。ほとんどのユダヤ人の祝典は、婚礼*でガラスのコップを割るように、神殿を思い起こして嘆き悲しむ気持ちを表現している（もちろん、こうした解釈は、これらの慣習が最初に生じた後からなされたものであるが）。実際にラビたちはユダヤ人に、家の片隅は未完成にしておくとか、

エルサレム　JERUSALEM

エルサレムの様式化されたイメージ

祭りの食事から一皿省いたり、そろいの宝石からひとつの装身具を省くとかして、できるだけいつでも神殿の破壊を思い起こすよう奨励している。

詩篇作者の哀歌――「エルサレムよ、もしも、わたしがあなたを忘れるなら、わたしの右手はなえるがよい。……もしも、エルサレムをわたしの最大の喜びとしないなら」――は、幾世紀にもわたってユダヤ文学と詩歌の中心的なモチーフだった。(4) 過ぎ越しの祭り*のセデル*とヨーム・キプール*の最後の礼拝は、「来年は、エルサレムで！」と叫んで終わる。エルサレムの図像は、クトゥバー*（結婚契約書）にも描かれている。というのも、結婚は人の最大の喜びであるからである。

神秘主義者は、エルサレムは天に通じる入口*であり、神の女性的な面であるシェヒナー*の地上での住居であると考えていた。エルサレムは母と考えられ、そこの住人は娘と考えられていた。(5) 16世紀のツファット*のカバリスト+が創作したシャバット*の夕べの聖歌「レハー・ドディ」〔行こう、わが愛する友よ〕は、「王の聖所、王の都」の未来の贖いを祝っている。

19世紀のユダヤ人作家や政治活動家たちは、ユダヤ人の離散と民族的復興の象徴としてのエルサレムに関心を集中させていた。この町の最も古い名前のひとつをその運動の名前として選択したシオニスト運動は、現代のユダヤ人のアイデンティティにとってこの歴史的な象徴が重要であることを示した。イスラエル国家の樹立以来、シオンはその土地と人びと全体、さらには、首都エルサレムを表わすかつての意味をふたたび獲得した。イスラエル国内同様にディアスポラ+のどこでも歌われているイスラエルの国歌「ハ・ティクヴァー」（希望）は、「われわれの目が東の方角を見ている限り、シオンの方角を見つめている限り、われわれの希望は失われない」と断言している。

世界三大宗教はエルサレムの象徴的な遺産を分かち合っているが、ユダヤ教だけが3000年ものあいだこの町を文学、詩歌、芸術、礼拝の焦点としてきた。ラビの時代には、身に付けるこの町のレプリカとして、女性が被る冠状の頭飾り「黄金のエルサレム」が作られた。現在に至るまでの数世紀にもわたる一連の追放の時代に、古代の城壁をめぐらした町というイメージが様式化された。このイメージは、地平線上に高くそびえ立つ黄金の塔とドームとして描かれ、書物、祭具、クトゥバー、シナゴーグの内部を飾っていた。

現在では、エルサレムはユダヤ人の宗教的・政治的生活、生存、勝利の中心としての

その立場をふたたび回復した。さらに、エルサレムは三つの信仰と二つの反目している文化の聖なる場所としての働きも有しているので、統一を切望している分裂した世界をも象徴している。エルサレムは、イル・シャローム（平和の都）というそれ自体の名前の中に、世界はいつの日か普遍的な贖いと平和を達成するであろうという示唆をも含んでいる。

---

(1) 創世記ラバー 34：9、56：10、68：9　(2) エゼキエル書 45：1-8、ゼカリヤ書 14：16-21、イザヤ書 24：23、27：13、54：11-12、ヨエル書 4：12-21　(3) 哀歌 1：1、2：15　(4) 詩篇 137：5-6　(5) ブスィクタ・ラバティ 26：7

象徴するもの：美、中心、神の住居、栄光、聖性、希望、民族の再生、平和、完璧、贖い、生き残り、統一性、勝利

項目別分類一覧：イスラエルの地、イスラエル国、カバラーの象徴、メシア、場所、祈り、神殿、ティシュアー・ベ・アヴ

参照箇所：ダビデ、金（黄金）、心臓、イスラエル、メシア、山、祭司職、ローマ、シェヒナー、神殿、ティシュアー・ベ・アヴ、西壁

円　CIRCLE（ヘブライ語：マアガール）

世界中の伝統文化において、円は太陽*と月*を象徴しているほかに、全体性、完璧性、中心性、そして均衡性を表現している力強い図像（イコン）である。東洋文化においては、円はよく知られている陰陽思想の象徴に描かれているように、反対物の調和を表わしている。インドとチベットのマンダラでは、しばしば、正方形の中に円の形が描かれている。西洋文化においてもまた、円は世界、宇宙、循環的時間の標章として崇められていた。

ユダヤ教においては、円は宗教美術において広く用いられてきた。冠*を意味するヘブライ語ケテルとアタラーは、おそらくは「取り囲む」という意味の動詞に由来しているものと思われる。円はまた、年の1周期をも表わしている。ギリシアのゾディアック*（黄道十二宮。「ゾディア（小動物）の円」の略語）は、ヘレニズム時代のユダヤ人の間では一般的な装飾モチーフであり、後においても、ポーランドのシナゴーグの装飾やイタリアの彩飾写本においても見られた。ばら*はその花びらが円形のマンダラを形作っており、ユダヤ民俗芸術においては一般的なモチーフだった。城壁に囲まれているエルサレム*は、世界の中心、世界の眼*の瞳、宇宙の臍であり心臓*である、と考えられていた。中世の地図では、エルサレムはしばしば、円の中心に描かれていた。

円形の食物もまた、象徴的に用いられていた。ローシュ・ハ・シャナー*に供せられる丸いハラー*は、新年の開始と成就への希望を象徴している。過ぎ越しの祭り*のセデル*によく供せられる卵*もまた、その半ば丸い形と生命の周期における役割のゆえに、完成や完璧性を表わしている。喪中の家では、生命の循環を象徴するためにレンズ豆*と卵を供するのが伝統となっている。りんご*もまたその完全な球形のために珍重されている。

円にはまた、全体性を象徴する働きのほかに、デーモンから保護する魔術的な力もある。ヨシュアとイスラエルの人びとがエリコを7*日間とり囲んだ時、彼らの包囲は7日目に町を7度回った時に絶頂に達し、城壁は音

王　KING

を立てて崩れ落ちた。「ホニ・ハ・メアゲール」（円を描く人）として有名な〔紀元前1世紀の〕賢者＋ラビ・ホニは、自分の周りに円を描くことによって神の助けを呼び求め、干からびた地に神が雨をもたらすまで動こうとしなかった。

　結婚指輪は、結婚による統一と絆を象徴するためにいたる所で用いられているが、ユダヤ人の婚礼でも同じ役割を演じている。フッパー＊の下で花嫁が花婿の周りを7＊度回る（あるいは、それぞれが交代で相手の周りを回る）慣習は、おそらくは、円の持っている保護力への民間信仰に由来しているものと思われる。

　トーラー＊の行進、とりわけ、スィムハット・トーラー（トーラーの歓喜）の7度の「ハカフォート」〔ビマー＊の周りの行進〕の際には、トーラーの巻物はちょうど王＊や女王＊が人びとの前を練り歩くように、ビマーの周りを回る。スッコート＊の祭りには、4＊種類の植物を手に持って同じようにビマーの周りを回る（ホシャノート）。これらの円は、神の加護の下に連れ出して欲しいという人びとの願望を本来は表わしていたのかもしれない。家族の中には、手をつないでシャバット＊や祝祭日の食卓を囲むのを慣習としているところがあるが、これは家族の輪〔絆〕の強さと統一性を象徴している。

象徴するもの：完成、連関、周期、家族、人生の周期、魔術、完璧、統一性、全体性

項目別分類一覧：天文学、衣服、食物、過ぎ越しの祭り、ローシュ・ハ・シャナー、スッコート、婚礼、女性

参照箇所：りんご、冠、卵、4種類の植物、ハラー、エルサレム、レンズ豆、ばら、ローシュ・ハ・シャナー、7、スッコート、太陽、婚礼、ゾディアック

王　KING（ヘブライ語：メレフ）

　ユダヤ人は自らの王を戴くまではずっと王に敵対していた。アブラハム＊の生地メソポタミアは、強力な君主に統治されていた。ユダヤ人の伝承はその君主をニムロドとみなしており、彼はバベルの塔の中心的な建設者だった。カナンの地はトーラー＊が「王たち」と呼ぶ地方の多くの族長たちによって統治されていた。[1] イスラエル人の奴隷たちが長いあいだ囚われの身であった時は、エジプト＊のファラオ＊に支配されていた。

　イスラエルの人びとが彼ら自身の王を要求した時、預言者サムエルは、王たちは彼らから子供たちと富、自由を奪うだろうから、彼らは後悔することになるだろうと警告した。[2] しかし、彼らは言い張った。神は彼らの願いを聞き入れた。そして結局、サムエルの不吉な警告は現実となった。

　イスラエルの君主制の歴史においては、ダビデ＊やヨシヤのような若干の注目に値する例外もあるが、王たちは権力の悪用を象徴するようになった。預言者たちは彼らを罵倒していた。ラビ＋たちは後に、彼らの失敗から戒めの教訓を引き出した。

　地上の王たちとは対照的に、王の中の王である神は正義と慈愛で宇宙を統治すると言われている。ラビたちは、人間の統治と神の統治の矛盾を絶えずこう指摘していた——「人は地上の王たちには満足を求めるが、何も得

ることがない。人は神には何も求めないが、満足を得ることができる」。(3) タルムードには、王としての神、王の息子、あるいは、娘としてのイスラエル、という比喩がたくさんある。カバラー*とハスィディズム+の文書もこの類比を用い、神聖な王を愛情に満ちた親として描いている。

伝統的な礼拝、特に大祝祭日の祈祷書マフゾール+では、神はたびたびメレフ・ハ・オーラム（宇宙の王）と呼ばれている。この異名は、神の威厳と力を強調している。この語句はまた、「誉むべきかな、主よ、われわれの神よ、宇宙の王よ」というユダヤ教のすべての祝祷に特有の古代の信仰告白文の一部でもある。ユダヤ人はこのイメージを保ちつづけるために、ある決まった祈りを朗唱する時には、王の前でするかのように「膝を折る」。大祝祭日の礼拝のある部分では、床にひれ伏すことすらある。また、アミダー+の祈りのあいだには、王の前にいるかのように、3歩後ろに下がるのが伝統となっている。現代のユダヤ人の中には、王という言葉が内包している階級的、家父長的な意味あいに不快感や嫌悪感を抱き、「祝福の源泉」、「エイン・ハ・ブラハー」（祝福の泉）、「ルーアッハ・ハ・オーラム」（世界の生命を支える息吹、または、世界霊）、「ハイ・ハ・オーラミーム」（宇宙の生命）、「永遠なるもの」などのような他の言葉を代わりに使っている者もある。

神の王権というモチーフは、シナゴーグ*の内部に視覚的に表現されている。トーラー*の巻物は、地上での神の支配の象徴的なものであり、王冠*を被り、王のように美しく着飾られている。トーラーの指し棒ヤッド*は、王の笏のような形をしている。聖櫃*のそばにある椅子*は玉座*に似ている。礼拝者は、ビマー*から下りる時は後ずさりし、聖櫃*の方向に頭を垂れて祈る。礼拝者は、トーラーが行進、巡回する時に、トーラーの外衣の縁に接吻する。

カバラー*の体系では、ケテル（冠）と呼ばれる最高位のスフィラー*〔スフィロートの単数形〕は、神の最初の意志を象徴している。マルフート（王国）と呼ばれる最下位のスフィラーは、神聖な世界と人間の世界のあいだの密接な関連を象徴している。この10番目のスフィラーはまた、神の女性的な面であるシェヒナー*の特別な領域でもあり、女王*とも呼ばれている。

獅子*は獣の王であり、鷲*は鳥の王であると考えられているので、これらは地上の王権と天上の王権の象徴である。ユダヤ人の伝統では、ユダの獅子は、ダビデ王朝のよく知られた象徴である。

プーリム*の祝祭日には、ユダヤ人の子供たちの多くはアハシュエロス王〔クセルクセス王〕のような衣装で着飾るのを好む。この王の愚かさと虚栄心のために、ペルシアのユダヤ人は危うく滅亡するところだった。

---

(1) 創世記14、20、26、36章 (2) サムエル記上8：11-18 (3) プスィクタ・ラバティ44：9

象徴するもの：権力の悪用、権威、神の王権、神の力、愚かさ、神、力、空しさ

項目別分類一覧：カバラーの象徴、メシア、祈り、プーリム、ローシュ・ハ・シャナー、シナゴーグ

黄金の子牛　GOLDEN CALF

参照箇所：冠、鷲、カバラー、獅子、メギラー、ファラオ、プーリム、女王、ローシュ・ハ・シャナー、スフィロート、玉座、トーラー、風

黄金　→金　GOLD

黄金の子牛　GOLDEN CALF（ヘブライ語：エゲル・ハ・ザハーヴ）

エジプト*、バビロニア、アッシリアでは、雄牛は神、あるいは神の玉座*として崇拝されていた。エジプトの美術においては、雄牛は強さ、忠誠、勇気を象徴していた。エジプトでの奴隷状態から脱出して解放されたイスラエルの人びとは、ごく自然にこの偶像を彼らの神聖な贖い主を表現するために取り入れた。彼らは、シナイ*山から戻ってきたモーセ*に失望した時、アロン*の協力を得て、彼らの金*の装身具を用いて黄金の子牛の偶像を鋳造した。[1] 伝説によると、女性たちはこの偶像崇拝に参加することを拒み、そのため、神は彼女たちの信仰心の篤さに対して新月の日は仕事をしなくてもよいという報奨を与えたという。[2]

ラビ+たちは、イスラエルの人びとは神の玉座の雄牛を複製しようとしただけである、と説明して、その行動にある程度の合理的な解釈をした。彼らは、アロンの行動は彼の温和な性格のためであるとして彼を救そうとしたが、それでも、偶像崇拝は災難をもたらす罪である、とこう非難している——「イスラエルがこうむった不幸は、雄牛の罪に対する懲罰のためでもある」[3]

イスラエルが後に二つの王国に分裂すると、北王国イスラエルの王、反逆者ヤロブアムは、南王国ユダ*の宗教的首都としてのエルサレム*の中心的な位置に対抗して、ベテルとダンに聖所を建て、それぞれの聖所に一体の黄金の子牛を置いた。ヤロブアムは、最初の黄金の子牛に対するイスラエルの人びととの叫びをそっくりまねて、「イスラエルよ、これこそあなたをエジプトの国から導き上ったあなたの神だ」[4] と宣言した。そのうち、これらの鋳像は、おそらくは当初は聖櫃*の上の黄金のケルビム*の代わりに置いておくもりであったのであろうが、独自に崇拝される呪物となってしまった。[5] こうして、預言者たちにそれ自体が公然と非難されたのだった。[6]

---

(1) 出エジプト記32章　(2) トセフタ：ローシュ・ハ・シャナー篇23a　(3) BTサンヘドリン篇102a　(4) 出エジプト記32：4、列王記上12：28　(5) 列王記下17：16　(6) ホセア書8：5-6

象徴するもの：裏切り、犯罪行為、偶像崇拝、反逆、羞恥心、罪

参照箇所：ケルビム、金（黄金）

大麦　BARLEY（ヘブライ語：セオラー）

大麦のヘブライ語名セオラーは、その穂の長い毛（ヘブライ語でセアル）に由来してい

茎のついた大麦。イスラエルでは、秋や冬に種がまかれ、春に収穫される。

る。大麦はイスラエルの地の肥沃さを象徴している7種類の植物[1]のひとつである。聖書時代には、大麦パンはイスラエルの人びとの主食だった。大麦はとりわけ旱魃に強いので、最も重要な穀物だった。ミシュナー+時代になると、小麦が極上の小麦粉となって大麦に取って代わった。そして大麦は、貧しい人びとの食物や家畜の餌となった。

大麦は最初に実る穀物であるので春を象徴している。[2]古代においては、大麦の最初のオメル*（初穂の束）は、春の収穫の季節の開始を示すために過ぎ越しの祭り*の第2日目に刈り入れされた。[3]大麦はシャヴオート*の祝祭日とも結びついている。シャヴオートは大麦の収穫の終わりと小麦の収穫の開始を示している。この祝祭日にはルツ記が読まれるが、ルツ*の物語は大麦の収穫の時期に起こったことである。

大麦の束は、古代からユダヤ芸術においては広く流布した装飾のモチーフだった。大麦の粒は、尺度の単位としても用いられていた。

(1)申命記8：8　(2)ルツ記1：22　(3)レビ記23：9-16、BTメナホート篇84b

象徴するもの：農業、始まり、貧困、春、滋養物

項目別分類一覧：植物、食物、過ぎ越しの祭り、シャヴオート

参照箇所：パン、イスラエルの地、ルツ、7種類の植物、小麦

雄羊　RAM（ヘブライ語：アイル）

2本の曲がった角*を誇っている雄羊は、古代の中近東では経済的にも宗教的にも重要な動物だった。エジプト*では、雄羊は太陽神アモン・ラーのしるしのひとつだった。この神は雄羊の角で表現されていた。出エジプト+の時、神はイスラエルの人びとに、エジプトでの奴隷状態から脱出する前に過ぎ越しの祭り*の供犠として子羊を生贄に献げるよう命令した。彼らの最初の自由な行為は、彼らの主人の神を殺すことだった。

古代ギリシアとローマの暦では、アリエス（3月21日～4月20日）は最初の月であると考えられ、異教のゾディアック*では牡羊座（白羊宮）として描かれていた。古代のシナゴーグ*のモザイクでは、このゾディアックの宮はヘブライ語で子羊を意味するタレーと呼ばれていた。羊が新しい子羊を産む春の新年の時期は、聖書で「その年の初めの年」[1]と呼ばれているニサン+の月と一致している。古代のシナゴーグ*のモザイクの多くでは、アリエスと過ぎ越しの祭りの月であるニサンの象徴をモザイクの床に同列に並べている。シナゴーグによっては、アリエスと別な新年、ローシュ・ハ・シャナー*の月であるティシュレイ+を同列に並べているところもある。

雄羊が主としてユダヤ人の伝統と結びついているのは、この秋の新年、ローシュ・ハ・シャナーである。この祭りでは、ショファール*という雄羊の角笛が繰り返し吹かれ、人びとに悔い改めを呼びかける。ショファールはガゼ

湾曲した角で有名な雄羊
（ショファール*の項参照）

オメル　OMER

ル、マウンテン・ゴート、家畜の山羊、アンテロープなどの角からも作ることはできるが、雄羊の角が好まれている。というのも、それがアケダー*、イサク*を生贄に献げようとしたことを思い起こさせるからであり、イサクの神意への服従がこの時期の悔い改めにふさわしいからである。雄羊、そして、一般的に羊は、神殿*の祭壇*で生贄に献げる主要な動物であり、それゆえに、無抵抗、罪のない者の虐殺、すなわち、古代からの絶え間ないユダヤ人の受難と殉教をも象徴している。

雄羊は聖書の時代から現在に至るまでの各世代を結びつけ、ユダヤ教の儀式では重要な役割を演じつづけている。その角はショファールを、その毛はツィツィート（タリート*の房）のより糸を、その皮はトゥフィリン*の革紐とトーラー*の巻物の羊皮紙を提供している。

---
(1) 出エジプト記 12：2
象徴するもの：始まり、殉教、無抵抗、悔い改め、春、神意への服従
項目別分類一覧：動物、過ぎ越しの祭り、ローシュ・ハ・シャナー
参照箇所：アケダー、角、羊、ショファール、ゾディアック

オメル　OMER（ヘブライ語：スフィラット・ハ・オメル）

ユダヤ人は過ぎ越しの祭り*の2日目からシャヴオート*の祭りまでの7*週間（7日間の7倍）を、出エジプト*とシナイ*での啓示のあいだの期間を記念するものとして毎日、日数を数えている。この数える方法は、スフィラット・ハ・オメル（オメルを数えること）と呼ばれている。これは、収穫したての大麦*の初穂、新穀の束（オメル）を過ぎ越しの祭りの献げ物として神殿*にたずさえる古代の慣習を思い起こさせている。(1) オメルの期間は非常に不安定な期間でもある。というのも、人びとの生命の維持は穀物の成熟に依存しているからである。この期間は、ユダヤ民族がシャヴオート*にトーラー*を授かるための準備をするので、彼らが精神的に成熟する期間をも示している。

イスラエルの肥沃さを象徴している7種類の植物*は、それぞれオメル*の期間に生育の決定的な局面に入る。オリーヴ*、ぶどう*、ざくろ*、なつめやしは、花を咲かせるようになる。いちじく*は大きくなり、小麦*と大麦*の殻粒には澱粉が満ちる。それらの生育は、北風と南風の均衡に依存している。イスラエルでの収穫を決定づけるのは、この不安定な期間である。シャヴオートは、その土地とその果実への神の祝福と加護を賛美している。

いつしかこの7週のあいだは「スフィラー」（数えること）とかオメルと呼ばれるようになり、特別な祝祷を朗唱し、毎日、日数を数えて祝うようになった。民俗芸術のモチーフで装飾された特別なオメルの暦が、日数を数えるために作られた。詩篇67章に7語から成る七つの聖句があり、伝統的に毎日オメルを数える時に朗唱されていた。

カバリスト+はこれらの49日間をエジプトの不浄の門*から清浄な啓示への上昇の期間とみなしている。

オメルの期間は、喪に準じる時として守ら

れている。この期間には、音楽を奏でることや、散髪*、婚礼*の祝いなどは禁止されている。こうした慣習は、おそらくは、収穫前の不安定な期間にイスラエルのコミュニティが経験した全般的な不安を本質的には反映していたものと思われる。しかしながら、ラグ・バ・オメル*、イスラエル国独立記念日、ローシュ・ホデッシュ*などの数日間はこれらの禁止が免除されている。

---

(1) レビ記23：9-16、ミシュナー・メナホート篇65

象徴するもの：不安、上昇、服喪、想起、精神的充足、変わり目、脆弱

項目別分類一覧：過ぎ越しの祭り、シャヴオート

参照箇所：大麦、門、カバラー、ラグ・バ・オメル、数字、過ぎ越しの祭り、7、7種類の植物、シャヴオート

オリーヴ OLIVE（ヘブライ語：ザイト）

オリーヴの木は、かつて、そして現在でも、中近東では非常に価値のある木*である。この木は、イスラエルの地の美しさと恵みの深さを特徴づけている7種類の植物*のひとつである。(1) オリーヴ油は、イスラエル人の食事と家計、商業、神殿*と宮殿*の儀式を支える中心的なものだった。

オリーヴの木は1000年以上も生きつづけ、しかもまだ実を結ぶその可能性のゆえに、長いあいだ長寿と不死を象徴していた。この木は幹の本体が空洞になってきても死滅せずに生きつづけ、若枝を生じさせて生育している。詩篇は「食卓を囲む子らはオリーヴの若木」と子供をオリーヴの木にたとえている。これは、子孫を通した継続性を象徴している。(2) この一節にもとづいて、オリーヴの枝はクトゥバー*（結婚契約書）によく好まれて描かれている。また、この木は常緑樹であり、岩の多い場所でも繁茂する。

オリーヴ（学名 *OLEA EUROPA*）

洪水物語では、鳩*が箱舟*に持ち帰ったオリーヴの葉は、乾いた土地がふたたび現われ出たということをノア*に教えた。(3) このオリーヴの枝はオリーヴ山*からのものである。というのも、洪水がエルサレム*にまで達しなかったからである、と伝説は述べている。(4) 口にオリーヴの枝をくわえてきた白*鳩のイメージは、平和の普遍的な象徴となった。

「ケ・ザイト」（オリーヴの一粒と同じ「大きさ」）という語句は、典礼の義務を遂行するのに必要な最小人数を表わしている。

スファラディーム+のコミュニティでは、破壊された神殿に対して哀悼の意を象徴するために若者が婚礼*でオリーヴの冠を被るのが慣習となっている。というのも、オリーヴの味が苦いからである。この冠はまた「シャローム・バイト」、すなわち「家庭の平和」

オリーヴ　OLIVE

への願いをも象徴している。
　オリーヴは、イスラエルの地を象徴している7種類の植物のひとつとして、伝統的に、トゥ・ビ・シュヴァット*の祝祭日に食べられる。この祭りは、イスラエルの農業生活が冬の休眠状態の後、ふたたび目覚めたことを祝っている。

---

(1) 申命記8：8　(2) 詩篇128：3　(3) 創世記8：11

(4) Ginzberg, *Legends of the Jews*, 1：164

象徴するもの：美、継続性、豊饒、不死、長寿、最小、服喪、平和

項目別分類一覧：植物、食物、イスラエルの地、木、トゥ・ビ・シュヴァット、婚礼

参照箇所：鳩、イスラエルの地、クトゥバー、山、油、7種類の植物、木、トゥ・ビ・シュヴァット、婚礼

【カ行】

会堂 →シナゴーグ SYNAGOGUE

顔 FACE(ヘブライ語：パニーム)

　ユダヤ教は長いあいだ不可視の隠れた神の原理を認めていたが、伝承の中には神の特性を描いた擬人的なイメージがたくさんある。神の御顔は、恩寵、寵愛、栄光を象徴していた。

　ちょうど太陽*がそれを直視する者を盲目にするように、神の臨在の光*を強力に放射している神の御顔も、それを見つめる者を盲目にする。聖なる山で神に会い、トーラーを授かったモーセ*でさえも、神の後ろを見ることしか許されなかった。神はモーセにこう言った——「あなたはわたしの顔を見ることはできない。人はわたしを見て、なお生きていることはできないからである」。[1] だが、聖書はいたるところで、モーセを神と顔と顔をつき合わせて（パニーム エル パニーム）話をした唯一の人間として描いている。[2] モーセがシナイ*で神に会った後、彼の顔が光を放っていたので、彼は人びとに危害を与えないように顔に覆いを掛けた。[3]

　神がユダヤ民族に好意を抱いていなかった時のことは、ヘステル・パニーム、すなわち、御顔を隠す、という言葉で伝統的に表現されていた。[4] 神がユダヤ民族に好意を抱いていた時には、御顔が人びとに光を放っていた、と表現されていた。祭司の祝祷*は、礼拝の中にくり返し出てくるイメージである恩寵と平安のしるしとしての神の御顔から光が放たれることを祈願している。

　預言者エゼキエルは、神の戦車*を幻視の中で見た時、神をそれぞれ四*つの顔を持った四つの生き物の混成物として描いていた。すなわち、前方は人間の顔、右は獅子*の顔、左は牛の顔、そして後ろには鷲*の顔を持っていた。[5]

　カバラー*は、もっぱら顔を比喩的に描写することによって神の特性を表現している。その宇宙論によると、神の霊の流出であるスフィロート*を含んでいた光を受容する原初の器が発端において粉微塵に壊された、という。結果として、神はそのエネルギーを、スフィロート間での活発な相互作用を映し出していたパルツフィーム（顔）へと変成させた。パルツフィームの中でも「長い顔」（アリーク・アンピン）と「短い顔」（ズイール・アンピン）の二つがよく知られている。

鏡　MIRROR

(1) 出エジプト記 33：20　(2) 申命記 34：10　(3) 出エジプト記 34：29-35　(4) 詩篇 10：11　(5) エゼキエル書 1：10

象徴するもの：祝福、神の恩寵、神の力、栄光、平和

項目別分類一覧：身体の部分、カバラーの象徴

参照箇所：身体、目、カバラー、光、モーセ、祭司の祝祷

鏡　MIRROR（ヘブライ語：レイ）

ラビ[+]たちは、預言には霊的な洞察力を得るために鏡——アスパクラリア——をじっと見つめることが必要である、と語っている。モーセ*は、明るいはっきりと見える鏡を通して見つめた。他の預言者たちは、曇った鏡を通して見つめた。モーセはたったひとつの鏡を要求したが、他の預言者たちは九つの鏡を要求した。[1] この鏡は、人間の視界と神の視界のあいだに必要な境界線として働いていた。[2] この映像は、観想を助けるものとして初期の神秘主義者たちに用いられていた。アブラハム・アブラフィア（13世紀）は、大祭司*が助言を求めた古代の光を発する神託の道具ウリムとトンミム*は、祭司に超越神の幻視と人格神の幻視をともに授けると述べている。[3]

民間信仰では、鏡は霊と関係している。服喪期間中は、死者の家の鏡は覆い隠された。これは、神の創造物のひとつの死によって神の似姿が傷つけられたことを象徴している。さらにこれは、死ぬべき運命を前にしての個人的な虚飾が不適切であること、家族の内部での死のために夫婦間の性的な交わりを控えること、人を失った後に寂しさへ引きこもることを象徴していた。鏡の銀の膜を見つめることは、空虚な自己陶酔と貪欲さを生じさせることになるだけだとも言われている。

---

(1) BT イェヴァモート篇 49b、レビ記ラバー 1：14　(2) BT スッカー篇 45b へのラシの注解　(3) Gottlieb, *The Lamp of God*, 290-291

象徴するもの：貪欲、洞察力、預言、自己陶酔、霊、空しさ、幻視

項目別分類一覧：死、カバラーの象徴

参照箇所：カバラー、光、モーセ、ウリムとトンミム

籠　BASKET（ヘブライ語：サル）

多くの文化には英雄や神々が籠の中に入れられて漂流していたという話がある。文化人類学者は、籠は子宮を象徴している、と解釈している。聖書には、赤ん坊のモーセ*はテヴァーの中に入れられてナイル河畔の葦の茂みのあいだを漂流していた、と書かれている。だが、このテヴァーという語は、ノア*の箱舟*に対しても用いられていることから、籠よりも丈夫なもののことを言っているのだが、「パピルスで編んだ籠」と訳されている。[1] しかし、どちらの場合においても、籠と箱舟は、そこから出現する未来を保持している。すなわち、ノアの箱舟からは世界が、モーセの籠からはユダヤ人の生命が出現した。ファラオの娘が籠の中のモーセを見

モーセの籠と呼ばれている民俗工芸品。

カシュルート（食餌規定）　KASHRUT

つけた後モーセを養子にしたので、現代では籠は養子縁組の象徴となった。

　古代ギリシア*のコインに描かれている蔦で覆われた籠は、豊饒と不死の神であるディオニュソスの祭儀を象徴していた。ユダヤ人のあいだにおいても同様に、籠は収穫と豊饒の象徴であった。ノアと彼の家族と動物、そしてモーセはともに、種子のように保護されて入れられていた後、再生した。神はイスラエルの人びとに、もしも彼らが神の命じる戒律を守るならば、「あなたの籠もこね鉢も祝福される」と約束した。もしも守らなければ、「あなたの籠もこね鉢も呪われる」(2)

　まだ神殿*がエルサレム*に建っていた時には、人びとは供え物を籠に入れて神殿に持ってきた。特にシャヴオート*の時には、初物（ビクリーム）を神殿に持ってきた。ユダヤ人たちは、彼らの供え物を運ぶのに田舎から神殿まで行列を作って行進してきたという。金持ちの巡礼者たちは金*や銀で作られた籠をたずさえ、貧しい巡礼者たちは皮をむいた柳*で作った籠をたずさえていたという。果物の上には鳩を置いていた。鳩は当時、神殿の祭壇に生贄として献げられていた。(3) 現代では、キブツ⁺の子供たちが、シャヴオートにはビクリームの行進のようにフルーツの入った籠をたずさえている。シャヴオートに行なわれるユダヤ人の堅信礼においては、若いユダヤ人が花*で満たされた籠をたずさえている。

---

(1) 出エジプト記2：3　(2) 申命記28：5、17　(3) ミシュナー・ビクリーム篇3

象徴するもの：養子縁組、農業、豊饒

項目別分類一覧：植物、シャヴオート、神殿、水
参照箇所：モーセ、7種類の植物、シャヴオート、柳

カシュルート（食餌規定）　KASHRUT（ヘブライ語：カシュルート）

　ユダヤ人の食餌規定は、トーラー*にまでさかのぼり、今日でもユダヤ人が依然として守っている最も古い慣習である。聖書は、カシュルート（「適した」という意味のヘブライ語カシェルが語源）の律法は、どの動物、鳥*、魚*を人間は食べてよいか、そして、それらをいかに屠り、準備するか、ということを詳細に記している。さらに聖書は、乳*製品を肉と一緒に料理することを禁じている。これは、「あなたは子山羊をその母の乳で煮てはならない」(1)という原則にもとづいている。後世のラビ⁺の指導者たちは、テクノロジーの発展がその古代の規定に新たな解釈を要求していても、この聖書の律法をよりいっそう緻密なものにして、今日に至るまで守りつづけている。

　食餌規定は、聖書においてフキームと呼ばれている一般的な法規の範疇に組みこまれている。それらの法規の唯一の論理的根拠は、神がそれらを定めたということである。カシュルートを守る理由は、「あなたたちは、聖な

コーシェル製品の認定のためにさまざまな機関で用いられている表象。

カシュルート（食餌規定） KASHRUT

る者とならねばならない」[2]ということ以外に見当たらない。あらゆる時代を通して、聖書本文中のこの具体性を欠いた不明瞭な理由づけに対する回答として、さまざまな注釈者たちがカシュルートについての彼ら自身の解釈を提示してきた。

伝承によれば、神は洪水の後、初めて肉を食べることを許可したという。[3]しかし、肉を食べることは制限されなければならなかった。というのも、われわれの感性に必ず害を及ぼすからである。預言者エゼキエルは、食餌規定で禁じられている血*を食べることを殺人と偶像崇拝に結びつけている。[4]紀元前1世紀のエジプトのユダヤ人アリステアスは同じように、血を食べるのを控えることは人間の暴力本能を制限することとなると述べている。彼はまた、カシュルートの法規は正義感を人びとの中に浸透させると主張してもいる。たとえば、猛禽を食べるのを控えることは、他の動物を捕食してはならないということをわれわれに教えている。[5]ヘレニズム時代のユダヤ人哲学者フィロンは、邪悪な本能で生き物を食べると、われわれの中のそのような本能を呼び起こすことになるかもしれないと述べている。[6]

コーシェル〔カシュルートと同義〕を守る目的は、自制を教えることによって人間の本性を洗練させることであるとラビたちは主張している。それゆえに、豚肉という特別な食物が嫌いだとはっきりと言うよりも、「わたしは（豚肉の味は）好きだが、トーラーがそれを禁じているので控えなければならない」と言うほうが望ましい、と彼らは論じている。[7]

中世の合理主義者マイモニデス[+]は、そのような道徳的な正当化の項目に、ユダヤ人の慣習と偶像崇拝を区別する論理的根拠と衛生学上の論拠をも付け加えた。[8]イブン・エズラは、子山羊をその母の乳で煮ることは残虐な行為であるので禁じられていると信じていた。後になると、この禁止は生命のある食物（乳）を死んだ食物（屠殺された動物）から象徴的に分離しているという解釈も出てきた。

カバリスト*は、食物は身体にも精神にも影響を及ぼすと論じている。したがって、コーシェルでない食物は、「精神を不浄にし、汚し、知力を鈍らせる」。というのも、そうした食物は、卑しい欲望を刺激し、「創造の目的を無にする」[9]破壊へと究極的に導くからである。

いつの時代でも、ユダヤ人はカシュルートをユダヤ人のアイデンティティとコミュニティの象徴とみなしてきた。ユダヤ人は、十字軍時代、スペインでの異端審問時代、フメルニツキーのポグロム時代、第三帝国時代も、この法規を廃棄するよりも殉教やごまかすほうを選んだ。

現代では、カシュルートはユダヤ人コミュニティで大きな論争を引き起こしている。多くの非伝統的なユダヤ人たちは、カシュルートを好古趣味や迷信の象徴として拒絶している。ユダヤ教の改革派運動は、（その立場は時とともに柔軟になっていたが）当初は、そのような食餌規定を時代遅れで、「現代精神の飛躍……を妨げる傾向がある」として拒絶していた。[10]

伝統的なスファラディーム[+]のコミュニティと同様に、ユダヤ教の保守派も正統派

もともに、数世紀にもわたってラビ[+]の指導者たちが明確化してきた食餌規定を依然として守っている。ある保守派の注釈者はこう書いている――「カシュルートの目的は、聖性、……われわれの動物的な本性の一面である食べるという当たり前の行為を神聖なものとする企てである」。そうすることで、カシュルートは「ヘブライ語のカドーシュという言葉に暗示されているように、内的な神聖化と外的な分離という二つの方法で」聖性を促進するのである。[11]

現代の文化では、「コーシェル」の意味は拡大され、食物に限らず「純粋な」、「許可された」、「適した」ふるまいの意味をも含んでいる。ユダヤ人の中にはさらにその範囲を拡大して、エコロジーや政治的倫理の領域にまで広げている者もいる。ユダヤ人の菜食主義者たちは、自分たちの食事方法はカシュルートのより精神的な形態であると主張している。というのも、エデンの園*の最初の住人たちは菜食主義者であったからである。

---

(1) 出エジプト記 23：19、34：26、申命記 14：21
(2) 出エジプト記 22：30、レビ記 11：44-45、申命記 14：21　(3) BTサンヘドリン篇 59b　(4) エゼキエル書 33：25　(5) アリステアスの手紙 142-147
(6) De Specialibus Legibus 4：118　(7) スィフラ・クドゥシーム：レビ記 20：26 について　(8) Guide of the Perplexed 3：48　(9) Isaac ben Moses Arama, Akedat Yitzhak, Shaar Shemini, 60 - end.
(10) Pittsburgh Conference, November 16 - 18,1885
(11) Dresner, The Jewish Dietary Laws, 54

象徴するもの：コミュニティ、憐れみ、区別、聖性、ユダヤ人のアイデンティティ、公正、自制、分離、神意への服従、菜食主義
項目別分類一覧：食物
参照箇所：祭壇、鳥、血、魚、山羊、乳、食卓

風　WIND（ヘブライ語：ルーアッハ）

風を意味するヘブライ語ルーアッハは、「精神」、「霊」、「熱情」、「息」をも意味する。風は、神の力と自然の力双方に関係している。「ルーアッハ」は昔から、自然の領域、人間の領域、神の領域のあいだの関係を象徴していた。

風は目に見えない手*で動かされているように思われていたので、自然界における神の働きかけを象徴している。[1] 神は、風の翼*に乗って行くと表現されている。[2] 典礼では、神の特徴を「風を吹かせ、雨を降らせる」御方、と語っている。神は、嵐の中からヨブ*に語りかけたり、嵐を起こしてエリヤ*を天に上げたりしたように、時おり強い風を吹かせている。[3] しかし、エリヤがシナイ*山で神に出会った時のように、風それ自体は神聖なものではなく、ただ神の象徴であるにすぎない――「非常に激しい風が起こり、山を裂き、岩を砕いた……しかし、主は風の中におられなかった……（しかし）静かにささやく声がした」[4]

しかし、他の箇所では、神は「ルーアッハ」と同義語となっている。創造の瞬間には、神の「ルーアッハ」が水*の表面を動いていた。[5] ルーアッハ・ハ・コデッシュ（聖なるものの霊）という語は、長いあいだ、ユダヤ教神学においては重要な術語であった（キリスト教はこの語を「聖霊」と訳し、三位一体のひとつとしている）。ルーアッハ・ハ・コデッ

割礼　BRIT MILAH

シュは聖書に最初に現われ、預言させ、神の指示を与える霊を指すようになった。この霊は、モーセ*とヨシュアに、預言者たちに、義人と聖人に、そしてユダヤ民族全員にも授けられた。[6]これは、シェヒナー*と同一視されている場合もある。

　カバラー*によれば、人間の霊魂は三つ*に分類されるという。それらは、ネフェッシュ、ルーアッハ、ネシャマーである。ネフェッシュは、動物にも人間にも共通してある活力に満ちた力である。ルーアッハは、人が無垢な動物の本性を超越する時に生じる人間特有の霊である。ネシャマーは、神から生じる神聖な閃光（息）である。

　風はまた、人間の生活の空しさとはかなさをも象徴している。厭世的なコヘレトの言葉も嘆いていたように、ヨブは自分の生命が風にすぎないと嘆き悲しんでいた。[7]こうした表現は、イズコール（追悼式）や葬式の礼拝の中心をなしている。

　つむじ嵐は、ホロコーストを象徴するようにもなった。

──────────
(1) 詩篇147：18　(2) サムエル記下22：11、詩篇18：11、104：3　(3) ヨブ記38：1、列王記下2：1、11　(4) 列王記上19：11-12　(5) 創世記1：2　(6) 申命記34：9、列王記下2：9-10、レビ記ラバー15：2、タンフマ：ヴァ・イェヒ14、トセフタ：プサヒーム篇4：2

(7) ヨブ記7：7、コヘレトの言葉1：17

象徴するもの：神霊感応、神の力、神、ホロコースト、預言、霊魂、空しさ、脆弱

項目別分類一覧：死、カバラーの象徴、自然現象

参照箇所：カバラー、神の御名、シェヒナー

割礼　BRIT MILAH（ヘブライ語：ブリット・ミラー）

　ユダヤ人のアイデンティティの主要なしるしのひとつは、生後8日目に行なわれる男の子の割礼、ブリット・ミラーである。ヘブライ語のブリットという語は、「契約」を意味しており、男の子の性器の包皮を取り去る儀式は、神との契約にその男の子が入ることを象徴している。この神との契約は、4000年前にアブラハム*が最初に行なった。割礼は供犠とも結びついている。とりわけ、割礼用のナイフに伝統的に描かれているアケダー*（イサク*を生贄として献げること）の場面と結びついている。包皮を切り取り、それを儀礼的に神に献げることによって、ユダヤ人は身体の一部を犠牲にして身体全体を象徴的に守っているのである。赤ん坊はこのようにして、純粋に自然な状態から社会的コミュニティへの自己の移行をはっきりとしるしているのである。赤ん坊は割礼の時に初めて公式に自分の名前をもらう。

　多くの文化は割礼の儀礼を行なっているが、ほとんどの文化は、男の子の性的成熟の象徴として思春期に割礼を行なっている。この違いのゆえに、ユダヤ教の注釈者の多くは、割礼は人間の性欲を浄化していると主張している。彼らによれば、割礼は自己の情欲を昇華させ、自己の肉体を神に献げるために犠牲にし、未来の世代を継続させるために自己を献げるというユダヤ人の誓約を表わしているという。古代の中近東において、アシュタルテやディオニュソスの祭儀は、過度のオルギー（狂宴）を積極的に実践していた。ギリシアとローマの文化は、裸体と肉体的快楽

割礼　BRIT MILAH

を崇めていた。それゆえに、割礼はユダヤ文化と異教の文化の相違点を象徴的に表わすようになった。実際に、〔セレウコス朝の〕アンティオコス4世やハドリアヌス皇帝のような暴君は、割礼を禁止した。彼らは禁止することによってユダヤ人の分離主義を抹殺しようと願っていたが、ユダヤ人がこの象徴を自らの生命と引き替えに進んで守ろうとしていたということを悟らされただけだった。その後、割礼はユダヤ文化とキリスト教文化の重要な相違点ともなった。

近年、文化人類学者は、割礼は古代のイスラエルの人びとにとっては多産への象徴的な願望を表わしていたと提起している。[1] 実際に、割礼を記述している聖書の言語は、将来の収穫を増やすための果樹*の枝おろしを記述する際に用いられている言語と同じである――「あなたたちが入ろうとしている土地で、果樹を植える時は、その実は無割礼のものと見なさねばならない。それは、3年の間、無割礼のものであるから、それを食べてはならない。4年目にすべての実は聖なるものとなり、主への賛美の献げものとなる。5年目にあなたたちはその実を食べることができる。こうすれば収穫は増し加えられる」。[2] それゆえに、神のアブラハムとの契約――「わたしはあなたをますます繁栄させ」、「あなたの子孫を天の星*のように、海辺の砂のように増やす」[3]――は、ユダヤ人の男の子が割礼を受けるたびに、象徴的に演じられている。

ユダヤ教はその当初から、割礼をユダヤ民族内部における男性メンバーとしての資格の主要な象徴としてみなしていた。アブラハムはイサクの誕生に備えて、99歳の時に（13歳のイシュマエルと一緒に）割礼を受けた。イサクは生後8日目に割礼を受けた。[4] 伝承によると、アブラハムが割礼を受けたのは、ティシュレイ*の月の10日であったという。この日は後に、神が罪を赦し、ユダヤ民族が契約に立ち帰るのを喜んで迎え入れる日であるヨーム・キプール*となった。[5] 伝統的なラビ*文書によれば、ユダヤ人になりたいと望んでいる非ユダヤ人男性は割礼を受けなければならないし、また、もしもすでに割礼を受けていたならば、象徴的な割礼、ハタファット・ダムを、すなわち、性器から一滴の血*を流し出すことを体験しなければならないという。

8日目が割礼の日と指定されている理由のひとつは、おそらくは、数字の8*で創造の期間よりも1日多い日数を表わすことによって、永遠性と無限性を象徴しているからかもしれない。それはまた。ユダヤ民族をも象徴している。歴史内部でのユダヤ民族の創造を、自然界の創造に追加したからである。[6] こうして割礼は、ユダヤ人の神との永遠の契約を表わしているのである。

ミドラッシュ*によれば、割礼は人間の神との協力関係を象徴しているという。[7] そのひとつの例として、創造の神聖な仕事を完成する際のわれわれの役割を挙げている。さらに、「無割礼」という言葉は、聖書においてはしばしば、無割礼の唇、無割礼の心、無割礼の耳など、精神的に不完全な、また、塞がれている肉体器官を指している。[8]

割礼の儀式で使われる特別な道具は、それら自体が象徴的なものであり、凝った装飾がほどこされている。モヘール*（割礼の執行

カバラー　KABBALAH

者）のナイフには、アケダー*の場面が彫られているものが多い。赤ん坊の伝説上の守護者として、すべての割礼の儀式に象徴的に招かれているエリヤ*[9]の椅子*も、モヘールの割礼の道具を載せているお盆も象徴的なものである。ヴィムペルという紐には伝統的に刺繍がほどこされ、割礼の後には、トーラーを縛る帯として寄贈された。

　現代のわれわれの時代では、ユダヤ人の多くは、男の子の儀式に相応するものとして行なう女の子のための契約、ブリット・ハ・バットの儀式を取り入れている。しかし、肉体的な割礼儀式は行なってはいない。この儀式では通常、祝福、歌、古典や現代の聖典からの朗読、また、ユダヤ人の伝統にもとづいた儀礼などが行なわれている。

----

(1) Schwartz, *The Savage in Judaism*, 141-176　(2) レビ記 19：23-25　(3) 創世記 17：6、22：17　(4) 創世記 17：9-14、23-27、21：4　(5) ピルケイ・デ・ラビ・エリエゼル 29　(6) Hirsch, "A Basic Outline of Jewish Symbolism" in *Timeless Torah*, ed. Jacob Breuer、413-416　(7) 創世記ラバー 11：6　(8) 出エジプト記 6：12、申命記 10：16、エレミア書 6：10、9：25、エゼキエル書 44：7　(9) マラキ書 3：1。ピルケイ・デ・ラビ・エリエゼル 29 も参照

象徴するもの：契約、区別、永遠性、多産、ユダヤ人のアイデンティティ、協力関係、自制、分離

項目別分類一覧：誕生、割礼、身体の部分、改宗、メシア、祭具、女性、ヨーム・キプル

参照箇所：アブラハム、アケダー、血、ロウソク、椅子、エリヤ、イサク

カバラー　KABBALAH（ヘブライ語：カバラー）

　カバラーは「授けられたもの」を意味する。この語は、ユダヤ人の伝承全体を指す場合もあるが、一般的には、ラビ*の時代からわれわれの時代までの神秘主義の伝統を総称している。だが、厳密には、12～13世紀のフランスとスペインで、そして後に16世紀のツファット*で起こったユダヤ教神秘主義の諸派の著作と活動を特別に指す。

　神秘主義の技法は、聖書時代の預言者たちのあいだではおそらくは実践されていたのかもしれないが、タルムード*時代以前には、ユダヤ教の体系的な神秘主義はユダヤ教の主流の内部では十分に発展しなかった。ラビ*時代の著名な賢者*たちの多くは、マアセー・ハ・メルカヴァー*（神の戦車*の幻視）とも呼ばれるヘイハロート（宮殿*）神秘主義の大家であった。この初期の神秘主義運動の目的は、観想することによって、7*層の天と宮殿へ昇り、神の栄光の玉座*を幻視することであった。

　ほぼ1000年ものあいだ、ユダヤ教神秘主義はきわめて秘教的な地下の運動のままだった。しかし、12世紀のプロヴァンスと13世紀のスペインで神秘主義的な諸作品が現われた。その最も有名な作品は、『ゾハール』*──『光輝の書』である。この書は、物質世界で展開している神の霊の流出である10個のスフィロート*の理論にもとづいた体系的な神学を語っている。

　『ゾハール』は著者を古代の賢者*ラビ・シムオン・バル・ヨハイ〔紀元後2世紀のタンナ*。ラビ・アキバの弟子〕に帰し、神の本性は究極的には逆説的なものであると説い

カバラー　KABBALAH

た。すなわち、神は統一性を有したものであるが、同時に、多元的なものでもあり、また、人間の視界から隠されたエイン・ソフ（無限なる者）という様相を呈した超越的なものでもあるが、われわれの世界と交流している下位の七つのスフィロートの形態を取った内在的なものでもある。『ゾハール』はまた、下位の物質世界は高位のスフィロートの世界とも照応している、と説いている。この二つの世界は、動的な関係を有している。下位の世界は高位の世界から神の光*と祝福を受け取り、高位の世界は創造の初めの時にその原初の統一性が破砕されたので、人間の行動の結果として、復興——ティクン+（「修復」の意味）——を成しとげる。どちらの世界もエイン・ソフとエネルギーの鎖*で結びついている。悪でさえも、スフィロートの領域から出現したのである。悪は、ヘセッド（慈愛）とディーン（審判）のあいだの不均衡から生じた。この時代の神秘主義者たちは、礼拝とトーラー*の言葉はスフィロートの領域の生命を象徴しており、その修復を成しとげることができると信じていた。彼らは絶えず、瞑想、祈り、聖なる行為によって、ドゥヴェクート（神への固着）を求めて努力していた。

ユダヤ教神秘主義は、スペインからの追放（1492年）の衝撃の後、16世紀のツファット*においてルネッサンスを経験した。この時代の神秘主義者たちは、伝統的な神秘主義の教えにメシアニズム*の要素を持ちこんだ。彼らはほんの一部の選ばれたエリートだけでなく、ユダヤ民族全体が追放された神のシェヒナー*を贖うために働かなければならないと主張した。ツファットの神秘主義者たちは、スフィロートの基本的な原理と下位の世界とのその相互関係に禁欲的な実践と法悦的な実践を付け加えた。これらの実践の中には、トゥ・ビ・シュヴァット*のセデル*や、金曜日の夕方のカバラット・シャバット*の礼拝、シャヴオート*の夕方からの徹夜の勉学のような、ユダヤ教の伝統の主流の一部となったものもある。この運動は、その最も影響力のあった指導者イツハク・ルーリア+の名前にちなんで「ルーリアのカバラー」と呼ばれ、「偽りのメシア」シャブタイ・ツヴィ+が引き起こしたメシア運動とハスィディズム+のメシア運動に影響を与えた。

カバラーは主としてスフィロートの教義に焦点を合わせて、ユダヤ教内部において精緻な象徴的表現の体系を発展させた。それぞれのスフィラー〔スフィロートの単数形〕は、神性の発現のさまざまな局面を象徴している。スフィラーは人間の身体の構造や自然の象徴、聖書の諸人物、言語、色彩*、神の御名*などの無数の類比を表現している。スフィロートは通常、木*の形で描かれている。スフィロートは、それぞれが動的な関係の中で均衡を保ち、神の生命と諸行為を表わしている。カバラーの諸文書は、まるで秘密の暗号で書かれているかのように、しばしば解読が困難である。というのも、その著者たちはスフィロートの本来の名前を自由にこれらの象徴的な類似物に置換しているからである。

カバラーは汎神論ではないが、神の領域と人間の領域のあいだの緊密な相互連関を強調したために、ユダヤ人の伝統の内部に非常に大きな緊張を生みだしてきた。カバラーによれば、われわれの世界のすべてのものの中に

髪　HAIR

は、物質の殻（クリポート）の中に閉じ込められている神の閃光（ニツォツォート）が含まれているという。カバラーの研究と実践の目的は、ティクン、すなわち、高位の世界の修復と、さらにはわれわれ自身の世界の修復を成しとげるために、これらの閃光を解放することであった。

　秘教的なカバラーは、数世紀にもわたって実践的カバラー、すなわち、ユダヤ教魔術と言われるより広範に普及した伝統を生じさせてきた。そうした実践には、護符*、呪文、文字と言葉と数字*の組み合わせなどの使用、そして、邪視*に対抗するための様々な礼拝が含まれている。そして、これらの実践によって、癒しを行ない、幸運を保証し、将来を占った。

象徴するもの：神の臨在、神秘、神秘主義

項目別分類一覧：カバラーの象徴、メシア、シャヴオート、トゥ・ビ・シュヴァット

参照箇所：アロン、アダム、アケダー、アレフベイト、護符、天使、りんご、身体、鎖、戦車、色彩、ダビデ、エリヤ、邪視、火、門、金（黄金）、ゴーレム、頭、イスラエル、王、レア、光、メノラー、メシア、モーセ、神の御名、数字、くるみ、オメル、宮殿、パルデス、プーリム、女王、赤、ツファット、サタン、セデル、スフィロート、7、70、シャバット、シェヒナー、ショファール、シナイ、ダビデの星、スッコート、トゥフィリン、10、13、玉座、トーラー、木、トゥ・ビ・シュヴァット、ウシュビズィン、井戸

髪　HAIR（ヘブライ語：セアル、サアラー）

髪は常にある特別な神秘的な雰囲気を持っている。他方、髪の毛は絶えず成長しているので、髪は人間の活力に満ちた精神と結びついている。だが、髪には感覚がないので、髪は死とも結びついている。多くの文化では、人は個人的に自分の身代わりに髪の毛を献げたり、あるいは、他の人を支配するためにその人の髪の毛を手に入れようとしたりしている。

　ユダヤ教は一度も禁欲を奨励したことはなかったが、トーラー*はナジル人の場合だけは例外とした。彼らは個人的に、髪の毛は切らない、ぶどう酒*は飲まない、死者に近づいたり触れたりはしない、という誓願を立てていた。[1] そのような特異な人は、大祭司*と同じような聖なる地位を得ていた。最も有名なナジル人は、サムソンである。彼のはさみを入れていない髪の毛こそは、彼の並外れた強さの秘密であった。

　ちょうど、木を植えてから3年がたって初めてその果実を収穫するように、伝統的な家族の中には、男の子が3*歳になってから初めて頭髪を切るところもある。これは、その子の宗教的、道徳的、学問的な教育の開始を象徴している。[2]

　古代においては、喪に服するしるしとして頭髪を剃り落とした。[3] しかしながら、結局は、慣習においては反対となり、喪に服する人には、30日間の服喪期間中は頭髪を切ってはならないと命じている。

　女性の髪は、男性の髪とは異なった意味を持っている。女性の髪は、美しさの重要な一部であり、[4] 男性を誘惑する原因と伝統的にみなされていた。それゆえに、超正統派ユダ

ヤ教の女性の中には、婚礼後に髪の毛を切り落とす女性もいる。デーモン・リリット*は、たいていの場合、長い、ぼさぼさの髪を持った者として描かれている。ラビ+たちは、女性は羞恥心のしるしとして髪を覆い隠す必要があると主張した。これは、エバ*の罪に由来している。(5)結婚している女性が髪を人に見せているのは、性器を人に見せているのと同じことであると考えていたラビもいた。(6)それゆえに、髪を覆い隠していない女性の面前で祝祷を朗唱することは禁じられていた。

結婚している正統派ユダヤ教の女性は、慎み深さのしるしとして、帽子、スカーフ、あるいはシェイトル(かつら)を被っている。皮肉にも、現代のかつらは、しばしば女性の自然の髪の美しさに匹敵するほどのものであり、時として、自然の髪よりも美しい場合もある。こうして、かつらは、象徴的な代用という目的を損なっている。おそらくはこのことが、18世紀に初めてシェイトルが採り入れられた時、正統派ユダヤ教の指導者たちがシェイトルに激しく反対した理由だったのかもしれない。リベラルなユダヤ教の会衆の中には、結婚している女性は礼拝の間だけ髪を覆い隠していればよいとしているところもある。

(1)民数記6:1-21 (2)レビ記19:23 (3)申命記21:12、イザヤ書22:12、エレミヤ書16:6、エゼキエル書7:18、アモス書8:10、ヨブ記1:20、BTモエード・カタン篇14b (4)雅歌4:1 (5)創世記ラバー17:8、BTエルヴィーン篇100bのラシの注解 (6)BTベラホート篇24a

象徴するもの:美、聖性、生命、服喪、羞恥心、力、強さ、代用、誘惑
項目別分類一覧:身体の部分、死、婚礼、女性
参照箇所:顎鬚、衣服、頭、キッパー

神の御名 NAMES of GOD(ヘブライ語:ハ・シェム)

ある人の名前を発音するということは、伝統的に、語り手にその人間を支配する何らかの力を付与しているように思われている。この観念は、神に対しても適用されていた。無名の神に近づくことはできない。神の御名を語るということは、地上に神が接近するということである。

ユダヤ教は数世紀にもわたって神の御名をたくさん造り出してきた。最初は、ユダヤ人は彼らの隣人であるカナン人やメソポタミアの人びとから神の御名を借りてきた。それらの中には、エルやエル・エリヨン(「至高の神」の意味で、これらの名前の中では最も古い名前であり、カナン人の神々の統治者であり先祖であり、世界の創造者であった)、シャッダイ、または、エル・シャッダイ(「全能の神」の意味であり、「山の神」とも言われているが、これはおそらくは、乳房〔ヘブライ語でシャダイム〕に由来しているものと思われる)、エロヒーム(エルの複数形)などがある。しかしながら、ユダヤ人は彼らの異教の隣人たちとは異なって、たとえ御名がエロヒームのように複数形であった時でさえも、これらの御名を単一の神を指すために用いていた。

最も聖なる神の御名であり、最もユダヤ的な御名は、テトラグラマトン+(「4*文字」を意味するギリシア語)と呼ばれている4文字の御名、あるいはYHVH(この単語の4つ

神の御名　NAMES of GOD

の子音を音訳して「ユッド、ヘイ、ヴァヴ、ヘイ」と呼ぶ）である。神は燃える柴の中からモーセに「エヒイェ　アシェル　エヒイェ」（「わたしは有る。わたしは有るという者だ」、あるいは、「わたしは有るであろう有るべき者だ」の意）という者として現われた。[1] YHVHの名前は、おそらくは、この一節から出てきたものと思われる。というのも、YHVHは「有る」の動詞型であるからである。こうして、神は、「（世界を）存在たらしめている存在」としてその特性を描写されたのである。「ヤー」は、この名前の変形であり、その発音自体の中に生命の息吹としての神の観念が具体的に表現されている。

もともとはすべてのイスラエルの人びとがテトラグラマトンを発音できたが、それを発音することは、最終的には祭司職*に限定されてしまった。大祭司はそれをヨーム・キプール*の時に至聖所（神殿の内部の聖所[+]）の中で発音した。他の祭司たちはそれを祭司の祝祷*の時に朗唱した。[2] 神殿が破壊されると、この慣習さえもが絶えてしまい、その語に母音符号を付けて正確に発音するすべが失われてしまった。それ以来今日に至るまで、ユダヤ人はテトラグラマトンの代わりにアドナイ（主）やエロヒームなどを用いている。結局、YHVHの４つの子音にアドナイを模倣した母音符号が付けられ、結果として、キリスト教徒の学者がYHVHをイェホヴァーと誤って読むこととなってしまった。そのうちに、十戒の第３番目の戒めへの敬意とおそらくは誤読（神の御名をみだりに唱えてはならない、ということは、実際には、偽りの誓いをしてはならないということであった）のために、

ユダヤ人はそれ以前の代わりの呼称であったアドナイの代わりに「御名」を意味するハ・シェムを用いはじめた。このことは、さらに、テトラグラマトンを発音することに対するタブーをさらに強めることとなった。また、神の聖なる御名（YHVH、エロヒーム、アドナイ、シャッダイ）のどれをも世俗的な文書に書き留めることをしないのが慣習となった。というのも、御名を消したり、文書を捨てたりするかもしれないからであった。つい最近でも、ヘブライ語の名前を土地の言葉に翻訳することにまでこの慣習を拡大しているユダヤ人もいた。神のヘブライ語名を含んだ文書は、捨てられることなく、敬意を表して保管された。〔こうした書物の保管場所をゲニザーと言う〕

タルムード[+]時代のラビ[+]たちは、神の御名をいくつか創り出した。ある御名は神の超越性を強調しており、また、ある御名は神の臨在を強調していた。それらの御名には次のようなものがある。ハ・カドーシュ・バルーフ・フー（「聖なるお方は誉むべきかな」の意味で、時々HKB"Hと略記される。アラム語では、クドゥシャ・ブリーフ・フー）、リボノ・シェル・オーラム（宇宙の主）、ハ・マコーム（場所）、ハ・ラフマーン（「慈愛深きもの」の意味であり、子宮を意味するレヘムという語が語源である）、シェヒナー*（臨在の意味で、神の女性的な面として描かれている）。彼らはまた、12文字と42文字の御名についても述べている。ラビたちにとっては、テトラグラマトンは神の慈愛の特質を指しており、エロヒームは神の正義の特質を指している。

カバリスト*は神の御名の目録をさらに拡大して、エイン・ソフ（「無限なる者」や「永

神の御名　NAMES of GOD

遠なる者」を意味し、字義的には「終わりのない」という意味である）、トゥミラ・デ・トゥミリン（秘中の秘なる者）、アティカ・デ・アティキン（蒼古なる者）、そして、十二*部族の名前とアブラハム*、イサク*、ヤコブ*の族長たちの名前、イスラエルの諸部族を意味するヘブライ語「シヴテイ・イスラエル」などを組み合わせた72文字の御名などをも含めた。カバラー文学は、特に、シェヒナーやクドゥシャ・ブリーフ・フーなどのような多くの古い御名も用いている。

マイモニデス✢、イェフダ・ハレヴィ、サアディア・ガオンのような中世の哲学者たちは、神の単一性の証明に専心していたが、YHVHこそが神の御名にふさわしいものであり、他のすべての御名は神の属性について語っているにすぎないと主張していた。

中世に広く一般的に行なわれていた魔術では、神のさまざまな御名、とりわけ42文字の御名や72（18*の4倍）文字の御名が護符*やスグロート（お守り）に書かれていた。これらには、癒したり、未来を開示したり、夢を解釈したりする力があり、かつまた、害を与える黒魔術をも行なう力もあると信じられていた。シャッダイは、おそらくはその力を高めるためであろうが、メズザー*とトゥフィリン*に記されていた。17、18世紀の東欧では、特にそのような呪文に精通していた魔術師や奇跡を行なう者は、バアル・シェム（師）とかバアル・シェム・トーヴ（[聖なる]良き名を持つ者）とか呼ばれていた。そのような呼称の最も有名な持ち主は、ただ単にバアル・シェム・トーヴ、あるいはベシュトと呼ばれているハスィディズム✢の創始者、イスラエル・ベン・エリエゼルである。

現代では、神学者の中にはYHVHを「永遠なる者」とか「世界霊」と訳すことによって神の超越性を強調している者もいる。他方、特にマルティン・ブーバーやフランツ・ローゼンツヴァイクなどは、神の内在性と人間との個人的な関係を強調している。ブーバーはそのトーラーの翻訳では、「エヒイェ　アシェル　エヒイェ」を「わたしは、いつでも、わたしが助ける人びとのそばにいる」と訳している。

あらゆる伝統的な祝祷では、神は「世界の統治者」（メレフ・ハ・オーラム）とも呼ばれている。特に大祝祭日の礼拝では、神は「われわれの父、われわれの王」（アヴィーヌ、マルヘイヌ）、そして、「慈愛の父」（アヴ・ハ・ラハミーム）と呼ばれている。現代のユダヤ人フェミニストたちは、礼拝に出てくる神の呼び名が全体的に男性で、しかも特権的であることに不満を表わし、別の呼び名を採り入れた。それらの中のシェヒナー、マルカー（女王）、ラハミーマ（慈愛深き者）、サラ*、リベカ*、ラケル*、レア*の神などの呼び名は、伝統的な文書から得られたものであった。「祝福の源」、エイン・ハ・ブラハー（祝福の泉*）、ルーアッハ・ハ・オーラム（世界の息吹、または、世界霊）、ハイ・ハ・オーラム（宇宙の生命）、「永遠なる者」などのような他の呼び名は、新たに造り出されたものである。[3]

---

(1) 出エジプト記3：14　(2) ミシュナー：ヨマー篇6：2、ミシュナー：ソター篇7：6　(3) Marcia Falk, *The Book of Blessings* を参照。新しい呼び名

仮面　MASK

のおびただしい数の例が挙げられている。
象徴するもの：神の単一性、神、聖性、魔術、父権社会
項目別分類一覧：カバラーの象徴、祈り、女性
参照箇所：護符、18、泉、4、名前、カバラー、王、メズザー、数字、女王、シェヒナー、トゥフィリン

仮面　MASK　（ヘブライ語：マセハー）

プーリム*の祝祭日には仮面を被り仮装をするのが慣習となっており、メギラー*、すなわち、エステル*記の人物の仮装をすることが多い。

仮面はその人間の本当の正体を隠す。エステル記ではそのような隠すことが中心的なテーマとなっている。エステルはユダヤ人である彼女の正体を初めは隠していたが、ハマン*の邪悪な陰謀のために、彼女の正体を明らかにせざるをえなかった。エステルという名前それ自体が、「わたしは隠すだろう」という意味である。さらに意義深いことには、エステル記には神の御名が一度も出てこない。神はその物語では、隠れた工作者である。

プーリムでは、ユダヤ人の伝統に反することが行なわれている。人びとは、「ハマンに呪いを」と「モルデカイに祝福を」を区別して言えなくなるほどたくさん飲むように命じられている。(1) 仮面はこの逆転を象徴している。というのも、仮面は人びとに普段の性格に反することをさせるのを容認しているからである。

(1)BTメギラー篇7b
象徴するもの：欺き、隠されたもの、逆転

項目別分類一覧：プーリム
参照箇所：エステル、ハマン、メギラー

ガラガラ　GRAGGER　（ヘブライ語：ラアシャン）

楽しい祝祭日であるプーリム*の最もよく知られた特徴のひとつは、シナゴーグ*で騒ぎたてる慣習である。通常は、礼拝中にこうした行為を行なうと嫌な顔をされるものである。アマレク*はハマン*の祖先と言われているので(1)、この慣習では、「アマレクの名前（記憶）を天の下から消し去らなければならない」(2)という聖書の命令にもとづいて、メギラー*の朗読の最中にハマンの名前が出てくるたびに騒ぎたてて、ハマンの名前をかき消す。

アシュケナズィーム‡のシナゴーグでは、この騒ぎたてる特別なガラガラはヘブライ語でラアシャニーム〔ラアシャンの複数形〕と呼ばれ、ハマンの名前をかき消している。このガラガラには、たいていの場合は、その把手の先端に木製、あるいは、金属製の歯車があり、その横に舌がついていた。そして、ガラガラを振り回すと、歯車の歯が舌に打ち当ってガラガラという音を出した。ガラガラは、しばしば、エステル*記からの絵や一節で装飾されて

歯車のついた伝統的な木製のガラガラ。プーリムの悪漢ハマンの名前をかき消すために用いられる。

いた。乾燥させた豆をぎっしり詰めた紙製や金属製の容器や、瓶や鍋などの自家製のガラガラは、楽器と同じように、耳障りな大きな音を出している。

---

(1)サムエル記上 15：8-9、エステル記 3：1　(2)申命記 25：19

象徴するもの：祝い、破壊、喜び、勝利

項目別分類一覧：プーリム、祭具

参照箇所：アマレク、エステル、ハマン、メギラー、プーリム

仮庵　→スッカー　SUKKAH

仮庵の祭り　→スッコート　SUKKOT

冠　CROWN（ヘブライ語：ケテル、アタラー）

冠は聖書においては、ケテルともアタラーとも呼ばれており、王権、力、名誉を象徴している。ラビ✝たちにとって、冠は名誉の究極的な象徴であり、「三つの冠がある。トーラー*の冠、祭司の冠、王の冠。しかし、良い名の冠はこれらすべてにまさっている」と語られている。(1) これら三つの冠は、象徴的な冠だけでなく、物質的な冠をも指している。すなわち、巻物の飾りのついた冠（ケテル・トーラー）、大祭司の冠、そして、王の冠である。これら三つの冠は、しばしば、聖櫃*を覆っているトーラーの幕にも見られた。

元来、王*は油*を注がれて王位に即いた。ソロモン*はざくろ*の冠のような形を模倣して彼の王冠を作った、と考えられている。飾りのついたトーラーの冠、ケテル・トーラーは、巻物の2本の心棒の上に載せるが、これは、トーラーが王の中の王、神の代理人であることを象徴している。この銀、あるいは金*の冠は、元来は特別な祝祭日のために取っておかれたものであるが、結局、巻物の上にずっと据え置かれることとなった。トーラーの冠は、ユダヤ宗教芸術の傑作となった。それは、果物や、貝殻、花*、メノラー*、十戒、獅子*、グリフィン、雄鹿、ゾディアック*、十二部族*、準宝石などのような象徴できわめて豪華に飾られていた。冠はしばしば、トーラーの胸当て*と覆いにも見られた。トーラーの羊皮紙のヘブライ文字の多くは、タギン〔200頁のイラスト参照〕という飾りのついた冠で飾られている。

王の中の王である神は、天使*サンダルフォンが一緒に編んだ人間の祈りで作られた冠を被っていたと言われてもいる。『ゾハール』✝（神秘的な『光輝の書』）は、シャバット*の女王*はイスラエルの「聖なる人びとによって地上で王位に即かされた」と述べている。(2) 終末✝の日には、メシアはこの祈りの花冠を頭に被る。そして、来世✝では、義人はみな花冠を被っている。(3) 神の冠のイメージは、おそらくは、光*と力の源泉である太陽*についての「黄金の光線の冠」という古代の描写に由来しているものと思われる。

異教の祭儀では、

トーラー*の巻物の2本の心棒の上に据えられたトーラーの王冠。

冠　CROWN

65

木　TREE

穀物の花冠は偶像を飾るために用いられていた。ラビたちは異教の祭儀と区別するために、ユダヤ人が花冠を用いるのを禁じた。[1] しかしながら、シャヴオート*の果物の初物*の行進の時にはオリーヴ*の葉の花冠で生贄の雄牛を飾っていたし、巡礼者たちがたずさえる果物の籠*は、7*種類の植物から作られた花冠で飾られていた。

古代イスラエルでは、嬉しいことがある時には必ず男性も女性も花で飾った花冠を被るのが慣習であった。とりわけ、婚礼の時はそうであり、王と女王*という彼らの一時的な象徴的な立場を映し出していた。花嫁の多くは、「黄金のエルサレム」、すなわちエルサレム*を描いた黄金の冠を被った。花嫁が花冠を被るという慣習は、神殿の崩壊の後はほとんど途絶えてしまったが、それでも今なおスファラディーム⁺のコミュニティでは行なわれている。聖書は良き妻を「夫の冠」と呼んでいるので、彩飾されたクトゥバー*（結婚契約書）に冠を描くのが慣習となっている。[5]

典礼や聖歌においては、シャバット*はイスラエルの冠と呼ばれていた——「主はその民に、栄誉の冠と勝利の冠を、安息日と聖なる日を与えてくださいました」[6]

---

(1) ピルケイ・アヴォート 4：13　(2) ゾハール 2：135a-b（Daniel Matt's translation, p. 132）　(3) BTベラホート篇 17a　(4) JT アヴォダー・ザラー篇 4：2　(5) 箴言 12：4　(6) シャバットのミンハー⁺のアミダー⁺

象徴するもの：美、祝い、名誉、学習、結婚、力、祭司制度、贖い、王権、トーラー、知恵

項目別分類一覧：衣服、祭具、シナゴーグ、神殿、婚礼

参照箇所：円、衣服、ダビデ、花、光、メシア、ざくろ、7、シャヴオート、ソロモン、太陽、シナゴーグ、タリート、トーラー、婚礼

木　TREE（ヘブライ語：エッツ）

木は、木から生命の糧を得て庇護されている人びとに畏怖と賞賛の念を抱かせる普遍的な象徴である。日陰が大切にされていた暑い風土の古代イスラエルでは、実際にそうであった。古代イスラエルの人びとは、多種多様な木々とそれぞれのユニークな特性を詳しく知っていた。木は、聖書では比喩的表現として特によく用いられている。

木は大地に根を張り、空に向かって伸びているので、天と地*を結びつける世界の軸を表わしていた。古代宗教の多くは、森の聖なる木を崇拝し、それらには霊が宿っていると考えていた。アブラハム*は、マムレの樫の木の下で3*人の天使*に出会い、ベエル・シェバで神に献げる1本の木を植えた。[1] 聖書は後に、イスラエルの人びとの隣人のカナン人のあいだで広く行なわれていた慣習だったそのような聖なる植樹を禁止した。[2] 神話的な生命の木は、カナン、エジプト、メソポタミアの芸術では広く一般的に見られた装飾のモチーフだった。

木は人間よりも高く成長し、長寿であるので、生命、発展、不死、力強さ、荘厳を象徴している。木はまっすぐに成長するので、直立した姿勢のわれわれ人間と同じように考えられている。木は人間と同様にゆっくりと成長し、数年たたないと大きくならない。そして絶えず、新しい枝を生み出している。日陰

木 TREE

と避難所の源としての木の保護する力、その人間の生命へのいたわり、種子をたくさん有した果実、その頑強さは、木を母性にふさわしい象徴とした。木は人間よりもずっと元気でありつづけているので、円熟した老齢を象徴している。木は、人間ひとりひとりの世代よりも長生きするので、再生と永遠性をも象徴している。何世紀にもわたって、折れた木はユダヤ人の墓碑では死を表わしていた。

ユダヤ教で最も有名な2本の木は、神が世界の始まりにエデン*の園に植えた善悪の知識の木と生命の木である。伝説は、生命の木をいちじく*、りんご*、ざくろ*、エトログ*、いなご豆、なつめやし*、くるみ*の木、ぶどう*の木、小麦*の茎などのようなさまざまな植物と同定している。[3] 同様に、禁断の果実がアダム*とエバ*に伝えた「知識」とは正確にはいったい何だったのかということについてもたくさんの解釈がある。それは、道徳的な理解力、性知識、分別知、理性であったという説もある。ユダヤ教は、キリスト教とは異なり、アダムとエバの罪を木の実から与えられた知識とではなく、彼らの神に対する反抗的なふるまいと結びつけている。

ラビ+文書では生命の木を特定してはいないが、外典ではそれはオリーヴ*の木であるとしている。このことから、「油を注ぐ（ヘブライ語で「マシーアッハ」）と不死をもたらす」という伝承が生まれた。ミドラッシュ+は、生命の木を過大な言葉でこう描写している——それはエデンの園*の中央にあり、園全体の日陰となり、七*つの栄光の雲*で覆われていた。その果実は、15000の異なった風味と香りを持っていた。

伝統は、生命の木とトーラー*を結びつけている。典礼文は、トーラーは「それを忠実に守るものすべてにとっては生命の木——エッツ・ハイーム——であり」、「われわれの中に植え込まれた永遠の生命」を表わしていると述べている。トーラーの羊皮紙を巻く木製の棒は、アツェイ・ハイーム（生命の木）と呼ばれ、その尖端にはリモニーム（ざくろ）が据えられている。来世+での不死の象徴でもあり、また、トーラーの象徴でもあった生命の木は、長い間、シナゴーグ*では人気のあった装飾のモチーフだった。メノラー*は生命の木の様式化された表現であるということもできる。

古代の宗教建築においては、木は神殿の柱の原型であった。エルサレムの聖なる神殿*の頂きにはざくろを戴いたヤキンとボアズ*と呼ばれる2本の支柱があった。トーラーの巻き物の木製の心棒は、おそらくは、これらの柱を原型としたものと思われる。

カバリスト+は10*個のスフィロート*（神の霊の流出）の名前を1本の木に配置し、この構造的な象徴を通して、物質的な世界と精神的な世界における神のダイナミックな活動を示した。

ユダヤ律法の中心的な教義のひとつにバル・タシュヒートと呼ばれる、理由のない破壊の禁止命令がある。これは、軍事行動中に果物の木を切り尽くすことに対する聖書の禁止に由来する。トーラーはこう異議を唱えている——「一体、野の木はあなたの前から城壁に囲まれた町に逃げ込む人間なのか？」。[4] 現代のユダヤ人の環境運動は、この伝統の影響を受けて、地球上の人間の責務と神の創造

への協力の象徴として木を見ている。

軍事的な敗北と追放は、しばしば木々を伐採することを伴ったので、新しい木が生育することは、長いあいだ、メシアによる贖いの象徴であった。シオニストにとっては、植林は土地の再生の象徴となった。イスラエルでは、誕生、バル／バット・ミツヴァー*、婚礼*、死をしるすために植樹することが、人びとのあいだでは慣習となっている。また、何世紀にもわたって、子供が生まれた時に木（女の子の場合は松の木*や糸杉*、男の子の場合は杉*）を植え、この木の枝を切って婚礼のフッパー（天蓋）*を立てる際の支え棒に用いるのが慣習ともなっていた。これは、継続性と成就を意味していた。

トゥ・ビ・シュヴァット*――シュヴァットの月（西暦の1月～2月）の15日――は「樹木の新年」である。この日には祭りのセデル*を行ない、イスラエル産の果物とくるみを食べ、ディアスポラ✢でもイスラエルでも苗木を植えて祝った。

木はまた、家系を記録する系図の形で家族の継続性をも表わしている。

(1) 創世記 18：1、21：33　(2) 申命記 16：21　(3) Ginzberg, Legends of the Jews, 5：97-98　(4) 申命記 20：19-20

象徴するもの：連関、継続性、エコロジー、永遠性、家族、神、成長、不死、生命、母性、いたわり、老齢、再生、贖い、力強さ、トーラー

項目別分類一覧：誕生、植物、死、イスラエルの地、カバラーの象徴、シナゴーグ、木、トゥ・ビ・シュヴァット、婚礼

参照箇所：アーモンドの木、いなご豆、杉、糸杉、地、エデンの園、いちじく、イスラエルの地、カバラー、梯子、山、くるみ、オリーヴ、なつめやしの木、パルデス、松、トーラー、トゥ・ビ・シュヴァット、婚礼、柳

黄色　YELLOW（ヘブライ語：ツァホーヴ）

ヨーロッパの諸民族のあいだでは、長いあいだ、黄色*は差別の目的でユダヤ人を確認するために用いられていた。9世紀には、シチリアのサラセン人の統治者は、統治下のユダヤ人国民に黄色い帯を身に着けるよう命令した。英国のエドワード1世（13世紀）は、7歳以上のユダヤ人は心臓の上の所に十*戒の形をした黄色いタフタ〔絹織物〕の布切れを付けるよう強制した。1世紀後には、フランスのユダヤ人は、バルセロナのユダヤ人が付けていたような黄色い円形のバッジを胸に付けていた。バルセロナのユダヤ人のバッジには、中央に赤い*雄牛の目が描かれており、さらに彼らは、神殿*の崩壊の服喪のしるしとして、薄緑色の衣服を身に着けるよう命令されていた。これは、

6本の黄色いチューリップはホロコースト*で死んだ600万人のユダヤ人の追悼に用いられる。北欧のユダヤ人コミュニティではヨーム・ハ・ショアー（ホロコースト記念日）の頃にチューリップの花が咲き、ユダヤ人を救出したスカンジナビア諸国の働きに敬意を表している。

キッテル　KITTEL

キッテル　KITTEL（ヘブライ語：キッテル）

キッテル——「ガウン」を意味するイディッシュ語——は、アシュケナズィーム⁺のコミュニティで着られる白い*長い上着のことである。この衣服は、ヨーム・キプール*の礼拝の時の礼拝者や、婚礼*の時の花婿や、過ぎ越しの祭り*のセデル*を主導する者が着る。また、過ぎ越しの祭りの時の厳粛な露*の祈りの時や、シュミニ・アツェレット⁺での雨*乞いの祈りの時にも着られる。コミュニティの中には、埋葬用の経帷子*の上にキッテルを着せて男性の死者を埋葬する慣習のあるところもある。時には、父親が息子の割礼*の時にキッテルを着ることもある。伝統的には、男性の着るものであったが、女性の多くも着はじめた。

古代では、白い*衣服はシャバット*の時に、また、非常に厳粛な機会に着られた。[1] しかしやがて、この衣服を着る習慣は、先に列挙した機会に限定されるようになった。白色は、伝統的に厳粛な喜びのほかに、純粋と罪の赦しとも関連していた。婚礼の日は贖罪日と考えられていたので、花婿と花嫁は伝統的に断食をし、花婿はキッテルを着た。同じように、古代では、雨と露は人びとが罪を犯

神殿の崩壊がユダヤ人をイエスへと立ち帰らせると考えられていたからであった。ローマのユダヤ人は、黄色い布切れを衣服に付けていた。ローマ教皇パウロ4世（16世紀）は、イタリアのゲットーのシステムを創始し、ユダヤ人男性は黄色い帽子を、ユダヤ人女性は黄色いスカーフを被るよう命令した。ドイツのユダヤ人男性は、最初は尖った帽子を被り、その後は黄色い円形*のバッジを付けた。ユダヤ人女性は、黄色い尖ったヴェールを被った。こうした多くの慣習は、フランス革命の後に引きつづいて起こった解放までつづいた。ナチは黄色いバッジの古い象徴的な表現を復活させ、ユダヤ人に黄色いダビデの星*を身に付けるよう命令した。

現代では前向きな建設的な意味あいを有した色彩としての黄色を「回復」させようとした試みが何度かあった。テオドール・ヘルツルは最初のシオニストの雑誌 *Die Welt*〔世界〕の表紙に故意に黄色を選んだ。現代のコミュニティの中には、ヨーム・ハ・ショアー（ホロコースト記念日）に6本の黄色いチューリップの花束を配達する慣習を設けたところもある。これは、ホロコーストで殺された600万*人のユダヤ人の追悼と多くのユダヤ人を助けてくれたオランダとデンマークのコミュニティへの感謝と敬意の念を表わしていた。

象徴するもの：アンチ・セミティズム（反ユダヤ主義）、抑圧、迫害
項目別分類一覧：衣服、色彩、ホロコースト
参照箇所：衣服、色彩、600万、ダビデの星

キッテル

した時にはコミュニティに与えられないという信仰があったので、祈りの指導者は、悔い改めを象徴するために白いキッテルを着た。大祝祭日の祈りの時には、悔い改めと清浄無垢を象徴するために、コミュニティのすべての人びとが白い衣服を着ていた。ヨーム・キプールはユダヤ人に自らの死ぬべき運命を思い起こさせるので、ユダヤ人の多くはこの日には、神の前での象徴的な死と平等を厳粛化するために白いキッテルを着る。というのも、キッテルは死と同様に、富める者と貧しい者の分け隔てを取り除くからである。人が死んだ日には、その人の罪は赦されたという希望をも、白いキッテルは与えている。

白いキッテルはまた、新たな始まりをも象徴している。それゆえに、新年（ローシュ・ハ・シャナー*）が始まる時に、罪を清算する時（ヨーム・キプール*）に、子供を契約（ブリット）に入らせる時に、結婚生活を始める時に、自由な新しい生活のためにエジプト*を去る時（過ぎ越しの祭りのセデル*）に、白いキッテルを着るのである。

ユダヤ人の中にはキッテルを白いひもで縛る者もいるが、これは、身体の純粋な部分と不純な部分を象徴的に分けるためであった。18世紀と19世紀には、簡素で清浄というキッテルの使信とはきわめて対照的であったが、キッテルのベルトの銀のバックルを後ろ足で立った獅子*とヨーム・キプールの祈祷書からの引用文で装飾するのが慣習となっていた。

---

(1)JTローシュ・ハ・シャナー篇1：3

象徴するもの：贖罪、始まり、死、平等、謙遜、純粋、悔い改め

項目別分類一覧：衣服、死、祈り、スッコート、婚礼、ヨーム・キプール

参照箇所：割礼、衣服、露、過ぎ越しの祭り、雨、経帷子、スッコート、婚礼、白、ヨーム・キプール

キッパー　KIPPAH（ヘブライ語：キッパー）

キッパー（複数形はキッポート。ヤルムルケ[イッディシュ語]とかスカル・キャップ[頭蓋帽]とも呼ばれる）という語は、「掌（てのひら）」を意味するヘブライ語カフに由来し、現代のユダヤ人が被っている独特の、頭*を覆う、つばのないお椀のような形の帽子のことを指す。キッパーには、布製のものやウールを織ったり編んだりしたものや革製のものなどがあり、ユダヤ人のアイデンティティの象徴としてあまねく認められている。

ユダヤ人の伝統における頭を覆う帽子の発展は、長く複雑なものである。祈りや他の宗教的な目的のために頭を覆わなければならないというはっきりとした命令は、聖書の中には見られない。大祭司*は、ミツネフェット（マイター、ミトラ）と呼ばれる頭を覆うものを被っていた。普通の祭司たちは、ミグバアットと呼ばれるターバンを被っていた。(1)しかし、一般のイスラエル人たちは、頭に被るものについては何の指示も与えられていなかった。聖書時代後期とタルムード+時代では、頭を覆うことは、服喪のしるしであった。(2)

タルムードは、頭が覆われているということは、特に祈りや神秘主義を学ぶ際の、神の臨在を前にしての畏怖の念のしるしであ

キッパー　KIPPAH

さまざまなスタイルのキッパー。
(ヤルムルケとも呼ばれる)

ると考えていた。[3] 学者たちは、自らの卓越した地位を示すために頭を覆った。さほど地位が高くないのに頭を覆っている人は、無礼者と見られていた。[4] 古代イスラエルの賢者[+]たちは、祈りの際に頭を覆うのは各自の自由であると言明していた。この見解は後に、中世のスペインとフランスのラビ[+]の指導者たちに支持された。しかしながら、バビロニアのラビたちは、イルアット・シャマイム（天への畏怖）のしるしとして常に頭を覆うことを主張していた。[5] この見解は後に命令されることにはならなかったが、アシュケナズィーム[+]のラビ指導者たちに支持された。ユダヤ人の男性は祈りの際には頭を覆わなければならないという事実上の要求は、比較的最近の現象である。これは主として、頭を覆わずに祈るキリスト教徒の慣習に対抗して起こったものであると思われる。頭が覆われていないことはまた、伝統的に、「軽薄であること」と同じく考えられていた。

非常に伝統的なユダヤ人男性は、彼らの敬虔さと伝統への忠誠の象徴として、常にキッパーか他の頭を覆うものを被っている。他の人びとは、特にシナゴーグでの礼拝の時のような、公けの宗教的な機会にのみ被っている。宗教的な戒律の遵守の度合いとその守り方は、厳格な「黒い帽子」から、より現代風の「ニットのキッパー」まで、被っている帽子の種類に表われている。初期のユダヤ教の改革派運動はキッパーを被ることに難色を示していたが、今では改革派ユダヤ教のユダヤ人の中にも、シナゴーグや宗教的な儀式の時には被っている者もいる。だが、この実践は依然として各自の自由に任されている。多くのリベラルな会派では、自分の神への敬意と宗教的平等性を示すために、女性もキッパーを被っている。

聖書時代以来、結婚したユダヤ人女性は、伝統的に慎み深さから頭を覆っていた。反対に、女性の頭の覆いを取ることは、恥辱を与えることと浮気をすることを象徴していた。ユダヤ人女性は、帽子、スカーフ、ターバン、かつらなどで頭を覆っていた。最近では、ユダヤ人女性の中には、独身者とか既婚者とかに関係なく、神への尊敬とユダヤ人としてのアイデンティティ、そしてさらには、宗教的平等性を象徴するためにキッパーを好んで被っている者もいる。

---

(1)出エジプト記28：4、37、40　(2)サムエル記下15：30、エレミヤ書14：3-4、エステル記6：12　(3)BTハギガー篇14b、BTローシュ・ハ・シャナー篇17b、BTタアニート篇20a　(4)BTプサヒーム篇111b
(5)BTキドゥシーン篇31a、Maharshal,Responsa#72。The Central Conference of American Rabbis (Reform) の Responsa#5 を参照。

象徴するもの：伝統への忠誠、畏怖、平等、ユダヤ

宮殿　PALACE

人のアイデンティティ、慎み深さ、服喪、敬虔、尊敬、神への敬意、地位、神意への服従
項目別分類一覧：衣服、祈り、シナゴーグ、女性
参照箇所：衣服、冠、髪、頭

宮殿　PALACE（ヘブライ語：ヘイハル）

聖書では、宮殿――ヘイハル――は、地上の王*の住居であるとともに神の住居でもある。[1] 神の宮殿は、神の栄光と力の座でもある。エルサレム*の聖なる神殿*は、神の霊が地上でとどまっている所であり、ヘブライ語で宮殿を意味するヘイハルとも呼ばれていた。

紀元後1世紀には、ヘイハロート（宮殿、あるいは、部屋の意味〔ヘイハルの複数形〕）派と呼ばれていた神秘主義的な運動が多くの著名なタルムード✛の賢者✛たちを魅了した。彼らは、観想の秘教的な実践や霊的な探究に熱中した。この派が説いていた神秘主義的な方法は、「神の戦車」*と「栄光の玉座」*の幻視に到達するために、観想によって天の7*つの部屋、門*、宮殿を経て「下りる」こととかかわっていた。これらの方法を実践した者は、「ヨルデイ・メルカヴァー✛」（戦車へ下りる者）〔「上る」ではなく「下りる」と表現されているのは、先唱者が礼拝が開始される前に「聖櫃よりも低位置に下りる」ことに由来しているという説（ゲルショム・ショーレム）や、「わたしはくるみの園に下りて行きました」（雅歌6：11）の「くるみの園」を戦車とみなしている、という説（ヨセフ・ダン）などがある〕と呼ばれていた。

ハスィディーム✛のあいだでは、神と神の宮殿のイメージは中心的な象徴となっていた。ハスィディズム✛の霊的指導者たちは、王*、その子供たち、そして彼らの宮殿からの追放と帰還についてのおびただしい数のたとえ話を彼らの信奉者に語り、神の慈愛、寛大さ、人びとへの愛についてくり返し説いていた。神は至高の王として表現されているが、宮殿は神への接近と神の加護を象徴している。礼拝でのよく知られた詩篇の一節は、こう宣言している――「ひとつのことを主に願い、それだけを求めよう。生命ある限り、主の家に宿り、主を仰ぎ望んで喜びを得、その宮で朝を迎えることを」[2]

(1) 歴代誌上29：1　(2) 詩篇27：4
象徴するもの：神聖なものへの接近、神の住居、神の栄光、神の加護
項目別分類一覧：住居、カバラーの象徴、神殿
参照箇所：戦車、門、カバラー、王、玉座

経帷子（きょうかたびら）　SHROUD（ヘブライ語：タフリヒーム）

伝統的にユダヤ人は、タフリヒーン、あるいは、「棺」を意味するドイツ語ザルクに由来するザルゲネスと呼ばれる経帷子に包まれて埋葬される。富裕な者も貧しい者も皆同じモスリン、亜麻布、木綿で作られた簡素な白い経帷子に包まれる。これは、神の前でのわれわれの平等を象徴している。安価な白い布は、純粋、簡素、名誉を象徴している。経帷子には縫い目、結び目*、ボタンがない。また、ポケットもない。これは、来世✛で裁かれるのは、人の富ではなく、魂であるからである。

伝統的に、男性の経帷子は七*つの部分

——帽子（ミツネフェット）、ズボン（ミフナサイム）、シャツ（クトネット）、帯（アヴネット）、キッテル*、タリート*、敷布（ソヴェーヴ）から成っている（現代まで、女性の経帷子にはキッテルとタリートは含まれていなかった）。これらの名前の中には、古代の神殿*で大祭司*が着ていた衣服に由来しているものがいくつかある。

遺体はヘヴラ・カディシャ（聖なる［埋葬］組合）のメンバーによって経帷子に包まれ、何本かの紐で結び目を作らずにヘブライ語の文字シンの形に巻かれる。シンは、神の御名*のひとつであるシャッダイを表わしている。キッテルからは留め金やボタンが、タリートからは飾りが剥ぎ取られる。ツィツィートのひとつが切り取られ、タリートの隅に置かれる。これは、生命との絆の切断を象徴している。

象徴するもの：平等、聖性、名誉、純粋、簡素
項目別分類一覧：衣服、死
参照箇所：衣服、キテッル、タリート、白

玉座　THRONE （ヘブライ語：キセー）

玉座は、絶対的な権威と威厳の象徴である。ちょうど、人間の王*や女王*が玉座に座って王国を支配するように、神は天の栄光の玉座から支配する。[1] 天そのものが神の玉座とみなされていた。[2] また、エルサレム*も神の玉座とみなされていた。[3] 人間の世界では、玉座はダビデ*の家の象徴として引き合いに出されることが多い。[4]

栄光の玉座は、空間的な意味では、天上の王国の頂点を表わしている。預言者エゼキエルはこの玉座の幻視を、「サファイアのように見える玉座の形をしたものがあり、玉座のようなものの上には高く人間のように見える姿をしたものがあり」、虹のように周囲に光を放っていた、と描写している。[5] このような預言的な幻視にもとづいて、紀元後１世紀のパレスティナのメルカヴァー神秘主義者*は、七つの神の宮殿*を通過して神の戦車*と栄光の玉座に最終的に到達する霊的な「降下」の修業を行なっていた。中世の注釈者たちは、この天の玉座は霊的な火で作られており、神の栄光の象徴であると述べていた。[6] カバリスト*は玉座を神の女性的な局面であるシェヒナー*と同一視していた。

伝承は二つの神の玉座――「裁きの玉座」と「慈愛の玉座」について語っている。[7] アブラハム*は、ユダヤ民族の将来の罪を予想して、アケダー*を思い起こし、「裁きの玉座から立ち上がり、憐れみの玉座に座ってくれるよう」神に嘆願した。[8]

地上の玉座で最も有名だったのは、ソロモン*の玉座であった。その玉座の荘厳な美しさは、神殿*に次ぐものであった。その玉座は純金、大理石、宝石で作られており、機械仕掛けの動物が配列され、嘆願者が広い６段の階段を上ってくるたびごとに、獅子*、鷲、豹*、狼、雄牛などが唸ったり大声で鳴いたりするのが自慢だった。その頂上には玉座そのものがあり、その周囲には鳩*の爪に捕らえられた１羽の鷹、巨大なメノラー*、70*人の裁き人のための黄金の椅子*、偉大なユダヤ人の祖先たちの像、トーラー*の巻物などがあった。この玉座は、最後は異邦の征服者に略奪され、ローマ*へ持ち運ばれて

ギリシア　GREECE

行き、そこで消失してしまった。⁽⁹⁾

(1) 詩篇11：4、イザヤ書6：1　(2) イザヤ書66：1
(3) エレミヤ書3：17　(4) 詩篇89：5、37　(5) エゼキエル書1：26-28　(6) Saadiah Gaon, *Book of Beliefs and Opinions*, 2：10; Maimonides, *Guide of the Perplexed* 1：9　(7) 詩篇89：15　(8) レビ記ラバー29：3　(9) Ginzberg, *Ledgends of the Jews*, 4：157-160.

象徴するもの：威厳、神の憐れみ、神の栄光、神の王権、神、天、公正、力、王権

項目別分類一覧：カバラーの象徴、ローシュ・ハ・シャナー

参照箇所：椅子、戦車、火、金（黄金）、カバラー、王、女王、宮殿、シュヒナー、ソロモン

ギリシア　GREECE（ヘブライ語：ヤヴァン）

伝説によれば、アレクサンドロス大王が世界征服の出征中にエルサレムに近づいた時、天使＊が夢＊に現われ、町の門に到着したらユダヤ人の大祭司＊にぬかずかなければならないと彼に命令したという。救われたユダヤ人は、その年の間に祭司の家に生まれたすべての男の子にアレクサンドロスの名前を取って命名し、彼のノブレス・オブリージュ（高い身分に伴う義務）に報いた。⁽¹⁾

しかし、この出来事から2世紀もたたないうちに、ユダ・マカバイ＊は、パレスティナでのギリシア人支配に対する反乱にユダヤ人を導いた。

ヘレニズム時代のギリシアに対するユダヤ人の感情は、賞賛と敵意のあいだを揺れ動いていた。ギリシアは、文明——芸術、音楽、哲学、文学、スポーツ——の栄華と、偶像崇拝と快楽主義の危険性の両者を象徴していた。この時代のユダヤ人は、広範な分野でギリシア文化を吸収し、すばらしいユダヤ文化を開花させた。ユダヤ人は、ギリシア語（3000語以上の借用語、文法上の適応、固有名詞）、芸術、科学、哲学、論理学、政治思想、伝説、そして宗教的伝統を自由に採り入れた。しかし、そのような広範囲な文化変容には、とりわけヘレニズム化したシリア、その後のパレスティナのローマ人支配者がユダヤ律法の遵守を制限したり禁じたりした時には、ユダヤ教の実践と信仰の独特さを損なう危険性があった。

ディアスポラ⁺のヘレニズム化したユダヤ人コミュニティ、とりわけアレクサンドリア、ローマ＊、ギリシアの諸都市、ギリシアの軍事的前哨基地においては、ギリシア語が話し言葉としてヘブライ語に取って代わった。太陽神ヘリオス、竪琴を持ったオルフェウス、そして、ゾディアック＊のようなギリシアの諸象徴が、シナゴーグ＊の壁と床、墓を飾っていた。さらに、ギリシア思想の諸観念がユダヤ教神学に徐々に浸透していった。ラビの権威が強くなり、ギリシアの諸象徴の見直しがなされると、結果としてヘレニズムの影響力は弱まったが、それでもギリシア文化はユダヤ人の思想、文学、象徴的表現に深甚な影響を残した。

今日、多くのユダヤ人は、古代パレスティナでのヘレニズム化の経験を現代のアメリカでのユダヤ人の経験の元型とみなしている。どちらの場合も、文化変容への期待と脅威を象徴している。

(1) *Tales of Alexander the Macedonian*, trans. Rosalie Reich, 69.

象徴するもの：同化、文明、文化、敵、過度、偶像崇拝、誘惑

項目別分類一覧：場所

参照箇所：ゾディアック

金（黄金） GOLD（ヘブライ語：ザハーヴ）

金は、その耐久性、稀少性、美しさのゆえに長いあいだ高く評価されてきた。古代世界では、金は主として聖具や王の装飾品を作るのに用いられていた。

学者は、光を意味するヘブライ語オール or と金を意味するラテン語アウルム aurum（フランス語では or）の驚くべきほどの類似性について注目していた。ほとんどの言語においては、太陽は「黄金のように輝く」と表現されている。同様に、聖書においても「北から黄金（ザハーヴ）の光が射し」[1]と表現されている。ギリシア語の「アウラ」aura は光輝く流出を意味し、ラテン語の「アウロラ」aurora は曙光を意味している。これらは共通した語源を有しているものと思われる。王の象徴としての獅子*の卓越性は、いくぶんかはその黄金色*によるのかもしれない。

聖書には金を指す6つの異なった語〔ザハーヴ、バツェール、ハルーツ、スゴール、ケテム、パズ〕が出てくる。[2] それらは、古代イスラエル人の文化におけるそれぞれの価値を示している。ミシュカン*と神殿*の聖器と備品の多くは、金で作られていた。しかしながら、金はまた黄金の子牛*を、後には北王国では2体の黄金の子牛を作るのにも用いられた。金には人びとを偶像崇拝と強欲へと幻惑させる可能性があるので、金は聖書においては貴重さと空しさ双方を象徴していた。箴言が語っているように、「知恵を得ることは金にまさる」[3]のである。

伝統的には、ユダヤ人の祭具はより高価な金よりも銀で作られる場合が多かった。これはおそらくは、奢侈禁止法（派手な消費と政府の課税を防ぐことを意図して自らに課した制限）の結果としてか、あるいは、神殿とその金の装飾品が失われたことを記念するためであろう。しかしながら、ヘブライ語の彩飾写本は、金の装飾を用いている。これは、エルサレム*を描く場合と同じである。エルサレムは、地平線上に高くそびえ立つ黄金のドームと塔が特色となっている。

カバラー*では、金は神のディーン（審判）の特性を象徴し、他方、銀は錬金術の価値体系とは逆説的であるが、ヘセッド（慈愛）の高次の特性を象徴している。

---

(1) ヨブ記37：22 (2) 列王記上9：28、ヨブ記22：24、28：15、17、19、詩篇68：14 (3) 箴言16：16、ヨブ記23：10と詩篇19：10-11も参照。

象徴するもの：美、偶像崇拝、貴重さ、王権、空しさ、富

項目別分類一覧：祭具、神殿

参照箇所：黄金の子牛、エルサレム、カバラー、獅子、神殿

鎖 CHAIN（ヘブライ語：シャルシェレット）

ユダヤ教の象徴において、鎖は伝統の伝達を表わし、黄金の鎖（イディッシュ語ではゴルデネー・カイト）と呼ばれることもある。よく知られたミシュナー†時代の作品であるピ

クトゥバー　KETUBAH

ルケイ・アヴォートは、そのようなラビの伝達の鎖を述べることから始めている——「モーセ*はトーラー*をシナイ*で授かり（ヘブライ語でキベール）、それをヨシュアへ、ヨシュアは長老たちへ、長老たちは預言者たちへ、預言者たちは大会堂の人びとに伝えた」[1]。カバラー*——「授けられたもの」の意味——は、神秘主義的な伝統の鎖を特別に指す語となった。

鎖のイメージは、世代から世代へ（ミ・ドール　レ・ドール）とユダヤ人の伝統を伝達することを表わしている。バル／バット・ミツヴァー*の儀式では、男の子や女の子は、しばしば、連続した鎖の環と呼ばれている。

(1) ピルケイ・アヴォート 1：1
象徴するもの：継続性、伝統
参照箇所：カバラー

クトゥバー　KETUBAH（ヘブライ語：クトゥバー）

クトゥバーとは「文書」を意味する語であるが、ユダヤ人の結婚契約書のことである。これは、夫が妻に対して引き受ける金銭的な責務を記録した法律上の契約書である。クトゥバーは、本来は経済的に弱い女性を保護するために企図されたものであるが、しだいに法的文書以上のものへと変化していった。クトゥバーは、それが祝福している夫婦にとっては、彼らの結婚の誓約と新しい家庭生活を表わしていた。

クトゥバーのアラム語本文を縁飾りで彩飾する慣習は、10世紀のエジプトで始まり、今日のわれわれの時代まで続いている。彩飾

ユダヤ暦5744年（西暦1984年）のエルサレムでの婚礼のクトゥバー。大文字で書かれた最初の語は「ベ・エハッド」、すなわち、（その週の）第1日目の意味。円柱とアーチは、変わり目を意味している入口を作り出しており、この場合は、夫婦関係に入る、ということを意味している。

されたクトゥバーは、その費用と美しさのために、家宝や芸術作品として世代から世代へと大切にされてきた。

伝統的なイタリアのクトゥバーによく見られる装飾の中には、聖書や神話のモチーフにもとづいたものもある。たとえば、現代の衣装を身に着けた花嫁花婿の肖像画、家紋、夫婦の至福を表わしている象徴、また、時として裸体画、コーヘン*やレビの家系の祭司*の象徴、花嫁と花婿の名前と職業を示す聖書

熊　BEAR

の場面、冠＊などが描かれている。装飾のモチーフは、聖書の雅歌からその着想が引き出されている。スファラディーム＋のコミュニティで書かれたクトゥバーは、主文化であったムスリムの絵画表現に対する禁止を反映して、幾何学的な飾り文字で飾られていた。

書かれた本文のみが一定の法的基準に適合していればよかったので、クトゥバーの縁飾りはラビ＋の厳密な検査を免れていた。クトゥバーは、他の祭具以上に、ユダヤ人芸術家たちに、ユダヤ人の伝統の中の豊かな象徴の宝庫から引き出された創造力と想像力を駆使する機会を提供した。現代では、彩飾されたクトゥバーは、ルネッサンスを享受している。自分たちの契約書の本文を書いた夫婦の多くにとっては、クトゥバーは彼らの結婚生活での平等を象徴している。

スファラディームのコミュニティでは、シャヴオート＊の祝祭日に特別なクトゥバーを朗読するのが慣習となっている。これは、トーラー＊が授与された時の神とイスラエルの婚礼を示している。

象徴するもの：祝福、祝い、契約、平等、希望、不平等、愛、結婚、結合

項目別分類一覧：シャヴオート、婚礼、女性

参照箇所：円、冠、花、金（黄金）、ぶどう、フッパー、エルサレム、ざくろ、入口、祭司の祝祷、シャヴオート、婚礼、ゾディアック

軛　YOKE（ヘブライ語：オール）

農業社会では、軛は奴隷状態と服従を象徴している。聖書は、エジプト＊の軛とイスラエルの現在と未来における敵の「鉄＊の軛」

について語っている。[1] 伝説とラビ＋の教えは、ローマ＊の重い軛を嘆き悲しんでいる。

重要なことであるが、この同じ隠喩は、人間の支配者に当てはめた場合には非常に否定的な意味あいを持ち、神に当てはめた場合には積極的な意味あいの象徴として働いている。ラビは、「人は、最初は天の王国の軛を自ら受け入れ、その後は、戒律の軛を自ら受け入れるべきである」と説いている。[2] これは、ユダヤ人は（シュマァの祈りを通して）神の単一性の信仰宣言をし、その後、トーラー＊とその拘束に自らを委ねた生活を送るべきであるということを意味している。礼拝にも、この「天の神の王国での軛」（オール・マルフート・シャマイム）を受け入れている天使＊についての言及が見られる。

---

(1) レビ記26：13、申命記28：48、イザヤ書9：3

(2) ミシュナー：ベラホート篇2：2

象徴するもの：託身、ミツヴァー、奴隷状態、神意への服従

項目別分類一覧：祈り

参照箇所：バル／バット・ミツヴァー、ローマ、613

熊　BEAR（ヘブライ語：ドヴ）

聖書時代から第二次世界大戦の時代に至るまで、黄金色（こがねいろ）のシリア熊は中近東の森の中を傍若無人に歩きまわり、農夫や旅人を脅かしていた。熊は聖書の伝承においては力の象徴であり、特にその獰猛さでは有名であった。

少年ダビデ＊は、かつて彼の羊の群れを脅かしていた熊や獅子＊をたったひとりで打ち殺したように、ゴリアトを打ち殺すだろう、

雲　CLOUD

と自慢した。⁽¹⁾ ダビデ自身は後に、「子を奪われた野にいる熊のように気が荒くなっている」怒り狂った雌熊にたとえられていた。⁽²⁾ 預言者ホセアは、わがままなイスラエルの人びとに対する神の怒りを描くのに「子を奪われた熊のように」と同じイメージを用いていた。⁽³⁾

　後の文献では、熊はダニエル*の時代に最も強大な王国であったペルシアの象徴となった。ダニエルは幻の中で獣を見たが、それは「熊のようで、横ざまに寝て、3本の肋骨を口にくわえていた」。⁽⁴⁾ ラビ⁺たちはこのイメージをさらに拡大して、ペルシア人を「熊のように飲み食いし、熊のように太り、熊のように毛深く、熊のようにせわしない」と描いていた。⁽⁵⁾ ここから、熊はペルシア人の迫害に対してユダヤ人が勝利したことを祝う祝祭日プーリム*とも結びつけて考えられている。

　熊のモチーフはスラブの民間伝承の中によく見られるが、それは東欧のユダヤ人の民俗芸術に入り込み、細書術(細密書法)で書かれたメギラー*の中にも見られる。蜜*の木を捜し求める熊は、プーリムとの結びつきに加えて、トーラー*(この象徴のひとつは生命の木である)の甘味を捜し求めているユダヤ民族の象徴となった。

　獅子*や豹*のように、おとなしい熊はメシアの象徴である——「牛も熊も共に草をはみ、その子らは共に伏す」⁽⁶⁾

(1) サムエル記上 17：34-36　(2) サムエル記下 17：8、列王記下 2：23-24 も参照　(3) ホセア書 13：8　(4) ダニエル書 7：5　(5) BT キドゥシーン篇 72a　(6) イ

ザヤ書 11：7
象徴するもの：獰猛さ、力、勉学
項目別分類一覧：動物
参照箇所：ダニエル、ダビデ、獅子、メギラー、プーリム

雲　CLOUD (ヘブライ語：アナン)

　雲は、天と地*の中間を漂っているので、神と人間の中間地帯を象徴している。雲はまた、隠されたものと神秘的なものをも象徴している。雲は生命を与える雨を保有しているので、潜在的能力の象徴でもある。

　聖書においては、神の臨在はしばしば雲と同一視されていた。イスラエルの人びとがエジプト*を出てからエジプトの軍隊に後を追われた時、雲が彼らを危険から守った。⁽¹⁾ シナイ*では、神はモーセ*とイスラエルの人びとの前に雲の中から現われた。⁽²⁾ イスラエルの人びとが荒野*をさまよい歩いていた時、神は彼らに先立って進み、昼は雲の柱で、夜は火*の柱で彼らを導いた。⁽³⁾ ラビ⁺たちはこの雲を、人びとを過酷な環境から守る神の加護のスッカー*と考えていた。⁽⁴⁾ ラビ・アキバ⁺は、イスラエルの人びとは荒野*ではスッコート*には住まず、栄光の雲の中に住んでいた、とさえ言っている。⁽⁵⁾ 神が「降りて」、モーセやアロン*や祭司たちに語りかけた時、雲はミシュカン*を、後には神殿*を覆っていた。⁽⁶⁾ 神は戦車*に乗っているかのように雲に乗っていると描写されていることもある。⁽⁷⁾

　ミドラッシュ⁺によると、神の栄光の雲はサラ*とリベカ*の幕屋の上に漂っていたという。⁽⁸⁾ これと同じ栄光の雲は、楽園に存

し、義人を守っていた。[9] カバラー*では、栄光の雲はシェヒナー*、すなわち、ユダヤ民族を守っている神の臨在の女性形のイメージでとらえられている。

---

(1) 出エジプト記14：19‒20 (2) 出エジプト記19：9、24：15‒18、34：5 (3) 出エジプト記13：21‒22 (4) Ginzberg, *Legends of the Jews*, 2：374‒375 (5) メヒルタ・デ・ラビ・イシュマエル 1：182 (6) 出エジプト記40：34、列王記上8：10 (7) イザヤ書19：1、詩篇104：3 (8) 創世記ラバー60：16 (9) Ginzberg, *Legends of the Jews*, 1：21

象徴するもの：神の神秘、神の臨在、神の加護、神、隠されたもの、族長たちの妻たち、潜在的能力、避難所

項目別分類一覧：カバラーの象徴、自然現象

参照箇所：火、カバラー、シェヒナー、シナイ、スッコート

くるみ NUT（ヘブライ語：エゴーズ）

くるみのヘブライ語の一般名エゴーズは、聖書に1度だけ出てくる——「わたしはくるみの園に下りて行きました。流れのほとりの緑の茂みに、ぶどうの花は咲いたか、ざくろ*のつぼみは開いたか、見ようとして」。[1] くるみは、同じ一節に出てくるぶどうとざくろと同じように、豊饒（生殖力）と性行為を象徴している。実際にある伝説は、アダム*とエバ*に最初に性欲を起こさせた善悪の知識の木*はくるみの木であったと述べている。[2]

カバリスト+は、この聖書のくるみの園は流浪状態にある神について語ったものであると解釈している。神のトーラー*は、目に見える言葉の「殻」のためにかえってはっきりと見えなくなっている。[3] これらの言語的な殻を取り除くことによってのみ、人は神の言葉の内奥の核を引き出すことができる。くるみは、トゥ・ビ・シュヴァット*のセデル*で食べる食べ物のひとつであり、神の霊の流出の世界を表わしている。

大祝祭日にはくるみを食べるのを控えるのが慣習となっている。というのも、罪（ヘブライ語でヘット）のゲマトリア+〔数値の総和は18〕は、エゴーズの数値の総和〔17〕に1を加えると等しくなるからである。

くるみは新しい生命をも象徴している。民族的、自然的な再生の時季である過ぎ越しの祭り*には、遊んだり食べたりするために子供にくるみをあげている。くるみはハロセット*の主成分である。また、四角い独楽*の遊びではくるみが賭けられる。

---

(1) 雅歌6：11 (2) Ginzberg, *Legends of the Jews*, 5：97‒98 (3) ティクネイ・ハ・ゾハール 24：68a‒b

象徴するもの：ユダヤ民族、生命、再生、罪、トーラー

項目別分類一覧：植物、食物、ハヌカー、過ぎ越しの祭り、ローシュ・ハ・シャナー、トゥ・ビ・シュヴァット

参照箇所：四角い独楽、ハロセット、ハヌカー、カバラー、数字、パルデス、過ぎ越しの祭り、ローシュ・ハ・シャナー、トゥ・ビ・シュヴァット

契約の箱 →聖櫃 ARK

結婚契約書 →クトゥバー KETUBAH

ゲヒノム GEHINNOM（ヘブライ語：ゲヒノム）

聖書は冥府を、シェオール、奈落、墓場、あるいはエレツ、黄泉の国などと多くの語で語っている。ラビ✝の時代には、これらの語はゲヒノム、あるいはゲヘナに取って代わられた。ゲヒノムという名前は「ゲイ　ベン　ヒノム」、すなわち「ヒノムの息子の谷」の意味に由来している。この谷はエルサレムの南に位置し、火で子供を焼いて生贄として献げていた異教の神モレクの崇拝で悪名高い谷である。

黄泉の国に対するユダヤ人のイメージは、主として、バビロニアとギリシアの神話に由来している。ゲヒノムは、時には火*の場所として、時には常闇の場所として表現されていた。それは、広大な領域であり、苦しみ悶えた罪人たちで満ち溢れていた。（シャマイ派✝の）ある伝承は、中間にある霊魂は、パラダイスに行く前にゲヒノムへ下り、清められると語っている。罪人たちは永遠にそこにとどまっている。（ヒレル派✝の）別の伝承は、罪人たちは12ヶ月間そこへ下り、大罪人だけがそこに永遠にとどまるよう宣告されると語っている。[1]

神が罪人たちを罰する場所としてのゲヒノムについての観念は、民間伝承には広く見られるが、ユダヤ教の主流はその重要性を過小評価している傾向がある。

(1)BT ローシュ・ハ・シャナー篇 16b-17a

象徴するもの：罰、復讐、罪
項目別分類一覧：場所
参照箇所：火

ケルビム CHERUBIM（ヘブライ語：クルビーム）

古代イスラエル人の宗教で最も不可解なもののひとつは、ケルビムである。ケルビムは有翼*の半神の生き物であり、その像は聖櫃*（契約の箱）の上に置かれていた。後には、預言者の幻視に現われ、また神殿*の装飾にも描かれていた。外見上は偶像崇拝に毅然と反対していた宗教が、ケルビムを至聖所に置いていたということは、きわめて異常なことに思われる。

ケルビムについて最初に語られるのは、アダム*とエバ*がエデンの園*から追放された後の創世記においてである。神は「生命の木*に至る道を守るために、エデンの園*の東にケルビムと、きらめく剣の炎を置かれた」。[1] ミドラッシュ✝によると、これらの生き物は、ある時は男性として現われ、またある時は女性として現われ、また時として天使*として現われるという。[2] そのような守護天使*は、おそらくは、神殿と宮殿を守っていたバビロニアとアッシリアの有翼の雄牛やエジプトのスフィンクスのような中近東の

フェニキア様式のケルビムのレリーフ。

神々を模したのではないかと思われる。アッカド語の「カリブ」は、人間の祈りを神々に取り次ぐ仲介者を指す言葉である。エゼキエルの法悦的な幻視においては、ケルビムは獅子*、牛、鷲*、そして、人間の4*つの顔を持ち、4枚ないし6枚の翼を持っており、中近東の神々との類似性がはっきりと表われていた。[3] エゼキエルは他の箇所では、ケルビムを堕天使、イスラエルの敵の代表者として描写していた。[4]

神はモーセ*に「一対の黄金のケルビムを作り……その翼で蓋を覆い、顔は向かい合うようにさせて」聖櫃の上に置くように命じた。その一対のケルビムのあいだで、神はモーセに臨んだ。[5] さらに、イスラエルの人びとはミシュカン*(荒野*の移動できる聖所[+])を覆うケルビム模様の幕*を織るように命令された。[6] ソロモン*が後にエルサレム*に神殿を建てた時には、模様のいたる所にケルビムのモチーフが見られた。神殿の周囲の壁面の内側も外側も、聖所の内陣と外陣の扉も、そして、「鋳物の海」と呼ばれていた巨大な真鍮の洗盤にもケルビムが描かれていた。[7] タルムード[+]によると、バビロニア捕囚の後に建てられた第二神殿には、もはや黄金のケルビムの像はなく、ケルビムの絵だけがあったらしい。[8] ヘロデが後に第二神殿を改装した時には、ケルビムの像を作り加えた。ティトゥスが紀元後70年にこの神殿を破壊した時には、ケルビムの像を戦利品としてアンティオキアの町の城門の上に置いた。

伝統的に、ケルビムはいくつかの事柄を象徴していた。それらの中でも最も重要なことは、神の臨在であった。タルムードによれば、人びとが罪を犯した時には、一対のケルビムはお互いに顔をそむけ、彼らが悔い改めると、「女性を抱擁している男性のように」お互いに顔を向け合い、抱きあったという。これは、イスラエルがふたたび神に愛されたしるしであった。[9] ケルビムはまた、神の戦車*[10]とシェヒナー*がその上にとどまっていた神の玉座*をも象徴していた。

頬がふっくらして、赤みを帯びた、翼を持った幼児というケルビムのイメージは、西欧の絵画を通して流布したが、ヘブライ語のケルブ〔クルヴィームの単数形〕とアラム語の「子供のような」という意味の語「ケ・ラヴィア」とを合成したアガダー[+]的な言葉遊びに由来していたのかもしれない。[11] あるいはまた、ギリシアの「エロテス」、つまり、キューピッド(これも翼を持っていた)の描写に由来していたのかもしれない。その起源が何であろうと、小妖精のようなケルビムが、イスラエルの預言者たちや祭司たちが描写していたような恐ろしい、神聖な生き物とはまったく似ていないことだけは明らかである。

ケルビムは、もはやシナゴーグ[+]の絵画には描かれることはなくなり、今では主として古めかしい絵画の象徴となっているが、美術史家の中には、聖櫃の扉や幕によく見られる猛り狂った獅子*が元来のケルビムに象徴的に取って代わったと推測している者もいる。

(1) 創世記3:24 (2) 創世記ラバー21:9 (3) エゼキエル書1:5-12, 10:1-22 (4) エゼキエル書28:16-17 (5) 出エジプト記25:18-22 (6) 出エジプト記26:1, 31 (7) 列王記上6:29, 32, 35, 7:29,36 (8) BTヨマー篇54a (9) BTバヴァ・バトラー篇

99a、BTヨマー篇54a　(10)サムエル記下22：11
(11)BTスッカー篇5b

象徴するもの：神の臨在、守護、聖性、愛

項目別分類一覧：カバラーの象徴、神殿

参照箇所：天使、聖櫃、戦車、エデン、獅子、ミシュカン、神殿

5　FIVE（ヘブライ語：ハメーシュ）

人間は常に、数字の5とその倍数、10*、25、100、1,000、……に引きつけられてきた。というのも、われわれは5本指を持った生物であり、われわれの芸術や工芸品はわれわれの手の仕事に依存しているからである。われわれにはまた、五体（両手、両足、頭）と五感がある。手、五芒星と五弁の花、五本線、そして数字の「5」そのものの表現は、幸運と加護の象徴として世界中いたる所で見られる。ある中近東のクトゥバー*（結婚契約書）には、邪視*を防ぐ五つの窓や五つの門*の絵が描かれている。

ユダヤ人の民間伝承では、手は邪視からの保護を象徴している。ハムサ*——手の形をした護符、あるいはペンダント——の名前は、ヘブライ語のハメーシュと同じアラビア語の「5」を意味する語〔ハムサ〕に由来している。中近東のユダヤ人コミュニティにおいては、ハムサは今日に至るまで人気があり、幸運を保証するために結婚の贈り物として与えられている。神が見守り、保護してくれているという観念をさらに強くするために、ハムサの掌(てのひら)に目*を描くこともあった。祭司*の祝祷（ビルカット・コハニーム）——コハニーム（祭司たち）が手の指を広げて人びとを祝福する儀式——は、おそらくはこうした信仰に由来しているものと思われる。

数字の5はまたモーセ*の五書、すなわちヘブライ語の5を意味するハメーシュに由来する語フマーシュとも呼ばれているトーラー*をも象徴している。

りんご*は、ユダヤ人の伝説、神秘主義、そして祝祭日の料理においては伝統的に重要なものであり、古代人たちを魅惑していたようである。というのも、その種子の断面図を見ると、その芯は完全な五芒星の形をしていたからである。

象徴するもの：神の加護、幸運、トーラー

項目別分類一覧：数字

参照箇所：護符、りんご、邪視、ハムサ、手、数字、ダビデの星、10、トーラー

恋なすび　→マンドレイク　MANDRAKE

黄道十二宮　→ゾディアック　ZODIAC

荒野　WILDERNESS（ヘブライ語：ミドバル）

ユダヤ人の伝統においては、荒野は前向き、積極的な意味の象徴であり、かつまた、否定的な意味の象徴でもある。荒野は、エジプト*での奴隷状態からの解放、シナイ*での啓示、神との契約を表わしている。神殿*が破壊された後、ユダヤ人はふたたび放浪の時代を迎えることとなったが、神はユダヤ民族にこう述べた——「わたしは、あなたの若い時の真心、花嫁の時の愛、種蒔かれぬ地、荒野での従順を思い起こす」。[1]荒野は民族とその宗教が形成された地であり、異教の神々の誘惑か

香料入れ　SPICE BOX

ら解放された地である。エリヤ*はバアルの力から逃れ、神と出会いたいと願った時、シナイの荒野に戻った。(2)

他方、荒野は危険であり、無防備な地である。荒野は渇き、獣、無法者が支配している地である。トーラーは荒野を「獣のほえる不毛の地」(3)と描写している。イザヤは荒野を「山羊の魔神（デーモン）はその友を呼び、夜の魔女（リリット*）は、そこに休息を求める」(4)魑魅魍魎の出没する地であると描写している。預言者たちは荒野で絶えずイスラエルの罪の問題、とりわけ黄金の子牛*の罪の問題に立ち返った。荒野はまた、イスラエルの現在と未来の罰を表わしている——「シオンは荒野となり、エルサレム*は荒廃した」(5)

神殿が建っていた時代のヨーム・キプール*には1匹の山羊*が籤で選ばれ、イスラエルの罪を背負わされてアザゼルの荒野へと追いやられた。1本の赤い*糸が山羊の角*に巻かれ、もう1本の赤い糸は神殿の入口に縛り付けられた。タルムード+は、山羊が荒野に到着すると、神殿の入口の赤い糸は白くなったと述べている。(6)

だが荒野はまた、普遍性の象徴でもある。荒野の土地は特定の個人の土地ではなく、それゆえに、すべての人の土地である。ミドラッシュ+によれば、トーラー*は荒野で授けられたという。「というのも、もしもトーラーがイスラエルの地で授けられていたならば、世界の諸民族は『われわれにはトーラーの分配がない』と言ったかもしれないからである。それゆえに、トーラーは荒野で公に、誰も所有権を主張できない場所で授けられた

のである。トーラーを受け入れようと望むものは誰でもこさせ、授けよ」(7)

(1) エレミヤ書2：2　(2) 列王記上19：3-18　(3) 申命記32：10　(4) イザヤ書34：14　(5) イザヤ書64：9　(6) BTヨマー篇67a　(7) メヒルタ：バ・ホデッシュ1（出エジプト記19：2についての注解）

象徴するもの：契約、危険、自由、罰、純粋、簡素、罪、普遍性、無防備

項目別分類一覧：場所、ヨーム・キプール

参照箇所：黄金の子牛、リリット、赤、シナイ、白、ヨーム・キプール

ハヴダラーのために用いられる伝統的な塔の形の香料入れ

香料入れ　SPICE BOX（ヘブライ語：クフサット・ブサミーム）

あらゆる文化は、その香りと風味のゆえに香料を重要視している。古代世界では、祭りの食事の時や生贄を献げる時に香料を燃やした。その当時のヨーロッパの人びとにとって、旅行をすることは危険なことであり、かつまた金のかかることでもあったので、彼らは高額な金を支払って香料を買い、宝物として守っていた。たいていの場合は、地方の城や市庁舎の香料塔（スパイス・タワー）に貯蔵

護符　AMULET

していた。ディアスポラ†のユダヤ人は一般的に、国際的な香料交易に積極的にかかわっていた。彼らの交易ルートは、西ヨーロッパから中近東、オリエントまで広がっていた。香料はまた、ユダヤ人にとっては、デーモンに対する防護としても重要視されていたとも言われている。

　古代には香料は、神殿*での礼拝において非常に重要な役割を演じていた。中世では、おそらくは神殿を思い起こしてそうしたのであろうが、香りの良い香料でシャバット*を迎え入れ、送り出すのが慣習となっていた。香料として、最初の頃はミルトス*が用いられていたが、後になると、特別なガラスの容器に入れられた高価な香料が用いられていた。ハヴダラー*の香料入れは、もとはミルトスの葉が用いられていたので、ヘブライ語でミルトスを意味する「ハダス」と呼ばれるようになった。しかしこの語は、現在ではもはや使われてはいない。

　ラビ†たちは、シャバット*そのものを香料と呼んでいた。(1)彼らはまた、シャバットを花嫁とも呼んでいた。香りの良い香料で恋人に歓迎や別れの挨拶をするのが長いあいだの慣習となっている。

　伝承によれば、臭覚は霊魂への通路であり、最も神聖な感覚であるという──「肉体ではなく霊魂が快感を得るのは何からなのであろうか。それは甘い香料の匂いからである」。(2)ラビたちは、すべてのユダヤ人はシャバットの始まりにはもうひとつの霊魂──ネシャマー・イェテラーで祝福されるが、それはシャバットの終わりに去って行く、と述べている。ハヴダラー*の儀式の時に香料の匂いを嗅ぐ

のは、精神的に特別なものを喪失したユダヤ人を慰めるためである。古代の伝説は、シャバットの終わりにはゲヒノム*の火*がふたたび燃やされ、すさまじい異臭を生じさせると語っている。中世では、ハヴダラーの香料は人を地獄の臭いから守ると信じられていた。

　香料入れの最も一般的な形は塔*の形である。これは、雅歌の次の一節との奇抜な結びつきのためであった──「頬は香り草の花床、香りの塔*」。(3)しかしながら、この形は、中世のヨーロッパの町の香料塔や教会の聖体顕示台（聖体拝領のホスチアを収めたもの）、香炉、聖遺物箱などに由来しているのではないかと思われる。というのも、中世ではほとんどのユダヤ教の香料入れは異教徒の職人によって作られていたからである。他の形としては、冠*を支えている動物、魚*、花*、果物、風車、幾何学的な形の箱などがある。燭台と組み合わされた香料入れも時おり見られる。何世紀にもわたった香料入れのデザインのその信じられないほどの多様性と奇抜さは、ユダヤ人の芸術的想像力の創造性を証明している。

(1)BT シャバット篇 119a　(2) BT ベラホート篇 43b
(3) 雅歌 5：13
象徴するもの：聖性、霊魂
項目別分類一覧：祭具、シャバット
参照箇所：ハヴダラー、ミルトス、シャバット、塔

心　→心臓　HEART

護符　AMULET（ヘブライ語：カミーア）

護符　AMULET

　どの文化もある特定の事物に強力な魔術的な力を授けている。これらのお守り、魔除け、護符は、人に危害を与える強い邪悪な力から人を守るために用いられている。学者たちによれば、すべての装身具は護符として元来は企図されていたものであるという。ユダヤ人は古代からそのような魔術的な防衛に魅せられていた。メズザー*とトゥフィリン*は、デーモンから身を守る幸運を呼ぶお守りとしてではなく、神の命令を思い起こすものとしての働きがある[1]、とラビ+たちは主張しているが、そうした事物はいつも人びとのあいだでは魔術的な効力のあるものと信じられていた。

　護符をヘブライ語でカミーアというが、これは「縛る」というヘブライ語の語根か、または「掛ける」というアラビア語の語根かどちらかに由来している。というのも、護符は通常身に付けられているか、あるいは家の中に掛けられているからである（イタリア語のカメオが同じ語根に由来している、と考えることもできる）。護符の使用の直接的な証拠を聖書の中に見つけることはできないが、護符は古代から、ユダヤ人の民間信仰においては重要な役割を果たしてきた。護符はふたつの主要な形態を取ってきた。すなわち、書かれた聖句と、薬草、動物の尾、石、手工芸品などの事物のふたつの形態である。いつの時代でも護符は特に、病気治療、健康と多産の保証、妊婦の保護、災厄と邪視*からの防護などの目的で人びとのあいだに広く流布していた。

　ラビたちは、トゥフィリンやメズザーのような祭具を魔術的なものとみなすことに異議を唱えていたにもかかわらず、他の種類の護符は邪視に対しては効果があることを認めていた。彼らは２種類の護符を作った。ひとつは、聖書とそれに関連のある聖句を羊皮紙に書いたものであり、もうひとつは、ある特定の植物の根から作られていた。後になると護符には、邪視に対して特に効力があると考えられていた祭司の祝祷*[2]のような効験に相応した聖句や、神の御名*を組み合わせたものや天使*の名前などが記された。これらの護符のあるものは羊皮紙で作られ、またあるものは銀で作られた。効力のあった護符（３種類の病気を治したもの）は、通常は禁止されていた行為であったにもかかわらず、シャバットでも公の場へ身に付けて行ってもよい、とタルムード+は述べている。[3] これらの護符の着用者が敬虔であればあるほど、そのお守りはより効力のあるものとなると広く信じられていた。

　いつの時代でも常に、護符の許容と効力についての宗教的論争が起こっていた。護符を

安産祈願の護符。リリットから守るためにセノイ、センセノイ、セマンゲロフの３人の天使の名が唱えられる。上には、「リリットをしめ出したアダムとエバ」と書かれている。（『セフェル・ラズィエル』より）

許容していたラビもいたし、偶像崇拝や人を惑わせる偽物であるとして激しく反対していたラビもいた。たとえば、マイモニデス[+]は「護符作成者の愚かさ」[(4)]を嘲笑し、トーラー*の巻物とトゥフィリンを病気の治癒のために用いることに対して警告を発していた。他方、ナフマニデス〔1194～1270年。モシェ・ベン・ナフマン、略してラムバンとも呼ばれる。スペインのヘローナ生まれのタルムード学者、カバリスト、聖書注解学者〕は護符の使用を許容していた。中世においては、護符の使用や文字の組み合わせや天使の名前などの昔からの魔術の伝統が、カバラーの神秘的な教えとしだいに融合し、「実践的カバラー*」、すなわち、ユダヤ魔術を造り出した。これは、スペインから東欧へ、神秘主義の中心地であったツファット*から聖地イスラエルの他の場所へと伝播していった。これらの護符の最も一般的な効用は、流産と魔女リリット*から妊婦と胎児を守り、出産の時に女性を守り（これらの護符はドイツ語でkimpetbriefelと呼ばれていた）、病気を治し、そして災厄を防ぐことであった。護符は、人が自然的な危難や超自然的な危難に最もさらされやすい変わり目の時期と結びつけられて考えられることがよくあった。

護符はユダヤ人コミュニティでは何世紀にもわたって用いられてきた。そして、長い間ユダヤ魔術と結びつけられてきた。ハムサ*やメズザー、そして他の事物のような「幸運を呼ぶお守り」を身に付ける広範に普及した慣習（非ユダヤ人の間でさえも）に見られるように、今でもかなり一般的に広く用いられている。護符には多様な形態と素材のものがあるが、最も一般的な形態は、円*、方形、三角形、三日月形、六芒星形（ダビデの星*）のような幾何学的な形のものと、メノラー*、動物、手*（ハムサ）などである。シヴィティ〔壁掛け〕、ミズラッハ〔壁掛け〕、オメル*の日数の計算表のような宗教的なものも護符として、神や天使の名前や、聖書の聖句やメノラーやハムサのような視覚芸術的な装飾類と一緒に組みあわされていることが時々ある。護符はたいていの場合小さなものであるので、護符に記される聖句は省略されるか頭字語に短縮されていた。そのために、素人は聖句をほとんど解読できなかった。護符はユダヤ人女性の間では特に人気があったので、現代のユダヤ人フェミニストは護符の研究と復興には特別の関心を抱いている。

---

(1) 申命記6：8-9、11：18、20 (2) 民数記6：24-26 (3) BT シャバット篇61a (4) *Guide of the Perplexed* 1：61

象徴するもの：神の加護、幸運、魔術、保護、変わり目

項目別分類一覧：誕生、衣服、カバラーの象徴、女性

参照箇所：アレフベイト、護符、天使、邪視、手、カバラー、リリット、メノラー、メズザー、名前、神の御名、祭司の祝祷、ダビデの星、トゥフィリン

小麦　WHEAT（ヘブライ語：ヒター）

小麦の栽培は、メソポタミアとエジプト*に起源を発する。小麦は古代からイスラエルの中心的な穀物である。小麦は、イスラエルの肥沃さを象徴する7種類の植物*のひとつ

暦　CALENDAR

として語られている。⁽¹⁾ 小麦は定住生活の象徴である。小麦を栽培しはじめると、羊飼いの遊牧生活の習性から定住生活の習性へ移行することが要求されてくる。聖書時代には、パレスティナは穀物の輸出国であった。小麦は上等な穀物と考えられていた。小麦は、大麦*や他の古代の穀物よりも高価だった。

小麦には、肥沃な、よく耕された土壌と豊富な雨季の雨*が必要である。イスラエルでは小麦は、大麦を収穫した後の4月から6月のあいだに収穫される。小麦の豊作は、豊かさと平和を象徴している。最良の小麦は神の恩寵を象徴している。⁽²⁾ 小麦の穀粒（義人）と無用の籾殻（罪人）を分けることは、聖書によく出てくる隠喩である。西洋では、小麦は「生命の糧」と呼ばれている。小麦はユダヤ人のあいだでは、長いあいだ、パン*というその完成した形態で重要な食料となっており、またハラー*

小麦（学名 *TRITICUM*）の茎。小麦には、芒のあるものとないものとがある。芒のある小麦と大麦は似ているが、粒はまったく異なっている。

やマッツァー*という形態で、宗教生活においては中心的な役割も果たしてきた。ハラーの伝統的な編んだ形は、小麦*の穂にその外形が似ている。小麦は人間の存在にとっては非常に基本的なものであるので、ラビたちは「小麦粉」を人の暮らしを象徴するために隠喩的に用いている。彼らは、小麦粉は実のある学習にとっては欠くことのできないものであると考えていた——「小麦粉のないところには、トーラーはない」。しかし、彼らはまた、逆も真なりということも指摘している——「トーラーのないところに、小麦粉はない」⁽³⁾

---

(1) 申命記8：8　(2) 詩篇81：17、147：14　(3) ピルケイ・アヴォート3：17

象徴するもの：農業、祝福、肥沃、食物、神の恩寵、平和、繁栄、正義、滋養物

項目別分類一覧：植物、食物、イスラエルの地

参照箇所：大麦、パン、ハラー、7種類の植物

暦　CALENDAR（ヘブライ語：ルーアッハ）

ちょうど太陽*の日の出と日没がわれわれの毎日の生活を規則的にしているように、季節の行き来が地上の生活を規則的にしている。そして、ちょうど社会的な慣習として、太陽がどの辺にあるかを計ることによって時刻が表示されているように、日にちも暦によって計られている。暦は、太陽の1年間の日の出と日没の象徴的な表現であり、また、宇宙内部の秩序の象徴でもある。

ユダヤ教においては、月の周期と太陽の周期がともに単一の1年間の暦の中で組み合わされ、調整されている。新月*それ自体が

暦　CALENDAR

小祝祭日を制定し、各月の祝祭日を決定する。しかし、太陽は四季を支配している。四季の農業周期は、とりわけ、春と秋においては、過ぎ越しの祭り*やローシュ・ハ・シャナー*、ヨーム・キプール*、スッコート*などの1ヵ月もの長きにわたる祭りなどの季節の変わり目を示す祝祭日を定めている。

　ユダヤ人の歴史においては、暦は時間の経過を計る道具以上のものであった。すなわち、暦は宗教的権威をも象徴していた。太陽年の365日はきちんと等分割することができないので、古代の暦は祝祭日を同時期の適切な農業季節に合わせるために閏月〔19年に7度、すなわち、3年目、6年目、8年目、11年目、14年目、17年目、19年目を閏年とし、13ヵ月とした〕を設けて調整する必要があった。ユダヤ暦が10世紀になってようやく恒久的に定まるまでは、ラビ⁺たちは、そうした秘伝の調整をしっかりと守っていた。誰が暦を管理するのか、ということをめぐる議論は、大きな分裂を引き起こす一因となった。その最も有名な分裂は、エッセネ派〔紀元前2世紀から紀元後1世紀末まで死海北西岸のクムランで隠修士的な生活を送っていたユダヤ教の一派。名称の由来は定かでない。1947年に発見された死海写本によって彼らの存在が明らかになった。太陽暦を使用した〕とカライ派〔「(聖書)を読む」という意味のヘブライ語カラーに由来する名称で、バビロニアのアナン・ベン・ダヴィードが8世紀初頭に創始したユダヤ教の一派。「ブネイ・ミクラー」、「バアレイ・ミクラー」、「カライーム」と呼ばれる。申命記4：2にもとづいてラビたちが重視するタルムード⁺などの口伝律法をいっさい認めず、聖書だけを唯一の聖典としている。太陰暦を使用した〕である。彼らの祝祭日がラビの定めた祝祭日と合わなかったことが一因となって、彼らは暦においてはユダヤ民族との関係を決定的に断たれてしまった。このように、ユダヤ民族に属するということは、共通したユダヤ時間の枠組みに従う、ということを意味していたのである。

　ユダヤ人はその歴史全体を通して、しばしば二つの暦、彼ら自身の暦と主文化の暦で生活していた。たとえば、ヘレニズム時代の有名なシナゴーグ*の床のモザイクには、ヘブライ人の季節の特徴が異教のゾディアック*（黄道十二宮）とともに描かれていた。同様に、イスラエルのユダヤ人も含めてほとんどの西欧のユダヤ人たちは、ユダヤ暦とともにキリスト教暦や世俗的な暦を用いて生活している。かくして、イエス・キリスト生誕後2000年

תִּשְׁרֵי תִּשְׁרִי
ティシュリ、または、ティシュレイ

חֶשְׁוָן (מַרְחֶשְׁוָן)
ヘシュヴァン（マルヘシュヴァン）

כִּסְלֵו
キスレヴ

טֵבֵת
テヴェット

שְׁבָט
シュヴァット

אֲדָר (אֲדָר ב)
アダル（第2アダル。閏年に追加）

נִיסָן
ニサン

אִיָּר
イヤール

סִיוָן
スィヴァン

תַּמּוּז
タムーズ

אָב (מְנַחֵם אָב)
（メナヘム・アヴ）アヴ

אֱלוּל
エルール

ヘブライ語の暦の月名

をしるすグレゴリオ暦の 2000 年は、ユダヤ暦の 5760 年に相当するのである。

　暦はこのように、時間の指標以上のものである。暦は、その時間がどのように認識され、管理され、祝われ、表現されたかの象徴である。ユダヤ暦では、その月々の名前は古代バビロニアの神々にちなんで命名されているが、依然としてユダヤ人の祭りの周期に忠実にのっとって守られている。ユダヤ暦は、昔から今日に至るまでのユダヤ民族の適応性と絶え間ない文化変容を象徴している。

象徴するもの：適応性、同化、権威、秩序、完璧、変わり目
項目別分類一覧：天文学、祝祭日、数字
参照箇所：4、月、7、星、太陽、ゾディアック

ゴーレム　GOLEM（ヘブライ語：ゴーレム）

　人間の手で造った人造人間についてはたくさんの伝説がある。ピュグマリオン、パラケルススのホムンクルス、メアリー・シェリーのフランケンシュタインなどはそのひとつである。ユダヤ人の伝説においては、ゴーレム伝説がある。

　ゴーレムという語は、聖書にはたった 1 回、いわゆる「アダムの詩篇」と言われている箇所に出てくる——「わたしのまだ形をなしていない体〔胎児〕galmi をあなたの目は見ておられた。わたしの日々はあなたの書にすべて記されている」。[1] この一節と聖書の他の箇所から、その創作者に仕えさせるために造られた人造人間、ゴーレムの伝説が生じた。[2] タルムード+にもゴーレムについての古い物語があるが[3]、その伝説が大きく発展するのは、カバラー*とヨーロッパの民間伝承の影響を受けた中世になってからである。

　『セフェル・イェツィラー』〔『形成の書』〕と他の神秘主義の書物によれば、ヘブライ語の文字と 10 個のスフィロート*の名前と神秘的な神の御名*の秘密の組み合わせを用い、さらにある魔術的な行為を行なうと、土*から人間を造り出すことができるという。しかしながら、そのような実践は危険をはらんだ行ないであり、神の奥義を学んでいる敬虔な者にのみ限定されるべきである。16 世紀のユダヤ人神秘主義者たちは、ゴーレム創作のいかなる実験をも禁じていたが、彼らの激しい非難にもかかわらず、伝説は根強く生きつづけていた。

　最も有名な伝説は、プラハのマハラル MaHaRaL（モレイヌ・ハ・ラブ・レーヴ Moreinu Ha-Rav Loew）と呼ばれていた 16 世紀のラビ・ユダ・レーヴと関係している。彼は、血*の中傷+の偽りの告発に対して、彼の町のユダヤ人を守るためにゴーレムを造ったと言われている。彼と 3 人の弟子たちは、モルダウ川の土手から取ってきた粘土から巨人を造り、呪文と四*大元素を呼び出す祈りと魔術的な行為によってそれに生命を吹き込んだ。ゴーレムは話すことはできなかったが、超人的な強さと姿を透明にして見えなくする力を与えられ、ポグロム〔ユダヤ人への迫害〕からプラハのユダヤ人コミュニティを何度も救った。皇帝ルドルフ 2 世がついにユダヤ人市民に対する血の中傷の告発を禁止すると、マハラルは、造った時とはまったく反対の順序で呪文を唱えて、ゴーレムを自力では動けない物体に戻してしまった。〔別な伝説は、ゴーレムの

婚礼　WEDDING

額に書かれていた3文字EMeT（ヘブライ語ではアレフ、メム、タヴ。「真理」の意味）から彼がE（アレフ）をふき取るとMeT（ヘブライ語でメット、「死」の意味）の文字が残り、ゴーレムはただの土塊になってしまった、と語っている〕。そして彼は、ゴーレムの遺骸を古いタリート*と祈祷書で覆い、シナゴーグの屋根裏部屋に葬った。

伝説によれば、ゴーレムには次のような特性があったという。ゴーレムは、あらゆるミツヴォート〔ミツヴァー✛の複数形〕（神聖な戒律）を免除されており、性的な衝動や自由意志もなく、決して病気になることもなく、並外れた視力を持っていたが、霊魂（ネシャマー）を持っていなかった。偉大なカバラー学者ゲルショム・ショーレムはかつて、イスラエルの初期のコンピューター「ゴーレム・アレフ」を伝説のゴーレムになぞらえてこう指摘した──両者は文字と数字において共通した起源を有しているが、どちらにも自発的な知能が欠けている。[4]

(1) 詩篇139：16　(2) ダニエル書3章　(3) BTサンヘドリン篇65b　(4) Scholem, The Messianic Idea in Judaism, 335-340.（G.ショーレム「プラーハのゴーレムとレホヴォトのゴーレム」、『ユダヤ主義と西欧』77～87頁、河出書房新社、1973年）

象徴するもの：創造力、危険、偶像崇拝、魔術、力、保護、贖い、沈黙

項目別分類一覧：カバラーの象徴

参照箇所：アレフベイト、血、カバラー、獅子、数字

婚礼　WEDDING（ヘブライ語：ハトゥナー、ニスイーム）

婚礼は相互の責任、保護、介護の契約に入る二人の異なる個人の象徴的な結合である。ユダヤ人の伝統によれば、結婚の目的は、夫婦に交わりと子供を授けることだけでなく、充足を与えることでもある──「妻のいない者は、楽しみ、祝福、善行……トーラー、保護……そして、平安がなく生きているようなものである」。[1] 賢者✛たちは結婚を理想の人間の状態、神とイスラエルの関係、イスラエルとシャバット*の関係にふさわしい模範と考えていた。神は究極的な縁結びであり、良い縁結びをすることは、紅海を分けることと同じくらい難しいことである。[2]

聖書には婚礼についての記述はないが、慣習はトーラー*本文の中にそれとなく言われていることから生まれた──リベカ*は初めてイサク*に会った時、ヴェールを被った。[3] 婚礼の前に花嫁をヴェールで覆う「ベデケン」は、彼女から生じた。これは、女性の貞淑さを象徴している。ヤコブ*とレア*は婚礼の後、7*日間祝宴を行なった。[4] この慣習は、今日に至るまで多くのユダヤ人のあいだで行なわれている。

何世紀ものあいだに婚礼はしだいに凝ったものとなり、儀式や祭具などが豪華になった。元来は、花嫁が花婿の家に移り住み、彼との新しい生活を開始することによっ

婚礼のためにコミュニティから貸し出された装飾された結婚指輪

婚礼　WEDDING

て結婚の契約が成立した。時がたつとともに、フッパー*（婚礼の天蓋）が花婿の家の象徴的な代替物となった。息子が生まれた時に杉*を植え、娘が生まれた時に松*や糸杉*を植えるという慣習がある。彼らの婚礼の時のフッパーの支え棒は、それらの木の枝を切って作られた。[5] コミュニティの中には、花嫁と花婿をタリート*で覆ったり、包んだりするところがあるが、これは神の愛の保護を象徴している。心をエルサレム*の方向に向けるために、フッパーの下で東*へ向く慣習がある。

「文書」を意味するクトゥバー*と呼ばれる結婚契約書は、夫が妻に対して負うべき財政的な義務を記録した法律的な契約書である。クトゥバーは、結婚する夫婦のために愛の誓約を代行している。縁が装飾されたクトゥバーの彩飾文書の民俗芸術は、エジプトで10世紀に始まり、今日に至っており、漸次変化している。そのようなクトゥバーは、家宝として、芸術作品として、代々大切にされてきた。

夫婦が子宝に恵まれるようにと祝福するために多くの慣習が生じた。それらの中には、魚*を食べることや、米、小麦*、くるみ*、キャンディーを投げることなどがある。はっきりと認められてはいないが、結婚式における重大な関心は、悪から守ることである。邪視*は、特に楽しい時や変わり目などに嫉妬心から活発に活動するので、その凝視をそらす数多くの習俗が生まれた。それらには次のようなものがある——花嫁の手*を赤い*ヘンナに塗る。保護のための魔法の円*を創り出すために花婿のまわりを7回まわる。花嫁の美しさを覆い隠す。邪霊を脅かすためにガラスのコップを割る。公の婚礼の前に、秘密の内輪だけの婚礼を行なう。

婚礼の締めくくりとしてガラスのコップを割るよく知られた慣習については、次のような多くの説明がなされている——神殿*の崩壊への服喪のしるし、羽目を外した軽率な行動の抑制[6]、壊れやすい結婚生活の象徴、処女膜を破ること、今もなお贖いを必要としている破砕された世界の象徴。さらに、さほど一般的ではないが、神殿の崩壊への服喪を象徴している二つの慣習がある。ひとつは、花婿の額に灰*を付けることであり、もうひとつは、（オリーヴは苦いので）花婿の頭にオリーヴ*で作った冠*を被せることである。

婚礼の他の特徴として、次のようなものを挙げることができる——霊的な清めの行為として、婚礼の前にミクヴェー*に浸ること。婚礼の前に断食すること。これは、生と死の緊密な関係を象徴している。臨終の際に行なうのと同じように、ヴィドゥイ（懺悔の祈り）を朗唱すること。（男性が）白い*キッテル*を着ること。これは、純粋さと脆弱さを象徴している。というのも、キッテルはその男性の埋葬の際の経帷子*の一部を成すからである。幸運と祝福を祈願する七つの祝祷を朗唱すること。花婿が花嫁に指輪を与えること、または指輪の交換。これは、結婚の誓約の物質的、霊的な言葉を象徴している。同じぶどう酒*の盃*を共用すること。これは、聖性、喜び、結合の象徴である。結婚指輪の上に付けられた伝統的

婚礼　WEDDING

な装飾は、家の形をしたものである。これは神殿と夫婦の将来の家を象徴している。西洋のユダヤ人の花嫁は、伝統的に白いドレスを着る。北アフリカの花嫁は、派手な色の、豪華に飾りたてられた衣服を着る。

---

(1)BT イェヴァモート篇 62b　(2) 創世記ラバー 68：4　(3) 創世記 24：65　(4) 創世記 29：27　(5)BT ギッティーン篇 57a　(6)BT ベラホート篇 31a

象徴するもの：祝福、祝い、完成、契約、神の加護、家族、聖性、家庭、愛、神とイスラエルの関係、変わり目、結合

項目別分類一覧：衣服、婚礼、女性

【サ行】

祭司職 PRIESTLY CULT（ヘブライ語：ケフナー）

イスラエルの人びとが荒野*にミシュカン*（移動できる聖所）を建てた時、アロン*とその一族は聖所⁺の内部で神に仕える祭司――コハニーム（コーヘンの複数形）に任命された。アロンの一族から祭司職が世襲で伝わり、神殿*が破壊されるまでエルサレム*の神殿での祭儀を監督していた。レビ族のメンバーは、主として歌い手、楽人、門番、宝物の管理人、祭司の補佐役として仕え、コハニームの祭司の仕事を補佐していた。

聖書本文は祭司職の資格、職務、権限について多くの内部の矛盾点を露わにしているが、その主な特徴は次のようなものであった――(1) 祭司は、神に仕える者であった。(2) その役割は、神殿での祭儀の勤め、特に、祭壇*で供犠を献げ、祭司の祝祷*を唱え、ショファール*を吹き、聖櫃*、メノラー*、ネール・タミード*（永遠のともしび）、聖油*、ハラー*、香料*、そして、神殿の中の他の祭具の管理をすることであった。さらには、ウリムとトンミム*を用いて神の道を占い、祭儀上の穢れを清め、人びとを裁き、教えることであった。(3) 禁じられた結婚相手を拒絶したり、死者との接触を避けたりすることで、祭儀をする上での清浄さを守るのに並々ならぬ努力をしていた。祭司は土地を所有してはいなかったが、10分の1税と供犠の献げ物で生活していた。こうしたすべての規定は、祭司階級の聖性を高めるために企図されたものであった。

この目的をさらに促進するために、祭司は特別な祭服を身に着けていた。この祭服の多くは、色彩（金*、青*、紫*）においては現代の王族の衣服と類似したものであり、高価な素材を用いた派手なものであった。祭司はまた、王*の場合のように、油を注がれて聖別された。祭司の祭服はパロヘット*とミシュカン*の垂れ幕と同じように、亜麻糸と毛糸で作られていた。この混ぜ合わせ（シャアットネズ）は、その特別な聖性のゆえに世俗の一般的な衣服では禁じられていた。[1] 大祭司は8枚の祭服を身に着けていた。4*枚の内衣――裾の長い服、飾り帯、被り物、ズボン。4枚の外衣――エフォド（刺繍のほどこされた前掛け）、胸当て*（十二部族*の名前が記されていた）、エフォドの上着（裾には染色された毛糸と亜麻糸でざくろ*の飾りが付けられており、その飾りのあいだには金の鈴が付け

祭司の祝祷　PRIESTLY BLESSING

られ、大祭司が歩くと鈴の音が聞こえた)、金の額当て(被り物に付けられ、4文字の神の御名*が彫られていた)。祭司は通常、被り物と裾の長い服と飾り帯しか身に着けていなかった。ヨーム・キプール*には、大祭司は白い亜麻布の質素な祭服を着ていた。というのも、この祭服は、ふだんの服装よりもいっそう聖なるものであるとみなされていたからであった。[2] これらの特別な祭服はすべて、神に仕えることの美しさ、聖性、純粋さを強調するためにデザインされていた。

　第二神殿の崩壊後は、祭司職の職務のほとんどが中断してしまった。コハニームの正系の末裔に今でも属している唯一の特権は、(1) 最初にトーラーを授かった名誉(アリヤー)、(2) ピドゥヨン・ハ・ベン+(長子の買い戻し)の儀式を執り行ない、祝祭日には祭司の祝祷を唱えること、である。コハニームの末裔の多くは、結婚に関することや、墓地に入らないことなどのような死と結びついた聖書の規定を今でも遵守している。リベラルな会衆は、これらの慣習の多くを、あるいはすべてを廃棄してしまった。

　神殿の消滅とともに、ユダヤ教は全般的に、祭儀を執り行なう人間を飾り立てる慣習をやめ、その代わりに、トーラーの巻物を飾り立てるようになった。「祭司の王国、聖なる国民となれ」[3] という聖書の命令の成就のために、すべての(男性の)ユダヤ人は祈りの時はタリート*を着るようになった。これは、ユダヤ教の礼拝の本質的な民主主義の象徴である。現代では、女性たちはこの宗教儀礼上の寛容性をさらにいっそう拡張した。

　ユダヤ教の礼拝では、トーラー*の巻物が大祭司に象徴的に取って代わった。トーラーの衣服の多く——冠*、胸当て*、裾の長い服、腰帯——はすべて丹精に装飾され、高価な素材で作られている。これらはすべて昔の祭司の祭服に由来している。ラビ+たちはこの関連性についてはっきりと述べている——「三つの冠がある——トーラーの冠、祭司の冠、王の冠」[4]

　何世紀にもわたって、祭司の一族の末裔であることは、紋章、蔵書票、印章、墓石に記されていた。コーヘンの最も一般的な象徴は、祭司の祝祷*の身振りの一対の手*である。レビ族の一般的な象徴は、お椀と水差しである。これは、祭司の祝祷の際のレビ族の補助的な役割と楽器を表わしている。

---

(1) 出エジプト記26：1、31、28章、レビ記19：19、申命記22：11　(2) ミシュナー・ヨマー篇3：6　(3) 出エジプト記19：6　(4) ピルケイ・アヴォート4：13

象徴するもの：祝福、聖性、純粋、供犠、神に仕えること

項目別分類一覧：衣服、色彩、死、祈り、シナゴーグ、神殿、ヨーム・キプール

参照箇所：祭壇、胸当て、衣服、冠、クトゥバー、ミシュカン、祭司の祝祷、シナゴーグ、神殿、トーラー、ウリムとトンミム、水、ヨーム・キプール

祭司の祝祷　PRIESTLY BLESSING
(ヘブライ語：ビルカット・コハニーム)

　トーラー*によると、祭司階級のメンバーであるコハニーム〔祭司を意味する語コーヘンの複数形〕が神の御名を唱えると、神は人び

祭司の祝祷　PRIESTLY BLESSING

とを祝福するという。⁽¹⁾聖書本文はそうした祈りを祈祷文として定めた。これは、ビルカット・コハニーム（祭司の祝祷）と呼ばれるようになった。

　　主（YHVH）があなたを祝福し、あなたを守られるように！
　　主（YHVH）が御顔を向けてあなたを照らし、あなたに恵みを与えられるように！
　　主（YHVH）が御顔をあなたに向けて、あなたに平安を賜るように！⁽²⁾

　3行から成るこの構造は、古代の呪文の典型的なものであったのかもしれない。各行が3*語、5*語、7*語のヘブライ語の単語から成っているという事実は、この推論をいっそう確かなものとしている。

　神殿がまだ建っていた時、祭司たちはこの祝祷を毎朝、毎晩、ドゥハンと呼ばれる高くなった特別な講壇で朗唱した。彼らは、タリート*を頭から掛け、指を扇の形に伸ばして、3度出てくるテトラグラマトン✝（神の御名*YHVH）を含む15の単語を発音した。第二神殿時代には、祭司たちはまた、神殿の外のシナゴーグ*では聖なる御名の代わりにアドナイと発音して祝祷を朗唱した。第二神殿の崩壊後は、ビルカット・コハニームは祭司職*の最後の重要な名残りとなった。これは、ディアスポラ✝では祝祭日に、イスラエルではシャバット*と祝祭日に、エルサレム*では毎日、朗唱されている。これはまた、割礼*と婚礼*の儀式でも朗唱されている。親たちはこの祝祷を子供たちのためにシャバットの晩に朗唱している。時とともにこの儀礼は人びとの心の中に魔術的な力をもたらすようになった。人びとは、この祝祷には悪い夢を打ち消す力があると信じていた。ユダヤ人の中には、コハニームが典礼――古代の講壇にちなんでイディッシュ語でドゥハネンと呼ばれている――を行なっている時に彼らを見つめることは不吉なことであり、危険なことでもあると考えている者もいる。伝承によると、神の女性的な面であるシェヒナー*が、コーヘンが祝祷の言葉を発している時に、彼の指のあいだから光り輝いていたという。

　中世には、ユダヤ教神秘主義者たちは、祭司の祝祷の最初の行から神の「22文字の御名」（ヘブライ語のアレフベイト*の文字の数）を引き出した。これは、「アナクタム　パスタム　パスパスィーム　ディオンスィーム」であり、魔術では頻繁に用いられていた。⁽³⁾

　何世紀にもわたって、親指でつながり、ヘブライ語のシン（あるいは、この文字二つ）に似た扇形に広げた二つの手*の形は、祭司の身分の象徴であった。これは、コーヘ

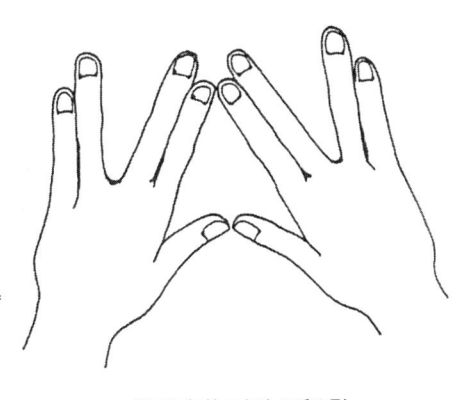

祭司の祝祷のための手の形

祭壇　ALTAR

ン Cohen、コーン Cohn、コーワン Cowan、コーン Kohn、ケーガン Kagan、カッツ Katz（コーヘン・ツェデック Kohen Tzedek）などの名前のついた祭司職の部族コハニームの末裔の墓石の上によく見られたしるしである。

---

(1) 民数記6：27　(2) 民数記6：24-26　(3) Trachtenberg, *Jewish Magic and Superstition*, 92

象徴するもの：祝福、神の加護、家族、魔術、平和、祭司制度

項目別分類一覧：祈り

参照箇所：割礼、5、ハムサ、手、数字、祭司職、7、シェヒナー、タリート、神殿、3

祭壇　ALTAR（ヘブライ語：ミズベアッハ）

ほとんどの宗教において、祭壇は、天と地の接するところ、すなわち、礼拝者を聖なるものに近づかせ、神聖なものを地に近づかせる人為的な山を表わしている。祭壇はユダヤ人の歴史全体を通して、象徴と中心点として重要な役割を演じてきた。祭壇は、個人的な供犠を献げる場所からコミュニティの供犠を献げる場所へと発展してきた。特に、エルサレム*の神殿の山*で永久化され、集中化されてきたように、祭壇はユダヤ民族を聖なるものへと近づける回路を象徴していた。その四*つの隅*は、小宇宙においては地上の四つの隅を表わしていた。人は、罪の贖いをするために、神への感謝の祈りを捧げるために、罪を告白するために、怒りの復讐から逃げこむ場所を求めるために、祭壇にやってきた。(1)

古代の異教では、祭壇は神々が供犠という形で食事を受ける場所であった。ユダヤ教は、祭壇の主眼を根本的に改変した。すなわち、供犠は祈願する者と祭司たちに食べ物を供給するとともに、神の期待と人間の行為のあいだの精神的な結びつきをも確立した。祭壇で動物を生贄として献げ、その血を注ぐことは、その動物の血をその神聖な源に戻し、動物の命を奪うことによって個人の罪を贖うということを象徴的に表わしていた——「生き物の生命は血の中にあるからである。わたしが血をあなたたちに与えたのは、祭壇の上であなたたちの生命の贖いの儀式をするためである。血はその中の生命によって贖いをするのである」(2)

ラビ・ヨハナン・ベン・ザカイはこの贖いの本質を認識して、イスラエルの人びとは祭壇を建てるのに鉄*を用いるのを禁止されていた、なぜならば、剣は破局を表わし、祭壇は贖罪を表わしているからである、と述べている。それゆえにこそ、祭壇は「天にイスラエルとその父なる神の間の平和——シャローム——をもたらすために」(3) すべてが石（シュレモート）でできていたのである。祭壇を意味するヘブライ語ミズベアッハ MiZBe'aH は、ノタリコン＋（頭字語）の方法では、「赦し（メヒラー Mehila）、功徳（ズフート Zekhut）、祝福（ブラハー Berakhah）、生命（ハイーム Hayiim）」を意味している、とラビ＋たちは説いていた。(4)

ユダヤ人の伝説によると、神殿の山の祭壇はそれ以前のすべての祭壇、すなわち、アダム*の祭壇、カインの祭壇、アベルの祭壇、ノア*の祭壇、そしてアケダー*の祭壇があった場所にあったという。(5) 別の伝説は、

アダム自身はこの祭壇のあった場所の土から造られ、それゆえにこそ、彼の贖罪の力がエデンの園*からの追放にも彼を耐え忍ばさせた、と語っている。さらに、伝説はこの場所を、ヤコブ*が夢*で天使*たちが天にまで達する梯子*を上ったり下ったりしているのを見た場所であるとしている。この梯子は、天と地のもうひとつの垂直軸を象徴している。

アケダーと供犠とのこうした結びつきのために、祭壇はユダヤ人の殉教の象徴となった。「祭壇を建てる」というラビたちの表現は、神の御名を神聖にするために死んだ人びとのことについて言及していた。(6)「祭壇が涙を流させる」とか「あたかも祭壇が彼の心の中に建てられているかのごとく」などという表現は、人間の苦難を象徴している。(7)

第二神殿の崩壊後は、家庭の食卓*が祭壇にとって代わり、塩*とハラー*が供犠を象徴することとなった。ラビたちはその食卓をミクダッシュ・メアット、小さな聖所✛と呼び、「祭壇が無くなってしまったので、今や人間の食卓が人間を贖う」と言っていた。(8) 食べることと結びついた律法、祝福、儀礼、慣習などの多くは、ユダヤ人の食卓は神が臨在している場所であるというこの観念をさらに強くしている。

---

(1) 出エジプト記21：14、列王記上1：50-51、2：28-29 (2) レビ記17：11 (3) トセフタ：バヴァ・カマー篇7：7 (4) タンフマ：トゥルマー10 (5) ピルケイ・デ・ラビ・エリエゼル31 (6) 哀歌ラバー1：16、50 (7) BTサンヘドリン篇22a、オティヨット・デ・ラビ・アキバ8 (8) BTベラホート篇55a

象徴するもの：贖罪、祝い、聖性、生命、殉教、平和、供犠、安全、苦難、感謝の祈り
項目別分類一覧：食物、神殿
参照箇所：アダム、血、隅、ハラー、鉄、ヤコブ、エルサレム、階段、山、岩、供犠、塩、食卓、神殿

盃　CUP（ヘブライ語：コス）

古代世界では、ぶどう酒は宗教儀礼において中心的な役割を果たしていた。実際にユダヤ人の伝統においてもキリスト教徒の伝統においてもそうであるように、ぶどう酒を入れる盃が独自の神聖な地位を得たことは当然のことであった。盃は、中に入れるぶどう酒と同じように、生命それ自体を象徴するようになった。

特別なキドゥーシュ✛（「神聖な」という意味のヘブライ語カドーシュに由来している）用盃は、非常に多くのユダヤ教の儀式で用いられているが、第二神殿*時代（紀元前6世紀～紀元後1世紀）にまでさかのぼる。いつの時代においても、この盃は華やかに飾り立てられ、銀や金で作られ、聖性、厳粛、家庭生活の幸福を象徴するようになった。家族の中には、このキドゥーシュ用盃を子供の誕生やバル／バット・ミツヴァー*や婚礼*のお祝いとして贈っているところもある。これらの盃はしばしば家宝となった。盃の多くには、シャバット*や祭りに関連した聖書の一節や、ぶどう酒を聖別する祝祷が刻まれている。

特別な盃が様々な機会に応じて用いられている。シャバット*と祭りのためのキドゥーシュ用盃のほかに、過ぎ越しの祭り*のセデル*のためのエリヤ*の盃がある。これは、

魚　FISH

シャバットと祝祭日に用いられる伝統的な銀製のキドゥーシュ用盃

ユダヤ民俗芸術に時々現われるゾディアックの双魚宮の魚

この時季にメシヤ*による贖いが行なわれてほしいという願いを象徴している。ハヴダラー*のあいだに用いられる盃もまた贖いを象徴しているので、コス・イェシュオート（救いの盃）と呼ばれている。[1]フッパー*の下で花嫁と花婿が共に用いる婚礼用盃は、夫婦の結合を象徴している。2つの把手のついた盃は、ネティラット・ヤダイムのため、すなわち、特にシャバットや祭りの食事の前に手を洗うためのものである。キドゥーシュやハヴダラーための盃を溢れさせるのが伝統となっているが、これは、感謝の気持ちを象徴している——「わたしの盃は溢れる」[2]

(1) 詩篇 116：13　(2) 詩篇 23：5

象徴するもの：祝い、聖性、喜び、生命、贖い、救済、厳粛、結合

項目別分類一覧：食物、祝祭日、祭具、シャバット、婚礼

参照箇所：血、ハヴダラー、ぶどう酒

魚　FISH（ヘブライ語：ダグ）

魚は深い所に住んでいるので、伝統的に畏怖と不可思議さと結びつけられていた。多くの人びとは、魚を神々として崇拝していた。預言者ヨナが神の絶えず見つめている目*から逃れようとした時、巨大な魚——神の使者として働いている——が彼を呑みこんだ。そのために、彼は預言者としての使命を受け入れることとなった。実際に、魚は神が常に見張ってくれている加護の象徴でもあった。というのも、その目は、神の目のように閉じられることはないからである。

魚はまた、莫大な量の卵*を産むので、繁殖力とも結びつけられていた。ヤコブ*は、ヨセフ*の2人の息子、エフライム*とマナセを祝福した時、「どうか、彼らがこの地上に数多く増え続けますように」〔創世記48：16〕と述べた。ヘブライ語の「増える」という語、ヴェ・イドゥグ Ve-Yidgu は、魚（ダギーム dagim〔ダグ dag の複数形〕）に由来している。魚は、その繁殖力との結びつきのゆえに、宗教美術に表われたり、妊娠を願っている女性たちに食べられたりした。

創造の物語の中の「そして、神はそれらのものを祝福された」[1]という一節は、魚、人間、そしてシャバット*に対して語っている。というのも、それらを祝福の源泉として結びつけているからである。なお、シャバットは魚と結びついている。というのも、メシア*の時代（シャバットはその前触れである）には、義人はみな海の巨大な怪獣レビヤタン*を食べるからである。さらにダグの数値は7*である。それゆえにこそ、伝統的に、シャバットに魚を食べるのである。スファラディーム⁺は、ローシュ・ハ・シャナー*に魚の頭

ざくろ POMEGRANATE

を食べる。これは、義人のコミュニティの「頭」になりたい、という彼らの願望を象徴しているからである。アシュケナズィーム⁺は魚を、とりわけシャバットや祝祭日の上品さ、贅沢、祝宴と結びつけている。

ラビ⁺たちは、海が魚を覆って邪視から守っているように、邪視は「ヨセフの子孫」であるユダヤ民族に対しては力が及ばない、と指摘している。というのも、ヤコブは、ヨセフの2人の息子と彼らのすべての子孫を魚になぞらえて祝福したからである。[2] 魚は幸運ももたらす。というのも、魚座は通常、楽しい、幸運の祝祭日であるプーリム*の祭が行なわれるアダルの月〔西暦2月～3月〕のゾディアック*のしるしであるからである。この結びつきのために、この祝祭日の期間中に食べ物の贈り物を送るために用いられるミシュローアッハ・マノート⁺と呼ばれる皿には、魚の絵柄が描かれている。東欧では、邪視から守るために男の子に「フィシュル Fishl」と名付けると運がいい、と考えられていた。北アフリカと中近東、そして東欧のコミュニティでは、神の加護を象徴した魚の形をした護符*やハヴダラー*の祭具がよく見られる。

カシュルート*の戒律は、ひれとうろこのある魚だけを食べることができる、と規定している。この定義からは、甲殻類、鮫、海生哺乳動物は除外される。これらのコーシェル⁺の魚だけが、ユダヤ人の民俗芸術に描かれている。ただし、蟹(ヘブライ語でサルタン)は例外である。というのも、蟹は、ゾディアック(黄道十二宮)の蟹座の象徴、また、ルベン族の象徴であるからである。

---

(1) 創世記1：22, 28, 2：3 (2)BT ベラホート篇 20a

象徴するもの：祝福、神の加護、繁殖力、神、幸運、贅沢、贖い

項目別分類一覧：動物、食物、メシア、プーリム、シャバット

参照箇所：護符、邪視、目、カシュルート、レビヤタン、プーリム、水、ゾディアック

ざくろ POMEGRANATE (ヘブライ語：リモン)

ざくろは、その美しい*赤い*花、形の良い果実、おびただしい数*の種で有名である。ざくろは聖書では、イスラエルの農業の豊かさを象徴している7種類の植物*のひとつとして語られている。[1] イスラエル人の偵察隊がカナンを調査した時、彼らはその土地の肥沃さの証明としてざくろをモーセに持ち帰ってきた。[2] 雅歌では、ざくろは特に愛と官能の比喩的な表現で描かれている。その色は火*と情熱と結びついていた。[3]

この果物はその装飾的な形のために、長いあいだユダヤ人の芸術では人気のあるモチーフだった。神殿の柱の柱頭と大祭司の衣服の裾は、ゆりのデザインとともにざくろのような形をした鈴が装飾されていた。この鈴は祭司の祭儀に音を添え、デー

ざくろ (学名 *PUMICA GRANATUM*)

99

ざくろ　POMEGRANATE

モンを追い払った。[4] ソロモン*の宝冠は、ざくろの花冠*を模倣して作られたものだった。ざくろはまた、古代の硬貨にも広く用いられていた。現代のイスラエル国家においても同様に、国の硬貨と切手にこのモチーフが用いられている。

　ミドラッシュ+によると、ざくろの中には正確に613*の種があり、これは、トーラー*の中で規定されているミツヴァー+の数に照応しているという。イスラエルは、ざくろにたとえられている。イスラエルは、ちょうどざくろが種で満ちているように、善行で満ちている。良い学生は、美味しい果実だけを食べて苦い皮は捨てるざくろを勉強の習慣の手本としていると言われている。[5]

　ざくろは、ローシュ・ハ・シャナー*（新年）と結びつくようになった。というのも、この季節にはざくろが市場に溢れ出ており、しかも、頭部に花冠のあるその形がこの祝祭日にとって中心的な主題である神の王権を例示しているからである。贖罪するこの期間には、ユダヤ人はめいめい「自分の功徳がざくろの種のようにたくさんありますように」と願っている。

　ざくろはイスラエルの地を象徴している7種類の植物のひとつとして、伝統的にトゥ・ビ・シュヴァット*の祝祭日に食べられる。この祭りは、イスラエルの農業生活が冬の休眠状態の後、ふたたび目覚めたことを祝っている。

　中世初期には、トーラー*の2本の心棒あるいは巻軸（アツェイ・ハイーム—生命の木*—と呼ばれている）の頭部を装飾デザインで飾り立てるのが慣習となっていた。この装飾はその後、取りはずし可能なものとなり、さらにいっそう精巧なものとなった。最初のころのものは、果実、特にざくろのような形をしていた。これは、神殿の柱

トーラーの木製の棒状の把手の上に据えられた銀製の装飾されたリモニーム

や大祭司の衣服の鈴を模倣したものだった。そしていつしか、ざくろを意味するヘブライ語リモニーム（リモンの複数形）は、トーラーの巻軸の頭部に被せる金属製の装飾品の総称となった。この装飾は建築物や植物などのさまざまな形に作られ、その中でも最も一般的だったのは塔*の形（おそらくは、キリスト教会の鐘塔の影響を受けたのではないかと思われる）であったが、それでもなお、当初の形態を記念してリモニームと呼ばれつづけていた。

　リモニームは、一般的に銀で作られていたが、創造力、芸術的な伝統、コミュニティそれぞれの財力を反映して、幾世紀にもわたって多くの形のものが作られた。それらには次のような形がある。りんご*（ヘブライ語でタプヒーム。スペインでのそのような装飾品の総称）、ムーア風アーチ（15世紀のシチリア）、3*段になった尖塔、あるいは、花*束（17〜18世紀のイタリア）、3段になった六角形の小塔（18世紀のフランクフルト・アム・マイン）、バロック風小塔（オランダ）、頭部に

冠を乗せ、大きさが徐々に小さくなっている3段の球根状の塔（18世紀の英国）、頭部に球体を乗せた円錐状のもの（20世紀のアメリカ）。15世紀のシチリアのカマラタでは、リモニームの四角い塔に小さな鈴を付けるのが慣習となっていた。この慣習は、またたく間にヨーロッパ中に広がり、現在でもまだ一般的に広く行なわれている。この鈴で奏でられる音楽は、トーラーの歓喜を象徴しており、古代の祭司制度を記念している。そしてさらにこの音は、トーラーを抱えて行進する際に気持ちを高揚させ、感情を表に出させる働きをも有している。

---

(1) 申命記8：8　(2) 民数記13：23　(3) 雅歌4：3、13、6：7、11、8：2　(4) 出エジプト記28：34-35、エレミヤ書52：22　(5) BT ハギガー篇15b

象徴するもの：美、豊饒、喜び、愛、ミツヴァー、情熱、祭司制度、想起、官能性、勉学、トーラー

項目別分類一覧：植物、イスラエルの地、祭具、シナゴーグ、神殿、トゥ・ビ・シュヴァット

参照箇所：りんご、冠、ヤキンとボアズ、イスラエルの地、王、数字、祭司職、赤、ローシュ・ハ・シャナー、7種類の植物、613、トーラー、塔、木、トゥ・ビ・シュヴァット

サタン　SATAN（ヘブライ語：サタン）

サタンは、ユダヤ人の伝統においては、一般的な西欧の民間伝承に現われる赤い顔をした、長いしっぽを持った悪魔とは異なっている。聖書ではサタンは、「敵対者」、「告発者」を意味し、ヨブ*記でよく知られているような天上での裁きで告発する代理人の役割を引き受けた超自然的な存在である。

聖書では、サタンは神の力に服従している。後のユダヤ教の文書では、サタンは非人間的な悪の力として現われているが、キリスト教のサタンや反キリストのように強力な独立した人格を有したものでは決してない。タルムード+やミドラッシュ+ではサタンはもっと人目につきやすい形で現われるようになり、サマエルとかデーモンの王アスモデウスとか呼ばれていた。サタンはヨツェール・ハ・ラア、すなわち、悪いことをする者や死の天使*と同一視されていた。ミドラッシュでは、聖書のすべての罪はサタンに帰されていた。カバラー*の伝承では、サタンはスィトラ・アフラ（裏側）と同一視されている。これは、聖霊がそこから追放され、あるいは、罪の殻の中に包みこまれている世界の次元のことである。

ラビたちは、ユダヤ人がローシュ・ハ・シャナー*にショファール*を吹く理由のひとつは「サタンを混乱させるため」であると述べている。(1) しかし、サタンはヨム・キプール*には人間に対してまったく無力である。これは、その名前がまさに示唆していることである。「ハ〔定冠詞〕・サタン」（敵対者）の数値は364であり、これは、1年の全日数から贖罪日〔ヨーム・キプール〕を除いた数である。サタンの影響力はこの日だけは取り除かれている。(2)

中世のユダヤ人たちは、彼らの住んでいたヨーロッパやオリエントの人びとの慣習の影響を受けて、サタンの力から自らを守るために護符*、呪文、宗教儀礼を発展させた。空間の変わり目（戸口や境界）や時の変わり目

（誕生、結婚、死、黄昏、夜明け、夏至、冬至）は、サタンの攻撃を最も受けやすいと考えられていた。

ユダヤ人は、その異なった法律、慣習、言語のゆえに主文化の周辺部にいることを余儀なくされていたので、不当にも他の人びと、特に、中世のキリスト教徒によってサタンや反キリストと結びつけられたことがよくあった。しかも、彼らが社会規範から分離していたので、ますますそのように決めつけられてしまった。

---

(1) BT ローシュ・ハ・シャナー篇 16b (2) BT ヨマー篇 20a

象徴するもの：悪、そそのかし、誘惑

項目別分類一覧：ローシュ・ハ・シャナー、ヨーム・キプール

参照箇所：護符、天使、死の天使、邪視、カバラー、メズザー、入口

サブラ　SABRA（ヘブライ語：ツァバール）

ヘブライ語でサボテンを意味するサブラは、元来はアメリカ南西部とメキシコから輸入されたものであるが、今ではイスラエルの地のいたる所に生育している。[1] イスラエルで生まれた人びとは、サブラというニックネームを誇りを持って採り入れた。これは、外観は棘がたくさんあっていかついが、内部は柔らかくて甘いイスラエルで生まれた人びとの特殊な国民性を象徴している。

サブラ——サボテン
（学名 *OPUNTIA FICUSINDICA*）

---

(1) Moldenke,H.&A., *Plants of the Bible*, 5

象徴するもの：ユダヤ民族、甘味、強靭性

項目別分類一覧：植物、イスラエルの地

参照個所：イスラエル

サラ　SARAH（ヘブライ語：サラ）

サラは最初のユダヤ人女性であり、3人の族長たちの4*人の妻たちの中で最初の妻であり、アブラハム*の妻であり、イサク*の母親である。彼女の名前は、「王女」、「巫女」、「女首領」を意味する。彼女の名前は、古代の中近東の女神崇拝、とりわけ、その名前のひとつがサラートであった月神イシュタルに由来しているかもしれないと考えている学者もいる。

サラはその生涯のほとんどのあいだ不妊症であったが、不思議にも90歳の時に息子を妊娠した。息子を生むという神の預言を聞いた時、彼女は信用せずに笑った。それゆえに、イサクに「笑う」を意味するヘブライ語に由来するイツハクという名前を付けた。[1] 神は彼女の名前をサライからサラに変え、「わたしは彼女を祝福し、諸国民の母とする。諸民族の王となるものたちが彼女から出る」[2] と約束した。彼女の名前は、娘たちを祝福するために、族長たちの他の3人の妻たちの名前とともに、金曜日の夜〔シャバット*〕に呼び出される。

サラは、聖性の精神を具現している。彼女

サラ　SARAH

が生きているあいだ、シェヒナー*の雲*が彼女の天幕の上にとどまっており、彼女の作る練り粉は祝福され、彼女がシャバット*の晩にともすランプ*は次のシャバットまで燃えていた。この奇跡は彼女が亡くなると終ったが、イサクがリベカ*と結婚し、彼の母親の天幕にリベカを入れるとふたたび起こった。[3] ラビ+たちによると、サラの預言能力はアブラハムのそれよりも勝っていたという。[4]

サラは、アブラハムとともにウルを去ってカナンへ旅立った時、多くの人びとを彼女の新しい信仰へ改宗させた。[5] そして、彼女は後にイサクを生むと、彼の割礼*（ブリット・ミラー）の時に別の100人の赤ん坊にも乳を飲ませた。この赤ん坊たちの多くは、成長して敬虔な改宗者となった。ミドラッシュ+は、改宗者のすべてはサラが乳を与えたこれらの子供たちの末裔であると述べている。[6] サラは親切なもてなしの象徴でもある。というのも、彼女の天幕は常に荒野を旅する者たちに開放されていたからである。

彼女はまた、その稀有な美しさでも知られている。アブラハムは飢饉でエジプト*へ下った時、エジプト人が彼女を強奪しようとするのではないかとの怖れから彼女を籠*の中へ隠した。その籠が開けられると、彼女の美しさはエジプト中に満ち溢れた。ファラオ*自身も彼女を欲し、結婚の贈り物として彼女にゴシェンの地を与えると約束をした。しかし、彼の貪欲な企ては、最後には天使*に妨害され、サラは夫とともに無事にエジプトを去ることができた。[7]

アブラハムがイサクをモリヤの山へ連れて行き、神の命じるままに彼を生贄に献げようとした時、サタン*はサラを騙し、アブラハムが実際に彼女のひとり息子を殺したと信じこませた。あるミドラッシュは、サタンの言葉とともに彼女の魂は身体から飛び出たと語っている。別なミドラッシュは、イサクが救されたとわかった時、彼女は幸福のうちに死んだと語っている。[8] サラは、トーラーのある個所がその名前にちなんで付けられている——「ハイエイ・サラ」（「サラの人生」）——唯一の女性であり、さらにまた、聖書に死んだ時の年齢——127歳——が記されている唯一の女性でもある。[9] サラの物語は、ローシュ・ハ・シャナー*に読まれる。近年では、多くのユダヤ人たちはアミダー+の祈りの時に、マゲン・アブラハムという句と一緒にエズラット・サラ、あるいはポケイド・サラという句を唱えている。

---

(1) 創世記18：12-15　(2) 創世記17：16　(3) 創世記ラバー60：16　(4) 出エジプト記ラバー1：1、JTソター篇7：1　(5) 創世記12：5　(6) プスィクタ・ラバティ43：4　(7) 創世記ラバー40：5、41：2　(8) ピルケイ・デ・ラビ・エリエゼル32、Ginzberg, *Legends of the Jews*, 1：287、5：256、注259　(9) 創世記23：1

象徴するもの：美、祝福、改宗、豊饒、聖性、親切なもてなし、母性、預言

項目別分類一覧：改宗、人物、ローシュ・ハ・シャナー、女性

参照箇所：アブラハム、アケダー、4、イサク、イシュマエル、ランプ、リベカ、ローシュ・ハ・シャナー

3　THREE（ヘブライ語：シャローシュ）

多くの文化では、3は平衡やジンテーゼ（統合）の象徴として見られている。3は正反対の事物を調和する働きを表わしている。

ユダヤ教においては、3は通常完全性を表わしている——3人の族長（アブラハム*、イサク*、ヤコブ*）、3大巡礼祭（過ぎ越しの祭り*、シャヴオート*、スッコート*）、聖書の3大分類（タナッハ——トーラー、預言者の書、諸書）、祭司の祝祷*の3聖句、天使*の聖歌隊が歌っているように響きわたる礼拝における神の聖性の3度の宣言（カドーシュ、カドーシュ、カドーシュ）。[1] また、週日の3大礼拝——シャハリート（朝の祈り）、ミンハー（午後の祈り）、マアリーヴ（夕方の祈り）——がある。これらの礼拝の起源は族長たちにあるといわれている。シャバットには3度の儀礼上の食事があり、最後の食事は、ただ単に「3回目の食事」（シャルシュデス+、あるいは、セウダー・シュリシート+）と呼ばれている。過ぎ越しの祭り*のセデル*では、3枚のマッツァー*はユダヤ民族の基本的な分類——コーヘン、レビ、イスラエル——を表わしている。これらの3分類はまた、伝統的なトーラー*の朗読儀式の際にもなされている。伝統はまた、三つの過ぎ越しの祭りについても語っている——歴史的な出来事（ペサハ・ミツライム）、何世代にもわたって行なわれている祭り（ペサハ・ドロート）、贖いの最終的な祭り（ペサハ・レ・アティード）。

ユダヤ人の民間伝承は、一般民衆の迷信や魔術の影響を受けて、この数字を特に強力な影響力のあるものとみなすようになった。数字の3は、魔術文書においては、他の数字よりも頻繁に用いられている。魔術行為は日の出の3時間前に、新月*の3日前に、あるいは3日間つづけて行なわれていた。魔術の儀式では「3回」行なう事が要求されていた——呪文は3回くり返し唱えられた。体験、特に、夢を3度くり返し見ると、それは予兆とみなされていた。[2] シャバット*のロウソク*に火をともす時に手*で三つの円*を描く慣習は、おそらくはこうした身を守る働きに由来していたものと思われる。

3は、ローシュ・ハ・シャナー*のショファール*の儀式にとっては、特に重要なことであった。ショファールは、三つの異なった吹き方を組み合わせて3度吹き鳴らされる。ひとつの吹き方は、テキアーと呼ばれ、1度だけ吹く。他の吹き方はシュヴァリームとテルアーと呼ばれ、それぞれ3度、9度、吹き鳴らす。

カバラー*では、10*個のスフィロート*は、上位の3個のスフィロートと下位の7*個のスフィロートに分けられている。上位の三副対のスフィロートは、神性の「隠れた」、あるいは超越的な局面、相を、また宇宙的なアダム*（アダム・カドモン）の頭を表わしていると考えられている。スフィロートの木全体は、3個のスフィラーから成る3つの三副対と、他のすべてのスフィロートを受け入れる器として働いている最低部（10番目）のスフィラーから成っている。この数字の象徴的表現の多くは、ピタゴラスとグノーシス主義の神秘主義にその起源を有している。

ユダヤ教の律法では、3人の裁判官がベイト・ディーン（ユダヤ教の法廷）を構成している（ユダヤ人の法廷は、常に過半数がいるよ

うにするために、奇数の裁判官から構成されている)。

ユダヤ教の祭りは、夕方の空に三つの星*が現われると終わりとなる。これは、聖なる時間の終わりと俗なる時間の再開を象徴している。

---

(1) 民数記6：24-26、イザヤ書6：3、アミダーでのクドゥシャーの祈り　(2) Trachtenberg, *Jewish Magic and Superstition*, 119

象徴するもの：完成、聖性、律法、魔術

項目別分類一覧：数字、過ぎ越しの祭り、祈り、ローシュ・ハ・シャナー、シャバット

参照箇所：冠、カバラー、数字、過ぎ越しの祭り、祭司の祝祷、スフィロート、シャバット

シェヒナー　SHEKHINAH（ヘブライ語：シェヒナー）

シェヒナーは「安息所」、「住処」を意味し、「神の臨在」のことを指す。シェヒナーは、神の女性的な面としてその特性が表わされている。神のこの呼称は聖書には出てこないが、神は人びとやエルサレム*の中に「住む」(ショヘン)と述べられている。[1]荒野*の移動できる聖所[+]、ミシュカン*——「住居」は、ヘブライ語の同じ語根に由来する語である。

ラビ文学では、シェヒナーは、特に光のイメージを通して物質世界の中に神が顕現することを指している——「ちょうど、太陽*が世界中に輝くように、シェヒナーも世界中に輝いている」。[2]ラビ[+]たちはシェヒナーの特性を神の顔*や翼*で表現している。[3]ラビたちは、シェヒナーはどこにでも存在しているが、その存在は特にユダヤ民族のあいだで、義人のあいだで、弱い者のあいだで強力であると述べている。[4]しかしラビたちの中には、シェヒナーは第一神殿*の破壊の後にユダヤ民族から自ら立ち去った、あるいは、シェヒナーは第二神殿の破壊の後に流浪し、イスラエルの人びとと同じようにメシア*による贖いを待っていると述べている者もいる。[5]

サアディア・ガオン、マイモニデス[+]、イェフダ・ハレヴィなどのような中世のユダヤ哲学者たちは、シェヒナーの概念の多神教的な意味あいを懸念していたので、シェヒナーは実際には神のようなものではなく、神が創造した存在であり、神と人間の仲介者としての働きを有しているものであると主張した。こうして彼らは、モーセ*と預言者たちが神と出会った時、彼らが話していたのは実際にはシェヒナーであったと説明した。

反対にカバリスト[+]は、シェヒナーの概念を彼らの神秘主義の体系の中心に置いた。シェヒナー——マルフート（王国）、王女、娘、花嫁、知恵、神の言葉とも呼ばれる——は、10番目の最も内在的なスフィロート*であり、この世の中で働いている神の女性的原理である。ちょうど、月が太陽の光を反射しているように、シェヒナーは他のスフィロート*から神の光を受け、それを地上に放射している。カバリストのヨセフ・ギカティラは、シェヒナーはサラ*、リベカ*、ラケル*の姿でこの地上に現われたとまで主張している。[6]

カバリストの理論によれば、原初の神の統一性は創造の始まりの時期に破砕され、そのために、神の男性的な局面（ティフエレッ

シェヒナー　SHEKHINAH

トとイェソッドと呼ばれるスフィロート）は女性的な局面であるシェヒナーから分離されてしまったという。ユダヤ民族の仕事は、祈りとトーラー*の学習とミツヴァー+（戒律）の実践を通して、ばらばらになった10個のスフィロートを結合し、それによって原初の神の統一性を回復することであった。シェヒナーは物質世界、つまり、われわれに最も近接した神の部分であるので、スィトラ・アフラ〔裏側〕、すなわち、悪の力と苦難には非常に弱い。ユダヤ民族が追放されて流浪していた時には、シェヒナーも神から追放されて流浪していた。ユダヤ民族が苦難の中にあった時、シェヒナーも苦難の中にあった。

　ハスィディーム+はこのシェヒナーの流浪と苦難の観念をさらに発展させて、心から祈り、善行を行なうことによってシェヒナーの苦痛を和らげることができると主張した。コマルノのレッベ+はこう教えている──「自発的に家を出、乞食として放浪し、辛い生活を送っているが、常に主を信じている者は、『流浪しているシェヒナー』の仲間になることだろう」(7)

　カバリストは、シェヒナーをトーラー、特に口伝律法と結びつけていた。口伝律法とは、後の世代のために聖書を解釈し、ユダヤ人としてのふるまいを規定するハラハー+の体系を説明するラビの伝統のことである。義人は善行と観想を通してシェヒナーを光で照らし出す。彼らは「シェヒナーから字義的な意味と詭弁に満ちた陰鬱な衣服を剥ぎ取り、光り輝く衣服（トーラーの神秘）で飾り立てる」(8)

　民間の信仰では、シェヒナーは聖櫃*の上のネール・タミード*の中に、シャバットと祝祭日のロウソク*の光の中に、ミンヤン*（祈りに必要な定足数）の中に、夫婦円満な祝福された家庭の中に、善行を行なっている人の中に、祭司の祝祷*を朗唱している時のコーヘンの指から輝いている光の中に、存在しているという。

　現代では、ユダヤ人フェミニストたちはシェヒナーのイメージを採り入れ、フェミニスト理論に磨きをかけた。彼女らは、シェヒナーは、強圧的で家父長的なもの、すなわち、伝統的なユダヤ教文書と典礼の男性的なイメージに対する重要な対抗勢力であり、それに取って代わるものとして働いていると主張している。シェヒナーは長らく月*と結びついていた。月は、ユダヤ人の伝統の内部では重要な女性の象徴であり、現代のフェミニスト理論と儀礼においては特によく知られた象徴である。

(1) 出エジプト記25：8、29：45、民数記5：3、列王記上6：13、イザヤ書33：5、エゼキエル書43：9、ゼカリヤ書2：14-15、8：3、ヨエル書4：17、21、詩篇135：21　(2) BTサンヘドリン篇39a　(3) アヴォート・デ・ラビ・ナタン2：6、BTシャバット篇31a　(4) BTバヴァ・バトラー篇25a、BTシャバット篇67a、BTベラホート篇7a　(5) BTヨマー篇9b、BTメギラー篇29a　(6) 『シャアレイ・オーラー』第5章第1部230頁（ヨセフ・ベン・シュロモー編、1981）　(7) Newman, *The Hasidic Anthology* (1987), 502　(8) ゾハール1：23a-b

象徴するもの：神の栄光、神の臨在、追放、女性らしさ、フェミニズム、神、仲介、口伝律法、苦難

項目別分類一覧：カバラーの象徴、メシア、女性

参照箇所：鳥、カバラー、光、月、スフィロート、太陽、西壁、翼

塩　SALT（ヘブライ語：メラッフ）

塩はイスラエルでは、ヘブライ語で「塩の海」を意味するヤム・ハ・メラッフと呼ばれる死海のおかげで常に豊富にあった。ロトの妻は後ろを振り向いたので塩の柱になったという聖書の物語は、おそらくは、この地域一帯に埋蔵している塩に着想を得たものと思われる。[1]

塩はその保存力のある特質のゆえに、多くの文化では永続性の象徴とみなされてきた。それゆえに、アラブ人は伝統的に、契約をパン*と塩で調印した。同様に、トーラー*は穀物の献げ物すべてにかける塩を「契約の塩」と呼んでいる。[2] 今日に至るまでユダヤ人のあいだでは、新しい家にパンと塩を持って行くのが伝統となっているが、これは永続性と祝福を象徴している。

一般の習俗では、塩は防護する作用があるとみなされており、誕生、結婚、死などのような無防備な時に行なわれる儀式にも用いられてきた。古代イスラエルでは、新生児を塩でこすった。[3] 中世の神秘主義者たちは、塩は悪霊を追い払うと言っていた。新しい家に塩を持って行く習慣は、もともとはこうした信仰に由来しているのかもしれない。塩はまた、肉をコーシェル*にする際にも用いられる。というのも、塩は出尽くしていない血を浸出させる働きがあるからである。このように、塩は清め、聖別する働きをも有している。

塩は悲しみと苦難をも象徴している。というのも、涙は塩辛いからである。過ぎ越しの祭り*のセデル*では、青菜を塩水に浸す。これは、ヘブライ人の奴隷たちがエジプト*で流した涙を象徴している。

神殿*が破壊され、それとともに供犠を献げる祭儀もなくなると、家庭の食卓*が祭壇*を象徴するようになった。ユダヤ人はパン*の祝禱の朗唱の後、パンに塩を振りかける。これは、かつて神殿で供犠に振りかけていた塩を、そしてまた、「顔に［塩辛い］汗を流して」[4] パンを得るよう宣告されたアダム*の罪を、ユダヤ民族がその歴史全体を通して流した涙を、神とイスラエルのあいだの契約*を象徴している。[5]

---

(1) 創世記 19：26　(2) レビ記 2：13　(3) エゼキエル書 16：4　(4) 創世記 3：19　(5) 歴代誌下 13：5

象徴するもの：聖別、契約、労働、永続性、保護、清め、純粋、悲しみ、苦難

項目別分類一覧：誕生、食物、新しい家、シャバット、神殿

参照箇所：血、パン、ハラー、カシュルート、食卓、神殿

鹿　DEER（ヘブライ語：アヤル、ツヴィ）

この素早く、優美な動物について英語にもガゼル gazelle、雄鹿 hart、雌鹿 hind、アンテロープ（羚羊）antelope などたくさんの名前があるように、ヘブライ語は古代イスラエルに生息していた鹿（その中には、今日まで生き残っているものもある）にも多くの種類があったことを確認している。最も一般的に用いられるヘブライ語は、ツヴィである。

象徴的に用いられる場合、鹿は優美さと速さを表わしている。ナフタリ族は、美しい

四角い独楽　DREIDEL

子鹿を産む野生の雌鹿（アヤラー）にたとえられている。[1] 十二部族*を描く場合、ナフタリ族は鹿で表現されている。ミシュナー[+]では、鹿の速さは、神の意志を実行する際に必要な特質のひとつとして引き合いに出されている——「天におられるあなたの父の御心を実行するためには、豹*のように強く、鷲*のように軽やかに、鹿のように速く、獅子*のように勇敢であれ」。[2] これら3*匹の動物と鷲は、何世紀ものあいだ、シナゴーグ*とユダヤ人の家庭の絵画、織物、祭具の中に表現されてきた。よく知られたシャバットの聖歌イェディード・ネフェッシュ（愛しいわたしの魂）においては、魂は神に近づくために「鹿のように走り」、シェヒナー*との親密さを望む魂は熱烈である。鹿は、詩篇42の「涸れた谷に鹿が水を求めるように、神よ、わたしの魂はあなたを求める」[3] をほのめかすものとして祭具に描かれることもある。

ユダヤ人民衆の創造力は、中世とルネッサンス時代のヨーロッパの絵画の影響を受けて、彼らの動物寓話集にヘラジカと一角獣（ユニコーン）を付け加えた（一角獣は、誤訳の結果として、もっと早くからユダヤ人の絵画に入り込んでいたものと思われる。セプトゥアギンタ——70人訳聖書と呼ばれる広く普及したギリシア語訳旧約聖書——は、エフライムとマナセの象徴であった2本の角を持った野牛レエムを「一角獣」と訳した。[4] 実際に、野牛の側面図は、1本の角を持っているように見える）。

現代のイスラエルでは、国を表象するスタンプや出版物に鹿（通常は野生のガゼルのことを指す）が見られることが多い。鹿はイスラエルの郵政省の標章でもある。

---

(1) 創世記 49：21　(2) ピルケイ・アヴォート 5：20
(3) 詩篇 42：1　(4) 申命記 33：17
象徴するもの：美、優美、速さ
項目別分類一覧：動物、イスラエル国
参照箇所：旗、イスラエル国、十二部族

四角い独楽（こま）　DREIDEL（ヘブライ語：スヴィヴォン）

ヘブライ語が刻まれている四角い独楽は、ハヌカー*の最もよく知られた象徴である。賭け事は、1年の他の時期には、時間の浪費であるのでトーラーの勉強に時間を費やす方が良いとして伝統的に禁じられていたが、ラビ[+]たちはこの歓喜のお祭りの時にはその制限を緩めた。

四角い独楽の文字の歴史は、ユダヤ人の習俗と象徴的表現の複雑な発展を適切に物語っている。中世のドイツでは、賭け事のさいころには4面に4つの文字——N、G、H、S——が書かれていた。これらの語は、"nicht"（無）、"ganz"（すべて）、"halb"（半分）、"stell ein"（置く）を表わしていた。ユダヤ人はこれらの文字をヘブライ語の同じ文字に、すなわち、ヌン（N）、ギメル（G）、ヘイ（H）、シン（S）に置き換え、これらの

立ち止まっている鹿。民俗芸術では、鹿の枝角は装飾効果をねらって誇張されていることが多い。

色彩　COLORS

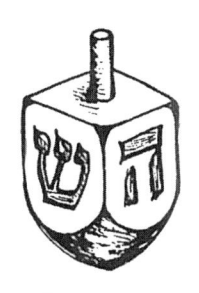

ヘブライ文字ヘイとシンの見える四角い独楽。

4文字を用いてハヌカーの奇跡を思い起こさせる詩を作り上げた——"nes gadol hayah sham"（偉大な奇跡がそこで起こった）。借用者は、これら4文字の数値はマシーアッハ（メシア）の語の数値の総和と同じ358であるとも述べている。しかし、アシュケナズィーム+が四角い独楽で遊ぶ時は、本来のドイツ語と類似したイディッシュ語の言葉をたいていの場合は用いている。かくして、また元に戻ったわけである。こうして、世俗的な慣習がうまく「ユダヤ化され」、賭け事の象徴から祝祭と記念祭の象徴へと変形していったのである。この魅惑的な歴史を考えると、われわれはまた、小さな四角い独楽をユダヤ人の適応性の象徴と考えてもよいかもしれない。

イスラエルでは、ヘブライ語の文字は若干異なっている——"nes gadol hayah po"（ヘブライ語のペイがシンに取って代わっている）（偉大な奇跡がここで起こった）。四角い独楽それ自体は、現代のイスラエルでは名前を変えられ、「回転している独楽」の意味のヘブライ語である「スヴィヴォン」と呼ばれている。

このヨーロッパ起源の遊びは、イスラエルのスファラディーム+の子供たちに採り入れられた。イエメン系ユダヤ人は、四角い独楽をくるみ*の殻で作り、ドゥアメと呼んでいる。

象徴するもの：適応性、祝い、喜び、奇跡を起こす力、想起、運命の逆転
項目別分類一覧：ハヌカー、メシア
参照箇所：アレフベイト、4、ハヌカー

色彩　COLORS（ヘブライ語：ツヴァイーム）

多くの文化は、天文学的、化学的、生物学的現象に本来はもとづいた色彩の象徴的表現を発展させてきた。しかしながら、色彩の象徴的表現は、時がたつにつれてその本来の意味を喪失して、文化的な慣習として形式化する傾向にあった。色彩に対する認識もまた、時とともに変化した。というのも、今日われわれの世界を美しくしている色彩の多くは、以前の諸文化にはなかったからである。学者たちは、色彩感覚はルネッサンス美術とその色彩に対する技術的な革新の結果、非常に拡大されたと考えている。

聖書は、ヤコブ*はえこひいきのしるしとして息子のヨセフ*に色彩豊かな裾の長い晴れ着を作ってやったと語っている。この行為は、嫉妬深い兄弟たちに復讐心を起こさせ、彼をエジプト*で捕われの身にさせることとなった。[1] 一介の羊飼いにとっては、色彩豊かな衣服は特権と贅沢を表わしていた。

古代ユダヤ教は、十二部族*を表現するための色彩の象徴的表現の完全な体系を作り出した。それは、十二部族それぞれの旗*や大祭司の胸当て*の石に表現されている。中世になると、カバラー*は色彩の象徴的表現の最も完全な体系を展開させた。その体系では、スフィラー*（神の霊の流出）それぞれに異なった色彩を結びつけ、それらの様々な色彩の寓意的な意味を論じ、それらの色彩を観

109

獅子　LION

想する実践を確立した。(2)

　虹*はあらゆる色彩の合成物であり、長いあいだ神の象徴とみなされてきた。同様に、完全なスペクトルは、人間性を象徴している。伝説によれば、神はアダム*を世界の四*隅*から集めた赤*、黒、白*、緑の塵から創造したという。(3)

---

(1) 創世記 37 : 3 − 4, 23　(2) Kaplan, *Meditation and Kabbalah*, 179 − 186　(3) Ginzberg, *Legends of the Jews*, 1 : 55

象徴するもの：神、聖性、人間、地位

項目別分類一覧：色彩

参照箇所：血、青、衣服、旗、ヨセフ、カバラー、虹、赤、スフィロート、十二部族、白、黄色

獅子　LION（ヘブライ語：アリ）

　ほとんどの文化は、獅子を強さ、王権、力の象徴として崇め奉っている。古代の中近東、エジプト、シリアでは、王*を象徴するために人間と獅子の混成物、スフィンクスを造り出した。ヒッタイト人は、獅子を門*の監視者として造った。ギリシア*人は、獅子と太陽*を一緒にして不死の象徴であるディオニュソスの獅子を造り出した。ペルシアは、エチオピア帝国と同様に、獅子は民族の象徴であると主張していた。契約の聖櫃*の上に置かれていたケルビム*は、おそらくは、人間と獅子の混成物として描かれていたのではないかと考えられる。

　ユダヤ民族は、その歴史の当初から19世紀に至るまで、彼らの地域の荒野や山を歩き回っていた獅子を自分たちと同一視していた。聖書は獅子について6つの異なった名前で150回以上も語っている。ダン族とユダ族はともに獅子になぞらえられていたが、その名前が最終的にこの象徴と密接に結びついたのはユダ族であった。(1) ユダの末裔であるダビデ*は獅子とみなされていたので (2)、ダビデ王朝とこの王家から現われるメシア*も獅子とみなされている。

　古代から現代に至るまで、「ユダの獅子」はユダヤ民族の最も一般的な象徴である。獅子は、聖櫃*やトーラー*の装飾によく描かれていた。特に、後ろ足で立ち上がった一対の獅子の姿が多いが、これは貴族の紋章に多く見られ、ヨーロッパでは一般的なモチーフであり、均衡、正義、秩序、守護の象徴であった。美術史家は、後ろ足で立った獅子は、かつてミシュカン*と神殿*の聖櫃を飾っていたケルビムをも象徴していると推測している。「アリイェー」、「アリ」（獅子）、「アリエル」（神の獅子）、そして、イディッシュ語で同じ意味のライブやレーヴは、ユダヤ人によくある名前である。獅子はユダヤ人の祭具の多くに、とりわけメノラー*にはよく描かれていた。

　獅子はまた強さの普遍的な象徴でもあった。(3) ダビデ*とサムソンは獅子を打ち倒したその武勇で有名である。(4) ダニエル*の幻視のひとつでは、バビロニアの強力な王国は、鷲*の翼を持った獅子として描かれている。(5) 獣の王である獅子と鳥の王である鷲のこの組み合わせは、ユダヤ人の美術ではよく見られる絵画のモチーフであり、並みはずれた強さと支配力を象徴している。

　ミシュナー*では、獅子の勇敢さは、神の御心を成しとげるために必要な特質のひとつ

獅子　LION

さまざまなポーズやスタイルで描かれている獅子は、ユダヤ芸術では最もよく知られた動物である。
　古代芸術には、獅子や雄牛、獰猛な動物を従えている英雄のモチーフがよく見られるが、これは、超人間的な力の象徴であった。ヨーロッパの紋章学では、このモチーフは、盾の側面に後ろ足で立ち上がっている一対の獅子に取って代わられた。ユダヤ芸術では、英雄は神の象徴、すなわち、たいていの場合、冠*や十戒の石板（図2と3参照）に取って代わられた。獅子は、神、すなわち、王の中の王の僕である。
　紋章の獅子は非常に様式化されていることが多く、たてがみや尻尾が誇張され、胴体はひきしまっている。また、直立した、不自然な姿勢をとっていることも多いが、それは人間の身体を示している。
　獅子は図の1～4のような姿勢を取っているが、また、しゃがんだり（図5）寝ころんだり（図6）している場合もあり、時として、突進している姿勢の場合もある。装飾に描かれている獅子は、残酷で吠え立てている（ドラゴンのように表現されてもいる）獰猛な姿から、贖いの預言的な幻視（その時「獅子は子羊とともに伏すであろう」）に暗示されている平和なイメージまで、多様性に富んでいる。
　獅子は、覆い、胸当て*、冠*、聖櫃、バロヘット*などのトーラー*と結びついた宗教芸術にしばしば表われる。また一般的に、タリート*入れのような個人的な聖具に描かれていることが多い。獅子は特にハヌカー*と結びついている。というのも、獅子はユダ・マカバイ*を呼び起こすユダ族の象徴であるからである。
　獅子は、古代に根ざした主権の象徴として現代イスラエルでは新たな人気を得ている。

1．立ち止まった姿勢の古典的な獅子
2．後ろ足で立ち上がった姿勢の獅子
3．様式化された後ろ足で立ち上がった姿勢の獅子
4．イスラエルの切手に見られる抽象的な姿の獅子
5．ユダ族を表わしている様式化された獅子（1920年にベルリンで編纂されたエルサレム・タルムードより）
6．子羊とともに伏している獅子

シナイ　SINAI

として引き合いに出されている——「天におられるあなたの父の御心を実行するためには、豹のように強く、鷲*のように軽やかに、鹿*のように速く、獅子のように勇敢であれ」。⁽⁶⁾これら3*匹の動物と鷲は、何世紀ものあいだ、シナゴーグ*とユダヤ人の家庭の絵画、織物、祭具の中に表現されてきた。

獅子は肉体的な強さの象徴のほかに、精神的な強さ、特に、学問も象徴している。タルムード*は、エリエゼル・ベン・ヒルカヌスやヒーヤ・バル・アヴィンなどのような多くの有名な賢者たちを獅子と評している。⁽⁷⁾ゴーレム*の伝説上の創造者であるプラハの有名なマハラル MaHaRaL（モレイヌ・ハ・ラブ・レーヴ Moreinu Ha-Rav Loew）は、ユダ・ラヴィ Judah Lavi、「若き獅子ユダ」と呼ばれていた。この呼称には、彼の精神的な贈り物が彼の民族を反ユダヤ主義の迫害から救済してくれるだろうという希望がこめられていた。

16世紀のカバリスト*、ラビ・イツハク・ルーリア✝は、彼の並みはずれた学識と精神的な力に敬意を表して、アリ——獅子と呼ばれていた。

王の中の王である神は、間接的ではあったが、獅子で象徴されていた。エゼキエルの神の戦車*の幻視では、獅子は（鷲、牛、人間とともに）四*つの生き物の姿のひとつであった。これらは、全体として神の霊を象徴していた。ラビたちは、四つの生き物の姿を一緒に描いたり、人間それ自体を描いたりすることは許されないが、三つの生き物を別々に描くことは許される、と裁定した。特に獅子は、すでに神聖な神殿*やソロモン*の玉座*に描

かれていたので、許されていた。⁽⁸⁾

---

(1) 創世記49：9、申命記33：22　(2) サムエル記下17：10　(3) 哀歌3：10、箴言28：15、アモス書3：12、イザヤ書31：4　(4) 士師記14：5-6、サムエル記上17：34-36　(5) ダニエル書7：4　(6) ピルケイ・アヴォート5：20　(7)BT ギッティーン篇83a、BT シャバット篇111a、BT バヴァ・メツィアー篇84b　(8) 列王記上7：29、10：20、JT アヴォダー・ザラー篇3：1、42c

象徴するもの：勇気、神の霊、神、守護、ユダヤ民族、公正、学習、贖い、王権、精神的な強さ、力強さ

項目別分類一覧：動物、メシア、祭具、シナゴーグ、神殿

参照箇所：聖櫃、ケルビム、冠、ダビデ、鷲、金（黄金）、ユダ、王、メシア、太陽、玉座、トーラー

シナイ　SINAI（ヘブライ語：シナイ）

ほとんどの宗教的な伝承においては、山*は、天と地が接する場所——世界の軸（Axis Mundi）を象徴している。宗教的な求道者は、山頂で、神聖で霊的な権威者との交わりを行なっていた。

ユダヤ人の伝承の中で最も有名な山は、シナイ山である。この山はホレブ山とも呼ばれている。ここで、神は燃える柴*の中からモーセ*に最初に現われ、後に十戒*をイスラエルの子たちに啓示した。⁽¹⁾預言者エリヤ*もこの山で神の顕現を経験した。⁽²⁾重要なことは、この山はイスラエルの外部にあるユダヤ教にとって聖なる唯一の山であるということである。シナイの荒野にあるサンタ・カタ

リーナ修道院はその建っている場所がシナイ山であると主張しているが、その正確な位置はわかっていない。イスラエルの地の外部にシナイ山があるということは、世界中に神が偏在しているということの証拠となっている。

シナイ山での十戒の授与についての記述は、トーラー*の中でも最も劇的な場面であり、多数の注釈を生じさせた。イスラエルの人びとは、その啓示のために3*日間準備し、山に足を踏み入れるのを禁じられていた。その啓示の日には、山は雲と「燃える火」に包まれ、激しい雷雨と地響きで震えた。人びとは、雷鳴がとどろくのを聞き、稲妻が光るのを見た。[3] ミドラッシュ+は、あらゆる民族の中でもイスラエルだけが進んでトーラーを受け入れたと自慢している。だが、別な伝説は、神が山を彼らの頭の上に掲げ、もしも受け入れない場合はその山を彼らの上に落とすと脅迫したので、実際には彼らは律法を受け入れるよう脅かされただけであると述べている。[4] さらに別な伝説は、イスラエルの人びとは山での神の臨在にたいそう驚愕したので、彼らは第1の戒めを聞いたとたんに死んでしまい、露*でよみがえらせてもらわなければならなかったと語っている。その日には、神の声が響きわたると、鳥*はさえずりを止め、他のあらゆる生き物は黙り、海はそのうねり声を止め、天使*たちは賛美を止めたという。[5]

別の伝承によると、シナイ山は、元来はアケダー*の場所であるモリヤ山の一部であったが、イスラエルがトーラーを荒野*で授かることができるようにと分離されたという。メシアの時代には、シナイ山はモリヤ山とふたたび結合し、将来神殿*が建てられる場所となるという。

シナイについての最も有名な伝説のひとつは、ちょうど、神がこの同じ山で低いいばらの灌木の中からモーセを選んで語りかけたように、シナイはその謙遜さのゆえに啓示の場所として神によって選ばれた、と語っている。他の多くの山々が名誉をかけて競っていたにもかかわらず、神はシナイ山が「最も小さく、しかも、最も取るに足らない山」であるがゆえに、神の正義と憐れみの象徴として選んだのである。[7] また、シナイ山は、偶像崇拝が一度もなされたことのない唯一の山でもあった。[8]

シナイは、ユダヤ人の歴史全体を通して、十戒とトーラーの象徴であったばかりでなく、ユダヤ律法すべての象徴でもあった。古代の伝承によると、成文律法のみならず口伝律法もシナイ山でモーセ*に授けられ、それらがミシュナー+、タルムード+、数世紀にもわたったラビ+のレスポンサ（質問と回答）などに含まれるその後のラビの聖書解釈を生じさせたという。「トーラー・ミ・シナイ」という表現は、正統派ユダヤ教徒にとっては、成文律法と口伝律法の不変の権威を意味するようになった。

伝承によれば、60万人のユダヤ人がシナイに立ち、神の声を聞いたという。カバラー*は、これらの60万人の霊魂は、最終的な完成——「ティクン」を成しとげるまで、何世紀にもわたって絶え間なく新しいユダヤ人の霊魂への転生をくり返すと主張している。別な解釈は、まだ生まれていない者も含めたすべてのユダヤ人は、トーラーが授けられた場にいたと主張している。それゆえに、シナイ

シナゴーグ（会堂）SYNAGOGUE

は、天と地が接する場所であるとともに、過去と現在が接する場所でもある。

---

(1) 出エジプト記3章、20章、申命記5章 (2) 列王記上 19：8-18 (3) 出エジプト記 19：16-20、20：18、24：16 (4) BT シャバット篇88a (5) Ginzberg, Legends of the Jews, 3：94-98 (6) ミドラッシュ・トゥヒリーム 68：9、87：3 (7) ミドラッシュ・トゥヒリーム 68：9、87：3 (8) 創世記ラバー 99：1

象徴するもの：神の権威、神の憐れみ、神の審判、神の臨在、聖性、謙遜、律法、啓示、ティクン・オーラム〔世界の修復〕

項目別分類一覧：場所、シャヴオート

参照箇所：燃える柴、火、花、カバラー、モーセ、山、シャヴオート、十戒、トーラー

シナゴーグ（会堂）SYNAGOGUE（ヘブライ語：ベイト・クネセット）

シナゴーグは、ギリシア語で「人びとが集まってくる場所」の意味であり、アラム語ではクニシュタ、ヘブライ語ではベイト・クネセットという。シナゴーグは、紀元後70年に第二神殿*が破壊された後のユダヤ教では最も重要な施設の建物である。シナゴーグは、第一神殿の破壊（紀元前587年）の後、バビロニアのディアスポラ✢で発展し、捕囚者がパレスティナに戻ってきても人びとのあいだで普及し、再建された神殿のそばにも建っていた。紀元前1世紀にはすでに、シナゴーグは人びとの日常生活の施設として、人びとが祈り、トーラー*を読み、ラビ✢の教師から学ぶ場所としての確固たる働きを確立していた。ローマ*、エジプト*、バビロニアにも古くからシナゴーグが建てられていた。ローマ人による征服の後、ユダヤ人が追放されて離散したところにはどこにでもシナゴーグが建てられ、新しいコミュニティの中心となっていた。

エルサレム*の神殿は破壊された後、失われた民族意識、王政、祭司職*の象徴として人びとの記憶の中に残っていた。神殿の慣習や物的な特徴の多くは、シナゴーグに移譲された。他の事柄は、神殿を思い起こす行為であるとして禁止された。祈りは、供犠を献げることに取って代わり、今でははっきりと規定されている。シナゴーグはこうして、礼拝、学習、コミュニティの活動の中心となったのである。

シナゴーグの建築は非常に多種多様であり、ユダヤ人が住んでいた主文化の流行様式の影響を受けていた。シナゴーグが、キリスト教徒の大聖堂やモスレムの大モスクと競争して、けばけばしく飾り立てられていたこともあった。だが一般的には、シナゴーグはきわめて簡素な建築であった。中世のシナゴーグは、たいていの場合、キリスト教の法律に従って、外部は飾りけがなく地味であった。コミュニティによっては、ユダヤ人に対する敵対のために、城塞のような特徴を帯びていたものもあった。シナゴーグの外観については、特別な要求や制限は定められてはいなかった。

しかし内部は、ラビ✢たちの規制に従わなければならなかった。ラビたちは、エルサレムの方向に向かった窓のそばで祈ったダニエル*の習慣にもとづいて、シナゴーグには窓を設けなければならないと定めた[1]（十二部族*を象徴する12の窓を設けるよう指示された[2]）。『ゾハール』✢は、「シナゴーグには大

シナゴーグ（会堂）SYNAGOGUE

いなる光がなければならない」[3]と述べている。ラシ[+]は、敬意の念を起こさせる空を礼拝者が見られるように建築しなければならないと提唱している。[4]いつでも可能なかぎり、シナゴーグは最も高い場所に、町の中ならば最も高いビルの中に建築されるべきであるとされていた（この目的が成しとげられたことはめったになかった）。一般的に、礼拝者を俗なる空間から聖なる空間へきちんと移行させるために、シナゴーグの入口と聖所[*]のあいだには通路がある。初期のシナゴーグの多くは、エルサレムの方向に入口があったが、かつては移動することができた聖櫃（契約の箱）[*]が東[*]壁に固定されると、この慣習は廃棄された。ラビたちは、敬意の念から聖櫃の前で頭を下げるようになるので、聖櫃に向かって入ることは良いことであると考えていた。

シナゴーグの内部で最も聖なる事物は、トーラー[*]の巻物である。これは、パロヘット[*]の幕の背後の聖櫃（アロン・コデッシュ）に納められ、永遠のともしび（ネール・タミード[*]）が常にともされている。これは、古代の神殿を思い起こさせるために配されたものである。アシュケナズィーム[+]の会衆がビマー[*]と呼び、スファラディーム[+]の会衆がテヴァー[*]と呼んでいる高くなった朗読のための講壇は、伝統的には聖所の中央にあったが、新しいシナゴーグの多くでは聖櫃の前の聖所の前方に移されている。女性は伝統的に、周辺や、後方、2階などの男性とは分離された部分に座る。そして、メヒツァーと呼ばれる仕切りで男性と分けられて座ることもよくある。リベラルな会派はこのような分離を廃止している。

シナゴーグは、神殿と同じほどには神聖な場所ではないが、それでも、神殿の代わりの象徴として、聖所[+]として非常に重要視されている。祭具と空間は、聖櫃とトーラーの巻物に近くなればなるほど、それ自体の聖性が増してくる。シナゴーグは、ユダヤ人のコミュニティの歴史を語っており、また、歴史文書、記録、民俗芸術の宝物庫であり、図書館でもあった。裕福なユダヤ人コミュニティは、その中心的なシナゴーグに象徴されていた。そうしたシナゴーグは、コミュニティのメンバーの自慢の種だった。

シナゴーグの内部の装飾は、その外部の装飾と同じように多種多様であった。あるものは、質素であり、またあるものは、金を惜しみなく使って飾り立てられていた。『ゾハール』（『光輝の書』）は、「シナゴーグは、すばらしく飾り立てられた……美しい場所であるべきである。なぜなら、それは、天上にある本物の地上での複製であるからである」[5]と説いている。古代から寄進者に敬意を表して、それらの人びとの名前を壁、飾り板、トーラーの装飾品に刻みこむのが慣習となっている。聖櫃にはたいていの場合、凝った装飾がほどこされている。初期のシナゴーグは、ルーラヴ[*]、エトログ[*]、ショファール[*]、メノラー[*]などのような祭りと儀式の象徴、ゾディアック[*]の絵や聖書の場面、動物と花のデザインなどで装飾されていた。後のシナゴーグでは、聖書とラビ文書からのたくさんの聖句のほかに、ステンド・グラスの窓、生命の木[*]、後ろ足で立った獅子[*]、ダビデの星[*]などが装飾として用いられていた。シナゴーグの歴史におけるユニークな建築上の現

象は、ポーランドの奇抜な木造のシナゴーグである。それらのシナゴーグの天井にはふんだんに絵が描かれていた。それらのほとんどは、ホロコーストの時に破壊されてしまった。ナチに破壊された多くの美しいシナゴーグのうちのいくつかが、虐殺されたユダヤ人住民の記念のために再建された。北アメリカのシナゴーグは、ユダヤ芸術の想像力の精神とそのコミュニティの物質的な繁栄を表現しつづけている。

(1) ダニエル書6：11、BTベラホート篇34b (2) シュルハン・アルーフ：オラッハ・ハイーム90：4 (3) ゾハール2：59b-60a (4) BTベラホート篇34b (5) ゾハール2：59b-60a

象徴するもの：中心、継続性、聖性、ユダヤ人コミュニティ、ユダヤ人の歴史、ユダヤ人のアイデンティティ、ユダヤ人の想像力、ユダヤ人の誇り、祈り、勉学、礼拝

項目別分類一覧：住居、祈り、シナゴーグ

参照箇所：聖櫃、ビマー、東、ヤキンとボアズ、メノラー、ネール・タミード、パロヘット、神殿、トーラー

死の天使　ANGEL of DEATH（ヘブライ語：マルアフ・ハ・マーヴェット）

ユダヤ教においては、神のみが生と死を自由に支配できる者である。それゆえに、死の天使、ヘブライ語でマルアフ・ハ・マーヴェットは、神の命令を実行する責任を負わされた唯一の使者である。後代においては、この天使*はサタン*やサマエルなどの悪魔としばしば同一視されていた。死の天使は、そのような悪魔的な力を象徴しており、アダム*とエバ*の堕落から現在のわれわれの不幸に至るまでの人間の災厄の原因であった。

聖書では、死の天使は「滅ぼす者」（ハ・マシュヒート）[1]、「残忍な使者」（マルアフ・アフザリ）[2]、「恐怖の王」（メレフ・バラホート）[3]と呼ばれている。彼は天と地の間に立ち、剣を抜いて、エルサレム*の上に伸ばした手に持っている巨大な天使として描写されている。[4] しかしながら、これらや他の聖書の記述においては、死の天使は寓意的な象徴にすぎず、神の力のひとつの属性である。

後代の民間伝承では、死の天使は独自のイメージを持っている。彼は、何者もその凝視から逃げられないほどのたくさんの眼*に満ちた者として、長柄の草刈り鎌を持った恐い死神として、人間の口に毒をしたたらしている剣を持った老人として描かれている。彼はまた、逃亡者、乞食、行商人、放浪者としても現われる。中世のユダヤ人たちは自分たちの住んでいたところの文化から死の天使のイメージを引き出して、死の天使をデーモン、妖怪、悪魔、そして他の超自然的な存在と同一視していた。

一般的な民間信仰によると、魔術的な武器か強力な錬金術の霊薬エリキシルの助けを借りれば、死の天使を打ち負かすことができるという。しかし、ユダヤ人の物語においては、学習、祈り、あるいは、桁外れの慈善行為によって滅ぼす者を追い払うことも時として可能であるという。死の天使は神と違って限定された力しか持っていないので、妨害されることもある。人間は、臨終の際に名前を変えたり、トリックを使ったりすることによって、死の天使を欺くことも可能である。死や埋葬

と関連したユダヤ人の風習の多くは、死者の魂も死の天使やその手先たちからの保護を必要としている、という信仰から出てきている。

死の天使のイメージは、過ぎ越しの祭り*のハガダー*においては、10の災いの物語とハッド・ガドゥヤ*の歌の中で中心的な役割を演じ続けている。

---

(1) 出エジプト記12：23　(2) 箴言17：11　(3) ヨブ記18：14　(4) 歴代誌上21：16

象徴するもの：残酷、死、悪、復讐、罪

項目別分類一覧：死、過ぎ越しの祭り

参照箇所：天使、邪視、ハッド・ガドゥヤ、過ぎ越しの祭り、サタン

シフラとプア　SHIFRA and PUAH（ヘブライ語：シフラー・ヴェ・プアー）

イスラエルの人びとがエジプトで非常に数を増してきたので、ファラオ*はその人口増加が彼の権力にとって脅威となることを恐れて、二人の助産婦シフラとプアにヘブライ人の生まれた男の子をナイル川に投げ入れるように命じた、とトーラー*は語っている。ファラオは、彼女らが彼の命令に従っていないことを知ると、最初に彼女らをそそのかそうとし、その後は、脅かして従わせようとした。彼女らは、イスラエル人の女性は丈夫で、彼女らがファラオの命令を実行しようと到着する前に産んでしまうと主張した。(1)

神は、シフラとプアの勇敢さに報いて、彼女らを祭司*と王の祖先とした。伝説によると、シフラとプアに匹敵するのはモーセ*の母親ヨケベドと姉ミリアム*——彼女らの系統がダビデ*王朝を構成している——だけで あるという。

現代のわれわれの時代では、シフラとプアは、精神的な抵抗と市民の不服従の模範であるとみなされている。たとえば、ブランダイス大学のヒレル基金は、勇敢な市民の不服従の行動に対して「シフラとプア賞」を贈っている。

---

(1) 出エジプト記1：15-21、BTソター篇11b

象徴するもの：市民の不服従、勇気、抵抗

項目別分類一覧：過ぎ越しの祭り、人物、女性

参照箇所：ミリアム、モーセ、ファラオ

シャヴオート（7週の祭り）SHAVUOT（ヘブライ語：シャヴオート）

「週」を意味するシャヴオートの祭りは、ペンテコステ（50日目）と訳されることもある。シャヴオートは、過ぎ越しの祭り*の開始から50日後の春の終わりに行なわれる。シャヴオートについての聖書の記述(1)にもとづいた日付の設定については宗派間で論争があったが、ユダヤ教の伝統は最終的に、スィヴァンの月〔西暦の5月～6月〕の6日（ディアスポラ+では7日も）に行なうようにした。シャヴオートは、他の二つの巡礼祭（過ぎ越しの祭り*とスッコート*）と同様に、農業の祝祭日（それゆえに、ハグ・ハ・カツィール——「刈り入れの祭り」と呼ばれている）である。シャヴオートは、おそらくは、大麦*の刈り入れが終わり、小麦*の刈り入れを開始することを示したカナン人の祝祭に由来しているものと思われる。シャヴオートはまた、ヨーム・ハ・ビクリーム——果物の初物の日とも呼ばれている。この日には、巡礼者が熟

シャヴオート（7週の祭り）SHAVUOT

した果物と刈り入れたばかりの小麦で焼いたパン*を籠*に入れて、地方からエルサレム*へ行進してきた。現代のイスラエルでは、キブツの人びとはこの慣習を復活させ、農産物の献げ物の他にユダヤ民族基金への献金もしている。この献金でイスラエルに木*を植樹している。

ラビ✝の時代には、シャヴオートはシナイ*山でのトーラー✝の授与と同定された。これは、聖書の次の一節にもとづいている——「イスラエルの人びとは、エジプト*の国を出て3度目の新月*のその日に、シナイの荒野*に入った」。(2)それゆえに、この日のためのトーラーの朗読には十戒*が含まれている。コミュニティの中には、「ティクン・レイル・シャヴオート」と呼ばれる夜を徹した祈りをし、その間、聖書、タルムード✝、他の聖典を学ぶ慣習を行なっている者もいる。そしてこの祈りは、おそらくは、トーラーの光を象徴しているのであろうが、ユダヤ教の1年のうちでは1度しかない日の出の祈りで終わる。

この祭りではルツ*記を読むのが伝統ともなっている。というのも、ルツの物語は刈り入れの時に起こったからであり、また、ルツは、ちょうどイスラエルがシナイ*山でトーラーを受け入れたように、ひとりの改宗者としてトーラーを受け入れたからでもある。さらには、ルツの曾孫であるダビデ*王はシャヴオートに生まれ、シャヴオートに死んだと伝説は語っているからである。

この祭りのあいだには乳製品を食べるのが慣習となっている。というのも、聖書はトーラーを乳にたとえているからであり、また、初物の法規が、子山羊をその母の乳で煮てはならないという聖書の法規と一対となっているからである。(3)またある伝説は、イスラエルの人びとがシナイでカシュルート*の律法を受け入れた時、彼らの鍋はコーシェルでなかったので、新しい鍋を調達するまで料理をしていない乳製品を食べていたと語っている。

この祝祭日にはシナゴーグ*を植物と花*で飾るのが慣習となっている。その際には、自然のものやロイゼラフ（小さなばら*）とかシャヴサラフとか呼ばれる切り絵のばらを用いた。装飾には初夏の花々、生命の木*としてのトーラーのイメージ、トーラーを授かった時にシナイ山に花が突然に咲き出した伝説、シャヴオートは木の果実の審判の日である(4)というラビたちの考えなどが反映されており、収穫を祝っている。スファラディーム✝のコミュニティの中には、シナイ山での神とイスラエルの結婚を祝う特別なクトゥバー*（結婚契約書）を聖櫃*の前で読むところもある。

シャヴオートの時にユダヤ人の子供の教育を開始するのが長いあいだ慣習となっている。中世のコミュニティでは、子供はこの日（通常は5歳の時）にヘブライ語のアレフベイト*の手ほどきを受け、その後で、「トーラーが唇に甘く」なるように蜜*とお菓子を与えられていた。現代のアメリカのユダヤ人社会では、通常、この時に堅信礼と卒業式を行なっている。

(1) レビ記 23：15-16 (2) 出エジプト記 19：1、BTペサヒーム篇 68b (3) 雅歌 4：11、出エジプト記 23：19 (4) ミシュナー：ローシュ・ハ・シャナー篇 1：2

邪視　EVIL EYE

象徴するもの：完成、改宗、教育、啓示、感謝の祈り

項目別分類一覧：食物、シャヴオート、シナゴーグ、神殿

参照箇所：籠、ダビデ、いちじく、花、ぶどう、クトゥバー、光、乳、オリーヴ、ざくろ、ばら、ルツ、7種類の植物、シナイ、シナゴーグ、神殿、十戒、トーラー、木、小麦

邪視　EVIL EYE（ヘブライ語：アイン・ラアー、アイン・ハ・ラア）

邪視、アイン・ラアーへの信仰――すなわち、悪意のある目つきは他の人びとに害悪をもたらすという観念――は、多くの民間伝承の一部となっている。現代的な合理主義者を自負している人びとでさえも、依然としてこの古代の迷信にとらわれている。今日、多くのユダヤ人は、はっきりとした意見や希望を述べる際に、彼ら自身の幸運が邪悪な力を刺激して仕返しをされないように、イディッシュ語で「邪視に対抗して」という意味の「カイナホラ」という言葉を今でもつぶやいている。

タルムード[+]は、賢者[+]たちの中には一瞥しただけで「人びとを骨の山に変形させる」力を有していた者もいたと述べている。古代のラビ[+]たちは、邪視を信じていた。彼らは、その最もよく見られる原因として嫉妬を挙げている。[(1)] ユダヤ人の民間信仰では多くの対抗手段が取られたが、それらの目的は邪視から目をそむけたり、邪視をそらしたりすることであった。邪視を活発にさせるのは嫉妬であるので、誉めることを差し控えたり、美しさを覆い隠したり（おそらくこれが花嫁のヴェールの起源かもしれない）、2回も婚礼を執り行なうというような過度な祝福を避けたり、親戚のことをトーラー[*]につづけて祈願したり、富を誇示することを止めたり、子供に忌まわしい名前をつけたりして、人は邪視に対してあらかじめ先手を打つことができる。ユダヤ人の婚礼[*]でガラスのコップを壊す慣習は、嫉妬深い邪視から目をそらすことを企図したジェスチャーであり、夫婦が富をはねつけるということを象徴していたのかもしれない。タルムードが語っているように、「祝福は、目から隠されている者にのみやってくる」[(2)]

しかしながら、もしも警戒しなかったり、また、警戒したにもかかわらず、邪視が活発に活動していた場合には、人はさまざまな手段でその有害な影響を防ぐことができる。それらの手段には、次のようなものがある。邪視をそらすために鏡[*]、または赤色[*]や青色[*]を塗ったものを用いること。卑猥なジェスチャーで邪視を侮辱したり、護符[*]に聖句を書いたりすること。宝石のような魅力的な誘惑物でおびき寄せて、邪視の注意をそらすこと。善の目は邪悪なものを打ち破るので、手のひらに目が描かれた人の手や広げた手[*]の象徴であるハムサ[*]を上げること。

邪視の力は一体どこからくるのであろうか？　ただ他の人を見つめるだけで危害を加える能力のある人が人びとの中にはいる、と長いあいだ信じられてきた。ゴーレム[*]の創造者であると言われているプラハのマハラル〔ラビ・ユダ・レーヴ〕は、そのような呪われた目は焼き尽くす炎をもはねつけるだろう、と述べている。[(3)] 邪視は人間の幸福への妬み

シャバット（安息日）　SHABBAT

から引き起こされた超自然的な源——復讐の天使*や、また、スィトラ・アフラ（裏側の意味）、すなわち、悪魔の支配権——から生じたと主張する者もいた。合理主義者は、邪視への怖れは人間の心それ自体の内部から生じるものであると解釈している。

---

(1) 創世記ラバー 45：5、84：10　(2) BT タアニート篇 8b
(3) Trachtenberg, *Jewish Magic and Superstition*, 56
象徴するもの：不安、不運、悪、嫉妬、復讐
参照箇所：天使、青、目、ハムサ、手、鏡、赤

シャバット（安息日）　SHABBAT（ヘブライ語：シャバット）

シャバットは「第7の日」（ヨーム・ハ・シュヴィイ）とも呼ばれ、「休む」「やめる」という意味のヘブライ語に由来している。学者の中には、7日目に休むイスラエルの人びとの慣習はバビロニアのシャバトゥを模倣したものではないかと推測している人もいる。バビロニアでは、この日は不吉な日であると考えられていたので、この日には誰も働かなかった。この考えは、おそらく、月*の満ち欠けについての迷信に由来していたものと思われる（ギリシア人は、土星の影響力について同じような考えを持っていた。ちなみに、土曜日 Saturday は、土星 Saturn の名前にちなんで付けられた）。しかし、月をもとにしたバビロニアの暦とは異なって、イスラエルの暦は週7日制を採り入れ、最後の日を休日とした。この休日制度は後にキリスト教徒とムスリムに採り入れられた。ユダヤ文化は、週を自然の周期から引き離し、その代わりに、週を人為的な数学的なリズムで制度化すること

によって、神は自然をも超越しているという信仰を象徴的に確固たるものとした。(1) シャバットは、永遠性、神の時、自然の始まりと終わりを表わしている。

聖書は、シャバットを創造の記念日、神自身の安息の模倣であると表明している——「第7の日、神は御自分の仕事を完成され、第7の日に、神は御自分の仕事を離れ、安息なさった」。(2) シャバットはまた、ユダヤ民族と神との契約、そして、彼らの神への献身の永遠不変のしるしとも呼ばれている。(3)

十戒*の第4戒は、シャバットを創造とエジプト*からの救出の記念日として遵守するよう命令している。(4) 後の世代は、シャバットに働くことに対する禁止命令を苦心して作り上げ、「第7の日を神聖化する」ことを企図した禁止と保護の複雑な制度を造り出した。人は、宇宙の存在の驚異に感謝し、人間の執りなしを取り除くために、この日には新しいものを作ってはいけないことになった。

シャバットは、喜びと聖性の日、精神的な回復と平安の日とみなされている。この日になされる挨拶の習慣は、「シャバット・シャローム」——「安息日の平安があなたにありますように」である。伝統はシャバットを最高の聖日と考え、ユダヤ人の贖いにとってのその重要性を特別に主張している——「もしもイスラエル（ユダヤ民族）が命じられているようにシャバットを1日でも守るならば、メシアは到来するであろう。シャバットは、トーラーの他のすべての教えと等しいものである」。(5) シャバットはまた、ディアスポラ*でのユダヤ人の民族的な生き残りにとっても重要な意味を持っている——「イスラエルが

シャバット（安息日）　SHABBAT

シャバットを守っている以上に、シャバットはイスラエルを守っている」[6]

シャバットの遵守には象徴的な行為、事物、観念がたくさんある。「2」という数字は、重要な意味を持っている。というのも、第4戒はトーラー*の中ではほんの少しだけ異なった言いまわしで2度くり返されているからである──「シャバットを心に留め」、「シャバットを守れ」。また、荒野*で集めるマナ*の1日分が金曜日（6日目）には倍になっており、イスラエルの人びとにシャバットの食料を供給したからである。それゆえに、シャバットには2本のロウソクに火がともされ、二つのハラー*が食卓の上に置かれる。[7] シャバットの食卓は、聖書の聖句や祝福が刺繍されたハラーの覆いや、ハラーをのせる装飾された皿、美しい皿や銀製の食器、白*いテーブル・クロス、キドゥーシュ（ぶどう酒*の上での聖別の祈り）を朗唱する時の盃*などで飾られる。伝統的なシャバットの食べ物には、ハラー、ぶどう酒、魚*、チキン、肉、チョーラント（とろ火で煮た豆シチュー）、お菓子などがある。シャバットの3回の食事──金曜日の夕食、シャバットの昼食、シャルシュデス✝あるいはセウダー・シュリシート✝と呼ばれるシャバットが終わる前の3度目の食事──それぞれの後には特別な「食卓での歌」を歌うのが慣習となっている。シャバットには、コミュニティで礼拝したり、学習したり、歌を歌ったり、夫婦の交わりを持ったり、楽しい食事を取ったり、休息したり、家族の時間を持ったり、知人友人を訪問したりして過ごす。シャバットの食卓に客を招くことは特に奨励されている。

聖書は、古代イスラエルの農業の恵み深さを穀物の収穫、ぶどう酒、油*から生じるものとして特色づけている。[8] ユダヤ人は毎週ハラーを食べ、ぶどう酒を飲み、元来はオイル・ランプ*であったシャバットのロウソクに火をともすことを通して、この収穫の祝福を追体験している。

カバリスト✝、特に16世紀にツファット*に住んでいたカバリストは、シャバットの儀式にとって今でも重要な多くの考えや慣習を創り出した。彼らは、シャバットについての聖書の章句やラビ✝たちの教えの多くは、神の女性的な面と男性的な面の神聖な結合について語っている、と解釈していた。彼らの解釈によると、シャバットはシェヒナー*と神の婚礼*を表わしており、これらの結合はユダヤ民族の上に露*のように光*を降り注いでいるという。シャバットには、ユダヤ人はめいめいもうひとつの魂をもらう。この日には、スィトラ・アフラ、すなわち「裏側」は無力で悪を行なうことはできない。ちょうど、神の女性的なスフィロート*と男性的なスフィロートがこの日に結合を成しとげるように、夫婦の結合もシャバットには二重に祝福されている。

カバリストたちはまた、何世紀ものあいだに広範に広まった慣習をも創り出した。彼らはこの日をシャバット・ハ・マルカー（安息日の女王*）とか「安息日の花嫁」とか呼んでいる。彼らはカバラット・シャバット（安息日を迎え入れる）と呼ばれる特別な礼拝で女王や花嫁を迎え入れる。ツファットでは野原に出て、西の方角に向き、この神聖な存在を迎え入れるのが慣習となっている。彼ら

はまた、「レハー・ドディ」(「行こう、わが愛する友よ」)という聖歌も創った。この歌は、金曜日の晩の礼拝で最もよく知られた歌であり、その最後の節になると、礼拝者たちは立ち上り、入口に向かってお辞儀をして、安息日の女王の到着に挨拶をする。

礼拝はシャバットを「来世⁺の前触れ」と呼び、世の終末⁺(これは絶え間のないシャバットである)、地上の楽園を祈願する。このメシアへの期待は、その日の最後の瞬間、特に、3回目の食事とハヴダラー*と結びつくようになった。この時には、メシアの先駆者である預言者エリヤ*の名前が唱えられる。贖いを切望するこのほろ苦い瞬間を引き延ばすために、「メラヴェー・マルカー」(「女王に付き添う」の意味)と呼ばれる4回目の食事を祝うユダヤ人もいる。この食事は、メシアの祖先であるダビデ*と結びついている。ハスィディーム⁺のあいだでは、3回目と4回目の食事は特に神聖視され、厳粛に行なわれる。

(1) Zerubavel, The Seven Day Circle, 6 - 20 (2) 創世記2:2 (3) 出エジプト記31:13,17 (4) 出エジプト記20:11、申命記5:15 (5) 出エジプト記ラバー25:12 (6) アハド・ハアム『アル・パラシャット・ドゥラヒーム』3:30 (7) 出エジプト記16:22-23、20:8、申命記5:12 (8) 申命記11:14、シュマァの第2節

象徴するもの:完成、聖別、契約、創造、永遠性、家族、聖性、親切なもてなし、喜び、愛、平和、完璧、贖い、更新、休息、結合

項目別分類一覧:カバラーの象徴、メシア、祈り、祭具、シャバット

参照箇所:パン、ロウソク、盃、ダビデ、エリヤ、魚、ハラー、ハヴダラー、カバラー、ランプ、光、マナ、メシア、油、パルデス、女王、ツファット、スフィロート、7、シェヒナー、食卓、3、白、ぶどう酒

10 TEN (ヘブライ語:エッセル)

人間には、10本の指がある。この生物学的な基本的事実から、ほとんどの世界の数学の基本である十進法が出現した。古代人は、この構造的な原型には象徴的な意味があると考えていた。10は、完璧と完成を表わしている。3*と7*の二つの聖なる数字を加えると10となる。ギリシアの数学者ピタゴラスは、1*、2、3*、4*を加えると10になり、この数字には神秘的な力があると言った。

聖書には、10がたくさん出てくる。10は、通常、完全性と全体性を意味している。十戒*は、人間の行動の本質的な掟を表わしている。アブラハム*は、ソドムとゴモラの運命をめぐって、数字の10に至るまで神と交渉した。義人の数がこの数字よりも少ないと、救うに値するコミュニティを構成することはできなかった。(1) 神は神聖な力を示すために、10の災いをエジプト*にもたらした。

後のユダヤ人の伝統においては(おそらくは、ヘレニズムの影響があったのであろうが)10はますます重要な意味を持ってきた。ラビ⁺たちは聖書の例(2)にもとづいて、祈りのための最小定足数ミンヤンを10人と定めた。大祝祭日には、10がきわめてはっきりと表われ出ている——(1)ローシュ・ハ・シャナー*からヨーム・キプール*まで10日間

の悔い改めの期間がある。(2) ローシュ・ハ・シャナーには、礼拝の特別な3ヵ所(マルフヨート、ズィクロノート、ショファロート)それぞれから10の聖句が朗読される。(3) 100回(10の10倍)ショファール*を吹き鳴らす。(4) ティシュレイ†の月の10日のヨーム・キプール*には、ローマ*によって殺された10人のラビたちの殉教者について礼拝は語る。伝説によれば、これは、ヤコブ*の10人の息子たちがヨセフ*を裏切ったことに起因しているという。古代では、ヨーム・キプールに大祭司がコミュニティのために聖なる神の御名*を10回唱えた。

『ピルケイ・アヴォート』(『父祖たちの教え』)として知られているラビの集成は、数多くの10を含んでいる——(1)世界を創造した10の言葉。(2) アダム*からノア*、ノアからアブラハム*までの10世代。(3) 神がアブラハムを試した10の信仰の試練。(4) イスラエルの人びとが荒野*で神を試した10の信仰の試練。(5) 創造の第6日目の黄昏時に創り出された10の奇跡。(6) 神殿*の聖性を示している10の奇跡(3)。

紀元前722年に北イスラエル王国がアッシリアに征服されると、その地域にいたユダヤ人はアッシリア帝国の国中に散らばり、消え去ってしまった。時が経つとともに、彼らは失われた10部族と呼ばれるようになった。

ユダヤ教神秘主義者は、主としてピタゴラスの教えに影響を受けて、数字の10をスフィロート*(神の霊の流出)の体系の中心に置いた。スフィロートは、通常、1本の木*の形の中に配列されており、上位の三*つのスフィロートと下位の七つのスフィロートか

らなっている。カバリスト*にとっては、10は、神の完璧さと統一性を表わしている。

---

(1) 創世記18:22-33 (2) 創世記18:32、民数記14:27、ルツ記4:2、BTペラホート篇21b、BTメギラー篇23b、BTクトゥボート篇7a-b (3) ピルケイ・アヴォート5:1-6

象徴するもの:コミュニティ、完成、ユダヤ人のコミュニティ、完璧、統一性

項目別分類一覧:カバラーの象徴、数字、ローシュ・ハ・シャナー、スフィロート、ヨーム・キプール

参照個所:カバラー、ミンヤン、数字、ローシュ・ハ・シャナー、スフィロート、十戒、ヨーム・キプール

13 THIRTEEN (ヘブライ語:シュローシュ・エスレー)

多くの文化において、13は不運数と考えられている。13日の金曜日は用心すべき日である。ホラー映画の題名は、この数字への大衆の迷信が根強いことを物語っている。反対にユダヤ教は、13に否定的な特質を付与したことは一度もなかった。事実、この数字は、伝統の内部ではいくつかの良い意味あいを持っていた。

モーセ*がシナイ*山に登り、十戒*を授かった時、神は雲の中から彼の前を通り過ぎて、慈愛の13の属性としても知られている神聖な13の属性を彼に啓示した。その属性とは次のようなものであった——「(1)「主!」、(2)「主!」、(3) 憐れみ深く、(4) 恵みに富む、(5) 神、(6) 忍耐強く、(7) 慈しみと (8) まことに満ち、(9)

13 THIRTEEN

幾千代にもおよぶ慈しみを守り、(10) 罪と、(11) 背きと、(12) 過ちを、(13) 赦す」[1]

タルムード[+]時代に、ラビ・イシュマエルはトーラー[*]を説明する13の原則を詳しく説いた。これらは、伝統的な祈祷書にも含まれている。

中世の哲学者マイモニデス[+]は、信仰の13箇条を定式化した。これらの信条は、よく知られた聖歌、イグダル〔安息日や祝祭日が始まる夕方の礼拝の締めくくりに歌われる聖歌〕の形で何世紀にもわたって復唱されてきた。これらの原則とは、次のようなものであった――(1) 神の永遠性、(2) 神の単一性、(3) 神の完璧性、(4) 神が唯一の権威者であること、(5) 神は全知であること、(6) 神の無形性、(7) 預言の真実性、(8) モーセが預言者として比類のないこと、(9) 神の絶対的な権威、(10) トーラーの完全性、(11) 神の応報と罰、(12) メシアの終局的な来臨、(13) 死者の復活。[2]

タリート[*]（祈りのための肩掛け）のツィツィート（房）は、8本の紐と五つの結び目[*]から成っており、これらの総和は13である。13はまた、それぞれのツィツィートを最後に巻く際の回数であり〔アシュケナズィーム[+]のコミュニティの伝統では、7、8、11、13回と巻く〕、また、ヘブライ語で「1」を意味する単語エハッドの文字の数値の総和でもある。それゆえに、ツィツィートの付いたタリートを身に着けるということは、多様性の中で神の単一性を認めるということを表わしている。[3]

ユダヤ人の伝統において最もよく知られた13は、バル・ミツヴァー[*]の年齢である。

ミドラッシュ[+]は、アブラハムが父親の偶像を破壊し、彼独自の道を歩みはじめたのは13歳の時であり、ヤコブ[*]がトーラー[*]の研究生活をはじめたのも13歳の時であったと語っている。[4] ユダヤ人の伝統によると、男子は13[*]歳で宗教上でも律法上でも成人に達し、女子の場合は12歳で成人に達する。多くのコミュニティでは、男子も女子も13歳でバル・ミツヴァーとバット・ミツヴァーを行なっている。この時点から、男子も女子もそれぞれ、すべてのミツヴァー（戒律）を履行する責任を負うこととなる。[5] この儀式は、ユダヤ人青年が、責任と特権を有してコミュニティの内部で完全なメンバーとなることを表わしている。

『ゾハール』――神秘的な書物『光輝の書』――は、雅歌（2：2）の中で述べられている「いばらの中のばら[*]」をイスラエルのコミュニティと解釈している。『ゾハール』は、「上にあるばらがあり、下にあるばらがある」、そして神の憐れみの13の神聖な属性は「13枚の花びらのあるばら」のようにユダヤ民族を包んでいる、と述べている。[6] カバリストのあいだでは、数字の13を単一性の象徴として観想することによって、神秘的なイフード（神との合一）を成しとげることができると考えられていた。なぜならば、エハッド（1）の数値の総和は13であるからであった。

過ぎ越しの祭り[*]のハガダー[*]のよく知られた歌「1、誰が知っていますか？」は、神で始まり、13の神聖な属性で終わる。エハッド（1）の数値の総和は13であるので、この歌は循環し、神へ立ち帰るようになっている。

コミュニティの中には、(ヨセフ*の2人の息子、エフライムとマナセをも数えて)十三部族、十二部族と新しい子供、また、創世記17章に13回現われる割礼*(ブリット・ミラー)という語を象徴するために、割礼の時に13本のロウソク*に火をともすのが慣習となっているところもある。アメリカでは一般的な慣習に従って、バル／バット・ミツヴァーの際に13本のロウソクに火をともす家庭もある。

---

(1) 出エジプト記34：6-7 (2) ミシュナー：サンヘドリン篇10：1の注解 (3) Kaplan, *Tzitzit: A Thread of Light*, 84 (4) 創世記ラバー63：10 (5) ミシュネー・トーラー：ヒルホート・イシュート2：9-10 (6) ゾハールの冒頭の行

象徴するもの：神の属性、信仰、神、ユダヤ人のコミュニティ、ユダヤ人のアイデンティティ、成熟、単一性

項目別分類一覧：バル／バット・ミツヴァー、数字

参照箇所：バル／バット・ミツヴァー、割礼、カバラー、結び目、数字、ばら、タリート

獣帯 →ゾディアック ZODIAC

十二部族 TWELVE TRIBES (ヘブライ語：シヴテイ・イスラエル)

12は、天文学的、占星術的な原理にもとづいた全体の分割であり、いたる所に見られる。月*は、約1太陽年の軌道において12周期を経ている。1日もまた、2回の12時間周期に分けられている。アングロ・サクソンの尺度では、1フィートは12インチであり、1ダースは12個である。10本の指に2本の手*を加えると12となる。12は魔術的な数字3*と4*(これらの数字の総和は7*である)を掛けたものであるという事実は、その数字の持っている力を説明しているように思われる。

古代イスラエルは十二部族——ルベン、シメオン、ユダ、イサカル、ゼブルン、ベニヤミン、ダン、ナフタリ、ガド、アシェル、エフライム、マナセ——に分けられていた。最初の10部族はヤコブ*、すなわち、イスラエルと彼の4人の妻——レア*、ラケル*、ジルパ、ビルハの息子たちであり、最後の2部族は彼の孫、すなわち、息子のヨセフ*とその妻アセナトの息子たちであった。レビは13番目の部族を作り上げているが、この部族の相続権は土地ではなく祭司職であったので、国家の政治的組織体のひとつとして数えられてはいない。

イスラエルの人びとは、荒野*での40年*間に、部族の系統にそって組織化されていた。こうした組織化は、カナンの地でもつづけられた。その後の数世紀のあいだは、諸部族の連合体の結束は弛緩していた。だが、この連合体も、特にダビデ*の後になって、王国の下で最終的に統一され、強化された。そして彼の息子ソロモン*は、礼拝と行政をエルサレム*に集中させた。ソロモンの死後は、国は10部族からなる北王国と、ユダとベニヤミンの2部族だけでなる南王国(エルサレムを含む)とに分裂した。紀元前722年にアッシリアが北王国を征服し、国の人びとを四散させた。その後、これらの人びとが失われた10部族と呼ばれるようになり、数多くの伝説と論議の題材となった。今日のユダヤ人は、

十二部族　TWELVE TRIBES

ユダ	レビ	シメオン	ルベン
アシェル	ガド	ナフタリ	ダン
ベニヤミン	ヨセフ（エフライムとマナセ）	セブルン	イサカル

イスラエルの十二部族

十二部族　TWELVE TRIBES

部　族	宝　石 〔下段はヘブライ語の 宝石名である〕	色　彩	象　徴	典　拠
ルベン	ルビー [オーデム]	赤*	マンドレイク*	創世記 30：14
シメオン	トパーズ [ピトダー]	緑	シケムの要塞都市	創世記 34：25
レビ	緑柱石 [バレケット]	1/3 白* 1/3 黒、1/3 赤	ウリムとトンミム* 胸当て*	申命記 33:8
ユダ*	ざくろ石 [ノフェフ]	天の色	獅子*	創世記 49：9
イサカル	サファイア [サピール]	黒	太陽*と月* がっしりしたろば*	歴代誌 12：33 創世記 49:14
ゼブルン	エメラルド [ヤハロム]	白	船	創世記 49：13
ダン	ズィルコン [レシェム]	青	蛇* 天秤*、獅子の子	創世記 49：17 申命記 33：22
ガド	めのう [シェヴォー]	黒と白	野営または天幕 獅子	創世記 49：19 申命記 33：20
ナフタリ	アメジスト [アフラマー]	透明な赤 ぶどう酒*色	鹿*	創世記 49：21
アシェル	ベリル [タルシーシュ]	火のような赤	オリーヴの木*	申命記 33：24
ヨセフ（エフライ ムとマナセ が代表）	オニックス [ショハム]	漆黒	エジプト* 実の沢山なる枝の束	創世記 49：22 創世記 37：7
エフライム			雄牛	申命記 33：17
マナセ			野牛または一角獣	申命記 33：17
ベニヤミン	ジャスパー [ヤシュフェー]	12色すべて	狼	創世記 49：27

※どの宝石がどの部族を表象しているか特定されてはいない。（訳者）

南王国の2部族とレビ族の末裔である。ベータ・イスラエル——エチオピアのユダヤ人は、彼らが失われた10部族のうちのいくつかの部族の末裔であると主張している。

伝承によれば、各部族は固有の象徴を持っていたという。色彩*は、アロン*の胸当て*の12個の石の色彩に符合している。動物は、それぞれの先祖の名前の特徴を表わしていた。旗*は、宿営地や戦闘において自己の部族を確認するためのものであった。[1]これらの部族の紋章の芸術的な表現は、いつの時代でも、シナゴーグ*のステンドグラスの窓や天井の絵画に見られた。時おり、最初の原型とは異なった変形もあった。あるミドラッシュ文書は、十二部族の旗はゾディアック*の12の表象に符合していると指摘している。[2]

---

(1) 民数記2:2、民数記ラバー2:7　(2) ヤルクート・シムオニ：レビ記418

象徴するもの：ユダヤ民族、統一性

項目別分類一覧：天文学、色彩、数字

参照箇所：胸当て、色彩、旗、ヤコブ、ユダ、数字、祭司職、10、ゾディアック

18　EIGHTEEN（ヘブライ語：シュモネ・エスレー）

数字の象徴的表現のラビ[+]の体系であるゲマトリア[+]によれば、ヘブライ語のアルファベット*の文字それぞれは数字を表わしている。この文字と数字の等価性は、ただ単に偶然に一致したわけではない。これは、上と下の世界の意図的な結合を表わしているのである。ハイ（hai または chai と書く）という語は「生命」を意味しており、ヘブライ語2文字から成っている。ひとつはヘットであり、数値は8である。もうひとつはユッ

ハイ（ゲマトリアの数値は18）は「生命」を意味し、広く一般的に用いられている好運のお守り。

ドであり、数値は10である。そして二つを合計すると18となる。これら2文字の数値を「合計すると」「生命」となるので、18はユダヤ人にとっては幸運な数字となった。ユダヤ人の多くは、ペンダントやお守りにハイという語を付けている。また、幸運と長寿を保証するために、贈り物や寄付金として18ドル（あるいは18ドルの倍数）を与えている。この数字は長いあいだ、ユダヤ教の礼拝においては重要なものであった。ラビ[+]たちによれば、礼拝の中心的な祈りであるアミダー[+]やシュモネ・エスレー*（18の意味）の18の祝祷は、シュマァ[+]や詩篇29章における神の御名*の18回にわたる言及と、脊柱には18の脊椎があるという事実からその着想を引き出したという。[1]海の歌（出エジプト記15:1-21）でも神の御名が18回言及されている。神の神秘的な御名のひとつである72という神の御名は、聖なる4*文字——YHVH——の18倍数である。

マッツァー*は18分以上焼いてはいけないことになっている。おそらく、聖性と幸運を連想させるためにこの数字が選ばれたのであろう（このように、ユダヤ人の伝統におけるその重要性のために、他の数字よりも容易に思い起こすことができる）。古代の伝承は、どの世代にも36人の隠れたツァディキーム（義

人たち）がいる、と語っている。これは、2の18倍の積であり、ラメッド・ヴァヴニクス（ヘブライ語のラメッドの数値は30、ヴァヴの数値は6である）と呼ばれている。これらの義人たちおかげで、世界は存続しているのである。

---

(1) BT ペラホート篇28b、レビ記ラバー1：8

象徴するもの：幸運、生命、長寿

項目別分類一覧：数字

参照箇所：アレフベイト、マッツァー、神の御名、数字

出エジプト EXODUS（ヘブライ語：イェツィアット・ミツライム）

出エジプト*は、ユダヤ人の民族としての始まりを画定した。そして、それは「ゼヘル・リツィヤット・ミツライム」（出エジプトの記念）という言葉で礼拝と祝祭全体を通じて祝われている。毎年、過ぎ越しの祭り*のセデル*では、ユダヤ人はハガダー*の中の聖書とラビ文書からの一節を朗読し、そして、その出来事を再現するためにさまざまな象徴と儀礼を用いることによって、この神聖な贖いを思い起こしている。心理的には、セデルは参加者それぞれが出エジプトを個人的に追体験することを企図している。ハガダーはこう述べている——「どの世代においても、人は、あたかも自分個人がエジプトから出て行ったかのごとく自らをみなさなければならない」(1)

現代になると、アメリカ南部の黒人奴隷は、自由への彼ら自身の希望の象徴として聖書の出エジプトを採り入れた。ホロコースト*の後でナチの死の収容所で生き残ったユダヤ人たちは、「エクソダス」と名づけられた船に乗ってイスラエルに不正入国しようとしたが、ほとんどの人びとは英国人に追い返されてしまった。彼らの勇敢な行動は、ポピュラー・ソングや小説に表現されおり、ユダヤ人の生き残りと希望の象徴となった。数十万人のユダヤ人のソ連からイスラエルとアメリカへの移住を助ける国際的なユダヤ人コミュニティの努力は、「出エジプト作戦」と呼ばれていた。

---

(1) ミシュナー・プサヒーム篇10：5

象徴するもの：自由、希望、解放、贖い、生き残り

項目別分類一覧：過ぎ越しの祭り

参照箇所：エジプト、ハガダー、過ぎ越しの祭り、ファラオ、セデル

十戒 TEN COMMANDMENTS（ヘブライ語：アセレット・ハ・ディブロート）

トーラー*は、神はイスラエルの人びとをエジプト*から救い出した7週間後に、シナイ*山で彼らに十戒を啓示したと語っている。(1) これらの10の道徳原理は、西欧の伝統においては、人間の行動の基本的な法典となった。

古代では、神殿*での礼拝の一部として、祭司が毎日十戒を朗唱するのが慣習となっていた。(2) しかし、神殿域外にいる人びとは、トーラー全体ではなく十戒のみがシナイ山で啓示されたという異端的な宗派の主張に反論するために、十戒を朗唱することを禁じられていた。神殿が破壊された後は、十戒は礼拝から除外され、今では、シナイでの啓示の記

女王　QUEEN

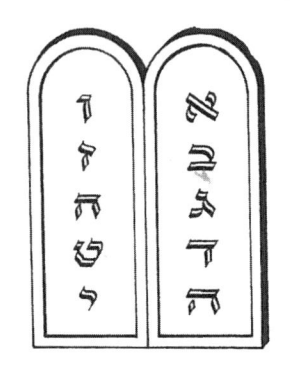

典型的な律法の二枚の板。十戒にヘブライ文字で番号が付けられている。

念祭であるシャヴオート*の祝祭日や、1年周期でトーラーを朗読する特定の箇所で朗唱されているだけである。シナゴーグで十戒が朗読されると、会衆は皆、起立する。

聖書の説明を敷衍した多くの伝説がある——（1）神は最初の二つの戒めだけを啓示したのであり、他の八つの戒めはモーセ*が示したものであった。（2）神は最初の文字、無声音アレフだけを語った。（3）人びとは、神の声を聞いたとたんに恐怖で死に、よみがえりの露*で生き返った。（4）十戒には2種類の異なった版（出エジプト記20：2-17と申命記5：6-21）があり、それらには多くの相違点が見られるが、同時に朗読された。（5）トーラーから引き出されたユダヤ律法のすべては、二つの石板の十戒の言葉の間に書かれていた。ラビ＋たちもまた、十戒は石板の両面に記されていたと主張していた。ある伝承は、文字がびっしりと刻みこまれていたとも述べている。(3)

十戒は常にトーラーと同義語となっていた。トーラーそのものが、ユダヤ人の律法と教えを意味していることもあった。こうして、シナイでの啓示（聖書では、十戒しか含んではいないが）は、礼拝ではマタン・トーラー——律法（トーラー）の授与と呼ばれている。

ちょうど、古代の聖櫃（契約の箱）が本物の石板を納めていたように、シュネイ・ルホート・ハ・ブリット（契約の石板）の絵が、聖櫃にも、そしてステンドグラスやシナゴーグ*の内部の他の部分にも描かれていた。これは一般的にトーラー全体を象徴していた。美術史家は、よく見かける石板（頭部が丸くなった長方形が二つくっついた石板）の描写は初期キリスト教徒の画家の創作であると指摘している。古代のユダヤ教文書は、石板を立方体、あるいは、二つの手をくっつけた形のものとして描写している。(4) 十戒全文の代わりに、二つの石板にヘブライ語のアレフベイト*の最初の10文字を記して数字の1から10を表わしているものや、十戒のヘブライ語の最初の単語を記しているものなどが一般的によく見られる。

(1) 出エジプト記19：16-25、20：1-18、申命記5章　(2) ミシュナー・タミード篇5：1　(3) 雅歌ラバー5：14、1-2、BT ローシュ・ハ・シャナー篇27a、BT シャバット篇104a、Ginzberg, *Legends of the Jews*, 3：94-98　(4) 雅歌ラバー5：14、1

象徴するもの：ユダヤ律法、啓示、トーラー
項目別分類一覧：シャヴオート、シナゴーグ、神殿
参照箇所：モーセ、シャヴオート、シナイ、10、トーラー、シナゴーグ

常夜灯　→ネール・タミード　NER TAMID

女王　QUEEN（ヘブライ語：マルカー）

ユダヤ人の伝統では、神を王*になぞらえていることが多い。中世の哲学者マイモニデス＋は、そのような擬人的な言語は隠喩にす

ぎず、人間の貧困な想像力が必要に迫られて作り出してきたものである、と述べている。現代の護教論者は、この用語は総称的なものであり、男性だけに限ったものではない、と主張している。フェミニストの学者たちは、初期ユダヤ教内部における古代の女神の痕跡を指摘し、異なった解釈を提示している。彼女たちは、ユダヤ教はメソポタミア、カナン、エジプト、ヘレニズムの女神と男神を特色として有していた諸文化から出現したが、独自の神概念から女性的な属性のほとんどを意図的に消し去ってしまった、と主張している。

預言者エレミヤは、イスラエルの女性たちは「天の女王のために献げ物の菓子」を作っていると厳しく非難している。これはおそらくは、古代のシュメールの女神イナンナに由来するイシュタルとアシュタルテの古代カナンの祭儀について述べているものと思われる。[1] ギリシア*では、月の女神アルテミスには月*を表わしているセレナイと呼ばれる丸い菓子が献げられていた。雅歌は、女神から豊作と家畜の増大を保証してもらうために人間の王と巫女のあいだで行なわれていた豊饒の儀礼である異教の聖婚の儀礼にもとづいている、と考えることもできる。

エジプトの女王クレオパトラやシバの女王のような有名な女王の例外もあるが、おそらくは、古代世界では強力な女性支配者が比較的稀であったためであろう、支配者である女王という神の隠喩は受け入れられなかった。一般的に、古代イスラエルの王たちは、イスラエル人の王妃を持ってはいなかった。彼らは政治的な安全を確保するために、外国人と結婚した。ハスモン王国時代には、ユダヤ人の女王サロメ・アレクサンドラ（ヘブライ語ではシュロムツィオン）は国を紀元前76年から67年まで短期間統治した。エチオピアのユダヤ人コミュニティもまた、イェフディトという名の女王を有していた。彼女は、紀元後850年から890年までユダヤ人の独立帝国を統治した。しかし、こうした例外もあったが、ユダヤ人は、特に神殿*の崩壊の後、ラビ✢の機関がダビデ以来の王制に取って代わった時、女性指導者の下で生活したことはなかった。実際に、ユダヤ教の典礼と儀式で誉め称えられている女王は、プーリム*の物語のエステル*だけである。しかし、それも彼女の勇敢さと慎み深さと気転に対して注目しているのであって、彼女の力に対してではない。なぜなら、彼女はアハシュエロス王〔クセルクセス王〕の寵愛に完全に頼りきっていたからである。

しかしながら、マトロナとかシェヒナー*とかさまざまに呼ばれていた神聖な女王のイメージは、神秘主義神学では非常に重要な役割を演じていた。カバリスト✢は、神聖なスフィロート*の中でも最も内在的なものであるマルフート（王国）を神の女性的な面として、人間の経験に最も近づくことのできる神性の次元としてその特性を描いていた。厳しい審判、超越的な力などによって特徴づけられている神の男性的な面とは異なって、神の女性的な面は、気品、美、憐れみの属性をはっきりと示している。これらの特質は、シャバット*と結びついている。

カバリスト✢はシャバットの女王——シャバット・ハ・マルカー、また時には、シャバットの花嫁とも呼ばれる——という観念

食卓　TABLE

を大きく発展させた。シャバットの女王は、シャバットにはユダヤ人と一緒に彼らの家庭へ行き、家庭を祝福する。シャバットの夕方の礼拝は、カバラット・シャバット（「シャバットを迎え入れる」の意味）と呼ばれ、詩や歌でシャバットの女王を迎え入れる。よく知られているカバラーの聖歌「レハー・ドディ」〔「行こう、わが愛する友よ」〕はこの時歌われるが、このイメージを美しく作り上げている。シャバットの終わりの儀式ハヴダラー*が終わった後、「メラヴェー・マルカー」（「女王に付き添う」の意味）と呼ばれる日没後の4度目の食事を追加して、シャバットの祝福を延長する慣習がある。

---

(1) エレミア書　7：18
象徴するもの：神聖なものへの接近、美、神、優美、聖性
項目別分類一覧：カバラーの象徴、プーリム、シャバット、女性
参照箇所：エステル、カバラー、月、プーリム、シャバット、シェヒナー

贖罪日　→ヨーム・キプール　YOM KIPPUR

食餌規定　→カシュルート　KASHRUT

燭台　→メノラー　MENORAH

食卓　TABLE （ヘブライ語：シュルハン）

　食卓は、ユダヤ人の家庭生活の中心である。特に、シャバット*と祝祭日においてはそうである。食卓は、ユダヤ人が物質的、精神的な生命を維持させるものを得る場所であり、また、さまざまな世代の者が出会い、聖別と感謝の祈りが定期的に行なわれる場所でもある。

　食卓は、確かに、神殿*がまだエルサレムに建っていた時も、神殿が破壊された後でも、これらの役割を果たしてはいたが、ラビ[+]たちは、ミクダッシュ・メアット（小さな聖所[+]）と呼んで、民族の宗教的な聖堂の代わりとして家庭の食卓を重要視した。食べ物を前にしてなされる多くの儀礼と祝福は、神殿で献げられていた供犠を思い起こさせている。

　供犠〔コルヴァン〕を献げる祭壇*の主たる目的は、「人を神に近づかせること」（ヘブライ語の語根メカレヴから派生）であったので、食卓は、学習とツェダカー（慈善行為）を通してユダヤ教の道徳的な教えが具体的な形をとる場所となった。食卓はこうして、実行されているユダヤ教の価値観を象徴するようになった。

　ラビ[+]たちは、「もしも、3人の人がひとつの食卓で食事をしている時に、トーラー*の言葉について一言も語らなかったら、それは、彼らが生命のない偶像に献げた供犠を食べているようなものである。……しかし、彼らがトーラーの言葉について語ったならば、それは、彼らは神が臨在している食卓で食事をしているようなものである」と述べている。[(1)]ハスィディーム[+]のコミュニティでレッベ[+]の「ティシュ」（イディッシュ語で食卓の意味）という場合、ラビの食卓と、シャバットと祝祭日にその食卓を囲んでなされる教え双方を指している。

　親切なもてなし（ハクナサット・オルヒー

ム）は、アブラハム*とサラ*の時代以来の重要なユダヤ教の価値観である。ラビたちによれば、われわれが客、特に貧しい者をわれわれの食卓に招くと、ちょうど、神殿の祭壇がイスラエルの罪を贖うために用いられていたように、われわれの罪はそのことによって贖われるという。[2]

過ぎ越しの祭り*のセデル*は家庭の食卓を囲んで行なわれるが、これは、今日のユダヤ人の生活では最も長く、かつ、凝った食卓儀礼である。実際の食卓を意味するヘブライ語「シュルハン・アルーフ」（「整えられた食卓」の意味）は、ヨセフ・カロが編纂した16世紀のユダヤ教の法典の名前となった。この法典「シュルハン・アルーフ」は、現代の正統派ユダヤ教徒の生活規範を今でも教え導いている。

---

(1) ピルケイ・アヴォート3：3　(2) BTベラホート篇55a

象徴するもの：贖罪、慈善行為、家族、親切なもてなし、聖所

項目別分類一覧：食物

参照箇所：祭壇、ハラー、カシュルート、塩、セデル、シャバット

ショファール　SHOFAR（ヘブライ語：ショファール）

ショファール（「美」を意味するヘブライ語の語根に由来する）として知られている雄羊の角は、最も古いユダヤ教の象徴のひとつである。十戒*の授与に先立ってシナイ*山ではショファールの大きな音が鳴り響いたとトーラー*は述べている。[1]ヨシュアは、ショファールを吹き鳴らしてエリコの城壁を崩壊させた。[2]聖書は、ローシュ・ハ・シャナー*をヨーム・テルアー（角笛を吹き鳴らす日[3]）と呼び、この祭りでのショファールの中心性を認めている。ショファールは聖書時代には、ヨベル年を宣言するために、他の楽器の伴奏のために、恐怖を起こさせるために、人びとを戦争に召集するために、行列を護衛する時に、即位式を行なう時に用いられていた。[4]

ショファールと結びついているものの中で、ローシュ・ハ・シャナー――新年の新月とのかかわりほど永続的なものは他になかった。この祝祭日は今でも、この古代の楽器を吹き鳴らすことに中心が置かれている。タルムード⁺はショファールを雄羊*の他に、羊*一般、家畜と野生の山羊*、アンテロープ（羚羊）、ガゼルの角で作ってもよいとしているが、雄

さまざまな形をしたショファール。伝統的に、ショファールは湾曲したり、金箔を被せられたりしていたが、尖ってはいなかった。その口にくわえる部分は自然のままでなければならなかった。

ショファール　SHOFAR

羊の角を用いることを強く薦めている。というのも、雄羊はアケダー*——イサク*を生贄として献げようとした物語と結びついており、しかも、この祭りの時にはシナゴーグでこの物語が読まれるからであった。(5)アブラハム*の刃物がイサクを殺す前に天使*がその刃物を抑えると、神はアブラハムに息子の代わりに雄羊を生贄に献げるよう命じた。ラビ✡たちは、アブラハムとイサクが神意に喜んで従ったことと神の慈愛を思い起こすことは、悔い改めのこの季節にとっては適切な模範となると考えて、他の動物よりも雄羊のほうを好んだ。彼らはまた、雄牛の角を用いることも禁じた。というのも、それはイスラエルが以前に犯した黄金*の子牛の罪を神に思い起こさせるようサタン*をそそのかすかもしれないし、そのために偏見を抱いた神が彼らの現在の罪を赦すことに反対するかもしれないからであった。(6)ショファールはまた、ローシュ・ハ・シャナーの前の月のエルール✡の月には、ユダヤ人に悔い改めを思い起こさせるために、シャバット*を除いて毎朝吹き鳴らされる。ショファールの長いひと吹きは、ヨーム・キプール*、贖罪日の終わりを告げる。

ハスィディズム✡の師バアル・シェム・トーヴによれば、ショファールはわれわれに、悔い改めは魂の奥底からなされなければならないと教えているという——「王の宮殿*には多くの広間があり、そのすべての扉には複雑な鍵がついている。しかし、斧は、どの鍵よりも強い。『神の家』の親鍵とは、絶望のことである」。(7)

聖書時代からショファールはメシア*による贖いと結びついていた。ミドラッシュは、アブラハムが生贄に献げた雄羊の左の角はシナイ山で吹き鳴らされたが、その右の角は「離散していた者たちが集まる時に」吹き鳴らされるであろう、と述べている。(8)イザヤはこう預言した——「その日がくると、大きな角笛が吹き鳴らされ、アッシリアの地に失われて行った者も、エジプト*の地に追いやられた者もきて、聖なる山、エルサレム*で主にひれ伏す」。(9)中世の伝説によれば、エリヤ*はメシアの到来の3日前にショファールを吹き鳴らしてその到来を予告するという。ショファールはまた、死者の蘇りをも告げる。スファラディーム✡のコミュニティの中には、葬式の時にショファールを吹き鳴らすところもある。

聖書時代以後は、ショファールは、ユダヤ教の祭司の儀式、軍事儀式、民間の儀式においてはその働きを喪失したが、ユダヤ人の伝統においては今でも重要な働きを有している。ユダヤ人コミュニティからの破門を告げるために、特別な黒いショファールが用いられることもあった。ショファールはまた、断食日に、死を告げるために、仕事を止め、ロウソク*に火をともし、シャバットの到来を告げる合図をするために吹き鳴らされていた。現代イスラエルでは、ショファールは、新大統領の就任式に、厳粛さを示すために、1967年の西壁*の解放のような軍事的勝利を祝うために用いられている。アメリカのユダヤ人コミュニティでは、公の儀式で用いられることもある。

ショファールは、ユダヤ人の生活におけるその重要性のゆえに、そのモチーフは宗教芸

術や装飾美術においては長いあいだ広く用いられてきた。ショファールは、古代のシナゴーグ*や墓、祭具に、メノラー*、ルーラヴ*、エトログ*、神殿の聖具などとともにメシアによる贖いへの希望を象徴するために描かれていた。

古代では、角笛の大きな音はデーモンをおじけづかせると信じられていた。ユダヤ人の伝統は、ショファールを吹き鳴らすこととこの働きを結びつけていた。ラビたちは、ローシュ・ハ・シャナーにショファールを吹き鳴らすのは、「サタン*を混乱させるためである」と述べている。(10) カバリスト*はこの考えをさらに押し進めて、ショファールを吹き鳴らす儀式と、特別な神秘的な意味を有した聖書の章句を読むことを一対のものとした。

---

(1) 出エジプト記 19：16、19　(2) ヨシュア記 6：20　(3) 民数記 29：1　(4) レビ記 25：9-10、詩篇 98：6、アモス書 3：6、士師記 3：27、ヨシュア記 6：4、Agnon, Days of Awe, 71 の中で Avudraham によって引用されている Saadiah Gaon の文章　(5) BT ローシュ・ハ・シャナー篇 16a　(6) BT ローシュ・ハ・シャナー篇 26a　(7) Buber, Tales of the Hasidim: Early Masters, 64　(8) ピルケイ・デ・ラビ・エリエゼル 31　(9) イザヤ書 27：13　(10) BT ローシュ・ハ・シャナー篇 16b

象徴するもの：反デーモン、危険、神の憐れみ、名誉、力、贖い、悔い改め、復活、王権、力強さ、神意への服従

項目別分類一覧：動物、死、メシア、ローシュ・ハ・シャナー、神殿、ヨーム・キプール

参照箇所：アケダー、角、カバラー、メシア、月、モーセ、油、雄羊、ローシュ・ハ・シャナー、サタン、シナイ

書物　BOOK（ヘブライ語：セフェル）

ユダヤ人は、長いあいだ「書物の民」として知られていた。ユダヤ人は、彼らの全歴史を通して、書かれた言葉を崇めていた。それらの言葉は、初めは羊皮紙の巻物に記録され、その後は、製本された書物となった。シナゴーグの内部で最も聖なる事物はセフェル・トーラー*、すなわちトーラーの巻物（「書物」の意）である。紀元前2世紀初頭には、ユダヤ人は彼ら自身の書物を持っていた。タルムード+時代の学校の生徒でさえも、彼らの書物を持っていた。ラビ+たちは、書物を見つけ、借り、預けることについての特別な法規を作り出した。タルムードは、書物を売ってもいいのかどうか、また、いかなる状況の下でなら売ってもいいのか、ということについて論議している。(1) タルムードは「彼の家には多くの富がある」という詩篇の一節を注解して、こう述べている――「真の富は、書物である。書物を貸し出しすることは、慈善行為である」(2)

われわれは英語でトーラーを「モーセの五書」と呼び、聖書の各部分を「書物」と言っている。ヘブライ語で筆写者をソフェールと言うが、セフェルと同じ語根からきている。同様にスィプール（物語）とスィフルート（文学）も同じ語根からきている。学校は、ベイト・セフェル、すなわち、「書物の家」と呼ばれる。スファリーム（セフェルの複数形）という場合、特に「聖典」を指す場合がよくある。これらの聖典、たとえば、祈祷書や聖書などが床に落ちた時には、敬意の念と

白　WHITE

償いのしるしとして、その書物の表紙に接吻をするのが慣習となっている。

　今日のユダヤ人のあいだで最も一般的な象徴のひとつは、『生命の書』である。それは、きわめて古い象徴であり、おそらくは、人びとの行為や運命を記録していたタブレットを神々が所有していたというメソポタミアの思想にまで、その起源をたどることができるのではないだろうか。『セフェル・ハイーム』(『生命の書』) という言葉が実際に現われるのは、聖書が最初である。そこでは、敵について述べている――「『生命の書』から彼らを消し去って、義人の内に記録されることのないようにしてください」。[3] 同様にイザヤは、「彼らはすべて、生命を得る者として書き記されている」と語っている。[4] さらに、黄金の子牛の事件の後、神がイスラエルの人びとを滅ぼすと脅かした時、モーセは、自分を神の書から消し去ってほしいと頼んだ。[5]

　ミシュナー[+]はこう教えている――「あなたの上に何があるかを知りなさい――見る目、聞く耳、そして、書物に記されたあなたのすべての行為を」。[6] タルムード[+]は、天にある3冊の書物について語っている。全く邪悪な人のための書物、全く正しい人のための書物、そして、この両極端の人びとの中間の人のための書物、があるという。[7] これらの言葉は、大祝祭日に対する考えの基盤となっている。現代の多くのシナゴーグ*では、『生命の書』のイメージをその壁や窓の装飾、印刷物、記念の飾り額などに用いている。子供を守り、トーラーへの愛を徐々に教え込むために、赤ん坊の揺り籠に聖典を置く慣習がある。

　ルネッサンス時代のイタリアは、ユダヤ関係の出版の中心地として有名であった。当時のユダヤ関係の書物の口絵には、読者を学びの世界に歓迎し、柱と門に囲まれていた神殿*とトーラー*を思い起こさせるために、柱と門が描かれており、それが特徴となっていた。このデザインは、書物とトーラーの密接な結びつきを強力にするために、聖櫃のカーテン(パロヘット*)のデザイナーにも採り入れられていた。

---

(1)JT バヴァ・メツィア篇2：8、BT バヴァ・メツィア篇29b、BT メギラー篇27a　(2) BT クトゥボート篇50aの詩篇112：3についての個所　(3) 詩篇69：29　(4) イザヤ書4：3　(5) 出エジプト記32：32　(6) ピルケイ・アヴォート2：1　(7) BT ローシュ・ハ・シャナー篇16b

象徴するもの：死、運命、神の審判、ユダヤ民族、知識、学習、生命、祈り、保護、想起、悔い改め、罪、教え、トーラー、富、知恵

項目別分類一覧：誕生、祈り、ローシュ・ハ・シャナー、ヨーム・キプール

参照個所：門、ヤキンとボアズ、メギラー、ローシュ・ハ・シャナー、天秤、トーラー、ヨーム・キプール

白　WHITE（ヘブライ語：ラヴァン）

　白は無色であるとともに、光*、月*、星*、生命を与える乳*の色でもある。白は、とりわけ、ほとんどの宗教的な象徴体系において表現されてきた。白と黒は対になって、人間界と自然界の正と負、陰と陽の局面を象徴している。多くの文化においては、白と黒は、神の働きかけによって均衡が保たれている。西洋の文化も含んだほとんどの文化では黒は

白　WHITE

夜とデーモンと、白は神と結びついている。

　ミドラッシュ[+]によると、トーラー*は物質世界が創造される2000年前に創造されたという。その本文は白い火*の上に黒い火で書かれ、人智では理解できないものだった。[(1)] このイメージは道教の「陰陽」の象徴と近似したものであり、正と負、陰と陽の局面の調和を表わしている。

　聖書では黒と白は、通常、それ自体で髪*、皮膚、病気の身体*、動物の皮、食物、織物、雲*、空などの純粋に物質的な特徴を表わしている。しかし、白が純粋さをも象徴している時がある。イザヤはこう説いている——「たとえ、お前たちの罪が緋のようでも、雪のように白くなることができる。たとえ、紅のようであっても、羊の毛のようになることができる」。[(2)] ダニエル*書の黙示的な神託はこう預言している——「これら指導者の何人かが倒されるのは、終わりの時に備えて練り清められ、純白にされるためである」[(3)]

　白は、一般的に聖性と純粋さと結びついていた。ラビ[+]の時代には、シャバット*と大祝祭日には白い衣服を着た。そして、白い経帷子*を死者に着せるのが慣習であった。[(4)] シャバットにはハラー*の白いカバーと白いテーブルクロスを用いる慣習があるが、これは、この日に荒野の白い砂の上に降った2倍の量のマナ*を象徴している。

　白はまた死と結びついていることが多い。これはおそらく、白が骨や生気のない皮膚の色であるからかもしれない。埋葬する時の経帷子は白である。ユダヤ人男性は、ヨーム・キプール*、過ぎ越しの祭り*のセデル*を先導する時、雨*乞いや結婚、埋葬などの特別な祈りを朗唱する時には、キッテル*と呼ばれる白い衣服を着る。西洋のユダヤ人女性は、長いあいだ、彼女たちの婚礼*では白いドレスを着ていた。伝統的なタリート*は、青*や黒の縞模様の入った白である。白い衣服を着ることは、簡素さと、生と死の緊密な関係を象徴している。

　大祝祭日には、その時季の厳粛さと純粋さに敬意を表して、聖櫃（契約の箱）*とトーラー*のふだんの覆いが白いものに取り替えられる。ユダヤ人の多くは、大祝祭日の礼拝では特別な白いタリートを着、ヨーム・キプールでは悔い改めを象徴しているキッテルを着る。トゥ・ビ・シュヴァット*（樹木*の新年）では、ツファット*の神秘主義者が特別なセデル*を創り出したが、このセデルでは白ぶどう酒*と赤ぶどう酒を混ぜることが要求されている。これは、冬の真っ白な不毛の地から、春の赤らんだ活気に溢れる地へと土地が徐々に移行することを象徴している。

　月の名前のひとつはレヴァナーであり、これは、ヘブライ語で白を意味している。毎月、〔新月から三日月がふたたび現われ出る3日目から14日目のあいだに（できればシャバット*の終わりに行なわれるのが望ましい）月の見える野外で感謝の祈りを捧げる〕キドゥーシュ・レヴァナーと呼ばれる特別な儀式が行なわれる。ユダヤ教においては、月は女性の象徴であるので、白も女性と結びついている。

───────

(1) ミドラッシュ・トゥヒリーム 90：12　(2) イザヤ書 1：18　(3) ダニエル書 11：35　(4) JT ローシュ・ハ・シャナー篇 1：3、創世記ラバー 96：5、100：2

象徴するもの：二価性、死、女性らしさ、聖性、不

心臓、心　HEART

妊、純粋、調和、厳粛、冬

項目別分類一覧：衣服、色彩、死、ローシュ・ハ・シャナー、シャバット、トゥ・ビ・シュヴァット、婚礼、女性、ヨーム・キプール

参照箇所：衣服、色彩、火、キッテル、マナ、月、ローシュ・ハ・シャナー、シャバット、トゥ・ビ・シュヴァット、婚礼、ヨーム・キプール

心臓、心　HEART（ヘブライ語：レヴ）

　伝統的な文化においては、心臓は身体*の中心、地球*は物理的宇宙の中心、そして、ばら*の放射状の花びらによって象徴されている愛は、人間の宇宙の中心と考えられていた。ユダヤ人の伝統においては、エルサレム*は世界の心臓と考えられている。さらに、神殿*はエルサレムの心臓であり、至聖所は神殿の心臓であると考えられていた。

　ユダヤ人の伝統においては、心臓は同様に、感情と思考を含む内部生命の中心とみなされている。腸や腎臓などの他の器官もまた、人の情緒的な生命を管轄するものとして信じられていたが[1]、知性を管轄するのは心臓だけであった。「箴言」の作者が言うように、「われわれの余命を知れば、心に知恵が得られるだろう」[2]。「賢い心」を持った者は立派な人物であるが、「心のない」者は愚か者である。「完全な」、あるいは、「完璧な」心は、分裂していない精神を象徴しているが、「砕けた」心は、対立、あるいは敗北した精神を象徴している。

　タルムード+によれば、心には善いものも悪いものも含んだ人間のあらゆる欲望が含まれているという。それゆえに、「あなたの心を尽くして、あなたの神、主を愛しなさい」とトーラー*が命じた時、レヴ lev ではなくベイトの文字をもうひとつ付け加えて、長い形のレヴァーヴ levav を用いている。というのも、ベイト*の文字を二重にすることによって、善い性向も悪い性向もともに持ちながら人は神に仕えるべきであるということを教示しているからである[3]。

　ラビが「心の礼拝」[4]と呼ぶ祈りにおいては、伝統的に聖句の朗唱に置かれるのと同じほどの強調が各自の志向、カヴァノート〔カヴァナー+の複数形〕・ハ・レヴ、すなわち心の集中に置かれている[5]。カヴァノートの観念は、ハスィディズム+の中心的な信仰のひとつである。

　カバラー*においては、神の心臓はスフィロートの木*の中心にあるスフィラー*（神の霊の流出）・ティフエレット（美）に照応している。神のこの局面は、すべての相対する神聖なエネルギーを調和させ、愛に満ちた統一へと向かわせる。

　スッコート*で用いられるエトログ*（シトロン）は、その完璧さと丸い形のゆえに、人間の心臓を表わしていると言われている。

　身体の器官としてやバレンタイン・デーの赤いハートなどの現代の心臓に対するイメージは、ユダヤ人の伝統にはない。

(1)エレミヤ書 4：19　(2)箴言 23：15-16　(3)申命記 6：5、BT ベラホート篇 54a　(4)JT ベラホート篇 4：1、BT ベラホート篇 7a　(5)JT ベラホート篇 2：1

象徴するもの：中心、完成、内部生命、内奥、知性、完璧、精神、知恵

項目別分類一覧：身体の部分、カバラーの象徴、祈り

身体　BODY

参照箇所：身体、エトログ、頭、エルサレム、カバラー、ばら、スフィロート、神殿

身体　BODY（ヘブライ語：グーフ）

初めに神は、独身の男女両性具有の存在、アダムを作ったが、それは、「ベ・ツェレム・エロヒーム」、すなわち「神にかたどって」創造されたとミドラッシュ+は言う。(1)ユダヤ人の伝統は、「神の似姿」というこの根本的な特質は、身体、霊魂、心、行動などの人間生活のすべての次元を特徴づけていると教えている。人間の身体は、霊魂の大切な容器であり、気をつけて大切にすべきものである、とみなされている。(2)霊魂は死後身体から離れるが、霊魂と身体は終末の日に再び結合することになっている。

伝統的に、人間の身体は神にかたどって創造されたので、神の象徴として見られている。カバラー*のスフィロート*（神の霊の10*個の流出）理論は、しばしばスフィロートを神の象徴的な身体として表現している。神の御名の4文字、テトラグラマトン+はまた、人間の形として垂直的に描かれてもいる。すなわち、頭はユッド、両手は最初のヘイ、胴体はヴァヴ、両足は2番目のヘイである。カバラーによれば、創造はアダム・カドモン、原初のアダム*から始まった。その原初のアダムの広大な身体は、われわれの世界が創造される以前の世界を占有し、その頭からは神の光*の光線が流れ出ていた。

身体はまた、トーラー*の象徴でもある。その248戒の義務律は人間の骨の数と器官の数に相当し、365戒の禁止律は腱の数に相当するという。トーラーはしばしば、衣服を着ること、あるいは、神の身体を覆っている衣服それ自体として描かれている。

身体はその聖性のゆえに、神への親密な結びつきのしるし——ツィツィート、キッパー*や他の頭を覆うもの、トゥフィリン*、キテル*——でしとやかに覆われ、包まれるべきである。死に際しては、身体は誠心誠意、敬意を表されて扱われている。特殊な「聖なる組合」（ヘヴラ・カディシャ）は、棺に入れる前に身体を清め、経帷子（女性の場合はヴェール）を着させる。解剖のような身体の切断は禁止されている。

イスラエルの地*は、身体になぞらえられている。モーセ*はイスラエルの人びとに、もしも彼らが神の命じる戒めを守るならば、神は「あなたの身から生まれる子も土地の実りも」祝福するだろうと約束した。(3)初期のシオニズムの歌はこう宣言している——「トーラーのないイスラエルの地は、霊魂のない身体のようなものである」。身体全体の象徴的な意味とは別に、顎鬚*、血*、目*、

垂直に描かれた神の聖なる4文字。これは人間の形を示している。

神殿　TEMPLE

顔*、髪*、手*、頭*、心臓*などの身体のさまざまな部分は、それぞれ独自の象徴的な意味を持っている。

---

(1) 創世記 1：27、創世記ラバー 8：1　(2) レビ記ラバー 34：3　(3) 申命記 28：4

象徴するもの：神、聖性、トーラー、世界

項目別分類一覧：身体の部分

参照箇所：アダム、顎鬚、血、身体、衣服、冠、目、5、髪、手、頭、心臓、イスラエルの地、カバラー、キッパー、キッテル、神の御名、スフィロート、タリート、トーラー

神殿　TEMPLE（ヘブライ語：ベイト・ハ・ミクダッシュ）

神殿は、その象徴的な実体においても、また、その歴史的な実体においても、ユダヤ教の最も聖なる場所であり、最も聖なる町エルサレム*に建っていた。神殿は、ソロモン*によって神殿の山に建てられた。伝説はこの山をアケダー*の場所であるモリヤ山と同定しており、預言者たちはシオンの山と呼んでいた。神殿は、十戒*を納めた聖櫃（契約の箱）*と祭壇*の場所としての移動できるミシュカン*に取って代った。神殿は、またたくまに民族の宗教的な中心、神とイスラエルの間の契約の象徴、神の臨在の象徴となった。神殿は、古代イスラエルの心臓部に物質的な構造物として1000年ものあいだ存在した。そして神殿は、その後の2000年ものあいだ、ユダヤ民族の記憶の中に生きつづけた。この2000年間に神殿は多くの名前で呼ばれた——神の家（ベイト・ハ・エロヒーム、ベイト・アドナイ）、聖なる宮殿（ヘイハル）、そし

て、最も一般的な呼称ベイト・ハ・ミクダッシュ（聖所*）。聖書時代から今日に至るまで、礼拝者は神殿の方向に向って祈る。これは、もはや神殿が破壊されてなくなった後においてもそうである。

古代の中近東においては、ほとんどの文化は神々のために神殿を建てた。それらには特徴として、祭壇*に至るまでに神聖な門*、入口*、柱廊があった。バビロニア人は階段状のピラミッド、ジッグラトの形に神殿を建設した。これは、聖なる山*を象徴していた。ソロモンの神殿は、礼拝者と祭司*を俗なる空間から聖なる空間へ導き案内する列状に並んだ門と入口のある建築のモチーフを、近隣の異教から採り入れた。ヤキンとボアズ*と呼ばれる一対の単独の青銅の柱が、大広間の柱廊玄関の両側に立っていた。これは、おそらくは、生命の木や神の住居を象徴していたものと思われる。祭壇は、四*隅*にそれぞれ角*が付いたジッグラトのような形をしていた。この角は、名誉、王権、力を象徴していた。だが、こうした類似性にもかかわらず、イスラエルの人びとの信仰は、近隣の異教徒たちとはまったく異なっていた。彼らは神殿を、神の住居としてではなく、神の臨在が憩う場所として考えていた。ソロモンは神殿を奉献した時、こう述べた——「天も、天の天も、あなたをお納めすることができません。わたしが建てた神殿など、なおふさわしくはありません！」」[1]

神殿の内部の最も聖なる部屋は、至聖所（ドゥヴィール）と呼ばれている。そこには、ケルビム*が上に置かれた聖櫃（契約の箱）があった。その部屋は、一辺が20キュー

神殿　TEMPLE

ビットの完全な立方体であった。大祭司が1年に1度だけ、ヨーム・キプール*の時にこの部屋に入り、聖なる4*文字の御名*を唱え、人びとの罪の償いを祈願した。至聖所の隣には、入口と隣接したヘイハルと呼ばれる部屋があった。祭壇は外にあり、人びとはそこへ祭司が献げる供犠を持ってきた。神殿の壁、床、天井、調度品は高価な素材――杉*、アカシア、金*、オリーヴ*材、青銅、良質の布――で作られており、凝った装飾がほどこされていた。神殿には、主祭壇のほかに、小さな供犠を献げる祭壇と香を焚く祭壇、メノラー*、12個の供えのパン、12頭の青銅の雄牛の像の上に据えられた鋳物の「海」と呼ばれていた巨大な盃などがあった。ある文献によれば、礼拝者は、神殿の山に入る時は靴を脱ぎ、聖性と純粋さのしるしとして白い*衣服を着たという。

　神殿は、古代イスラエルではあらゆる供犠を献げる場所であるほかに、人びとが祈り、罪を告白し、避難を求め、ひとつの民族として集まり、感謝の祈りを捧げるためにくる場所でもあった。ここでレビ族の人びとは歌い、楽器（リラ、竪琴*、シンバル、笛、太鼓）を奏で、聖歌を朗唱した。巡礼祭（スッコート*、過ぎ越しの祭*、シャヴオート*）では、人びとは神殿まで行進してきた。神殿の荘厳さが世界中に知れわたっていたので、異教徒でさえも神殿に供犠の献げ物を持ってきた。

　ソロモンの神殿は、後に第一神殿と呼ばれたが、紀元前586年にバビロニアのネブカドネツァルに破壊された。その後、紀元前515年に帰還した捕囚民によって再建され、紀元後70年にローマ*によって破壊されるまで、（外国勢力の支配下にあった時でも）民族の宗教的な中心でありつづけていた。第二神殿は、元来はソロモンの神殿の模倣にしかすぎなかったが、ヘロデの行なった改造によってかつての荘厳さを取り戻した。タルムード†は、「ヘロデの神殿を見なければ、一生のあいだ、美しい建物を見ることはないだろう」[2]と述べている。

　ティトゥスは、神殿を焼き払った後、神殿の多くの什器を略奪し、ローマへ持ち帰って行った。この情景は、ティトゥスの凱旋門に描かれている。今日に至るまで、ユダヤ人の多くは、エルサレムの崩壊を嘆き悲しむしるしとして、その門の下を歩くことを拒んでいる。ラビ†たちは、神殿の崩壊を思い起こすためにそのような多くの慣習を定めた。たとえば、ティシュアー・ベ・アヴ*と呼ばれる断食日、神殿の再建と供犠を献げることの復活を祈念する祈り、楽しい場合でも神殿の破壊を思い起こすことの命令（このことのひとつの説明として、婚礼*でガラスのコップを割ることが挙げられる）、破壊された神殿の思い出として家の一隅を未完成のままにしておく慣習などが挙げられる。神殿の唯一の残存物は、ヘロデ時代の西壁*である。この壁は、離散の2000年間、神殿が崩壊したことをユダヤ人が嘆き悲しむ際の中心となっていた。この壁は、1967年のエルサレム再統一以後は、ユダヤ人の勝利とアイデンティティの象徴となった。

　神殿が現実にもはや実在しなくなると、神殿はユダヤ人の希望と悲劇の象徴となった。祈りが供犠を献げる祭儀に取って代わり、シ

数字　NUMBERS

ナゴーグ*が神殿に取って代わった。神殿の特別な事物の多く——パロヘット*のある聖櫃、トーラー*の巻物、メノラー*、ネール・タミード*——は、神殿がその源であることを思い起こさせている。元来は神殿にのみ限定されていた慣習——ルーラヴ*、ショファール*、祭司の祝祷*——は、シナゴーグに移譲された。しかしタルムードは、神殿の正確な複製を禁じている。たとえばメノラーは、その元のままそっくり復元してはならなかった。供犠を献げることは中断し、メシア*の時代の第三神殿の再建まで禁じられていた。伝説によれば、神は地上の神殿の代わりに天に神殿を建設し、そのために、イスラエルの罪は償われたという。(3)

何世紀にもわたるユダヤ芸術においては、神殿とその聖具のイメージは、イスラエル、聖性、メシアへの希望の中心的な象徴であった。ヘレニズム時代のモザイクとフリーズ（帯状の装飾）には、メノラー、香匙、聖櫃などが特に目立つように描かれていた。中世のユダヤ教の彩飾聖書、とりわけ、スペインとイタリアのものには、メノラー、火取り具、壺と鉢、ケルビムが上に据えられた聖櫃、祭壇などの神殿のイメージが2頁にわたって描かれていた。また時おり、メシアが最初に出現すると預言されたモリヤの山の絵も描かれていた。

婚約式の指輪には、小さな神殿のレプリカの装飾がほどこされていたこともあった。この指輪の中には蝶番の付いた蓋があり、開けると内部に刻まれた「マザール・トーヴ」という語や、花嫁と花婿の名前が見えるようになっているものもあった。この慣習は、「エルサレムをわたしの最上の喜びとする」(4)という聖書の訓令に示唆されたものであった。

(1) 列王記上8：27　(2) BT バヴァ・バトラー篇4a
(3) Ginzberg, *Legends of the Jews*, 6：74，注381
(4) 詩篇137：6

象徴するもの：贖罪、美、契約、神の臨在、栄光、聖性、ユダヤ民族、完璧、純粋、力強さ、統一性

破壊された神殿が象徴するもの：放棄、敗北、破壊、追放、希望、想起

項目別分類一覧：住居、メシア、祈り、シナゴーグ、神殿、ティシュアー・ベ・アヴ

参照箇所：アロン、アケダー、祭壇、聖櫃、パン、ケルビム、ダビデ、東、門、ハラー、ヤキンとボアズ、エルサレム、王、メノラー、メシア、ミシュカン、山、ネール・タミード、油、パロヘット、過ぎ越しの祭り、入口、祭司職、ローマ、シャヴオート、シェヒナー、ソロモン、スッコート、シナゴーグ、食卓、ティシュアー・ベ・アヴ、西壁、白

新年　→ローシュ・ハ・シャナー　ROSH HASHANAH

数字　NUMBERS（ヘブライ語：ミスパリーム）

聖書の数字は古代の世界観と信仰を反映しており、数量や順序以上のことを表わしている。それは、完全性、完璧性、力、聖性を象徴している。また、それには記憶を手助けする働きがあり、特別な一節や本文を構造的に統合している。ある一定の数字——1*、2、3*、4*、5*、7*、8（8は、無限性

数字　NUMBERS

や永遠性を象徴している。というのも、この数字は創造の日数よりも1日多いからである。また、この数字はイスラエルを象徴している。というのも、自然界が完成された後、ユダヤ民族は新たな創造を示したからである[1]。10*、12（ヤコブ*の息子とイスラエルの部族*の数）、22（ヘブライ語のアレフベイト*の文字数）、40*、70*、1000は、数値とともに象徴的な意味をも有している。ラビ+やカバリスト+の注釈者たちの解釈と神学の伝統は、聖書の方法に触発されて、その多くが数秘学にもとづいていた。

数字をもとにした最もよく知られた解釈の方法は、第二神殿時代にギリシア人から採り入れたゲマトリア+である。ゲマトリアという語は、ギリシア語のゲオメトリア（幾何学）、あるいは、ガンマトリア（第3番目の文字は数値が3である）に由来している。この方法では、二つの単語はそれらの文字（ひとつひとつの文字には数値がある）の数値の総和が等しい場合は、同等視される。ゲマトリアは、元来は主として記憶術の目的のためのものであったが、いつしか、ユダヤ教本文と歴史の中の神の摂理との相互連関性を論証するユダヤ教の教えの重要な基盤となった。ヘブライ語の重要な単語や語句を計算するゲマトリアの書物は、今もなお人気がある。たとえば、ゲマトリアは数字の18に重要性を与えている。というのも、生命を意味するハイという単語の文字の数値の総和が18であるからである。

カバラー*の文書や神学では、ゲマトリアは非常に重要な役割を演じていた。特に、ドイツのハスィデイ〔敬虔主義者〕・アシュケナズィ（12～13世紀）、アブラハム・アブラフィアとそのサークル（13～14世紀）、ルーリア+のカバラー（16世紀）、ハスィディズム+の精神的指導者たち（18～19世紀）においてはそうであった。ゲマトリアは、概念を確認するためにだけ用いられていたこともあったが、秘教的な知識や経験へ至る路としての神秘主義的な観想においても活用されていた。これは、特に、神と天使*の名前をもとにした真正なゲマトリアであった。

ゲマトリアには、ヘブライ語の文字に数値を割り当てるという主要な方法の他に、一般的には置換と複雑な算術計算を含んだアルファベットの置換の八つの方法もある。[2]

タルムード+によると、奇数は幸運の数字であり、偶数は不吉の数字であるという。奇数と偶数が一対となると、デーモンの攻撃を招くという。過ぎ越しの祭りのセデル*でぶどう酒*を4*杯飲むことを勧めてよいのか否かについての論議がラビ+たちのあいだでなされたが、「防護の夜」という過ぎ越しの祭りの場合は偶数の悪効果を追い払うとして認められた（病人は、それでも、5杯目のぶどう酒を飲むように勧められていた）。[3] また、ミンヤン*のための人数を数えたりするような人数の数え方は縁起の悪いことであると考えられてもいた。そのために、代わりに、人数を数えるために10語から成る聖書の一節を通常は朗唱した。

第2次世界大戦時には、数字はユダヤ人にとっては特に不吉な意味あいを帯びていた。ユダヤ人は強制収容所に入れられると、彼らの前腕にナチによって数字を書きこまれた。この数字は、ユダヤ人の人間性の剥奪の象徴

杉 CEDAR

となった。人間の腕に描かれた数字はこのように非常に非難されるべき象徴的表現と結びついていたので、出エジプト作戦でほとんどのエチオピアのユダヤ人を救出したイスラエルの部隊は、彼らをイスラエルへあわたたゞしく空輸する時に、彼らの額に数字を付けることによって数千人もの人数の記録を取った。この数字は、航空機がイスラエルに着陸するとすぐに消し取られた。

---

(1) Hirsch, "A Basic Outline of Jewish Symbolism" in *Timeless Torah*, ed. Jacob Breuer, 410-411 (2) *Encyclopedia Judaica* の "Gematria" の項参照。 (3) Trachtenberg, *Jewish Magic and Superstition*, 118、BT ブサヒーム篇109b

象徴するもの：不運、完成、連関、危険、死、人間性の剥奪、神の加護、神の摂理、幸運、聖性、完璧、力、統一性

項目別分類一覧：数字

参照箇所：アレフベイト、アウシュヴィッツ、18、5、40、4、ハムサ、神の御名、1、7、70、613、600万、13、3、10、十二部族

杉 CEDAR（ヘブライ語：エレズ）

イスラエル*の地に生えているすべての木々の中でも、杉はその強さ、高さ、香り、硬さに表われているように、その威厳のゆえに群を抜いている。有名なレバノン杉は、第一神殿*と第二神殿*を建てるのに使われた。古代イスラエルでは、杉は王の宮殿、船のマスト、家の壁と天井などに用いられた。杉の木は、新月*を告げる烽火*を燃やすのに用いられていた。伝説では、杉は千年も生きつづけられるという。

聖書は杉について70回語っている。杉は「主の木々」[1]と呼ばれ、神の力の象徴として引き合いに出されている。というのも、神の「声」——雷鳴——は、強大な杉の木でさえも打ち砕くからである。[2]杉は低木のヒソプと対比されて、木の中で最も高い木を代表している。[3]タルムード+においては、偉大な賢者は杉にたとえられ、凡人はヒソプにたとえられている。[4]杉は聖書においては何度か、王権や力を表現するためのたとえ話として用いられている。イスラエルの王ヨアシュは自らをレバノン杉にたとえ、ユダの王アマツヤを野の獣に踏み倒されたあざみにたとえていた。[5]

タルムード時代とその後の何世紀間も、親にとっては、男の子が生まれると杉を植え、女の子が生まれると糸杉（あるいは、松*や他の常緑樹）を植え、そしてそれらの木の枝を切り落として、彼らのフッパー*（結婚式用の天蓋）の支え棒にするのが慣習となっていた。[6]どちらの杉も美と長寿を象徴している。そして、すべての木々と同じように、生命を象徴している。

---

(1) 詩篇104：16 (2) 詩篇29：5 (3) 列王記上5：13 (4) BT モエード・カタン篇25b (5) 列王記下14：9 (6) BT ギッティーン篇57a

象徴するもの：美、神の力、高さ、生命、長寿、老

レバノン杉（学名 *CEDRUS LIBANI*）。レバノンの現存する杉の中には、樹齢千年を越すものもある。古木のみに球果がなる。

齢、力、王権、力強さ
項目別分類一覧：誕生、植物、住居、自然現象、神殿、木、婚礼
参照箇所：糸杉、フッパー、月、松、神殿、木、婚礼

過ぎ越しの祭り　PASSOVER（ヘブライ語：ペサハ）

　過ぎ越しの祭りは、ユダヤ民族の奴隷状態からの救出、出エジプト*を記念する祭りである。この祭りはまた、イスラエルでの小麦*と大麦*の春の収穫を祝うものでもある。この名前は、神がエジプトの初子だけを殺してイスラエルの人びとの家は「過ぎ越した」——パサッハ——10番目の災いの聖書のエピソードに由来している。[1]

　過ぎ越しの祭りは、その歴史的、農業上の結びつきのゆえに、ハグ・ハ・アヴィーヴ（春の祝祭日）、ズマン・ヘルテイヌ（われわれの解放の季節）という別の二つの名前を持っている。どちらも希望と再生を象徴している。さらにまた、この祭りの象徴的な食べ物を称えてハグ・ハ・マッツォート（種なしパンの祝祭日）とも呼ばれている。過ぎ越しの祭りは（シャヴオート*とスッコート*とともに）、古代のユダヤ人がエルサレム*に集まる三大巡礼祭のひとつである。

　トーラー*はニサン+の月——この月に過ぎ越しの祭りは行なわれる——を「年の初めの月」[2]と呼んでいる。というのも、この年はユダヤ人が自らの民族性を自覚した記念の年であり、また、農事暦の年の始まりをも示していたからである（ローシュ・ハ・シャナー*は典礼上の新年である）。ユダヤ人の家庭では過ぎ越しの祭りを、この8日間の祝祭日（イスラエル国内と改革派ユダヤ教、および再建派ユダヤ教のユダヤ人の間では7日間）の期間にシナゴーグ*で朗唱される特別な祈りとは別に、夕方のセデル*——多くの宗教儀式、象徴的な食べ物と歌、語り合い、祈りなどからなる入念な祭りの宴——で祝われている。ハガダー*と呼ばれる特別な書物が儀式に「台本」を提供する。セデルを先導する者がキッテル*と呼ばれる白い*衣服を着るのが伝統となっている。さらにまた、貧しい人びとをこの食事に招き、親切にもてなすことも伝統となっている。

　セデルの儀式の中心となる食べ物には次のようなものがある。マッツァー*——種なしパン。これは、謙遜とともに、自由と奴隷状態を象徴している。マロール*——苦菜。これは、エジプトでの奴隷状態の苦しさを象徴している。ハロセット*——果物、くるみ*、ぶどう酒*などを混ぜ合わせた練り粉。これは、ヘブライ人の奴隷たちが作っていたモルタルを象徴している。アフィコマン*——最後に食卓に出てくるマッツァーの割られた半分。これは、不完全な救済を象徴している。ぶどう酒の4*杯の盃——これは、エジプトから脱出した時の神の四つの贖いの行為を象徴している。過ぎ越しの祭りの生贄は、（イスラエルのサマリア人を除いて）もはや献げられてはいないが、焼かれた脛の骨がそれを象徴的に表わしている。

　過ぎ越しの祭りは、おそらくは、他のユダヤ人の祝祭日よりもずっと膨大な時間、エネルギー、物質的素材の消費を要求しているものと思われる。というのも、ハメッツ*（パ

スッカー（仮庵） SUKKAH

ン種）が含まれているすべての食物は祝祭日の期間中禁止されており、また、家の掃除や台所の入念な整理、特別な食物の購入など、過ぎ越しの祭りのための準備は大変なことである。だが、その準備のために非常に大きな負担が要求されているにもかかわらず（あるいは、要求されているがためにこそ）、セデルはユダヤ人の祭事暦*では重要な家庭の儀式でありつづけている。セデルは、過去と未来の世代の継続性の象徴であるとともに、ユダヤ人の家庭の結びつきをさらに強くさせる役割をも果たしている。過ぎ越しの祭りは、ユダヤ人の歴史と普遍的な歴史の永続的な周期——冬から春へ、奴隷状態から自由へ、死から生へ——を象徴している。この祭りはまた、ユダヤ人の伝統にとっては非常に重要な精神的、政治的自由、救済、贖い、抵抗などの観念を具体的に表現している。

(1) 出エジプト記 12：27 (2) 出エジプト記 12：2
象徴するもの：継続性、家族、自由、希望、親切なもてなし、ユダヤ民族、解放、清め、再生、贖い、更新、抵抗、春
項目別分類一覧：食物、メシア、過ぎ越しの祭り、祈り
参照箇所：アフィコマン、暦、盃、卵、エジプト、エリヤ、出エジプト、4、山羊、ハッド・ガドゥヤ、ハガダー、ハメッツ、ハロセット、キッテル、マロール、マッツァー、モーセ、ファラオ、セデル、羊、シフラーとプア、3、ぶどう酒

スッカー（仮庵） SUKKAH（ヘブライ語：スッカー）

ユダヤ人は、秋の祭りのスッコート*〔スッカーの複数形〕の慣習のひとつとして、聖書の命令に従ってスッカーと呼ばれる一時的な建物（仮庵）を建てる——「あなたたちは7日の間、仮庵に住まなければならない」。[1] この仮庵を季節の葉、果物、および他の植物で飾り立て、この祝祭日の7*日間（ディアスポラ✝では8日間）その中で食事をするのが伝統である。さらに、4種類の植物*——ルーラヴ（なつめやし*の葉）、柳*、ミルトス*（茂った木の枝）、エトログ*（立派な木の実）——がシナゴーグ*でと同じようにスッカーでも祝福される。

スッカーはこの祭りの最も重要な象徴である。これは、収穫期の忙しい時期に中近東の野外労働者が今日でも使っている一時的な住家を思い起こすためであるとともに、古代イスラエルの人びとが荒野に住んでいたことをも偲ぶためでもある。ラビ文書は、その寸法、素材、用法を特定し、スッカーの細部に非常に大きな注意を払っている。ヨーム・キプール*の終わりにスッカーの最初の釘を打ちこむのが慣習である。これは、この二つの祝祭日の関係を象徴するためである。スッカーの壁はどのような素材で作ってもよいが、屋根

スッカー

スッコート（仮庵の祭り）　SUKKOT

は自然の素材で作り、「スハーフ」——地上で育った植物で覆わなければならない。これは、神が大地とその住人を保護してくれているということを象徴している。屋根は、見上げて星*が見えるようにすき間を開けておかなければならないが、半分以上は覆っておかなければならない。トーラー*はユダヤ人にスッカーの中に「住む」よう命じているが、ラビ✝の指導者たちは、ユダヤ人が長いあいだ離散状態で放浪していたので、穏やかでない気候のことをも気づかって、悪天候の時は家の中で食事をしてもよいし、この時季には家の中で寝てもよいとした。

　16世紀のカバリスト*は、ウシュピズィン*（アラム語で「客人」を意味する）と呼ばれる7人の聖書の人物を招く慣習を作り出した。一晩にひとりずつスッカーに招き入れるが、これは親切なもてなしのミツヴァー✝の象徴であるとともに、神聖なスフィロート*をも象徴している。元来は男性の聖書の人物を招き入れていたが、現代のコミュニティの多くでは慣習が拡大され、聖書の女性をも含むようになった。

　スッカーはより一般的な意味において、神の加護を象徴するようになった。毎夕の礼拝の祈りでは、「あなたの平和の『スッカー』をわれわれに広めてください」と神に頼んでいる。別な祈りでは、ユダヤ人は「ダビデの崩壊したスッカー」（スッカット・ダヴィード・ハ・ノフェレット）を、すなわち、神殿*の再建を祈願している。現代では、スカット・シャローム（平和のスッカー）のイメージは、ユダヤ人の反核運動の象徴となった。壊れやすいスッカーが自然的要因に対して弱いように、地球全体も核の破壊に対して弱い、とその運動の指導者は述べている。スッカーは自然の植物で作られるので、スッカーはユダヤ人エコロジストの象徴ともなっている。

---

(1) レビ記23：42

象徴するもの：連関、神の加護、エコロジー、もろさ、親切なもてなし、平和、避難所、脆弱

項目別分類一覧：住居、スッコート

参照箇所：エトログ、4種類の植物、カバラー、ルーラヴ、ミルトス、なつめやし、スフィロート、ウシュピズィン、柳

スッコート（仮庵の祭り）　SUKKOT（ヘブライ語：スッコート）

　仮庵を意味するスッコートは（過ぎ越しの祭り*とシャヴオート*とともに）、トーラー*の中で定められている三つの農業の巡礼祭のひとつである。[(1)] スッコートは、ティシュレイ✝の月の15日、満月*の時、ヨーム・キプール*の5日後に行なわれる。これは、収穫の喜びを祝い、イスラエルの人びとが荒野*をさまよっていた時に一時的に住んでいた住家を思い起こさせている。この祭りのために、ユダヤ人はスッカー*を建て、それを季節の果物や植物で飾り立てている。そして、その中で祝祭日の7*日間（ディアスポラ✝では8日間）食事をする。さらに、シナゴーグ*では4種類の植物*——ルーラヴ*（なつめやし*の葉）、柳*、ミルトス*（茂った木の枝）、エトログ*（シトロン）——を手に持って行進し、スッカーではこれらの植物が祝福される。この祭りの7日目はホシャナ・ラバー✝と呼ばれ、神の慈愛に祈願する祈りを朗唱してい

スッコート（仮庵の祭り）　SUKKOT

るあいだ、柳の枝で地面を打つ。この日は、ヨーム・キプールと同じように、第2の審判の日とみなされており、この日に来たるべき年の神の命令が最終的に定められる。

　聖書時代には、スッコートはユダヤ人の1年で最も重要な祝祭日であり、ただ単に「祝祭日」（ヘ・ハグ）と呼ばれていた。神殿時代[*]には、スッコートは祭りの中でも最も楽しい祭りであった。ラビ[*]たちによると、スッコートの期間の中頃には、エルサレムの神殿でスィムハット・ベイト・ハ・ショエヴァー（水汲みの家の歓喜）と呼ばれる特別な儀式が行なわれていたという。この儀式では、水を祭壇に注ぎ、歌い、ショファールを吹き鳴らし、祭司たちの着古した肌着で作った松明（たいまつ）を持って黄金のメノラー[*]のまわりを踊り回った。[(2)]

　スッコートの特別な祈りと朗読が、この季節の喜びと厳粛さを際立たせている。祭りの終わりの日は、シュミニ・アツェレット[+]（8日目の集会）と呼ばれている。ラビたちはこの祭りを別個の祝祭日とみなしている。この祭りでは、先唱者[+]が土地と人びとにとって死活問題である雨[*]を象徴する白いキッテル[*]を着て、雨乞いの祈りを朗唱する。スッコートの期間のシャバット[*]にはコヘレトの言葉が読まれるが、これは秋の季節の憂鬱さを強調している。

　この祭りの最終日は、スィムハット・トーラー[+]（トーラーの歓喜）と呼ばれている。イスラエルでは、この祝祭日はシュミニ・アツェレットと同じ日に祝われる。ディアスポラ[+]では、スッコートの翌日に祝われる。スィムハット・トーラーの日に1年がかりのトーラーの朗読が完了し、ただちに創世記第1章をふたたび読みはじめる。朗読者は、すべての成人したユダヤ人（正統派ユダヤ教徒のシナゴーグでは男子のみ）がトーラーの祝福を朗唱する機会を得るまで、モーセ[*]の五[*]書の最後をくり返し唱える。その後、子供たちが呼び集められ、掲げられたタリート[*]の下に立ち、祝祷を朗唱する。スィムハット・トーラーは、その象徴的な表現と雰囲気において、婚礼[*]に似ている。子供たちの上に掲げられたタリートは、フッパー[*]を思い起こさせる。トーラーを朗読する名誉にあずかった最後の二人の人を、「トーラーの花嫁、花婿」、「創世記の花嫁、花婿」という特別な敬称で呼んでいる。集会のメンバーは、トーラーの巻物を抱えて歌い、踊りながら、7周する。この光景は、楽しい雰囲気の婚礼の祝いに似ている。

　エルール[+]の月（西暦8月～9月。ローシュ・ハ・シャナーの前の月）からスィムハット・トーラーに至る長い祭りの季節についての寓意的な解釈のひとつに、この季節は神とユダヤ民族の結婚を象徴している、というものがある――エルールは求婚期間。ローシュ・ハ・シャナーは婚約。ヨーム・キプールは婚礼の前の断食。スッコートの7日間は婚礼の七つの祝福。シュミニ・アツェレットはガラスのコップの破壊。スィムハット・トーラーは床入りによる結婚の完成。

　ユダヤ教の暦[*]においては、秋の祭りのスッコートは、春の祭りの過ぎ越しの祭りの鏡像となっている。両者はともに（典礼上においても自然現象においても）満月に行なわれ、農業上の周期における変わり目を示しており、

それぞれ50日――過ぎ越しの祭りからシャヴオート*までのオメル*と、エルールの月の1日からシュミニ・アツェレットまでの悔い改めの期間――の期間を定めており、収穫祭で祭りは最高潮に達する。古代ではスッコートはメシアによる贖いと結びついていた。というのも、ゼカリヤがこう預言していたからであった――終末[+]の日には「エルサレムを攻めたあらゆる国から生き残りの者が皆、年ごとに上ってきて、万軍の主なる王を礼拝し、仮庵の祭りを祝う」。[(3)] ルーラヴとエトログのイメージは、古代のユダヤ人の芸術においては広く見られるモチーフであり、メシアへの期待と将来における神殿の再建を象徴している。巡礼者は、感謝の祈りを聖書の収穫祭スッコートにもとづいて行なっている。

この祭りは何かと飾り立てることが多いので、スッカーの建設と装飾や、エトログ入れ、ウシュピズィン*図、食べ物などにおいて、ユダヤ人の芸術と創造力の伝統に長いあいだ刺激を与えてきた。

(1)レビ記23:39-43、申命記16:13-15 (2)ミシュナー：スッカー篇4:9-10、5:1-5 (3)ゼカリヤ書14:16

象徴するもの：希望、親切なもてなし、喜び、結婚、贖い、厳粛、感謝の祈り、脆弱

項目別分類一覧：メシア、スッコート

参照箇所：暦、円、エトログ、4種類の植物、ルーラヴ、カバラー、月、ミルトス、雨、スフィロート、スッカー、ウシュピズィン、7、水、柳

スフィロート　SEFIROT（ヘブライ語：スフィロート）

ユダヤ教神秘主義の文書の中で最も古い文書のひとつである『セフェル・イェツィラー』（『形成の書』。紀元後2～6世紀の作）には、神は世界をヘブライ語アレフベイト*22文字とスフィロートと呼ばれる10個の根本数で創造したと書かれている。このスフィロートという語は、サファール（「数える」という意味）、または、サピール（サファイア）に由来している。これらの10個の力は、四つの基本的な要素――神の霊、空気、水*、火*――と六つの空間の次元から成っている。別な解釈では、これらは六つの空間の次元、二つの時間の次元、善と悪の二つの道徳的な次元から成る10個の次元を表わしているという。これらの神秘的な数字と文字を観照することによって、神の神秘を解き明かすことができると信じられていた。

中世のフランスとスペインでのカバラー*の発展とともに、スフィロートの理論はユダヤ教神秘主義においてはより中心的で複雑な役割を果たすようになった。[(1)] スフィロートは、神によって造り出された力としてのみならず、神の霊そのものの流出ともみなされていた。この流出とは、エイン・ソフ（「無限なる者」の意味）、すなわち、神性の根基から物質世界へと神の宇宙的な存在が神秘的に開示されることである。スフィロートを観照すれば、神の本質の理解へと導かれるのみならず、神の行為に対して影響力を与えることも可能である。16世紀のツファット*の神秘主義者たちは、この理論をさらに精緻なものとし、その最も有名な代表者であったカリスマ的なラビ・イツハク・ルーリア[+]の名前に

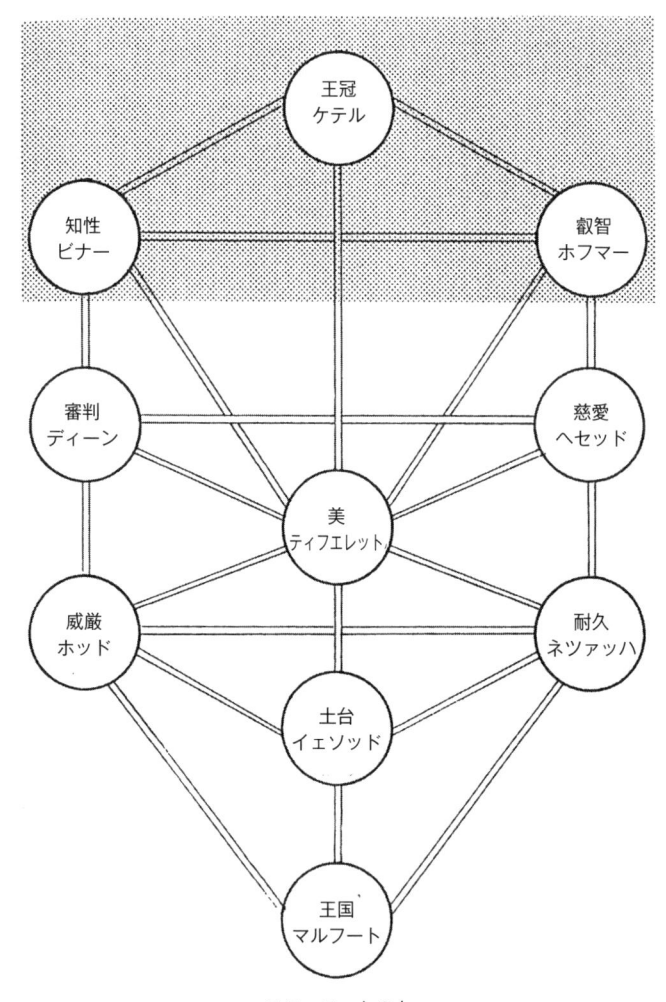

スフィロート　SEFIROT

```
            王冠
            ケテル

   知性              叡智
   ビナー            ホフマー

   審判              慈愛
   ディーン          ヘセッド

            美
            ティフエレット

   威厳              耐久
   ホッド            ネツァッハ

            土台
            イェソッド

            王国
            マルフート
```

スフィロートの木

ちなんで付けられた「ルーリアのカバラー」と呼ばれる理論を発展させた。彼らは、物質的な創造のための場所を開けるために、エイン・ソフは流浪することを受け入れたのであり、スフィロートは精神的なヒエラルキーにおける存在の連鎖を表わしている、と考えていた。人間の仕事は、異なったスフィロートを元の原初の統一された状態へと再結合させるティクン〔修復〕を成しとげることであった。

スフィロート　SEFIROT

10個のスフィロート

スフィラー	人体	聖書の人物	色彩	自然の象徴	神の御名
ケテル	頭		黒／白		エヒイェ
ホフマー	知性の一部				ヤー
ビナー	知性の一部／子宮				YHVH（エロヒームと発音）
ヘセッド	右腕	アブラハム	白／銀	水	エル
ディーン（グヴラー）	左腕	イサク	赤／金	火／血	エロヒーム
ティフエレット	胴	ヤコブ	緑／紫	太陽／天／光／風	YHVH
ネツァッハ	右脚	モーセ			YHVHツヴァオート
ホッド	左脚	アロン			エロヒーム・ツヴァオート
イェソッド	男性性器	ヨセフ			エル・ハイ／シャッダイ
マルフート	女性器／心臓	ダビデ／ラケル	青／黒	月／地／暗闇／大洋／天幕／りんご園	アドナイ

　カバリストたちは、この秘教的な神学をさらによりいっそう具象化させるために、スフィロートの木*の概念を発展させた。このスフィロートの木は、幾何学的なマンダラであり、ケテル（王冠*）から人間の経験に最も近接した局面、相であるシェヒナー*やマルフート（王国*）へと下る神の霊の流出のヒエラルキーを表わしていた。何世紀にもわたって、数多くのスフィロート理論が展開された。これらの理論は、カバラーの宇宙論のさまざまな解釈を反映しており、人体の解剖学、聖書の諸人物、色彩*、自然的象徴、言語、神の御名*などから引き出されたさまざまな象徴群を用いていた。

　至高のスフィラーであるケテル（王冠）は、原初の意志であるエイン・ソフと同一視されている。それは、人間の理解力の範囲を越えた神の局面、相である。第2スフィラーであるホフマー（叡智）は、創造とエデンの園*の水と結びついている。これは、上位の父とも呼ばれている。第3スフィラーであるビナー（知性）は、男性原理であるホフマーの女性的相対物である。これは、上位の母、子宮、宮殿*とも呼ばれている。ホフマーの水は、ビナーの川へ流れこんでいる。上位の3*スフィロートと呼ばれるこれらの局面は、

隅、端　CORNERS

上位の世界における神の行為を表わしている。

　下位の七*つのスフィロートは、ヘセッド（慈愛）からはじまる。このスフィラーは、神の祝福、神の愛に充ちた光*、シェファア、すなわち、われわれの世界に流れこんでいる神性の充溢さを表わしている。その相対物は、ディーン（審判）である。これは、グヴラー（力）とも呼ばれ、自制と規律を象徴している。ディーンがヘセッドと釣り合いが取れている時は、調和をもたらす。ディーンがあまりにも強力すぎる時は、悪の根源となる。ティフエレット（美）は、ヘセッドとディーンを調和させる原理である。ティフエレットはまた、ホフマーとビナーの息子でもあり、下位の世界の男性原理でもある。ネツァッハ（耐久）とホッド（威厳）は、神の王権の二つの局面、憐れみと崇高を表わしている。イェソッド（土台）は、男性性器、神の活力の通路、ホッドとネツァッハの均衡を表わしている。スフィロートの木の最下部は、マルフート（王国）である。これは、シェヒナー*とも呼ばれ、他の九つのスフィロートから滋養物を得ている女性原理である。このスフィラーは、われわれの世界に最も近接しており、下位の母、ホフマーとビナーの娘、王女、女王*、花嫁、婦人、大地*、月*、ティフエレットの恋人、クネセット・イスラエル（「イスラエルのコミュニティ」の意味）とも呼ばれている。ティフエレットとマルフートの結合は、男性原理と女性原理のあいだの恒久的な弁証法を象徴している。

(1) Scholem, "Kabbalah" in *The Encyclopedia Judaica*, 563 - 579； Idel, *Kabbalah : New Perspectives*, 136 - 153.

象徴するもの：神の神秘、神、神秘主義

項目別分類一覧：カバラーの象徴、メシア、数字

参照箇所：アロン、アブラハム、アレフベイト、青、身体、色彩、ダビデ、地、火、金（黄金）、頭、イサク、ヤコブ、ヨセフ、カバラー、王、光、月、モーセ、神の御名、数字、女王、ラケル、赤、7、太陽、10、木、水、白、風

隅、端　CORNERS（ヘブライ語：ペオート、カンフォート）

　円が完成と完璧を表わしているとするならば、尖った角と境界線が画定された突端を持った四角は、円とは反対の静止と限界を表わしている。「円を四角にする」――四角のまわりに円を描く――ことは、伝統的に、物質世界（方形の大地）と精神世界（天球）の統一を象徴していた。

　ユダヤ人の伝統において、隅や端、ペオート――四角の4*つの端――は、聖と俗、神聖な世界と人間の世界、ユダヤ人と異邦人の間の境界を象徴している。トーラー*は、イスラエルの男性が顎髭*と顔*の端を剃ることを禁じ、祭司たちに繰り返し命じている。[1] 同様に、モーセ*は生贄の雄羊の血*をアロン*とその息子たちの右の耳たぶ、右手の親指、右足の親指（これらは、彼らの身体の端の象徴である）に塗ることによって、彼らを祭司として清めた。[2] 4本の角*によってはっきりと範囲が画定された祭壇*の隅は、聖なる空間の境界を構成している。

　もうひとつ別の戒律がコミュニティに命じられていた。それは、貧しい人や寄留者のために、畑の隅は刈らずに残しておかなけれ

聖櫃（契約の箱）　ARK

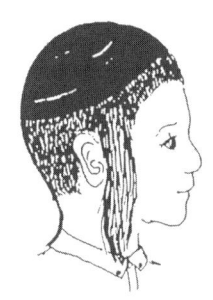

耳の前の髪が伸びたハスィディーム⁺の少年。

ばならない、ということであった。⁽³⁾ 後にラビたち⁺はこの聖書の律法をさらに敷衍して、貧しい子育て中の母親たちや子供たち、そして異邦人の面倒をみるおもいやりへと拡大している。こうしたことを実践することによって、コミュニティの責任は個人の資産に優先する（資産の境界を超越する）、という伝統が作られた。ペアー、すなわち、隅を残しておくことは、こうして、ユダヤ人の慈善行為の象徴となった。

典礼においては、ユダヤ民族は神の「隅の親石」である、という詩篇作者の宣言は、メシア*の贖いの象徴となった。⁽⁴⁾

隅のモチーフは、ユダヤ人の衣服*にも拡大されている。ユダヤ人は衣服の四隅に房を縫い付けるように命令されているが、これは、神の命令を思い起こし、異邦の神々を渇望するのを抑制するためであった。⁽⁵⁾ ここではふたたび隅は聖なる空間の境界をしるしているのである。それはまた、世界の四隅とは別に、私的空間と公的空間の相互連関をもしるしている。

現代において、ハスィディーム⁺とイエメンのコミュニティでは、伝統への忠誠の象徴として、少年や男性が頭髪の端を刈らずに残しておく（その残った部分をペアー、または、ペオートと呼ぶ）のが依然として慣習となっている。

(1) レビ記 19：27、21：5　(2) レビ記 8：22-24　(3) レビ記 19：9　(4) 詩篇 118：22　(5) 民数記 15：38-39

象徴するもの：伝統への忠誠、境界、慈善行為、連関、区別、聖性、限界

項目別分類一覧：身体の部分、衣服

参照箇所：円、衣服、髪、祭司職、タリート、翼

聖櫃（契約の箱）　ARK（ヘブライ語：アロン・ハ・コデッシュ）

古代のイスラエルの人びとの間では、おそらく、聖櫃（契約の箱）ほど強力な象徴はなかったと思われる。最初の砕かれた十戒*の板と2番目の完全な十戒の板が納められた聖櫃と、1オメル〔約2.3ℓ〕のマナ*とアロン*の杖⁽¹⁾は、神との契約とイスラエルの人びととのあいだに神が臨在していることを目に見える形で思い起こさせるために、荒野*を移動していた時ずっと人びとによって運ばれていた。聖櫃が人びととともに移動していた時には、神は雲*の中にあってついてきた。⁽²⁾

もともとの聖櫃の箱は、コミュニティの精神的な中心として機能していたミシュカン*、すなわち、移動できる幕屋の中に納められていた。聖櫃はアカシヤ材で作られた長方形の箱で、純金*で内側も外側も装飾されていた。特に戦いが迫っていた時には、人びとに畏怖心と信頼感を抱かせた。聖櫃の上には、黄金のケルビム*が両端に置かれた黄金の板の贖いの座カポレットがあり、神の玉座*を表わしている一対のケルビムの翼*は、贖いの座を覆っていた。聖櫃の前には、神の加護の象徴であるマナの壺とアロンの杖が置かれてい

153

聖櫃（契約の箱） ARK

た。[3]

イスラエルの人びとがカナンの地に入った時、彼らは戦いに聖櫃をたずさえて行った。ペリシテ人が一度聖櫃を奪い取ると、聖櫃はそれを奪い取った者に復讐をし、彼らはそれを返さなければならなくなるほどであった。[4] ダビデ*がそれをエルサレム*に持ってくるまでのしばらくのあいだは、それはシロの聖所✝に安置されていた。最終的には、ソロモン*がそれを納めるための壮麗な神殿*をエルサレム*に建てた。紀元前586年の第一神殿の崩壊の前に、聖櫃は消失してしまった。伝説はヨシア王がそれを隠したと言っているが[5]、その痕跡はまだ見つかってはいない。

ソロモンの神殿では、聖櫃は至聖所、すなわち、ドゥヴィールと呼ばれる長さ、幅、高さがそれぞれ20キュービット〔20アンマ。約9m〕の正立方体の内陣に安置されていた。この小さな部屋には、1年に1度、ヨーム・キプール*の時に大祭司だけが入ることができた。この部屋は宮殿*を意味するヘイハルと呼ばれる外陣の聖所とは垂れ幕で仕切られていた。今日に至るまでスファラディーム✝は、ソロモンの神殿のこの部分を思い起こして、トーラーが納められている聖櫃をヘイハルと呼んでいる。アガダー✝によると、聖櫃が置かれていた場所は、世界のまさに中心、あるいは、神の足台を示していたという。

ユダヤ人はやがて、もとの聖櫃に取って代わるひとつの象徴を作りだした。これがいわゆる〔飾り戸棚のような〕収納庫であり、当初は移動することができたが、後になるとシナゴーグの壁に据え付けられ、そこにトーラー*を納めるようになった。ミシュナー✝

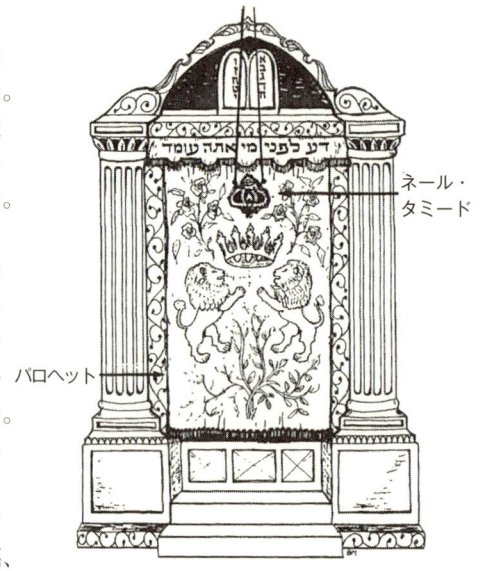

両側にヤキンとボアズ*を偲ばせる円柱が立ち、織物のパロヘット*とネール・タミード*のあるアシュケナズィーム#の様式の聖櫃。（聖櫃の上にヘブライ語で「あなたたちの前に立っておられる方を知れ」と書かれているのが特徴である）

はこの収納庫をテヴァーと呼んでいるが、この語はノア*の箱舟*とモーセが入れられていた籠*に対して用いられている語と同じ単語である。やがて、アシュケナズィーム✝は、これを元の聖櫃にちなんでアロン・ハ・コデッシュと呼ぶようになった。古代からシナゴーグ*では、トーラー*の聖櫃をエルサレム*の方向に向けていた。エルサレムのシナゴーグでは、それを神殿の山の方向に向けていた。シナゴーグの内部では、それは建築上の中心物となり、トーラーそれ自体は別として、最も聖なるものとなった。

装飾の手のこんだ伝統は聖櫃を中心に発展

した。最初は、巻物はただ置かれていただけであったが、中世になると、巻物は縦長の壁龕にまっすぐに立てられるようになった。17世紀になると、オランダのシナゴーグでは、聖櫃の最上部に十戒*のレプリカを付け加えた。そして、この様式はすぐにきわめて一般的なものとなった。その後、広い地域でさまざまな装飾の伝統が現われたが、その中には、その地域特有の主文化の芸術的潮流の影響を受けたものも多々あった。18世紀のドイツの聖櫃は、その当時の主流であったバロック様式風の円柱、片蓋柱〔壁面から浅く突き出た柱、付柱〕、切妻型の壁、飾り花瓶などがあった。東欧の聖櫃は、獅子*、鳥*、イルカ、雄鹿、鷲*などの戯れのモチーフがあった。聖櫃の中には、特に19世紀のアメリカの聖櫃のように、球根状のドームと幾何学的な模様で覆われたアーチを持ったムーア風の様式のものもあった。

　こうしたデザインにおける広範囲にわたる多様性にもかかわらず、ほとんどの聖櫃はいくつかの共通した特徴を持っていた。たとえば、ネール・タミード*（永遠のともしび）。これは神の継続的な臨在を表わしている。パロヘット*と呼ばれるカーテンはたいていの場合、凝った装飾がほどこされている。そして、トーラーの巻物自体も豪華に装飾がほどこされている。ほとんどの聖櫃には、パロヘットの前か後ろに扉がついている。多くの聖櫃の両側にはヤキンとボアズ*と呼ばれる2本の柱があるが、これらはソロモンの神殿の聖所に立てられていた柱を思い起こさせている。パロヘットの上に、贖いの座、カポレットを思い起こさせる細長いものを置いたものもある。古典的な聖櫃の扉のモチーフは、王冠*、十戒のレプリカ、ユダ族の獅子や神の至高性を表わしている後脚で立った一対の獅子、そして、生命の木*である。

　過去においては、困った時に天に懇願する手助けとなる特別な力が聖櫃にはあるという考えは、個々のユダヤ人にとっては一般的なことであった。女性たちは、聖櫃のカーテンをつかみ、病気の親類縁者や子供たちのために祈った。今日に至るまで、扉の開いた聖櫃の前で捧げられる祈りには特別な力があり、天の門*を開ける、と信じられている。聖櫃それ自体は、天への通路であると考えられている。

---

(1) 出エジプト記16：32、民数記17：25、BTベラホート篇8b、BTバヴァ・バトラー篇14b　(2) 民数記10：33-34、14：14　(3) 出エジプト記16：33、25：22、民数記17：25　(4) サムエル記上4：3-11、5：1-7：1　(5) ミシュナー・シュカリーム篇6：1-2、BTヨマー篇52b

象徴するもの：中心、憐れみ、契約、神の住居、神の力、神の臨在、神の加護、天、聖性、完璧、祈り

項目別分類一覧：住居、祈り、シナゴーグ、神殿、ヨーム・キプール

参照箇所：アロン、ノアの箱舟、ケルビム、冠、東、門、ヤキンとボアズ、獅子、マナ、ミシュカン、ネール・タミード、パロヘット、シナゴーグ、十戒、トーラー、ヤッド

セデル　SEDER（ヘブライ語：セデル）

　セデルは、ヘブライ語で「順序」を意味する。伝統的なユダヤ教の祈祷書はスィドゥー

セデル　SEDER

ル✝と呼ばれているが、これは、このヘブライ語の語根から派生した語である。というのも、その順序がラビ✝によって規定されているからである。このセデルという語は、2000年以上ものあいだ、過ぎ越しの祭り*の最初の晩(ディアスポラ✝のコミュニティでは2日目の晩も)に行なわれる家庭での儀式を特に指すのに用いられてきた。この儀式では、出エジプト*の物語を形を変えて語り、この祭りと歴史を記念する儀礼と象徴を用い、祈り、聖歌を歌い、祭りの食事をする。ハガダー*と呼ばれる特別な本がこの凝った儀式の宴の台本とテクストとして用いられている。セデルの先導者がキッテル*を着るのが伝統となっている。

　神は、エジプトでの奴隷状態からイスラエルの人びとを解放した後、彼らに「あなたはこの日(すなわち、過ぎ越しの日)、自分の子供に告げなければならない。『これは、わたしがエジプトから出た時、主がわたしのために行なわれたことのゆえである』と」。[1] これ以後、毎年過ぎ越しの祭りの食事の時にこの古代の物語を朗読する慣習が発展した。ミシュナー✝は、この儀式のために要求されている食べ物と儀礼を詳細に記しているが、そのほかに、子供たちが親に質問すべきこの儀式についての四*つの質問事項を挙げている。親は、子供たちの知識の程度に応じて答えることになっている。中世には、ハガダーのこの部分が粉飾され、ラビ文書、料理と典礼聖歌、子供たちの気を引くようなよく知られた民謡、祝福と儀礼の定められた式次第などを含んだ恒久的な式次第(セデルの「セデル」)が確立された。

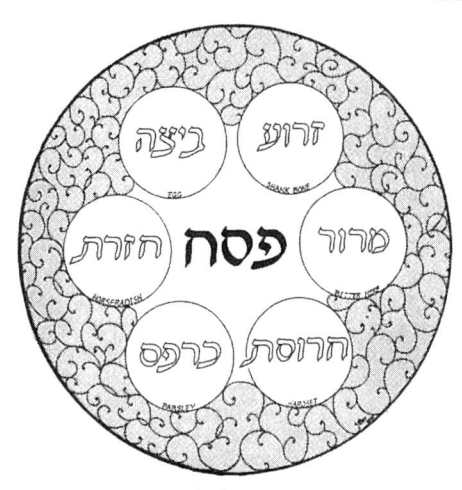

セデルの皿

　セデルの重要な部分には次のようなものがある——ぶどう酒*を4*杯飲むこと(これは、おそらくは宴の席で神々、客人、主人、皇帝に乾杯を捧げていたローマ人の一般的な慣習に由来しているものと思われる)。これは、神の四つの贖いの行為に相応している。さまざまな象徴的な食べ物について説明したり、時には、それらを食べたりすること。それらの食べ物には、儀式のための3*枚のマッツァー*(ユダヤ民族の三つの分類、あるいは、神殿*の二つのハラーと過ぎ越しの祭りの生贄の代わりのパンを表わしている)、脛の骨と焼き卵*(これらは、神殿が建っていた時代の過ぎ越しの祭りの生贄の名残りでもある)、塩*水*(奴隷であったイスラエルの人びとの涙を象徴している)、苦菜(マロール*。これは、奴隷状態の苦しさを象徴している)、ハロセット*(奴隷たちが作っていたモルタルを象徴している)、野菜と固ゆで卵*(春を象徴している)、割られたまん中のマッツァー、アフィコマン*(メシアによる

贖いへの希望の象徴）などがある。ぶどう酒の滴をこぼしているあいだに10*の災いを復唱すること。過ぎ越しの祭りの物語を語ること。また、エリヤ*のために盃を準備しておくのも慣習となっている。これは、エリヤがメシア*の到来と最終的な贖いを告げるためにセデルにやってくるという伝説にもとづいている。

セデルは、出エジプトの出来事を復唱すること以上の意味がある。ユダヤ人は、これらの出来事の実際の参加者であると自らをみなさなければならないと命じられている——「どの世代の者も、自分が個人としてエジプトから出て行ったかのように自らをみなさなければならない」。(2) スファラディーム+のコミュニティの多くでは、出エジプトを再現するために参加者全員がリュックや荷物を持ってセデルの食卓のまわりを練り歩く。自由なローマの民がしていたように椅子にもたれかかったり、自由になった瞬間に奴隷がせきたてられて食べたパンであるマッツァーを食べたり、夕食時に好きなだけぶどう酒を飲んだりすることなどの他の儀礼は、参加者に自由の喜びを直接体験させている。貧しい人を招いたり、苦菜を食べたり、まだ迫害されているユダヤ人のために4枚目のマッツァーを準備したり、エリヤが告げるメシアの贖いに希望を託したりする他の行為は、参加者に彼らの自由が過去においても現在においても限定されたものであるということを思い起こさせている。また、10の災いを復唱している時にぶどう酒を10滴こぼす慣習もある。これは、エジプト人の苦しみを思い起こすことによって個人の喜びを抑えるという象徴的な意味を持っている。

過ぎ越しの祭りのセデルは、ユダヤ人の祭事暦では重要な家庭での儀式である。これは、ユダヤ人のアイデンティティと家族のまとまりを確かなものとしている重要な儀式である。これはまた、ユダヤ人の伝統にとっては非常に中心的なものである精神的な自由と抵抗の観念を具体的に表現している。重要なことであるが、ワルシャワ・ゲットー*のユダヤ人たちがナチに対して最後の果敢な蜂起を開始したのは1943年のセデルの夜だった。この出来事は現在では、世界中のユダヤ人世界のセデルで思い起こされている。

過ぎ越しの祭りのセデルの他に、ユダヤ人の多くは、過ぎ越しの祭りの儀式に範を取ったトゥ・ビ・シュヴァット*のセデルをも祝っている。このセデルは、16世紀のツファット*のカバリスト*たちが発展させたものである。このセデルでは、ぶどう酒を4杯飲み（神の霊の流出の神秘的な四つの世界と春の到来を象徴している）、神秘主義の文書と伝統的な文書からの聖句を朗唱し、春の歌を歌い、カバラーの神秘主義神学の象徴的な食べ物を食べる。

---

(1) 出エジプト記13：8　(2) ミシュナー：プサヒーム篇10：5

象徴するもの：家族、自由、親切なもてなし、ユダヤ人のアイデンティティ、ユダヤ民族、順序、贖い、抵抗、春

項目別分類一覧：食物、過ぎ越しの祭り、トゥ・ビ・シュヴァット

参照箇所：アフィコマン、盃、卵、エジプト、エリヤ、出エジプト、4、ハッド・ガドゥヤ、ハ

戦車　CHARIOT

ガダー、ハメッツ、ハロセット、カバラー、マロール、マッツァー、メシア、モーセ、過越しの祭り、ファラオ、塩、食卓、トゥ・ビ・シュヴァット、ワルシャワ・ゲットー、ぶどう酒

戦車　CHARIOT（ヘブライ語：メルカヴァー）

　世界中の神話において、戦車は速さ、力、征服を連想させるために、生命力、太陽、霊魂を象徴している。古典的な神話では、太陽神は戦車で天空を疾駆するものとして描かれている。古代のシナゴーグ*のモザイクの多くには、太陽神ヘリオスが4*頭立ての2輪馬車に乗っているのが描かれている。ベイト・アルファ（紀元後6世紀のパレスティナ）の有名なシナゴーグの床には、ゾディアック*（黄道十二宮）の中心にこの像が描かれている。ヘレニズム世界では、ヘリオスは至高神ソルの指導の下での宇宙の秩序と善を表わしていた。ヘレニズム時代のユダヤ人哲学者フィロンは、神についてこう述べている──「御者が手綱を握るように、また、水先案内人が舵を握るように、神はすべてのことを律法と正義の要求に合うように導いて下さる」。(1) ヘレニズム時代までは、ユダヤ人はおそらくは、ただ単に慣習的に、暦の象徴として彼らの戦車に太陽神を用いていただけであったように思われる。これはちょうど、今日われわれが異教的な象徴を宗教的な目的からではなく、単なる挿絵上の目的で用いているのとまったく同じことである。

　聖書においては、ファラオ*の戦車は世俗的な権力のはかなさの象徴である。神はファラオの戦車を鉛のごとく海に沈めた。(2) だが、戦車はまた、神の力の象徴でもある。預言者エリヤ*は死なずに「火の馬に引かれた火の戦車」(3) に乗って天へ運ばれた。このイメージは、エリヤの不死性と奇跡を起こす能力を示唆しており、長いあいだユダヤ民族の想像力を虜にしていた。

　カバリスト+は、神の神秘の象徴として聖書の別なイメージを引き出した。それぞれが人間、獅子*、牛、鷲*の顔と4つの翼*を持っている四つの生き物として現われたエゼキエルの幻視の中で描かれているメルカヴァーは、火を発した4つの車輪を持った乗り物と一体化した。その車輪の外枠には周囲一面に目*が付けられており、その霊は「車輪の中にあった」。(4) この幻視にインスピレーションを喚起されて、ユダヤ教神秘主義者はいわゆる、マアセー・メルカヴァー+と呼ばれる「神の戦車」の神秘主義やヘイハロート（宮殿*）神秘主義の一派を起こした。この秘教的な学問は、その奥義伝授者に異常なほどの聖性を要求し、かつ身を危険にさらさせた。この学問は選ばれたエリートだけのものであった。この方法を実践した者は、ヨルデイ・メルカヴァー、すなわち、「戦車へ下りる者」〔「上る」ではなく「下りる」と表現されているのは、先唱者が礼拝が開始される前に「聖櫃よりも低位置に下りる」ことに由来しているという説（ゲルショム・ショーレム）や、「わたしはくるみの園に下りて行きました」（雅歌6：11）の「くるみの園」を戦車とみなしているという説（ヨセフ・ダン）などがある〕と呼ばれていた。マイモニデス+は『迷える者への手引き』の中で、エゼキエルの戦車の幻視は人間に霊魂を吹き込むこと、すなわち、肉

体に精神をまとわせることを象徴していると述べている。

(1)Philo, *On the Account of the World's Creation Given by Moses*, 46.　(2)出エジプト記 15：1-18
(3)列王記下 2：11　(4)エゼキエル書 1：4-21

象徴するもの：危険、神の神秘、神、聖性、不死、奇跡を起こす力、神秘主義、力、空しさ

項目別分類一覧：天文学、カバラーの象徴

参照箇所：暦、エリヤ、火、カバラー、太陽、ゾディアック

ゾディアック（黄道十二宮、獣帯）ZODIAC
（ヘブライ語：ガルガル・ハ・マザロート）

ゾディアック（「小さな動物」を意味するギリシア語）は、12の星座に照応した12の象徴の円*形の図像である。古代人によれば、12の星座は、太陽年の軌道を通って天と人間の運命を決定するという。各象徴にはラテン語名、絵画的な標章、固有の特性があり、それらはその星座の「下で」生まれた人間の性格と運命を描き出していると考えられていた。これらの象徴や天の形態を研究することを占星術と呼んだ。占星術は今日においてもまだ実際に行なわれており、人びとに大きな関心を抱かせている。

ユダヤ人は長いあいだ、天体の星座の意味について関心を持っていた。伝説は、アブラハム*の誕生と同時に起こった天の兆しについて語っている。[1]ヨセフ*は星々*、太陽*、月*のイメージで未来の夢を見た。タルムード+には占星術的な事柄についての忠告と逸話がたくさんある。中世のユダヤ人の著作は同様に、人間の運命に対する星々、惑星、月の比較的大きな影響力について論じている。

ユダヤ教は、ヘレニズム——これ自体が東方の星辰宗教の大きな影響を受けていた——の強い影響を受けて、多くの占星術の理論と象徴を採り入れた。これらのひとつがゾディアックであった。古代のいくつかのシナゴーグ*の特色として、モザイクの床にゾディアックが描かれていることが挙げられる。このゾディアックは、異教の12の象徴から成り、それらのラテン語名のヘブライ語訳がついている。ゾディアックの円を囲んでいる正方形には四*季が配置されており、それぞれ女性の人物によって表わされている。また、それらの女性たちを農業の象徴がとり囲み、ヘブライ語の月の名前が示されている。重要なことには、ゾディアックの象徴は、それらと一直線に並べられたヘブライ語の月と対応してはいなかった。ヨルダン峡谷のナアランでは、モザイク職人は、ローシュ・ハ・シャナー*の月である秋のティシュレイ+の月を3月の異教の新年と一直線上に並べなかったばかりでなく、ゾディアックを時計回りに逆転させ、月はその反対方向へ回転させた。このことは、このコミュニティのユダヤ人が二つのまったく異なった暦*の下で生活していたことを示していた。

ゾディアックの円は、生命の輪——1年の12ヵ月、昼と夜の12時間を表わしている。シナゴーグの床の「正方形で囲まれた円」——12ヵ月で囲まれたゾディアックは、天体と地球の四隅*を表わしていた。これは、古代世界ではよく見られた絵のモチーフであり、宇宙を表わしていた。

キリスト教美術は、本来の十二宮の代わ

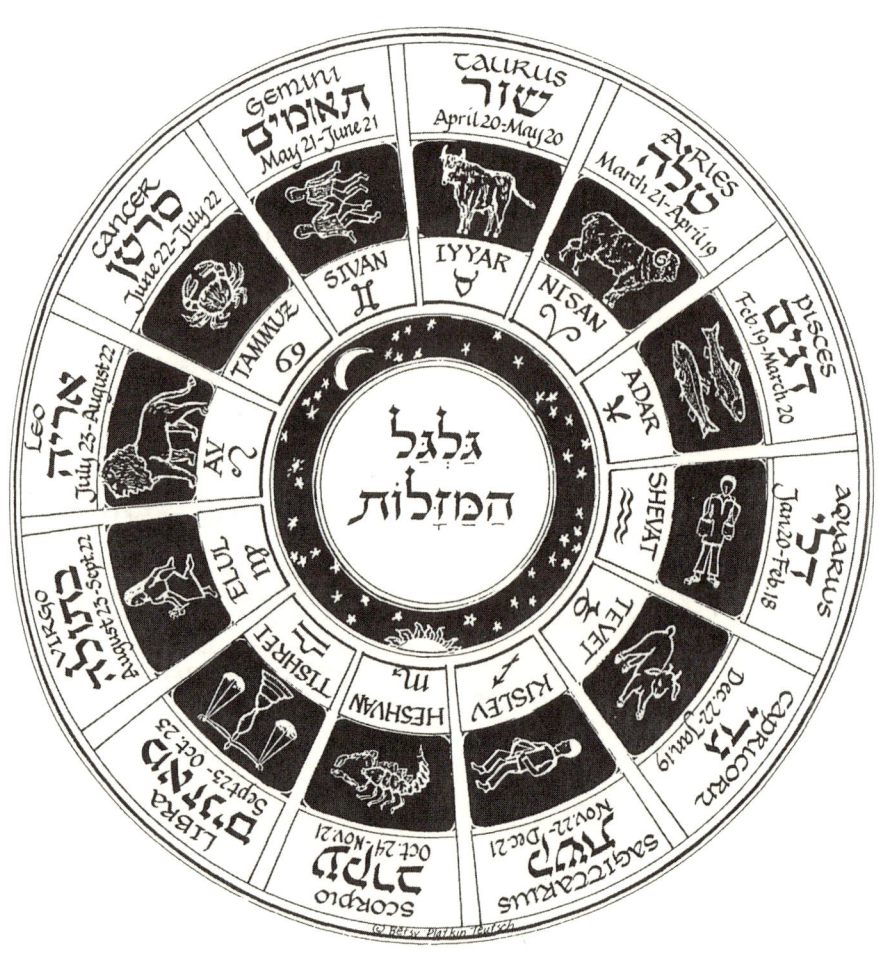

ゾディアック（黄道十二宮、獣帯）ZODIAC

ヘブライ語のゾディアック（ガルガル・ハ・マザロート——「星座の輪」）。ヘブライ暦は太陰太陽暦でありグレゴリオ暦は太陽暦であるので、十二宮とヘブライ月の対応はおおまかである。

160

ゾディアック（黄道十二宮、獣帯）ZODIAC

十二部族とゾディアックの十二宮

部族	ゾディアックの宮 （ラテン語）	ゾディアックの宮 （ヘブライ語）	ゾディアックの宮 （日本語）	星　座 （日本語）
ユダ*	アリエス	タレー	白羊宮	牡羊座
イサカル	タウルス	ショール	金牛宮	牡牛座
ゼブルン	ゲミニ	テオミーム	双子宮	双子座
ルベン	カンケル	サルタン	巨蟹宮	蟹　座
シメオン	レオ	アリイェー	獅子宮	獅子座
ガド	ウィルゴ	ベトゥラー	処女宮	乙女座
エフライム	リブラ	モズナイム	天秤宮	天秤座
マナセ	スコルピウス	アクラヴ	天蠍宮	蠍　座
ベニヤミン	サギッタリウス	ケシェット	人馬宮	射手座
ダン	カプリコルヌス	ゲディ	魔羯宮	山羊座
アシェル	アクアリウス	デリ	宝瓶宮	水瓶座
ナフタリ	ピスケス	ダギーム	双魚宮	魚　座

りに、聖人、天使*、キリスト教の他の象徴を用いることによって、またたく間に異教のゾディアックを「真正化」したが、ユダヤ美術はユニークなユダヤ教的ヴァリエーションで異教の表象を保ちつづけた。しかも、過ぎ越しの祭り*の露*乞いやスッコート*の雨*乞いの特別な祈りと一緒に、ゾディアックを（アシュケナズィーム+の）祈祷書に挿入した。ラビ+の指導者たちは、ユダヤ人の歴史の観点から寓意的にゾディアックを解釈して、ゾディアックを含めたことを合理的に説明した。[2] カバラー文学、とりわけ古代の『セフェル・イェツィラー』〔『形成の書』〕とその注解書の多くは、ユダヤ人の出来事の占星術的な背景から神秘的な意義を引き出して

いた。別な注解書は、十二部族*の旗*はゾディアックの十二宮に照応していると述べている。[3]

ゾディアックはイタリアのクトゥバー*によく用いられたデザインであった。ゾディアックは、幸運な恵まれた結婚と調和のとれた星座のもとでカップルを結びつけることを象徴していた。ポーランドの多くのシナゴーグの特徴は、木製の天井に見られる鮮やかに描かれたゾディアックのデザインである。

ゾディアックの象徴のいくつかは、伝統的なユダヤ教の祝祭日のモチーフに照応している（しかしながら、ゾディアックは太陽暦で測定され、ユダヤ暦は太陽暦で周期的に調整される太陰暦であるので、必ずしも二つの時の枠が

ソロモン　SOLOMON

一致するとはかぎらない)。リブラの宮（天秤宮）は、おおよそローシュ・ハ・シャナー*に照応し、ユダヤ教の新年の主題のように裁きを象徴する天秤である。アリエスの宮（白羊宮）は、過ぎ越しの祭り*に照応し、かつて過ぎ越しの祝いの生贄*として献げられていた子羊である。この季節は羊*が子を産む時期でもある（ユダヤ教文書の中には、アリエスを雄羊として描いているものもある。雄羊は、異教のゾディアックではこの月を表わしている)。

ゾディアックとユダヤ暦のもうひとつの別な関連は、プーリム*に見られる。プーリムは、通常、ピスケス——魚*の月（双魚宮）に行なわれる。何世紀にもわたって、ユダヤ人の民俗芸術家たちはプーリムの祭具に魚を描いてきた。プーリムが行なわれるヘブライ月アダル〔西暦の2月～3月〕と魚はともに幸運を表わしていると考えられていた。

古代の伝説は、人間の人生の段階をゾディアックの宮になぞらえている——われわれは「子羊のようにか弱く」生まれた（アリエス）。悪い性質はわれわれの意志を2分する（ゲミニ）。悔い改めはわれわれをふたたび乙女にする（ウィルゴ）。われわれは死後、またふたたび子山羊のようにか弱くなり（カプリコルヌス）、そして、水の中の魚のように幸福になる（ピスケス）。(4)

宮の占星術の理論的な根拠の多くはだいぶ前に失われてしまったが、ゾディアックは一般の文化においても、また、ユダヤ人の大衆文化においても、重要な役割を果たしつづけている。誕生、婚礼、バル／バット・ミツヴァー*のような楽しいお祝い事は、今でも「スィマン　トーヴ　ウ　マザール　トー

ヴ！」という言葉で祝われている。これは、文字通り、「良い宮と良い星座に恵まれますように！」という意味である。

---

(1) セフェル・ヤシャール：ノアッハ 18a - 19a　(2) プスィクタ・ラバティ 27 - 28　(3) ヤルクート・シムオニ：レビ記 418　(4) タンフマ：ハアズィヌ 1：339b

象徴するもの：幸運、順序、時間、世界

項目別分類一覧：天文学、過ぎ越しの祭り、プーリム、ローシュ・ハ・シャナー、スッコート

参照箇所：暦、円、魚、山羊、獅子、月、雄羊、天秤、羊、星、太陽、十二部族

ソロモン　SOLOMON（ヘブライ語：シュロモ）

ソロモンは、ダビデ*とバト・シェバの息子である。彼は第3代目のイスラエルの王*であり、神殿*の建設者であり、ユダヤ人とムスリムの民間信仰の伝説によく出てくる英雄である。イスラエルは、彼の統治下で最も広大な領土と政治権力を得た。だが、そのような領土拡張主義は代償を支払うこととなった。彼の死後、イスラエルは二つに分裂し、2度と統一されることはなかった。ソロモンは、その知恵、その多くの妻たち、その権力、その著作で有名である。皮肉なことには、彼が建てた聖なる神殿*は、彼の名前ではなくして、彼の父親の名前で「ダビデの家」と呼ばれている。

聖書の多くの人物と同じように、ソロモンの評判は彼の欠点のある性格を反映している。一方においては、彼は、ユダヤ人の全歴史において最も繁栄し、名声を博した体制を治

ソロモン　SOLOMON

めた。伝説は、彼の元の名前「ヤディディヤー」(神の恋人)が「ソロモン」(ヘブライ語でシュロモ)に変わったのは、彼の治世を特徴づけている「シャローム」(平和)のためである、とまで主張している。彼は(現代のシリアとヨルダンを含んだ)現在の範囲よりも広くイスラエルの国境を拡張し、中近東の主要な交易ルートを支配し、農業経済と商業経済を監督し、完璧な官僚政治を運営し、印象的な建築物(その中でも特に重要なのは、神殿と彼の王宮であった)を建て、その地域で多くの戦略的な同盟を結んだ。彼はまた、エルサレム*で政治権力と宗教権力を強固にし、神殿での神聖な儀礼に積極的に参加した。

しかしながら、彼の度を越した女性好み(聖書は彼には1000人の妻と側室がいたと書いている)、馬の趣味、黄金への執着、徴兵と労働力の徴用と徴税を含む国内での圧政、主として彼の異邦の妻たちが持ちこんだ異教の信仰への寛大さなどは、彼の国民と後のラビ✛の伝統をして彼を厳しく断罪させることとなった。ラビたちは、彼がファラオ*の娘と結婚した時、天使*ガブリエルは海に1本の葦の茎を差しこみ、この場所が、結局は未来のイスラエルの破壊者であるローマ*の場所となったと主張した。[2] ソロモンはおびただしい数の民間伝承の中では記憶にとどめられているが、ユダヤ人の道徳の教科書に模範者や教師として出てくることはほとんどない。

ひとつの例外は、彼の詩人としての役割である。伝統は、3冊の重要な聖書の書物の著者を彼に帰している——青年時代に書いた雅歌(キリスト教の聖書はソロモンの雅歌と呼んでいる)、中年で書いた箴言(しんげん)、老年で書いたコヘレトの言葉。[3] この最後の有名な集成は、円熟した知恵の鑑(かがみ)である。

多くの並み外れた特質と能力がソロモンと結びつけられているが、それらの中でも特に、鳥*や獣や超自然的な生き物の言語を理解できる能力、彼の魔法の空飛ぶマント、機械化された王座*、彼の驚くべき知恵などが有名である。今日に至るまで、「ソロモンの知恵」という表現は、独創的な判断を意味する諺風の表現として用いられている。

───────────────

(1) 列王記上11：3　(2) BTサンヘドリン篇21b　(3) 雅歌ラバー1：1、10；コヘレトの言葉1：12

象徴するもの：栄光、貪欲、公正、力、知恵

項目別分類一覧：人物、神殿

参照箇所：ダビデ、エルサレム、王、神殿、王座

163

太陽　SUN

【夕行】

太陽　SUN（ヘブライ語：シェメシュ）

　太古の昔から、太陽は大地の光、熱、生命そのものの源泉と考えられ、崇められ、神として崇拝されてきた。日食は、恐ろしいことの予兆とか天の不満の表われとかみなされていた。太陽の反射体である月*は、太陽のネメシス（因果応報と天罰の女神）、配偶者、競争相手と見られていた。太陽は、持続的な明るさと熱さをもって輝いているので、永遠性、力、全知、不死を象徴していた。太陽は東*の地平線から西の地平線まで進むので、戦車*や戦車の御者のイメージで考えられていた。輝いた光線に包まれた黄金*の球形のために、太陽は獅子*の鬣(たてがみ)にたとえられていた。太陽は、ある時は男性神、強さと知恵の源泉とみなされ、またある時は、女性神、知恵と生命の源泉とみなされていた。こうした働きは、時には混在していた。冬が近づくとともに日が短くなると、常に不安感をもたらした。冬至の後に日が長くなると、喜びをもたらした。

　古代パレスティナの住民は、太陽神シャマシュを崇拝していた。太陽を意味するヘブライ語はこの語に由来している。トーラー*は、イスラエルの人びとが約束の地に入った時にそのような太陽崇拝をはっきりと禁じた。[1]

しかし、後の王たちはこのタブーを無視し、聖なる神殿*の入口に異教の太陽神の馬と戦車を置いた。ヨシヤ王はこの祭儀を最終的に廃棄した（紀元前621年）。[2]

　しかし、太陽崇拝はヘレニズムの影響下で新しい形態で復活した。ギリシヤ・ローマの宗教は豊饒祭儀から太陽、惑星、星*を中心とした複雑な占星術の体系へと変質し、運命論と不死信仰を強調した東方の星辰宗教が西洋に浸透するとともに、ギリシア哲学者たちのあいだでは論理学、科学、合理主義が流行し、異教の多神教は徐々にある種の普遍的な一神教に取って代わられていった。そして、ますます知恵と不死の源泉である太陽神ヘリオスへの信仰に集中していった。この時期の特にヘレニズム化していたユダヤ人のあいだでは、「天の神」をヘリオスと呼んだ護符*が表われるようになった。[3] 特にガリラヤのベイト・アルファのシナゴーグ*が有名であるが、多くの古代のシナゴーグ*の床のモザイクには、4*頭の太陽の馬に引かれた戦車（クァドリガ）に乗ったヘリオスが描かれている。

　ラビ+たちは、一般の人びとの想像力への太陽の影響力が甚大なので、人びとをユダ

ヤー神教へ引き戻すために代わりの別な「神話」を準備した。太陽と月は、伝説では擬人化されていた。初めは、これら二つの天上の身体は平等に造られた。しかし月が嫉妬したために、小さくされてしまった。ラビたちはまた、太陽は毎日神に礼拝し、昼と夜にはそれぞれ別な天使*の軍勢に引かれた戦車に乗っていると主張した。[4] 彼らは、太陽は実際には白色*であるが、朝エデンの園*のばら*園のそばを通過すると赤*くなり、夜にゲヒノム*の火*のそばを通過するとふたたび赤くなると述べている。[5] 太陽の光線には癒す力があり、日食には未来を預言する力がある。[6] 太陽の明るい輝きには、シャバット*や性行為と同じように、来世+を前もって味わわせる力があると考えられていた。[7]

ユダヤ暦*は、太陰暦と太陽暦双方を折衷したものであり、月の満ち欠けの毎月のリズムと冬至と夏至によって決められた農業上の周期に合わせられている。ユダヤ人の１日は日没からはじまる。この習慣は、おそらくは、バビロニアに捕囚されていた時（紀元前６世紀）に採り入れられたものと思われる。ユダヤ人は、28年ごとにビルカット・ハ・ハマー（太陽の祝福）を朗唱している。この祈りは、太陽の創造力と絶えざる祝福への感謝の礼拝である。この礼拝の最近の機会は、2009年の第２水曜日〔４月８日〕であった。

東を意味するヘブライ語ミズラッハは、「光線を放出する」という意味の語根に由来している。東の方角を向いて祈るという慣習は、かつては異教の太陽崇拝と関係していたが、ユダヤ教はこの慣習を、ほとんどのディアスポラ+のユダヤ人コミュニティの東に位置していたエルサレム*に敬意を払うしるしと解釈し直した（他の地域のコミュニティでは、エルサレムの方向に向かって祈った）。

―――――――――――――――

(1) 申命記4：19　(2) 列王記下21：3-5、23：11　(3) Goodenough, *Jewish Symbols in the Greco - Roman Period*, 121　(4) ピルケイ・デ・ラビ・エリエゼル6　(5) BT バヴァ・バトラー篇84a　(6) BT バヴァ・バトラー篇16b、BT スッカー篇29a　(7) BT ベラホート篇57b

象徴するもの：祝福、神、癒し、力

項目別分類一覧：天文学

参照箇所：暦、戦車、東、金（黄金）、光、獅子、月、星、ゾディアック

竪琴　HARP（ヘブライ語：キノール）

古代イスラエルにおいては、音楽は礼拝や公の祝典では重要な役割を演じていた。演奏者たちは祭司職*のメンバーであり、弦楽器、管楽器、打楽器などを用いていた。

弦楽器は、弦の本数、形、大きさなどさまざまであったが、どれも古代の同じ形態のものが変形したものであった。聖書によると、楽器の創作者は、カインの末裔であるユバルであったという。[1]

竪琴は詩篇にはよく出てくる。詩篇は、おそらくは音楽の伴奏で、供犠を献げる礼拝の一部としてレビ人によって歌われて

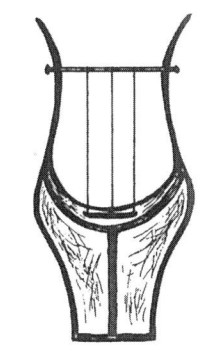

古代イスラエル人の弦楽器

ダニエル　DANIEL

いた。聖書によれば、イスラエルの人びとがバビロニアに捕虜として引き立てられて行った時、祭司たちはネブカドネツァル王の前で歌いたくなかったので、竪琴をユーフラテス川のほとりの柳*の木々に掛けたという。[2] 後世の伝説は、レビ族の人びとはバビロニアの王の前で竪琴を演奏したくなかったので、自分たちの指を切り落とした、と語っている。これらの古代との関係のゆえに、竪琴は伝統的にレビ族を象徴している。

イスラエルで最も有名な竪琴の奏者は、若きダビデ*であった。彼の快い甘い演奏は、ふさぎこんでいたサウル王の心を安らかにした。[3] 伝説によれば、ダビデの竪琴の弦は、アブラハム*がモリヤ*の山で生贄に献げた雄羊の腸で作られていたという。毎日、真夜中になると弦が振動しはじめ、ダビデを目覚めさせ、祈りと学習をさせた。[4] ユダヤ人の絵画では、竪琴はダビデ、あるいはメシアの系統であるダビデの家系、すなわちダビデ王朝を象徴している。

(1)創世記4:21　(2)詩篇137:2、エルダッド・ハ・ダニ 42-43　(3)サムエル記上16:23　(4)ピルケイ・デ・ラビ・エリエゼル21、BTベラホート篇3b

象徴するもの：美、祝い、喜び、レビ人、音楽、祭司制度、礼拝

項目別分類一覧：神殿

参照箇所：ダビデ、メシア、祭司職、神殿、柳

ダニエル　DANIEL　（ヘブライ語：ダニエル）

ダニエルという名前は、「神は審いた（あるいは、正しさを証明した）」という意味である。ダニエルはその名前が示しているように、聖書の英雄である。彼の話で最も有名なのは、バビロニアの王ダレイオスが彼を獅子の洞窟の中に投げ込んだが、彼は生きていた、という話である。ユダヤ人の伝説においては、彼はその信仰と敬虔さにおいて誉め称えられている。というのも、彼は、進んで自らの生命を賭したからである。また、彼の夢を解釈する能力や、終末*の日や最後の審判に関しての預言能力がすばらしかったからである。ラビ*たちは彼を真の預言者とみなしてはいないが、彼を世界で最も賢い者として賞賛していた。[1] 伝統はダニエルを、エルサレムに向かって祈った最初のディアスポラ*のユダヤ人とみなしている。[2]

ダニエルは、王に仕えていた時にはカシュルート*の戒律を忠実に固守し、食べる物は「豆類の野菜と水」だけに限定していた。[3] ちょうど王妃エステル*もそうであったように（彼女も同じように菜食主義者であった）、ダニエルもペルシアと関連があるので、プーリムの祝祭日には彼らの敬虔さを思い起こすために、豆類の野菜を、特にひよこ豆*を食べるのが伝統となっている。

(1)BTヨマー篇77a　(2)ダニエル書6:11　(3)ダニエル書1:12

象徴するもの：勇気、神の加護、信仰、敬虔、預言、菜食主義、幻視、知恵

項目別分類一覧：メシア、人物

参照箇所：ひよこ豆、夢、東、エステル、エルサレム、獅子、プーリム

種入りパン　→ハメッツ　HAMETZ

ダビデ　DAVID

種なしパン　→マッツァー　MATZAH

ダビデ　DAVID（ヘブライ語：ダヴィード）

　聖書はダビデについて他のイスラエルの王よりも多くの話を語っている。3000年前の彼の時代には、彼は人びとに好かれていた。今日においても、彼は依然として好かれている。ユダヤ人の創造力の内部では、ダビデの名前は多くの重要なユダヤ人のイメージや象徴と結びついている。彼は若き羊飼いであったが、巨人ゴリアトを打ち倒した。彼は若い時には、陰鬱な気分におちいっているサウルの心を竪琴で慰め、後には詩篇を作詩したイスラエルの美声の歌手であった。彼は王位の系統であるダビデの家の創立者であり、彼の子孫はマシーアッハ・ベン・ダヴィード、ダビデの子メシア*（油を注がれた者）と呼ばれた。彼の名前は神殿*と結びついていることが多く、典礼では神殿を「ダビデの崩壊したスッカー*」と呼んでいる。ダビデがイスラエルの都としたエルサレム*は、伝統的に「ダビデの町」と呼ばれている。祈祷書や食後の感謝の祈りの中や、ユダヤ人の歌のおびただしい数の曲目のいたる所で、ダビデへの言及がたくさんなされている。典礼においては、神は「マゲン・ダヴィード」、ダビデの盾と呼ばれている。そして、今日では六芒星、ユダヤの星*が同じ名前で呼ばれている。要するに、ダビデはイスラエルの過去の栄光と未来への希望の典型的な象徴となったのである。

　だが、ダビデにさえも欠点はあった。ダビデは美しいバト・シェバを欲しかったので、彼女と結婚するために彼女の夫を死なそうとたくらんだ。ラビ+たちはこの出来事を、神の試みと解釈していた。ダビデは、自己のうぬぼれのために失敗したのだった。[1] ダビデの子供たちへの、とりわけ、アブサロムへの盲目的な愛情が、彼の王国を失わせることとなったが、伝統は彼を父親の愛情の模範として思い起こさせている。ダビデとサウルの息子ヨナタンとのあいだの戒めとすべきような愛は、特にユダヤ人の同性愛者のあいだでは、男性の友情の模範とみなされている。[2]

　神秘主義の伝統においては、ダビデは人間の経験に最も近接した神の霊の流出である第10番目のスフィラー*、マルフート（王国）と同一視されている。ダビデのことを指すマルフートは、神の女性的な面を表わしているシェヒナー*とも呼ばれている。カバリストはこの最下位のスフィラー、つまり、ダビデを月*と同一視している。というのも、両者は高位の源泉からの光を反射しているからである。伝説によれば、ダビデの本当の生命は、別の人間の生命を反映したものであった、という。というのも、アダムはこの偉大な未来の霊魂が生まれた後にすぐに死ぬ運命にあるということを知った時、自分に割り当てられた1000年のうちの70年をダビデに残したと言われているからである。ダビデは王国、メシア、カバラー*と結びついているために、第4番目のシャバットの食事——メラヴェー・マルカー（「女王に付き添う」の意味）——は、「ダビデの宴」とも呼ばれている。

---

(1) BTサンヘドリン篇107a　(2) サムエル記上18：1-3、20章、サムエル記下1：26

象徴するもの：美、勇気、友情、愛、栄光、希望、

ダビデの星　STAR of DAVID

音楽、うぬぼれ、贖い、王権
項目別分類一覧：メシア、カバラーの象徴、人物、シャバット、神殿
参照箇所：竪琴、エルサレム、カバラー、王、ダビデの星、メシア、スフィロート、ソロモン

ダビデの星　STAR of DAVID（ヘブライ語：マゲン・ダヴィード）

六角形のユダヤの星、マゲン・ダヴィード（「ダビデの盾」の意味）は、六芒星（ヘクサグラム）とも呼ばれ、まれにソロモン*の封印とも呼ばれることがある。この星の進化の歴史は長く、複雑である。この星は、現在では、ユダヤ人コミュニティの内外でユダヤ教とユダヤ人のアイデンティティの最も一般的、かつ普遍的に認知されたしるしであるが、そうした地位もついこの200年のあいだに得られたものだった。それ以前は、主として魔術や、個々の家族やコミュニティの紋章と結びついていただけであった。しかし、そのはっきりとしない歴史にもかかわらず、ユダヤ人はそのデザインに長いあいだ魅惑され、それに由緒正しい起源を持たせようとした。われわれの時代では、特にイスラエル国家の象徴として普遍的に知られていることが、その起源についての論議を惹き起こした。

六芒星は、その幾何学的なシンメトリーのゆえに、昔から多くの文化によく見られた象徴であった。文化人類学者は、その下方を向いている三角形は女性の性を表わし、上方を向いている三角形は男性の性を表わしており、それゆえに、それらの結合は統一性と調和を象徴していると述べている。錬金術では、二つの三角形は火*と水*を象徴している。そしてこれらが結合すると、反対物の調和を表わしている。中世の錬金術師の中には、エッシュ・マイム（炎のような水）とかシャマイム（天）とかのタルムード＋の語呂合わせを借用して、二つの領域の相互浸透を説明していた者もいた。[1] この象徴的な表現のために、六芒星をブランデーの店の看板として掲げているところもあった。

ユダヤ人が用いた六芒星の最も古いものは、古代パレスティナ（紀元前6世紀）の印章であり、その8世紀後には、〔ガリラヤ湖畔の〕カファルナウムのシナゴーグ*の装飾に用いられていた。しかし、これらの初期の六芒星は、単に装飾のデザインにすぎなかったようである。皮肉なことには、もうひとつのよく知られた古代のモチーフであるスワスティカも、カファルナウムのシナゴーグの壁に一緒に並んで描かれていた。中世には、六芒星は教会では頻繁に用いられていたが、シナゴーグやユダヤ教の祭具にはめったに用いられることはなかった。古代からルネッサンス後の時代までユダヤ教の中心な象徴として用いられてきたのは、「ユダヤの星」ではなく、メノラー*であった。

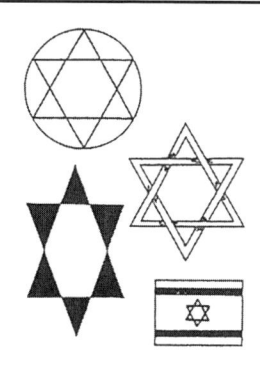

イスラエル国家の国旗をも含めて今日最も一般的によく知られたユダヤ人の象徴であるダビデの星のさまざまな図柄。

学者たちは、ダビデの星をダビデ王自身にまで、また、ラビ・アキバ✢とバル・コフバ✢（「星の息子」の意味）の反乱（紀元後135年）、カバリスト✢、特に、イツハク・ルーリア✢にまでその起源をさかのぼろうとしたが、非ユダヤ教文書や工芸品はこの主張を裏づけてはいない。むしろ、客観的に見ると、六芒星は当初は実践的なカバラー、すなわち、紀元後6世紀にまでさかのぼるユダヤ魔術に限って用いられていたと考えられる。伝説はこの象徴と「ソロモンの封印」を結びつけている。この封印は、ソロモン王が用いていたデーモンと霊を支配する魔法の指輪*であった。[2] 本来の指輪にはテトラグラマトン✢、神の御名*の聖なる4文字が彫られていたが、この指輪を模倣した中世の護符*は、聖なる御名の代わりに六芒星や五芒星（ペンタグラム）を用いていた。これらには、後ろ足で立った獅子*が描かれていることもあった。これらの指輪に彫られていた星は、通常、「ソロモンの封印」と呼ばれていた。

ソロモンの指輪についてのそのような伝説とは別に、中世のユダヤ魔術の諸文書は、ダビデ王の持っていた魔法の盾について語っている。この盾は、彼を敵から守った。これらの文書によれば、この盾には神の72文字の名前、シャッダイ（全能の神）、天使*の名前などが彫られており、それは最終的にユダ・マカバイ*の手に渡ったという。15世紀のカバリスト、イツハク・アラマは、ダビデの盾には詩篇67章——その7*行（序にもう1行が別にあるが）の詩のゆえに「メノラー詩篇」と後に呼ばれるようになった——がメノラーの形で彫りこまれていた、と語っていた。別な伝承は、神の霊の6つの相を列挙しているイザヤ書12：2がその盾の六芒星の外側の六つの三角形に彫りこまれていたと語っている。[3] 時がたつとともに、六芒星は、ダビデの盾についてのよく知られた伝説のためにメノラーに取って代ってしまった。他方、五芒星は、ソロモンの封印と同一視されるようになった。

六芒星はまた、メシア*の祖先であるダビデとの伝説上の結びつきのために、メシアの象徴として広くみなされていた。ドイツのユダヤ人は、シャバットの晩にはユーデンシュテルン（ユダヤの星）と呼ばれる星の形をした真鍮のオイル・ランプ*に火をともしていた。これは、シャバットはメシアの時代の前触れであるという考えを象徴していた。六芒星はまた、そのメシアとの結びつきのゆえに、17世紀の偽りのメシア、シャブタイ・ツヴィ✢の信奉者たちのあいだでも人気があった。

ユダヤ人の神秘主義者たちや奇跡を起こす人びとのあいだでは、六芒星はデーモンに対する魔術的な防衛として一般的によく用いられていた。その場合、六芒星はメズザー*の外部や護符に描かれていた。

中世においては、六芒星は、特にプラハやイタリアとオランダに住んでいたユダヤ人のフォア家一族に見られるように、ユダヤ人印刷業者のマークや紋章としても用いられていた。1354年にプラハの皇帝カール4世は、プラハのユダヤ人が国家の祝日に自分たちの旗*を掲揚する特権を認めた。彼らの旗には、まん中に大きな六角形の星が描かれていた。同じような旗は、プラハで最も古いシナゴー

ダヴィデの星　STAR of DAVID

グ、アルトノイシュールに今日まで残っている。マゲン・ダヴィードは、プラハからモラヴィア、ボヘミア、そして最終的に東ヨーロッパのユダヤ人コミュニティへと伝播した。17世紀のウィーンでは、ユダヤ人街とキリスト教徒街は境界を示す石で分けられた。その石の一方の側には六芒星が、他方の側には十字架が彫られていた。これは、六芒星が単一のコミュニティの標章としてではなく、ユダヤ人とユダヤ教全体を表わすために用いられた最初の例であった。

フランス革命の結果としてのユダヤ人の解放とともに、ユダヤ人は、彼らのキリスト教徒の隣人たちが用いていた十字架にひけを取らないような、彼らを表わす象徴を捜しはじめた。彼らは主としてそれが紋章を連想させるという理由で、六角形の星に決めた。その幾何学的なデザインと構造的な特徴は、シナゴーグの建築者（そのほとんどは非ユダヤ人であった）の興味を大いにそそらせた。皮肉なことには、ヨーロッパとオリエントの宗教的なユダヤ人たちはカバラーの護符にある六芒星をすでに見慣れていたので、たとえ宗教的な内実がなかったり聖書にもとづいていなかったりしても、啓蒙的なユダヤ人の世俗的な紋章を正当的なユダヤ教の象徴として受け入れたのであった。

テオドール・ヘルツルは新しいシオニスト運動の象徴を捜した時、ダビデの星を選んだ。というのも、それがよく知られていたからであり、また、それには宗教的な結びつきがなかったからであった。その後、それは新しいユダヤ人国家イスラエルの旗のまん中に現われ、民族の贖いと結びつくようになった。

ホロコーストの時は、ナチは黄色*の星を身元確認のためのバッジとして選び、すべてのユダヤ人の衣服に付けるよう要求した。戦後は、ユダヤ人は屈辱と死のこの象徴を名誉のバッジへと転換した。

今日、ダビデの星は、ユダヤ民族の最もよく知られ、しかも普遍的に認められた象徴である。フランツ・ローゼンツヴァイクは、その独創的な作品『救済の星』(1921年)の中で、ユダヤの星をイメージしてユダヤ教哲学を構想した。この星は二つの概念的な三幅対で構成されており、この二つを結合することによってユダヤ人の信仰の基盤——創造、啓示、贖い、そして神、イスラエル、世界——を形成することができる。一般大衆レベルでは、今日まで何世紀にもわたって使用してきたように、幸運の魔術的な護符としても、ユダヤ人のアイデンティティの世俗化された象徴としても、ユダヤ人はユダヤの星を今でも使用しつづけている。

---

(1) Scholem, "The Star of David : History of a Symbol ", in *The Messianic Idea in Judaism*, 271 (ゲルショム・ショーレム「ダビデの盾」、『ユダヤ主義の本質』82頁、河出書房新社、1972年)　(2) BT ギッティーン篇68a　(3) Eder, *The Star of David*, 73

象徴するもの：継続性、幸運、名誉、ユダヤ人のアイデンティティ、ユダヤ民族、ユダヤ教、贖い、生き残り、シオニズム

項目別分類一覧：イスラエル国家

参照箇所：護符、円、ダビデ、旗、イスラエル国、カバラー、メノラー、ソロモン、星

卵　EGG（ヘブライ語：ベイツァー）

ほとんどの宗教的な伝統では、卵はその形が日々の循環を連想させるので、生命と継続性を象徴している。また、卵は不思議にも生命を産み出すので、不死をも象徴している。さらに、その不透明な殻が神秘性を隠しているので、隠された知識をも象徴している。古代エジプトの象形文字では、卵は潜在的能力を表わす。世界卵は、多くの創造神話に見られるイメージである。

これらの観念は、ユダヤ人の伝統においては、祝祭日の食事の中に見られる。卵は長いあいだ、服喪と慰めの象徴であった。というのも、その丸い形と生命の周期における役割が、「世界の中で絶えず回転している（生命の）輪」を思い起こさせるからであった。さらに、卵には外側に口がないということは、死から逃れられない存在としてのわれわれの最終的な運命について「人は絶対に不平を述べてはいけない」ということを教えている。[1] 会葬者は伝統的に、セウダット・ハヴラアー（葬式の後の食事）で卵を食べる。[2] また、過ぎ越しの祭り*のセデル*とティシュアー・ベ・アヴ*の断食の前には、過ぎ越しの祭りに供犠を献げることができなくなったことと神殿*の崩壊とを嘆き悲しむことのしるしとして卵を食べる。

過ぎ越しの祭りのセデルで固くゆでた卵を食べることの第2の理由は、卵が春と再生を象徴しているからである。セデルの皿の上にのせられた卵焼きは、食べることはしないが、かつてこの季節に行なわれていた第2の供犠、ハギガー、すなわちお祭りの献げ物の象徴である。

卵*はその白さのゆえに、純粋さの象徴であり、またそれが生命と再生を連想させるために、幸運を呼ぶお守りでもある。東欧では、セデルの皿から卵を食べたものは誰でもその願いがかなえられると信じられていた。そのために、セデルの時には固くゆでた卵をのせた皿を余分に準備しておくのが慣習となっていた。賢者+たちによれば、卵は生殖を連想させるために、性欲を刺激するという。

---

(1)BT バヴァ・バトラー 16b　(2)Yoreh De'ah 378：9（創世記ラバー 63：14 について）

象徴するもの：始まり、継続性、死、幸運、生命、服喪、神秘、潜在的能力、純粋、再生、供犠、性欲、春

項目別分類一覧：食物、過ぎ越しの祭り、死、神殿、ティシュアー・ベ・アヴ

参照箇所：円、過ぎ越しの祭り、セデル、ティシュアー・ベ・アヴ

タリート　TALLIT（ヘブライ語：タリート）

タリートは、元来はガウンや外套を意味するが、伝統的な祈りのための肩掛け（ショール）である。これは、バル／バット・ミツヴァー*の年齢の後か、正統派ユダヤ教徒のコミュニティでは、結婚した男性のみが着るものである。ツィツィートと呼ばれる房が、聖書の律法に従ってタリートの四*隅*に付けられている。これは、タリートを着る者が「（これらの房を）見る時、主のすべての命令を思い起こして守り、自分の心と目の欲に従って、みだらな行ないをしないためである」。[1] タリート（アシュケナズィーム+はタリースと発音する）は、白*地に黒か青*の縞

タリート　TALLIT

模様が入ったものであり、たいていの場合は羊毛で作られているが、木綿や絹で作られていることもある。最近では、タリートの色彩も、カバラー*の色彩の象徴的表現や美的な好みのために多様なものとなってきた。縞の数*と縞柄の色は、神秘的な意味を持っている。大祝祭日（ローシュ・ハ・シャナー*とヨーム・キプール*）には、純粋さを象徴するすべて真っ白なタリートを着るのが慣習となっている。タリートの襟には、アタラー（冠*）と呼ばれる丈夫な帯状の布がある。そこには、通常、聖書の聖句や祈りの聖句が記されており、刺繍で装飾されていた。タリートを持ち運ぶ特別なバッグにも凝った刺繍がほどこされていることがある。伝統を重んじる（13*歳以下の子供をも含む）ユダヤ人は、衣服の下にタリート・カタン（小さなタリート）とかアルバァ・カンフォート（四隅）と呼ばれるタリートを小さくしたものを着ている。

　古代ではほとんどの衣服——肩掛け、ローブ、ケープ、チュニック、トーガ〔古代ローマ人が着用した上着〕——は、機で織られたので方形をしていた。その当時のユダヤ人は、普段着に房を付け加えただけだった。方形の衣服がすたれると、ユダヤ人は常に神のことを心に留めておくようにという聖書の命令を守るために、房の付いた特別な衣服——タリート——を作り出した。トーラーは、房は「青*い糸」（トゥヘレット）で織られなければならないと定めていたが、後になると、染料を製造する正確な工程と青い染料が抽出される地中海の巻き貝（ヒラゾン）の正確な同定についてラビの指導者たちが不確かだったので、この慣習はすたれてしまった（ブラッラフ派ハスィディーム+のあいだで流行した「トゥヘレット運動」は、短期間で終わってしまった。現代のユダヤ人の中には、この慣習をふたたび採り入れている者もいる）。現在多くのタリートに織り込まれている青い縞模様は、天の青と古代のトゥヘレットを象徴している。イスラエルの国旗*はこのタリートのデザインに影響を受けたものである。

　ツィツィート〔タリートの房〕は、その複雑な結び目*と巻き方のゆえに、象徴的な解釈の題材となっていた。四隅に付けられている8本の紐（4本の糸が織り重ねられている）は、次のように解釈されている。(1) この数字は創造の7日*間よりもひとつ多いので、超越的なものを象徴

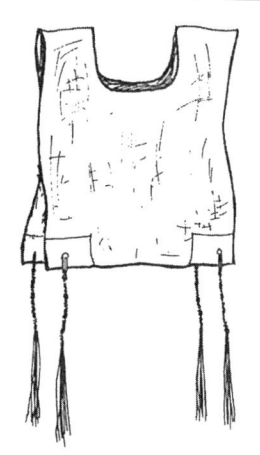

伝統的に衣服の下に着るタリート・カタン、あるいは、別名アルバァ・カンフォート

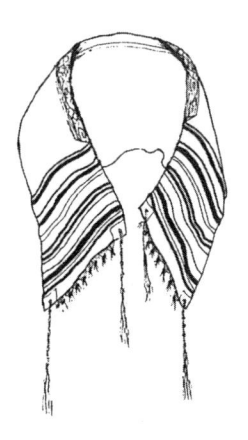

タリート——礼拝のためのショール

している。(2) 生後8日目に行なう割礼*の儀式によって定められた契約(ブリット)を象徴している(割礼の時に赤ん坊をタリートの上に置く場合もある)。(3) 紐の合計数は32となり、これは、「心」*の琴線を象徴している。というのも、心を意味するヘブライ語レヴの数値は32であるからである。(2)

8本の紐の一束それぞれに伝統的に結ばれている五*つの結び目は、五感、トーラーの五書、シュマァ⁺の祈りの最初の五つの単語を象徴している。シュマァの6番目の単語エハッドは、「1」を意味し、神の単一性を断言しているが、エハッドの単語の数値の総和は13*であり、これは五つの結び目と房の8本の紐の合計を表わしている。13はまた神の属性の数字と等しく、さらに、タリートを初めて身に着け、ミツヴァー(戒律)を守る責任が出てくる年齢でもある。

結び目のほかに、8本の紐のうちの1本を他の7本の紐のまわりに巻きつけるのが慣習となっている。これは、トーラー⁺が青い「より糸」(プティール)を指定しているからである。これらの特別な指定と巻く回数については、異なった二つの伝統がある。アシュケナズィームのコミュニティの伝統では、7、8、11、13回と巻く(タルムード⁺によると、奇数は幸運を表わし、偶数は不運を表わしているという(3))。この巻く回数の総和は39であり、これは「神(YHVH)〔これらの4文字の数値の総和は26〕はひとつ(エハッド)〔この語の数値の総和は13〕である」という語句の数値の総和に等しい。スファラディーム⁺のコミュニティの伝統では、10*、5、6、5回巻き、これは、YHVH〔4文字の数値の総和は26〕の文字、すなわち、神の最も聖なる御名*であるテトラグラマトン⁺を表わしている。というのも、トーラーは、あなたたちは「それ(房)を見、YHVHのすべての命令を思い起こす」(4)よう命令しているからである。

ユダヤ人の中には、祈る時にタリートで身を隠す者もいる。コハニーム(祭司*の末裔)は会衆に祭司の祝祷を授ける時、タリートで自分の頭を覆う。タリートの下にいるということは、神の加護を象徴している。したがって、われわれはシェヒナー*の翼*の下で、すなわち、安全な聖所⁺の中で庇護されているのである。トーラーの巻き物をある場所から他の場所へ移動させる時、トーラーをタリートで包むことがある。これは、敬意と保護を示している。

ドイツのユダヤ人の慣習と同じように、スファラディーム⁺の間では、花嫁と花婿をフッパー*の下でタリートに包む慣習がある。これは、彼らの結婚の絆を象徴している。タリートそのものがフッパーとして用いられることもよくある。花嫁と花婿のタリートを一緒に結ぶことがあるが、これは、その下で彼らが「結び目を結ぶ」フッパーをも造り出している。

(スッコート*の終わりの)スィムハット・トーラー⁺には、子供たちがトーラーの前に呼び集められ、大きなタリートで覆い隠される。朗読者はヤコブ*がヨセフ*の息子たち、エフライムとマナセのために朗唱した聖書の祝福を唱える――「わたしをあらゆる苦しみから贖われた御使いよ、どうか、この子供たちの上に祝福をお与え下さい」(5)

血　BLOOD（ヘブライ語：ダム）

　血は常に、世界中で生と死の力強い象徴であった。この曖昧でどうにでも解釈できる象徴は、血を不可解で超自然的なものとしていた。それゆえに、諸文化は血と接触した人間を保護するためにおびただしい数の儀礼と規範を作り出した。血は、われわれの死の宿命を目に見える形で思い起こさせるものとして、清めるために、呪うために、保護するために、聖なる空間を画定するために、聖なる儀礼や魔術において用いられてきた。多くの文化ではぶどう酒*は、生贄の血の象徴的な代替物として用いられている。

　古代ヘブライ人の聖書は、血を食べることを絶対的に禁止していた。このタブーはイスラエルの人びとにとってはきわめて根本的なエートスとなっていたので、すべての民にこの禁止を命じていた。[1] トーラー*はくり返しくり返し、動物の血は食べる前に完全に流し去らなければならない、と警告している。[2] この命令に従わないものは、自分が属する民から断たれた。ユダヤ人の食餌規定であるカシュルート*は、コーシェル〔カシュルートと同義〕の肉は血を流し去るためにまずは塩漬けにすべきことを要求しているが、これはユダヤ人に血を含んだものを食べることを禁じた聖書の禁止を思い起こさせている。そしてこれはまた、生命を支えるために生命が奪われているという事実にユダヤ人を敏感にさせている。

　トーラーは、血は生命を象徴していると述べている。それゆえにこそ、たとえ祭司が生贄を献げる際に神が命令したとしても、血をこぼすことは何らかの罪の要素となる。とい

　伝統的には、女性はタリートを着ないが、南ドイツでは女性がヨーム・キプールの日に「女性のタリート」と呼ばれる特別な衣服を着る伝統があった。近年では、多くの女性が、バット・ミツヴァーの時に、そして後に成人すると、礼拝の時にタリートを着るようになった。女性の中には、独自のタリートをデザインして作る者もいる。だが、他のほとんどの女性は男性が着ている伝統的なタリートを着ている。[6] ユダヤ律法は女性用のタリートについて特に規定してはいないが、伝統主義者はこうした慣例を認めていない。

　律法を遵守していたユダヤ人は、伝統的に彼らのタリートと経帷子*に包まれて埋葬される。その際、そのタリートの房のひとつが切り取られる。タリートが家族内で継承される場合がある。これは、世代間の結びつきを大切にすることとなっている。

---

(1) 民数記15：38　(2) Kaplan, *Tzitzit: A Thread of Light*, 84 (3) Trachtenberg, *Jewish Magic and superstition*, 118、BT プサヒーム篇109b　(4) 民数記15：39　(5) 創世記48：16　(6) *The Precious Legacy*, ed. Altshuler, 27, 注14

象徴するもの：意識、託身、契約、神の加護、神の単一性、神、ミツヴァー、祈り、聖所、精神的集中

項目別分類一覧：バル／バット・ミツヴァー、割礼、衣服、死、カバラーの象徴、数字、祈り、婚礼、女性

参照箇所：アレフベイト、青、割礼、色彩、隅、衣服、冠、5、旗、4、フッパー、カバラー、結び目、数字、経帷子、スッコート、13、婚礼、白、翼、ヨーム・キプール

うのも、すべての生命は神聖であり、神から与えられたものであるからである。生贄の血は祭壇*の上に流されるべきなのである。なぜならば、「血はその中の生命によって贖いをするのである」からである。(3)

血はまた、聖なるものをも象徴している。祭司たちは儀礼上の穢れを清めるために、また、祭司職*のメンバーを清めるために、生贄の血を用いた。(4) モーセは神とイスラエルの人びととのあいだの誓約をさらに強固にする「契約の血」として血を用いた。(5) これは、ユダヤ人の男の子が割礼を受けるたびに象徴的に執り行なわれている契約でもある。

ほとんどの伝統的な社会においては、女性は月経と出産を通しての血との定期的な接触のゆえに、畏敬と疑念が入り混じった目で見られていた。ユダヤ教においても、伝統は清めの儀礼に倫理的、精神的な意味あいを持たせることによって、女性に対する特別な扱い方を和らげようとしたけれども、本質的には同じことであった。既婚女性は月経期間が終わると伝統的に宗教的な沐浴場（ミクヴェー*）で沐浴し、夫との性的な関係の再開が許可されるまで祝祷を朗唱する。この儀礼は肉体を清潔にすることが目的ではなく（女性はミクヴェーにくる前に身体を洗う必要がある）、むしろ象徴的なものである。この儀礼は、女性の月々の死との接触、すなわち、生命を生む機会を失うことを清め、日常生活に復帰する変わり目を作らせている。

同様に、女性は子供を生むと出血のために宗教的には穢れたものとみなされ、規定された期間後にはミクヴェーで沐浴することを要求されている。古代においては、女性は「血の清め」（ドゥメイ・タハラー）が終わったことを示すために供犠を献げることを要求されていた。(6)

血は出産と割礼を通した生命と死、そして、聖なるものと非常に強く結びついているので、非常に大きな保護力があるとみなされている。エジプト*では、イスラエルの子たちは死の天使*が彼らの家を「過ぎ越し」、彼らの初子を殺さないですむように、10番目の災いの時に家の入口の側柱に血を塗るように命令された。(7) 実際に、この象徴が非常に強力だったので、後に反ユダヤ主義者は、ユダヤ人の伝統からすれば明らかに禁止されていた実践であったにもかかわらず、ユダヤ人は過ぎ越しの祭り*のマッツァー*を作るためにキリスト教徒の子供の血を用いている、とユダヤ人を非難した。こうした偽りの非難は、「血の中傷✚」と呼ばれているが、これは20世紀に至るまでつづいていた。

---

(1) 創世記 9：4　(2) レビ記 3：17、7：26-27、17：10-14、申命記 12：16、23-25　(3) レビ記 17：11、14、申命記 12：23　(4) レビ記 14：4-7、18-29、出エジプト記 29：20-21、33　(5) 出エジプト記 24：6-8　(6) レビ記 12：2-8　(7) 出エジプト記 12：7、13、22-23

象徴するもの：贖罪、契約、死、神の加護、聖性、生命

項目別分類一覧：誕生、割礼、食物、月経、神殿、女性

参照箇所：祭壇、死の天使、割礼、カシュルート、マッツァー、ミクヴェー、過ぎ越しの祭り、祭司職、赤、塩、水、ぶどう酒

地　EARTH（ヘブライ語：エレツ）

古代人は、われわれの惑星が主として海から成っていることを知らなかったが、それでも、人間の住む処としての堅固な土地のもろさに気づいていた。最も古い創造神話は、地を水*と空のあいだに吊された薄い台と想像していた。創世記の第1章は、水を上と下に分け、乾いた地を創造したと述べている。後世の伝説によると、この地は、下に7*層あり、上の七つの天を映し出していた。聖書によると、地は柱に支えられ[1]、四隅*を持っていた。ラビ+の伝承によれば、地は礎石——エヴェン・ハ・シュティヤー——に支えられているという。この礎石は神殿*の基岩であり、すべての水がそこに向かって流れこんでいる地の中心である。聖書の古い伝承は、他のほとんどの古代文化と同様に、地を人間の母であり、尊敬し愛すべきものであるとみなしていた。最初の人間であるアダム*（土の意味のアダマーが語源）とエバ*（「生きている」という意味のハヴァが語源）は、エデンの園*に住む権利を与えられたが、神の信用を裏切ったので、地に呪いをもたらすこととなった。その結果として、人間は自分がきた地に返るべく運命づけられてしまった——「塵にすぎないお前は塵に返る」。[2] 同様に、カインは弟の血*を隠すことによって、地を共犯者とし、地を呪った。[3]

だが、地はその呪いにもかかわらず、依然としてわれわれにとっては祝福の主要な源である。それゆえに神は、イスラエルの地には7年ごとにシャバット*〔安息年〕を与えなければならないと命じたのである。このあいだは何も植えられなかった。このことは、地を原初のエデンの園の状態に戻すことを象徴していたのである。そして、50年目——7回目の安息年の翌年——は、ヨベル年と呼ばれた。この時には、奴隷は解放され、借金は帳消しにされ、部族の土地は元の所有者に戻された〔レビ記25章〕。この社会的秩序の回復は、こうして7年ごとの安息年に行なわれた自然的秩序の回復を模倣していたのである。現代のイスラエルでは、多くのユダヤ人が今でも農業上の安息年を守っている。

地はまた、神の意志の道具でもある。伝説によれば、地は、ファラオ*の怒りからヘブライ人の赤ん坊を隠すために、そして、ローマ人から神殿の什器を守るために開いたという。そして、バベルの塔、コラ、ニネベを呑みこむことによって、神の罰を実行した。

イスラエル*の地は、ユダヤ人の伝統においては常に聖なるものとみなされていた。現在、イスラエルは「聖地」、あるいはただ単に「地」（ハ・アーレツ）と呼ばれている。そして、多くのユダヤ人は今でも、イスラエルに到着すると地面に接吻をしている。ディアスポラのユダヤ人をイスラエルの土を入れた袋とともに埋葬するのが慣習となっている。これは、彼らをイスラエルに埋葬することを象徴しており、そして、すべての死者がシオンに帰還するメシア*の時代にはすぐ復活できることを彼らに保証している。また、メシアの時代には、アダムの呪いは取り消され、地はふたたび以前の肥沃さを取り戻すことにもなる。

---

(1) 詩篇75：4, ヨブ記9：6　(2) 創世記3：17-19　(3) 創世記4：11-13

乳　MILK

象徴するもの：祝福、呪い、死、神意、肥沃、再生、復活、罪、生命の源
項目別分類一覧：天文学、メシア、自然現象、神殿
参照箇所：アダム、灰、隅、エデン、エバ、イスラエル、エルサレム、メシア、神殿、水

乳　MILK（ヘブライ語：ハラーヴ）

　乳は、水が欠乏し、汚れていた古代イスラエルでは、ぶどう酒*と同様に流動食の重要な源であった。異教の崇拝者たちは、その大きな価値を認識していたために、神々や王に乳やチーズを貢ぎ物として差し出していた。再生産の奇跡とのその結びつきのために、乳は異教の宗教儀礼に用いられていた。そのひとつには、子山羊を母の乳で煮ることがあった。ユダヤ教の律法はこの実践を厳しく禁じている。[1] 聖書では、乳は豊饒を象徴している。神はイスラエルの人びとを乳と蜜*の流れている地に連れて行くことを約束した。[2] 終末+の日には、ユダのもろもろの丘には乳が流れる。[3]

　多くの文化の創造神話では、乳は地に生命をもたらす手段となっている。エデンの園の四*つの原初の川は、乳の川が牛神の乳房の四つの乳首から流れ出ていたという、それ以前の神話をそっくりまねたのかもしれない。エデンの川のひとつのヒデケル［ティグリス］の名前は、おそらくはアッカド語の単語で天の川を意味するヒダガル（「神聖な女神の川」の意味）に由来しているものと思われる。[4] ヨブ*は自分自身の創造について語り、はっきりとこう述べている――「あなたはわたしを乳のように注ぎ出し、チーズのように固めた」[5]

　乳は、特にシャヴオート*の祝祭日と結びついている。その日には乳製品を食べるのが慣習となっている。この不可思議な慣習についてはたくさんの説明がなされている。晩春は、搾乳動物が新しい生命を産み、多量の乳を産み出す豊富な牧草を見つける時期である。ラビ+たちは「舌には蜂蜜と乳がひそむ」[6]という聖書の一節を、トーラー*の言葉への言及として解釈している。トーラーの啓示はこの祭りで祝福される。ユダヤ人はこの日にカシュルート*の律法を授かり、そのために、不純な古い器を洗い清めるまでは肉を食べることを控えなければならなかった。乳の白い*色は、純粋さを象徴しており [7]、シナイ*での出来事を思い起こさせるにふさわしい色である。乳を意味するヘブライ語ハラーヴの数値は40*である。これは、モーセ*がシナイ*山で過ごした日数と同じである。

　乳酸品、特にチーズはまた、ユディト*の勇敢な行為を思い起こすためにハヌカー*に食べられる。ユディトは、総司令官ホロフェルネスに喉の渇きを引き起こさせるために大量のチーズを食べさせて、その敵を酔わせ、そして彼の頭を切り落とした。こうして、エルサレム*を敵の包囲から救ったのである。

---

(1) 出エジプト記23：19、34：26、申命記14：21　(2) 出エジプト記3：8　(3) ヨエル書4：18　(4) 創世記2：14、Walker, *The Woman's Dictionary of Symbols and Sacred Objects*, 343-344, 489　(5) ヨブ記10：10　(6) 雅歌4：11　(7) 哀歌4：7

象徴するもの：豊饒、学習、生命、純粋、トーラー
項目別分類一覧：食物、ハヌカー、イスラエルの地、シャヴオート、女性

月 MOON

参照箇所：ハヌカー、蜜、カシュルート、ユディト、シャヴオート、白

月　MOON（ヘブライ語：ヤレーアッハ、レヴァナー）

　古代から人びとは月に魅せられていた。古代人は、女性の月経（月を意味するラテン語mensisに由来している）の周期と月の満ち欠けのあいだの密接な関連性を十分に理解していた。彼らはまた、月が潮の干満を操作し、潮の干満は女性の分泌液の器官上のリズムと似ていることも理解していた。これらの関連性のために、月は女性らしさと女性の生殖力を一般的に連想させた。ユダヤ人の伝統においては、女性は長いあいだ、月の象徴としての特別な働きを誉め称えられていた。

　太陰周期は、人びとが週7*日の暦を採り入れる前は、時をも記録していた。月moonと暦の月monthは、語源的に関係がある。同様に、「ホデッシュ」（ヘブライ語の暦の月）と「ハダッシュ」（新［月］）も関係がある。満月は、電気のなかった世界では長い、暗い夜からの解放を喜んで迎え入れる夕方の祝福のために豊富な光*を提供していた。

　トーラー*は近隣の民族のあいだで広く行なわれていた月を偶像崇拝することを禁じていたが⁽¹⁾、ユダヤ教は太陰周期と太陽周期双方に従ってその暦*を測定することによって、この天体を神聖視していた。過ぎ越しの祭り*とスッコート*は満月に始まる。ローシュ・ハ・シャナー*は新月に始まる。満月は、祝祭のために充分な光を提供しているが、さらに、暗闇の中を家路へと向かわなければならない祝祭の参加者にも大きな安全を提供して

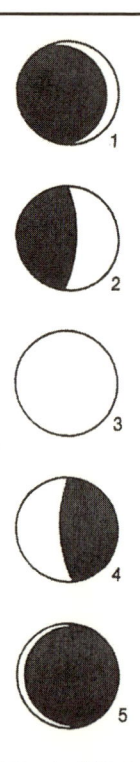

月相とヘブライ月：1.新月〔一般的に真っ黒な面を地球に見せている状態（朔）の月を新月と言うが、朔を過ぎて夕方初めて西の空に糸のように見える月や、このイラストのように陰暦の月の初めに見える三日月形の月のことも新月と言う場合がある〕──ローシュ・ホデッシュ　2.満ちていく月と呼ばれる大きくなっていく月　3.満月──ヘブライ月の15日（スッコート*と過ぎ越しの祭り*は満月に始まる）　4.欠けていく月と呼ばれる小さくなっていく月　5.月がまもなく消えていくひと月の最後の日々の月

いる。ハヌカー*の祝祭は、月が欠けてから始まり、新月を過ぎ、そしてふたたび満ちはじめるまで続く。

　古代イスラエルでは、新月の現われをサンヘドリン⁺（最高法院）が告げた。そして、山

頂での烽火*で国中に伝達した。（スッコートの4種類の植物*と同様に、これらの烽火の松明は杉*、葦、松*、亜麻の4種類から成り、これらを紐で束ねたものであった）。[2] 第二神殿時代以来、ローシュ・ホデッシュ[+]（新月祭）は小祝祭日となり、特別な祝祷、詩篇、聖典の朗読で祝われていた。

タルムード[+]時代から今日に至るまで、ローシュ・ホデッシュはユダヤ人女性にとってはとりわけ聖なる日であった。伝説によれば、荒野*で女性たちは黄金の子牛*を作るために彼女たちの装身具を差し出すことを拒み、そのために、彼女たちの信仰深さへの報奨として、新月には休日を与えられたという。[3] 長いあいだ、ユダヤ人女性はこの日には重労働をすることを控えていた。近年になると、ローシュ・ホデッシュは特別な女性の祝祭日となった。女性たちはローシュ・ホデッシュのグループを作り、新月の日に集まり、ともに祝い、学んだ。これらのグループは、新しい儀礼を創り出し、月、水*、女性についての古代と現代の象徴的表現を結びつけた。[4]

カバリスト[+]のあいだでは、月は伝統的に神の女性的な面であるシェヒナー*を表わしていた。シェヒナーの追放は、月が毎月欠けることによって象徴されていた。ローシュ・ホデッシュは、月が戻ってくることを示しており、神の統一性の復活への希望の更新を象徴している。月を聖別する特別な祈りの儀式が生まれた。それは、「キドゥーシュ・レヴァナー」と呼ばれる祈りで、新月から三日月が再び現われ出る3日目から14日目のあいだに〔できればシャバット*の終わりに行なわれるのが望ましい〕月の見える野外で感謝の祈りを捧げた。古代のミドラッシュ[+]では、メシアの時代には月は輝きを最初は失っているが、元の輝きをふたたび取り戻す、と予言しているという。[5] 月はまた、ユダヤ民族をも象徴している。というのも、ユダヤ民族の栄光は月と同様に、メシアの時代には復活するからである。現代のミドラッシュの読み方では、ユダヤ人女性が伝統の内部で完全な平等を獲得する未来の時をミドラッシュは語っている、と解釈しなおしている。[6]

ラビ[+]たちによれば、月はユダヤ民族の象徴であるヤコブ*を表わし、太陽*はイスラエルの敵対者の象徴であるエサウ*を表わしているという。二つの天体の中では太陽の方が明るいが、月は昼も夜も輝いている。同様に、イスラエルのみが、この世でも来世[+]でも神から恩寵を授かっている。[7] さらに、月の満ち欠けは、ユダヤ人の歴史の栄枯盛衰の象徴でもある。月が満ちる期間は、幸運の時であると考えられている。

---

(1) 出エジプト記20：4、申命記4：19、17：3-5　(2) ミシュナー：ローシュ・ハ・シャナー篇2：3　(3) BTローシュ・ハ・シャナー篇23aのトサフォート（注解）
(4) Adelman, *Miriam's Well*　参照　(5) 詩篇89：38、BTフリーン篇60b　(6) Waskow, *Seasons of Our Joy*, 229　(7) 創世記ラバー6：3

象徴するもの：神の霊、女性らしさ、フェミニズム、豊饒、幸運、ユダヤ人の歴史、ユダヤ民族、贖い、更新

項目別分類一覧：天文学、メシア、祈り、ローシュ・ホデッシュ、女性

参照箇所：暦、円、ハヌカー、メシア、過ぎ越し

角　HORN

の祭り、シェヒナー、スッコート、太陽、水、ゾディアック

角　HORN（ヘブライ語：ケレン）

　動物の角は伝統的に、装飾品、武器、楽器として用いられてきた。とりわけ、戦いと宗教儀礼には用いられていた。角はその軍事的、政治的な結びつきのために、勇気、名誉、力、強さを象徴するようになった。戦いのための兜には、王*の冠*のようにずっと昔から角が戴せられていた。古代から空洞の角を吹いて戦争や勝利を布告したり、戴冠式を知らせたり、警報を発したり、集会への召集を呼びかけたりしていた。多くの文化では、角の大きな音はデーモンを驚かして撃退するものと考えられていた。角はその三日月形のために、異教の祭儀では新月*と結びついていた。ゾディアック*の周期の第1と第2の月には、角のある動物、雄羊*アリエスと雄牛タウルスが描かれている。これは、始まりの象徴としての角の役割を示している。

　多くの文化においては、角は伝統的に生殖力と結びついていた。というのも、その形が男性性器とそれを受け入れるもののイメージを具体的に表現していたからであった。また角は、ギリシア神話のコロヌコピアイ（豊饒の角）という形で農業上の豊饒をも象徴していた。おそらくこのこととの結びつきのためであろうが、収穫期のユダヤ人の秋の祝祭日には、角はさらに重要なものとなっていた。

　ヘブライ語における角の総称は、ケレンである。古代イスラエルにおいて、人びとのあいだでの神の臨在を表わしていた祭壇*には、その四*隅*に角が付けられていた。これらの角は、イスラエルの王たちが角に入った油*を注がれて即位したのと同じように、血*が塗られていた。「ダビデ*の角」（ケレン・ダヴィード）という言葉は、ダビデのように角に入った油を注がれるメシア*のことを言っている。

　ユダヤ人の伝統で最も重要な動物の角は、ショファール*と称せられる雄羊の角笛である。ショファールは、古代から今日に至るまで、ローシュ・ハ・シャナー*と最も密接に結びついていた。この日を聖書はヨーム・テルアー（角笛を吹き鳴らす日）[1]と呼んでいる。ローシュ・ハ・シャナーはまた、「世界の誕生日」として、開始と豊饒とのその結びつきのゆえに、角とも関係している。

　中世末期には、雄羊の角の絵画のモチーフは、キリスト教美術を模倣した新しいイメージ、すなわち、白いユニコーン（一角獣）の1本の角へと変わっていった。この一角獣が獅子*と戦っている場面が描かれることが多かった。ユダヤ人画家たちは、「獅子の口、雄牛の角からわたしを救い出して下さい」[2]という聖書の一節からその出所を引き出して、ユニコーンを取り入れたことを正当化した（実際に、雄牛の像は、1本の角を持ったものとして描かれていた）。この聖書の一節は、ダビデ*の詩篇の一節であり、また、ダビデの家系はユダ*の獅子とも結びついていたので、これらの場面にダビデが描かれていることもあった。ダビデとの結びつきはまた、この象徴にメシア的な次元を付与してもいた。

　モーセが十戒*をたずさえてシナイ*山から下りてきた時、「彼の顔の肌が光を放っていた」[3]とトーラーは報告している。「輝く」、

「光りを放つ」という意味のヘブライ語の動詞カランは、角の意味のケレンと同じスペルである。それゆえに、聖書のラテン語翻訳者［聖ヒエロニムス］は間違って、モーセには「光の角」があると訳してしまった。この「光の角」は、古代イスラエルの指導者たちについての彫像や絵画の中によく見られる。その中でも最も有名なのが、ローマの［サン・ピエトロ・イン・ヴィンコリ教会にある］ミケランジェロのモーセ像である。その後、この角のあるモーセの描写はヨーロッパの悪魔のイメージと融合し、「角を持ったユダヤ人」という反ユダヤ主義の固定的イメージを創り出した。

---

(1)民数記 29：1 (2)詩篇 22：22 (3)出エジプト記 34：29

象徴するもの：反デーモン、勇気、生殖力、豊饒、名誉、入会、力、贖い、王権、力強さ

項目別分類一覧：動物、メシア、人物、ローシュ・ハ・シャナー、神殿

参照箇所：祭壇、ダビデ、鹿、山羊、モーセ、油、雄羊、ローシュ・ハ・シャナー、ショファール、ゾディアック

翼　WINGS（ヘブライ語：クナファイム）

翼は、天空の飛翔と速さを連想させるので、多くの文化では精神性と思想を象徴していた。ギリシア人は、翼を持った多くの神々を描いていた。勝利は、しばしば、翼を持った人物として描かれていた。

古代の中近東の異教の神殿には翼を持った神々の像、とりわけ、雄牛やスフィンクスの形をした像がたくさんあった。初期のユダヤ教はこのモチーフを、聖櫃（契約の箱）*の上を舞っているケルビム*や、預言書に描かれているセラフィムと他の天使*のような存在を描写する際に採り入れた。ミドラッシュ+は翼のある天の生き物というテーマについて非常に詳しく述べている。普通の天使には六つの翼があり、それらはそれぞれ週日の1日1日を代表しており、天使たちが歌っている時に神を賛美していたという。しかし、イスラエルを誉め称える言葉が天に満ちていたので、シャバット*を代表する翼はなかった。(1) 伝説では、サタン*には 12*の翼があるという。(2) 別な伝説は、蛇*（しばしば、サタンと同一視されている）にはかつては翼があったが、エバ*を誘惑した時になくなってしまったと語っている。(3)

神の御名*のひとつは「天の軍勢の主」であるが、その神でさえも翼を持ったものとして描かれていた（後の注解者たち、特にマイモニデス+は、そのような擬人化された言語はわれわれ人間の偏狭な想像力にのみ与えられたものであると主張した）。聖書は鷲*の翼を神の慈愛を表わすために用いている（鷲は自分の子供に飛び方を教える時は、子供の翼に自分が乗って飛ばさせる）。荒野*で神はイスラエルの人びとに「あなたたちは見た、わたしがエジプト人にしたことを、また、あなたたちを鷲の翼に乗せてわたしのもとに連れてきたことを」(4) 思い起こさせた。近年、イスラエル国家の樹立後、イエメンのユダヤ人がイスラエルへ連れてこられた時、彼らは、彼らを聖地へ運んできた航空機を、神の力強さと救済を象徴しているこの「鷲の翼」の現代的な変形であると思っていた。詩篇作者は、「あな

ツファット　SAFED

たの翼の陰でわたしは喜び歌います」(5)と狂喜していた。
　このような保護する翼は、通常、カンフェイ・ハ・シェヒナー、すなわち、神の女性的な局面、相であるシェヒナー*の翼と呼ばれていた。この言葉は、神の愛といたわりの象徴として礼拝の中に頻繁に出てくる。英語の「翼の陰に人を連れてくる」という表現は、同じ考えを表わしている。
　ヘブライ語で「翼」を意味する語は、タリート*の四*隅や大地*の四隅を表現するために用いられる「隅」をも意味している。この語は、おそらくは、古代の地理学の考えから出てきたものと思われるが、神の保護する存在の隠喩へと変化していった。神の翼は、ユダヤ民族を覆い、確かに、大地全体をも覆っている。

---

(1) Ginzberg, Legends of the Jews, 5：110　(2) ピルケイ・デ・ラビ・エリエゼル 13　(3) Ginzberg, Legends of the Jews, 5：123 - 124　(4) 出エジプト記 19：4　(5) 詩篇 63：8
象徴するもの：神の憐れみ、神の愛、神の力、神の臨在、神の加護、保護、救済
項目別分類一覧：カバラーの象徴、祈り
参照箇所：天使、鳥、ケルビム、隅、鷲、サタン、蛇、シェヒナー、タリート

ツファット　SAFED（ヘブライ語：ツファット）
　ツファット Tzefat はイスラエルのガリラヤ地方北部の高い山の上にある町である。その名前は字義的には「見渡す」を意味するヘブライ語の動詞ツァファーに由来しているが、伝説は、鹿を意味するツヴィ、栄光を意味するペエル、光輝を意味するティフエレットに由来し、ツファットの名高い美しさを象徴していると語っている。別な伝説は、その名前の3文字 TFT はツィツィート*（房）、ペアー（端*［びんの髪の房］）、トゥフィリン*を表わしており、この町に住んでいる人びとの特別な敬虔さを描いていると語っている。現代では、その名前の3文字 TFT は、ツィユール（絵画）、ピユート（典礼詩）、トーラー（学習）を表わし、現代イスラエルにおける芸術家村としてのツファットの新しい役割を表現していると解釈しなおされている。
　ツファットは神秘主義者たち、とりわけ聖なるアリ+（獅子*）として知られるイツハク・ルーリア*を指導者とする16世紀のカバリスト*たちの町として有名である。この町の空気はイスラエルで最もきれいであり、ツファットで死んだ者の魂はすみやかにエデンの園*へ昇って行くといわれている。シュロモ・アルカベツ〔1505～1576〕が一般的によく知られているシャバット*の晩の聖歌「レハー・ドディ」（「行こう、わが愛する友よ」を作ったのはツファットであり、ヨセフ・カロが正統派ユダヤ教徒にとって権威のあるユダヤ律法の法典『シュルハン・アルーフ』（「整えられた食卓」）を書き、また、ミシュナー+とシェヒナー*を象徴している天上の霊であるマギッドの訪問を受けたのもツファットであった。さらにまた、トゥ・ビ・シュヴァット*のセデルが創り出されたのもツファットであった。
　今日ツファットは、神秘主義を研究している学生と学者たちを、そしてまた、カバリストたちの古代のシナゴーグ*と美しい芸術家

村を見学にやってくる旅行者たちを依然として惹きつけている。

> 象徴するもの：芸術的才能、美、聖性、神秘主義、敬虔、純粋
> 項目別分類一覧：カバラーの象徴、イスラエルの地、場所
> 参照箇所：カバラー、シャバット、トゥ・ビ・シュヴァット

露　DEW（ヘブライ語：タル）

ほとんどの文化では、稲妻、雨*、流星*、露などの天から降ってくる自然現象には、神聖な霊気が伴っている。さらに、露は夜明けを予示しているので、自然的かつ精神的な照明としての光*をも象徴している。

過ぎ越しの祭り*の最初の日には、世界中のユダヤ人は、神にイスラエルでの冬の雨を終わらせ、露をもたらすよう祈願する特別な「露（タル）の祈り*」を朗唱する。この美しい詩では、露はふたつの面で、すなわち、精神的な象徴としてばかりでなく、自然的な象徴としても作用している。春には、土地は再生を経験する。露は、新しい生命の祝福と誕生の水を表わしている。それゆえに、春の祭りである過ぎ越しの祭り*は、ユダヤ民族の再生をも祝福している。こうして、ユダヤ民族の歴史的な再生は、未来の再生を、死者の最終的な復活を予示しているのである。ラビ[+]たちにとっては、このタル・シェル・トゥヒヤー、生命の精神的な露は、メシア*の時代においてわれわれを待ち受けているものである。[(1)]ミドラッシュ[+]によれば、露は、毎朝荒野*に降るマナ*の食卓*に、また、マナの保護膜にもなったという。[(2)]

露は、その祝福が伝統的に人間の功徳と結びついていた雨とは対照的に、大地に無条件に授けられた神の恩寵の賜物とみなされていた。

カバリストによれば、露は女性的な水*を表わしており、下から湧いてくる精神的な活力の源泉である。他方、これとは対照的に、雨*は男性的な水を表わしており、上から降り落ちる精神的な活力である。

---

(1)BTハギガー篇12b　(2)メヒルタ・デ・ラビ・イシュマエル：ヴァ・ヤサ4

> 象徴するもの：誕生、祝福、神の霊、神の恩寵、再生、復活、精神
> 項目別分類一覧：メシア、自然現象、過ぎ越しの祭り
> 参照箇所：マナ、過ぎ越しの祭り、水

手　HAND（ヘブライ語：ヤッド）

われわれ人間の種が他の種との違いを示す最も特徴的なことは、物をつかむことのできる親指を持った手である。われわれの手は、道具を、武器を、芸術を造り出すことができるので、われわれの力と創造力の象徴である。多くの文化は、手をただ単に人間の力の源としてだけでなく、より高次の力の象徴ともみなしていた。われわれの指の数に由来する数字*の5*と10*は同様に、五芒星のように、多くの宗教において聖なる数字となった。

ユダヤ教では、手は神の力と加護を象徴している。神は「力ある御手と伸ばした御腕」[(1)]でイスラエルの人びとをエジプト*から救い出した。「すべて生命あるものは、肉

なる人の霊も」神の御手の内にある。(2)そして、神は死に際してその人の霊魂を受け入れる。(3)祈祷書は、「あなた（神）は御手を広げて、すべての生けるものをその愛で満たしてくださる」と断言している。(4)ドゥラ・エウロポス（紀元後3世紀）とベイト・アルファ（紀元後6世紀）のシナゴーグ*のモザイクのアケダー*、出エジプト*、そして復活の場面では、神の御手は雲*から差し出された格好で描かれている（神を手として描くことは、律法上は、十戒の第2の戒律の禁忌を重んじていることになる）。トーラー*を朗読する人は、聖なる巻物に手を触れないようにヤッド*と呼ばれる手の形をした指し棒を用いている。

人間の手は神の似姿に造られたので、神の祝福と力としての働きを有している。祭司*たちは、指を伸ばして人びとを祝福した。この際、彼らは指を神の御名であるシャッダイ*の文字シンの形に作ったり、あるいはまた、モーセ*がシナイ*山から降りてきた時その頭から放たれていた光*の角*を暗示するような形に作ったりしていた。(5)モーセは、手を差し伸べて紅海を二つに分けた。また、アマレク*との戦いでは、彼が手を上げると神の助けが確実なものとなった(6)（これは、勝利を表わす「親指を立てる」身振りと似ている）。しかし、彼はメリバで〔岩に向って、「水を出せ」と命じよという〕神の命令に背いて岩に手を上げたので、厳しく罰せられた。(7)

ちょうど神の御手が贖い、祝福を授け、守ってくれるように、人間の手も現世での力を有している。聖書においては、手は宣誓をし、裁き人を任命し、同盟を結び、祝福を求め、服従を承認するために用いられている。

ラビ+の時代からは、ラビはスミハー、すなわち、按手で任命された。古代の祭司たちのようにユダヤ人の親たちは、神の祝福を祈願して子供たちの頭の上に手を置いている。

神の御手は人間を守るという観念が、民間伝承においてこの象徴が広く使われるようにさせた。とりわけ、最もよく見られるのはハムサ*の形であり、これは、邪視*から守るために身に付けられていた。

細書術と写本芸術においては、指を閉じた手は鳥*のイメージへと変形されてきた。これは、身体と霊魂の統一、あるいは、神による霊魂の保護を象徴していた。

---

(1) 出エジプト記6：1、6、13：3、申命記4：34　(2) ヨブ記12：10　(3)BT プサヒーム篇119a　(4) アシュレイ〔詩篇84：5、144：15、145：1-21、115：18からなる朝と午後の祈り〕　(5) 出エジプト記34：29-30、民数記6：22-27　(6) 出エジプト記14：21、27、17：11-12　(7) 民数記20：8、11-12

象徴するもの：祝福、創造力、神の力、神の加護、神、幸運、生産力、贖い、力強さ、統一性

項目別分類一覧：身体の部分、カバラーの象徴

参照箇所：邪視、目、5、ハムサ、角、光、祭司の祝祷、10、ヤッド

ティシュアー・ベ・アヴ　TISHAH B'AV
（ヘブライ語：ティシュアー・ベ・アヴ）

ティシュアー・ベ・アヴ——アヴの月（西暦7月～8月）の9日——は、エルサレム*の第一神殿*と第二神殿*の破壊（紀元前586年にバビロニアによって、そして紀元後70年にローマ*によって）を追悼する日である。これは、ユダヤ暦*では、ヨーム・キプール*以

外で唯一の完全な断食日であり、服喪と結びついた多くの慣習と儀式が行なわれている。ミシュナー[+]は、この日に10人の偵察隊[*]がモーセ[*]に悪い情報を持ち帰ったので、ユダヤ民族は荒野[*]で40年[*]間もさまようように運命づけられたと語っている。[(1)]

伝承によると、他のいくつかのユダヤ人の災厄もこの日に起こったという。バル・コフバ[+]のローマに対する反乱（紀元後135年）の最終的な敗北も、イギリスから（1290年）とスペインから（1492年）のユダヤ人の追放もこの日に起こったという。

ヨーム・キプール[*]と同じように、ティシュアー・ベ・アヴには飲食物は取らず、革靴をはかず、香水を用いず、入浴せず、性行為を慎む。この日はまた、夕方のトーラー[*]の学習が禁じられている唯一の日でもある。というのも、トーラーの学習は喜びをもたらすものだからである。シナゴーグ[*]では会衆は床や低い長椅子に座り、ロウソク[*]の光や薄暗い光の下で朗読する。この日には、タリート[*]とトゥフィリン[*]を身に着けない。キノートと称せられる哀悼の祈りと哀歌が朗読される。シナゴーグの出入りの際に、人びとは挨拶を交わさない。伝説では、メシア[*]はこの日に生まれ、ユダヤ人の長年の苦難を終焉させるという。

(1) ミシュナー・タアニート篇4：6
　象徴するもの：神殿の破壊、服喪
　項目別分類一覧：メシア、神殿、ティシュアー・ベ・アヴ
　参照箇所：ローマ、神殿、柳、ヨーム・キプール

鉄　IRON

鉄　IRON（ヘブライ語：バルゼル）

鉄は聖書では、力強さ、戦争、暴力の象徴であった。イスラエルの人びとは、神の祭壇[*]を鉄の道具を用いて石切り場で切り出された石ではなく、自然のままの石で築くよう命令された。[(1)] 後年、ソロモン[*]がエルサレム[*]に神殿[*]を建てた時、彼もまた鉄の道具を使わぬよう命令された。この禁止は、神殿のすべての石の建築物を切断した不思議な虫、シャミールについてのさまざまな伝説を生じさせることとなった。[(2)]

他の多くの文化と同じように、ユダヤ人の民間伝承もはるか昔から、鉄を悪霊に対する強力な防護とみなしていた。古代の信仰によると、悪霊は洞窟、山[*]、石の下などに住んでいるので、鉄は悪霊を打ち負かす力を持っていると考えられていた。というのも、「岩は硬いが、鉄は岩を切る」からであった。[(3)] 中世においては、何ゆえに鉄は悪霊に対して効力を有しているのか、ということについての理論がいくつか展開された。ヴォルムスのエレアザル〔1165～1230年。ドイツの法規学者、聖書注解学者。『セフェル・ハ・ハスィディーム』の著者イェフダ・ヘハスィードの息子〕は、金属は文明の所産であるので、前金属社会に生じた悪霊に対しては害を与える、と主張した。別な説明は、最初の血[*]の災いは鉄の容器ではなく「木の容器と石の容器」の中の水にだけ限られていた、という事実にもとづいていた。[(4)] もうひとつの説明は、鉄を意味するヘブライ語バルゼル BaRZeL の4文字は、ヤコブ[*]の4人の妻であり十二[*]部族の母親であるビルハ（Bilha）、ラケル（Rachel）、ジルパ（Zilpah）、レア（Leah）の4人を表わして

おり、彼女らの精神的な美点が悪霊から守ってくれる、というものである。(5)

悪霊の害を特にこうむりやすいと思われる人のそばに刃物、剣、あるいはシナゴーグ*の鍵などの鉄製品のひとつを置いておくのが数世紀にもわたって慣習となっていた。たとえば、妊婦や分娩中の女性や臨終の人の場合には枕の下に置いたり、子供の揺りかごの中や、雷雨の時はひよこの巣の中に置いたりした。また、トゥクフォート、すなわち、春分と秋分の日や夏至、冬至の時期が人間にとって特に危険であるとも信じられていた。この時期、悪霊は水を血に変えると考えられていた。こうした災いを避けるために、鉄の一片を入れて封をした容器を水に浮かせた。

---

(1) 申命記27:5-6 (2) 列王記上6:7、BT ギッティーン篇68a-b、BT ソター篇48b (3) BT バヴァ・バトラー篇10a (4) 出エジプト記7:19 (5) Trachtenberg, *Jewish Magic and Superstition*, 313, 注14.

象徴するもの：魔術、保護、暴力、戦争

項目別分類一覧：誕生、女性

参照箇所：祭壇、血、邪視、神殿

デボラ　DEBORAH（ヘブライ語：デヴォラ）

聖書によれば、デボラ（蜂の意味）はイスラエル王国時代以前の士師であった。デボラはそのような地位を保持していた唯一の女性であった。彼女は将軍バラクとともに、イスラエルをシセラの軍隊との戦いで勝利に導いた。(1) その戦いの後で彼女が作った勝利の歌は、「デボラの歌」として知られている。『ゾハール』+によると、この歌の詩的価値は、男性が書いたどのような賛美の歌とも異なるものである、という。(2) 彼女はタルムード+の中で述べられている7人の女預言者のうちの1人であり(3)、精神的、軍事的指導者、詩の天才、勇気の模範であると誉め称えられている。

---

(1) 士師記4～6章 (2) ゾハール・レビ記19b (3) BT メギラー篇14a

象徴するもの：勇気、フェミニズム、公正、指導力、力強さ、勝利、知恵

項目別分類一覧：人物、女性

天蓋　→フッパー　HUPPAH

天使　ANGELS（ヘブライ語：マルアフ）

天使はヘブライ語では御使い（マルアフ〔複数形はマルアヒーム〕）、神あるいは神々の子供たち（ブネイ・エロヒーム、またはブネイ・エリーム）、聖なる存在（クドゥシーム、またはハイヨート・ハ・コデッシュ）、ケルビム*、セラフィーム〔イザヤ書6:2にのみ現われる〕などたくさんの名前*を持っている。マルアフという語は、ヘブライ語の聖書に見られるように、人間の使者と神の使者双方を意味しているが、天使がユダヤ思想やユダヤ人の伝承においてより重要な役割を担うにつれて、しだいに神の御使いのみを意味するようになった。外国の影響がユダヤ文化と混じり合ったために、天使に名前や人格、領域、そして特殊な働きを与えることとなり、天使論はより精緻なものとなった（しかしながら、ユダヤ教の伝統は、翼*や光輪のようなキリスト教の絵画的なイメージを模倣しはしなかった）。神秘主義者たちは、とりわけ、善の天使や悪

の天使たちと関連した複雑な神話を発達させ、これらの超自然的な存在を神の光の流出として描写した。現代においては、天使はほとんどその超自然的な地位を喪失して、単なる詩的な象徴か比喩的な表現となってしまった。

聖書において最も有名な天使たちはおそらくは、アブラハム*とサラ*を訪問し、息子のイサク*の誕生とソドムとゴモラのさし迫った破滅を予告した3人の天使たち(1)と、ヤコブ*と格闘した天使(2)であろう。第1と第3の場合はどちらも神の密使はイシュ、「人」と呼ばれているが、第2の場合〔創世記19〕はマルアフ、「御使い」と呼ばれている。予言をしたり、人びとに目つぶしを食らわせたり、また、不意に現われたり消えたりする彼らの行ないは、彼らを特殊な存在と印象づけているが、聖書は彼らを超自然的な存在とも非物質的な存在とも記述してはいない。エゼキエル書、ゼカリヤ書、ダニエル*書以外の聖書全体を通して、天使たちは神の意志の実行者として仕えているが、彼らは自立した生命を有してはいない。彼らは神の力を象徴的に具現しているのである。

ヘレニズムの影響を受けていた異教の神話は、(聖書はすでにもっと古い神話の諸源泉とかかわりを持っていたが)聖書の一神教を危うくしはじめた。ユダヤ教は、守護天使、民族それぞれの守護天使、光*の天使と闇の天使などの役割を担っていたガブリエル、ラファエル、ミカエルのような天使たちの多様なパンテオンを天国に形成することによって、敵対していた異教の世界観をうまく調和させた。

タルムード⁺とミドラッシュ⁺においては、ラビ⁺たちは超自然的な存在としての天使の存在を受け入れ、天使の創造、聖書の物語における彼らの役割、神聖な世界における彼らの行為などについての幻想的な物語を創り出した。天使たちはヘブライ語を話し、空中を飛び、未来を予言し、そして、祈り、雹、雨*、怒り、誕生を支配する。彼らは人間の姿をしており、世界の3分の1の広さを占め、火*と水*それぞれ半分ずつで創られている。彼らの主な働きは、神を誉め称えることであり、人間の世界と神の世界の間を仲介することであり、時には人間のために嘆願し、またある時には神の審判を実行する。特別な場合には、彼らは人間の姿や動物の姿で現われることもある。シャバット*には、悪の天使と善の天使の2人がユダヤ人ひとりひとりと一緒にシナゴーグから家まで行き、シャバットの女王*に対して敬意を示しているかいないかで、そのユダヤ人の食卓*を祝福したり呪ったりする、と言われている。この伝承は、よく知られたシャバットの聖歌「シャローム・アレイヘム」の基を形成した。だが、天使たちへのこうした複雑な関心にもかかわらず、ラビたちは天使の崇拝を容認しないように気をつけていた。

ユダヤ教に入り込んだもうひとつの外国の影響は、二元論である。天使たちは、最初は神の正義と慈愛の使者と考えられていたが、しだいにふたつの陣営、すなわち、善の側と悪の側へと別れて行った。そして、地上に下りてきて人間の娘たちと交わり、罪を犯すようになった堕天使たちについての伝説が生まれた。(エノク書)。サタン*の反抗と人間を創造した時の堕落についてのラビ文学の伝説もある。ラビたちは、エジプト*、バビロニア、

ペルシアの民間伝承に由来した精緻な悪魔学を発展させた。

中世になると、天使とデーモンへの信仰が広く普及した。地上のすべてのものは天上にそれぞれ固有の代理天使を持っていると考えられていた。悪霊から守るため、安産のため、病気の治癒のため、そして危険から身を避けるために、人びとが天使たちの名前を唱えて祈ることがよくあった。デーモンは、呪文、護符*、特別な儀礼で追い払われた。女性のデーモン、リリット*は特に恐れられていた。

カバリスト✝たちの間では、とりわけ16世紀のツファット*においては、天使はよりいっそう顕著な役割を担っていた。天使たちは人間の世界と霊的な世界のあいだの取りなしをし、人間の祈りを天の玉座*にまで運び、そうして世界を救う手助けをしている、と考えられていた。天使たちは神の光から作られているので、神のさまざまな属性、たとえば、慈愛と厳しい審判、破壊と恩寵などを表わしていた。ある神秘主義者のサークルにおいては、名前*や秘密の儀礼を用いて魔術を実践するために、天使が利用されていた。

伝統的な典礼には、天使についての神秘主義的な教えが絶えず影響を及ぼしていた。祈祷書には、「天の軍勢」、「セラフィーム」、「聖なるオファニーム」(「車輪」の意味)についての数多くの言及が含まれている。[4] 天使への言及と祈りにおける天使の役割は、祈りは個人にとっても世界にとっても贖いとなる、というカバラー*の考えに影響を与えていた。

天使についてのこうした観念をすべてのユダヤ思想家が熱心に抱いていたわけではなかった。神話的な影響に対して一神教を守ろうとした強固な合理主義的な傾向も、伝統の内部には常に存在した。中世の哲学者マイモニデス✝は、天使とは「知性」を象徴する比喩的な表現にほかならず、天使はこの世界ではあらゆる自然的な力と霊的な力が働いているということを示しているのである、と論じている。それゆえに、「欲望の天使」は人間のリビドーであり、「誕生の天使」は胎児を形成する生殖力である。[5] 啓蒙主義✝以来、マイモニデスのこうした考えは、ヨーロッパのほとんどのユダヤ人の間で受け入れられた。しかしながら、中近東やハスィディーム✝のコミュニティの中には、天使への信仰を持ちつづけている者もある。

(1) 創世記 18-19 章 (2) 創世記 32 : 25-33 (3) BT シャバット篇 119b (4) El Adon, *The Kedushah*、エゼキエル書 10 : 9 (5) *Guide of the Perplexed* 2 : 6-7

象徴するもの：贖罪、憐れみ、神の憐れみ、神の審判、神の力、悪、聖性、仲介、自然、平和、預言、贖い、悔い改め

項目別分類一覧：カバラーの象徴、祈り、シャバット

参照箇所：護符、死の天使、ケルビム、カバラー、光、リリット、名前、女王、サタン

天秤　SCALES（ヘブライ語：モズナイム）

天秤の紋章は非常に古くからあり、おそらくはメソポタミアにその起源を有しているものと思われる。天秤は、罪と罰の等価性と相互作用を示している。天秤の釣り合いが保たれている時は、調和と平等を示している。リブラ（天秤宮）のゾディアックのしるしは、

中心の軸で釣り合いを保っている二つの秤で表わされている。このゾディアックは、9月23日から10月23日までの期間に照応している。ギリシア人もこの象徴を「正義の女神」であるアストライアと結びつけていた。現代の人びとは、天秤が法と正義の古典的な象徴であることを知っている。

モズナイム（天秤）、第7*宮と呼ばれるゾディアックは、古代ユダヤ教においてはシナゴーグ*の床のモザイクに表現されており、水平な棒から釣り合いが取れて下がっている二つの秤の形（あるいは、秤そのもの）で表わされていた。重要なことには、第7の月であるティシュレイ⁺の月に行なわれるユダヤ教の新年の祭りローシュ・ハ・シャナー*の中心的なテーマは審判であり、天秤で象徴されている。大祝祭日の礼拝では、神によって量られている人間の行ないが特に比喩的に表現されている。ローシュ・ハ・シャナーのイメージとテーマは、古代世界のこの時期の季節との関連で発展したようである。さらに、大地と人びととの運命は、1年のこの時季には「まだ不確実な状態にある」。というのも、翌春の穀物の生産高は冬の降水量にかかっているからである。

象徴するもの：均衡、神の審判、平等、調和、公正、法

項目別分類一覧：ローシュ・ハ・シャナー

均衡のとれた天秤

参照箇所：ローシュ・ハ・シャナー、ゾディアック

塔　TOWER（ヘブライ語：ミグダール）

塔は、伝統的に、保護、自己強化、霊的上昇を象徴している。塔はまた、天と地のつながりをも表わしている。錬金術では、塔は、物質がより高次のレベルへ変質する炉を表わしている。塔はまた人体とも相似しており、その上層の窓は目*に相当する。

聖書に出てくる最も有名な塔はバベルの塔である。この塔の建設者は、「天にまで届く塔の町を建て、有名になろう。そして、全地に散らされることのないようにしよう」としてこの塔を建てた。神は彼らの虚栄心、薄情さ、反抗的な態度のゆえに、彼らの言語を混乱（バベル、すなわち「意味のわからない言葉を話すこと」）させ、彼らを全地から散らさせた。[1]学者たちは、この物語は、メソポタミアのジッグラトのような聖なる塔は神々が造ったという古代の信仰に対する反論であると述べている。何世紀ものあいだ、バベルの塔は、人間の愚かさとうぬぼれを象徴していた。

エルサレム*の旧市街のジャッファ門のそばにあるダビデの塔は、長いあいだ町の中心的な標識の役目を果たしていた。エルサレムを描く時には、必ず塔とミナレット〔イスラームのモスクの尖塔〕が特徴として描かれていた。

ヨーロッパでは、リモニーム（トーラー*の把手カバー）が塔の形をしていることがあった。これは、おそらくは、教会建築によく見られた鐘塔の影響を受けたものと考えら

トゥ・ビ・シュヴァット（樹木の新年） TU B'SHEVAT

れる。また、これは聖書の次の一節の影響を受けたのかもしれない──「わたしの神、大岩*、逃げどころ。わたしの盾、救いの角*、砦の塔」(2)

ハヴダラー*の香料入れ*の最もよく見かける形は、塔である。これは、雅歌の一節「頬は香りの草の花床、香りの塔」(3)の影響を受けたのかもしれない。しかしながらこの形は、中世ヨーロッパの町の香料入れや教会で用いられる聖体顕示台（聖体拝領のホスチアを納めたもの）、香炉、聖遺物箱などに由来しているのではないかとも思われる。というのも、中世では、ほとんどのユダヤ教の香料入れは異教徒の職人によって作られていたからである。この古典的な形は保持され、今では、エルサレムの塔を連想させることが多い。

---

(1) 創世記 11：1-9 (2) 詩篇 18：3 (3) 雅歌 5：13

象徴するもの：神、守護、力、うぬぼれ、保護、聖所、自己権力の拡大、力強さ

項目別分類一覧：住居、祭具、シャバット

参照箇所：ハヴダラー、エルサレム、梯子、山、ざくろ、香料入れ、トーラー

トゥ・ビ・シュヴァット（樹木の新年）

TU B'SHEVAT（ヘブライ語：トゥ・ビ・シュヴァット）

トゥ・ビ・シュヴァットは、シュヴァットの月（西暦1月～2月）の15日（満月）に行なわれる樹木*の新年である。この日は、古代では果物の木からの収穫の10分の1を税として納める〔申命記 14：22〕財政上の周期の新たな開始を示していた。イスラエルでは冬の雨季がこの時期に終わるので、この日以降に花を咲かせた木には翌年の税が課せられた。(1) トゥ・ビ・シュヴァットの名前は、数字*の15を表わすアルファベットの形態から出てきた。すなわち、テットの数値は9であり、ヴァヴの数値は6であり、テット・ヴァヴ〔トゥと発音する〕で15を表わす（この数字をユッドの数値が10であり、ヘイの数値が5であり、総和が15だからといってユッド・ヘイ、すなわちヤーと綴ることはできない。数理的には論理的であるが、ヤーは神の聖なる御名*のひとつであるからである）。アーモンドの木*はイスラエルで一番早く花を咲かせる木である。この祝祭日は、このことに合わせて時期が決められた。この時期は、木の中から樹液がたくさん出てくる時でもある。

トゥ・ビ・シュヴァットは、小祝祭日である。ヨーロッパのコミュニティでは、この日には特にイスラエル産の15種類の果物を食べ、詩篇の特別な個所──「主の木々、主の植えられたレバノン杉は豊かに育ち、そこに鳥は巣をかける。鸛(こうのとり)の住みかは糸杉の梢」(2)──を朗読する慣習があった。15世紀のツファット*の神秘主義者は、神の霊の流出の四世界についてのカバラー*の理論にもとづいた特別なセデル*を創り出した。このセデルは多くのコミュニティで一般的に広く行なわれるようになり、今日に至るまでつづいている。このセデルでは、ぶどう酒*を4*杯飲み、さまざまな象徴的な果物とくるみ*を食べ、特別な祈りを朗唱し、聖書を朗読し、この季節にふさわしい歌を歌う。白*ぶどう酒と赤*ぶどう酒の風変わりな飲み合わせは、冬の真っ白な不毛の地から、春の赤らんだ活気に溢れる地へと土地が徐々に移行すること

を象徴している。

現代のイスラエルでは、トゥ・ビ・シュヴァットは、米国などで行なわれている植樹の日と類似した農業の祝祭日であり、植樹に焦点を合わせている。ディアスポラ+のユダヤ人は、(雪が溶けていた場合には)自分たちのコミュニティに植樹するか、さもなければ、イスラエルに植樹するための寄付金をユダヤ民族基金に送っている。

トゥ・ビ・シュヴァットは、現代世界では別の関心を引いている。この祝祭日は、ユダヤ人をして環境問題に目を向かせ、神の創造に感謝の気持ちを表わさせ、環境を保護する人間の役割を自覚させる機会となっている。

(1) ミシュナー：ローシュ・ハ・シャナー篇 1：1
(2) 詩篇 104：16-17、120-134

象徴するもの：エコロジー、生命、再生、贖い

項目別分類一覧：植物、木、トゥ・ビ・シュヴァット

参照箇所：アーモンドの木、いなご豆、いちじく、ぶどう、カバラー、くるみ、セデル、7種類の植物、木、白、ぶどう酒

トゥフィリン TEFILLIN（ヘブライ語：トゥフィリン）

トゥフィリンは聖書の4*個所からの聖句（出エジプト記 13：1-10、11-16、申命記 6：4-9、11：13-21）を入れた二つの黒い革の箱である。これらの箱は、ひとつを額に、もうひとつを左腕（左利きの人は右腕に）に黒い革紐で巻き付けられる。額に付けられる箱（シェル・ローシュ〔「頭の」の意味〕）は、四つの部分に分けられており、それぞれには羊皮紙に書かれた聖書の聖句が入れられている。腕に付けられる箱（シェル・ヤッド〔「腕の」の意味〕）は、分けられておらず、1枚の羊皮紙が入っている。トゥフィリンは、シャバット* と祝祭日（これらの日は、それ自体が聖性の象徴である）を除いた毎日の朝の礼拝の時に付けられる。

トゥフィリンを付ける命令はトーラーにまでさかのぼる――「あなたはこの言葉を腕に付けてしるしとし、額に付けて覚えとしなさい。主が力強い御手を持って、われわれをエジプト* から導き出されたからである」。(1) 聖書はトゥフィリンを指すのに三つの異なったヘブライ語を用いている。ズィカロン――記念。オート――しるし。トタフォート――額に付ける飾り紐（おそらくは、リボンを意味するアッカド語に由来すると思われる）。ヘブライ語のトゥフィリンは、「祈り」（トゥフィラー）を意味する語と「分離する」（ヒフラー）という意味の語のどちらかに由来している。というのも、トゥフィリンを付けることは、かつては男性の毎日の盛装であり、それによって、元来はユダヤ人をその隣人たちと区別していたからである。新約聖書はトゥフィリンを指すのに「フィ

4つ又のシンが見えるトゥフィリンの拡大図。下図は、朝の礼拝で頭と腕に付けられたトゥフィリン。

トゥフィリン　TEFILLIN

ラクタリー」（護符*の意味）というギリシア語を軽蔑して用いている。[2] 現代ではこのギリシア語はその歴史的な結びつきを失って、トゥフィリンの訳語としてユダヤ人にも異教徒にも使われている。

トゥフィリンには象徴的な意味が付与されている。その最も重要な働きは、出エジプト*と、歴史を通したユダヤ民族と神との不断の関係をユダヤ人に思い起こさせることである。腕に革紐を巻き付けることは、命令への公約と神意への服従を象徴している。巻き付けることはまた、神のユダヤ民族との結婚を象徴してもいる。トゥフィリンを身に付ける時、こう朗唱する――「わたしは、あなたととこしえの契りを結ぶ。わたしは、あなたと契りを結び、正義と公平を与え、慈しみ憐れむ」。[3] トゥフィリンを心臓に近い頭と腕に付けることは、心、身体、感情を神に仕えることに献げるということを象徴している。腕と頭に巻き付ける革紐はまた、その者の意志、思考、行動を神に結びつけるということをも示している。

カバリスト*はシャッダイ（全能の神）という語をトゥフィリンに描く慣習を持ちこんだ。最初の文字シンは、手の指を通した腕の革紐で描かれているばかりでなく、頭部のトゥフィリンにもしるされている。2番目の文字ダレットは、腕に革紐で描かれてもいるし、また頭部の革紐の後ろの結び目*でも表わされている。3番目の文字ユッドは、腕のトゥフィリン近くの結び目と頭部の革紐の端で表わされている。

頭部のトゥフィリンのシンは、立方体の両面にしるされている。それらのひとつは普通の方法〔三つ又のシン。このシンが右側になるように付ける〕で書かれているが、もうひとつのシンは四つ又になっている。この特異な形は、3人の族長（アブラハム*、イサク*、ヤコブ*）とこれらの族長の4人の妻たち（サラ*、リベカ*、ラケル*、レア*）を象徴していると言われている。また、「又」の数の総和が7*であり、これは腕の革紐を巻き付ける回数に等しいともいわれている（あるいは、「7」の別な象徴的な意味があるともいわれている）。[4]

バル・ミツヴァーの年齢に達するとトゥフィリンを身に付ける。（タルムード時代には女性でも身に付けていた者がいたという事例があるし、中世の偉大な学者ラシ+の娘も身に付けてはいたが）伝統的に、トゥフィリンは男性だけが身に付けるものであった。[5] 現代では女性の中にもトゥフィリンを身に付けている者もいるし、自分のトゥフィリンをデザインしている者もいる。

カバリストは、神もユダヤ民族の祈り（トゥフィロート〔トゥフィラーの複数形〕）で作られたトゥフィリンを身に付けていると信じている。

(1) 出エジプト記 13：16　(2) マタイによる福音 23：5　(3) ホセア書 2：21　(4) Lutske, *The Book of Jewish Custom*, 121　(5) BT エルヴィーン篇 96a、Henry and Taitz, *Written Out of History*, 88. ミドラッシュによればダビデ*の妻ミカルはトゥフィリンを身に付けていたという (cf. Ginzberg, *Legends of the Jews*, 6：274, 注 143)。

象徴するもの：託身、聖性、神聖なものとの親密さ、敬虔、自制、想起、神意への服従

項目別分類一覧：バル／バット・ミツヴァー、祈り
参照箇所：アレフベイト、手、頭、カバラー、結び目、数字、7

ともしび　→ランプ　LANP

トーラー　TORAH（ヘブライ語：トーラー）

ペンタテュークとも呼ばれるトーラー——モーセ*の五*書は、すべての知識、神の言葉の源泉として常に尊ばれてきた。トーラーは4000年ものあいだ、ユダヤ律法、倫理、伝説、儀礼、神学、芸術、歌、象徴の基盤をなしてきた。後のどの世代もトーラーから「論証テクスト✝」として聖句を引用することによって、刷新と新たな解釈の権威づけを行なっていた。伝承はこう説いている——「トーラーに向かいなさい。トーラーに向かいなさい。すべては、トーラーの中にある」。[1]

祭具としてのトーラーは、手書きの、2本の木製の心棒に巻かれた装飾のない簡素な羊皮紙の巻物であり、覆いに包まれて、装飾品で飾りたてられたものである。時とともにトーラー（その名前は「教える」、「目指す」という意味のヘブライ語から派生した）という語の意味は拡大してきた。トーラーには次のような意味が含まれている——（1）ヘブライ語聖書のすべて（タナッハ——トーラー、ネヴィイーム［預言者の書］、クトゥヴィーム［諸書］）、（2）口伝律法〔トーラー・シェベアル・ペー〕も成文律法〔トーラー・シェビクターヴ〕も含んだラビ✝の伝統の全体、（3）ユダヤ教の教えのすべて。

伝統から見ると、トーラーはユダヤ民族の心であり魂であり、神意の発露である。ラビたちは、トーラーは世界の創造以前から存在し、世界の形成の青写真として働いていたと説いている。[2] 神がシナイ*山で最終的にモーセ*に授けた啓示はこのトーラーであり、十戒*だけを授けたのではなく、成文律法と口伝律法全体を授けたのである。[3] 聖書とラビの教えでは、トーラーはエレキシル〔錬金術の霊薬、賢者の石〕、水*、ぶどう酒*、油*、蜜*、乳*、光*、マナ*、生命の木*にたとえられている。[4] トーラーはしばしば、侍女、未亡人、妻のような女性の姿で擬人化されている。[5] トーラーを学ぶ者は、名誉、自由、善、幸福、長寿、不死を得る。[6] 人がたとえどのような善行を行なったとしても、「トーラーを学ぶことはそれよりもずっとまさっている」。[7] トーラーは、知恵と愛の源泉である。[8] トーラーの教えによって、破壊された世界は修復され、贖われる。トーラーは完璧さの象徴である。[9]

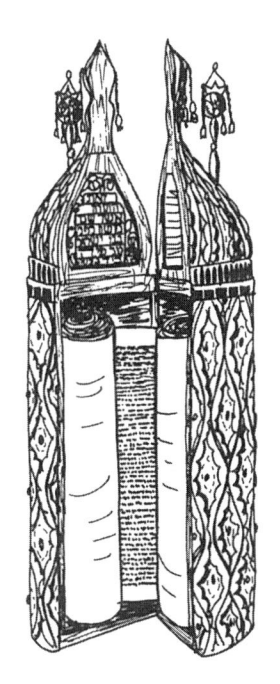

トーラーの巻物を納めたオリエント風の「ティック」。

トーラー　TORAH

リモニーム（ざくろ*の項参照）

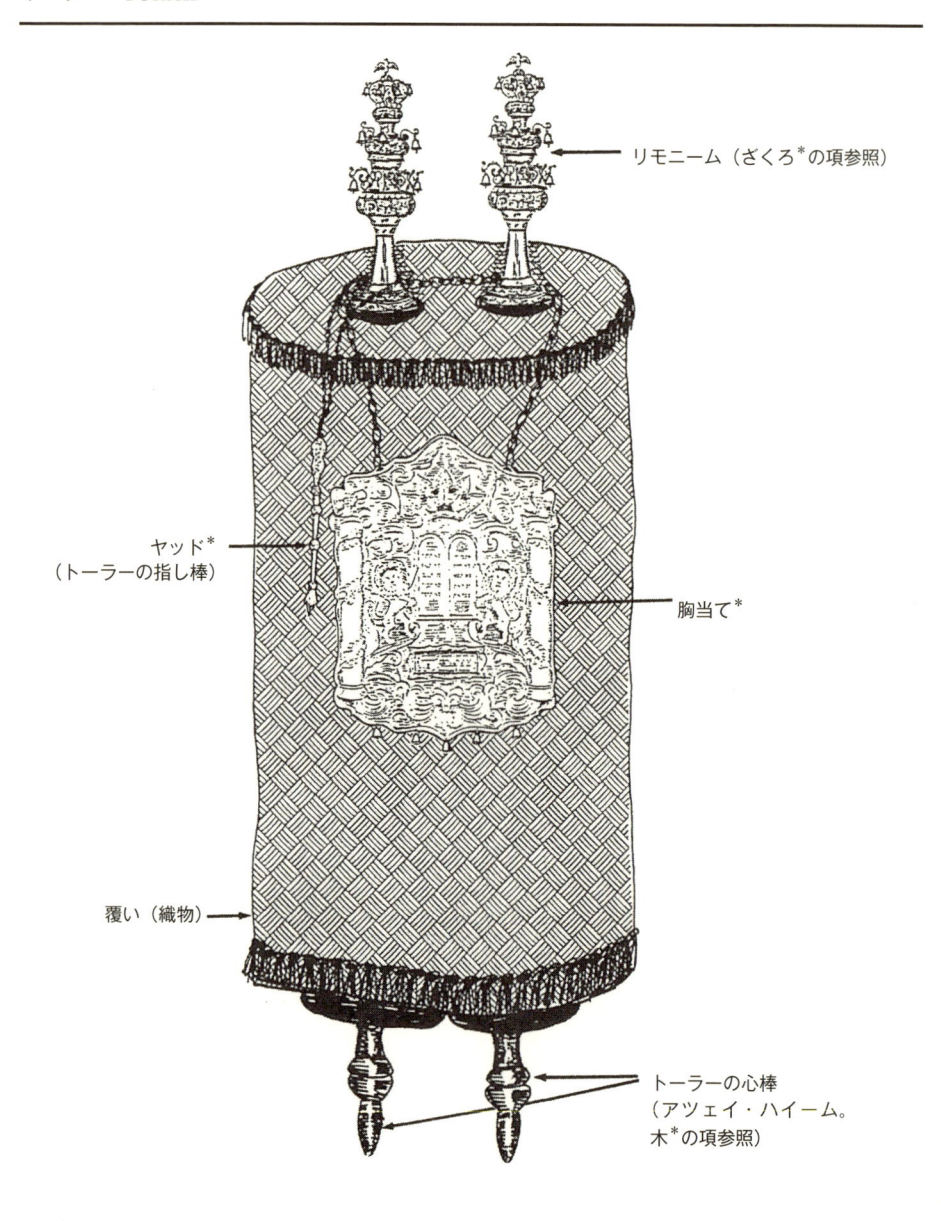

ヤッド*
（トーラーの指し棒）

胸当て*

覆い（織物）

トーラーの心棒
（アツェイ・ハイーム。
木*の項参照）

アシュケナズィームの様式のトーラー

ユダヤ教神秘主義者は、トーラーはその内部に神の御名*のすべてを含んでおり、その秘密は、トーラーの適度な学習によって明らかとなる、と信じていた。そのような学習は、人を神との合一へと導く。カバリスト*は、トーラーの文字には神秘的な力と奥義があると考えていた。彼らは、トーラーの言葉は神の秘密の外面的な覆いを表わしているにすぎないと主張していた。(10)『ゾハール』✛(神秘的な書物『光輝の書』)はトーラーのイメージを、恋人が捜しにきた時に恋人の前にほんの一瞬ちらりと姿を現わした、城の奥深くに隠れている美しい若い女性として象徴的に描いている。(11)

民間信仰においては、トーラーの巻物には祝福を授け、癒し、人びとを危害から守る奇跡を起こす力があると信じられていた。トーラーは生命の木*であるので、重病人が回復するようにと、トーラーを取得する慣習が生まれた。伝統は、「トーラーを学べば学ぶほど、生命力はますます増大する」(12)と説いている。

神殿の崩壊の後は、トーラーが人びとの霊性の中心となり、供犠の祭儀に取って代わった。ラビたちは、トーラーを学ぶことが、今やイスラエルの罪を贖うことになると指導した。(13)トーラーの巻物自体は、大祭司*の祭服を受け継いだ。覆い(メイール)がエフォドの外衣に、紐(ヴィムペル、ヒットゥル、マッパー)が外衣の帯に、王冠*(ケテル)やリモニーム(銀の把手カバー)が被り物と黄金板に、盾(タス)が胸当て(ホシェン・ミシュパット)に取って代わった。

トーラーにまつわる装飾品や慣習は、王権と力の象徴的な表現から出てきた。たとえば王冠と盾、笏に似たヤッド*(指し棒)、高価な素材、トーラーの行進、トーラーの覆いの縁への接吻の身振りなどがそうである。素手で羊皮紙を触ってはいけない、巻物が落ちた場合は断食をする、大祝祭日には巻物を白い*外衣で覆う、焼けたり破れたりした巻物は〔古い書物の保管所ゲニザーに〕収納するなどの他の儀礼と慣習は、巻物の聖性を強調している。

事物としてのトーラーそれ自体は非常に聖なるものであるので、筆写者は書く時に、芸術家はその外衣と儀礼上の装飾品を作る際に、会衆はその管理と敬意に、細心の注意を払っている。トーラーの装飾に関しては何世紀にもわたって、その細部に至るまで豪華な芸術的伝統が発展した。羊皮紙の巻物は、アツェイ・ハイーム(生命の木)、あるいはアムディーム(柱)と呼ばれる2本の湾曲した木製の巻き軸に巻き付けられている。2本の巻き軸は、ヤキンとボアズ*と呼ばれる神殿*の一対の柱を模倣したものであり、その頭部にはざくろ*とゆりのデザインが装飾されていた。巻き軸の先端には王冠かリモニーム(ざくろの意味)と呼ばれる銀製の蓋が据え付けられ、行進中にチリンチリンと鳴る鈴が飾り付けられていた。これらは、神殿の円柱と、黄金*のざくろと鈴が縁縫いされていた大祭司の外衣を偲ばせている。ある一定の文字にはタギンと呼ばれる小さな王冠の装飾がほどこされてはいるが、羊皮紙それ自体には装飾がほどこされてはいない。これは、言葉そのものに美しさが宿っていると考えられていたからである。とはいえ、トーラーの覆いと装

トーラー　TORAH

飾品には、芸術的な表現力がふんだんに盛りこまれている。

アシュケナズィーム✛のコミュニティでは、巻物は通常、金と銀の糸で刺繍をほどこされた豪華な織物で作られた布の覆いで包まれていた。スファラディーム✛のコミュニティでは、巻物は、ティックと呼ばれる円筒形、または八角形のケースに納められていた。このケースは二つの部分に分けられており、後ろに蝶番が付いていて、開くと読めるようになっていた。アシュケナズィームの巻物とは異なって覆いに包まれてはおらず、下に置かれ、巻物をティックの中に置いたまま、垂直に立てて読んだ。ティックは10世紀にイラクで創作されたが、たいていの場合、装飾がほどこされ、聖句が刻みこまれていた。

ドイツ語でヴィムペル（小旗）と呼ばれる帯は、タルムード✛時代にまでさかのぼる。[14] それは布製で、寄進者の名前や日付けなどが記されている。南ドイツでは、男の子がその上で割礼を施された亜麻布を切り取り、ヴィムペルに縫いこんだ。それは、その男の子が初めてシナゴーグ*へ行く時に会衆に贈られた。それには、凝った刺繍がほどこされてあったり、その男の子のゾディアック*の表徴や、花嫁と花婿の上に張られたフッパー*などの象徴が描かれたり、割礼儀式の聖句——「トーラー、結婚、善行の生活を送れるよう成長しますように」——が記されていたりした。このヴィムペルは、バル・ミツヴァーの時や結婚した時に読んだトーラーを縛る。これは、自分自身をトーラーとユダヤ人コミュニティに縛り付けることを象徴している。ヤドは16世紀に出現し、通常、象牙、木*、貴金属で作られている。この手*の人差し指は、トーラーの本文の朗読する個所を指す。

これらすべての事物は、装飾芸術に絶好の機会を提供した。よく見られるモチーフは花*、果物、ぶどう*の木、鳩*、鷲*、獅子*、円柱*（神殿の柱のヤキンとボアズ*に影響を受けた）、王冠、十戒などであった。トーラーの巻物は聖櫃（契約の箱）*の中に納められており、そのパロヘット*やネール・タミード*（永遠のともしび）も、たいていの場合は飾り立てられていた。

トーラーはシャバット*、月曜日、木曜日、祝祭日のたびごとに朗読されるが、特に二つの祝祭日に焦点を合わせている。シャヴオート*では、シナイ山でのトーラーの授与を記念している。スィムハット・トーラー✛（トーラーの歓喜）は、スッコート*の最後の日に行なわれ、この日にトーラーの1年がかりの朗読が完了し、ただちに創世記第1章をふたたび読みはじめる。スィムハット・トーラーでは、シナゴーグの所有しているすべてのトーラーの巻物を聖櫃から取り出し、それらを抱えてビマー*のまわりを7*回練り歩く〔これを「ハカフォート」と言う〕。これらのトーラーの巻物のまわりで楽しく歌い、踊るのも慣習となっている。

---

(1) ピルケイ・アヴォート5：22　(2) ピルケイ・アヴォート3：14、創世記ラバー1：4、ミドラッシュ・トゥヒリーム90：12、ゾハール3：152a　(3) BTメギラー篇19b　(4) BTタアニート篇7a、BTキドゥシーン篇30b、雅歌ラバー1：2、3、箴言6：23、ゾハール4：166a　(5) タンフマ：ベレシート1：6b　(6) エス

テル記ラバー 7：13、コヘレトの言葉ラバー 9：9　(7) BT シャバット篇 127a　(8) ピルケイ・アヴォート 6：2、3、7　(9) ミドラッシュ・トゥヒリーム 1：18、詩篇 19：8　(10) ゾハール 3：152a　(11) ゾハール 2：99a-b　(12) ピルケイ・アヴォート 2：7　(13) タンフマ B：アハレイ・モト 16　(14) BT シャバット篇 133b

象徴するもの：神の権威、基盤、神、聖性、ユダヤ民族、ユダヤ教、律法、学習、生命、愛、完璧、啓示、王権、源泉、教え、知恵

項目別分類一覧：バル／バット・ミツヴァー、カバラーの象徴、祈り、祭具、シャヴオート、スッコート、シナゴーグ、神殿

参照箇所：アレフベイト、聖櫃、バル／バット・ミツヴァー、ビマー、書物、胸当て、割礼、冠、鷲、火、五、花、ヤキンとボアズ、カバラー、王、光、獅子、モーセ、神の御名、ネール・タミード、パロヘット、ざくろ、7、シャヴオート、シナイ、スッコート、シナゴーグ、十戒、木、白、ヤッド、ゾディアック

鳥　BIRD（ヘブライ語：ツィポール）

鳥はほとんどの文化において、重力の束縛から自由になるその能力のゆえに、自由を象徴している。鳥はまたその曲芸飛行のゆえに、優美さを、そして、ユダヤ民俗芸術において好まれていたモチーフである孔雀の場合に最も顕著であるが、そのカラフルな翼のゆえに、美を表わしていた。鳥はユダヤ民俗芸術

鳥を表わしている手。ヘブライ文字で描かれている。

においては、いつの時代においても、これらすべてのことを象徴していた。

しかし、鳥はもっとずっと多くのことを象徴している。鳥は物質的な束縛から自由であるので、死後パラダイスへ飛翔する霊魂を象徴している場合もよくあった。霊魂の純真無垢というこの観念と結びついて、鳩*によく象徴されているように、不死の観念をも表わしていた。鳥はまた、その鳴き声と飛び方で未来を予示する、と考えられていた。ユダヤ人が外国の思想の影響を非常に多く受けていたヘレニズム時代には、ユダヤ人はしばしば彼らの墓に鳥を刻んでいた。このモチーフはおそらくは異教や初期キリスト教の芸術から借用したものであろうが、そこで鳥がぶどう*を食べているのは、永遠の生命を象徴していた。

ユダヤ人の伝説は架空の鳥について語っている。鳥の中の巨大な王ズィズ・シャッダイは、秋のティシュレイ⁺の月のあいだは弱い鳥たちを守り、その肉はメシアの宴の時には義人の食べ物となる。ミルハム鳥は、フェニックスのユダヤ版であり、獅子の足、鰐の頭、12の紫色の翼を持ち、エデンの園*の善悪の知識の木から食べるのを拒否したので、魔術都市ルズで不死の生命を得た。ヤツガシラは、神の不思議なシャミール虫をソロモン王が欺いて盗むまで守っていた。[1]

伝統的な典礼や詩においては、神はたびたびシェヒナー*、すなわち、臨在と表現されていた。シェヒナーは、元来は女性のイメージでとらえられており、しばしば翼*を持ったもの（カンフェイ・ハ・シェヒナー）として描かれていた。神は慈愛と憐れみのしるしと

鳥　BIRD

して、その翼でイスラエルを保護した。預言者イザヤは、イスラエルへの神の関心を述べる際にこのイメージを用いている——「翼を広げた鳥のように、万軍の主はエルサレムの上にあって守られる」。[2] ユダヤ人の中にはこの一節に感化されて、ローシュ・ハ・シャナー*のハラー*の上に鳥の頭の形の練り粉を載せたり、あるいはまた、神が彼らを加護し、彼らの罪を救してくれることを祈って、そのパンの塊全体を鳥の形に作る者もいる。同じように、ヨーム・キプール*にはこの特別なハラーを断食の前に食べるが、これは各自の祈りがすぐさま天にまで上っていってほしいという希望を象徴している。

13世紀以来のドイツのユダヤ民俗芸術の傑作である鳥の頭の彩飾ハガダーは、偶像作成の禁止の戒律を守って人間の頭を鳥の頭に取って替えたものであった。

ユダヤ人の伝統の中で最も人情味あふれた慣習は、「鳥の巣」（ケン・ツィポール）と呼ばれているものである。これは、雛鳥を捕まえる前に、人は必ず母鳥を追い払わなければならないというきまりのことである。トーラー*がその報いとして長生きを約束しているように、非常に大切なことは、動物に対してそのようなおもいやりの心を持つことである。[3] 人びとの中にはシャバット・シラー〔シュヴァットの月の10日から17日までのシャバットに対する呼称。この日には、出エジプト記15章の「海の歌」を朗読する〕に、その歌に感謝して鳥に餌をやる慣習を守っている者もいる。彼らはこの歌を通して、絶えず神と創造を賛美している。[4]

(1) Ginzberg, Legends of the Jews, 1：4, 28-29, 32-33　(2) イザヤ書31：5　(3) 申命記22：6-7　(4) Strassfeld, The Jewish Holidays, 182

象徴するもの：美、憐れみ、神の臨在、神の加護、自由、神、優美、不死、無垢、おもいやり、動物へのおもいやり、母性、音楽、霊魂

項目別分類一覧：動物、食物、ローシュ・ハ・シャナー、ヨーム・キプール

参照箇所：鳩、鷲、ハガダー、ハラー、シェヒナー、翼

【ナ行】

嘆きの壁　→西壁

なつめやしの木　PALM TREE（ヘブライ語：タマル）

　優美ななつめやしは、中近東の経済と文化にとっては常に重要なものであった。古代では、なつめやしの木はパレスティナの広い地域に繁茂していた。聖書はなつめやしの蜜*を、イスラエルの農業の豊饒さを象徴する7*種類の植物*のひとつに含めていた。[1] 聖書の中で「乳*と蜜の流れる土地」と表現されているのは、このなつめやしのシロップのことであった。

　古代イスラエルでは、なつめやしは、今日でもそうであるが、その優美さが尊ばれており、重要な輸出品目でもあった。なつめやしの果実酒も作られていた。木と葉は、宗教儀礼、建設、家庭の工芸に用いられていた。なつめやしの枝は、勝利の行進の時にたずさえられた。

　なつめやしは、そのすらりとした均斉のとれた形のゆえに、そのモチーフは、芸術と文学においては長いあいだ、広く一般的に用いられていた。なつめやしのデザインは、神殿*やシナゴーグ*に用いられた。ラビ[+]の時代には、医師たちは彼らの標章としてなつめやしの枝を用いていた。マカバイ家は、なつめやしを勝利の象徴として選択し

なつめやし（学名 *PHOENIX DACTYLIFERA*）。1. なつめやしの実の房　2. 優美な常緑のなつめやしの木。3. 成長したなつめやしの木の形を模した、古代世界で流行した装飾デザインのパルメット（なつめやしの葉状の装飾模様）

た。⁽³⁾ ローマ人がイスラエルを征服していた時、彼らのコインにはなつめやしの木の下で嘆き悲しんでいる女性として征服されたユダヤ人——ユダヤ・カプタ——が描かれていた。

聖書の詩では、なつめやしは、美しさ、優美さ、たくさんの実を結ぶ果実を象徴している。詩篇作者は、神に従う人を茂ったなつめやしにたとえており⁽⁴⁾、雅歌でも、愛する人をなつめやしにたとえている。⁽⁵⁾ ユダ*の義理の娘やダビデ*とアブサロムの娘などを含む聖書の女性たちの名前には、タマルという名前が多い。

なつめやしは、ユダヤ人の宗教生活では、スッコート*の祭りにとりわけ顕著に現われる。ルーラヴと呼ばれるまだ開いていないなつめやしの枝が、この祭りの4種類の植物*のひとつを構成している。この祭りでは、ルーラヴを持ってシナゴーグで行進をし、また、スッカー*（仮庵）の中では儀式に従ってそれを揺り動かす。ユダヤ人は、4種類の植物*それぞれになぞらえられている。なつめやしの実は、美味しいが香りがないので、学識だけで善行のない人を象徴している。⁽⁶⁾

なつめやしの木はどの部分も活用できる——果実は食べ物に、枝は宗教儀式に、葉と木は建設に使える——ので、ラビ⁺たちはユダヤ民族をなつめやしの木になぞらえて、「イスラエルでは価値の無いものは何も無い」と述べていた。⁽⁷⁾

なつめやしの実は、イスラエルの地を象徴している7種類の植物のひとつとして、伝統的にトゥ・ビ・シュヴァット*の祝祭日に食べられる。この祭りは、イスラエルの農業生活が冬の休眠状態の後、ふたたび目覚めたことを祝っている。

---

(1) 申命記8：8　(2) 出エジプト記3：8　(3) マカバイ記Ⅰ　13：51　(4) 詩篇92：13　(5) 雅歌7：8　(6) レビ記ラバー30：12　(7) 創世記ラバー41：1

象徴するもの：美、豊饒、優美、癒し、ユダヤ民族、正義、勝利、老齢

項目別分類一覧：植物、食物、イスラエルの地、スッコート、木、トゥ・ビ・シュヴァット、女性

参照箇所：4種類の植物、蜜、イスラエルの地、ヤキンとボアズ、ルーラヴ、7種類の植物、スッコート、木、トゥ・ビ・シュヴァット

7　SEVEN（ヘブライ語：シェヴァ）

7は、中近東とインドの文明にとっては聖なる数字である。数多くの理論が7の意味について説明してきた。古代人は、天には7つの惑星、すなわち、水星、金星、火星、木星、土星、太陽*、月*があると語っている。月の周期は4*期に分けられ、それぞれがおよそ7日間から成っていた。プレアデス星団（昴）として知られる星座は7つの星*を持っていた。古代の人びとは、この星座のコースをたどって春分（秋分）と農業上の周期を判断した。7はまた、別の二つの聖なる数字、3*と4*の合計でもある。方角には北、南、東*、西、上、下の6つの方角があるが、もしも視点としての中心を含めるならば、7方角となる。虹*には7つの色*があり、西洋音楽の音階には7つの音がある。

聖書は7の数字で満ちている。これは、イスラエルの人びとの目から見たその神秘的な

力を示している。創造の7日間⁽¹⁾、ノア*の7つの戒律⁽²⁾、イスラエルの7人の祖先たち（サラ*、リベカ*、ラケル*、レア*、アブラハム*、イサク*、ヤコブ*）、ヨセフ*が解いた夢*の中に出てきた7頭の雌牛と7つの穂、祭司の任職式の期間⁽³⁾、他の多くの祭司の仕事と寸法、7種類の植物*、安息年⁽⁴⁾、エリコの町のまわりを回った回数⁽⁵⁾、ダビデ*の竪琴*の七本の弦⁽⁶⁾などが挙げられるが、これらはほんの一例である。

ユダヤ暦*には7という数字がたくさん出てくる。ヘブライ語で週を意味するシャヴアは、7を意味する語シェヴァに由来している。シャバット*の別な名前は、「第7の日」である。トーラー*は、7つの部分に分けられている。大祝祭日は、第7月に行なわれる。スッコート*と過ぎ越しの祭り*は、7日間祝われる聖書の祝祭日である。スィムハット・トーラーではトーラーを抱えて7回練り歩く。ヨーム・キプール*の終わりでは、「主、あなたは神です」という聖句を7度大声で唱える。ユダヤ暦は、19年をひとつの周期としており、その間、7回閏月がある。伝統は、アダルの月〔西暦の2月〜3月〕の7日をモーセ*の誕生日と死者の日（ヤールツァイト）と定めている。

他にも7と関連した儀礼が数多くある。婚礼*の7つの祝福。ヤコブがレアと結婚した時の例（彼は、彼女のために7年間働いた）に影響を受けて、7日間の祝宴を行なう場合もある。⁽⁷⁾花嫁がフッパー*の下で花婿のまわりを7度回る慣習がある。葬式の後にはシヴアー（7の意味）と呼ばれる7日間の服喪期間がある。

祭具にもこの魅力的な7の影響が見られる。神殿*にあった古代のメノラー*には7枝あった。トゥフィリン*の革紐は腕のまわりに7回巻く。ヘブライ語のアレフベイト*7文字——ギメル、ザイン、テット、ヌン、アイン、ツァディ、シン——は、トーラーの巻物では王冠*（タギン）で飾られている。

同様に、7の倍数は伝統の中に数多く見られる。たとえば49年——ヨベル年、オメル*の7週間、世界の70*の言語と民族、ヤコブ*の一族のメンバーの数、モーセに助言した長老たちの数、サンヘドリン⁺（古代の最高法院）のメンバーの数、人間の人生の年数などを挙げることができる。

カバリスト⁺たちにとって、下位の7つのスフィロート*は、物質的な世界の中の神の内在的な存在を表わしている。上位の三つのスフィロートは、超越的な世界と関連している。

タルムード⁺は、7人の女預言者——サ

トーラーの筆写文字の飾り立てられた王冠——タギンを持ったヘブライ語の7文字（ギメル、ザイン、テット、ヌン、アイン、ツァディ、シン）

ラ*、ミリアム*、デボラ*、ハンナ、アビガイル、フルダ、エステル*を挙げている。[8]

ユダヤ人の民俗文化と魔術では、7は幸運と結びついている。

---

(1) 創世記1：1-2：4　(2) 創世記ラバー34：8、BTサンヘドリン篇56a　(3) レビ記8：33-35　(4) レビ記25：2-7　(5) ヨシュア記6：15-16　(6) 詩篇119：164、民数記ラバー15：11　(7) 創世記29：27　(8) BTメギラー篇14a

象徴するもの：神の臨在、幸運、聖性、神秘

項目別分類一覧：天文学、死、カバラーの象徴、数字、過ぎ越しの祭り、ローシュ・ハ・シャナー、シャバット、シャヴオート、スッコート、婚礼

参照箇所：暦、色彩、4、カバラー、メノラー、ノア、数字、オメル、70、シャバット、シャヴオート、スッコート、3、10

70　SEVENTY（ヘブライ語：シヴイーム）

数字*の70は、二つの聖なる数字、7*と10*の積であり、聖書時代からユダヤ教の文書や儀礼に頻繁に現われている。モーセ*は、彼を助けてイスラエルの人びとを荒野*で導く70人の長老たちを指名するよう指示された。[1] モーセを長とするこれらの70人の長老たちは、古代イスラエルの最高法院として機能していた71人の裁き人からなる大サンヘンドリン✚の原型となった。ソロモン*の玉座*には、サンヘドリンのメンバーのための70の黄金の玉座があったという。天上の裁判所には、70人の裁き人がいるともいわれている。

ミドラッシュ✚は、地上には70の民族があり、それぞれの民族は固有の言語と守護天使*を持っていると述べている。ヤコブ*の家族がヨセフ*に合流するためにエジプト*へ下って行った時、家族は70人であった。イスラエルの人びとは、この70人から、エジプト*から脱出*した時には60万人にまで増えていた。ミシュカン*の中には70の什器があった。ミシュカンは70キュービットあり、これはユダヤ暦で祝われている70の聖日——52回のシャバット*（キリスト教暦に従った場合であるが！）、過ぎ越しの祭り*の7日間、スッコート*の8日間、そして、シャヴオート*、ヨーム・キプール*、ローシュ・ハ・シャナー*からそれぞれ1日ずつ——に相応していた。[2]

アダム*は本来1000年もの生命を与えられていたが、ダビデ*王の高貴な魂がたった3時間しか生きられない運命にあると知った時、自分の生命から70年を彼に与えた。[3] アブラハム*は、神が彼と契約をした時には70歳だった。[4] ダビデの統治時代に、人間の標準的な寿命を70年とすることが決められた。そして、この寿命は7段階に分けられた。[5] 第一神殿*は、再建されるまで70年間も荒れ果てたままであった。

神秘主義の伝統によれば、人にはあらゆる危険から守ってくれる70人の天使がおり、神には70の属性があり、力強い天使メタトロンには70の名前があるという。これらの「70」に祈願することは、実践的カバラー、すなわち、民衆に流布していた魔術では長いあいだ実践されてきた。いなご豆*の木は大きくなるまでに70年かかると伝説は語っている。奇跡を行なう人、「円を描く人」ラビ・ホニ〔紀元前1世紀の賢者。自分のまわ

りに円を描くことによって神の助けを呼び求め、干からびた地に神が雨をもたらすまで動こうとしなかった〕は、いなご豆の木が実を結ぶまで70年間眠っていたといわれている。[6]

---

(1) 出エジプト記24：1、民数記11：16 (2) Ginzberg, Legends of the Jews, 3：165-166 (3) ピルケイ・デ・ラビ・エリエゼル19 (4) 創世記ラバー39：7 (5) BT イェヴァモート篇64b、コヘレト・ラバーのコヘレトの言葉1章2節についての箇所 (6) BT タアニート篇23a

象徴するもの：聖性、生命、指導力、魔術、保護、全体性

項目別分類一覧：数字

参照箇所：天使、いなご豆、カバラー、数字、7、10

7週の祭り　→シャヴオート　SHAVUOT

7種類の植物　SEVEN SPECIES

（ヘブライ語：シヴアット・ハ・ミニーム）

聖書では土地の肥沃さを象徴するために7種類の農産物——小麦*、大麦*、ぶどう*、いちじく*、ざくろ*、オリーヴ*（油*）、（なつめやしの）蜜——を特定している。[1] イスラエルの人びとがカナンに定住すると、彼らは果物の初物（ビクリーム）を献げ物としてレビ人に持ってくるように命じられた。[2] 聖書ではどの果実と穀物かは特定されてはいないが、ラビ†たちは、この律法は申命記8章8節で述べられている7種類の植物にのみ適用されると命じている。[3]

古代では、イスラエルの人びとはハグ・ハ・ビクリーム（初物の祭り）とも呼ばれて

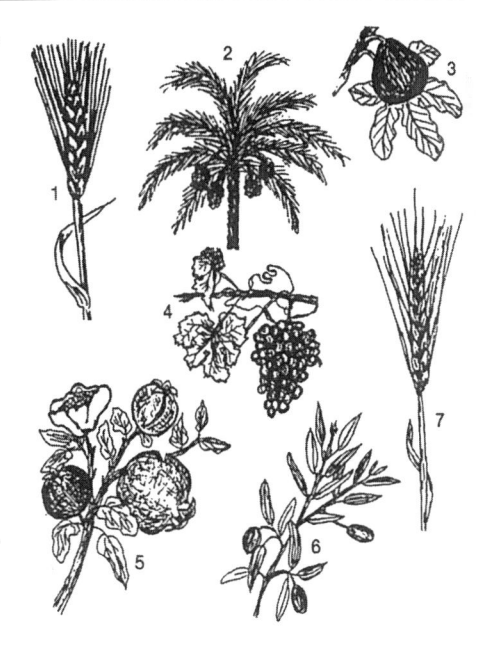

7種類の植物
1．大麦　2．なつめやしの実　3．いちじく　4．ぶどう　5．ざくろ　6．オリーヴ　7．小麦

いるシャヴオート*の祝祭日には、果物の初物をたずさえて自分たちの村からエルサレム*の神殿*まで行進してきた。[4] 雄牛は、角*を金*銀の花冠で、頭をオリーヴの枝で飾られて、行進の先頭を行った。楽人たちは笛を吹きながらその人たちについて行った。裕福な巡礼者は、献げ物を金や銀の籠*に入れて持ってきたが、貧しい者は、柳*の籠に入れて持ってきた。そして、レビ人の聖歌隊が神殿の山で彼らを迎え入れた。現代イスラエルでは、キブツの人びとがビクリームの行進をしてシャヴオートを祝っている。

名前　NAMES

(1) 申命記 8：8　(2) 出エジプト記 23：16、34：22、民数記 28：26、申命記 26：1-11　(3) ミシュナー：ビクリーム篇 3：9　(4) ミシュナー：ビクリーム篇 3

象徴するもの：農業、肥沃、感謝の祈り

項目別分類一覧：植物、イスラエルの地、シャヴオート、神殿、

参照箇所：大麦、籠、いちじく、ぶどう、蜜、油、オリーヴ、オメル、ざくろ、シャヴオート、小麦

名前　NAMES（ヘブライ語：シュモート）

人の名前は、その人の霊魂と運命を定め、それらに影響を及ぼす力も持っていると考えられている。悪霊の力が赤ん坊に危害を加えることがないように、赤ん坊に秘密の名前を付ける文化もある。養子縁組、結婚、宗教的な改宗、政治的な飛躍、移住、精神的な変容による人の立場の変化は、名前の象徴的な変化を伴うことが多い。

聖書のほとんどの名前は象徴的な余韻を有している。多くの人びとは、神との劇的な出会いを経験した後で新しい名前を授かった。アブラムはアブラハム*となり、サライはサラ*と、ヤコブ*はイスラエルとなった。(1) だが、意味深長なことであるが、イサク*は危うく生贄に献げられそうになったことで、彼の神との関係を永遠に変えることとなったが、アケダー*の後に新しい名前を授からなかった。場所もまた、そのような神の顕現の後に新しい名称や別名を授かったこともあった。たとえば、ヤコブの梯子*の夢の場所は、それまではルズと呼ばれていたが、ベテル（神の家）と呼ばれるようになった。(2)

親から授けられた名前は、子供の誕生時の環境を反映している。その名前には、子供の将来に対する親の期待や彼ら自身の経験がこめられていた。ラケル*とレア*は、ヤコブの愛を得ようと彼女らの出産力を張り合ったが、彼女らの息子の名前もその競争意識を反映して付けられていた。(3) ラケルは出産した後の臨終の際に、彼女の2人目の息子をベン・オニ（わたしの苦しみの子）と名付けたが、ヤコブはその名前をベニヤミン（わたしの右手の子〔幸せな子〕）と変えた。これは、明らかに、ラケルの付けた名前がその子の運命を呪うであろうと恐れたからであった。(4) ファラオの王女は養子にしたヘブライ人の子供をモーセ*と名付けたが、これは、トーラー*によれば、「水の中からわたしが彼を引き上げた」という意味であるという（しかし、考古学者は、ラムセスが「ラーの息子」という意味であるように、「誰々の息子」の意味であると訳している）。(5)

多くの名前は、その名前の中に神の名前のひとつを含んでいる。たとえば、エルがそうであり、また、テトラグラマトン✚（神の御名*の聖なる4*文字）の省略形であるヤー、イェホー、イェフー、ヨー、さらに、シャッダイ（全能の神）、ツール（岩）、アドーン（主）、メレフ（王*）、バアル（師）などもそうである。これらの名前は、祝福や加護への親の願望、親の感謝の気持ち、神を称える気持ちを表現している。聖書の中でただ単にイシュ（「人間」の意味）と呼んでいる場合は、天使*を指している。

聖書の中の多くの女性たちには名前が付けられていない。これは、彼女らの非力さや存在の卑小さを示している。ミドラッシュ✚は

後に、ナアマ（ノア*の妻）、アミトライ（アブラハム*の母親）、エディト（ロトの妻）などのように、多くの女性たちに名前を授けているが、ユダヤ人の伝統は彼女たちの名前のない立場を是認している。現代のフェミニストたちは、この慣習を打破しようとしている。

ラビ+たちは、人の名前はその人の運命を決定すると述べている。(6) この信仰を反映して、ある一定の名前がユダヤ人の歴史全体を通じて広く用いられていた。それらの名前として、アブラハム、イサク、ヤコブなどの族長と、サラ、リベカ*、ラケル、レアなどの族長たちの妻たち、ルベン、シメオン、レビ、ユダ*などの息子たち、モーセ、ミリアム*、アロン*、そして、ヨシュア、ギデオン、デボラ*などの士師たち、サムエル、ナタン、ヨエルなどの預言者たち、ダビデ*、ソロモン*、エステル*などの王と王妃を挙げることができる。ヘブライ語の名前には、スィムハー（幸福）、ハイーム（生命）、アリ（獅子）などのように前向きで明るい良い意味を含んだ語が多い。

非ユダヤ人的な名前は異邦の文化の影響を受けて、聖書とラビの名前の目録に付け加えられた。そして、伝統的なヘブライ語の名前は、異文化への適応や主文化へのユダヤ人の同化を反映して、しばしば綴り直された。古代の伝説によると、アレクサンドロス大王がパレスティナにやってきた時、ユダヤ人は彼に敬意を表して、その年に生まれた祭司の息子すべてに彼の名前を付けたという。(7) アメリカのユダヤ人の多くは、自分たちの子供に世俗的な名前を付けている。だが、おそらくは、アメリカにおいてユダヤ人の安全が確保されていることを反映しているのであろうが、聖書の名前が近年は流行として復活してきている。姓は比較的最近になってから改変されてきているが、それでもユダヤ民族のあちこちと遍歴した運命を反映している。例外は、コーヘンとレビである。これらの姓は、古代にまでさかのぼる。

アシュケナズィーム+のあいだでは、記念と継続性の象徴として亡くなった家族の名前を子供に付けるのが長いあいだの慣習となっていた。これはまた、その故人の精神的な資質をその子供にも授けたいという希望の表われでもあった。こうして、ある一定の名前が、ひとつの家族の中で何世代かごとにくり返し現われることとなった。名前を新たに授かった者は、身近の同名の人にも古代の同名の人にも血縁関係の念を感じている。アシュケナズィームは、子供に生きている親戚の人の名前を付けると不運を招くと考えている。これは、おそらくは、名前はその所有者に同じ名前のもうひとりの別な所有者の霊魂と運命を支配する力を与えるという古代の観念にもとづいているのかもしれない。他方、スファラディーム+のあいだでは、生きている親戚の人の名前、特に、母親や父親の両親の名前を付けるのが慣習となっている。

病人や臨終の人に、死の天使*を混乱させ、追い払うために、新しい名前を付けるのが一般的な慣習となっている。

現代のイスラエルでは、新たな移住者の多くは、自分の郷土でのユダヤ人としての再生と解放を象徴するために、彼らのディアスポラ+での名前をヘブライ語化している。

虹　RAINBOW

(1) 創世記17：5、17：15、32：29　(2) 創世記22：14、28：19　(3) 創世記29：32-35、30：6-24　(4) 創世記35：18　(5) 出エジプト記2：10　(6) BTベラホート篇7b　(7) Nadich, *Jewish Legends of the Second Commonwealth*, 39

象徴するもの：同化、祝福、継続性、運命、家族、自由、ユダヤ人のアイデンティティ、ユダヤ人の誇り、再生、想起、地位、変容

項目別分類一覧：誕生、人物

参照箇所：死の天使、割礼、神の御名、祭司職、（個人名も参照）

虹　RAINBOW（ヘブライ語：ケシェット）

古代世界の文化の多くは、地上の生命あるものすべてをほとんど破壊し尽くすような太古の大洪水について語っている。最も有名な話は、アッカド語のギルガメシュ叙事詩である。聖書の洪水物語は、おそらくこの叙事詩にもとづいているものと思われる。聖書の説明では、神はノア*に「2度と洪水によって肉なるものが滅ぼされることはない」と約束している。神はこの誓約を証明するために、「わたしと大地の間に立てた契約のしるし」として雲の中に虹を置いた。[1] ラビたちによると、7*色からなるこの契約の虹は、創造の第6日目の黄昏時に、他の奇跡とともに創造されたという。[2]

ちょうど、戦士は腰をかがめて戦闘意志のないことを表わすように、聖書の虹は神の怒りの鎮静を象徴している。現代のわれわれの時代では、平和運動家や神学者アーサー・ワスコーは、ユダヤ人の反核運動のシンボルとしてこの古代の平和の象徴を採り入れている。現代の環境保護論者たちは、地上の生き物を保護するエコロジカルな契約の象徴として虹を用いている。

ヘレニズム文化では、弓は射手座のゾディアック*、サギッタリウス（人馬宮）の象徴である。この宮のヘブライ語名はケシェットであり、弓と虹双方を意味している。預言者エゼキエルは神の臨在を「雨の日の雲に現われる光を放っている虹」[3] になぞらえていた。『ゾハール』[+]——神秘的な『光輝の書』——によれば、ノアに雲の中から現われた虹は神であったという。後にモーセ*がシナイ*山に登りはじめると、「虹は自らの衣服を脱ぎ、モーセに与えた。モーセはその衣服を着て山に登った」。[4] ある解釈によれば、この虹はシェヒナー*（神の女性的な面）であったという。別な解釈によれば、この虹はイェソッド（男性の性器の象徴）であり、女性の性器を象徴している雲と結合したという。

(1) 創世記9：8-17　(2) ピルケイ・アヴォート5：6　(3) エゼキエル書1：28　(4) ゾハール2：99a（ダニエル・マット訳）

象徴するもの：契約、神の臨在、神の加護、神、平和、生き残り

項目別分類一覧：色彩、カバラーの象徴、自然現象

参照箇所：ノアの箱舟、雲、色彩、ラグ・バ・オメル、光、ノア、7、ゾディアック

西壁（嘆きの壁）WESTERN WALL（ヘブライ語：ハ・コーテル・ハ・マアラヴィ）

西壁は嘆きの壁、あるいは単に「壁」とも呼ばれている。この壁は神殿*を囲んでいる西壁の一部であり、破壊された第二神殿時代の唯一の残存部分である。この壁は時代の異

ネール・タミード（永遠のともしび、常夜灯）　NER TAMID

なる巨大な石で造られており、ユダヤ人はこの壁を非常に神聖なものと考えていた。何世紀にもわたってこの壁は神殿の破壊とユダヤ民族の離散を嘆き悲しむ中心的な場所であった。伝説では、この壁はシェヒナー*の住居とみなされていた。1967年の6日間戦争で、この壁はアラブ人の手から奪取され、それ以来、イスラエルのユダヤ人にとっても、またディアスポラ✢のユダヤ人にとっても、力強さ、生き残り、勝利の象徴となった。近年、イスラエル軍は、新兵の宣誓式典の場所をマサダ*からこの壁に変更した。

壁の隙間に「クヴィトラフ」と呼ばれる願い事を書いた小さな紙切れを差しこむのが長いあいだの慣習となっている。この壁が聖地となっているために、特別な力を持っており、願いは神に届くと信じられている。この壁はまたバル・ミツヴァー*の儀式を行なう場所としても人気がある。

西壁のイメージは、19世紀の初めにユダヤ民俗芸術に現われるようになった。このモチーフは、今日に至るまで広く用いられている。この壁は、過去、特に神殿との結びつきと、ユダヤ民族の継続性を象徴している。

リベラルな世俗的なユダヤ人の中には、西壁を問題をはらんだ象徴としてとらえている者もいる。というのも、イスラエルの正統派ユダヤ教のラビ✢の指導者たちがその壁の場所で女性たちが思いのままに宗教的な感情を表現しているのを嫌っているからである。

象徴するもの：継続性、敗北、追放、聖性、不平等、服喪、宗教的不寛容、力強さ、生き残り、勝利
項目別分類一覧：場所、神殿、女性

参照箇所：エルサレム、マサダ、シェヒナー、神殿

ネール・タミード（永遠のともしび、常夜灯）　NER TAMID（ヘブライ語：ネール・タミード）

神はトーラー*の中で、アロン*がネール・タミード、すなわち、常夜灯を聖櫃*（契約の箱）の前に据え置くために、イスラエルの人びとにオリーヴ*油*をミシュカン*へ持ってくるように命令している。[1] たいていの注釈者は、この光をメノラー*と同じものとみなしているが、ネール・タミードを神の臨在を象徴する「主の前で夕方から朝まで」燃え続けている別な光と解釈することも可能である。この永遠の光の中にはシェヒナー*、神の女性的な面が内在しているとも言われている。

神殿*が破壊された後、ユダヤ人は神殿のメノラーの記念とイスラエルの真っ只中にある神の永続的な存在の象徴として、最初はシナゴー

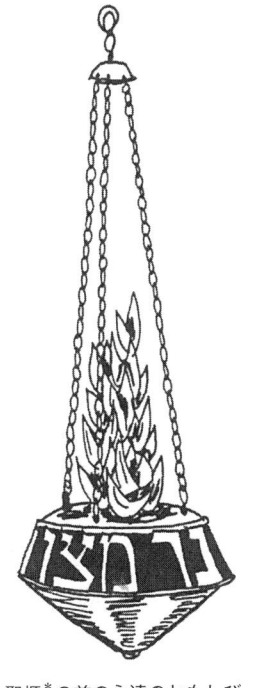

聖櫃*の前の永遠のともしび、ネール・タミード

グの西壁の、その後は聖櫃の上の特別なオイル・ランプ*に火をともしはじめた。(2) 今日、油は電球に取って代わられた。ネール・タミードはまた、ユダヤ民族の永遠の信仰をも象徴している。(3)

(1) 出エジプト記 27：20-21、レビ記 24：2-3 (2) BT シャバット篇 22b (3) 出エジプト記ラバー 36：1

象徴するもの：神の臨在、神の加護、永遠性、信仰、想起、精神的な啓蒙

項目別分類一覧：祭具、シナゴーグ、神殿

参照箇所：聖櫃、ロウソク、火、ランプ、光、メノラー、油、シェヒナー

ノア NOAH（ヘブライ語：ノアッハ）

ノアは、アダム*とエバ*の10世代後に、そして、アブラハム*とサラ*の10世代前に生きた人物であり、「その世代の中で、神に従う無垢な人であった」(1)と聖書に記されている。彼の世代の他の人びとは非常に堕落していたので、神は地を破壊し、一新する決心をした。神はノアに、世界を呑みこむことになる大洪水から残った生き物を救うために箱舟*を造るように命じた。この舟は、ノアの家族と彼らが連れてきた動物の救難船の役割を果たした。ノアとその家族と動物たちは、40*日間の雨*の後、洪水の水がひけるのを数ヶ月待ち、そして、新しい世界の秩序を開始するために乾いた土地に戻った。ノアは祭壇*を築き、感謝の生贄を献げた。神は地がふたたび水*で滅ぼされることのないしるしとして虹*を与えた。(2)

洪水の後、神はノアに七つの普遍的な倫理的原理を与えた。これは、ノアの戒律として知られるようになった。この七戒とは、偶像崇拝、殺人、性的な罪、窃盗、生きた動物を食べること、神の冒瀆の禁止と、法体系の確立である。(3) ラビ⁺たちの中には、ノアは全き義人であり、隣人と動物に対して憐れみの情を見せた真の預言者であったと述べている者もいる。また他方、ノアの善行は相対的なものであり、彼は「彼の世代の中」でのみ義人であったと述べているラビたちもいる。(4)

ミドラッシュ⁺は、ノアが人類に鋤、鎌、斧や他の道具などの技術を紹介したと述べている。(5) ノアはまた、最初にぶどう酒を作った人とみなされてもいる。(6) この物語を含んだトーラー*の部分は、秋のぶどうの収穫時期に朗読される。

ノアの息子は、ハム、セム、ヤフェトである。聖書（創世記10章）によれば、ハムはカナン人の、セムはセム人の、ヤフェトはギリシア人の祖先であるという。

(1) 創世記 6：9 (2) 創世記 9：12-17 (3) BT サンヘドリン篇 56-60 (4) タンフマ：ノアッハ 5、BT サンヘドリン篇 108a-b (5) タンフマ：創世記 11 (6) 創世記 9：20

象徴するもの：憐れみ、正義、生き残り、テクノロジー、普遍的倫理、ぶどう栽培

項目別分類一覧：人物

参照箇所：ノアの箱舟、鳩、ぶどう、ギリシア、オリーヴ、虹、7

ノアの箱舟 NOAH'S ARK（ヘブライ語：テヴァー）

多くの文化において、航海している箱舟は

女性の象徴である。それは子宮や、誕生あるいは再生の水の中を漂っている胎児を表わしている。それは、莢(さや)のように船荷と乗客を入れて、新しい生命のために可能性を運ぶ。それはまた、天の上層の水と深淵の水の間に浮いている大地をも象徴している。

聖書は創世記で、神は地上の不正に絶望したために、その地を滅ぼし、新たに始める決心をした、と語っている。神はノアに箱舟を作り、地を呑みこむことになる洪水から残りの生き物を救うように命じた。ゴフェルの木で作られ、内側も外側もピッチが塗られたこの3階建ての船は、ノアの家族と彼らが中で保護していた動物にとっては救助船として役に立った。そして、新たな人類の秩序を生み出した。箱舟のアララト山への無事な到着を迎えた虹*と船のキール（竜骨）で円を形作っているが、それは大地の全体性の回復を象徴している。[1]

ラビ+たちは、箱舟とその中でのノアの動物たちの世話を、おもいやりの模範とみなしていた。

箱舟をヘブライ語でテヴァーと言うが、テヴァーが聖書に現われるもうひとつの個所は、赤ん坊のモーセ*の物語においてである。そこではモーセはパピルスで編まれた籠*（テヴァー）に入れられてナイル河畔に捨てられていた。この籠は、創世記のノアの箱舟の場合と同様に、内側と外側にピッチが塗られていた。[2] そしてこれは、同様に聖所+としての役割を持っていた。

ミシュナー*はトーラー*の巻物が納められていた聖櫃*をテヴァーと呼び、それは箱や収納箱をも意味していた。英語の ark とい う単語も同様に二つの意味を持ち、ノアの箱舟とトーラーの収納庫双方について用いられている。スファラディーム*の間では、西欧のユダヤ人たちがビマー*と呼んでいる講壇をテヴァーと呼んでいる。神聖な聖所についての古い象徴を強く思い起こさせるこの語を選んだことには、おそらくは、祈り、シナゴーグ*、そしてトーラーに対する神の加護への願望が反映されていたのではないだろうか。

20世紀になると、ユダヤ人たちは新年への希望の象徴として、ローシュ・ハ・シャナー*のカードに船のイメージを付け加えはじめた。ここには、新しい移住者としてのアメリカへの幸運に恵まれた彼らの旅路が反映されている。[3]

---

(1) 創世記6：11-9：17　(2) 出エジプト記2：3　(3) Braunstein and Weissman, ed.,*Getting Comfortable in New York: The American Jewish Home 1880 - 1950*, 38.

象徴するもの：憐れみ、神の加護、肥沃、希望、動物へのおもいやり、生命、再生、聖所、生き残り、全体性

参照箇所：聖櫃、籠、モーセ、ノア、虹、ローシュ・ハ・シャナー

野ウサギ　HARE（ヘブライ語：アルナヴ、アルネヴェット）

野ウサギは、聖書では食べることを禁じられている非コーシェル*の動物である。[1]

タルムード+によると、72人のユダヤ人の長老たちがプトレマイオス・フィラデルフォス王のために聖書を翻訳するようアレクサン

野ウサギ　HARE

ドリアに呼び出された時、彼らは偶然にもそれぞれヘブライ語の野ウサギを「小さい足の動物」と翻訳したが、これはプトレマイオス王の王妃の名前ラゴスのギリシア語の意味が野ウサギであったので、彼女を怒らせないためであったという。[2]

中世になるとユダヤ人画家たちは、写本、特に彩飾されたハガダー*や祭具に田舎での野ウサギ狩りの場面を描きはじめた。これは、語呂合わせにもとづいていた。すなわち、ヘブライ語の略語"YKNHZ"——ヤイン Yayin（ぶどう酒*）、キドゥーシュ* Kiddush（ぶどう酒の上での聖別）、ネール Ner（ロウソク*）、ハヴダラー* Havdalah、ズマン Zeman（祝祷「シェヘヒヤヌ✝」）を表わしている——は、祝祭日の土曜日の夜に朗唱するこれらの5つの祝祷の順序をユダヤ人に思い起こさせるために考案された頭字語であり、「ヤク　ネ　ハズ」と発音し、音声上は、ドイツ語で「野ウサギ狩りをする」の意味の"Jag den Has"と同じであった。ユダヤ人画家たちは、この語呂合わせから芸術的な自由、放埓さを引き出し、聖典に野ウサギ狩りを描きはじめた。これはユダヤ教の律法で禁止されていた行為であった。しかし、彼らがユダヤ的創造力を楽しんでいたことは明白だった。

追われた野ウサギは、東欧の民俗芸術では迫害されたユダヤ民族を表わしてもいた。

---

(1) レビ記11：6、申命記14：7　(2)BTメギラー篇9a‐b

象徴するもの：創造力、想像力、ユダヤ民族
項目別分類一覧：動物
参照箇所：ハガダー

【ハ行】

灰　ASHES（ヘブライ語：アファール）

　火*で焼け失せたものの残り滓である灰は、服喪の普遍的な象徴である。伝統的に、ユダヤ人の会葬者は悲しみが目に見えるしるしとして、灰を自らの頭の上にふりかける。これは、親類縁者や友人の死の場合のみに限らず、神殿*の崩壊や飢饉の時のような、コミュニティ全体の服喪期間中にも行なわれる。ミシュナー*によると、公の断食日や旱魃の時には、聖櫃*が町の広場に運び出され、灰で覆われたという。この場合の灰は、コミュニティの悔い改めの象徴であり、神が人びとのために苦しんでいる象徴であり、人びとの神の慈愛への希望の象徴であった。[1] ある神秘主義的な解釈では、この灰はコミュニティの贖罪を象徴しているという。というのも、この灰は、ある伝説によればアケダー*で実際に死んだというイサク*の灰を思い起こさせているからである。[2]

　より一般的には、灰は生命のはかなさを象徴している。アブラハム*は自らのことを「わたしは塵灰にすぎません」と語っているし、ヨブ*も同様のことを語っている。[3] 葬式で「灰から灰へ、塵から塵へ」という一節を朗唱することは伝統的にずっと昔から行なわれていた。詩篇の作者が「わたしはパンに代えて灰を食べ、飲み物に涙を混ぜた」と言うように、灰はまた、苦痛と挫折の象徴でもあった。[4]

　おそらく灰と死との密接な結びつきのためかもしれないが、灰はある力を有していた。古代イスラエルの最も神秘的な儀礼のひとつは、赤毛の雌牛*の儀式である。その儀式では、イスラエルの人びとの宿営の外で、まだ背に軛を負ったことがなく、無傷で、欠陥のない若い赤毛の雌牛が屠られ、杉*の枝、ヒソプ、緋糸とともに焼かれた。その後、この灰に湧き水*（マイム・ハイーム）が加えられ、死者に触れて汚れた者を清めるために用いられた。[5] 逆説的なことであるが、灰を準備した者たちは、灰に触れたことによって彼ら自身も汚れていたのである。ラビ+たちはこの逆説を神の律法の聖なる神秘の証拠として示した。われわれはまたこの逆説の中に、生と死、清浄と汚れのあいだの不可避の密接な結びつきを見ることができる。灰は、ふたつの領域のあいだの曖昧な境界を示している。

　灰はまた、再生と更新をも象徴している。あるヨーロッパのコミュニティでは、既婚男性としての新しい生活を象徴するために、花

ハヴダラー　HAVDALAH

婿の額に灰を置く慣習があった（花婿の白い*キッテル*は同様の考えを示している）。この慣習はまた、エルサレム*の崩壊を嘆き悲しむしるしとしても解釈されていた。

---

(1) ミシュナー・タアニート篇 2:1　(2) BT タアニート篇 16a, Shalom Spiegel, *The Last Trial*, chapter 4 参照。　(3) 創世記 18:27, ヨブ記 30:19　(4) 詩篇 102:10　(5) 民数記 19:1-22

象徴するもの：贖罪、苦痛、境界、死、挫折、不純、服喪、清め、再生、悔い改め、罪、変わり目、脆弱

項目別分類一覧：死、婚礼

参照箇所：聖櫃、アケダー、イサク、キッテル、赤、神殿

ハヴダラー　HAVDALAH（ヘブライ語：ハヴダラー）

伝統的に、シャバット*の終わりは、不吉な予感と悲しみの時である。この時、ユダヤ人は自分のもうひとつのシャバットの霊魂——「ネシャマー・イェテラー」——を返し、またふたたび普通の人間にならなければならない。『ゾハール』✝によれば、ヨセフ*、モーセ*、ダビデ*はみな、シャバットの日の日没前に死んだという。三*つの星*の出現とともに、労働日の世界の重荷と不安は、人間をふたたび支配する。

聖なる時間と俗なる時間のこの変わり目を示すために、ユダヤ人の伝統はハヴダラーの儀式を作り出した。ハヴダラーとは、「分離」を意味し、同じ語は聖書においては、光*と闇を分け、原初の水を大空の下と大空の上に分け、昼と夜を分けた神の最初の創造行為を

キドゥーシュ用盃*、ハヴダラー用のロウソク*、香料入れ*からなるハヴダラー・セット

象徴するために用いられている。[1] この儀式は非常に古いものであり、2000年前の昔にまでさかのぼる。

ミドラッシュ✝によると、最初のシャバットの終わりに暗くなってくるにつれて、アダム*はしだいに怖くなってきたという。というのも、彼とエバ*はその時エデンの園*を去り、園の外部の脅威に直面しなければならなかったからである。神はその時ふたりに、二つの火打ち石での火の起こし方を教えた。そうして彼らは、そのことへの感謝を述べた。ここから、シャバットの終わりに火*をつける慣習が起こった。

ハヴダラーは、シャバットを迎え入れる儀式の鏡像である。ちょうどシャバットがロウソク*とぶどう酒*で（そして、以前には、香りの良いミルトス*、後には花々の二つの花束で）迎え入れられたように、ハヴダラーも、編んだロウソク*、ぶどう酒*、香料で送り出される。ハヴダラーのロウソクに火をともすことは、安息日の後の最初の労働行為をも示している。香料の香りを嗅ぐことによって、人のもうひとつの霊魂が立ち去った後の精神を生き返らせている。(2)

この儀式と関連した多くの慣習、言葉、祭具は、次の週の祝福への希望を象徴している。特別なハヴダラーの祈りは、神の祝福と幸運をそれとなく語っている聖書の7*箇所からの引用の集成である。(3) 満ち溢れた祝福への人びとの望みを象徴するために、ぶどう酒の盃*を溢れ出るほど満たすのが慣習となっている。ユダヤ人の中には、光と闇を分ける（レハヴディール）ためだけでなく、手のひらの幸運線を読み取るためにも、自分の指の爪をロウソクの火で眺める者もいる。儀式の終わりに、幸運を招くために指先をぶどう酒で湿らせ、それを瞼やポケットに触れるユダヤ人もいる。瞼に触れるのは、神の戒めは「目に光を与える」(4) という信仰を象徴してもいる。

伝統によれば、メシアはハヴダラーの時に現われるという。編んだロウソクが燃えているあいだ、多くのユダヤ人は「エリヤフ・ハ・ナヴィ」（預言者エリヤ*）の歌を歌う。これは、メシアの到来への希望を表わしている。贖いを切望するこのほろ苦い瞬間を長くするために、「メラヴェー・マルカー」（女王

に付き添う）と呼ばれる4回目の食事を祝うユダヤ人もいる。この食事は、メシアの祖先であるダビデと結びついている。

フェミニストは、「ミルヤム・ハ・ネヴィアー」（女預言者ミリアム*）の歌を歌う慣習を持ちこんだ。これは、シャバットの終わりにはミリアムの井戸*がすべての井戸を満たすという古代の民間伝承の影響である。この時に汲み揚げた井戸水を飲むと病気が治ると信じられていた。(5)

---

(1) 創世記1：4、6-7、14　(2) BT タアニート篇27b、BT（小篇）ソフェリーム篇17：5　(3) イザヤ書12：2-3、詩篇3：9、20：10、46：12、84：13、116：13、エステル記8：16　(4) 詩篇19：9　(5)Kitov, *The Book of Our Heritage* 2：162

象徴するもの：祝福、区別、幸運、悲しみ、分離、変わり目

項目別分類一覧：メシア、祈り、シャバット

参照箇所：ロウソク、ダビデ、エリヤ、火、光、メシア、ミリアム、ミルトス、女王、シャバット、香料入れ、星、井戸、ぶどう酒

ハガダー　HAGADDAH（ヘブライ語：ハガダー）

ハガダー（「語ること」という意味）と呼ばれる書物には、伝統的に過ぎ越しの祭り*のセデル*で朗唱される祝祷、祈り、伝説、注釈、詩篇、歌が含まれている。聖書、タルムード✝、そしてミドラッシュ✝からの聖句、宗教儀礼上の教示と祝祷、食後の感謝の祈り、ハレル✝と呼ばれる祝祭の礼拝などを含んだこの集成は、ユダヤ人のほぼ4000年にもわたる歴史のあいだに、徐々に歌、伝説、宗教

梯子　LADDER

詩、そして、象徴芸術の貴重な財産に満ちた民間伝承の宝庫ともなった。15世紀以降だけでも、3000種ほどのハガダーが出版されていた。

　ハガダーは家庭で用いられるので、ラビ[+]たちの厳密な検査を受ける必要はなかった。それゆえに、ハガダーはユダヤ人に表象芸術を通して自らを表現するすばらしい機会を提供した。13世紀の初めに派手に装飾されたハガダーが出版されはじめたが、これらの多くはギリシア語やラテン語の詩篇や聖書の彩飾本の影響を受けたものだった。それらの中には、ヨーロッパの王侯の宮廷の秘蔵品となったものもあった。これらの中世のハガダーは、彩飾写本芸術の傑作と考えられていた。

　どの時代を通しても、主として4つの主題がユダヤ人の視覚的創造力には見られた。それらは、本文（「4人の息子」やセデルの皿の上の6種類の象徴的な食べ物のような構成要素はもちろんのこと、文字自体もハガダーでは独特である）、宗教儀礼的要素（祝祭日と結びついた慣習）、聖書の場面（出エジプト[*]とそれにまつわる伝説）、そして（イスラエルを贖うエリヤ[*]のような）終末的な場面である。

　いかなる祭具や祭式文書にもまして、ハガダーは、ユダヤ人の象徴の伝承の絶えざる展開を例証している。ハガダーの挿話の中では、動物、植物、聖書とラビ文書に出てくる人物たち、場所、祭具、ユダヤ人の歴史の重要な場面すべてが、生き生きと絵に描いたように表現されている。ディアスポラ[+]においてと同様に現代のイスラエルにおいても、新たなハガダーがそのような展開をつづけており、

ユダヤ人の想像力の現在進行中の創造力を示している。

象徴するもの：祝い、コミュニティ、継続性、創造力、ユダヤ人の歴史
項目別分類一覧：過ぎ越しの祭り
参照箇所：書物、エリヤ、出エジプト、ハッド・ガドゥヤ、過ぎ越しの祭り、セデル

端　→隅　CORNERS

梯子　LADDER（ヘブライ語：スーラム）

　天と地[*]をつないでいる軸——世界の軸——の象徴的表現は、多くの文化に共通して見られる。梯子はこの垂直的な関連を象徴している。梯子は、人間が上る時の精神的な高揚と、神が下ってくる時の天からの使信を表わしている。

　ユダヤ人の伝承で最も有名な梯子は、ヤコブ[*]が夢で「神の御使いたち[*]が上ったり下ったりしていた」[(1)]梯子である。古代のラビ[+]たちはこの梯子を、神殿[*]の祭壇[*]に通じる階段、シナイ[*]山への階段、外国の帝国の支配下で有為転変を味わってきたユダヤ人の歴史の象徴として解釈していた。[(2)]ラビたちは個人の宿命を象徴するために梯子のイメージを用いてもいた——「誉むべき聖なるお方は座り、梯子を作り、ある人を引き上げ、別な人を引きずり降ろしている」[(3)]

　アシュケナズィーム[+]の中には、ヨーム・キプール[*]の前に尖端が梯子のような形をしたハラー[*]を食べるのが伝統となっているところもある。これは、赦しを乞う祈りが素早く天に上って行ってほしいという希望を象徴

している。
　シャヴオート*では、梯子がハラー*の中に編まれている。これは、モーセ*が山*に上ってトーラー*を授かったことを象徴している。スーラム（梯子）は、ゲマトリア+では、シナイの数値と等価〔両者とも数値の総和が130〕である。ハスィディーム+のあいだでは、梯子のイメージは個人の精神的な発達を表わしていた。人は精神的な自制心を得るにしたがって、聖性の梯子のより高次の段階（マドレゴート）に到達する。しかし、ハスィディズム+の師たちは、この梯子を上るためには、人は同時に下りなければならないとも教えている——「完徳へ至るこの梯子の尖端は、謙遜である」(4)

(1)創世記28：12　(2)創世記ラバー68：12-14　(3)創世記ラバー68：4　(4)Newman, The Hasidic Anthology, p.185におけるElimelekh of Lizenskの引用。

象徴するもの：上昇、宿命、聖性、ユダヤ人の歴史、祈り、悔い改め、精神的な発達

項目別分類一覧：シャヴオート、ヨーム・キプール

参照箇所：祭壇、ハラー、ヤコブ、山、シャヴオート、ヨーム・キプール

旗　FLAG（ヘブライ語：デゲル）
　古代から人びとは、自らの属している社会集団や軍隊での所属部隊をはっきりさせるために、棒の上に幟や旗を付けて持ち運んでいた。同じように、ユダヤ民族も奴隷状態が終わり、一個の民族となると、それぞれの部族のアイデンティティ（オトート・レ・ベイト・アヴォタム）を示すために、彼らの宿営に旗を掲げていた。(1) ミドラッシュ+によれば、それぞれの部族の旗（マッパー）は、アロン*の胸当て*の12の宝石のひとつひとつにそれぞれが照応していたという（十二部族*の項参照）。(2)

　イスラエルがその固有の土地でひとつの民族となった時、その船は独自の紋章を描いた色のついた絹の旗を掲げていた。

　中世になると、キリスト教徒の支配者たちは、国王に仕えさせるためにユダヤ人個人やコミュニティに旗を与えた。たとえば、プラハのユダヤ人は、1254年にカール4世からダビデの星のついた赤い*旗を授かった。しかし、ダビデの星がユダヤ人の象徴として認められるようになったのは、やっと17世紀になってからである。それまでは、ダビデの星は、ロスチャイルド家やモンテフィオール家の紋章のような家紋だった。

　テオドール・ヘルツルが最初にデザインしたシオニストの旗は、白*地に七*つの黄金*の星があるものだった。これは、1日7時間労働を表わしていた。彼は日記の中で、「われわれは仕事を合言葉に約束の地へ入ろう」と書いていた。(3) ヘルツルのデザインは、マゲン・ダヴィード〔ダビデの星。六芒星〕に賛成していた他のシオニストたちに廃棄されてしまった。しかし、彼はそれでも、六つの星はマゲン・ダヴィードの六つの点に対応し、さらにその上には7番目の星がある、と主張した。このマゲン・ダヴィードのデザインには、アリイェー・イェフダ——ユダ*の獅子*——という言葉が中央に刺繍されており、最初のシオニストの旗となった。後に、旗はタリート*を表わすものに変わった。初期のシオニストの詩は、白色は偉大な信仰を象徴し、

ハッド・ガドゥヤ　HAD GADYA

青色*は蒼穹の景観を象徴している、と説明している。(4)（当初の濃紺の縞は、海上でもはっきりと見分けられるように、後に明るい青色にされた）。この旗は、1933年にシオニストの旗として採用され、その後、イスラエル国家*の正式な国旗となった。

---

(1)民数記　2：2　(2)民数記ラバー　2：7　(3)日記：1895年6月14日　(4) "Zivei Eretz Yehudah"(1860), L. A. Frankl

象徴するもの：ユダヤ民族、軍事力、力、識別、兵役、主権、シオニズム

項目別分類一覧：色彩、イスラエル国、数字、スッコート、十二部族

参照箇所：ろば、胸当て、色彩、鹿、エジプト、イスラエル国、ユダ、獅子、マンドレイク、月、数字、オリーヴ、赤、蛇、ダビデの星、スッコート、太陽、タリート、十二部族、ウリムとトンミム、白

ハッド・ガドゥヤ　HAD GADYA（ヘブライ語：ハッド・ガドゥヤ）

　過ぎ越しの祭り*のハガダー*は、ハッド・ガドゥヤ（アラム語で「1匹の子山羊」の意味）の歌で終わる。この歌の10*連の詩は、父親が2硬貨（ズズィーム）で買ったこの子山羊に何が起こったかを語っている。子山羊は猫に食べられ、その猫は犬に噛みつかれ、その犬は棒で叩かれ、その棒は火*で燃やされ、その火は水*で消され、その水は雄牛に飲まれ、その雄牛は肉屋に屠殺され、その肉屋は死の天使*に殺され、その死の天使は神に滅ぼされた。ハッド・ガドゥヤの歌は中世から歌われるようになり、アラム語（ヘブライ語の異形）で書かれている。この歌は、スファラディーム⁺のコミュニティでは知られてはいないが、アシュケナズィーム⁺のコミュニティのセデル*では、長いあいだ好まれて歌われていた。

ハッド・ガドゥヤ

　この歌の伝統的な解釈のひとつは、この歌をユダヤ人の歴史の寓意として見ている。すなわち、神はユダヤ民族（子山羊）を2硬貨（モーセ*とアロン*）で救い出した（買った）。すると、アッシリア（猫）がやってきた。次にアッシリアはバビロニア（犬）に征服され、バビロニアはペルシア（棒）に打ち倒され、ペルシアはギリシア（火）に打ち負かされ、ギリシア*はローマ（水）に征服され、ローマ*はサラセン人（雄牛）に打ち破られ、サラセン人は十字軍（肉屋）に打ち負かされ、十字軍はトルコ人（死の天使）に征服された。トルコ人はその歌が作曲された当時（16世紀後半）はまだパレスティナを統治していた。この歌は、メシア*がやってきてこの最後の圧制者からユダヤ人を救い出してくれるだろうという希望で終わっている。

　神秘主義者は、この歌を肉体の霊魂に対する関係の寓意と解釈している。現代イスラエルの詩人イェフダ・アミハイは、人間を、特に中近東の人びとを常に苦しめている殺戮の無慈悲なくり返しを象徴的に表わすために、「恐るべきハッド・ガドゥヤの機械」という

鳩　DOVE

新たな表現を造り出した。(1)

(1)「アラブ人の羊飼いは、シオンの山で彼の山羊を捜し求めている」(Amichai, Selected Poetry of Yehuda Amichai, 138.)

象徴するもの：ユダヤ人の歴史、ユダヤ民族、罰、贖い、復讐

項目別分類一覧：動物、カバラーの象徴、メシア、過ぎ越しの祭り

参照箇所：死の天使、山羊、ハガダー、過ぎ越しの祭り

鳩　DOVE（ヘブライ語：ヨナ、トール）

鳩は世界中で、伝統的に白色*で描かれており、純粋、脆弱、無垢を象徴している。鳩はまた、忠誠と愛情の伝統的な象徴でもある。すべての鳥*のように、鳩は、神を求める魂を象徴している。

ユダヤ人の伝統においても、鳩は同様に、純粋、無垢、美を象徴している。雅歌では、恋する人は恋人を「清らかな鳩」と呼んでいる。(1) 神殿*がまだ建っていた時には、貧しい人やナジル人が鳩を生贄の献げ物として持ってきた。(2) ラビ+たちは、鳩が生贄の献げ物に適していると考えていた。というのも、「鳥の中で、鳩ほど虐げられた鳥はいなかったからであった」。(3) 鳩はまた、家畜よりも廉価であり、それゆえに、質素と謙遜の象徴でもあった。

鳩は、鳥の中でも最も穏やかな鳥である。鳩は、その爪でも嘴でも闘うことができない。ノア*の箱舟*の物語においては、口にオリーヴ*の葉をくわえて戻ってきて、ノアとその家族に地表に生命がふたたび現われ出るに十分なほど水が引いたことを知らせたのは鳩であった。(4) 口にオリーヴの枝をくわえたこの鳩は、虹*とともに、長いあいだ平和の標章であった。

虐げられた鳩は、不屈の飛ぶものであり、それゆえに、絶え間ない苦難に耐え忍んだユダヤ民族をも象徴している。ソロモンの玉座の上には鷹をその爪でつかんだ1羽の鳩が止まっていたが、それは、敵に対するイスラエルの最終的な勝利を象徴していた。(5)

山鳩（雉鳩）〔英語では Turtledove〕は、聖書の古英語の翻訳では「亀」と呼ばれていることもあったが、長いあいだイスラエルの春の前ぶれと考えられていた。山鳩は、暖かい気候の始まりに大挙して戻ってきて、歌で木々を満たした――「花は地に咲きいで、小鳥の歌う時がきた。この里にも山鳩の声が聞こえる」。(6) 山鳩はその春との結びつきのゆえに、希望と再生を象徴するようになった。つがいの鳩は、愛の古典的な標章であり、彩飾写本にはよく描かれていた。

山鳩はその甘い声と色彩に富んだ羽毛で有名であり、かつては神殿*での贖罪の献げ物であった。山鳩はその弱さのゆえに、邪悪な世界の中での純真無垢の象徴であった。(7)

様式化された鳩

(1) 雅歌 5:2　(2) レビ記 5:7、民数記 6:10　(3) BT バヴァ・カマー篇 93a　(4) 創世記 8:11　(5) Ginzberg, Legends of the Jews, 4:157　(6) 雅歌 2:12　(7) 詩篇 74:19

象徴するもの：美、希望、無垢、ユダヤ民族、愛、

花　FLOWER

慎み深さ、平和、純粋、再生、更新、簡素、霊魂、春
項目別分類一覧：動物
参照箇所：鳥、ノアの箱舟、ノア、オリーヴ、虹

花　FLOWER（ヘブライ語：プラヒーム）

　花は、その美しさ、香り、はかなさのために、長いあいだ世界中いたる所で装飾のモチーフと宗教的な象徴となっていた。花は、愛と尊敬のしるしとして人びとに親しまれつづけている。花が春に出現するということは、希望と再生を象徴している。花が発芽し、開花するということは、可能性を象徴している。そして、花が咲き乱れるということは、成就、成熟、完璧を象徴している。現代ではたくさんの花があるが、古代では現代ほど多くはなかった。それゆえに、花の色と香りは、荒涼とした自然環境の中では暖かく迎え入れてくれる安心感を与えていた。

　聖書に出てくる花は、おそらくは、古代イスラエル原産の植物であると思われるが、それらは現代の種類とは異なっている。植物学者たちは、花の正確な同定を論じつづけている。とりわけ、通常シャロンのばら*とかゆり（この語は、谷のゆりについてまことしやかに語られる場合にのみ用いられている）と訳されているショシャナーや、ヒヤシンス、アネモネ、クロッカス、スイセン、マウンテン・チューリップなどについては今でも論議の的となっている（赤いばらは、聖書時代のイスラエルには生えていなかった）。イブン・エズラは、ショシャナーという語は6を意味するヘブライ語シェーシュに由来し、白いマドンナ・リリーの6枚の花びらを指しているのと

語っている。(1)たいていの場合、聖書の花の名前は、美しさ、香り、かよわさ、不思議さを象徴するために総称的に用いられている。

　神殿*では、花は、聖具、調度品、大祭司*の冠*などの装飾のモチーフとして用いられていた。ディアスポラ+においては、花のモチーフは、トーラー*の装飾、彩飾写本、クトゥバー*、ハヴダラー*の香料入れ*のような祭具、シナゴーグ*の調度品、織物、窓などに見られた。古代では、花の冠を乙女や花婿花嫁が、戦勝者が、そしてスッコート*の楽しい祝祭日にはすべての人びとが被った。コミュニティの中には、親が最後の子供を結婚させると、その親に花で作った服を着させる慣習のあるところもある。花は、その外観においてもまたその香りにおいても貴重なものであったので、神殿での祭儀のために、また一般の人びとのためにも、オイルと香料を提供していた。

　聖書においては、ショシャナーは、女性の美しさの象徴である。特に雅歌では、愛する人を「いばらの中に咲きいでたゆりの花」にたとえている。(2)この詩は伝統的に、神とイスラエルのあいだの愛の比喩と解釈されていたので、この花はユダヤ民族を表わし、ユダヤ民族と神との婚約を象徴するようになった。それゆえに、神の「婚礼の贈り物」であるトーラー*を授かるためにシナイ*山のまわりに集まったイスラエルの人びとを象徴するために、シャヴオート*にはシナゴーグを花で飾りつける慣習がある。伝説はまた、トーラーが授けられた時、シナイ*山は急に花を咲かせたとも語っている。

　アメリカとイスラエルでは、バル／バッ

ト・ミツヴァー*や堅信礼、そして、特別な祝祭日などの儀式のためのフッパー*やスッカー*、ビマー*を飾りつけるのに花を用いるのが慣習となった。家庭では、シャバット*や祝祭日用の食卓を花で飾っている。イスラエルの野の花は、イスラエルの地の自然の恵みの深さと美しさを象徴するようになった。

---

(1) 雅歌2：1の注解 (2) 雅歌2：2

象徴するもの：美、婚約、祝い、かよわさ、希望、ユダヤ民族、愛、成熟、不可思議なこと、潜在的能力、更新、脆弱

項目別分類一覧：植物、祭具、シャバット、シャヴオート、スッコート、シナゴーグ、神殿

参照箇所：色彩、冠、フッパー、ヤコブ、クトゥバー、ばら、シャヴオート、スッコート、神殿

ハヌカー HANUKKAH（ヘブライ語：ハヌカー）

ハヌカーは、冬の月であるキスレヴの月〔西暦の11月～12月〕の25日から始まる8日間〔テヴェットの月の2日まで〕の祭りであり、シリアの専制君主アンティオコス4世に対するマカバイ家の歴史的勝利を記念している。この祭りは「光*の祭り」とも呼ばれ、8日間も燃えつづけた小さな油*壺の奇跡を祝福している。「奉献」を意味するハヌカーが、異教とヘレニズムからの「神殿*の清め」を示しているということは、非常に意義深いことである。今日のイスラエルでは、ハヌカーは民族の解放と勝利を得たユダヤ精神の象徴となっている。

この祝祭日は多くの慣習を生み出した。最も古い慣習は、メノラー*あるいはハヌキヤーと呼ばれる8枝の燭台に毎晩（油またはロウソク*に）ひとつずつ灯りをともしていくことである。これは、祭りがその終わりに近づくにつれて聖性が増していくことを象徴している。この祝祭日には伝統的に、油の奇跡を記念するために油で揚げた食べ物を食べる。また、ユディト*に敬意を表して乳製品を食べるのが慣習ともなっている。というのも、彼女の勇敢さがユダ・マカバイ*を鼓舞したと言われているからである。四角い独楽*でくるみ*やお金を賭けて遊ぶのも慣習となっている。ヨーロッパでは、トーラー*の勉強のご褒美として、子供に「ハヌカー・ゲルト」と称されるお小遣いをあげるのが伝統になっていた。現代のイスラエルでは、マカバイ家の反乱が始まったモディインから、それが勝利したエルサレム*までの松明マラソンに人びとが参加している。

ラビ+たちは、ハヌカーが軍事力や民族主義を連想させるために、ハヌカーを重要視しないように努めていた。たとえば、ユダ・マカバイの名前は、タルムード+にはまったく出てこない。この祝祭日の祝いには、労働の禁止とシナゴーグ*での特別な礼拝は含まれていない。しかしながら、現代におけるハヌカーは、同時期のアメリカのクリスマスの祝いの影響を受けて、大祝祭日の地位を得て、贈り物をするのがその中心的な目的となっている。イスラエルでは、歴史的諸事件、特にホロコーストなどがこの祭りにますます重要な意義を与え、ハヌカーを人びとに浸透した国民的祝典としている。

ユディトとハヌカーの結びつきのゆえに、この祝祭日は伝統的に女性にとっては聖なる

ものとみなされていた。そのために、女性たちはロウソクが燃えているあいだは家事をしなかった。この祭りの最中に始まる新たな月は、「娘たちの新月」とも呼ばれている。というのも、この時期に少女や花嫁は贈り物をもらうからである。

クリスマスもハヌカーもともに古代の冬至の祝いに由来している。季節の変わり目のこの時期から太陽の光*が増えはじめるように、メノラーの灯りも毎晩数を増していく。これは、暗い面から明るい面へ移動するユダヤ精神の強力化を象徴している。1日どころか8日間も燃えつづけた1個の油壺は、同じように不屈のユダヤ精神を象徴している。

象徴するもの：自由、聖性、ユダヤ人の誇り、奇跡を起こす力、民族主義、贖い、勝利の喜び、勝利
項目別分類一覧：ハヌカー、女性
参照箇所：ロウソク、四角い独楽、ユダ・マカバイ、ユディト、光、メノラー、月、油、太陽

ハマン　HAMAN（ヘブライ語：ハマン）

ハマンはユダヤ人の歴史において、その卑劣な行為によってだけでなく、その当然の報いによっても最も有名な悪漢である。エステル*記によれば、ハマンは、自己の傷ついた誇りの恨みを晴らすために、ペルシアのすべてのユダヤ人を殺そうと企んだ。彼の企みは王妃エステルによって挫かれた。彼女のいとこのモルデカイは、ハマンの大敵であった。結局、ハマンとその10人*の息子たちは、ハマンがモルデカイのために立てた絞首台に吊された。

伝統的に、ハマンはアマレク*の子孫であると考えられている。アマレクは、古代イスラエルの敵であり、その祖先は、エサウ*にまでさかのぼる。ハマンの名前は、ユダヤ人の敵の総称的な語となった。

プーリム*では、ハマンの名前がメギラー*の朗読から聞こえるたびに騒ぎたててその名前をかき消すのが伝統となっている。

象徴するもの：敵、悪、自己権力の拡大
項目別分類一覧：人物、プーリム
参照箇所：アマレク、ガラガラ、ハメンタシェン、メギラー、プーリム

ハムサ　HAMSA（ヘブライ語：ハムサ）

ハムサ*――セム語で「5」を意味する――は、邪視*から守るために付けられる手*の形をした護符*である。この慣習は、古代カナン人――ペリシテ人やフェニキア人――に源を発しているのかもしれない。彼らは、邪視*から守るために頭の上に「バアルの手」（人差し指と小指で作る角*の形）を作った。おそらくは、ユダヤ商人がこの身振り（妻を寝取られた男を嘲り笑うのにも用いられる）を東西に伝え、そして、ヨーロッパ、インド、中国の民間伝承の中に入りこん

イエメン様式の装飾用ハムサ。ペンダントとして用いられる。

だものと思われる。

「ミリアムの手」、「ファーティマの手」、「マリアの手」などとさまざまに呼ばれる手の形の護符は、神の加護の手を表わしており、地中海の文化においては長いあいだ用いられていた。ムスリムはムハンマドの娘ファーティマの名前にちなんでハムサを「ファーティマの手」と名づけたが、伝承は実際にはイスラーム勃興よりも少なくとも1000年前からあった。ユダヤ人が身を守る護符としてこの形を最初に用いた人びとのうちのひとりであることは推測に難くない。

ハムサには、手のひらのまん中に単眼が埋め込まれているものもある。これは、神の用心深い目を象徴し、邪視の凝視をそらすためであった。ユダヤ人のハムサには6本指のものもあるが、これはおそらくは、「下の地にある彫像」[1]、すなわち、人間の手を造ってはならないという禁止を遵守するためであると思われる。

ハムサは、ムスリム諸国からきたユダヤ人のあいだでは効果のある護符として依然として重んじられているが、現代では、はっきりとした魔術的な意味もない幸運のお守りとして非常に人気が出てきた。イスラエルのスファラディーム+の影響によって、ハムサは西欧のユダヤ人の間でもよく知られるようになった。

---

(1)出エジプト記20：4
　象徴するもの：神の力、神の加護、神、幸運
　項目別分類一覧：身体の部分
　参照箇所：護符、邪視、目、5、手

ハメッツ（種入りパン）　HAMETZ（ヘブライ語：ハメッツ）

トーラー*では、次の二つの場合にはハメッツ、すなわち、種入りパンを用いることは禁じられている。祭壇*へ穀物として献げる場合[1]と、過ぎ越しの祭り*の期間中の食べ物として食べる場合は禁じられている。[2] 前者の場合の禁止は、おそらくは、異教徒とイスラエルの人びとの慣習の区別を表わしていたのかもしれない。後者の場合の禁止は、出エジプト*の記念としての意味を持っている。「人びとは、まだパン種（酵母）の入っていないパンの練り粉をこね鉢ごと外套に包み、肩に担ぎ」[3]、大急ぎでエジプト*から去ったからである。

過ぎ越しの祭り*では、ユダヤ人はハメッツを食べることも、また、持っていることも禁じられている。家中からパン種〔シュオール〕を含んだものを完全に取り除くために、ラビ*たちの伝統は、祝祭日の期間中は非ユダヤ人に「ハメッツを売り」、後でそれを買い戻す、という法律上の擬制を案出した。ハメッツには発酵を媒介するものだけでなく、湿気にさらされると発酵する可能性のある小麦粉も含まれる。元来、この禁止はイスラエル自生の5種類の穀物——3種類の小麦*と2種類の大麦*に適用されていたが、アシュケナズィーム+の指導者たちはその後、キトゥニヨートと呼ばれる第2の禁止食物群を付け加えた。それらには米、キビ、豆類が含まれていた。というのも、これらを粉にした形態が、小麦や大麦の粉と間違えられるかもしれなかったからである。スファラディーム+の食事は小麦を主食としてはいなかった

ハメンタシェン　HAMENTASHEN

ので、彼らは米や豆類を禁止してはいなかった。

　ラビたちは、ハメッツを腐敗と悪におちいる傾向の象徴とみなしていた。練り粉の中の酵母菌は、「神の意志を実行することを妨げる」もののひとつであった。[4]

　ハメッツは傲慢の象徴でもある。ちょうどパン種が練り粉を膨らませるように、人間のうぬぼれは、神ではなくわれわれこそが運命の支配者であると考えさせて、われわれをのぼせあがらせる。奴隷状態からの救出を祝福するこの祭りの期間中、ハメッツがないということは、神の力強い御手*で救出されるまではユダヤ人はかつて奴隷であったということを彼らに思い起こさせている。

　過ぎ越しの祭りが始まる前に、種入りパンを探す（ブディカット・ハメッツ）よう命じられる。そして、見つけ出されたパンは朝に焼かれる（ビウール・ハメッツ）。これは、家からハメッツを一掃する、ということを象徴している。16世紀のツファット*のカバリストにとっては、隠されたハメッツの10*切れは、燃やされて取り除かれるべき卑しい欲望や邪悪な衝動の発酵を象徴していた。

(1) レビ記2：11　(2) 出エジプト記12：15　(3) 出エジプト記12：34　(4) BTペラホート篇17a

象徴するもの：傲慢、腐敗、区別、不純、うぬぼれ、想起、罪

項目別分類一覧：食物、過ぎ越しの祭り

参照箇所：パン、マッツァー、過ぎ越しの祭り、小麦

ハメンタシェン　HAMENTASHEN（ヘブライ語：オズネイ・ハマン）

「ハマンのポケット」の意味であるが、プーリム*にアシュケナズィーム[+]が伝統的に食べるお菓子のことである。こ

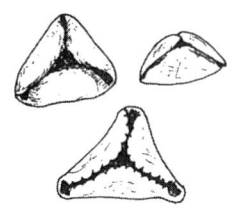

ハメンタシェン——プーリム用に焼かれた三角形のお菓子。

れは、この腐敗した悪漢のポケットに詰めこむ賄賂を表わしている。通常、ハメンタシェンには、「モーン」（イディッシュ語でけしの種の意味）がぎっしりと詰めこまれている。そして、この語の響きは、アシュケナズィーム[+]のヘブライ語の発音ではきわめて「ハマン」（マナにも）に似ている。

　このプーリムの故事にちなんだ他の名前として、「ハマンの耳」——「オズネイ・ハマン」（ヘブライ語）、「オレッキー・デ・アマン orecchie de Aman」（イタリア語）、「ハマンゾーレン Hamansoren」（オランダ語）——がある。このハマンの耳という表現は、罪人を吊す前にその耳を切り落とした昔の慣習に由来しているようである（エステル記*の最後で、ハマンとその10人の息子たちは吊された）。

　お菓子が「ハマンの帽子」と呼ばれることもある。というのも、その形がハマンの被っていたと思われる三角帽子に似ているからである。中世には、この古代ペルシアの悪漢を、その当時ヨーロッパで流行っていた三角帽子を被らせた姿で時代錯誤的に描いていた。

　最近のアメリカでは、しょうが風味のクッキー、ハマンズを焼いて、悪漢を平らげる（食べ尽くす）慣習があるという。

ハラー　HALLAH

象徴するもの：敵、勝利

項目別分類一覧：食物、プーリム

参照箇所：アマレク、エサウ、エステル、ハマン、メギラー、プーリム

ハラー　HALLAH（ヘブライ語：ハラー）

　トーラー*は、イスラエルの人びとはパン——ハラー——の一部を祭司*のために取っておかなければならないと命じていた。[1] 神殿*が破壊され、それとともに祭司のほとんどの祭儀が廃れてしまった時、ラビ[+]たちは、ユダヤ人はパンそれぞれの小片を取っておき、かつて祭司たちに与えていた部分を象徴するためにそれを燃やさなければならないと定めた。この象徴的な寄進はハラーと呼ばれた。ハラーを分けておくことは、シャバット*のロウソク*に火をともすことと、ミクヴェー（宗教儀礼上の沐浴槽）の中に浸ることによって家庭の清浄さを保つ戒律を守ることとともに、三つの「女性の戒律」と伝統的にみなされていた。

　ハラーはパンの塊そのものをも指している。ちなみに、古代でパンというと、イスラエルの地の原産の穀物から作られた種なしパンのことだったが、後にしだいに、東欧でシャバット*に食べる特別な卵入りのコーンブレッドを指すようになった。シャバットのハラーは、12個の供え用の種なしパンを表わしている。これは十二部族*を象徴しており、シャバットのたびに神殿の純金の台に並べられ、祭司たちが食べた。[2] 二つのハラーを編み、それぞれに練り粉の6つの結び目*をつけるのが慣習となっている。これは、12

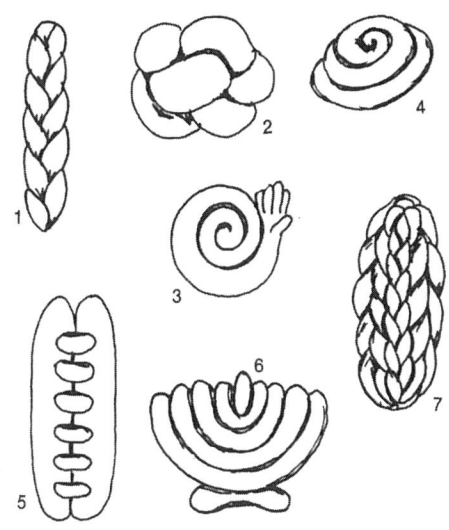

さまざまな形をしたハラー。
1. 小麦の茎を表わしている編んだ形のハラー
2. 6つの結び目のあるハラー　3. 神意を待っていることを表わしている手を外に広げた形のハラー　4. 大祝祭日用の螺旋形、円錐形、冠形のハラー　5. 天へ上ることを表わしている梯子の形のハラー　6. ハヌカーのメノラーの形のハラー　7. 6本の縄を編んだ形の特別な祭事用の凝った大きなハラー

個の供え用のパンを表わしている。伝統的に、二つのハラーがシャバット用の食卓*の上に置かれるが、これは、荒野*で金曜日ごとに与えられた2倍の量のマナ*と、このためにイスラエルの人びとはシャバットには食物を集める必要がなかったということを象徴している。[3]

　この特別なパンにまつわる多くの象徴的な意味を持った慣習が発展した。シャバット用のハラーの髪を編んだような形は、小麦*の穂にその外形が似ている。したがって、こ

ばら ROSE

れは「地からパンをもたらす」ことにおける神と人間の協力関係を象徴している。ハスィディーム+の中には、「ユッド・ベイト」(12)と呼ばれる12個のロール・パンから二つのハラーのひとつを作り出している者がいる。「ユッド・ベイト」は、十二部族を象徴している。パンの表面に、けしやごまの種が付けられていることがあるが、これは荒野に降ったマナを表わしている。

　ハラーは、聖日に特別な形に焼かれることもある。ローシュ・ハ・シャナー*のためのハラーは、円*形、ドーム状の螺旋形、円錐形、冠*などの形をしている。これは、1年の周期と、完全で調和のある新年への希望を象徴している。このハラーは鳥*の頭*の形に作られることもあるが、これは、イザヤ書の一節の影響を受けており[4]、神の加護を表わしている。ローシュ・ハ・シャナーには練り粉の中に干しぶどうを入れる慣習もある。これは、甘い新年への希望を象徴している。ヨーム・キプール*の前の食事のために尖端が梯子の形をしたハラーを作るコミュニティもある。これは、赦しを乞う祈りが素早く天に昇って欲しいという希望を表わしている。ホシャナ・ラバ+（スッコート*の最後の日）には、ハラーの尖端に手*を上に伸ばした形のものが作られることもある。これは、ヨーム・キプールで裁かれ、ホシャナ・ラバで正式に確定される神の審判を象徴している。ハヌカー*の期間中のシャバットには、メノラー*のような形をしたハラーが作られる。プーリム*には、「ケイリッシュ」と呼ばれる1本の巨大な紐の形に作られる。これは、ハマン*を吊すのに使われた長いロープ

を表わしている。また、ハメンタシェン*に似た三角形のパンに作られることもある。いつの時代でもハラーを焼く者は、大きな創造力を用い、自分の美しいパンを自慢していた。彼らは、シャバットのお祝いの供え物を作っていると考えていた。

　ハラーは、刺繍をほどこされた特別な布で覆われている。これは、荒野でマナを覆って守った露*を象徴している。民衆の一般的な解釈によれば、この覆いのためにハラーは気恥ずかしさを感じないですんでいるという。というのも、ハラーの祝福は、シャバットの食事の前の儀式の最後に行なわれるからである。ハラーはまた、シャバット（花嫁）をも表わしている。ハラーは、シャバットの祝祷の朗唱が終わるまで覆われている。

---

(1)民数記15：19-20　(2)レビ記24：5-9　(3)出エジプト記16：22　(4)イザヤ書31：5

象徴するもの：創造力、祭司制度、供犠、滋養物

項目別分類一覧：食物、ハヌカー、プーリム、ローシュ・ハ・シャナー、シャバット、スッコート、女性、ヨーム・キプール

参照箇所：鳥、パン、円、冠、露、手、ハメンタシェン、ハヌカー、結び目、梯子、マナ、祭司職、プーリム、ローシュ・ハ・シャナー、塩、シャバット、スッコート、麦、ヨーム・キプール

ばら　ROSE（ヘブライ語：ショシャナー）

　ばらは世界中どこでも神秘的な象徴であり、その完璧性、シンメトリーな形態、はかない美しさ、芳香のゆえに珍重されている。その花びらのマンダラの形は、多くの神秘主義的

ばら ROSE

な伝統においては精神的な観想のために用いられてきた。ばらは蓮と同じように、源泉と創造を象徴している。というのも、その花びらは中心を見せて放射状に広がっているからである。

現代ヘブライ語でばらを意味する単語は、ヴェレッドである。だが、ショシャナーと呼ばれることもある。ショシャナーは、実際にはゆり、あるいは、「シャロンのばら」(古代では、野のゆり、ヒアシンス、アネモネ、クロッカス、水仙、山のチューリップなどをそう呼んでいたと思われる) を意味している。西欧世界で知られているばらは、聖書時代のイスラエルには存在してはいなかった。ばらは、ギリシア・ペルシア時代にペルシアから入ってきた。しかしながら、雅歌は愛する人を「いばらの中のショシャナー」[1]になぞらえている。このことは、雅歌の作者が棘の多い茎を持った香りのよいばらを思い描いていたということを示している。ミシュナー[+]時代には、ばらは装飾のためばかりでなく、香油 (オリーヴ*油*の中に浸しておいた)、風呂の香水、ジャム (花びらから作られた) などとしても用いられていた。エルサレムでは人口増のために木々、花々、穀物を植えることは禁じられていたが、ラビ[+]たちは「預言者の時代から存在していたばらの園」だけは例外として認めていた。[2]

ばらは非常にはかなくもろいので、ばらの美しさは特に貴重なものであった。ばらはミシュナーでは隠喩として用いられており、装飾として香料入れ*や他の祭具のデザインに幾世紀にもわたって用いられていた。

ばらはシャヴオート*と結びついている。というのも、この祭りの季節にばらが咲くからであり、また、蕾から完全な花に開くことがシナイ*での啓示を象徴しているからである。遊びでの語呂合わせが、この祝祭日に祝われるトーラーの授与 (マタン・トーラー) とばらとの結びつきを強調している。エステル*記は「ペルシアのユダヤ人が自らを守ることを許可した」命令は、要塞の町シュシャン (スサ) で布告されたと語っている。[3] この一節を、「法律は『ショシャナー』、ばらとともに与えられた」と誤訳することもできる。それゆえに、この祭りの期間にはばら (そして、他の花々) がシナゴーグ*を飾り立てている。また、この祝祭日の飾りとしてロイゼラフ (小さなばら) と呼ばれるばらを切り絵で作るのが慣習ともなっていた。特に、神のイスラエル (ヤコブ*) への愛を祝っている「ショシャナット・ヤアコーヴ」(ヤコブのばら) というポピュラー・ソングの中では、シュシャンとショシャナーの同じ語呂合わせがプーリム*とばらを結びつけている。

神秘主義的な書物『ゾハール』[+] (『光輝の書』) は、雅歌の中で述べられている「いばらの中のばら」をイスラエルのコミュニティの象徴として解釈している。『ゾハール』は、「上の世界にばらがあり、下の世界にもばらがあり」、神の憐れみの13*の神聖な属性は、

切り絵のばら——シャヴオート*のための伝統的な民俗芸術の窓の装飾

パルデス　PARDES

「13枚の花びらのあるばら」のようにユダヤ民族を包みこんでいる、と述べている。[4] ばらはユダヤ人の民俗芸術においては人気のあるモチーフであり、クトゥバー*や彩飾写本、またヘブライ文字のカリグラフィーなどにもよく見られる。

---

(1) 雅歌 2：1-2　(2) BT バヴァ・カマー 82b　(3) エステル記 8：14　(4) 『ゾハール』の書き出し

象徴するもの：美、かよわさ、神、ユダヤ民族、愛、神秘、完璧、啓示、トーラー

項目別分類一覧：植物、カバラーの象徴、プーリム、シャヴオート

参照箇所：円、花、クトゥバー、プーリム、シャヴオート、13、婚礼

パルデス　PARDES（ヘブライ語：パルデス）

聖書では、ペルシア語起源のパルデスという語は、ただ単に「広場」とか「庭」を意味するにすぎない。新約聖書では、パルデスのギリシア語形パラダイスは、義人が死後の報奨を受ける天の場所を意味するようになった。この意味は、いつしかラビ文書にも入りこむこととなった。パラダイスは、エデンの園*や来世+とともに、義人が享受する死後の世界と解釈することができる。「主の園」という聖書の一句は同様に、驚くべきほどの豊饒と祝福に満ちた理想郷について語っている。[1]

ラビ+たちはパルデスを神秘主義的な知識の領域、すなわち、カバラー*の研究を象徴するためにも用いている。パルデスに入った4*人（の賢者+）について語ったタルムード+の有名な一節がある――「ベン・アザイはシェヒナー*を見つめて死んだ。ベン・ゾマーは見つめて、発狂した。アヘルという他の1人（エリシャ・ベン・アブヤ）は背信行為（若枝を切り落とした）を犯し、道に迷ってしまった。しかし、ラビ・アキバ+は無事に入り、無事に出てきた」。[2] カバリスト+は「パルデス」をこうした神秘主義的な意味で用い続けている。

中世には、パルデスは聖典解釈の四つのレベルの頭字語となった。Pはプシャット、字義的な意味、Rはレメズ、言外の意味、Dはダラーシュ、教訓的な意味、Sはソッド、神秘主義的、寓意的な意味を表わしている。

---

(1) 創世記 13：10、イザヤ書 51：3、エゼキエル書 36：35　(2) BT ハギガー篇 14b

象徴するもの：死後の生命、天、学習、神秘、神秘主義、平和、完璧

項目別分類一覧：カバラーの象徴

参照箇所：エデンの園、カバラー、宮殿

バル／バット・ミツヴァー　BAR/BAT MITZVAH（ヘブライ語：バル／バット・ミツヴァー）

太古から世界中の文化は子供が思春期や成人期に入るのを公けの儀式や儀礼で祝っていた。ユダヤ人の伝統では、男の子は13*歳で、女の子は12歳で、宗教的にも法律的にも成熟した年齢に達すると考えられていた。この時点から、各個人はすべての戒律、すなわち、ミツヴォート〔ミツヴァーの複数形〕を履行する責任がある。それゆえに、この儀式の名前はその時期を示している。バルとは、アラム語で息子を、バットとは、ヘブライ語で娘

バル／バット・ミツヴァー　BAR/BAT　MITZVAH

を意味している。したがって、この儀式の意味は、戒律の息子、戒律の娘である。この行事が実際に公けの祝典になったのはユダヤ人の歴史においてはかなり最近のこと（男子の場合は15世紀、女子の場合は20世紀）であるが、宗教的な通過儀礼の考えは古代にまでさかのぼる。

　昔ならば13歳という年齢は、男の子が肉体的に成熟した年齢であるばかりか、時には結婚もし、家族に対する責任を持っていたかもしれない年齢でもあった。ユダヤ人のコミュニティにおいては、バル・ミツヴァーは思春期の始まりと結婚が差し迫ったことを表わしているばかりでなく、コミュニティの内部であらゆる責任と特権を有した完全なメンバーとしての資格と、伝統の鎖*におけるひとつの環としての新たな地位をその男の子が得たことをも表わしていた。バル・ミツヴァーはまた、男の子が知識の面での見習期間を修了して、すべての（男性の）ユダヤ人に義務として課せられたユダヤ教の学問のより厳しい生涯にわたる研鑽へと進んだことをも象徴していた。さらに、この年齢になると、男の子は自らの罪とその償いにも責任を負うようになった。

　ミドラッシュ+によれば、13歳という年齢は、アブラハム*が偶像崇拝を廃棄し、彼自身の精神的な道を歩みはじめた年齢であった。同様に、この年齢は、ヤコブ*がトーラー*の研究に生涯を捧げようと考えた年齢でもあった。[1] 中世以来、男の子が生まれて初めてトーラーの前に呼び出されるということは、コミュニティの精神生活において積極的な役割を彼が引き受けたということの象

徴であった。彼がトーラーの部分のドゥラシャー+（説教）を述べるということは、彼の新たな知的地位を象徴している。彼がトゥフィリン*を生まれて初めて身に付けるということは、彼の成人男子としての神への託身を象徴してもいる。[2]

　現代の比較的リベラルなユダヤ教の会衆は、正式なバル・ミツヴァーやバット・ミツヴァーの儀式の時に、シャバット*用の燭台*、キドゥーシュ+の盃*、祈祷書、聖書、タリート*などの贈り物をするのが一般的である。これは、若い男女が大人のコミュニティに入会することを象徴している。

　現代においては、13歳という年齢で宗教的、知的、社会的な成熟を得ることはほとんど不可能なことである。改革派ユダヤ教ではバル・ミツヴァーの代わりに、16歳で彼らの勉学が完成したことを宗教学校の学生たちが祝う堅信礼を採り入れた。しかし、この新しく採り入れた儀礼は、入会式というよりは完成の象徴であり、当初の通過儀礼の代わりというよりもそれを補うものとなった。そして現在では、世界中のユダヤ人のコミュニティで広く一般的に行なわれている。

　たとえバル・ミツヴァーやバット・ミツヴァーがコミュニティ内部での完全な成人としての地位への到達をもはや象徴してはいないとしても、それはユダヤ人の人生の周期の里程標として、また、世代から世代への伝統の伝達として、かなりの象徴的な重要性を依然として持っている。それは、ユダヤ民族の一員として社会生活を送るうえでの諸価値を象徴しつづけている。この儀式は、民主主義を象徴している。なぜならば、この儀式に

よって、すべてのユダヤ人はコミュニティの完全なメンバーとなる資格を与えられているからである。この儀式は、教養のある市民としての資格を象徴している。なぜならば、この儀式によって、すべてのユダヤ人は伝統についての教養と知識を習得することを要求されているからである。この儀式は、社会生活上の責任を象徴している。なぜならば、この儀式によって、ユダヤ人ひとりひとりが、コミュニティに奉仕する組織に参加し、支援することを要求されているからである。

現在では、成人したユダヤ人、主として、幼年時代に宗教教育を受けることを否定されていた女性たちにとっては、コミュニティの完全なメンバーであることの象徴としての成人式として、バット・ミツヴァーやバル・ミツヴァーを行なうことが一般的なこととなってきた。多くのユダヤ人は毎年、自分のバル・ミツヴァーやバット・ミツヴァーの記念日には、自分のトーラーの箇所やハフタラー[+]を朗読する。83歳になった人は、バル・ミツヴァーの70[*]周年を記念して、シャバット[*]の礼拝で彼ら独自のトーラーの箇所を朗読したり、伝統への彼らの新たな象徴的な託身を祝ってキドゥーシュ[+]を申し出たりすることがよくある。

---

(1) ピルケイ・デ・ラビ・エリエゼル 26　(2) 創世記ラバー 63：10

象徴するもの：市民権、託身、完成、継続性、民主主義、権限の付与、入会、成熟、責任、変わり目、伝達

項目別分類一覧：バル／バット・ミツヴァー

参照箇所：鎖、タリート、トゥフィリン、13、トーラー

ハロセット　HAROSET（ヘブライ語：ハロセット）

ハロセットは、過ぎ越しの祭り[*]のセデル[*]で食べる象徴的な食べ物のひとつである。これは、エジプト[*]でユダヤ人奴隷たちが作っていたモルタルを表わしている。ハロセットはその手ざわりと色が、ファラオ[*]の物資貯蔵の町のために奴隷たちが作った粘土と藁の混合物である煉瓦に似ている。ハロセットという語自体は、おそらくは、粘土を意味するヘブライ語ヘレスに由来しているものと思われる。アシュケナズィーム[+]のハロセットは、粉にしたりんご、くるみ[*]、香辛料、そして赤[*]ぶどう酒[*]から成っている。スファラディーム[+]のハロセットは、ぶどう[*]、小麦[*]（マッツァー[*]の形のもの）、なつめやしの実、いちじく[*]、オリーヴ[*]、アプリコット、ざくろ[*]あるいはアーモンド[*]などのようなイスラエルの地に自生している果物も練り粉に含めている。ユダヤ人は、ハロセットを食べることによって、彼らの祖先が耐え忍んだ奴隷状態を追体験している。その食べ物の甘さは、自由の味と奴隷状態への誘惑の魔手双方を表わしている。

ハロセットを作っているりんご、くるみ、ぶどう、そして他の果物は、秋の新年であるローシュ・ハ・シャナー[*]とトーラー[*]が「年の初めの月」[(1)]と呼んでいる春の新年である過ぎ越しの祭りを結びつけている。

---

(1) 出エジプト記 12：2

象徴するもの：自由、奴隷状態

項目別分類一覧：食物、過ぎ越しの祭り
参照箇所：りんご、エジプト、くるみ、過ぎ越しの祭り、セデル、7種類の植物、ぶどう酒

パロヘット　PAROKHET（ヘブライ語：パロヘット）

　荒野*の移動できる聖所+、ミシュカン*、そして、それに取って代わったエルサレム*の神殿*の中の十戒*を納めた聖櫃*（契約の箱）が置かれていた至聖所と呼ばれていた場所は、パロヘットと呼ばれる垂れ幕（カーテン）で一般の人びとのための祭儀が行なわれる場所と分けられていた。トーラー*は、この垂れ幕には聖なるケルビム*の模様が装飾されており、「聖所と至聖所の間の仕切り」[1]としての機能を果たしていた、と説明している。すなわち、この垂れ幕は、聖なる空間と俗なる空間のあいだの変わり目を表わしていたのである。大祭司が神聖なる神秘の中で神と出会ったのは、このパロヘットの背後であった。

　神殿の破壊後は、元のパロヘットは、どのシナゴーグ*でも聖櫃を覆うカーテンに取って代わられた。スファラディーム+のシナゴーグでは、パロヘットは聖櫃の扉の後ろにかけられている。アシュケナズィーム+のシナゴーグでは、聖櫃の扉の前か後ろにかけられている。パロヘットはたいていの場合、高価な素材で作られており、聖書や祝祭日の場面、象徴、また、聖書からの引用文などで華麗に装飾されていた。祝祭日、とりわけ、大祝祭日のためには、彩飾されたパロヘットが白色*のパロヘットに取って代わられていた。

　18世紀には、パロヘットの上に聖書の記述にもとづいたカポレット（贖いの座）[2]と呼ばれる垂れ幕状の飾りカーテンを付け加えるのが慣習となった。この上のカーテンは、ケルビム*、十戒*、メノラー*、黄金の祭壇*のような古代の神殿の象徴や、トーラー*、祭司職、王権を表わす三つの冠*で装飾されていた。[3]

---

(1) 出エジプト記26：33　(2) 出エジプト記25：17-22　(3) ピルケイ・アヴォート4：13
象徴するもの：境界、神秘、変わり目
項目別分類一覧：祭具、シナゴーグ、神殿
参照箇所：聖櫃、ケルビム、門、ミシュカン、入口、シナゴーグ、神殿、トーラー、白

パン　BREAD（ヘブライ語：レヘム）

　ほとんどの西洋世界では、パンが主食である。パンは「生命の糧」としばしば言われているように、物質的、さらには精神的な食物の象徴となった。

　聖書においてパン（レヘム）という語は、一般的に食物を指している。[1] そのようなパンは通常、小麦*や大麦*から作られ、焼いてケーキにされていた。パン種を入れたものはハメッツ*と呼ばれ、種なしパンはマッツァー*と呼ばれていた。イスラエルの人びとが荒野*でパンを求めると、神はマナ*と呼ばれる「パン*を天から」降らせた。[2]「パンと水」という表現は、人が根本的に必要としている栄養分を示している。[3]「わずかな食べ物とわずかな飲み物」という表現は、貧しさを示している。[4]

　ラビ+たちにとっては、パンなしでは食事は成り立たなかった。それゆえに、食後の感

謝の祈り（ビルカット・ハ・マゾン）は、パンを食べた場合のみ朗唱することができるのである。食前の祝祷は、パンへの特別な祝福である――「ハ・モツィ　レヘム　ミン　ハ・アーレツ」（大地よりパンをもたらしてくれた御方）。パンをもたらしてくれた神に感謝をするのは、土地から小麦を生じさせてくれたことに対してというよりも、人間の手の仕事にさせてくれたことに対してであり、ここに、われわれの物質的な生存における神との協力関係を認めることができる。

ミドラッシュ⁺は、塩を振りかけたパンを貧しい人の食べ物とみなし[5]、トーラーを勉強しているつつましい学生にふさわしい、と述べている。[6] 人びとの中には、特にシャバット*の時はそうであるが、料理を食べる前に、その都度パンに塩を振りかける人がいる。おそらくこれは、神殿*の供犠にふりかけられた塩を、ユダヤ人の苦難の涙を、あるいはまた、われわれが毎日汗を垂らして生活費を稼いでいるその汗を、象徴しているのかもしれない。民間信仰によると、パンと塩の組み合わせには、特別な保存力と保護力があるという。そのために、新婚の夫婦や新しい家に引っ越した人びとに、繁栄と幸運の象徴として１塊のパンと塩の壺を贈るのが慣習となっている。

ハラー*と呼ばれる特別なパンは、神殿にかつては供えられ、シャバット*のたびに祭司が食べていた12個の種なしパンを思い起こさせる〔出エジプト記25：30、レビ記24：5－9〕。このパンは、シャバットや祝祭日に食べる。過ぎ越しの祭り*には種なしパン、マッツァーだけが食べることを許されている。このパンは、大急ぎでエジプトから脱出したことの象徴であり、さらに、謙虚な行為、そして、神殿の崩壊後には止めてしまった過ぎ越しの祭りの供犠そのものの象徴である。

ローシュ・ハ・シャナー*の祝祭日には、パンの屑でポケットを満たすのが慣習となっている。そのパン屑を、その後、小川や湖に投げ入れるが、これはその年の罪を投げ捨てることを象徴している。この慣習は、タシュリーフ⁺と呼ばれている。同様に、過ぎ越しの祭りの前には、パン屑が隠され、見つけ出されるが、これは、ハメッツ、種の入ったパンを家から一掃することを象徴している。

(1) 創世記37：25、民数記28：2、列王記上5：2
(2) 出エジプト記16：4　(3) 創世記21：14、列王記上19：6　(4) 列王記上22：27、歴代誌下18：26、イザヤ書30：20　(5) BTベラホート篇2b　(6) ビルケイ・アヴォート6：4

象徴するもの：贖罪、幸運、労働、協力関係、繁栄、生き残り、滋養物

項目別分類一覧：食物、新しい家、ローシュ・ハ・シャナー、シャバット、神殿、婚礼

参照箇所：大麦、ハラー、ハメッツ、マナ、マッツァー、祭司職、ローシュ・ハ・シャナー、塩、シャバット、机、神殿、小麦

火　FIRE（ヘブライ語：エッシュ）

古代文化の多くは、世界は四*元素――火、水*、空気、そして土（地*）から成り立っていると信じていた。火には変形させる力

火　FIRE

があると考えられていた。というのも、火には物質をある形態から別の形態へ変化させる力があるからである。火はまた、情熱、エネルギー、再生の象徴ともみなされていた。火は、太陽や稲妻や火山などのような非常に強大で、しばしば破壊的な自然力を連想させた。火は、生命そのもののように、その外部からエネルギーを得ることによって、その力を引き出している。火は、水のように、前向きの積極的な意味の象徴と否定的な意味の象徴の二つの価値を有しており、生命を支えることも破壊をすることもできる。

　ユダヤ人の伝承では、火はその慈善的な面と破壊的な面双方において、世界の中の神の臨在と深く結びついていた。創造についての神の青写真としてのトーラー*は、本来は白い*火の上に書かれた黒い火から作られた。[1] 神は、二つに裂かれた動物のあいだを通り過ぎる「煙を吐く炉と燃える松明」を送ることによって、アブラハム*と契約を結んだ。[2] 神は、最初は燃える柴*の中からモーセ*の前に現われ、後には、まるで火山の噴火のような光景の中でシナイ*山の上に降ってきた──「シナイ山は全山煙に包まれた。主が火の中を山の上に降られたからである。煙は炉の煙のように立ち上り、山全体が激しく震えた」[3]。イスラエルの人びとが荒野*をさまよっていた時に、神は彼らを昼は雲の柱で、夜は火の柱で導いた。[4] 意味深いことであるが、天使*を意味するヘブライ語のひとつであるセラフ〔セラフィームの単数形〕は、「燃やす」という意味の語根〔サラフ〕に由来している。

　火はまた、神の怒りと裁きをも象徴してい

る。トーラーは神の特性を「焼き尽くす火」と表現している。[5] ソドムとゴモラの罪深い町は、「硫黄の火」を降らされて滅ぼされた。[6] アロン*の息子たちはミシュカン*の祭壇*の上に「場違いな火」を献げようとしたので、神の火で焼き殺されてしまった。[7] 預言者たちは、強情な人びとに対して、神は火で罰するであろうと絶えず警告していた。預言者たちはまた、イスラエルに敵対するものは同じような火の懲罰をこうむるであろうとも預言していた。[8] イスラエル自身は、「火の中から取り出された燃えさし」、すなわち、神の恩寵で救い出された残り滓と表現されていた。[9] ゲヒノム*の罪人たちは、暗黒の火と火の川を体験する。

　預言者エリヤ*は、特に火と結びついている。彼は、天から火を呼び降ろし、彼の献げ物を焼き尽くさせて、バアルの偽預言者たちを打ち負かした。しかし、神は後に彼の前にしばしば現われ、「静かにささやく声で」、この火と神の臨在を思い違いしている、と叱った。エリヤは最後には、火の戦車で生きたまま天に運ばれて行った。[10]

　火は時として信仰の試みとなる。ユダヤ人の伝説によると、アブラハム*は彼の神への信仰によって、ニムロドの火の炉から逃げおおせたという。ダニエル*の3人の仲間たち、シャドラク、メシャク、アベド・ネゴは、同様に、ネブカドネツァルの炉の火の中に投げこまれたにもかかわらず生きていた。[11]

　カバラー*によれば、神の原初の単一性は発端において粉微塵に粉砕され、その破片は神の閃光という形で世界中に散らばり、あらゆる物質の中に入りこんだという。人間に課

火　FIRE

せられた仕事は、これらの閃光が神の源泉に立ち帰って、神を離散から贖うことができるように、これらの閃光を殻から解き放してやることである。そうした贖いの行為は、祈り、瞑想、学習、そして、ミツヴァー[+]（神聖な定められた戒律）の遵守などを正しい精神的な意図をもって行なうことによって成しとげられる。

このティクン（破砕された世界の修復）を成しとげるために、多くのカバリスト[+]は神との合一を捜し求めていたが、この過程は火に象徴されていた。ちょうどひとつの炎が火の中心部へと入りこみ、見えなくなるように、神に固着しているユダヤ人は、神聖なものに融合し、精神的に法悦状態となる。

火はまた、抑制できない情欲の危険性をも象徴している。ラビ・アキバ[+]はこう語っている。ヘブライ語の男性を意味する単語イシュ〔アレフ　ユッド　シン〕と女性を意味する単語イシャー〔アレフ　シン　ヘイ〕はともに共通する二つの文字、アレフとシンを分かち持っている。そしてこの二つの文字から火という単語エッシュを作ることができる。さらに、それぞれの単語はユッドとヘイという独自の文字を有しており、この二つの文字を一緒にしてヤーという神の御名*のひとつを作ることができる。このことはわれわれに、神の臨在を排除した肉体的な欲望は、それ自身の火で結びつきを燃やし尽くすことになる、ということを教えている。[(12)]

火は清めの道具である。古代では、神殿*の祭壇*では火が絶え間なく燃え続け、聖所[+]では香料が焚かれていた。火は赤い*雌牛を焼き尽くし、清めの灰を準備していた。

光の源泉としてのその属性において、制御された火は、ユダヤ人の伝統においては喜びと聖なるものを象徴していた。ロウソク*、オイル*・ランプ*、メノラー*は、長いあいだずっとユダヤ人の祝祭日とシャバット*の祝いでは中心的な役割を果たしてきた。

火はそのようなさまざまな色彩と特性を表わしているために、伝統的にハヴダラー*の儀式では「火の光」の創造者としての神の特性を強調している。[(13)] われわれ自身の時代においては、火はホロコースト——文字通り、「焼き尽くされた献げ物」を意味している——と核兵器に代表される大量殺戮と同義語となった。そして、核兵器は、新たなホロコーストを引き起こす可能性を有している。

---

(1) ミドラッシュ・トゥヒリーム 90：12、JT シュカリーム篇 6：1、48d (2) 創世記 15：17 (3) 出エジプト記 3：2、19：18 (4) 出エジプト記 13：21-22 (5) 民数記 11：1、申命記 4：23-24 (6) 創世記 19：24 (7) レビ記 10：1-2 (8) イザヤ書 10：17、66：15、エゼキエル書 39：6 (9) ゼカリヤ書 3：2 (10) 列王記上 18：38、19：12、列王記下 2：11 (11) セフェル・ヤシャール・ノアッハ 23b-26b、ダニエル書 3：1-30 (12)BT ソター篇 17a (13)BT ベラホート篇 52b、BT ヨマー篇 21b も参照。

象徴するもの：怒り、黙示、破壊、神の怒り、神の審判、神、聖性、ホロコースト、喜び、情熱、純粋、信仰の試み

項目別分類一覧：ホロコースト、カバラーの象徴、自然現象

参照箇所：燃える柴、ロウソク、エリヤ、ゲヒノム、ハヌカー、ハヴダラー、カバラー、ランプ、光、メノラー、シナイ、太陽、水

東　EAST（ヘブライ語：ミズラッハ）

　時計と電気が発明される前は、太陽*が人びとの生活を支配していた。人びとは、太陽の毎日のリズムに従って起き、寝る。そして、季節に従って作物を植え、収穫していた。すべては、太陽の光*と暖かさに依存していた。多くの人びとが太陽を神として崇めていたのは、不思議なことではない。

　ユダヤ教においては、太陽が昇る東は時の始まりと同意語となった。ヘブライ語のケデム（「早い」の意）は、東を意味する語に由来している。東のより一般的な語であるミズラッハは、同様に、太陽が毎朝行なっている「光線を放射する」という語根からきている。

　ユダヤ教の神聖な羅針盤では、北ではなく東が最も重要な「祭壇の向き」("orientation"。この語は、ラテン語の「昇る」という語に由来する）の方角である。東は、源と救済を表わしている。エデンの園*は、「東」に設けられた。[1] いなごの災いと海を分けた風は、東から吹いてきた。[2] イスラエルの人びとは、約束の地に向かって東へと旅をした。そして、世界の中心であり、将来の贖いが行なわれる場所であるエルサレム*は、ディアスポラのほとんどのコミュニティの東の方角に位置している。

　聖書時代から今日に至るまで、ユダヤ人はエルサレム*の方角に向かって祈っている。[3] ユダヤ人がイスラエルから西へ移動するにつれて、東は、ユダヤ人の信仰と民族の記憶の源泉であるエルサレムを象徴するようになった。聖櫃*は東壁に置かれており、それゆえに、人びとは聖なる町の方角に向かって祈っている（エルサレム郊外の東、北、南にあるシ

ミズラッハ：右から大きな文字でミズラッハと綴られており、これは頭字語で、「この方角から生命の霊がやってくる」という意味。

ナゴーグ*は、東の方角ではなく、エルサレムの町の方角に向いている）。しかし、異教の神殿の祭壇が同じように東の方角に向いていたので、ラビ+たちはユダヤ人の礼拝者に、神は東だけでなくどこにでも存在している、と注意した。彼らは、東に向くということは、太陽の方角ではなく、神殿*に象徴されている神の存在している方角に各自の祈りを集中させるということであると説明している。ラビの指導者たちの中には、太陽崇拝との混同を避けるために、真東よりも東南の方角に向かうことを勧めていた者もいた。[4] しかしながら、ラビたちが注意したにもかかわらず、東はユダヤ教の礼拝においては聖なる方角となった。そして、シナゴーグの東壁のそばの席は、高位の社会的地位のしるしとなった。

　花嫁と花婿は、フッパー*の下で東の方角に向く。伝統的なユダヤ人は、死者の足を東の方角に向けて葬る。これは、メシアが死者を復活させるためにやってくる時に、彼らがエルサレムへの途次であること示すためである。

　ユダヤ人家庭の多くでは、ミズラッハと呼ばれる飾り文字の図柄のものが東の壁に掛けられている。これは、東洋のマンダラに非常によく似たものであり、観想と祈りを助けるためのものである（シナゴーグの壁にはしばし

光　LIGHT（ヘブライ語：オール）

ちょうど、太陽*の光が地*上の生命を育んでいるように、光のイメージがユダヤ人の象徴的表現を育んできた。光の比喩的な表現は、ユダヤ人の暦*、宗教絵画、神学、聖典などに広く浸透している。光は、神の世界と人間の世界のあいだの最も根源的な接点である。

創造は、「光あれ！」という神の命令で始まった。ラビ[+]たちは、この原初の光が太陽、月*、星々*の創造に先行したということに注目して、その光とはトーラー*のことであると主張した。トーラー*は、創造の青写真や、来世[+]で義人が享受できるように神がエデンの園*に隠した特別な聖なる光を提供した。[(1)] 『ゾハール』[+]は、この最初に創造された光は「暗闇のランプ*」であったと言っている。[(2)] ユダヤ人の神秘主義者たちは、神は最初に超人的な創造物である原初のアダム*を創造したという観念を発展させた。彼の頭*からは神聖な光が放射されていたが、この光のエネルギーは非常に強力だったので、神聖な秩序を粉砕し、その結果、その閃光は物質世界のすみずみにまで四散した。

神の霊の表現としての光は、ユダヤ教の教えでは中心的なものである。光は、ただ単に物質世界がそれから現われたというだけでなく、この世での神の臨在と加護を表わしつづけてもいる。詩篇作者は「義人には光が蒔かれる」[(3)]と言い、義人は神の特別な寵愛を受けるということを暗示している。カバリスト*は、光と神の女性的な面であるシェヒナー*を同一視している。光のさまざまな色彩*と形態はまた、神の霊の流出であるスフィロー

ばシヴィティと呼ばれる同じような飾り額が掛けられているが、これも祈りを助けるためである）。ミズラッハはまた、家庭に対する神の加護を象徴している。伝統的には、ミズラッハは、聖書の一節に「日の昇るところから（ミ・ミズラッハ）日の沈むところまで、主の御名が賛美されるように」[(5)]とあるように、ヘブライ語のミズラッハ Mizrah に由来している。聖書、礼拝、カバラーの中にも「この方角から生命の霊がやってくる」（ヘブライ語で mi-tzad zeh ruah hayyim ）という言葉がよく出てくるが、この頭字語がミズラッハ（mizrah）である。ミズラッハは動物の像や聖なる場所の絵やカバラーの象徴で飾られている場合が多いが、時には細書術[+]で描かれていることもある。東欧のミズラッハの中には、切り絵のものもあった。イスラエルの国歌「ハ・ティクヴァー」（希望）は、「われわれの目が東の方角を見ている限り、シオンの方角を見つめている限り、われわれの希望は失われない」と宣言している。

---

(1) 創世記 2：8　(2) 出エジプト記 10：13、14：21　(3) 列王記上 8：29、44、歴代誌下 6：34、ダニエル書 6：11、BT ベラホート篇 30a　(4) JT スッカー篇 5：4、Isserles, *Orah Hayyim* ,94：2　(5) 詩篇 113：3

象徴するもの：始まり、追放、神、聖性、希望、カヴァナー、祈り、救済、地位

項目別分類一覧：イスラエルの地、祈り、シナゴーグ、神殿

参照箇所：聖櫃、エルサレム、メシア、太陽、シナゴーグ

光　LIGHT

ト*をも象徴している。カバラーの文書には、『ゾハール』――『光輝の書』(「光り輝く」という意味である)――や、『セフェル・ハ・バヒール』――『光明の書』――などのように、光と結びついた名前がつけられている文書が多い。

古代のミシュカン*や神殿*では、メノラー*は人びとのあいだにある神の住居の象徴として見られていた。このことはまた、ネール・タミード*(永遠のともしび)の役割でもあり、ネール・タミードは今日に至るまで、シナゴーグ*の聖櫃*を照らしつづけている。神殿そのものは、「世界全体に光を与えている」と言われていた。(4)

神の使者である天使*は、光の存在として描写されている。悪の天使は、暗闇の天使である。太陽、月、虹*、雷光、露*、雨*などの他の天上の諸現象は、神の善性の源である光から生じると思われていた。人間が神の霊に触れると、人間もまた光を放射する。モーセ*がシナイ山から下りてきた時、彼の頭には光の角*が輝いていた。この神の輝きは非常に強力だったので、モーセは人びとに話しかける時は彼らをこの光から保護するために、顔に覆いをかけていた。(5) 大祭司の上に聖霊がとどまっていた時には「彼の顔は松明の炎のように輝いていた」と言われている。(6)

シャバット*とユダヤ人のあらゆる祝祭日は、ロウソク*に火をともすことと関係している。これは、聖なるものと精神的なエネルギーを象徴している。光はまた、これらの特別な聖日の喜びをも象徴している。特にハヌカー*の祝祭日は、「光の祭り」とも呼ばれており、その中心的な象徴としての光が特色

となっている。メノラーの8本のロウソクに火をともすことは、異教徒の冒瀆から救ってくれたたったひとつの油*壺の奇跡を思い起こさせている。ハヌカーは、太陰周期と太陽周期がともに最後の時に行なわれ、光が非常にありがたく感じられる1年で最も暗い時期を表わしている。

光と暗闇の移り変わりは、不可思議さとともに希望に満ちた時を示しており、ユダヤ人の伝統においては特別な意味を持っている。ミリアム*の井戸*やバラムの言葉を話すろば*などのような数多くの奇跡は、天地創造の第6日目の黄昏時に起こった。(7) ユダヤ人の1日は、日没から始まり、日没で終わる。金曜日の夜の黄昏時のロウソクは、ハヴダラー*――シャバットや祝祭日が終わったことをしるす夕方の儀式――の時のロウソクと同様に、聖なる時間と俗なる時間の変わり目を象徴している。シャヴオート*の祝祭日の日の出の礼拝は、十*戒を授かったことを祝う。ヨーム・キプール*の黄昏時の特別な礼拝、ネイラー✛は、悔い改めの門が閉まることを示している。

トーラー*は、光の比喩的な表現で呼ばれている。数多くある名前のひとつには、「トーラー・オーラー」(光の教え)という呼び方がある。伝承では、トーラーの文字は白い*火の上に黒い*火で書かれたものであるという。聖書はこう述べている――「戒め(ミツヴァー)はともしび*であり、教え(トーラー)は光である」(8)

光はまた、霊魂の象徴でもある――「主のともしびは人間の吸い込む息(生命を支える呼吸[ネシャマー])、腹の隅々まで探る」。(9)

235

羊　SHEEP

記念の光は、ヤールツァイトのロウソクとも呼ばれるが、ヘブライ語の名前は、ネール・ネシャマー（霊魂のともしび）である。愛する人が死んだ時や命日（ヤールツァイト）、ヨーム・キプール*にこのロウソクに火をともすのが伝統となっている。昔は、霊魂が立ち去るのを象徴するために、臨終の際にロウソクに火をともすのが慣習となっていた。

伝統は、ユダヤ民族を「オール・ラ・ゴイーム」、「諸民族の光」と言っている。これは、トーラーが命じている道徳的なふるまいの模範としてのユダヤ民族の役割を意味している。ユダヤ人を意味するイディッシュ語の親愛の情をこめた語ピンテレ・イードは、「ユダヤ人の『光の尖端』」の意味である。

(1)レビ記ラバー 11：7　(2)ゾハール 1：15a　(3)詩篇 97：11　(4)出エジプト記ラバー 36：1　(5)出エジプト記 34：34-35　(6)レビ記ラバー 21：12　(7)ピルケイ・アヴォート 5：6　(8)箴言 6：23　(9)箴言 20：27

象徴するもの：神の臨在、神、善性、聖性、希望、ユダヤ民族、喜び、学習、生命、奇跡を起こす力、ミツヴァー、神秘、力、純粋、霊魂、精神、トーラー、真理、知恵

項目別分類一覧：天文学、死、ハヌカー、カバラーの象徴、シャバット、シャヴオート、シナゴーグ、神殿、ヨーム・キプール

参照箇所：アダム、天使、ロウソク、色彩、露、目、火、金（黄金）、ハヌカー、ハヴダラー、頭、角、カバラー、ランプ、メノラー、月、ネール・タミード、油、虹、スフィロート、シャバット、シャヴオート、シェヒナー、星、太陽、神殿、トーラー、白、ヨーム・キプール

羊　SHEEP（ヘブライ語：アイル、タレー、ケベス、セー）

羊は古代イスラエルでは重要な家畜であった。羊は、乳*、肉、羊毛、皮を提供した。雄羊*の曲がった角*はショファール*に用いられた。羊は、神殿*の生贄として用いられることもあった。

羊はその生贄との結びつきのゆえに、特に「屠り場に引かれる子羊のように」[1]という表現で用いられる場合には、罪のない犠牲者を表わしていた。この表現は、聖書時代からホロコーストまでのユダヤ人の殉教について語られる際にはよく現われる。

聖書は羊の群れの世話をする羊飼い（牧者）という語を、ユダヤ民族を気づかっている神と人間の王*について語る際に隠喩として用いている。[2]かつて実際に羊飼いであったモーセ*とダビデ*については、聖書はこの「羊飼い」という言葉で記述している。大祝祭日の祈り、「ウネタネー　トケフ」では、自分の羊の世話をしている神聖な羊飼いが中心的なイメージとなっている。

神は、イスラエルの子らがエジプト*を立ち去ろうとしていた時、子羊を屠り、その血*を入口に塗り、死の天使*が「過ぎ越す」しるしとするよう彼らに命じた。[3]この過ぎ越しの祭りの生贄は、神殿*が破壊されるま

雌羊

で過ぎ越しの祭り*の儀式の中心的なものであった。その後は、焼かれた脛の骨が屠られた過ぎ越しの祭りの子羊の象徴としてセデル*の皿の上に置かれた。

　子羊は春に生まれ、そしてまた、民族の救出の祭りである春の祝祭日、過ぎ越し祭りとも結びついているので、再生と復興の象徴である。異教のゾディアック*では春の最初の月はアリエス、雄羊で表わされているが、古代ヘブライ人のモザイクはこのしるしをタレー、子羊で描いている。

---

　(1) イザヤ書53：7　(2) エレミヤ書23：2-3、エゼキエル書34章、詩篇23章　(3) 出エジプト記12：3-11

　象徴するもの：無垢、ユダヤ民族、殉教、再生、供犠、犠牲にすること

　項目別分類一覧：動物、過ぎ越しの祭り

　参照箇所：アケダー、ダビデ、モーセ、雄羊、供犠、セデル、ショファール、ゾディアック

ビマー　BIMAH（ヘブライ語：ビマー）

　ヘブライ語で「高き所」を意味するビマーは、礼拝の指導者、先唱者[+]、あるいはラビ[+]が立って礼拝を進め、トーラー*の巻物を読む講壇である。それは山*や祭壇*のように神聖なものへの接近、シナゴーグ*の精神的な中心を象徴している。スファラディーム[+]はこの講壇をテヴァーと呼んでいる。テヴァーとは、聖書の言葉でノア*の箱舟*とモーセ*の籠*を指す場合に用いられていたが、ミシュナー[+]とタルムード[+]では、聖櫃*（契約の箱）のことをそう呼んでいる。

　ビマーの位置、機能、設計は、ここ数世紀の間に大きく変わった。ユダヤ人の歴史においてはほとんどの場合、ビマーは聖域の中心に位置していた。時たま西壁の上やそばに位置していた時もあった。いずれにしても、礼拝の指導者は大勢の礼拝者のできるだけ近くに位置することができた。時おりビマーはその名前とは逆に、聖域の床よりも下に建築されていた場合もあった。これは、礼拝者の精神的謙遜（「深い淵の底から、主よ、あなたを呼びます」[(1)]）を象徴するためであり、また、中世のキリスト教の教会法がしばしばシナゴーグの高さを制限していたので、高さを錯覚させるためでもあった。一方、聖櫃*は伝統的に東*壁に、すなわちエルサレム*の方角に向かって置かれていた。ビマーと聖櫃がこのように建築上対極に置かれていたことは、いつの時代においてもシナゴーグの設計に影響を与えていた。

　19世紀になると、改革派ユダヤ教がシナゴーグ建築に新機軸を採用して、ビマーが聖櫃のすぐ前に位置するようになった。これは、キリスト教の教会の説教壇をモデルとして設計されたものである。スファラディームや伝統的な会衆は依然としてビマーを中央に置いているが、北アメリカのリベラルな会衆や多くの正統派ユダヤ教の間では、今ではこの様式が主流である。

　ビマーを聖域の前面に移動したということは、ユダヤ教の礼拝にとっては深刻な結果をもたらした。というのも、ビマーは今や劇場の舞台のようなものとなったので、集会での礼拝者は彼らの前で行なわれている劇を見ている観客となった。これは、古代の神殿時代を偲ばせているようであった（イスラ

エル国立劇場がハビマーと呼ばれているのは面白いことである)。さらに、礼拝の指導者、先唱者、ラビは、たいていの場合、聖櫃を背にして立っている。これは、尊敬のしるしとして聖櫃に向かい、エルサレムの方角の東に向かって祈りを捧げる古い慣習とはまったく反対である。現代の会衆やハヴロート〔ハブラーの複数形+〕の中には、礼拝場所の中心に向かって礼拝をするように新たに方角を定めて、シナゴーグ建築の初期のモデルに戻った者もある。あるいは、礼拝に参加している人びとすべてを礼拝の中心にすえる方法として、ビマーを完全に省いたところもある。

---

(1) 詩篇 130：1

象徴するもの：神聖なものへの接近、中心、名誉、祈り

項目別分類一覧：住居、シナゴーグ

参照箇所：祭壇、聖櫃、東、エルサレム、山、シナゴーグ

豹　LEOPARD（ヘブライ語：ナメール）

豹はヘブライ語で「斑点のあるコート」の意味であり、中近東で最も凶暴な肉食動物だった。豹は、その強さとじっと動かずに獲物を待っている習性で有名だった。

豹

聖書では、豹は速さ、敏捷さ、攻撃的なことを象徴している。イザヤは、メシア*の時代には「豹は子山羊*とともに伏す」[1]と預言した。ミシュナー+では、豹の強さは、神意を成しとげるために必要な特質として引き合いに出されている——「天におられるあなたの父の御心を実行するためには、豹のように強く、鷲*のように軽やかに、鹿*のように速く、獅子*のように勇敢であれ」[2]

これら3*匹の動物と鷲は何世紀ものあいだ、シナゴーグ*とユダヤ人の家庭の絵画、織物、祭具の中に表現されてきた。

---

(1) イザヤ書 11：6　(2) ピルケイ・アヴォート 5：20

象徴するもの：攻撃、平和、贖い、速さ、力強さ

項目別分類一覧：動物、メシア

参照箇所：鹿、鷲、4、山羊、獅子、メシア

ひよこ豆　CHICKPEA（ヘブライ語：ヒムツァー）

ひよこ豆は、ユダヤ人の食物においては長いあいだ重要なものであった。それは、ナヒット、アルベス、ヒムツァー、フムス、ブブ、チェチ、カラ、ガルバンゾー豆などとさまざまな名前で呼ばれていた。これは、伝統的に息子が生まれた後のシャバット*と、セウダー・シュリシート+、シャルシュデス+、すなわち、シャバットの第3番目の食事で食べられている。

エステルが王妃としてアハシュエロス王〔クセルクセス王〕の宮殿に住んでいた時、彼女は特にひよこ豆や他の豆などの菜食主義者の食べ物だけを食べることによって、慎重に

カシュルート*の戒律を遵守していた、とユダヤ人の伝説は語っている。[1] もうひとりのペルシアのユダヤ人ダニエル*も同様に、食餌規定を破らないように、「豆と水」だけに食べ物を限定していた。[2] 彼らの敬虔さに敬意を表して、プーリム*のお祭りの時には、ひよこ豆を食べるのが伝統となっている。

中近東諸国からきたスファラディーム+のユダヤ人の中には、過ぎ越しの祭りにひよこ豆を食べるのを慎んでいるものもいる。というのも、ヒムツァーの発音が、この祝祭日の期間中には食べることを禁止されているハメッツ、すなわち種入りパンと非常に似て聞こえるからである。北アフリカのユダヤ人の多くは、この豆をローシュ・ハ・シャナー*に食べている。というのも、ひよこ豆のもうひとつの名前であるカラが、神の厳しい審判がこの日には弱まって（冷却化して）欲しいという彼らの希望を象徴している「冷たい」という意味のヘブライ語〔カール〕に由来しているからである。東欧のユダヤ人もまた、この祝祭日にはひよこ豆を食べている。

民間伝承においては、ひよこ豆を食べると生殖力が増進されると考えられている。

---

(1)BTメギラー篇13a (2)ダニエル書1：12

象徴するもの：憐れみ、生殖力、敬虔、菜食主義

項目別分類一覧：誕生、食物、過ぎ越しの祭り、プーリム、ローシュ・ハ・シャナー、シャバット、女性

参照箇所：ダニエル、エステル、ハメッツ、カシュルート、プーリム

ファラオ　PHARAOH（ヘブライ語：パルオ—）

エジプト*のファラオは、イスラエルの人びとが長いあいだ奴隷状態にあった時に彼らを虐げた有名なファラオのように、常にイスラエルの敵の典型的な人物であった。ファラオは、過ぎ越しの祭り*のセデル*のハガダーで毎年語られているように、出エジプト*の物語では悪者の元型として、よく知られた役割を演じている。創世記では、ファラオは誘惑者として最初に現われている。ファラオは、アブラハム*の「妹」サラ*と寝ようとした。[1] 後になると、アブラハムの曾孫ヨセフ*が仕えていたファラオは、非常に良い人物として描かれている。彼は、ヨセフを宰相に登用し、ヤコブ*とその一家をエジプトに迎え入れた。イスラエルの人びとは、「ヨセフのことを知らない」新しいファラオが出てきて、彼らの子孫を奴隷にするまではエジプトで栄えた。[2] しかし、ヨセフの時代のこの情け深いファラオは、後になるとユダヤ人の伝統では悪者になってしまった。これは、ヘレニズム化されたエジプトにおける政治的現実を反映したものであった。[3] ユダヤ人の歴史全体を通して、ファラオはその後のユダヤ民族の抑圧者の元型となった。

しかしながら、伝統の中にはファラオのこうした否定的なイメージを和らげる意見もあった。ある伝説は、ファラオはエジプト軍の兵士たちと一緒に紅海で溺れ死にはせず、生き残ってニネベの王となり、後に、ヨナ*の預言に答えて彼の町を悔い改めさせたと語っている。[4]

---

(1) 創世記12：10-20 (2) 出エジプト記1：8 (3)

フッパー（天蓋）　HUPPAH

BTソター篇11a　(4)ピルケイ・デ・ラビ・エリエゼル43

象徴するもの：敵、抑圧、そそのかし

項目別分類一覧：過ぎ越しの祭り、人物

参照箇所：エジプト、出エジプト、ハガダー、ヨナ、王、過ぎ越しの祭り、セデル

フッパー（天蓋）　HUPPAH（ヘブライ語：フッパー）

古代イスラエルにおいては、婚約期間の終わりに花嫁は、花婿の部屋や結婚式がそこで完了する天幕——フッパー——へ祝典の行進をして連れて行かれた。フッパーという語は、部屋、結婚式の天蓋、あるいはまた、結婚式そのものを指していた。[1] 今日では、後者の二つの意味だけが残っている。

タルムード[+]時代には、花婿の父親が、新婚夫婦が生まれた時に植えられた杉[*]と糸杉[*]（あるいは松[*]）の木[*]の棒を用いてフッパーを立てるのが慣習となっていた。[2] それゆえに、フッパーは親の子供への期待の成就を表わしていた。今日に至るまで、子供たちがヘブライ語名を授かる時には、彼らが「トーラー[*]を学び、結婚式の天蓋に入り、善行を行なう」ように成長して欲しいという期待を持って祝福されている。

フッパーは、中世初期にはまだ稀であったが、中世末期には、4本の棒で支えられた布の天蓋で花嫁と花婿を覆うのがすでに慣習となっていた。

花輪で飾られた結婚式の天蓋

中世のフランスと北アフリカでは、花婿が自分のタリート[*]で花嫁の頭を覆っていた。これは、花嫁と花婿を隠して保護することを象徴していた。この慣習はルツ[*]のボアズへの言葉、「どうぞあなたの衣の裾を広げて、このはしためを覆ってください。あなたは家を絶やさぬ責任あるお方です」[3]にもとづいていた。この行為は、古代においては、正式な婚約を成立させた。今日、タリートはフッパーとしてよく利用されている。

フッパーは、新婚夫婦の最初の家庭を象徴している。そのもろさは、シャローム・バイト、すなわち、家庭内の平安のもろさを暗示している。フッパーはまた、彼らの新しい家庭の避難所を、そして、彼らの生活の情緒的、肉体的、精神的な変わり目をも象徴している。クトゥバー[*]はこの隠喩を反映して、戸口をかたどった枠の中に結婚契約書をはめ込んでいる。

---

(1) 創世記ラバー9：4、ピルケイ・アヴォート5：21　(2) 創世記ラバー28：6、BTギッティーン篇57a　(3) ルツ記3：9

象徴するもの：完成、もろさ、家庭、結婚、保護、安全保障

項目別分類一覧：婚礼

参照箇所：ロウソク、杉、糸杉、クトゥバー、松、入口、ルツ、タリート、婚礼

ぶどう　GRAPE（ヘブライ語：アナヴィーム）

ぶどうは、古代においても現代においても、イスラエル経済の重要な産物のひとつを構成している。ぶどうは、食物、（ぶどうの木と

ぶどう　GRAPE

ぶどうのつる
(学名 VITIS VINIFERA)

２人の男性で持ち上げなければならないほど大きなぶどうの房（民数記13：23）。これは、イスラエルの肥沃さを象徴する有名なモチーフである。

して）日除けの場所、そして、典礼用と一般的な用途のためのぶどう酒*を提供している。古代世界の中でパレスティナのぶどうの木は、その木の繁茂した姿、生産力の多大さ、ぶどう酒の質で有名であった。ぶどうの木は、ノア*との関連で聖書において語られている最初に栽培された植物である。(1) ぶどう（ぶどうの木）は、イスラエルの地*の肥沃さを象徴する7*種類の植物の3番目の植物である。(2) 12人の偵察隊がカナンの土地の偵察から戻ってきた時、彼らのうちの２人が一本の棒に一房のぶどうを下げて運んできた。これは、約束の地が非常に肥沃な土地であるということを象徴していた。(3) ２人の男性が特大のぶどうの房を運んでいるこのイメージは、現代イスラエルの観光業のプロモーションに頻繁に現われている。これはまた、ぶどう酒のラベルにもよく見られる。

ぶどうの木はまた、人間の多産の象徴でもある。いつの時代でも、ぶどうの木のイメージは、聖書の次の一節とともに婚礼*のクトゥバー*に描かれていた――「妻は家の奥にいて、豊かな房をつけるぶどうの木」(4)

ぶどうは他の地中海文化にとっても重要なものであった。古代ヘレニズム文化内部におけるぶどう、ぶどうの木、ぶどう酒の重要性は、この時代のユダヤ人の象徴的表現に非常に大きな影響を与えていた。ギリシア人にとってぶどう酒は、広く行われていたディオニュソスとバッコスの祭儀においては重要な役割を演じていた。おそらくはこれらの影響を反映しているのかもしれないが、古代イスラエルの若い未婚の女性たちは、アヴの月（西暦7～8月）の15日とヨーム・キプール*の午後に、ぶどう園で踊る慣習を創り出した。そして、これらの期間に、彼女たちの夫を見つけた。(5)

初期キリスト教美術に影響を与えたギリシア美術においては、ぶどうの木と房は、ぶどうが生じさせる血*の色のぶどう酒のゆえに、肥沃さと供犠を表わし、そしてまた、ぶどうは精神を鼓舞し、肉体を若返らせると思われていたので、不死をも表わしていた。ぶどうを食べている鳥*は、永遠の生命を獲得した霊魂を象徴していた。ヘレニズム化されたユダヤ人は、これらのモチーフをシナゴーグ*のモザイクや墓の装飾に採り入れた。おそらく、これは、死後の生命への同じような希望を示していたものと思われる。その後、これらのイメージの宗教的な真意は消え失せ、ぶどうの木と房は、単なる装飾となってしまった。

ぶどうはまた、収穫の象徴でもある。現

241

ぶどう酒　WINE

代と同じように古代でも、秋のぶどうの収穫は、大きな喜びと祝福の時だった。ぶどうは、楽しいキドゥーシュ+の儀礼を象徴しており、盃*やシャバット*と他の祝祭日の祭具にも描かれていた。ぶどうの房は、飾りとしてスッカー*の中に吊されていた。実際に、スッコート*（ズマン・スィムハテイヌ——われわれの喜びの時）と秋に行なわれるぶどうの収穫の間には、古代からの関連があるのかもしれない。

ぶどうの木は、聖書全体を通して、隠喩的に使われている。それは、イスラエルの肥沃さを喚起するほかに、平和とメシアの贖いのイメージも持っている——「人はそれぞれ自分のぶどうの木の下、いちじくの木の下に座り、脅かすものは何もない」。(6)「酸っぱいぶどう」と「怒りのぶどう」という言葉は、聖書の比喩的表現に由来するものだが、これらは、人間の行為の収穫〔報い〕——すなわち、因果関係の帰結——を表わしている。(7) 預言者たちはしばしば、ぶどうの木をユダヤ民族の象徴として用いている。(8)

ぶどうは、イスラエルの地を象徴している7種類の植物のひとつとして、伝統的にトゥ・ビ・シュヴァット*の祝祭日に食べられる。この祭りは、イスラエルの農業生活が冬の休眠状態の後、ふたたび目覚めたことを祝っている。

---

(1) 創世記9：20-21、24　(2) 申命記8：8　(3) 民数記13：23　(4) 詩篇128：3　(5) ミシュナー・タアニート篇4：8　(6) ミカ書4：4　(7) 申命記32：32-35、エレミヤ書31：29-30、エゼキエル書18：1-4　(8) 詩篇80：9、15、エレミヤ書2：21、6-9、

ホセア書10：1

象徴するもの：祝い、肥沃、不死、ユダヤ民族、喜び、結婚、ぶどう栽培

項目別分類一覧：植物、食物、イスラエルの地、イスラエル国、メシア、スッコート、トゥ・ビ・シュヴァット

参照箇所：鳥、盃、イスラエルの地、ノア、7種類の植物、スッコート、トゥ・ビ・シュヴァット、ぶどう酒

ぶどう酒　WINE（ヘブライ語：ヤイン）

古代イスラエルでは、ぶどう酒は「人の心を喜ばせていた」(1)からだけでなく、水*が欠乏し、しばしば汚染される熱帯地域では、乳*とともに重要な飲物を供給してもいたので、重要視されていた。しかし、ぶどう酒の飲み過ぎは飲む者をして神聖なものを冒瀆させる恐れがあるので、祭司は神聖な仕事に従事する時はぶどう酒を飲むのを禁じられていた。(2) 普通のイスラエル人で特に聖別された生活を送ると決心した者は、ぶどう酒を飲むことや髪を切ることを控えるナジル人の誓願を立てた。(3) ラビ+たちはぶどう酒をほどほどに飲むことは許可しており、しかも、ぶどう酒は知恵を授けてくれるとも述べている。しかし、飲み過ぎは健康を害することとなり、分別を失わせると警告している。(4)

ぶどう酒は、分別と意志をも挫けさせるその力のゆえに、時おり、神の怒りの象徴となっていた。このことは、「怒りのぶどう」(5)と描写されてもいる。

古代世界のほとんどの異教の文化は、宗教儀式にぶどう酒を用いていた。ギリシアのディオニュソス祭儀においては、バッカス

神（ローマのぶどう酒の神バッカスに由来している）の狂信的な信者は、そのオルギー（狂宴）の儀礼でぶどう酒を中心的な聖餐として用いていた。ぶどう酒の化学的作用は一時的に若々しい活力を回復させるが、その赤い*色が血*を、すなわち、生贄と死を暗示しているので、生命と不死を象徴していた。そして、肉体*の内部での神性との文字通りの「結合」をも崇拝者にさせていた。この象徴的な表現は、その後、キリスト教の儀礼、聖餐式の中心的なものとなった。

ユダヤ人はヘレニズム時代には、おそらくはギリシア人の影響を受けたのであろうが、ぶどう酒を儀礼上の目的のために採り入れた。しかしながら、異教の慣習とユダヤ人の慣習を区別するために、ラビ⁺たちは数多くの制約をもうけた。その制約の例として次のようなことを挙げることができる――ぶどう酒を飲む前に特別な祝禱が朗唱された。ぶどう酒は、一般的に、ほどほどに飲むべきであるとされた。ぶどう酒を異教徒に準備させてはならなかった。というのも、異教の神々に献げる目的の御神酒をユダヤ人がたまたま飲むことのないようにするためであった。[6]

過去2000年ものあいだ、ぶどう酒は、ユダヤ人の儀式の中心的な部分をなしており、喜びと祝いを象徴していた。シャバット*は、他のすべての祝祭日と同じように、ぶどう酒の盃*で迎え入れられ、送り出される。幸運を招くために、ハヴダラー*の儀式のぶどう酒を瞼とポケットに付ける慣習がある。ぶどう酒はまた、過ぎ越しの祭り*のセデル*の中心的なものでもある。この祭りでは、4*杯のぶどう酒を飲む。トゥ・ビ・シュヴァット*のセデルでも同様に、4杯のぶどう酒を飲む。ぶどう酒は、割礼*（ブリット・ミラー）、娘の命名式、バット・ミツヴァー*、婚礼*でも用いられる。以前は、慰霊祭の食事でもぶどう酒が会葬者に出された。ぶどうの木とぶどうの房は、長いあいだ、一般的に広く用いられていたモチーフであった。キドゥーシュ⁺のために用いられる盃には、豪華な装飾がほどこされていることが多かった。

ヨーロッパの民俗文化では、地面にこぼれたぶどう酒は、特に、婚礼や誕生のような変わり目の瞬間には、デーモンを鎮めると考えられていた。10*の災いを朗唱している時にぶどう酒をこぼし、キドゥーシュとハヴダラー*の盃にぶどう酒を溢れさせるユダヤ人の慣習は、この信仰から生じたのかもしれない。盃に溢れさせることは、別な説明では、感謝の気持ちを象徴しているという――「わたしの盃を溢れさせてくださる」。[7] 10の災いを朗唱している時にぶどう酒をこぼすことはまた、他人を打ち破った時でも、たとえそれが敵であっても、喜びを抑えることを象徴している。

(1) 詩篇104：15、コヘレトの言葉10：19 (2) BTベラホート篇35b、レビ記10：9 (3) 民数記6：3 (4) ミシュナー：エルヴィーン篇6：5 (5) 詩篇60：5、エレミヤ書25：15 (6) ミシュナー：ベラホート篇6：1、BTプサヒーム篇105b-6a、BTサンヘドリン篇106a、BTアヴォダー・ザラー篇29b、BTメギラー篇7b (7) 詩篇23：5

象徴するもの：祝い、過度、幸運、聖性、喜び、生命、感謝の祈り、ぶどう栽培、知恵

項目別分類一覧：割礼、食物、祝祭日、過ぎ越し

プーリム　PURIM

の祭り、シャバット、トゥ・ビ・シュヴァット、婚礼
参照箇所：血、割礼、盃、ぶどう、ハヴダラー、乳、過ぎ越しの祭り、赤、セデル、7種類の植物、シャバット、トゥ・ビ・シュヴァット

プーリム　PURIM（ヘブライ語：プーリム）

多くの文化にはばか騒ぎをするお祭りがある。そうしたお祭りでは、陽気なお祭り騒ぎ、不敬な言行、仮装などが宗教的な熱狂へと向かわせる。そうした「逆転」の祝祭日は、伝統的な律法や慣習に厳しく縛り付けられている現状から人びとを心理的に解放している。ユダヤ人の暦では、ペルシア人の悪漢ハマンに対するユダヤ人の勝利を記念したプーリムがこの機能を果たしている。

プーリムが行なわれるアダルの月〔の14日〕（西暦2月～3月）〔閏年にはアダル・シェニー（第2アダル）〕全体は、お祭り気分を帯びた月である。タルムード+はこう述べている——「アダルの月の始まりとともに、われわれの喜びは大いに増す」。[1] 黙示文学によれば、メシア*はこの月の期間に来臨するという。民俗芸術は、空想的なポスターや切り絵、飾り文字のデザインなどでこの季節を祝った。この種の芸術の特徴的な表現としては、熊*（ペルシアの象徴）や魚*（プーリムのゾディアック*のしるしである双魚宮の象徴）などの生き物が挙げられる。双魚宮は長いあいだ、婚約をするのにも、商売を行なうのにも、さらには、手術を受けるのにも良い時期である幸運のしるしだった。

プーリムの起源は曖昧である。その名前自体の意味は籤である。これは、エステル*記の中で物語られているように、ペルシアのユダヤ人コミュニティの運命が決定された方法を思い起こす祝祭日である。この物語の二人の英雄は、王妃エステルとそのいとこモルデカイである。この二人の名前は、おそらくは、メソポタミアの神イシュタルとマルドゥクに由来しているものと思われる。エステル記は強い者に対する弱い者の勝利のお伽話を誉め称えているので、長いあいだのユダヤ人の離散全体を通して広く人気があった。小プーリム〔プーリム・カタン〕と呼ばれる他のプーリムもある特定のコミュニティの危険からの救出を記念して祝われていた。

プーリムの日は、すべてのユダヤ教の祝祭日と同じように日没からはじまり、シナゴーグ*でのメギラー*すなわち、エステル記の朗読で祝われる。この日は、衣装を身に着け、ばか騒ぎをし、プーリムのシュピール（バラエティ・ショー）やセウダー*（宴）のあいだにプーリム・トーラー（伝統的なテクストにもとづいた笑い話、駄じゃれ、冗談）を創作する。そしてミシュローアッハ・マノート+、あるいはシャラッハ・マノス+（少なくとも2種類の料理された食べ物）を隣近所の人びとに送り、貧窮者には施しをする。この祝祭日の特別な食べ物には、次のようなものがある——ハメンタシェン*（ハマンのポケット）やオズネイ・ハマン（ハマンの耳）と呼ばれるけしの種や果物がぎっしりと詰めこまれた三角形のお菓子。「ハマンの髪の毛」と呼ばれる細い卵のヌードル。しょうが風味のクッキー、ハマンズ。七面鳥。これは、この鳥と、インド（ホドゥというヘブライ語には、七面鳥とインド両方の意味がある）からエチオピアま

でを統治したアハシュエロス王〔クセルクセス王〕を結びつけているヘブライ語の語呂合わせにもとづいている。コミュニティの中には、エステルとダニエル*の菜食主義の食事を思い出して、レンズ豆*とひよこ豆*を食べるところもある。この二人は、ペルシアでの離散生活のあいだ、カシュルート*の律法を厳守していた。民間信仰によると、野菜はプーリムのような季節の変わり目の時期にとりわけ強力になる悪霊から守ってくれる力があるという。

　ラビ⁺の指導者の中には、この日に特徴的な度の過ぎた軽はずみな行為に不満の意を示している者もいる。伝統的に、プーリムに酔っ払うと「モルデカイの喜びとハマンの邪悪な行為の区別ができなくなる」と注意を促している。[2] 現代のイスラエルで「アッド　ロー　ヤダァ」(「分からなくなるまで」の意味)と呼ばれる公けの祭りは、この日のことを指している。

　楽しい祝祭日プーリムの最もよく知られた特徴のひとつは、シナゴーグで騒ぎ立てる慣習である。しかし、通常は、宗教的な礼拝の最中にはこうした行為は禁じられている。アマレクはハマンの祖先といわれているので、[3] この慣習では、「アマレクの名前(記憶)を消し去らなければならない」[4] という聖書の命令にもとづいて、メギラーの朗読の最中にハマンの名前が出てくるたびに、「ラアシャニーム」(ガラガラ*)と呼ばれる騒音を出す特別な器具や、靴の裏に書かれたハマンの名前を踏みつけたりして、ハマンの名前をかき消す。

　カバラー*とハスィディズム⁺の文学は、プーリムの物語の中の神の摂理の神秘的な働きを強調している。というのも、エステル記では神の名前は一度も語られてはいないが、神の御手はエステルとモルデカイという代理人を通して秘密裡に働いていたからである。

---

(1) BT タアニート篇 29a　(2) BT タアニート篇 29a　(3) サムエル記上 15：8-9、エステル記 3：1　(4) 申命記 25：19

象徴するもの：神の摂理、逆転、不敬な言行、喜び、軽はずみな行為、運命の逆転、救済、勝利

項目別分類一覧：食物、プーリム

参照箇所：アマレク、熊、ひよこ豆、エステル、魚、ガラガラ、ハマン、仮面、メギラー、ミルトス、女王

ブルリアー　BERURIAH (ヘブライ語：ブルリアー)

　ブルリアーは、紀元後 2 世紀にパレスティナに住んでいたタルムード⁺学者である。彼女はその法規的な判断や倫理的な教えがタルムードにおいて真面目に取り上げられた唯一の女性である。彼女は殉教者ラビ・ハニナ・ベン・テラディオンの娘であり、当時の指導的な賢者⁺のひとりであったラビ・メイールの妻となった。彼女の学識、機知、敬虔さ、憐れみの情の深さは有名であった。[1]

　11 世紀の聖書注解学者ラシ⁺が記録したひとつの伝説によれば、ラビ・メイールは、彼の妻の貞淑な品性をためすために彼の学生のひとりを彼女へ送り、誘惑させてみてはどうか、と説得された。彼女は結局その学生の口説きに屈してしまった。そしてその後、彼女は恥辱を感じて首吊り自殺をしてしまっ

た。[2] この女嫌いの伝説は、トーラー*の研究や宗教的権威と力の源に女性が近づくことを許可することに対して伝統的なユダヤ教が示してきた、すさまじいほどの抵抗を反映している。

近年、ブルリアーは、女性に対する抑圧の象徴であるとともに、女性の偉業、学識、教え、指導力の象徴となってきた。

---

(1) ミドラッシュ・ミシュレイ〔箴言〕31：1参照。BTベラホート篇 10a　(2) BTアヴォダー・ザラー篇 18 bの注解

象徴するもの：憐れみ、指導力、学習、女嫌い、敬虔、知恵、女性の学習、女性の抑圧

項目別分類一覧：人物、女性

ベツァルエル　BEZALEL（ヘブライ語：ベツァルエル）

モーセ*はベツァルエルにミシュカン*（荒野*の移動できる聖所†）の建設を監督し、祭司の祭服を作るように命じた。ベツァルエルはユダ族の一員であり、金属細工、石切り、木彫りの名人であった。トーラー*はベツァルエルを「彼に神の霊を満たし、どのような工芸にも知恵と英知と知識を持たせた」[1]と描写している。ヘレニズム時代のユダヤ思想家フィロンは、彼は真の知識の象徴である、と考えていた。伝統的に、彼は芸術家の先駆者、手本と一般的にみなされている。

1906年に設立されたエルサレム*のアート・デザイン・アカデミーは、もともとはこのユダヤ民族の最初の有名な芸術家の名前にちなんでベツァルエル美術工芸学校と呼ばれていた。

---

(1) 出エジプト記 31：3

象徴するもの：芸術的才能、霊感、知識、知恵

項目別分類一覧：人物、神殿

参照箇所：聖櫃、ミシュカン、祭司職

蛇　SERPENT（ヘブライ語：ナハーシュ）

蛇は、その毒、締め殺すほどのとぐろ巻き、男性性器の形、捕食性のゆえに、世界中どこでも強力な象徴であった。それゆえに、蛇は、繁殖力、力、抜け目のなさ、力強さ、（創造に対峙するものとしての）混沌の力、倫理的な悪を象徴していた。古代世界では、蛇が崇拝されていた。エジプト人は、蛇のシューという音で未来を占っていた。[1] 木*と蛇は、お互いどうしそれぞれを連想させた。蛇が直立すると、木に似ていたし、蛇の体は木の根に似ていたからである。また、蛇は木の根元の穴に住むこともあったからである。

古代イスラエルでは、蛇は嫌われていた。これは、おそらくは、蛇神を崇拝していた近隣の異教の祭儀とイスラエルの宗教を区別するためであったと思われる。エデンの園*の物語では、蛇はエバ*をそそのかして神に背かせて、善悪の知識の木の実を食べさせた。蛇は、その欺きのために罰せられ、人類の永遠の敵であることを宣告された。[2] 伝説によれば、サタン*が蛇の口を通してエバをそそのかしたのだという。[3] 別な伝説によれば、神は元来は蛇を獣の王*としたが、人間の妬みのために蛇はその特権を失ってしまったのだという。[4] エジプト*では、アロン*の杖は蛇となり、ファラオ*の魔術師の杖を呑みこんでしまった。[5] タルムード*によると、祈

りの時に曲げられなかった人間の背骨から蛇が7*年ごとに飛び出すという。(6) あらゆる動物の中で蛇が最も邪悪なものであると思われている。(7)

　蛇はまた、その脱皮する特性のために、不死と復活の象徴でもある。蛇は、その死に至らしめるほどの猛毒のために、生と死の結節点を象徴していた。ギリシアの医神アスクレピオスの紋章は（蛇が杖のまわりに巻きついた）ヘルメスの杖であり、これは今でも医学と治療の象徴である。蛇の邪悪な力を防ぎ、その毒を打ち消す儀礼は、古代エジプトとメソポタミアにまでさかのぼる。神は、荒野*での神への冒瀆と反抗のゆえに人びとを罰するために炎の蛇を送った後、蛇に咬まれた者がそれを見上げれば命を得る青銅の蛇を作るようモーセ*に命じた。(8) この青銅の蛇は、ヒゼキヤ王（紀元前8世紀）が破壊するまで神殿*で崇拝の対象となっていた。(9) ラビ✝たちは、このモーセの青銅の蛇（ネフシュタン）が蛇や他の動物に咬まれた時の傷を治したということは認めているものの、蛇が偶像崇拝の対象となっていたのでヒゼキヤの行為を支持した。(10)

　伝説の中には、死の天使*が蛇の頭を持った姿で描かれているものもある。(11)

(1) 創世記44：15〔「占い」を意味するヘブライ語は、「蛇」を意味するナハーシュと語根が同じである〕 (2) 創世記3：1-15 (3) ゾハール1：36b-37a (4) 創世記ラバー20：5 (5) 出エジプト記7：11-12 (6) JTシャバット篇1、5b (7) BTベホロート篇8a-b (8) 民数記21：6-9 (9) 列王記下18：4 (10) ミシュナー：ローシュ・ハ・シャナー篇3：8、BTベラホー

ト篇10b　(11) Ginzberg, *Legends of the Jews*, 1：306

象徴するもの：欺き、敵、悪、癒し、偶像崇拝、不死、肉欲、力、復活、そそのかし、誘惑

項目別分類一覧：動物

参照箇所：アダム、エデン、エバ、木、十二部族

ベヘモット　BEHEMOTH（ヘブライ語：ベヘモット）

　ベヘモットは伝説上の怪獣で、地上の獣の王である。それは、時の始まりに作られ、この世の終わりのメシア*の宴では義人の食べ物となるよう運命づけられていた。おそらくは古代の中近東に住んでいたカバや象に示唆されたのであろうが、ベヘモットは、沼の蓮の間に住み、途方もない量の食べ物をむさぼり食べていると言われている。ミドラッシュ✝によれば、ベヘモットが地上にいた時の役目は、おとなしい獣たちが彼らの子供を安全に育てられるように、毎年夏になると入江で獅子*、豹*、熊*などが近づかないように見張り番をすることであったという。終末には神はベヘモットを呼び寄せ、海の怪獣レビヤタン*(1)と死闘を演じさせる。そして2匹の獣は、その荒々しい角と鰭（ひれ）で死ぬまでお互いを切り刻むこととなる。

　ベヘモットがヨブに対して神自身の神聖な権威の証しとなっていたことは非常に印象的である——「見よ、ベヘモットを。お前を造ったわたしはこの獣を造った。……見よ、腰の力と腹筋の勢いを。尾は杉の枝のようにたわみ、腿の筋は固く絡み合っている。骨は青銅の管、骨組みは鋼鉄の棒を組み合わせたようだ」(2)

(1) レビ記ラバー 13：3、ピルケイ・デ・ラビ・エリエゼル 11　(2) ヨブ記 40：15-18

象徴するもの：力、贖い、復活
項目別分類一覧：動物、メシア
参照箇所：レビヤタン

ヘルム　CHELM

ヘルムはポーランドで最も古いコミュニティのひとつであり、ユダヤ人の民間伝承においては、とんまの町として、特にその「ばかばかしい知恵」で有名だった。「ヘルムの賢者たち」の物語は東欧中に流布していた。ヘルムの人びとは、ボルシチ（ビート・スープ）の器に映った月をどのようにして罠で捕まえようとしたのか。彼らは病気の兎を治すのに、どのようにして愚かにも雄山羊の乳を搾ろうとしたか。あるヘルムの男性は、大都市ワルシャワへ旅行しようとしたのに、どうして自宅の食卓に戻り、妻の焦げたスープを飲んでいるのか。これらの諷刺的な物語は、概して、愛情をこめたユーモアで語られており、伝統的な慣習や価値観が注ぎこまれている。ユダヤ人の民間伝承の伝統においては、ヘルムは愚かさとユーモアの同意語となった。

象徴するもの：愚かさ、ユーモア、自己欺瞞
参照箇所：場所

星　STAR　（ヘブライ語：コハヴィーム）

聖書では、星は無限の象徴である。神はアブラハム*に彼の子孫を「天の星のように、海辺の砂のように」(1)増やそうと約束した。何世紀ものあいだ、この一節はシャバット*の終わりを示す星が現われ出る夕方のハヴダラー*の儀式で歌われている。

星は預言をも象徴している。ミドラッシュ✝によれば、アブラハム*が生まれた時、東*に輝いた星が現われたという。(2)異教の預言者バラムが彼の意志に反してイスラエルを祝福した時、彼は、将来「ひとつの星がヤコブ*から進み出る。ひとつの笏がイスラエルから立ち上がり、モアブのこめかみを打ち砕く」と預言した。(3)紀元後135年のローマに対する反乱では、反乱のユダヤ人指導者バル・コスィバは、バル・コフバ✝（星の息子）という渾名で呼ばれていた。というのも、多くの人びとは、彼こそがバラムが預言したメシア*であると考えていたからであった（同じころ、キリスト教徒はこの一節は「ベツレヘムの星」によってその誕生が告げられたイエスについて語っている、と解釈していた）。

聖書全体を通して、「軌道上の星」(4)の日々の奇跡は、神の宇宙の秩序と威厳を示すために述べられている。古代世界では、ユダヤ人は教養のある天文学者として認められていた。

古代世界では、占星術の「科学」は、今日のわれわれの「自然科学」が有しているのと同じ権威を有していた。星と（同じ神のエーテルで構成されていた）惑星の動きと配置は個人の宿命を決定すると信じられていた。最も古い古代の宇宙論によると、七*つの惑星——水星、金星、火星、木星、土星、太陽*、月*——は個人の生活に特別な影響を与えているという。学者の中には、この宿命論は、東方の、特にペルシアの星辰宗教がこの地域の豊饒祭儀に取って代わった時、中近東、ギリシア*、エジプト*の文化に入りこんだの

星　STAR

ではないかと推測している者もいる。

　ユダヤ教も、これらの影響から逃れることはできなかった。イスラエルの人びとは、その歴史の当初、カナン、エジプト、メソポタミアの豊饒祭儀にとって中心的なものであった月神と太陽神の崇拝に取り囲まれ、魅せられていた。聖書は、そのような偶像崇拝の実践を激しく攻撃しているが、このこと自体、偶像崇拝がイスラエルの人びとのあいだでは広く行なわれていたということを明白に証明している。その後の数世紀の間に、ユダヤ教はバビロニアとヘレニズム世界の広範に普及していた星辰宗教の影響力の下に入ることとなった。この星辰宗教の宗教的、哲学的体系は、主としてゾディアック*、占星術、星のパンテオンに依拠していた。預言者たちやラビ+たちがこの影響力を排除しようとしたが、この信仰が人びとのあいだにあまりにも浸透していたので、根絶することができなかった。今日に至るまで占星術は、一般的な文化においてもそうであるが、ユダヤ人のあいだでは依然として流行っている。

　タルムード+時代には、占星術は、重要で、効力のあるものとして考えられていた。しかし、ラビたちは、神意を星の影響力の下に置くことを懸念していた。ラバは、三つの事柄——長寿、子供に恵まれること、生計——は個人の功徳に左右されるものではなく、その者の星（マズラ——ヘブライ語の「マザール」に由来し、「星座」の意味）に左右されると説いていたが、[5] ラビたちは「イスラエルが宿命や星の影響力の下に置かれることはない」といたる所で頑強に主張した。[6]

　ユダヤ人は、中世までは、隣人のあいだで流行っていた民間信仰や迷信の影響を受けて、占星術的な信仰に夢中になっていた。ユダヤ人の神秘主義者たちは、神は大地が創造される前に1人ひとりに星を指定し、星の大天使コハヴィエル（「わたしの星は神である」の意味）に監督されている特別な天使*がそれぞれの人の事柄を終生教え導いている、と信じていた。[7] 神秘主義の文書の多くでは、天使（マルアフ）、星（マザール）、王子（サル）、代理人（メムネー）などの用語が、交互に用いられている。不吉な日を信じるとか、呪文や護符*に用いられる特定の語とか、迷信や儀礼などのような民間の習俗の多くは、星とその使者である天使が人びとの運命を支配しているという考えにもとづいていた。

　これらの民間信仰はほとんど消失してしまったが、その影響力の痕跡は「マザール・トーヴ！」という一般の人びとの挨拶言葉に残っている。この表現は、通常、「おめでとう！」とか「成功を祈る！」とかの意味であるが、本来の意味は「良い星座」という意味である。

　ユダヤ教のひと月は、新月*を観測した時にはじまる。ユダヤ教の1日は、空に三*つの星が見える夕暮れにはじまる。聖なる日とシャバット*を俗なる日から分離するハヴダラー*の儀式を行なう時には、空に三つの星が観測されてからロウソク*に火をともす。

(1) 創世記 22：17　(2) セフェル・ヤシャール：ノアッハ 18a-19a　(3) 民数記 24：17　(4) 士師記 5：20　(5) BT モエード・カタン篇 28a　(6) BT シャバット篇 156a
(7) Trachtenberg, Jewish Magic and Superstition, 69, 260-261

星　STAR

象徴するもの：神の力、宿命、幸運、無限、秩序、預言

項目別分類一覧：天文学、カバラーの象徴

参照箇所：アブラハム、天使、ハヴダラー、月、シャバット、サッカー、太陽、ゾディアック

【マ行】

巻物　→メギラー　MEGILLAH

幕屋　→ミシュカン　MISHKAN

マサダ　MASADA（ヘブライ語：メツァダー）

　古代のユダヤ人歴史家ヨセフスによると、紀元後70年にエルサレム*が陥落した後、ユダヤ人のゼーロータイ（熱心党）の一団は死海近くのユダの荒野の山頂にあるマサダに避難したという。マサダは、かつてはヘロデ大王の城塞であり、アラム語で要塞を意味し、ローマ*帝国に対するユダヤ人の英雄的な抵抗の舞台となった。約3年後、マサダで包囲されていた約960名の男性、女性、子供たちは、降伏してローマ人の奴隷となるよりも、自決し、備蓄していた食糧を燃やすことの方を選んだ。[1]

　現代では、ユダヤ人の象徴としてのマサダの立場は曖昧である。多くの学者は、ヨセフスの説明の信憑性に疑問を抱いている。ユダヤ人の中には、マサダを自己破壊的な戦闘精神の否定的な象徴としてみなしている者もいるし、また、ユダヤ人の勇敢さ、ヒロイズム、自己犠牲、誇りの象徴としてみなしている者もいる。最近までイスラエル軍の新兵はマサダで「マサダは2度と陥落しない」と宣誓し、忠誠の誓いをしていたが、現在はエルサレムの西壁*（嘆きの壁）で忠誠の誓いをしている。

---

(1) ヨセフス『ユダヤ戦記』Ⅶ：ⅷ－ⅸ

象徴するもの：託身、勇気、ユダヤ人の誇り、殉教、抵抗

項目別分類一覧：場所

参照箇所：山、西壁

松　PINE（ヘブライ語：オレン）

　聖書時代には、松の木*は、松脂（含油樹脂）の含有量が高いので、エッツ・シェメン（油*の木）と呼ばれていた。この木は、その常緑の美しさ、生育の速さ、そして日陰をたくさん作るので重宝されていた。さらにまた、神聖な神殿*の扉とケルビム*を作るために、祭壇*で生贄を焼くために、新月*を告げる烽火*を燃やすために用いられていた。その枝はまた、今日でも北アメリカや温帯地域で用いられているように、スッカー*の屋根を覆うために用いられていた。[1]

　あるコミュニティでは、かつては、女の子が生まれると松の木（あるいは、糸杉や他の

マッツァー（種なしパン）MATZAH

常緑樹）を植え、彼女のフッパー*（婚礼の天蓋）の支え棒のためにこの木から枝を切り落とすのが慣習となっていた。松を意味するヘブライ語のひとつティルザーは、女の子の名前として今日では人気のある名前である。

ユダヤ人が死ぬと、木の中でも最も廉価でありふれた松の木の棺に入れて埋葬するのが慣習となっている。これは、すべての神の創造物は神の目の前では本質的に平等であるということを象徴している。

---

(1) ネヘミヤ記 8：15

象徴するもの：美、平等、女性らしさ、謙遜、簡素
項目別分類一覧：植物、死、木、婚礼、女性
参照箇所：杉、糸杉、フッパー、月、木、婚礼

マッツァー（種なしパン）MATZAH（ヘブライ語：マッツァー）

マッツァーとは、小麦粉と水から作られる種なしパンのことである。マッツァーは、1年中食べることもできるが、一般的には、パン種が取り除かれる過ぎ越しの祭り*と関係している。現代ではマッツァーは機械で作られ、平らで四角い薄板状のものとなっている。かつては、今では等間隔に目打ちされている個所にデザインを刻みこむのが慣習となっていた。ユダヤ人の中には、過ぎ越しの祭りのために特別なシュムラー（監視された）・マッツァーを好んで用いる者もいる。このマッツァーの準備は、畑からオーブンまで慎重に管理されている。シュムラー・マッツァーのでこぼこした丸い形は、古代に焼かれていたマッツァーの原型に似ている。マッツァーは、発酵によって汚されることもないし、しかも、

18*分以上焼いてはならないので、精神的な清浄さを表わしている。古代イスラエルでは、マッツァーは供犠の祭壇*に献げてもよいとされていた唯一のパンであった。(1)

出エジプト*以後は、マッツァーは過ぎ越しの祭りの象徴の真髄となった。伝統は、すべてのユダヤ人はセデル*でマッツァーを食べるだけでなく、その意義も説明しなければならない、と命じている。(2)

マッツァーの象徴的表現には著しい逆説が見られる。マッツァーは、一方においては自由を表わしている。その平らな形は、彼らの祖先はパン種を入れる暇もなかったほど急いでエジプトでの奴隷状態から逃げ出したということをユダヤ人に思い起こさせている。(3) だが、他方においては、トーラーはマッツァーをレヘム・オニ（苦しみのパン）と呼んでいる。というのも、ユダヤ人奴隷たちがファラオのために働いていた時には、マッツァーは彼らの粗末な食物であったからである。(4) マッツァーは、小麦粉と水だけで作られるので、生命を維持する最低限の食べ物を表わしている。

この逆説には、次のようないくつかの説明がなされている——これは、自由と奴隷状態の境界は非常に微妙であるということを強調している。これは、自由は人類すべてがそれを享受する時、初めて完全なものとなると教えている。これは、世界はメシア*の贖いによってこそ初めて自由なものとなるということをわれわれに思い起こさせている。これは、自由は肉体的な変化よりも心理的な変化に依存しているということを教えている。

マッツァーはユダヤ民族の神への信頼を

マナ　MANNA

手作りのふぞろいなシュムラー・マッツァー

も象徴している。イスラエルの子供たちは練り粉がふくれるのを待たずしてエジプトから逃げ出したが、どこへ行くのかも、その旅がどのぐらい長くなるのかも、生きていくにはどのような食糧が必要なのかも知らなかった。ブラツラフのラビ・ナフマンは、「『道中の食糧』を得るために休むような者は、エジプトから絶対に出てはいけない」と言った。

セデル*のあいだは3*枚のマッツァーが皿の上に置かれる。これらのマッツァーは、中断された過ぎ越しの祭りの生贄の代わりのパンと、古代の神殿に置かれていた祝祭用の二つのパンやシャバット*用の二つのパンを表わしている。あるいは、ユダヤ民族の3つの分類——コーヘン、レビ、イスラエル——を表わしている。現代の多くのセデルでは、第4番目のマッツァーが付け加えられている。このマッツァーは、現時点では宗教的な自由を得ていないユダヤ人がまだ抑圧状態の中にいるということを表わしている。セデルの初めに家長は3枚のマッツァーのまん中のマッツァーを割るが、これは、われわれのまだ不完全な自由を表わしている。この割られた半分のマッツァーが、セデルの終わりに食べるアフィコマン*である。

マッツァーはまた、神の前での人間の本質的な平等をも表わしている。ちょうど、ユダヤ民族が奴隷としても、また自由な人間としてもマッツァーを食べたように、すべてのユダヤ人はセデルでマッツァーを食べ、必要な人にはマッツァーを与えるよう命じられている。ハガダー*の初めでは、アラム語の一節「ハ　ラフマ　アンヤ」(これは苦しみのパンである)を朗唱し、すべての貧窮者を食事に招き、まだ贖われていない世界でのわれわれの奴隷としての与えられた身分を認めることから始まる。

---

(1)レビ記2：4-5　(2)ミシュナー・プサヒーム篇10：5　(3)出エジプト記12：39　(4)申命記16：3

象徴するもの：平等、信仰、自由、貧困、純粋、贖い、奴隷状態

項目別分類一覧：食物、過ぎ越しの祭り

参照箇所：アフィコマン、パン、ハッメツ、過ぎ越しの祭り、セデル

マナ　MANNA（ヘブライ語：マン）

イスラエルの人びとがエジプト*を去った後、食物がないのに気づいた時、神は天からパン*を降らせた。このパンが荒野*での40*年にわたる放浪のあいだ彼らを支えた。(1) トーラー*はこの食物を蜜*の入ったウェファースのような味のコエンドロの種にたとえている。イスラエルの人びとは、それを、「それは何だ」〔ヘブライ語で「マン　フー」〕という意味のマナと名づけた。(2)

ミドラッシュ+は、マナは天地創造の第6日目の黄昏時に創造され、その後天使*によって準備された不可思議な物質である、と述べている。(3) マナは最初にラグ・バ・オメル*の日に降ってきた、とある伝承は述べて

マロール　MAROR

いる。伝説によれば、マナには不可思議な特性があるという。マナは、子供にとっては母親の乳*のような味がするし、若者にとってはパンのような味がし、年老いた者にとっては蜜のような味がし、病人にとっては油*と蜜の中に漬けた大麦*のような味がするという。(4) 他のミドラッシュは、マナは舌の望むどのような味をも出すことができると語っている。(5) マナは、毎朝荒野の地面に降り、露*に守られていた。すべてのイスラエルの人びとを養うに充分なマナが毎朝降っていた。金曜日には2倍のマナが降ったので、シャバット*にはマナを集める必要はなかった。(6) 今日に至るまで、ユダヤ人は伝統的にこの2倍のマナを象徴して、シャバットの食卓に二つのハラー*を載せている。

マナは、イスラエルの人びとが約束の地に入ったその日から降らなくなった。1オメルのマナが神殿*が破壊されるまで聖櫃*の前に置かれていた。メシア*が到来する時に、エリヤがそれを元の正しい場所に戻すと考えられている。

マナは、ユダヤ民族の幼児期を象徴している。というのも、母親が自分の子供を育てるように、神がユダヤ民族を育てたからである。マナはまた、物質的な食物ばかりでなく、精神的な食物をも表わしている。

古代のよく見られる視覚的なモチーフは、マナの壺で準備されたメシアの食事である。マナの壺は、ユダヤ人の細書絵画（ヘブライ文字の細密画から成るデザイン）の中に描かれていた。

───────────

(1) 出エジプト記16：4　(2) 出エジプト記16：15、31

(3) ピルケイ・アヴォート5：6、ピルケイ・デ・ラビ・エリエゼル3、19、タンフマー（ブーバー編）：ブシャラー22　(4) 出エジプト記ラバー5：9　(5) 出エジプト記ラバー25：3、BTヨマー篇75a　(6) 出エジプト記16：17-30

象徴するもの：神の加護、自由、幼児期、不可思議なこと、更新、滋養物

項目別分類一覧：食物、ラグ・バ・オメル

参照箇所：パン、露、ハラー、蜜、ラグ・バ・オメル、メシア、荒野

マロール　MAROR（ヘブライ語：マロール）

トーラー*は過ぎ越しの祭り*には生贄*の子羊をマッツァー*とマロール（苦菜）と一緒に食べて祝うことを規定している。(1) 聖書本文ではこの植物の名前を特定してはいないが、ミシュナー✞はレタス（ハゼレット）、チコリ（キクニガナ）、マロール（アラブ人がムラールと呼んでいる中近東原産の苦みのある植物を指していると思われる）を含む5種類の植物の可能性について述べている。(2) トーラーはマロールを食べることの理由を挙げてはいないが、ハガダー*は苦菜を食べることとエジプトでの奴隷状態

セイヨウワサビ（学名 *ARMORACIA LAPATHIFOLIA*）。北アメリカのユダヤ人の間では一般的に苦菜として用いられている。

の苦しさを思い起こすこと関連があることをはっきりと語っている。(3) ラビ[+]たちは苦菜をタチヂシャ〔レタスの一種〕と考えていた。というのも、タチヂシャはユダヤ人のエジプトでの経験のように、初めは甘いが、後で苦味が出てくるからだった。北米のユダヤ人は、マロールとしてセイヨウワサビを用いている。

マロールはまた一般的な苦難、とりわけ、ユダヤ人の歴史全体を通して経験された苦難をも象徴している。シムオン・バル・ヨハイはこう説いている──「誉むべき聖なるお方は、イスラエルに三[*]つの高価な贈り物（トーラー、イスラエルの地、来世[+]）を授けて下さった。これらはどれも、苦難を通して授けられた」。(4) 祝福に感謝するようになるには苦痛を経なければならない、と賢者[+]たちは教えている。ハスィディーム[+]の師スィムハー・ブナムは、われわれがマッツァー[*]（自由の象徴）の後に苦菜（奴隷状態の象徴）を食べるのは、モーセ[*]がイスラエルの人びとに自由を約束した後で初めて彼らは自らの奴隷状態に気づいた、ということをわれわれに教えているのである、と説いている。(5)

(1)出エジプト記12：8、民数記9：11　(2)BT プサヒーム篇39a　(3)出エジプト記1：14　(4)BT ベラホート篇 5a　(5)Simhah Bunam, in *Siah Sarfei Kodesh*, J.K.K. Rokotz, Lodz,1929, 1：53, #244

象徴するもの：苦痛、奴隷状態、苦難
項目別分類一覧：食物、過ぎ越しの祭り
参照箇所：エジプト、マッツァー、モーセ、過ぎ越しの祭り、セデル

マンドレイク（恋なすび）MANDRAKE（ヘブライ語：ドゥダイーム）

マンドレイク〔別名マンドラゴラ〕は、地中海地域のどこにでも見られる有毒な植物である。マンドレイクは、その尋常ではない植物学上の特徴──人間の下半身の縮小模型のような形をした、そのくっついて離れない二股状の根、その強力な香り、その麻薬性と媚薬性の特性──のために、古代から数限りない伝説を生み出してきた。ギリシア人[*]は、マンドレイクを愛の女神アフロディテと結びつけていた。マンドレイクを抜き取ろうとすると、ぞっとするような悲鳴をあげると信じられていた。民間信仰では、マンドレイクには、預言したり、不死身の体を授けたり、宝物を明らかにしたり、魅惑したり、死や精神障害を引き起こしたり、妊娠を助長したりする力があると考えられていた。

マンドレイクのヘブライ語名ドゥダイームは「恋なすび」を意味し、いわゆる媚薬の特性があると考えられていた。そのタルムード[+]での名前、ヤヴルハは、アラム語で「追撃者」を意味しているが、これは、マンドレイ

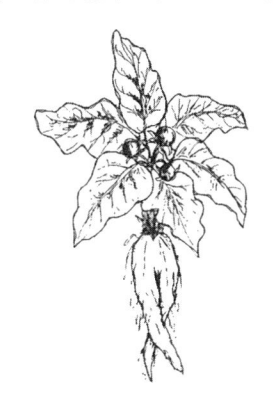

マンドレイク（学名 *MANDRAGORA OFFICINARUM*）。英語のマンドレイクという語は、その人間の胴体のような形の根にちなんで付けられた "man dragon" に由来している。

ミシュカン（幕屋） MISHKAN

クはデーモンを追い払うと信じられていたからである。(1)

聖書では、ヤコブ*とレア*の長男ルベンが、母親に贈り物としてマンドレイクを持ってきた。これはおそらくは、あまり愛されていないレアへの父親の欲望を刺激するためであったと思われる。不妊のラケル*は姉の多産を嫉妬し、その夜はヤコブをレアに譲る代わりに、マンドレイクをくれるように交渉した。マンドレイクのおかげで、ラケルは最初の子供ヨセフを妊娠した。(2)

この物語のために、ルベン族の旗*の片隅にはマンドレイクを象徴した小さな人間の姿が描かれている。ルベンのマンドレイクと生殖力との結びつきのゆえに、もしも女性がいらいらして、ルビー（これは、大祭司が胸当て*に付けていたルベンの石であった）を好むようになると彼女は妊娠するだろうという伝説が後に生じた。(3) マンドレイクはまた春の象徴でもある。というのも、その花*は、その時季には強い香りを発するからであった。(4)

(1)Ginzberg, Legends of the Jews, 5：197-198　(2)創世記 30：14-18　(3)Ginzberg, Legends of the Jews, 3：169-170　(4)雅歌 7：14

象徴するもの：反デーモン、欲望、多産、生殖力、愛、春

項目別分類一覧：植物

参照箇所：りんご、旗、ラケル、レア、十二部族

ミシュカン（幕屋）　MISHKAN（ヘブライ語：ミシュカン）

ミシュカンは、住居を意味し、荒野*の移動できる聖所+であった。ここには、ケルビム*と聖櫃*（契約の箱）、十戒*、メノラー*、供犠を献げる祭壇*などのユダヤ民族の聖具が納められていた。イスラエルの子たちが荒野をさまよっていた 40*年のあいだ、ミシュカンは彼らのコミュニティの宗教的生活の中心的な役割を担っていた。

トーラー*はミシュカンの設計、機能、保護についての精緻な青写真を提供している。織物、動物の皮、金*、銀、青銅などの原材料は、自由意志による献げ物として人びとによって寄進された。職人の親方ベツァルエルが建設を監督した。(1) 至聖所と呼ばれる内部の天幕が聖櫃を覆い、その前には 7 枝のメノラーとともにマナ*壺とアロン*の不可思議な杖が置かれていた。(2) ミシュカンの内部で仕えていた祭司*たちは、特別な衣服を着ていた。この最初のタバナクル Tabernacle〔幕屋〕（「天幕」を意味するラテン語に由来する）は、数世紀後にエルサレム*に建てられた神殿*の原型となった。(3)

ミシュカンはまた、オヘル・モエード（会見の幕屋）とも呼ばれていた。というのも、彼らの指導者モーセ*を通して人びとと語るために神が「降りてきた」場所がここだからである。ミシュカンという語は、現世での神の臨在を意味するシェヒナー*と同じ語根を分かち持っている。ミシュカンは、神の加護と導きを象徴している。というのも、「主の雲」が天幕を覆っている時は、人びとは宿営すべきであるというしるしであり、雲が離れると旅を続けるべきであるというしるしであったからである。夜には、火*が雲を明るくしていた。(4)

さらに、ミシュカンは天を映し出してい

た。[5] その建築様式は、神聖なものへの接近のヒエラルキーを象徴していた。人びとは中庭まで入ることができた。祭司たちは外部の天幕の中まで入ることができた。大祭司だけが至聖所に入ることができた。だが、これもヨーム・キプール*の時だけであった。同じように、内部の天幕には純金が使用されていたが、外部の天幕には普通の金、銀、青銅が使用されていた。ミシュカンの寸法は、大部分が7*と10*の倍数と分数から成っていた。この数字*は、完成と完璧を象徴していた。ミドラッシュ✢によれば、ミシュカンは神のイスラエルへの愛を象徴しているという。これは、黄金の子牛を作った人びとを神が赦したしるしであった。[6]

---

(1) 出エジプト記25-31章、35-40章 (2) 出エジプト記16：33-34、民数記17：25 (3) 列王記上6章 (4) 出エジプト記40：34-38 (5) 出エジプト記ラバー35：6 (6) 出エジプト記ラバー33：2

象徴するもの：神聖なものへの接近、中心、完成、神の導き、神の愛、神の臨在、神の加護、天、聖性、会見、完璧

項目別分類一覧：住居、神殿

参照箇所：祭壇、聖櫃、ケルビム、金（黄金）、モーセ、数字、神殿、十戒

水 WATER (ヘブライ語：マイム)

古代人は、世界は四*元素——火*、空気*、地*、水から成り立っていると考えていた。エーテル体の元素である火と空気は天と神聖なものと、固体の元素である地は人間と結びついている。水は遷移媒体であり、領域間の回路である。古代から現代に至るまでのほとんどの宗教において、水は、通過儀礼、霊的な清めの儀式、神聖な宗教的儀式のために象徴的に用いられていた。水はまた、物質の分解、さらには精神の分解を引き起こす変化の作用因でもある。

ほとんどの古代人のあいだでは、水は生命の源泉、誕生、死、不死の媒質、知恵の宝庫と考えられていた。血*、乳*、体液、雨*、露*などの液体は、地上の生命に滋養物を供給している。水は生命を破壊することも支えることもできる。水は、火の破壊的な要素を無効化することができる。天使*は火と水の混合物から成り立っていると伝説は述べている。[1] 水は、世界が創造される前の世界の原初の形態であった。「大水のとどろき」は神の声の音であった。[2]

聖書の創世記の物語は、他の多くの中近東の人びとの物語と類似している。神は最初に大空で宇宙の水を分け、そして大空の上と大空の下に水を分けた。それから神は下の水を集め、乾いた地を出現させた。[3] ラビ✢たちは後に、神殿*の山の地下の礎石の下にあらゆる水の源泉を捜し当てた。[4] 別の伝説によると、エデンの園*の生命の木*の下に源泉があったという。[5]

ユダヤ人の生活で最も古くかつ今でもつづいている宗教儀礼のひとつは、ミクヴェー*に浸ることである。ミクヴェーは通常、「宗教儀礼のための沐浴場」と訳されているが、実際には、創世記で原初の「水の集まった所」（ミクヴェー・ハ・マイム）[6] を記述するのに用いている語と同じ語である。ミクヴェーは、泉、湖、小川などのような自然水を供給源とするか、さもなければ、水がよど

水　WATER

みなく流れている、(雨や泉の) 自然の水を含んだ人工の池の水を用いた。ミクヴェーの中に浸るのは、身体を清めるためではなく、精神を清めるためである。

ユダヤ教は洗礼で誕生を祝いはしないが、ミクヴェーの宗教儀礼によって改宗者や非ユダヤ人の養子などの「新生」ユダヤ人をコミュニティに迎え入れている。ユダヤ人女性は伝統的に、婚礼*の前にミクヴェーに行く。新しい食器や台所用品などを清めるためにミクヴェーに浸す慣習もある。ユダヤ人の多くは、シャバット*や祭りの前に、特に、ヨーム・キプール*の前には、心の準備の行為として、ミクヴェーに行く。

正統派ユダヤ教徒の女性やそれに近い伝統的な女性は、古代の伝統に従って、定期的に、月経が終わった後ミクヴェーに浸る。これは、彼女たちがふたたび夫と交わりを持つことができるというしるしでもある。安息日にロウソク*に火をともすこと、パン*を焼く時に練り粉の一部 (ハラー*) を分けておくこととともに、ミクヴェーに行くことは、伝統的に三つの「女性の戒律」とみなされている。

特にシャバットや祭りでは、食事の前に手を洗い、心の準備の行為として祝祷 (アル・ネティラット・ヤダイム) を朗唱するのが慣習となっている。というのも、食卓は神殿*の祭壇*の象徴的な代替物であるからである。またレビ人にとっては、コハニーム (祭司*) が祭司の祝祷*を唱える前にコハニームの手を洗うのが慣習ともなっている。この慣習を反映して、洗盤は、伝統的にレビ人の一族の末裔の象徴となっていた。

ティシュレイ+の月の一群の秋の祝祭日の期間には、水の話題がたくさんある。ローシュ・ハ・シャナー*のトーラー*の朗読には、荒野*でハガルとイシュマエル*を救った不思議な井戸*の物語が含まれている。[7] ローシュ・ハ・シャナーの午後には、ユダヤ人は川や小川へ行き、タシュリーフ+ (投げこむこと) の儀式を行なう。この儀式では、パン*の小片を水に投げこむが、これは贖罪を象徴している。パンの小片を食べる魚*は神を象徴しており、神の目は魚の目のように決して閉じられることはない。タシュリーフの儀式の一部として、ミカ書の一節——「あなた (主) は、すべての罪を海の深みに投げ込まれる」[8]——のような罪と水についての聖書のさまざまな章句が朗唱される。この儀式は中世のドイツで始まったが、おそらくは、川のデーモンを鎮めることを企図した古代の風習に由来するのではないかと思われる。

ヨーム・キプール*ではヨナ*書が朗読される。神殿時代には、スッコート*の中頃 (冬の雨の直前) にスィムハット・ベイト・ハ・ショエヴァー (水汲みの家の歓喜) と称せられた特別な祭りが行なわれた。この祭りでは、水を祭壇に注ぎ、歌い、ショファール*を吹き鳴らし、松明を持って黄金のメノラー*のまわりを踊り回った。[9] シュミニ・アツェレット+ (スッコートの最後の日) には、雨乞いの特別な祈りが唱えられる。

ユダヤ人は伝統的に、水を伴う宗教儀礼で死を厳粛化している。ヨーロッパでは、ユダヤ人は、死者の家のあらゆる器から水を注ぐ迷信的な風習を採り入れた。これは、死者の魂や死の天使*が死者の家を穢さないようにするためであった。古代から現代に至るまで、

埋葬する前に死者の体を洗うのが慣習となっている。また、このタハラー（清め）の儀式にかかわる人びとは、清めの象徴的な行為としての祝祷の朗唱をしないで、手を２度洗うのが慣習となっている。

水は長いあいだ、女性と結びついていた。成長している胎児は子宮の羊水の中で生きており、母親の「羊水が破れる」と産「道」から出てくる。女性の体は、さらに別の二つの滋養「水」——乳*と月経の血*——を生み出しているが、これらはどれも生命には欠くことのできないものである。聖書の女性はしばしば井戸*と結びついていた。とりわけ、リベカ*とミリアム*はそうであった。水は、潮の干満を通して月*（女性の別な中心的象徴）ともかかわりを持っている。このような数多くの結びつきのために、ユダヤ人フェミニストたちは、多くの現代の祭儀の中に、とりわけ、ローシュ・ホデッシュ*を祝う儀礼と通過儀礼を記念する祭儀の中に水を織りこんだ。

モーセ*は、姉のミリアムと同様に、特に水と結びついている。彼はナイル川の水から救い出され、葦の海では神に救われた。そして、メリバの水のために悲運に遭遇した。彼はそこで怒って岩*を打ち、約束の地に入る権利を失ってしまった。聖書によれば、彼の名前は「[水の中から]引き上げる」という意味であるという。[10]

古代イスラエルは農業社会として、その生命の維持を雨に依存していた。イスラエルでは、またディアスポラ✢でも雨乞いの祈りが典礼の中に挿入されている。ホシャナ・ラバー✢——スッコート*の７日目——には、柳*の枝で地面を打つ。柳は水のそばに生育する。この祭儀は冬の雨を期待するものである。このために特別な祈りが厳粛に朗唱される。過ぎ越しの祭り*では、雨季の終焉をしるす特別な露*の祈りが朗唱される。露は長いあいだ、よみがえりと結びついていた。

トーラーは伝統的に、水にたとえられていた。というのも、両者はともに（１）渇いている者を引きつける、（２）地上全体に広がる、（３）生命の源泉、（４）天からの賜物、（５）魂を回復させる、（６）純粋、（７）高い所から低い所へ流れ、高価な器よりも普通の器を好む、（８）栄養を与え、成長させるからである。[11]

トーラーはしばしば「マイム・ハイーム」（生きた水）と呼ばれる。ラビたちは別な箇所でタルムードを、さらにはユダヤ律法を、広大な海にたとえている。[12]

最近では、女性と水とのかかわりのゆえに、ブリット・ハ・バット（娘の命名式）で洗足と浸礼の儀式を行なっている家族もある。

───

(1) ミシュナー：ローシュ・ハ・シャナー篇２：５　(2) エゼキエル書43：2　(3) 創世記１：6-7、9-10　(4) Vilnay, *Legends of Jerusalem*, 7‐11　(5) Ginzberg, *Legends of the Jews*, 1：70　(6) 創世記１：10　(7) 創世記21：14-19　(8) ミカ書７：18-20、イザヤ書11：9　(9) ミシュナー・スッカー篇５：1-4　(10) 出エジプト記２：3-10、民数記20：2-13　(11) 雅歌ラバー１：2、3　(12) 雅歌ラバー５：14、2

象徴するもの：養子縁組、贖罪、改宗、死、女性らしさ、豊饒、神、聖性、ユダヤ律法、レビ人、生命、母性、清め、復活、トーラー、変わり目

項目別分類一覧：養子縁組、割礼、改宗、死、月

蜜　HONEY

経、自然現象、祈り、ローシュ・ハ・シャナー、スッコート、神殿、婚礼、女性

参照箇所：天使、血、パン、割礼、露、火、魚、手、乳、ミリアム、モーセ、月、雨、祭司の祝祷、祭司職、ラケル、リベカ、ローシュ・ホデッシュ、ローシュ・ハ・シャナー、スッコート、トーラー、井戸、柳

蜜　HONEY（ヘブライ語：ドゥヴァーシュ）

聖書で蜜と言う場合は、通常なつめやしの実、いちじく*、ぶどう*から作られる濃厚なシロップのことを指しており、その地域では非常に稀な蜂蜜のことを指しているのではない。神が約束の地には「乳と蜜が流れている」とイスラエルの子らに約束した時、その意味したことはこの果実のシロップのことであり、蜂蜜のことではなかった。[1]

古代では、果実の蜜は美味と考えられおり、甘味の典型的なものであった（古代には、ビートやサトウキビから作った精製された砂糖はなかった）。トーラー*は、マナは「蜜の入ったウェファース」のような味がしたと述べているが、タルムード+は、これは子供たちにとってのみそうであったと述べている。[2] 聖書では、「蜜よりも甘い」という表現は、神の言葉[3]、トーラーの知恵[4]、友人の言葉[5]、異邦の女性の誘惑的な言葉[6]に対して用いられている。

多くの文化では、不思議で複雑な自然の過程の産物である蜂蜜は、再生と個人的な成長の象徴である。蜜蜂はその勤勉さでよく知られているが、美徳とその報いの模範であり、古代ギリシアでは知恵の象徴であった。同様に、ユダヤ人は個人の発展と変化と

いう二つの重要な契機をしるすために蜂蜜を用いていた。その契機とは、子供の教育の始まりと、人が罪から生命へと戻るローシュ・ハ・シャナー*、新年である。子供が学校に通いはじめると、子供の筆記用具に蜂蜜でヘブライ語のアレフベイト*を書くのが中世から今日に至るまで慣習となっている。これは、トーラーの言葉は蜜よりも甘く、子供たちがその教えを実りあるものにしてほしいという親の願いを象徴していた。[7] アシュケナズィーム+の間では、ローシュ・ハ・シャナーにハニー・ケーキ――"honig lekakh"――を食べ、りんごを蜂蜜の中に浸すのが長いあいだの慣習になっている。これは、甘い新年への希望を象徴している。また、このことは、この祭りの期間中、塩*の代わりにハラー*を蜂蜜の中に浸す理由でもある。

---

(1) 出エジプト記13：5、申命記6：3、11：9　(2) 出エジプト記16：31、BTヨマー篇75b　(3) 詩篇19：11　(4) 箴言24：13　(5) 箴言16：24　(6) 箴言5：3　(7) 詩篇119：103

象徴するもの：成長、希望、再生、甘味

項目別分類一覧：植物、食物、イスラエルの地、ローシュ・ハ・シャナー

参照箇所：熊、りんご、いちじく、ぶどう、イスラエルの地、ローシュ・ハ・シャナー、トーラー

ミリアム　MIRIAM（ヘブライ語：ミルヤム）

ミリアムは、モーセ*とアロン*の姉である。彼女は、エジプト*と荒野*におけるユダヤ民族の指導者のひとりであった。近年、彼女はユダヤ人フェミニストにとっては、ユ

ミリアム　MIRIAM

ダヤ人女性の政治的、精神的な指導力の代表的な象徴となっている。ミドラッシュ*によると、ミリアムは預言者であり、その道をまだ子供だった時から歩みはじめていたという。ヘブライ人の男の子を殺せと命じたファラオ*の布告に対して、彼女の父親のアムラムは、すべてのヘブライ人の男性に妻と離婚するよう勧めた。ミリアムは、それは次の世代を絶つことであり、ファラオの殺人の企てよりも行き過ぎであると父親を非難した。そして、父親と母親のヨケベドは彼らの民族の贖い主を産むであろう、と預言した。(1)

モーセがファラオの王女にナイル川から救い出された時、ミリアムは王女に赤ん坊の乳母としてヨケベドを雇うよう勧めた。こうして、モーセのユダヤ人のアイデンティティは守られたのである。(2) 注釈者の中には、多くのヘブライ人の赤ん坊を助けた助産婦たちのひとり、プア*をミリアムと同一視している者もいる。(3)

紅海を渡り終えた後、ミリアムは手に小太鼓を持ち、イスラエル人の女性たちの勝利の踊りの音頭を取った。(4) ミリアムは、その歌い手、舞踊家、楽人としての才能のゆえに、ミシュカン*を建設したベツァルエル*とイスラエルの美声歌手ダビデ*の伝説上の祖先であり、ユダヤ人の芸術的才能と舞踊の象徴となった。(5)

現代のユダヤ人フェミニストの多くにとっては、ミリアムは女性の指導力を象徴しているばかりでなく、逆説的には、そうした指導力の抑圧をも象徴している。ミリアムは、モーセをクシ（エチオピア人）の女性と結婚していると非難したためにハンセン病に襲われた、とトーラーは語っている。(6) 解説者の中には、ミリアムはモーセが神と直接語り合っているという彼の特権的な主張を疑っていたので、トーラーは彼女を非難したと述べている者もいる。また、聖書学者の中には、トーラーの編纂者たちはミリアムの礼拝と祝祷の法悦的なやり方を認めなかったので、彼女の精神的な経験と指導力の形跡を削除したと言う者もいる。

ユダヤ人の伝説は、創造の第6日目の黄昏時に、神は不可思議な井戸*を創り出したと述べている。この井戸は、ミリアムの功徳のために、イスラエルの子たちがさまよっている時にも行動をともにし、彼女が死ぬと消え失せてしまった。(7) ミリアムは、彼女の他の2人の兄弟と同じように死の天使*の手に委ねられることなく、神の聖なる接吻で死んだ。(8)

ユダヤ人フェミニストたちは、ハヴダラー*の儀式のあいだに「ミルヤム・ハ・ネヴィアー」（女預言者ミリアム）という歌を歌う慣習を持ちこんだ。これは、ミリアムの井戸はシャバット*の終わりの時にすべての井戸を満たし、その水に治癒力を与えるという古代の民間伝承の影響を受けたものである。(9)

---

(1)BTソター篇12a　(2)出エジプト記2：7　(3)出エジプト記ラバー1：13　(4)出エジプト記15：20-21　(5)出エジプト記ラバー1：17、48：4　(6)民数記12章　(7)ピルケイ・アヴォート5：6、BTタアニート篇9a　(8)BTババ・バトラー篇17a　(9)Kitov, *The Book of Our Heritage*, 2：162

象徴するもの：舞踊、音楽、預言、滋養物、女性の指導力、女性の抑圧

ミルトス（銀梅花） MYRTLE

項目別分類一覧：人物、女性
参照箇所：アロン、ベツァルエル、ダビデ、出エジプト、モーセ、シフラとプア、水、井戸

ミルトス（銀梅花） MYRTLE（ヘブライ語：ハダス）

トーラー*は、イスラエルの人びとはスッコート*の祝祭日に用いるために「茂った木の枝」を取らなければならないと明記している。ラビ+たちは、この一節はイスラエルの荒野に生育する芳香性の常緑樹「ミルトスの枝」を意味していると解釈している。[1]ミルトスは、その光沢のある美しさと、葉を押しつぶした時に放つ甘い香りで有名である。ミルトスは、旱魃に強く、切った後でも青々としているので、不死、幸運、雨のお恵みへの希望を象徴している。

ギリシア人とローマ人にとっては、ミルトスは豊饒と聖なる結合を表わしている女神アフロディテ（ヴィーナス）に献げられた木であった。ミルトスは、「愛の木」と呼ばれ、官能を刺激すると思われていた。古代イスラエルでは、ミルトスは婚約の儀式で用いられていた。花婿がミルトスの大枝を身に付け、手品を使って香水に変えた。[2]王妃エステル*は、別名をハダサ（ミルトス）とも言われ、彼女のすばらしさと特に正義への献身のゆえに、ミルトスになぞらえられていた。[3]20世紀には、特にイスラエルでの医療活動の支援に献身しているユダヤ人女性の組織は、聖書のヒロインに敬意を表して、ハダサの名前を付けた。

古代では、シャバット*をミルトスの2本の大枝で迎え入れた。これはまた、16世紀まで、シャバットに別れの挨拶をするハヴダラー*の儀式でも用いられていた。今日に至るまで、香料入れ*を意味するヘブライ語は「ハダス」であり、これは、この失われた慣習を記念している。

ミルトスは霊的な特質をも有していた。預言者ゼカリヤは、天使*が「谷底のミルトスの林の中に立っている」のを見た。[4]ミルトスの小枝は、死者の霊魂の旅路を手助けするために、死者とともに埋葬されていた。スッコート*は、神秘的な客人ウシュピズィン*の訪問を強調するために、ミルトスの大枝で覆われていた。

ミルトスは、ルーラヴ*、エトログ*、柳*とともにスッコート*の祝祭日の4種類の植物*を構成しており、象徴的表現の独自の豊かな伝統をも作り出している。ミルトスはまた、その聖書との結びつきのゆえに、スッコートをメシア*による贖いの主題とも

ミルトス（学名 MYRTUS COMMUNIS）。節ごとに3枚の葉（メシュラシュ）を付けているミルトスが、スッコート*の祭りでは使われている。

結びつけている——「おどろに代わってミルトスが生える。これは、主に対する記念となり、しるしとなる。それはとこしえに消し去られることがない」(5)

---

(1) レビ記23：40、BT スカー篇12a、32b-33a (2) トセフタ・ソター篇15：8、BT クトゥボート篇17a (3) エステル記2：7、タルグム・シェニ（エステル記2：7） (4) ゼカリヤ書1：8 (5) イザヤ書55：12-13

象徴するもの：美、幸運、希望、不死、公正、甘味

項目別分類一覧：植物、メシア、シャバット、スッコート、木

参照箇所：エステル、エトログ、目、4種類の植物、ルーラヴ、香料入れ、スッコート、柳

ミンヤン　MINYAN（ヘブライ語：ミンヤン）

ミンヤン（字義的には数字の意味）は、13*歳以上のユダヤ人10*人から構成される。これは、ある一定の祈りを朗唱するために、また、ある一定の儀式を執り行なうために必要な最小の定足数である。伝統的には、これら10人は男性であるが、改革派、保守派、再建派などでは女性をも含めている。

タルムード[+]は「神は神聖な会議の中に立ち」という聖書の一節を引用して、もしも10人が祈れば神は現存する、と断言している。(1)ラビ[+]たちは、10という数字をいくつかの原典から引き出している——カナンから悪い情報を持ち帰り、そうして人びとに40*年間の放浪を運命づけた10人の偵察者たち（「悪いコミュニティ」と記されている）。(2)ルツ記で述べられている10人の長老たち。その者たちのためにアブラハム*が神に罪深い町を救してくれるよう嘆願したソドムの（仮定上の）10人の正しい者たち。(3)

ミンヤンは存立可能なユダヤ人のコミュニティを構成する最小の人数を象徴している。現代のユダヤ教の会派の多くでは、会葬者がカディーシュ[+]を朗唱するための、また、非伝統的なユダヤ人にも広く遵守されている儀礼のためのミンヤンの確保の必要性に迫られている。ミンヤンはまた、公けの聖所[+]以外の場所で規則的に一緒に礼拝するグループのことをも指している。

---

(1) 詩篇82：1、BT ベラホート篇6a (2) 民数記14：27、BT ベラホート篇21b、BT メギラー篇23b (3) ルツ記4：2、創世記18：32、BT クトゥボート篇7a-b

象徴するもの：コミュニティ、ユダヤ人のコミュニティ、祈り、生き残り

項目別分類一覧：数字、祈り、シナゴーグ

参照箇所：数字、シナゴーグ、10

結び目　KNOTS（ヘブライ語：ケシェル）

多くの文化において、結び目は特に魔術師の最も強力な道具であった。髪*の毛を結んだり衣服*を縛ったりすることによって、人は他人の霊魂を支配する力を得たり、死者の身体から霊魂が出て行くのを防いだ。ある文化では、助産婦が出産を助けるために、臍の緒を切る時に結び目を解くところもある。多くの民間伝承には、宇宙の紡ぎ手の話がある。この紡ぎ手はたいていの場合老女であり、彼女は生命の糸を織り、そして、切り取る。結び目はまた、人のコミュニティと神との絆をも象徴している。「結び目を結ぶ」という表現は、結婚するという意味を持っており、結

結び目　KNOTS

婚の絆を表わしている。

ダニエル*書は「結び目を解く」魔術師の技を列挙している。(1) タルムード*では魔術は、「結び、解くこと」と呼ばれている。タルムード時代の後の反デーモンの呪文には、「縛られている、縛られている、縛られている！」という呪文が含まれている。現代の英語でも、人を「呪文で縛られている」とか「呪文で縛る」とか言う。

中世では、結び目の魔術はユダヤ人民衆の想像力にとりわけ大きな影響を与えた。あらゆる結び目を解くことによって、デーモンの影響から逃れることができると信じられていたので、女性が出産する時には、髪の毛を解き、すべての衣類の結び目を解いておくのが慣習となっていた。これはおそらく、臍の緒がからむのを防ぐ共感魔術であったのかもしれない。また、埋葬用の経帷子には結び目がひとつもない。生命との絆を断ち切ることを象徴するために、亡くなった人のタリート*のツィツィートのひとつを切り取っていた。

結び目についての非常に異なった見方は、タリートの四*隅につけられているツィツィートの房の結び目に表われている。聖書ではたったひとつの結び目が指図されているだけであるが(2)、8本の紐の1束それぞれに5*つの結び目をつけるのが古代からの慣習であった。注釈者たちは、5つの結び目はトーラー*の五書、五感、シュマァ+の最初の5つの単語〔シュマァ　イスラエル　アドナイ　エロヘイヌ　アドナイ〕を表わしている、と述べている。また、シュマァの6番目の単語エハッドは、「1」を意味し、神の単一性を断言している。さらに、エハッドの単語の数値は13*であり、これは、5つの結び目と房の8本の紐の合計13を表わしている。(3) 結び目は、われわれの神への関わりを象徴している。というのも、結び目は、トーラー*がユダヤ民族を神に縛りつけているように、ツィツィートをタリートに結びつけているからである(4)（10個の数珠が5連につながったカトリックのロザリオや他の形態の祈りの数珠は、ツィツィートを起源としているのではないかと思われる）。

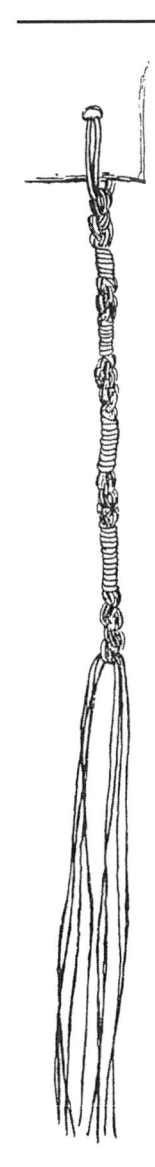

タリート*の端に結びつけられているツィツィートの結び目と巻きあげ

(1) ダニエル書5：12、16　(2) BTメナホート篇39aのラシの注解　(3) ゾハール3：228a、バヒヤ・ベン・アシェル・イブン・ハラワの民数記15：38についての注解83a、ティクネイ・ゾハール10、25b
(4) Kaplan, Tzitzit, 69

象徴するもの：連関、魔術、力
項目別分類一覧：誕生、衣服、死、女性

参照箇所：衣服、5、髪、数字、タリート

胸当て　BREASTPLATE（ヘブライ語：ホシェン）

大祭司はその神聖な職務のしるしとして、ミシュカン*では、そして後になると神殿*では、トーラー*の聖句を細かく書いた特別な衣服を着ていた。これらの衣服のひとつが、胸当て、ヘブライ語のホシェン・ミシュパットである。これは、金*糸と亜麻のより糸と毛糸で織られた真四角のタブレットや袋であり、祭司の胸に着用されていた。(1)胸当てには、十二部族*の名前が彫られている12個の準宝石が付けられていた。袋の中には、未来を占う託宣の装置のような ウリムとトンミムが入れられていた。ここから、決定、あるいは裁きの意味の「ミシュパット」という名前が出てきた。

アシュケナズィーム✝はこの古代の祭服の影響を受けて、トーラーの巻物を金属性の胸当てで飾っていた。通常、これは銀で作られており、また、盾（ヘブライ語でタス）とも呼ばれていた。これは、巻物を覆っている幕の上から掛けられていた。その後、時が経つとともに、これらのトーラーの装飾はユダヤ宗教美術の代表的な傑作となった。それらは12個の準宝石で飾られていた。これらの宝石は、大祭司の胸当てを偲ばせたし、また、ユダの獅子*や生命の木*のような他のよく知られた象徴をも連想させた。中世においては、トーラーの巻物をいくつか所有していたシナゴーグ✝では、ある特別なトーラーが使用される行事や祝祭日を示したものを金属板に刻み込み、胸当てに入れ込むことが慣習となっていた。

トーラーを朗読する日を示すプレートがついた伝統的なトーラーの胸当て。

(1) 出エジプト記28：15‐30、39：8‐21

象徴するもの：聖性、祭司制度、預言

項目別分類一覧：衣服、祭具、シナゴーグ、神殿

参照箇所：衣服、祭司職、トーラー、十二部族、ウリムとトンミム

目　EYE（ヘブライ語：アイン）

人間の目は、内部と外部の間の通路、霊魂の窓、世俗的な知識の暗渠と常に考えられてきた。さらに、目は光*を見、光は地上のすべての生命の自然の源である太陽から生じるので、目は照明と精神的な「洞察力」と等しいものとも考えられていた。多くの

文化では、目は手の中や額の中央に埋め込まれて描かれている。それは、千里眼（透視）のような超人的な力や超自然的な働きを象徴している。単眼は力、しばしば破壊的な力を示し、複眼は悪と弱さを示している。

ユダヤ人の民間伝承でも、目はこれらの観念の多くを表わしている。邪悪な力が個人の霊魂の中に侵入し、その人間の目を不幸の伝達者、すなわち、邪視*に変えてしまうのは、目によってである。サタン*、すなわち、邪悪な敵対者と死の天使*は、たくさんの目で覆われた姿で描かれている。幸運のお守りとして用いられる手の象徴であるハムサ*には、それを用いる人を危害から守るために、手のひらに眼が埋めこまれていることがある。

盲目は、精神的な視力と力の欠如を象徴している。ソドムの邪悪な人びとは、彼らがロトのところへ逃げこんだ天使*を襲撃しようとした時に、目が見えなくなった。サムソンは、デリラの策略にはまって、目を見えなくさせられてしまった。逆に、アダム*とエバ*の場合は、善悪の知識の木*の果実を食べた時、２人の「目は開けられた」。このことは、彼らが純真無垢さを失うと同時に、自分たちのことを知る洞察力を得た、ということを象徴している。(1)

目は、神の加護と結びついている。神の目は決して閉じられることはない、と伝承は語っている。魚*の目も決して閉じられることがないように思われていたので、魚は長いあいだ神の象徴であった。預言者ゼカリヤは、メノラー*の７枝*は「地上をくまなく見回る主の御目である」と述べていた。(2)

エルサレム*は世界の目であると考えられている。ある文献は、「世界は人間の眼球のようなものであり、瞳孔の中の像は聖なる神殿*である」と語っている。(3)

目はまた、人間の飽くなき欲望の象徴でもある。シュマァ✝として知られている祈りは、「あなたたちは自分の心と目の欲に従って、淫らな行いをしてはならない」(4)と戒めて終わっている。厭世的なコヘレトの言葉は「目は見飽きることはない」(5)と嘆いている。アレクサンドロス大王がエデンの園*の門*に到着し、貢ぎ物を要求すると、塵を撒き散らしている眼球を手渡された。これは、彼の目が塵に戻るまで彼の目は満足することはない、ということを彼に教えていた。(6)

礼拝で毎日列挙されている神の属性のひとつに、盲人の目を開けるという属性がある。これは、文字通りにも比喩的にも解釈されている。伝承によれば、終末✝の日に死者が復活させられる時、神はこの世で盲目であった人びとの目を開けられるという。(7)

---

(1)創世記19：11、士師記16：21、創世記3：7　(2)ゼカリヤ書4：10　(3)デレフ・エレツ・ズータ 9：13, 59a　(4)民数記15：39　(5)コヘレトの言葉1：8　(6)BTタミード篇32b、*Tales of Alexander the Macedonian*, trans. Rosalie Reich, 85　(7)イザヤ書29：18

象徴するもの：欲望、神の加護、悪、神、洞察力
項目別分類一覧：身体の部分
参照箇所：邪視、魚、手、光

メギラー（巻物）　MEGILLAH（ヘブライ語：メギラー）

メギラーは「巻く」という意味のヘブラ

凝ったケースに入ったメギラー。巻物は、朗読する時に引き出され、朗読が終わるとケースに巻き戻される。メギラーのケースは、木や金属で作られており、ユダヤ宗教芸術のひとつの表現形式である。

イ語の語根から生じ、「巻物」を意味する。伝統は、聖書の次の五書をメギロート〔メギラーの複数形〕と呼んでいる。それらは、過ぎ越しの祭り*に読まれる雅歌、シャヴオート*に読まれるルツ*記、ティシュアー・べ・アヴ*に読まれる哀歌、スッコート*に読まれるコヘレトの言葉、そして、プーリム*に読まれるエステル*記である。一般的に、メギラーという場合には、エステル記のことを指している。この物語は、ユダヤ人の運命の奇跡的な逆転を象徴するようになった。

神の御名がエステル記には1度も出てこないので、ユダヤ人画家たちは自由に彼らの創造力を駆使してメギラーを装飾した。文字や文字のまわりのすき間に装飾をほどこす場合もあった。時には、書物全体が細字で書かれ、それらの文字が伝統的にプーリムと結びついた熊*や、プーリムが行なわれるアダルの月〔西暦2月～3月〕のゾディアックの象徴である魚*の形をしていることもあった。筆写者のある者は、「ハ・メレフ巻物」というものを造り出した。この巻物は、各段が「ハ・メレフ」（王*）という語で始まるのでそう呼ばれた。物語の文脈からすると、この語はペルシアの王アハシュエロス〔クセルクセス王〕のことを指しているに違いないが、神聖な王を指していると新たに解釈されてきた。その王の名前はメギラーの中には見当たらないが、その王が物語の出来事を指揮したという。民間伝承の用語では、メギラーという語は非常に長い物語を意味している。

象徴するもの：運命の逆転、勝利
項目別分類一覧：プーリム
参照箇所：熊、エステル、魚、ハマン、王、仮面、プーリム、女王

メシア　MESSIAH（ヘブライ語：マシーアッハ）

メシアは、ヘブライ語のマシーアッハの音訳であり、「油を注がれた者」の意味である。古代の中近東では、王は純粋、栄誉、聖性の象徴であるオリーヴ*油*を頭*に注がれることによって王位を授けられた。イスラエルの祭司たちも、同じ方法で聖別された。何世紀にもわたって、メシアという語は終末+の日に現われる神から指名された救い主を指すようになった。

ダビデ*王がエルサレム*に王朝を創立した時、彼の子孫が永遠にイスラエルを統治することになるだろうと信じられていた。[1] 彼の息子のソロモン*の後に王国が分裂した時、

メシア　MESSIAH

ダビデの子孫の者が分裂した十二部族*を再結合するだろうという希望が生まれた。預言者たち、特にイザヤは、平和と正義という特性を有したメシアの時代を予言した。この時代は、ダビデの家の子孫がイスラエルをふたたび統治する時代である。(2)

紀元後1世紀にはメシアはすでに到来したというキリスト教の観念に対する回答として、メシアによる差し迫った贖いについてのユダヤ人の観念は、より緊急で精緻なものとなった。ユダヤ人は2人のメシア――大祭司と王*――を夢想するようになった。紀元後135年、メシア的な人物バル・コフバ✞（「星の息子」の意味）は、ローマ*に対する不成功に終わったユダヤ人の反乱を指導した。メシアの観念は、歴史の終わりにイスラエルを贖い、敵を打ち負かし、人びとを離散から連れ戻し、神殿*を再建し、そして、神の王国を樹立するダビデ家の末裔の王（マシーアッハ・ベン・ダヴィード）という観念へしだいに結晶していった。この観念は、物質的かつ精神的な幸福が特徴である。また、第2のメシア――マシーアッハ・ベン・ヨセフ――という観念も生まれた。このメシアは、メシアである王に先行し、イスラエルの敵との戦いで死ぬことになっていた。

ユダヤ人の伝統では、メシアは神の贖いの「人間の代行者」として考えられていた。メシアは、ろば*に乗ってエルサレムに入り、ローマではハンセン病患者のあいだに座り、雲*に乗り、エリヤ*がショファール*を吹いて予告した後、オリーヴ山に登る、と想像されていた。(3)ある伝説によると、メシアは神殿が破壊されたその日にベツレヘムで生まれ、つむじ風にさらわれてしまったという。(4)メシアにはシャローム、ダビデ、メナヘム（慰め）などの多くの名前がある。

中世以降は、ユダヤ人のメシア思想は、メシアの出現のしるしを予測し、贖いの日を決定し（起こり得る日としては、十字軍が開始された1096年、スペインから追放された1492年、フメルニツキーのポグロム〔ユダヤ人に対する迫害〕が起こった1648年が含まれていた）、黙示的な終末✞の日を描写することに焦点を合わせていた。マイモニデス✞のような哲学者たちの多くは、ユダヤ民族の政治的な贖いへの構想に焦点を合わせることによって、メシアの観念を非神秘化しようとした。個人の贖いへの信仰は民族の贖いへの信仰と競い合っていたが、しばしば優位に立っていた。そしていつしか、メシア思想はユダヤ教の神秘主義派の中心思想となった。周期的に、17世紀のシャブタイ・ツヴィ✞のような自称メシアが多数の信奉者を魅きつけたが、そうしたメシアの主張が偽りのものであったことが判明すると、彼ら信奉者の期待は結果的に打ち砕かれた。

現代では、リベラルなユダヤ教は一般的にメシアの観念を非個人化し、代わりに、普遍的な正義や精神的な充足を特徴とした未来のメシアの時代に焦点を合わせている。正統派ユダヤ教徒は、依然として、エルサレムを統治し、神殿を再建し、供犠を献げる制度をふたたび制定するであろう個人的なメシアについての伝統的な信仰に固執している。シオニズムは、世俗的なメシア運動と解釈されてきた。祈祷書の多くには、「解放の夜明け」としてのイスラエル国家の樹立を描写した祈り

メシア　MESSIAH

が含まれている。過激な正統派ユダヤ教徒の中には、メシアは民族を贖うためにまだ到来していないという理由で、ユダヤ人国家イスラエルを認めていない派もある。

多くの自然物の象徴、儀式、祝祭日、聖書の人物、事物は、メシアとメシアによる贖いへの希望と結びついている。

これらの中には、動物もいる。メシアが乗るであろうろば。義人がマナ*とともに食べるであろう神秘的な怪獣レビヤタン*、ベヘモット*、ズィズ・シャッダイ、巨大な雄牛（ショール・ハ・バル）。ユダとダビデの部族の象徴である獅子。詩篇22章のダビデの詩と結びついたユニコーン（一角獣）。普遍的な平和の象徴である子羊とともに伏す獅子*。子山羊とともに伏す豹*。メシアの時代の象徴的な植物は、ぶどうの木といちじく*の木である。(5) 油はその注ぐ役割のために、また、露はその復活の作用因のために、メシアの象徴でもある。

メシアと結びついた人物は、ダビデ、彼の祖先であるルツ*、預言者エリヤ、ヨセフ、追放された子供たちのために泣いているラケル*、黙示的な幻視に満ちた書のダニエル*である。カバリスト+は、神の女性的な面であるシェヒナー*を、自らの贖いを待望している、追放されたユダヤ民族の神聖な相方とみなしている。

ほとんどの祝祭日にはメシアを待望している要素がある。ローシュ・ハ・シャナー*の焦点はショファール*である。ショファールは、最後にメシアの到来を予告する。ヨーム・キプール*にはショファールが吹かれ、「来年はエルサレムで！」と叫んで終わ

る。崩壊した神殿は「ダビデの陥落したスッカー*」と呼ばれ、神がメシアの時代に再建することになっている。スッコート*に用いられる4種類の植物*のひとつのミルトス*は、メシアによる贖いの象徴である。(6) スッコートの期間に読まれるハフタラー+（預言者の書の部分）は、神聖な王の支配下での最終的な世界の統一の日を待望している。(7) 四角い独楽*の数値の総和は、ヘブライ語の単語マシーアッハ（メシア）の数値の総和〔358〕と同じである

過ぎ越しの祭り*にはメシアの象徴的表現がたくさん含まれている。この祭りは、エジプト*での奴隷状態からのユダヤ民族の最初の贖いを記念し、冬眠からの大地の復活を祝い、最終的な普遍的贖いを期待している。エリヤの盃*は、メシアの到来への希望を象徴している。割られたまん中のマッツァー*とアフィコマン*は、世界はまだ破砕されたままであり、メシアによるティクン（修復）を待望しているという観念を表現している。ハガダー*のよく知られた最後の歌であるハッド・ガドゥヤ*は、ユダヤ人の歴史の中で勝利の凱旋をしている神へのメシア待望の幻視で終わっている。ヨーム・キプール*のセデル*は「来年はエルサレムで！」と宣言して終わる。エルサレムの人びとは、「来年はエルサレムの再建を！」と宣言している。伝承ではメシアは神殿が破壊された記念日であるティシュアー・ベ・アヴ*に生まれるという。

シャバット*は常にメシアへの希望と結びついていた。伝統的には、安息日の終わりを告げる最後の儀式、ハヴダラー*の間にメシアは到来すると言われている。編んだ形の

269

ロウソク*に火がともされると、ユダヤ人は「エリヤフ・ハ・ナヴィ」(預言者エリヤ)の歌を歌う。これは、メシアは間もなく到来するという希望を表現している。シャバットは「来世+の前触れ」と呼ばれている。その世界では毎日がシャバットである。この日には魚*を食べるのが伝統となっている。これは、メシアの食べ物であるレビヤタンを象徴している。

また、割礼*ではエリヤの名前も唱えられる。これは、この新しいユダヤ人の子供がメシアかもしれないという可能性を示している。

月*はメシアと結びついている。というのも、伝説では、創造の時には月の光はほの暗くなったが、終末の日にはその光は燦然と輝くまでに復活すると言われているからである。月はまたユダヤ民族をも象徴している。ユダヤ民族の栄光も月と同様に、メシアの時代には復活するからである。月を祝う儀式であるキドゥーシュ・レヴァナーにはメシアのイメージがたくさん見られる。フェミニストはこの伝説を、ユダヤ人女性の将来における平等の象徴であると解釈している。というのも、ユダヤ人女性の象徴のひとつが月であるからである。

死者は、エルサレムの方角の東*に足を向けて埋葬される。これは、メシアが到来した時に最終的な復活が起こることを期待してのことである。死者はまた、聖地の土とともに埋葬される。これは、死者の聖地への帰還を象徴している。

イスラエルのいくつかの場所は、メシアによる贖いと結びついている。メシアが最初に出現するオリーヴ山、その時に神殿の山で合体するシナイ*山とモリヤ山、隠れていたのがふたたび現われ出るエデンの園*、そしてもちろんのこと、第三神殿が建立されるエルサレム。

---

(1)サムエル記下 7:13 (2)イザヤ書 16:4-5 (3)ゼカリヤ書 9:9、BT サンヘドリン篇 98a、ダニエル書 7:13、Ginzberg. *Legend of the Jews*, 4:233-235, 6:438 (4)哀歌ラバー 1:16, 51 (5)ミカ書 4:4 (6)イザヤ書 55:12-13 (7)ゼカリヤ書 14:9

象徴するもの:終焉、調和、希望、公正、平和、贖い、再統合、正義、救済、精神的充足

項目別分類一覧:動物、天文学、植物、死、食物、ハヌカー、カバラーの象徴、過ぎ越しの祭り、祈り、ローシュ・ハ・シャナー、シャバット、スッコート、神殿、ティシュアー・ベ・アヴ、ヨーム・キプール、女性

参照箇所:アフィコマン、ベヘモット、割礼、盃、ダニエル、ダビデ、露、四角い独楽、地、エデンの園、エリヤ、いちじく、魚、山羊、ぶどう、ハッド・ガドゥヤ、ハヴダラー、角、イスラエル、エルサレム、ヨセフ、カバラー、王、豹、レビヤタン、獅子、マナ、月、山、ミルトス、油、過ぎ越しの祭り、ラケル、ローシュ・ハ・シャナー、ルツ、スフィロート、シャバット、シェヒナー、ショファール、スッコート、神殿、ティシュアー・ベ・アヴ、ヨーム・キプール

メズザー MEZUZAH (ヘブライ語:メズザー)

戸口の両側の側柱は、リミナル(ラテン語で「境、閾(いき)」の意味)な象徴であり、公事と私事、コミュニティと家庭、外部と内部のあいだの変わり目を表わしている。古代世界で

メズザー　MEZUZAH

中に丸められた羊皮紙が入っている装飾されたメズザー

は、邪霊から身を守るために各自の家の戸口の側柱に印を付けるのが一般的な風習であった。この観念は、聖書の過ぎ越しの祭り*の物語に見られる。イスラエルの人びとは初子を死の天使*から守るために彼らの家の戸口の側柱に血*を塗るように命じられた。[1]

40年後、イスラエルの人びとは約束の地に入る準備をしていた時、「これらの言葉」——トーラー*の戒めと教え——を家の戸口の柱と門*に書き記しておくように命じられた。[2] これらのメズゾート〔メズザーの複数形〕——「戸口の側柱」の意味——は、神の加護の源であるとともに、人びとの神への忠誠心を絶えず思い起こさせるものとしても機能していた。

メズザーが使用された最も古い形跡は、第二神殿*時代（紀元前4世紀）にまでさかのぼることができる。それ以後、その慣習にはほとんど変わりがなかった。メズザーは、その用法を規定した聖書の二つの聖句を記した一片の羊皮紙を入れた容器から成っている。通常、ヘブライ語のアレフベイト*の文字数と同じ22行にきちんと並べられている。[3] 羊皮紙（クラーフ）の裏側には全能の神を意味する神の御名〈シャッダイ〉が記されているが、これはまた「イスラエルの門の守護者」

（ショメール・ダルトート・イスラエル）の頭字語でもある。中世には、一般的には天使の名前が書かれた他の聖句や、五芒星やダビデの星*などのような象徴が付け加えられていた。だが、マイモニデス✢はそのような付加を禁じ、彼の考えはずっと尊重されてきた。[4] しかしながら、表面の最下部には逆さまにコズ　ベ・モフサズ　コズ Kozu Be-Mokhsaz Kozu という単語が記されている。これは、"YHVH Elohenu YHVH"（主、われわれの神、主）の暗号文であり、本来の文字の次のアレフベイトの文字を代わりに用いて記したものである。メズザーの容器は、伝統的な象徴で装飾されている場合が多く、表にはシンの文字が書かれている。これは、シャッダイ（全能の神）を表わしている。

マイモニデスはメズザーを護符*としてみなすことに眉をひそめていたが、この保護の働きが常にその魅力の一部を成していたことは明らである。[5] ユダヤ人の多くは、家の出入りの際にはメズザーに口づけをする。今日のわれわれの時代では、メズザーの装飾品は、羊皮紙を中に入れてはいないものの、幸運のしるしのネックレスやブレスレットとして身に付けられることが多い。

メズザーは、戒律への献身、家庭の聖別、神への愛のみならず、ユダヤ人のアイデンティティの確認をも象徴している。

(1)出エジプト記12：7, 22-23　(2)申命記6：9, 11：20　(3)申命記　6：4-9, 11：13-21　(4)ミシュネー・トーラー：トゥフィリーン5：4　(5)JT ペアー篇1：1, 創世記ラバー35：3, BT アヴォダー・ザラー篇11a

象徴するもの：伝統への忠誠、神の加護、幸運、家

メノラー（燭台） MENORAH

庭、ユダヤ人のアイデンティティ、想起
項目別分類一覧：住居、新しい家庭、祭具
参照箇所：アレフベイト、護符、門、神の御名、入口

メノラー（燭台） MENORAH（ヘブライ語：メノラー、ハヌキヤー）

かつては聖なる神殿*に立っていた7枝の燭台——メノラーは、ユダヤ教の不朽の象徴である。その起源は、荒野*の移動できる聖所✚、ミシュカン*にまでさかのぼる。メノラーは、他のいかなるユダヤ教の象徴よりも、モーセ*からわれわれの時代に至るまでの世代を結びつけている伝統の継続性を最もよく表わしている。

トーラー*では、どのようにメノラーを正確に作るかを神は具体的に述べている。[1] ミドラッシュ✚によると、モーセ*には神の指示が非常に解りにくかったので、神は彼のためにメノラーを作らざるをえなかったという。[2] メノラーには7*枝あり、黄金*のアーモンド*の花で飾られていた。このランプの光*は、純粋なオリーヴ*の油*から生じていた。

後世の伝承によると、ソロモン*の神殿では実物のメノラーに大祭司が毎日火をともし、そのそばには装飾用の10個*のメノラーが置かれていたという。[3] バビロニアが紀元前586年に第一神殿を破壊した時、黄金のメノラーも破壊された。だが伝説は、本物のメノラーは隠され、追放された人びとによって持ち出された、と述べている。[4] マカバイ家の反乱の期間には、アンティオコスは神殿を占拠し、メノラーを取り去った。しかし、ユダ・マカバイ*はアポロ神殿を模した台座を持つメノラーの複製を作った。紀元後70年に第二神殿が破壊されると、メノラーはローマへ持ち去られ、ウェスパシアヌス帝の平和の女神の神殿に安置された。メノラーはビザンティン帝国にたどり着いたとか、あるいは、エルサレムにたどり着いたとか、さまざまな伝承がその行方を憶測していたが、その最終的な運命はわからない。

イスラエルに対するローマの勝利を記念して、ティトゥスの凱旋門が建てられた。その門には敗れたユダヤ人奴隷たちが運んでいるメノラーのレプリカが彫られている。学者たちは、このメノラーの2段になっている八角形の台座は、ティトゥスは三つの脚のあった本物のメノラーを奪ったのではな

イスラエル国家の国章に描かれているメノラー。これは、ティトゥスの凱旋門のメノラーをモデルとしている。

イスラエル・モリヤ（サルビア）（学名 *SALVIA PALESTINAE*）。イスラエルの植物学者エフライム、ハナ・ハルーヴェニ夫妻は、この植物の外形が均一であるので、神殿のメノラーの植物上のモデルであるという説を唱えた。

メノラー（燭台）　MENORAH

く、単なる装飾用のランプを奪ったということを証明していると指摘している。今日に至るまで、宗教的な伝統を厳格に守っている保守的なユダヤ人は、凱旋門の下を歩かない。というのも、この門は、ユダヤ人の追放、悲劇、敗北を象徴しているからである。

　神殿が破壊された後は、メノラーはユダヤ人の生き残りと継続性の中心的な象徴となった。タルムード[+]は、メノラーを正確に複製することを禁じていた。そのために、後のレプリカには聖書で詳しく述べられている精緻な部分が大部分欠落していた。[(5)] 古代では、メノラーはシナゴーグ*のモザイク、壁、絵、さらには、墓、什器、ランプ、護符*、紋章、指輪などに広範に描かれていた。中世になると、メノラーは彩飾写本や蔵書票の紋章として広く用いられていた。現代では、メノラーはシナゴーグ美術、特にステンドグラス、聖櫃*、トーラーの装飾、建築物の細部装飾などによく見られる。

　イスラエル国家は、その独自の紋章としてメノラーを取り入れた。そして、切手、コイン、記念品などに用いている。エルサレムのクネセット（国会）の議事堂の外に立っているベノ・エルカン作の大きな彫刻したようなメノラーは、ユダヤ人の歴史の大きな出来事を描いており、長い離散と敗北の後のユダヤ民族の再生を象徴している。

　植物学者は、メノラーの元来の形はシナイ砂漠やイスラエルに生えている香りの良いサルビアに着想を得たのではないかと述べている。サルビアを平らに押すと、その枝はメノラーの6本の枝と心棒に似た形となるからである。

　メノラー、特にその7枝の神秘的な意味については多くの解釈がなされている。古代では、天は七つの惑星と七つの層から成っている、と信じられていた。ヘレニズムの影響を受けていたユダヤ人哲学者フィロンは、七つの惑星は感覚で知覚できる最も高次の事象であると述べて、この観念をメノラーにも適用した。彼はまた、その黄金と光は神の光、あるいは、ロゴス（言葉）を象徴していると説明してもいた。7枝は創造の7日間を表わしていると言われてきた。メノラーの枝は木*にも似

詩篇67、別名メノラー詩篇。

東ヨーロッパの民俗芸術によく見られるメノラーの形。両側の燭枝の炎が中心を向いているのは、中央のランプは特別に尊ばれている、というタルムードの記述（BTメナホート篇）を例証している（出エジプト記25：37についてのラシ[+]の注解も参照）。

ているので、生命の木を象徴しているとも言われていた。また、メノラーを逆さの木とし

メノラー（燭台）　MENORAH

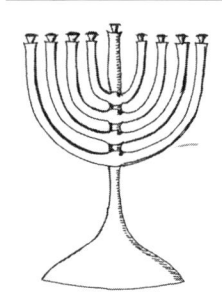

神殿のメノラーの形をモデルとした9つの燭枝のあるハヌキヤー（ハヌカー用のメノラー）

8つの燭枝が一列に並んだ様式のハヌキヤー。元々は吊されていたが、そのまま置くこのスタイルのものに発展していった。

て見ると、その枝は天から滋養物を得ている根と見ることができる。メノラーの6枝を旋回させると、上から見てダビデの星*を形作ることができる。

カバリスト*は、メノラーをスフィロート*（神の霊の流出）の重要な象徴として重視していた。7枝は、下位の7個のスフィロートを表わしている。心棒は、ティフエレット（美）、中心線、充溢の源を表わし、そこから他の6個のスフィロートへ流れこんでいる。油は、エイン・ソフ（永遠の源）から流れ出ているスフィロートの内的な魂を象徴している。15世紀の神秘主義者は詩篇67章を「メノラー詩篇」と呼んでいた。伝説では、ダビデの盾にそれがメノラーの形で刻み込まれていたという。詩篇67章は、護符*、シヴィティーム（飾り額）、スファラディーム✡の祈祷書にもメノラーの形で書かれていた。魔術的なカバラー*では、メノラーはデーモンから身を守る道具とみなされていた。

ハスィディズム✡の伝承は、メノラーは六つの翼のある天使*たち、セラフィーム（その名前は、火*を意味するヘブライ語サラフに由来している）からその形を得た、と語っている。神はモーセに天上のセラフ（セラフィームの単数形）の姿を見せ、地上でその姿を再現するように彼に命じた。

7枝のある神殿のメノラーと類似しているが、その起源と働きが異なるのが9本の枝のあるハヌカー*用のメノラー、ハヌキヤーである。9枝のうちの8枝には、元来はオリーヴ油が入れられていたが、今では一般的にロウソク*を立てている。これらの8枝は、ユダ・マカバイ*家の時代に起こった奇跡を表わしている。穢された神殿の中から唯一汚されていない油壺が見つかった。この油は1日分の量しかなかったが、8日間も燃えつづけた。9本目の枝はシャマシュと呼ばれ、他のロウソクに火をともすのに用いられる。というのも、ユダヤ教の律法はハヌカーのロウソクを用いて火をともすのを禁じているからである。初めは、ハヌカーのともしびは正面入口の左側、メズザー*の反対側に吊されていた。これは、ハヌカーの奇跡を公けに肯定することをユダヤ人は命じられていたからであった。だが、そのように公けに見せることが危険となってきた時、ユダヤ教の律法は家の中でメノラーに火をともすのを許可した。

ハヌカーのメノラーには、何世紀ものあいだ、壁や扉に吊るすための裏地板がついており、油入れやロウソク立てが横一列にまっすぐに並んでいた。スペインや南フランスの初期（13世紀）のヨーロッパの吊り下げるメノラーは、ばら*窓やゴシック建築様式などの

他の影響を受けた裏地板が特徴であった。中世では、シナゴーグの7本の枝のある神殿のメノラーのレプリカは、たいていの場合、聖櫃の右側に置かれており、貧しい人や自分自身のハヌカーのメノラーを持っていない訪問者のために火がともされていた。いつしか神殿のメノラーを模倣し、さらに2本の枝を追加したこの2番目のハヌキヤーのデザインが、ユダヤ人の家庭に入っていった。

ハヌカーのメノラーが、古代の奇跡を象徴している光の他に、ユダヤ民族とユダ・マカバイをともに表わしているユダ*の獅子*、その物語がハヌカーの物語と相似しているユディト*、悪霊を撃退するためのハムサ*、鷲*、鹿*、そして他の動物、エルサレムや神殿、聖書的、古典的、装飾的モチーフなどの他の象徴的なイメージを喚起している場合もあった。八つの光それぞれが同一面にあり、単一の炎のように見えない限り、どのような形のメノラーでも宗教的には許されていた。

何世紀にもわたったメノラーとハヌキヤーのデザインの驚くべきほどの多様性は、ユダヤ人の芸術的想像力の持続的な創造性を証明している。

----

(1) 出エジプト記25：9、30-40、30：7-8、37：17-24、民数記8：2-4 (2) 民数記ラバー15：4 (3) 列王記上7：49、歴代誌下4：7、BT メナホート篇98b (4) 列王記下24：13、Ginzberg, *Legend of the Jews*, 4：321 (5)BT ローシュ・ハ・シャナー篇24b、BT アヴォダー・ザラー篇43a、BT メナホート篇28b

象徴するもの：肯定、反デーモン、継続性、神の光、神の加護、追放、ユダヤ民族、ユダヤ教、生命、奇跡を起こす力、再生、生き残り

項目別分類一覧：ハヌカー、イスラエル国、カバラーの象徴、祭具、シナゴーグ、神殿

参照箇所：アーモンドの木、護符、天使、火、ハラー、ハヌカー、イスラエル国、ユダ・マカバイ、ユディト、カバラー、光、ミシュカン、油、スフィロート、7、神殿

燃える柴　BURNING BUSH（ヘブライ語：スネー）

モーセ*がエジプト*から逃亡し、ミディアンで羊飼いとなった後、ホレブの山で神はモーセの前に、「柴の間に燃え上がっている炎の中に」現われた。「……だが、柴は燃え尽きなかった」。(1) 数千年ものあいだ、燃える柴はユダヤ人にとっては、神の永遠の臨在と不思議な力を象徴していた。ラビ+たちにとっては、よりによって大きな啓示の場所として低いシナイ山*を選んだように、低いいばらの木を神が選んだということは、謙譲の美徳をも象徴している。というのも、「武力によらず、権力によらず、ただ霊によってのみ」神は行動している、ということを示していたからである。(2)

ミドラッシュ+は、邪悪なハマン*がとげのある低木に吊されたということは、その木にはまさしく美徳がないからである、と述べている。(3)

近年になって、炎がますますホロコーストを象徴するようになるにつれて、燃える柴は新しい意味を帯びてきた。すなわち、それはユダヤ民族の永遠性を表わすようになった。なぜならば、ユダヤ民族は人間が作った炎に呑み込まれたが、奇跡的に焼き尽くされな

モーセ　MOSES

かったからである。アメリカでは、燃える柴は保守派ユダヤ教の運動の標章として採択された。それは、ユダヤ人の伝統の継続性を象徴している。

(1)出エジプト記3：2　(2)BTシャバット篇67a、ゼカリヤ書4：6　(3)エステル記ラバー9：2
象徴するもの：保守派ユダヤ教、継続性、神の力、神の臨在、神の加護、永遠性、謙遜、ユダヤ民族、奇跡を起こす力、啓示
項目別分類一覧：植物、ホロコースト
参照箇所：モーセ、火、荒野

モーセ　MOSES（ヘブライ語：モシェ）

ユダヤ人の歴史において、モーセほど中心的な活動の場を占めた人物はいなかった。数千年にもわたって、世界中のシナゴーグ*のどこでも、毎週の、そして祝祭日のトーラー*の朗読では、モーセの人生と死の物語がくり返し語られていた。実際に、トーラーの名前のひとつは、モーセの五*書である。ただし、モーセを主人公として重要な役割を演じさせているのは五書のうちの四書のみであるが。ユダヤ教そのものが、「モーセの信仰」と呼ばれている。ユダヤ教の宗教信条を非常に簡潔に表わした信仰の13箇条の中で、著者である中世の哲学者モーゼス・マイモニデス*は、すべてのユダヤ人は、モーセはユダヤ民族が知っている者の中で最も偉大な預言者であり、「イスラエルには、ふたたびモーセのような預言者は現われなかった」ということを信じなければならないと明記した(1)（マイモニデス自身のユダヤ教に対する特別な影響力を認めて、「モーセからモーセ〔モーゼス・マイモニデス〕に至るまで、モーセのような人物はいなかった」と伝統的に語られている）。

トーラーによれば、モーセの名前は「引き上げる」という意味であるという。この名前は、ファラオ*の王女ビティアーがナイル川から赤ん坊のモーセを引き上げた時に、彼女が付けた名前である(2)（考古学者は、古代エジプトではモーセは、ラムセスの名前が「ラーの息子」の意味であるように、「誰々の息子」の意味であることを発見した）。モーセは後に、彼の民族の救い主として、イスラエルを奴隷状態から引き出し、紅海の海から彼らを救い出した。

モーセは、典型的なユダヤ人指導者を象徴している。モーセは、人間の指導者としてはほぼ完璧に近いものである。伝統的に彼をモシェ・ラベイヌ（われらが師モーセ）と呼んでいる。彼は実際にミディアンにいた時に羊飼いをしていたが、羊飼いのように荒野*で40*年間も彼の同胞を先導した。彼は、彼らに十戒*をもたらし、彼らが黄金の子牛*を作って罪を犯した時は彼らを懲らしめ、天に懇願してマナ*と肉を彼らに補給し、彼らのいざこざを解決し、彼らに信仰を抱かせた。

モーセは、神が彼に燃える柴*から語りかけてから神が聖なる接吻で彼の魂を召しあげるまで、それまでの人間の中では神の聖霊に最も近くまで近づいた者であった。トーラーは、モーセは神が「顔と顔を合わせて」語りかけた唯一の人間であると述べている。(3)正統派ユダヤ教徒は、神はモーセにトーラーだけでなく、そこからすべてのユダヤ人の慣習が生じた口伝律法として知られている解釈の

276

伝統の総体をも啓示した、と主張している。彼は、神のような人間、聖性の器（人）を象徴している。

しかし、モーセは神の腹心の友であり民族の指導者としてのその特別な地位にもかかわらず、非常に謙虚な人であった。神が最初に彼にファラオ*のもとへ行くように命令した時、自分はその任務にはふさわしくないと言って拒んだ。[4]伝統は、彼を「神の僕」、エベッドと呼んでいるが、この語はヘブライ語で「奴隷」をも意味する。

モーセは、こうした並みはずれた特質にもかかわらず、聖人でも神でもなく、常に人間のままでありつづけた。モーセはしばしば人びとの信頼を失ったり、また一度は神への信仰をも失ったりして、彼にも欠点があることを示した。彼はこの欠点のために、結果として、約束の地へ入ることを禁じられてしまった。[5]このことから、指導者が偉大であればあるほど、そのふるまいは模範的でなければならない、と伝統は教えている。彼の子供たちではなく、彼の兄アロン*の子供たちが祭司職を受け継いだ。モーセの墓には墓標がなく、どこにあるのか誰も知らない。そのために、霊廟は作られなかった。過ぎ越しの祭り*のハガダー*は、エジプトからの脱出*を劇的に語っているが、モーセについてはたった1度だけ、神ではなく彼をその物語の救い主とみなすことのないように、と述べているだけである。[6]

こうした評価にもかかわらず、モーセはユダヤ人の英雄の中では最も愛され、尊敬されている英雄である。彼の名前は、割礼や婚礼*の時に言及されている。今日に至るまで、ユダヤ人はモーセへの追悼の念から、彼の死んだ時の年齢を挙げて、「願わくは120歳まで生きられますように！」とお互いの長寿を祈願している。彼のヤールツァイト（毎年の追悼記念日）は、ユダヤ人の埋葬組合（ヘヴラ・カディシャ）によってアダルの月〔西暦2月〜3月〕の7*日に行なわれている。

カバラー*によれば、モーセは神秘主義者の原型であるという。彼とアロンは、それぞれネツァッハ（永遠）とホッド（栄光）のスフィロート*を表わしている。そして、両者で預言の源を構成している。ネツァッハは本能的な衝動を表わしている神の局面であり、おそらくは、適切な行動と思考をしたモーセの自然的な衝動を映し出しているのかもしれない。

---

(1) 申命記34：10、イグダル〔金曜日の夕べの祈りの最後に歌う〕聖歌 (2) 出エジプト記2：10 (3) 申命記34：10 (4) 出エジプト記4：10、13 (5) 民数記20：12、民数記ラバー19：12 (6) ハガダーの「ガリラヤのラビ・ヨセは言った……」で始まる個所で引用されている出エジプト記14：31

象徴するもの：聖性、謙遜、神聖なものとの親密さ、律法、指導力、長寿、神秘、忍耐、預言、贖い、啓示、神意への服従

項目別分類一覧：人物

参照箇所：アロン、籠、燃える柴、出エジプト、顔、40、ハガダー、カバラー、ミリアム、鏡、過ぎ越しの祭り、スフィロート、シャヴオート、シナイ、十戒、トーラー

門　GATES（ヘブライ語：シャアル）

古代のエジプト人、フェニキア人、カナン

人、そして、オリエントの宗教においては、神殿への出入り口や門は、神聖な領域への入口、聖と俗の空間のあいだの変わり目を象徴していた。神の住居は、しばしば立派な門を持った壮大な宮殿*として描かれていた。バベルの塔は、「バーブ・エル」(神の門)への階段であった。

同様の考えは、聖書にも浸透している。ヤコブ*は天の梯子の夢*から目覚めると、こう言った――「ここは、なんと畏れ多い場所だろう! これはまさしく神の家である。そうだ、ここは天の門だ」。[1] 神殿内部のさまざまな場所へのおびただしい数の門と通路は、天の宮殿の建築を反映していた。詩篇作者は、神は人びとの中で住まわれるためにこれらの聖なる地上の門を通る、と語っている――「城門よ、頭を上げよ! とこしえの門よ、身を起こせ。栄光に輝く王がこられる!」[2]

詩篇の別の個所は、義人は終末の日に再建された神殿の門に入るという伝承を生じさせた。[3] この「義人の門」(シャアレイ・ツェデック)は、シナゴーグ*の名前として広く普及した。

中近東の文化は、太陽は諸天に通じる天の門を出たり入ったりしていると考えていた。ユダヤ教の礼拝は、夕方の祈りの中にこの宇宙論をとどめている。その祈りでは、「知恵で門を開けて」太陽を外に出し、黄昏の中を案内する神を称えている。

門はまた境界を、さらにはコミュニティをも意味している。エルサレム*のような城壁をめぐらせた古代の都市においては、都市の門は、商業と社会の中心としての働きを有していた。神はイスラエルの人びとに「あなたがたの門の中にいる」寡婦、孤児、寄留者の面倒を見なければならないと命令している。[4] 神はまた彼らに、神との契約のしるしとして門(戸口)にメズザー*を付けることを命令した。[5] この慣習は今でも広く一般的に守られ、ユダヤ人の家や公共の建物にはメズザーが付けられている。

城壁をめぐらした都市エルサレムにおいては、門は力、安全性、主権を象徴していた。神殿が崩壊した後に、神殿の周囲のさまざまな門の運命と未来についてのたくさんの伝説が生まれた。[6]

伝承は、祈りの言葉は憐れみの門を通って天に入ると語っている。ヨーム・キプール*の日には、イスラエルの悔い改めを受け入れるため1日中これらの門は開いている。この日の最後の日没後の礼拝は、文字通り「閉じる」という意味のネイラー+と呼ばれているが、この礼拝は古代では、ヨーム・キプール*の終わりを示すために、太陽が沈み、神殿の門を閉じると同時に行なわれた。[7] そのうちこのイメージは、人間の悔い改めと神の憐れみの強力な象徴となり、ネイラーの礼拝はある特別な荘厳さを持つこととなった。ほんの少しだけ開けられたこれらの門は、トゥシュヴァー+、すなわち、悔い改めの象徴としてユダヤ美術では描かれていた。

カバリスト+は、過ぎ越しの祭り*とシャヴオート*の間の期間を、ユダヤ民族をエジプト*での奴隷状態からシナイ*山でのトーラー*の啓示へと導いた49の「穢れの門」を通った上昇の階梯として描いている。

ルネサンス時代のイタリアはユダヤ人の出版活動の中心であったが、門や入口*の絵が

書物*の口絵に見られた。これは、読者を学びの世界へ歓迎する気持ちを表わしていた。

　シナゴーグ*の多くでは、とりわけ、スファラディーム✝のコミュニティのシナゴーグでは、その内部建築においては出入り口（門）に特色がある。ビマー*にはひとつ、あるいは複数の出入り口がある。これは、礼拝者が祈りの聖なる空間へ入ることを象徴している。聖櫃*の扉は、トーラー*と神へ至る入口を表わしている。

(1) 創世記 28：17　(2) 詩篇 24：9　(3) 詩篇 118：19-20、イザヤ書 26：2　(4) 出エジプト記 20：10、申命記 5：14、14：29、15：7　(5) 申命記 6：9、11：20　(6) Vilnay, Legends of Jerusalem, 98-105　(7) JT タアニート篇 4：1

象徴するもの：境界、コミュニティ、神の憐れみ、天、聖性、力、悔い改め、安全保障、主権、精神的な啓蒙、変わり目、歓迎

項目別分類一覧：祈り、シナゴーグ、神殿、ヨーム、キプール

参照箇所：聖櫃、メズザー、入口、シナゴーグ、神殿、ヨーム・キプール

【ヤ行】

山羊　GOAT（ヘブライ語：サイール、ゲディ、エズ、アトゥードゥ、タイシュ）

古代イスラエルでは、山羊は経済の活発な役割を担っていた。人びとは山羊の皮を衣服*、羊皮紙、テント、水入れに用い、肉は食べ、乳*は飲んだ。そしてさらに、神殿*での儀礼上の生贄としても用いていた。ユダヤ人のゾディアック*の山羊座のしるしは、ゲディ（牡の子山羊）である。

ユダヤ人の1年で最も厳粛な儀式のひとつは、贖罪の山羊の儀式である。この儀式では、大祭司は2匹の雄山羊（サイール）を受け取ると、1匹を神に献げ、もう1匹の雄山羊の頭に両手を置いて、「イスラエルの人びとのすべての罪責と背きと罪を告白し、これらすべてを雄山羊の頭に移し」、人びとの罪の償いとして、アザゼルの荒野*へと追いやった。[1]この雄山羊はヌビア産のアイベックスのことであり、その黒い色が罪の象徴とみなされていたということは大いに考えられることである。

ユダヤ人の食餌規定においては、乳製品と肉食品を一緒に食べることは禁じられている。これは、トーラーの中で3*回もくり返し出てくる聖書の次の一節にもとづいている——「あなたは子山羊をその母の乳で煮てはならない」。[2]伝統的には、この禁止は、動物への憐れみを表わす象徴的な行為として解釈されている[3]（考古学者は、母の乳で子山羊を煮ることは、異教の豊饒信仰にはよく見られた宗教儀礼であるという証拠を明らかにしている。彼らは、この禁止は本来ユダヤ人をその異教徒の隣人と区別することを企図していた、と述べている）。

イザヤは、メシア*の時代には「豹は子山羊とともに伏す」と預言している。[4]このイメージは、メシアの贖いの象徴となった。

民間伝承では、子山羊はユダヤ民族の象徴である。このことは、過ぎ越しの祭り*のハガダー*の結びのよく知られた歌「ハッド・ガドゥヤ*」（1匹の子山羊）にはっきりと表われている。この歌は、形式的には「ジャックの建てた家」と似ているが、イスラエルの人びとがその歴史全体を通してこうむってきた試練を数え上げ、最後は死の天使*に対す

雌山羊

る神の勝利で終わっている。

---

(1)レビ記 16：5-22　(2)出エジプト記 23：19、34：26、申命記 14：21　(3)イブン・エズラの出エジプト記 23：19 についての注解　(4)イザヤ書 11：6

象徴するもの：贖罪、憐れみ、ユダヤ民族、贖い、罪

項目別分類一覧：動物、食物、過ぎ越しの祭り

参照箇所：ハッド・ガドゥヤ、ハガダー、カシュルート、豹、過ぎ越しの祭り、供犠、ゾディアック

ヤキンとボアズ　JAKHIN and BOAZ（ヘブライ語：ヤヒン／ボアズ）

ソロモン*の神殿*についての聖書の記述によると、大広間の柱廊玄関の両側には二つの大きな青銅の柱が立っていたという。その柱の頂きには、ゆりと200個のざくろ*が列をなして彫られた柱頭が据えられていた。右側の柱は「ヤキン」（ヘブライ語の発音ではヤヒン）と呼ばれ、左側の柱は「ボアズ」と呼ばれていた。[1] 紀元前586年にバビロニア人が神殿を破壊した時、彼らはこれらの柱をばらばらに壊し、青銅をバビロニアへ運び去って行った。[2] 中世のイタリアのユダヤ人の宗教絵画では、神殿の特徴を螺旋状の柱で描くことがよくあった。これは、聖ペトロ大聖堂内部に美観を添えている螺旋状の柱はエルサレム*の神殿から持ってきたものであるという民間信仰に由来している。

これらの柱の機能は不明である。おそらくは、その地域の当時の神殿建築の流行であったのかもしれないが、単独の建築物であった。そしてさらに、これらはエジプトのオベリスクを模倣した生命の木*、世界を支えている宇宙の柱、あるいは、神の住居を象徴していたのかもしれない。

柱の名前の由来も不明である。神のことを言っているという学者もいるし、また、王家の一員の者の名前か、柱の建設にお金を寄付した人の名前であるという学者もいる。また、「ベ・オズ」（「強く」の意味）で始まる長文の聖書本文の最初の単語でもある。

神殿が崩壊し、シナゴーグ*が創設された後、同様に「ヤキンとボアズ」という名のこれらの2本の柱のレプリカが、トーラー*の巻物を納めた聖櫃*の両側に立てられた。それらは、パロヘット*や胸当て*にも描かれていた。スファラディーム⁺のあいだでは、

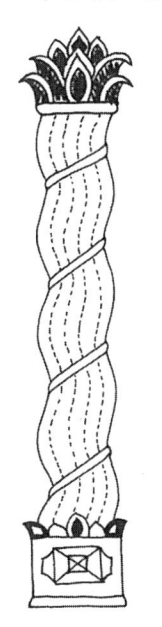

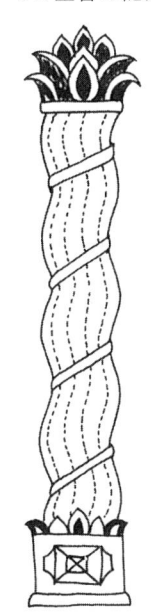

祭事用の織物に描かれている神殿の円柱の様式化された表現

ヤコブ　JACOB

聖櫃それ自体が神殿の元の至聖所にちなんでヘイハル（宮殿＊の意味）と呼ばれていた。これは、その記念的な機能を強めるためであった。アムディーム（柱）とかアツェイ・ハイーム（生命の木々）とか呼ばれるトーラーの巻き軸は、銀の装飾品（リモニーム。ヘブライ語でざくろの意味）がその頂きに据えられているように、神殿の柱を模倣していた。

(1) 列王記上 7：15-22　(2) 列王記下 25：13
象徴するもの：神の住居、神、聖性、想起
項目別分類一覧：シナゴーグ、神殿
参照箇所：聖櫃、ざくろ、神殿、トーラー、木

ヤコブ　JACOB（ヘブライ語：ヤアコーヴ）

ユダヤ人の伝承は、ヤコブについて最上級の言葉で語っている。[1] ラビ＋たちでさえも「天と地は、ヤコブのためにこそ創造されたのである」[2] とまで言っているほどである。彼は十二部族＊の父親であり、彼の名前、とりわけ、彼が変わることとなった天使との出会い[3] 以後授かったイスラエルという名前は、イスラエルの人びとと同義語となった。こうした同一視のために、ヤコブの人生は、ユダヤ人の歴史の隠喩として解釈されることもあった。とりわけ、彼の兄エサウ＊との闘いはそうであり、エサウは後にローマ＊の象徴となった。ショシャナット・ヤアコーヴ（ヤコブのばら＊）という表現は、ユダヤ民族、神が愛したものの意味である。

だが、ヤコブの性格に決して欠点がなかったわけではない。彼の名前ヤコブは、ヘブライ語のアケヴ（「かかと」の意）の語呂合わせにもとづいている。というのも、彼が母親のリベカ＊の体内から出てきた時、彼は兄のかかとをつかんでいたからである。[4] アケヴの語根 AKV には、「取って代わる」という意味もある。というのも、彼は兄のエサウから長子権を奪ったからである。こうして、彼は一族の指揮権を兄からもぎ取ったのである（英語の熟語の"He's a heel"「彼はかかとである」も、同じ意味を伝えている）。だが、彼がエサウの長子権を奪い取ったり、老いた父を騙して見捨てたり、また、レア＊よりもラケル＊のほうを愛したり、他の息子たちよりもヨセフ＊のほうを可愛がったりした悪行にもかかわらず、ミドラッシュ＋はそれでもヤコブを美徳と正義の模範とみなしている。ミドラッシュは、ヤコブと違って不肖の息子たちに父親らしくふるまった彼の父親イサク＊と祖父アブラハム＊を過小評価することによって[5]、また、ヤコブに敵対したために、ヤコブらしくないふるまいをさせることになったエサウとラバンを軽視することによって、ヤコブを大きな人物に仕立てあげている。そうして、エサウは異教の堕落を象徴することとなり、一方ヤコブはイスラエルの精神的な美しさを象徴することとなった。

ヤコブは、朝の祈りシャハリート＋と午後の祈りミンハー＋を創始したアブラハム＊とイサク＊にならい、天の梯子の幻を見た時[6] に、夕方の祈りマアリーヴ＋を創始した。彼の父親と祖父と同じように、彼は死の天使＊の支配下には入らなかった。彼は神の聖なる接吻で生涯を終えた。伝承は、ユダヤ民族が決して滅びることはないように、ヤコブも死んではいないと主張している。[7] ヤコブは他の二人の族長以上に、イスラエルの憐れみ深

い擁護者とみなされている。彼は歴史全体を通してイスラエルの人びととともに喜び、苦しんでいると考えられている。ヤコブはラケルを手に入れるために14年間も働いたので、ロマンティックな恋愛と誠実さの象徴とみなされている。

カバラー*においては、ヤコブはアブラハムのヘセッド（慈愛）とイサクのディーン（審判）を調和するスフィラー*・ティフエレット（栄光、または、美）を表わしている。保守的なユダヤ人は、今日に至るまで、コーシェル+の動物の腰の筋を食べることについてのトーラー*の禁止を固守している。これは、ヤコブが天使と格闘し、天使が彼に新しい名前を与えて祝福する前に彼の腰を傷つけた、ということを記念するためである。(9)

---

(1) 創世記ラバー76：1　(2) レビ記ラバー36：4　(3) 創世記32：25-33　(4) 創世記25：26　(5) レビ記ラバー36：5　(6) 創世記28：11、BTベラホート篇26b　(7) BTタアニート篇5b　(8) ミドラッシュ・トゥヒリーム14：7　(9) 創世記32：26、33

象徴するもの：均衡、賢明、憐れみ、信仰、ユダヤ人の歴史、ユダヤ民族、愛、祈り、正義、ロマンス、兄弟姉妹間の抗争、精神的な美しさ、闘争

項目別分類一覧：人物、祈り

参照箇所：天使、エサウ、イサク、ヨセフ、梯子、レア、レンズ豆、ラケル、リベカ、ばら、十二部族

ヤッド　YAD（ヘブライ語：ヤッド）

手を意味するヤッドは、トーラー*の巻物を朗読する際の特別な指し棒である。これは、朗読個所を指すためであるとともに、聖典の羊皮紙の聖性を守るために、人間の手で触らないようにするためである。(1) ヤッドは一般的に、トーラーの巻き棒のひとつに鎖で掛けられている。

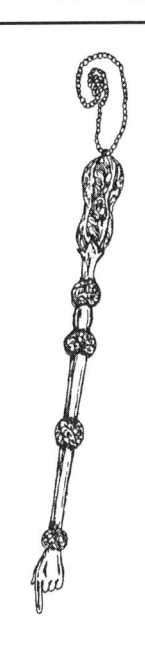

何世紀にもわたって、ユダヤ人芸術家たちはヤッドを美しい立派なものにしてきた。ヤッドは、伝統的に、木、象牙、貴金属、特に銀で作られており、人差し指が伸びた手*が先端についている細長い柄である。16世紀初めにユダヤ人職人たちは、王族の衣装を手本としてトーラーの装飾品を作りはじめた。彼らは神とトーラーの荘厳さを強調した。リモニーム（トーラーの把手のカバー）は王冠*に、トーラーの覆いは豪華な外套に、ヤッドは王の笏に似ている。

古代ヘブライ語では、ヤッドは「記念（碑）」をも意味していた。(2) この語は、現代のイスラエルで復活した。エルサレム*のホロコーストの犠牲者を追悼する記念館は、ヤッド・ヴァ・シェム（「手と名前」を意味する〔イザヤ書56：5に由来〕）と呼ばれている。

ヤッドは、本来はコミュニティだけが所有していたものであったが、近年では個人的な祭具としても所有するようになり、トーラーを朗読する者への贈り物、たとえばバル／バット・ミツヴァー*のお祝いとして贈られ

トーラーの指し棒は、巻物を朗読する時に用いられる。

柳　WILLOW

たりしている。この贈り物は、幾分かは、所有者のトーラーへの個人的なかかわりの度合いをも表わしている。

---

(1) ミシュナー：ヤダイム篇3：2、4：6、BT シャバット篇 14a　(2) サムエル記下 18：18

象徴するもの：神の臨在、神の力、想起、力、王権
項目別分類一覧：祭具、シナゴーグ
参照箇所：5、ハムサ、手、王、トーラー

柳　WILLOW（ヘブライ語：アラヴァー）

柳の木の最も重要な特徴は、それが水*と結びついていることである。イザヤは、「ヤコブ*の子孫は水のほとりの柳のように育つ」と預言している。(1) ホシャナ・ラバー✝と呼ばれるスッコート*の7日目には、手に持って行進した他の3種類の植物と柳の枝を分け、柳の枝で地面を打つのが慣習となっている。ミシュナー✝によれば、この日には「世界は授けられる水によって」、すなわち、来たるべき冬の雨*によって「判断される」という。(2) この判断は、春の収穫量を決定することとなる。柳はまさに的確にわれわれが冬の雨に依存していることを象徴している。なぜならば、水がないと柳はまたたく間に萎れてしまうからである。

シュミニ・アツェレット✝と呼ばれるホシャナ・ラバーの後の日には、雨*乞いの特別な祈りが朗唱される。中世には、ホシャナ・ラバー✝の儀式の柳は妊娠を引き起こすという民間信仰が生じた。というのも、ゲマトリア✝によるとアラヴァー（柳）とゼラア（種）の数値の総和が等しい〔ともに 277〕ので、柳と雨との結びつきは生殖力を暗示していると考えたからであった。

4種類の植物*についてのミドラッシュ✝は、柳には味も香りもないので、感心させられるほどの学識も善行もないユダヤ人を象徴している、と述べている。柳はまた、その葉の形が口に似ている。

ユダヤ人が追放されてユーフラテス川のほとりにまできた時、レビ人は竪琴*を柳の木の枝に掛けて、「どうして歌うことができようか、主のための歌を、異教の地で」と泣き叫んだ。(3) このイメージは、神殿*の崩壊を嘆き悲しんでいる象徴としてユダヤ人の絵画に描かれている。これはまた、神殿の崩壊を記念する断食日であるティシュアー・ベ・アヴ*にもふさわしい象徴でもある。英語の熟語「泣いている柳」weeping willow〔枝を垂れている「枝垂れ柳」のこと〕は、同じように、柳と悲しみの関係を表現している。スッコート*の時の柳の枝を保存しておいて、それで過ぎ越しの祭り*のマッツァー*を焼く火を起こしたり、過ぎ越しの祭り*の前にハメッツ*を焼いたりする伝統がある。

この慣習は春と秋の収穫と、また出エジプ

柳（学名 *SALIX*）の枝。スッコートの4種類の植物用としての柳にはさまざまな種類の柳が認められている。

山　MOUNTAIN

ト*とその後に続くイスラエルの人びとの荒野*での彷徨とも結びついている。この慣習はまた、自由の中に本質的に存在している脆弱さをも強調している。

　柳のほっそりとした背の高い形は優美さの象徴でもある。柳は古代から非常に実用的な木であった。それは、籠*を編むための小枝、ボートを作るための腐らない木材、そしてランプ*の芯を提供していた。

---

(1) イザヤ書44：4　(2) ミシュナー：ローシュ・ハ・シャナー篇1：2　(3) 詩篇137：1-4

象徴するもの：生殖力、優美、成長、服喪、脆弱

項目別分類一覧：植物、スッコート、ティシュアー・ベ・アヴ、木

参照箇所：4種類の植物、雨、スッコート、ティシュアー・ベ・アヴ、木、水

山　MOUNTAIN（ヘブライ語：ハル）

　ほとんどの宗教的な伝承においては、山は天と地が接する場所——世界の軸（Axis Mundi）——を象徴している。この観念は宇宙樹*や宇宙の梯子*などによっても伝えられている。古代の中近東では、ピラミッドやジッグラトがこの概念を建築で具体的に表現していた。宗教的な求道者は、山頂で神聖で霊的な権威者との交わりを行なっていた。供犠を献げる祭壇*は、高き所に位置し、階段で近づいた。これはまた、神聖な山をも表わしていた。

　ユダヤ人の伝統では、きわめて重要な山がいくつかある。

　伝承によれば、モリヤ山はアケダー*（「イサク*を生贄として献げる」という意味）の場所であるばかりか、アダム*、カイン、アベル、ノアが彼らの最初の生贄を献げた場所でもあるという。この山はまた、聖なる神殿*がかつて建っていた場所でもあり、さらには、メシア*が来臨すると、神殿はそこにふたたび建てられるという。(1) ダビデ*の町としても知られているシオンの山は、エルサレム*の東南の神殿の山に近い所にあった丘である。後には、この山はエルサレム、神殿、全体としてのユダヤ民族と同一視された。

　神殿の山は、伝説ではモリヤ山と同一視されており、崩壊した神殿があった場所であり、ユダヤ教では最も聖なる場所である。紀元後70年の第二神殿の破壊以後、ラビたち⁺は、ユダヤ人がこの場所を歩くことを禁じた。これは、彼らが誤って至聖所のあった場所を踏み、神聖さを穢す最悪の行為を犯すことがないようにするためであった。この信仰心は、現在の旧市街の考古学的発掘と、神殿の山の権利を主張するムスリムとの争いにおいては大きな緊張を生じさせた。ある伝説は、神殿の聖器はまだこの場所の地下に埋められていると言っている。また、別な伝説は、この山は世界の中心、エヴェン・ハ・シュティヤー（礎石）の場所であり、世界のすべての地下水源が流れこんでいる場所であると言っている。メシアが来臨するとすべての死者は地下のこの場所に走りこんで行き、そこでよみがえると伝承は教えている。

　ユダの荒野のヘロデ大王の要塞マサダ*は、紀元後1世紀にユダヤ人ゼーロータイ（熱心党）がローマ人に対して戦った抵抗の最後の拠点となった。マサダは、ユダヤ人の抵抗、殉教、勇敢さを象徴するようになった。

ユダ　JUDAH

　伝承の中で最も有名な山は、シナイ*山である。この山はホレブ山とも呼ばれている。ここで、神は燃える柴*の中からモーセ*に最初に現われ、後に十戒*をモーセとイスラエルの子らに啓示した。[2] 重要なことは、この山はイスラエルの外部にあるユダヤ教にとって唯一の聖なる山であるということである。だが、その正確な位置はわかってはいない。預言者エリヤ*はこの山で神の顕現を経験した。[3] シナイ山がユダヤ人の巡礼地とならなかったという事実は、神は世界のどこにでも存在しており、しかも、トーラー*はすべての人間に与えられたものであるという観念にもとづいている。

　オリーヴ山は、エルサレムを東側から見下ろしている山である。伝説によると、洪水の後ノアが放った鳩*はこの山からオリーヴ*の枝を持ち帰ったという。[4] ダビデ*王はここで礼拝した。[5] 第二神殿時代には、この場所は宗教的な中心地であった。ここで赤い*若い雌牛が燃やされ、新月*を告げる烽火（のろし）が燃やされていた。後になると、祭りや行政上の任命、除名の布告などがこの場所から出された。

　預言者たちは、オリーヴ山にメシアによる贖いの際に果たす重要な役割を与えている。ゼカリヤによると、大変動の瞬間には、この山は二つに裂けるという。[6] 後の伝説では、メシアはこの山に登り、その頂上からエリヤ*、天使* ガブリエル、あるいは、神が死者の復活を告げるトランペットを吹くと言っている。[7] オリーヴ山は、その復活との結びつきのゆえに、幾世紀ものあいだ魅力的なユダヤ人の墓地であった。

　現代では、オリーヴ山と同じ山並みの支脈にあたるスコパス山は、ヘブライ大学の最初のキャンパスが置かれた場所として重要な場所となった。その場所は、数十年ものあいだアラブ人の管理下にあり、その後、6日間戦争でふたたび取り戻され、聖地に対するユダヤ人の主権の回復の象徴となった。

---

(1) 創世記ラバー 56：10、プスィクタ・ラバティ 31、タルグム・イェルシャルミ、創世記 22：14　(2) 創世記 3：12、20 章、申命記 5 章　(3) 列王上 19：8-18　(4) Ginzberg, Legend of the Jews, 1：164　(5) サムエル記下 15：32　(6) ゼカリヤ書 14：4　(7) Ginzberg, Legend of the Jews, 6：438, 注 25

象徴するもの：中心、神聖なものとの交わり、神の臨在、民族の再生、贖い、復活、啓示、霊的権威者

項目別分類一覧：死、メシア、場所、神殿

参照箇所：アケダー、ダビデ、エルサレム、梯子、マサダ、メシア、オリーヴ、シナイ、神殿、木、井戸

ユダ　JUDAH（ヘブライ語：イェフダー）

　ヤコブ*とレア*の四男ユダの名前は、神への感謝、あるいは、神を誉め称える、という意味のヘブライ語に由来している。[1] ユダは、十二部族*の中でも特にイスラエルの人びとと同義語となった。彼の名前は、十二部族の子孫――イェフディーム（ユダヤ人）――の呼称となり、また、イスラエルの宗教――ユダヤ教――の呼称ともなった。[2]

　ラビたち+は、彼がヨセフ*の命を他の兄弟たちの手から救ったことと、ヨセフが後に兄弟たちを試した時にベニヤミンの代わりに

自らを捧げたことは彼の家族への忠誠心を表わしていると指摘して、彼の重要性を説明している。(3) しかし彼は、ヨセフが奴隷となるのを救おうとしなかったので、後に罰せられ、妻と2人の息子を亡くすこととなった。(4) ユダと、彼を騙してユダヤ律法にかなった彼女の家系を継続させようとした息子の嫁タマルは、ダビデ*、ダビデ王朝、メシア*の祖先である。(5)

イスラエル王国がソロモン*の治世の後に分裂すると、南には二つの部族、ユダとベニヤミンが残った。結局、ユダは、ユダと呼ばれるようになった南王国と同義語となり、ローマ人も「ユダヤ」と名前を改めた。人びとはユダヤ人、ヘブライ語でイェフディームと呼ばれた。これが、英語の"Jew"(ジュー)の語源である。

ユダ族は、その戦士としての強さで特に際立っている。それゆえに、その象徴は獅子*である。ユダは聖書では「獅子の子……百獣の王のような」(6) と述べられている。ミドラッシュ✝は、ユダが怒るとその胸毛が衣を突き通し、彼は鉄の棒を噛み砕いた、と述べている。(7) ユダヤ人の歴史全体を通して、ユダの獅子はユダヤ民族の最も広範に見られた象徴であった。それは、宗教絵画やシナゴーグ*の建物によく描かれていた。

---

(1) 創世記 29:35 (2) 創世記ラバー 98:6 (3) 創世記 37:26-27、43:8-9、44:16-34 (4) 創世記 38:7-12、創世記ラバー 85:3 (5) 創世記 38章、創世記ラバー 85:3 (6) 創世記 49:9 (7) 創世記ラバー 93:6

象徴するもの:家族、ユダヤ民族、力強さ

項目別分類一覧:人物、十二部族

参照箇所:ダビデ、イスラエル、ヤコブ、ヨセフ、獅子

ユダ・マカバイ　JUDAH MACCABEE
(ヘブライ語:イェフダー・ハ・マカビー)

ユダ・マカバイは、紀元前2世紀にシリアによるヘレニズム支配に対するユダヤ人の反乱を始めたハスモン家の祭司マタティアの三男であった。ユダはその勇敢さと天才的な軍事的才能でよく知られていた。彼は数で勝るが訓練されていない彼のゲリラ部隊を、優勢なシリアに対する勝利へと導いた。

ユダはシリア軍を破ると、エルサレム*に入り、神殿*を清め、再奉献し、ハヌカー*として知られるようになった8日間の祭りを定めた。タルムード✝にはユダ・マカバイについての記述はないが、彼はやがて一般民衆の英雄となり、宗教的自由と民族の解放のユダヤ人の象徴となった。ユダは数え切れないほどのハヌカーの劇、詩、音楽の英雄であり、とりわけ現代のイスラエルでは、ユダヤ人戦士の模範となった。イスラエルの歴史は、強大な敵を向こうにまわしての軍事的勝利がその特性となっている。

伝承では、マカバイという名前は、ユダの力の象徴である「鉄鎚」〔ヘブライ語でマカブ〕を意味しているという説と、「主よ、神々の中に、あなたのような方が誰かあるでしょうか」(1) というヘブライ語の文章、mi khamokha ba-elim Adonai の頭字語である、という説がある。

---

(1) 出エジプト記 15:11

象徴するもの:勇気、解放、軍事力、民族主義、力

ユディト　JUDITH

強さ、勝利、戦争
項目別分類一覧：ハヌカー、人物
参照箇所：ギリシア、ハヌカー、メノラー、神殿

ユディト　JUDITH（ヘブライ語：イェフディト）

ユディト書は、ユダヤ人の歴史の中でその運命がどうなったのかはっきりとしていない書である。この書は、ラビ[+]たちによって「外部の書物」（後の非ユダヤ人の伝承では聖書外典[+]）と呼ばれている範疇に追いやられてしまったが、ヘブライ語聖書のギリシア*語訳、セプトゥアギンタには含まれている。後になると、アッシリア軍の総司令官ホロフェルネスの首を切り、エルサレム*を破壊から救った勇敢な英雄というユディトの人物像は、ユダヤ人の勇敢さと勝利の中心的な象徴となった。そしてさらには、ユダヤ人の宗教芸術、特に、彼女の歴史がユダ・マカバイ*の歴史と非常に近似しているので、ハヌカー*のメノラー*に彼女はよく描かれていた。ハヌカーのシャバット*にユディトの物語にもとづいた12世紀のピユート（典礼詩）、「ミ　カモハ　アディール　アヨーム　ヴェ・ノラー」を歌うのがかつては慣習となっていた。ユディトはまた、伝統的に貞節の象徴でもある。というのも、彼女はホロフェルネスの好色な口説きをはねつけたからである。ユダヤ人は慣習的にハヌカーの期間に乳製品を食べる。これは、喉が渇いてぶどう酒*を求めるようにさせるためにホロフェルネスにチーズを食べさせたユディトの戦略を記念した慣習である。

最近は、ユディトの物語は実際にはユダヤ人のコミュニティではあまりよく知られてはいない。これはおそらくは、ユディトに対して意識的に無関心を装っているのかもしれないし、あるいはまた、彼女の物語と関連した宗教儀式がないからかもしれない。現代のユダヤ人フェミニストたちは、ヒロイズムと行動主義の模範としてユディトの物語を復活させた。

象徴するもの：行動主義、勇気、勝利、貞節
項目別分類一覧：ハヌカー、人物、女性
参照箇所：ハヌカー、ユダ・マカバイ、メノラー、乳

夢　DREAMS（ヘブライ語：ハロモート）

夢は古代から夢見る人を困惑させ、畏怖させ、時によっては警戒させてきた。古代世界においては、夢は、目覚めている状態の心ではいかなる手段をもってしても近づくことのできない天界、悪霊の世界、未来などの領域への通路とみなされていた。古代のメソポタミアとエジプト*には、夢を解釈する『夢占いの書』があった。「夢占い師」は、そのすばらしい力のゆえに尊敬されていた。われわれの時代においては、夢は依然としてわれわれを魅惑し、われわれは自分自身の夢占い師、とりわけ、フロイト、ユング、そして、彼らの弟子たちに相談しつづけている。

聖書にはたくさんの夢見る人と夢占い師が出てくる。ヤコブ*は天使*がたくさんいる梯子の夢を見た。サムエルとソロモン*は、彼らに神聖な使信を伝える神の声を夢で聞いた。ヨセフ*は、おそらくは聖書で最も有名な夢見る人であり夢の解釈者であり、彼はそ

の夢を解読する能力のゆえに成功した。ダニエル*もまた、未来を予告する夢の解釈で有名であった。しかし、預言者たちは、すべての夢が真実であるとは限らないと警告していた。聖書は、夢はその預言が実際に起こった時にのみ真実であると語っている。[1] というのも、真の夢は、神からのみくるからである。神は、夢を実現させる力を持っている。[2]

タルムード[+]においては、夢は尊敬の念と疑いの念が混じり合った目で見られていた。ラビ・ヨナタンは、夢の素材は「(ある人の)それ自身の考えが暗示しているものにほかならない」と主張した。[3] しかし他の人びとは、夢には実際に力があると認めており、夢を「預言の異なった形態」と呼んでいた。[4] それゆえに、ラビ[+]の中には悪い夢を見た後には特別な断食——タアニート・ハローム——を行なったり、特別な祈り——「もしも良い夢ならば、ヨセフの夢のように確固たる強い夢にしてください。もしもその夢が治療を必要としているならば、治してください。……わたしのすべての夢をわたしにとって有益な方向に向けてください」——を朗唱したりした者もいた。[5] 今日でも、悪い夢を見た後にこのタルムードの祝祷を朗唱している人がいる。

『ゾハール』[+]によれば、夢には高次の世界と「スィトラ・アフラ」(裏側) 双方からの預言が混在しているという。罪人の夢は、不純なものから出てくる。義人の夢は天使*ガブリエルが司っており、そのほとんどがより高次の世界で魂が見た幻と予言である。

マイモニデス[+]はフロイトに先んじて、夢は人間の想像力の副産物であるが、しかし、預言者には高度に発達した精神的能力があるので、預言者のみが夢を間違いなく活用して、神聖な真実を預言することができる、と言っていた。[6]

---

(1) ゼカリヤ書 10:2 (2) 創世記 40:8 (3)BT ベラホート篇 55b (4) 創世記ラバー 17:5 (5)BT ベラホート篇 55b (6) Maimonides, *Guide of the Perplexed*, 2:36-38

象徴するもの:神の導き、想像力、預言、変わり目

項目別分類一覧:カバラーの象徴

参照箇所:ダニエル、ヤコブ、ヨセフ

ヨセフ　JOSEPH（ヘブライ語:ヨセフ）

ヨセフは、ヤコブ*が特に寵愛していたラケル*の長男である。ヤコブはヨセフを他のどの子供たちよりもかわいがり、彼にだけ極彩色*の裾の長い服を与えた。彼は、兄たちの束が彼の束にひれ伏している夢*を見たと言って、兄たちの恨みをますます増大させることとなった。さらに彼は、兄たちのみならず両親(太陽*と月*と11の星*)も彼にひれ伏している夢を見たと言った。〔創世記37:5-9〕ヨセフの兄弟たちは嫉妬心から、彼の死を装い、エジプト*へ奴隷として売ってしまった。ヨセフは、夢解釈者と管財人としての能力のゆえに、エジプトと、彼の家族自身をも飢饉から救った。

ヨセフには、ユダヤ人をエジプトに連れてきて、奴隷状態にさせた間接的な責任があるが、彼が生きていたあいだに飢餓から彼らを救い、数百年後の輝かしい出エジプト*の舞台を設定した功績もある。それゆえに、ヨセフは、贖いの象徴である。

ソロモン*の治世の後にイスラエルの王国

が分裂すると、ヨセフ、ヨセフの家、あるいは、ヨセフの次男エフライム*は、北王国と同義語となった。⁽¹⁾ラビ⁺たちは後の伝説において、おそらくは、黙示的な文書の影響と失敗に終わったバル・コフバの反乱（紀元後135年）の結果であろうが、メシア*となるダビデ*の息子の先がけとして「ヨセフの息子」という第2のメシア*が現われ、イスラエルの敵と戦って死ぬ、という観念を発展させた。⁽²⁾この最初に現われるメシアは、十二部族*の再統合の象徴となった。

ミドラッシュ⁺においては、ヨセフは多くの完全な特質を有した模範として描かれている。そこでは、（ポティファルの妻のエピソードに例証されているように）誘惑を前にした徳⁽³⁾、子としての愛情⁽⁴⁾、家族への忠義、仕事場での立派なふるまい⁽⁵⁾、正義感⁽⁶⁾、夢を解釈する知恵などの特質が挙げられている。しかし、ラビたち⁺はまた、彼は若い時には眉毛を筆で書き、髪の毛をカールさせ、気取って小股で歩いていたとして、彼のうぬぼれを咎めてもいた。⁽⁷⁾後に彼は、緊張をはらんだ職務を有した宮廷ユダヤ人の先がけとなった。

ヨセフの生涯は、最初は奴隷として、次には司政者として、そして今度は、彼の子孫が最終的にまた奴隷となった彼のエジプトでの経験のゆえに、未来が突然逆転するという特徴を有したユダヤ人の歴史の象徴である。

金曜日の夜には、親たちはヤコブがヨセフの息子たちに与えた言葉で自分たちの子供を祝福する——「あなたによって、イスラエルは人を祝福して言うであろう。『どうか、神があなたを、エフライムとマナセのようにしてくださるように』」⁽⁸⁾したがって、ヨセフの家系は、家族の継続性と未来への希望を表わしている。

---

(1) エゼキエル書37：16、アモス書5：6 (2) BTスッカー篇52a (3) 創世記39：7-19 (4) メヒルタ・ブシャラーの序文 (5) 出エジプト記ラバー1：7 (6) BTアヴォダー・ザラー篇3a (7) 創世記ラバー84：7 (8) 創世記48：20

象徴するもの：傲慢、賢明、継続性、宮廷ユダヤ人、家族、えこひいき、名誉、希望、ユダヤ人の歴史、贖い、再統合、運命の逆転、正義、兄弟姉妹間の抗争、空しさ、貞節

項目別分類一覧：メシア、人物

参照箇所：色彩、夢、エジプト、エフライム、ヤコブ、ユダ、メシア、十二部族

ヨナ　JONAH（ヘブライ語：ヨナ）

ヨナ——その名前の意味は鳩*である——は、イスラエルの預言者である。彼は、罪深い都ニネベの滅びの運命を告げよ、という天からの召命から逃れようとした。しかし結局は、使命を果たすよう巨大な魚*の腹から呼び戻された。（預言者という語は、彼の名前のついた書には1度も出てこないが）彼は優柔不断な預言者の象徴である。

ヨナは心配していたが、ニネベの人びとは彼の急を要する警告を聞き入れ、実際に悔い改めた。このことは、彼を偽りの預言者のように思わせた。しかし、神はたとえ話を通して、神のやり方は罰することよりも憐れみをかけるほうにずっと重きを置いているということを教えた。

多くの文化では、呑みこまれることは、信

仰、救済、再生の経験の象徴である。しかし、ニムロドに炉の中に放りこまれたアブラハム*、獅子の洞窟の中に投げこまれたダニエル*、ネブカドネツァル王によって炉の中に投げ込まれたシャドラク、メシャク、アベド・ネゴ、そして、ヨナなどのこの種のユダヤ人の物語では、彼らを救ったのは、英雄の勇敢さなどではなく、祈りであった。こうした物語を自己破壊と再生のあいだで葛藤している個人の魂の隠喩と見ることもできる。

ヨナ書は、人間の悔い改め、神の赦し、全知の神から隠れることの無益さ、という使信のゆえに、ヨーム・キプール*の午後に朗読される。死と生命の源泉としての水*の象徴的な表現は、悔い改めの時季という大きな主題を反映している。

大嵐、鯨がヨナを呑みこみ、吐き出している場面とヨナが神と議論している場面の描写は、ローマ時代のカタコンベの中の古いユダヤ人の墓に数多く見られる。これは、ヨナやニネベの罪が赦されたように、死者の罪を神が赦してくれるだろうという希望を象徴的に表現している。

象徴するもの：神の憐れみ、神の審判、信仰、赦し、希望、贖い、預言、悔い改め、神意への服従

項目別分類一覧：人物、ヨーム・キプール

参照箇所：魚、水、ヨーム・キプール

ヨブ　JOB（ヘブライ語：イョヴ）

ヨブの名前は、ヘブライ語の二つの単語 ai av ——「（神聖な）父はどこにおられるのか？」——から作られた複合語に由来するものと思われる。ヨブは聖書の他の人物にもまして、苦難の真っ只中での信仰の象徴として、ユダヤ人とキリスト教徒双方の宗教的想像力をかきたてた。

ラビ[+]たちの中には、ヨブを真に神を畏れた人であり[(1)]、今までで最も敬虔な異邦人のひとりであり[(2)]、アブラハム*よりも称賛に値する人間である[(3)]と言う者もいるし、他方、彼は神を冒瀆する者である[(4)]と言う者もいる。また、彼は異教の預言者であると言う者もいるし、彼はユダヤ教への改宗者の模範であると言う者もいる。中には、彼はイスラエル人であったと言う者さえいる。彼は、彼同様に信仰の最終的な試みを受けたアブラハムになぞらえられている。

中世から今日のわれわれの時代に至るまで、ヨブ記は、ユダヤ人とキリスト教徒双方のあいだで、演劇、詩、音楽、視覚芸術の作品など多くのものに影響を与えてきた。ヨブは、その宗教的懐疑と理由なき苦悩のゆえに、特に実存主義哲学者のあいだでは、現代の状況の象徴とみなされたり、苦悩への回答を要求した神への挑戦者とみなされたりしていた。

(1)BT ソター篇 31a　(2) 申命記ラバー 2：4　(3)BT バヴァ・バトラー 15b　(4)BT バヴァ・バトラー 16a

象徴するもの：挑戦、信仰、悲嘆、喪失、現代性、敬虔、正しい異邦人、神意への服従、苦難

項目別分類一覧：人物

参照箇所：アブラハム、アケダー

ヨーム・キプール（贖罪日）YOM KIPPUR
（ヘブライ語：ヨーム・キプール）

ヨーム・キプール——贖罪日は、個人と

ヨーム・キプール（贖罪日）YOM KIPPUR

コミュニティが悔い改め、トゥシュヴァー[+]（「回心すること」）を一心になって行なう断食日である。これは、エルール[+]の月の精神的な準備の月からはじまり、その後、ローシュ・ハ・シャナー[*]からヨーム・キプールまでの 10[*] 日間に、より一心に悔い改めを行なう、長期間の自己審査である。この 24 時間の断食のあいだは、13[*] 歳以上のユダヤ人は、あらゆる物質的な楽しみ、とりわけ、飲食をすること、風呂に入ること、身体に油を塗ること、革靴を履くこと、性行為は慎まなければならない。代わりに、断食をしているあいだに、個人として精神的な総括（ヘシュボン・ハ・ネフェッシュ）をし、正しい道に戻る努力をしなければならない。ヨーム・キプールは、ユダヤ暦[*]では最も神聖な日であり、「最も厳かな安息日」[(1)] である。

伝統は、この日にはユダヤ人は天使[*]のように純粋になり、世俗的な要求から解放されていると説いている。[(2)] この日の儀礼と象徴はまた、人間の死ぬべき運命をも強調している。というのも、人が最後に埋葬される時に包まれる白い[*]キッテル[*]を着、飲食を控えるからである。

古代イスラエルでは、若い女性たちはヨーム・キプールの午後になると白い衣服を身に着け、野原で踊った。青年たちはそこで彼女たちと会い、花嫁を選んだ。[(3)] この古代の慣習が、ヨーム・キプールの午後の礼拝での禁じられた性関係の個所（レビ記 18 章）のトーラーを朗読する慣習を生じさせたのかもしれない。

この祝祭日は、コール・ニドレイ[+]（「すべての誓い」の意味）と呼ばれる礼拝で始まる。

この時の礼拝にはコミュニティの罪の告白、人間の償い、神の憐れみなどの主要なテーマが採り入れられている。その日の他の礼拝でも、これらのテーマがくり返される。ヨーム・キプールの特別な礼拝には、かつてこの日に大祭司が行なった古代の身代わりの山羊の儀式を記した聖書からの引用が含まれている。また、かつては、大祭司が神殿[*]の至聖所に入り、1 年のうちでもこの日 1 日だけ、神の聖なる 4 文字の御名[*]を発した恭しい儀式が行なわれていた。悔い改めはヨナ[*]書の中心的なテーマであったので、午後の礼拝では朗唱される。

ヨーム・キプールは、悔い改めの特別な期間の終わりを示している。それゆえに、切迫した厳粛な感じがその特徴となっている。「生命の書[*]にわれわれの名前を書き記せ」という文句はローシュ・ハ・シャナー全体を通して朗唱されるが、この日には「生命の書にわれわれの名前を封印せよ」と変えられている。最後の礼拝はネイラー[+]と呼ばれ、憐れみの門[*]がまさに閉じようとしていることを礼拝者に思い起こさせている。その日はショファール[*]の長いひと吹きで終わる。この音は、神の赦しを最後に乞い、と同時に、メシアによる贖いへの希望を宣言しているように聞こえる。

ヨーム・キプールが終わると、すぐさまスッカー[*]の建設に取りかかるのが伝統となっている。これは、二つの祭りの時季のあいだの繋がりを象徴しており、また、生命の継続性を確認している。

---

(1) レビ記 23：26-32　(2) イェフダ・ハ・レヴィ

『クザーリ』3：5　(3) ミシュナー：タアニート篇 4：8

象徴するもの：贖罪、神の憐れみ、神の審判、宿命、聖性、贖い、純粋、悔い改め、責任、脆弱

項目別分類一覧：死、メシア、祈り、シナゴーグ、神殿、女性、ヨーム・キプール

参照個所：天使、書物、魚、門、山羊、ヨナ、キッテル、神の御名、祭司職、ローシュ・ハ・シャナー、天秤、ショファール、白

4　FOUR（ヘブライ語：アルバァ）

数字の「4」は常に、地球*とその周期的変動と結びついていた。たとえば、四隅、四季、四方角、四方向の風*、四元素などである。聖書によれば、四つの川がエデンの園*から流れ出ていた。[1] 古代人は、われわれの世界は同心円的な球体の内部にあると想像していたが、地球そのものに対しては、〔四〕隅で固定された平面であると想像し、堅固さと安定性を象徴していると考えていた。人間の住居は、例外はあるが、空間を制限した四角形のこのモデルを模倣した。

タリート*という四角いユダヤ人の衣服は、紐で結ばれた四つの房、すなわち、ツィツィートを四隅（折りたたむと8つとなる）に付けることによって自然に四隅が画定されていた。タリートは、世界の四隅と同じく人間の空間、家を画定している四境界というこの観念の影響を受けている。衣服の下に着るアルバァ・カンフォートというユダヤ人の少年や男性が毎日着ている房のついたものも、この考えを表わしている。ユダヤ人は毎日の礼拝の中で、イスラエルの四散した遺物が「地上の四隅」（アルバァ・カンフォート・ハ・アーレツ）から集められ、四角形の中心地エルサレム*でシェヒナー*の翼*（カンフォートの第2の意味）の下で保護されることを祈っている。「4」はここでは、「1」なるもの、すなわち神と聖地などとは対照的に四散を表わしている。

神の最も聖なる御名*であるテトラグラマトン、YHVH（ユッド、ヘイ、ヴァヴ、ヘイ）——この語に正しい母音符号をつけることができないので、発音することができない——は、「4文字の御名」と呼ばれており、他の神の名前すべての源泉であり、要約したものである。エゼキエルが見た聖なる幻視の戦車*は神の霊を象徴しているが、そこには四つのケルビム*がおり、それぞれに四つの顔*と四つの車輪があった。

ユダヤ人の伝統において重要なもうひとつの「4」は、聖書の族長たちの4人の妻たち、サラ*、リベカ*、ラケル*、レア*、あるいは別の女性たち、すなわち、ユダヤ民族の祖先である十二部族*を生んだヤコブの4人の妻たちであるラケル、レア、ビルハ、ジルパである。

過ぎ越しの祭り*の祝祭日には、「4」にちなんだものがたくさんある。4杯のぶどう酒*、四つの質問、4人の子供、そして、コミュニティの中には四つのマッツァー*を準備するところもある。トゥ・ビ・シュヴァット*のセデル*は、過ぎ越しの祭りのセデルを範にして、数字の4をもとに、すなわち、4杯のぶどう酒とカバラーの四世界で構成されている。これらの二つのセデルにおいては、4は完全性を象徴している。過ぎ越しの祭りの4杯のぶどう酒は民族の贖いを表わしてい

る。⁽²⁾ トゥ・ビ・シュヴァットの４杯のぶどう酒は季節の周期を通した自然の贖いを表わしている。さらに、セデルでの四つの質問は勉学の人生を表わしている。異なった４人の子供たちは完全な家族を、四つのマッツァーはイスラエルの人びとを、カバラーの四世界は、神によって整えられた宇宙を表わしている。この完全へのイメージは、スッコート*で用いられる４*種類の植物によっても表わされている。これらの４種類の植物は、ユダヤ民族と人間の身体をさまざまに象徴している。

ラビ⁺の教えの集成である『ピルケイ・アヴォート』(『父祖たちの教え』)は、四つの型のものをたくさん網羅している。それらの中には、人間の性格のタイプ、気性、学生の特質、慈善の傾向などがある。⁽³⁾

カバリスト⁺たち*は神の臨在が顕現されている四世界について語っている。それらは、われわれが住んでいる物質的世界である行為(アシアー)の世界、形成(イェツィラー)の世界、創造(ブリアー)の世界、そして、エイン・ソフ(無限なる者)がその上に存在している至高の領域である流出(アツィルート)の世界である。

---

(1) 創世記２：10-14　(2) 出エジプト記６：6-8　(3) ピルケイ・アヴォート５：9-15

象徴するもの：境界、完成、追放、神、族長たちの妻たち、避難所、安定性、全体性

項目別分類一覧：カバラーの象徴、数字、過ぎ越しの祭り、スッコート、トゥ・ビ・シュヴァット、女性

参照箇所：衣服、隅、４種類の植物、カバラー、神の御名、数字、過ぎ越しの祭り、セデル、タリート、トゥ・ビ・シュヴァット

40　FORTY（ヘブライ語：アルバイーム）

「３」や「７」のような数字は、広く一般的に象徴的な意味を持っているが、数字の「40」の意味は、ユダヤ・キリスト教の伝統にとっては特別であるように思われる。この数字は、40日40夜ものあいだ雨が激しく降りつづけたという聖書のノア*の物語から登場し、その後、驚くべきほどの頻度でくり返し出てくることとなる。イサク*がリベカ*と結婚したのは40歳の時だった。⁽¹⁾エサウ*が２人の外国人の妻と結婚したのは40歳の時だった。⁽²⁾モーセ*は２度、シナイ*山に40日間とどまっていた。⁽³⁾イスラエルの子らは、40年間も荒野*をさまよっていた。⁽⁴⁾ヨシュア*が40歳の時、彼と他の11人の偵察隊は、イスラエルの地の偵察のため40日間費やした。⁽⁵⁾ダビデ*王は40年間統治した。⁽⁶⁾息子のソロモン*王も、同様に40年間統治した。⁽⁷⁾

40とその倍数は、モーセの生涯において特に重要なものであった。彼が工事監督を殺し、エジプト*から逃げたのは、彼が40歳の時だった。モーセが燃える柴*を見て、ふたたびファラオ*の前に現われたのは80歳の時だった。彼は120歳で死んだ。エリヤは、荒野で40日間断食をした。⁽⁸⁾エルール⁺の月に始まりヨーム・キプール*で最高潮に達する40日間の贖罪期間は、モーセが十戒*の最初の石板を砕いた後、シナイ山で40日間の悔い改めをしたことの再現である。⁽⁹⁾

40という数字が、なぜこれほどまでに頻繁に聖書の中に出てくるのであろうか？　こ

れは、学者のみが推測できる。おそらくはこれは、毎年かならずどこかの川が氾濫していた中近東の川の自然的な周期を反映していたのかもしれない。逆にこれは、毎年春のプレアデス星団が見えなくなる時期（冬の雨季が終わり、乾季が始まる時期と一致している）の40日間に由来していたのかもしれない。あるいはこれは、平均寿命や世代を表わしていたのかもしれない。

たとえその起源がどうであれ、古代の聖なる人物たちとの結びつきを通してこの数字がひとたび神聖な地位を獲得すると、伝説はこの数字と後の英雄たちを結びつけつづけた。たとえば、ラビ・アキバ⁺は、40歳でトーラーの研究を始めたと言われている。ユダヤ教神秘主義の伝統においては、40歳という年齢は、カバラー*の研究を始めるのに適した年齢であると考えられている。⁽¹⁰⁾

---

(1) 創世記 25：20　(2) 創世記 26：34　(3) 出エジプト記 24：18、申命記 10：10　(4) 申命記 29：4　(5) 民数記 13：25、ヨシュア記 14：7　(6) サムエル記下 5：4　(7) 列王記上 11：42　(8) 列王記上 19：8　(9) ピルケイ・デ・ラビ・エリエゼル 46　(10) ピルケイ・アヴォート 5：21

象徴するもの：世代、成熟

項目別分類一覧：数字、荒野

4種類の植物　FOUR SPECIES（ヘブライ語：アルバアー・ミニーム）

トーラー*はイスラエルの人びとに、スッコート*の祝いのひとつとして4*種類の植物——「立派な木の実、なつめやし*の葉、茂った木の枝、柳*の枝」を取ってきて、⁽¹⁾スッカー*（仮庵）を作り、この祝祭日の期間そこに住まなければならない、⁽²⁾と命令している。かつては、ユダヤ人たちはおそらくは仮庵を作るためにこれらの4種類の植物を用いたのであろう。実際には、4種類の植物は別の儀礼の中心となった。ラビ⁺たちは、「立派な木の実」をエトログ*と、そして、「茂った木の枝」をミルトス*と解釈している。⁽³⁾

当初は、神殿の中の祭司*と神殿域の外の人びとは、4種類の植物を用いて異なった儀礼を行なっていたが、神殿の崩壊*の後に、ラビたちは、すべての人びとは神殿を思い起こして祭司の儀式を行なうべきであると命じた。

何ゆえにこれらの4種類の植物がこの収穫の祝祭日と関連があるのかについてトーラーは説明してはいないが、おそらくは、これらの植物が、イスラエルの地の肥沃さと翌年の豊作への希望を象徴していたからであろう。「4」は、四方向の風*、四方角、四季などのように地球と普遍的に関連した数字*である。4種類の植物は、イスラエルの四つの農業地域を表わしていると考えることもできる。すなわち、ルーラヴ*（なつめやしの枝葉）は低地を、柳は川を、ミルトスは山*を、エトログは灌漑された地域を表わしている。

4種類の植物はまた、イスラエルの地でのユダヤ人の定住の歴史的な進展を象徴してもいる。なつめやしは荒野*での期間を、柳はイスラエルの地に入った時に見つけた水*を、ミルトスは定住した地域での作物の植えつけを、エトログはその地に基盤を確立した後に収穫した果実を思い起こさせている。

4種類の植物　FOUR SPECIES

4種類の植物：ルーラヴ（なつめやしの葉）とミルトス、柳、エトログ。

ミドラッシュ⁺はこれらの4種類の植物を用いることについて、多くの象徴的な解釈をしている。エトログは香りが良く美味しいので、善行と学識のある人を象徴している。ルーラヴ、なつめやしは美味しいだけなので、学識だけある人を象徴している。ミルトスは香りが良いだけなので、善行だけある人を象徴している。柳は味も香りもないので、善行も学識もない人を象徴している。これらすべてであらゆる種類のユダヤ人を包含しているイスラエルのコミュニティ全体を作り出している。⁽⁴⁾

4種類の植物はまた、人間の身体をも表わしている。ルーラヴは脊椎の形に、エトログは心臓*の形に、ミルトスの葉は目*の形に、柳の葉は口の形に似ている。このことから、これらの植物は、われわれは自分のすべての肉体的存在で神に奉仕しなければならない、ということを教えている。⁽⁵⁾これらの植物はまた、人間の生殖能力をも暗示している。エトログは子宮の形に、ルーラヴは男性性器の形に似ている。カバリスト*は、4種類の植物は10個のスフィロート*（神の霊の流出）を具体的に表現しており、これらで神の「身体」を形成している、と主張している。したがって、これらの植物は神の御名を表わしている。すなわち、エトログはユッドを、ミルトスはヘイを、ルーラブはヴァヴを、そして、柳はヘイを表わしている。

4種類の植物を祝福する際には、エトログを左手に、他の3種類の植物を右手に持って、それらを六方向に、すなわち東、南、西、北、上、下に振る。これは、神の自然に対する支配と神の臨在の観念を象徴している。スッコート*では、人びとはシナゴーグ*のまわりに円*陣を作って、神を称えながら行進する。これは、豊作へのイスラエルの喜びを象徴している。神殿時代には、スッコートは人びとが祝った最も楽しいお祭りだった。4種類の植物は、その喜びを今日にまで伝えつづけている。

(1) レビ記23：40　(2) レビ記23：42　(3) BTスッカー篇32b, 35a　(4) レビ記ラバー30：12　(5) 詩篇35：10、レビ記ラバー30：14

象徴するもの：神の臨在、肥沃、生殖力、ユダヤ民族、喜び、想起

項目別分類一覧：身体の部分、植物、イスラエルの地、数字、スッコート、シナゴーグ、神殿

参照箇所：円、エトログ、4、カバラー、ルーラブ、ミルトス、スッカー、スッコート、柳

【ラ行】

ラグ・バ・オメル　LAG B'OMER（ヘブライ語：ラグ・バ・オメル）

　ユダヤ人は、過ぎ越しの祭り*の第2日目からシャヴオート*までの毎日を、大麦*の束の意味から転じた尺度──オメル*──で数えていた。これは、二つの祭りの間の7*週間のことである。神殿*が破壊されて以来、オメルの期間は、服喪と自制の期間であった。ラグ・バ・オメルとは、「オメルの33日目」を意味し、厳粛さの中休みを表わしている。この時には、婚礼が行なわれ、髪*を切り、顎鬚*を剃り、音楽が奏でられた。

　この小祝祭日を祝うことにさまざまな理由づけがなされていたが、その起源は比較的遅い（紀元後6世紀以後）ものであった。ある伝説によれば、紀元後2世紀のパレスティナでのハドリアヌス帝の迫害時代に、ラビ・アキバ✚の24,000人の学生たちを殺した凄まじい疫病がオメルの33日目に止んだという。[1] 別の伝説は、この日にバル・コフバ✚はエルサレム*をローマ人から奪い返したと述べている。3番目の説明は、この日にラビ✚の叙任式を執り行ない、神秘主義の聖典『ゾハール』✚の伝説的な著者シモン・バル・ヨハイ〔紀元後2世紀のタンナ✚。ラビ・アキバの弟子〕のヤール・ツァイト（追悼記念日）を祝ったと語っている。スファラディーム✚やハスィディーム✚の神秘主義者たちによると、シモン・バル・ヨハイが亡くなった日には、創造の発端において破壊された神の光を受容する器の断片の多くがついにふたたび結合されたという。それゆえに、イスラエルのカバリスト✚やハスィディーム✚は、この日をヒルラ、すなわち、メロン〔イスラエル北部の山〕のシモン・バル・ヨハイの墓前で歌い、神秘主義の聖典を学び、焚火を燃やして祝う祭りとして祝っている。3歳のハスィディームの男の子たちは、その場所で初めて髪を切ってもらう。また、聖書のマナ*はこの日に降りはじめたとも言われている。[2]

　異教のヨーロッパでは、初夏の森の祭りの期間に、デーモンを追い払うために子供たちが弓矢で遊ぶのが慣習となっていた。ユダヤ人の伝説は、初夏の祝祭日であるラグ・バ・オメルと弓矢を結びつけてこの慣習に次のような独自の理由づけをしていた。(1) ラビ・アキバの学生たちは狩りを装って、弓矢を持って森の中に入り、そこでトーラー*を勉強していた。(2) ラビ・アキバの学生たちは、疫病の終焉とともにもう一度進んで弓矢

ラケル　RACHEL

を取って、ローマ*に抵抗した。(3) 虹*——平和と神の寵愛の象徴であり、そのヘブライ語名ケシェットは弓矢を意味してもいる——は、シムオン・バル・ヨハイの存命中には1度も現われなかった。というのも、彼の正義が虹を不必要としていたからであった。

　この日にはいなご豆*から作られる食べ物を食べるのが慣習となっている。というのも、シムオン・バル・ヨハイとその息子〔エレアザル〕がローマ人から隠れて12年間も生きられたのは、いなご豆の木のおかげだったからである。

---

(1) トゥール『オラッハ・ハイーム』493　(2) プレスブルグのラビ・モシェ・ソフェール『ハタム・ソフェール：ヨレー・デアー』233

象徴するもの：祝い、勇気、神の恩寵、想起、勝利

項目別分類一覧：ラグ・バ・オメル

参照箇所：いなご豆、カバラー、オメル、虹、ローマ

ラケル　RACHEL（ヘブライ語：ラヘル）

　ラケルという名前は雌羊を意味する。彼女はユダヤ民族の3人の族長たちの4*人の正妻たちのひとりである。彼女の父親はラバン*であり、リベカ*の兄である。彼女の夫はヤコブ*であり、リベカの息子である。彼女の姉はレア*であり、ヤコブのもうひとりの正妻である。

　ラバンはヤコブを騙して、ラケルより先にレアと結婚させた。ラバンはたとえヤコブが愛していたのがラケルであったとしても、土地の風習では姉の方が妹よりも先に嫁がなければならないと主張した。ヤコブはレアのために7*年間働き、さらに、ラケルのためにもう7年間働いた。ラケルは愛された妻を象徴している。というのも、ヤコブは彼女のためにかくも長きあいだ働いたからである。彼女はまた、美しさの象徴でもある。[1]

　神はヤコブがレアを拒んだことに対する償いの報酬として、レアに多産な出産力を授けた。彼女は6人の息子と1人の娘、そして、彼女の召し使いジルパにもさらに2人の息子を授けた。しかしながら、ラケルは彼女の召し使いビルハがヤコブの2人の息子を産んだにもかかわらず、何年ものあいだ妊娠しなかった。しかし、ついに神はラケルに息子ヨセフ*を（さらに、ベニヤミンを）授けた。だが、ベニヤミンの出産は、彼女の命を犠牲にさせることとなってしまった。ラケルは出産が遅かったので、なかなか妊娠しない女性たちは、伝統的に彼女たちのために手助けしてくれるようラケルの名前を唱えている。女性の中には、ベツレヘムの近くにあるラケルの墓参りをする者もいる。この墓参りは、特に、エルール⁺の月（ローシュ・ハ・シャナーの前月）の新月*の時とヘシュヴァンの月〔西暦10月〜11月〕の11日（ラケルの命日）に行なわれ、彼女から多産の祝福を受けるために赤*い帯を墓に巻き付けている。[2]

　伝統はラケルをユダヤ人の離散の最も重要な象徴として選び出した。族長たちとその妻たちの中でも彼女だけが荒野*で死に、ひとりで埋葬された。エレミヤは、第一神殿*の崩壊の後こう嘆き悲しんだ——「ラマで声が聞こえる。苦悩に満ちて嘆き、泣く声が。ラケルが息子たちのゆえに泣いている。彼女は慰めを拒む、もう息子たちはいないのだか

ランプ（ともしび）　LAMP

ら」。(3) この預言的な一節は、ローシュ・ハ・シャナー*の2日目にシナゴーグ*で朗読される。ラケルは、「われらが母ラケル」と呼ばれる。というのも、彼女の憐れみの情が離散しているユダヤ人を慰めるからである。ラケルの墓の絵は何世紀にもわたってユダヤ人の家に掛けられていた。この絵は、メシアへの希望の象徴であるとともに、失われた神殿への服喪の象徴でもある。

(1) 創世記 29：17　(2) Kitov, *The Book of Our Heritage*, 1：265　(3) エレミヤ書 31：15

象徴するもの：美、憐れみ、追放、希望、不妊、愛、母性、服喪、兄弟姉妹間の抗争

項目別分類一覧：メシア、人物、ローシュ・ハ・シャナー、女性

参照箇所：ヤコブ、ヨセフ、レア、マンドレイク、赤

ランプ（ともしび）　LAMP（ヘブライ語：ネール）

ランプは、昔からユダヤ人の中心的なイメージであった。ランプは、古代世界では人為的な光*の最古のものであるので、闇に対する人間の勝利、さらには、人間の中に明るく照らし出されている神の臨在を象徴していた。ミシュカン*と神殿*では、メノラー*（7枝の燭台）が、人びとの中に臨在する神の誠実さと神の加護を象徴するために、絶えず明るくともされていた。今日のシナゴーグ*では、ネール・タミード*（永遠のともしび）が同じ役割を果たしている。

神殿が破壊された後は、特別なオイル・ランプ*が神殿の神聖なメノラーの代替物となった。それらは、ユダヤ人の家庭やシナゴーグに置かれ、メノラーそっくりに装飾されていた。本来の粘土は、いつしか金属に取って代わられ、裕福な者は金製や銀製の物

聖書時代に用いられていたものと同じ古代の粘土製ランプ

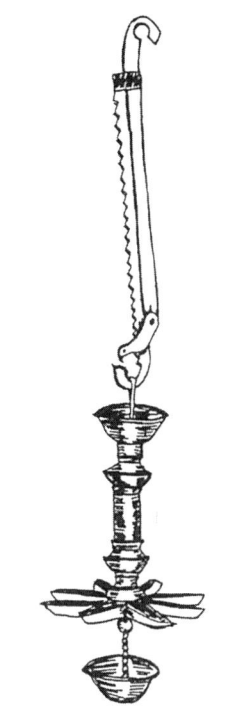

「ユーデンシュテルン」（ユダヤの星）──安息日用のランプとして用いられていた吊りオイル・ランプ。つめ車は、ランプを上げたり下げたりするのに用いられていた。溢れ出た油は下の皿にこぼれ落ちた。

を、貧しい者は真鍮製の物を使用した。中世以降は、これらのオイル・ランプは通常、天井から吊り下げられ、聖書の場面やユダの獅子*などで装飾されていた。そして、シャバット*や聖日に油に火をともすのは、ユダヤ人世界どこでも女性の仕事であった。ドイツでは、星の形をしたランプはユーデンシュテルン（ユダヤの星*）と呼ばれていた。オランダやイギリスでは、ランプには王冠*があり、油をためる銀製のボウルの上に吊り下げられていた（ほとんどのアメリカのユダヤ人は、さかのぼれば東欧にその出自を有しており、東欧では燭台が最も一般的であったので、このような吊り下げるシャバット用のランプはこの国ではあまり見られなかった）。

ランプのイメージは、精神的な象徴として大きな重要性を見せてもいた。聖書では、トーラー*そのものが戒めであるように、戒めはランプ（ともしび）と言われている。[1] 人間の霊魂は「神のランプ」、すなわち、神の霊に照らし出され、また反射しているランプにたとえられている。[2] それゆえに、人が死ぬと、その後、毎年行なわれる追悼記念日には、その人の霊魂が去って行ったということを象徴するためにヤールツァイトのランプに火がともされるのである

(1) 箴言6：23、詩篇119：105、申命記ラバー4：4
(2) ヨセフ・ギカティラ『光の門』1, 14b
象徴するもの：神の臨在、神の霊、ユダヤ民族、学習、ミツヴァー、保護、霊魂、トーラー
項目別分類一覧：カバラーの象徴、祭具、シャバット、神殿
参照箇所：ロウソク、火、光、メノラー、ネール・

タミード油

リベカ　REBECCA（ヘブライ語：リヴカ）

リベカは、聖書の第2代目の族長の妻である。すなわち、イサクの妻であり、ヤコブ*とエサウ*の母親である。アブラハムは息子のイサクとカナンの娘を結婚させたくはなかったので、僕のエリエゼルをアラム・ナハライムへ送り、アブラハムの親族の中からイサクの嫁を連れてくるように命じた。アブラハムの甥の娘であるリベカは、エリエゼルと彼のラクダに井戸*の水*を与えた。これは、彼女が予定された花嫁であるというあらかじめ決められていたしるしだった。後にリベカの息子ヤコブは、彼女の兄ラバンの娘たち、すなわち、彼女の姪のレア*とラケル*と結婚した。

リベカは、伝統的におもいやり、親切なもてなし、美しさの象徴である。この特質は、イサクの予定された嫁としてエリエゼルが選び出したものだった。彼女はまた、女性の慎み深さの象徴である花嫁のヴェールとも結びついている。というのも、彼女はイサクに初めて会った時、ヴェールで身を覆っていたからである。[1] 婚礼*の儀式の前に花嫁にヴェールを被せるベデケンでは、リベカがイサクと結婚するために家を出立する時に彼女に授けられた祝福を朗唱するのが慣習となっている——「わたしたちの妹よ！あなたが幾千万の民となるように！」。[2] 伝統的なシャバット*の「娘たちの祝福」は、この一節を真似て変形させたものである——「サラ*、リベカ、ラケル*、レア*のように神があなたがたを祝福されますように！」

リベカは抜け目のなさの象徴でもある。というのも、彼女はヤコブがイサクを欺くのを手助けし、エサウが当然受けるべき祝福をヤコブに与えたからである。しかし、この欺きはユダヤ民族の継続性を保証した——エサウはすでにヘテ人の娘と結婚していた——ので、伝統はリベカの行動を擁護している。だが、こうした行為の結果、彼女は息子とその孫たちと20年間も離ればなれにならなければならなかった。

---

(1) 創世記 24：65　(2) 創世記 24：60

象徴するもの：美、賢明、多産、親切なもてなし、おもいやり、慎み深さ

項目別分類一覧：人物、婚礼、女性

参照箇所：エサウ、イサク、ヤコブ、婚礼、井戸

リリット　LILITH（ヘブライ語：リリット）

創世記の最初のところでは、人間の創造についての二つの異なった説明が述べられている。第1章では、アダム*という単独の存在が創造された。アダムは男性と女性双方の特徴を兼ね備えていた。第2章では、神は女をアダムのあばら骨から創造した。(1) この矛盾から、エバ*以前のアダムの最初の妻、リリットの伝説が生まれた。リリットはアダムと同時に創造されたので、彼女は、夫と対等（夫婦の契りにおいてさえも）であると自分のことを考えていた。しかし、アダムが力を分かち合うことを拒絶したので、リリットは園から出て行った。神は3*人の天使*——セノイ、センセノイ、セマンゲロフ——を送り、リリットを呼び戻そうとしたが、彼女は戻るのを拒んだので、永遠に、毎日、彼女の子供100人を失う罪を課せられた。リリットはその仕返しとして、もしも女性たちが3人の天使、セノイ、センセノイ、セマンゲロフの名前の書かれた護符で自らを防衛していなければ、出産の時の彼女たちや新生児を脅かした。伝説では、リリットは女性の顔*と長い髪*と翼*を持ったデーモンとして描かれている。また、男性を性的な夢で苦しめているのも彼女であると言われている。(2)

この伝説は、おそらくは、古代バビロニアの「リリトゥ」神話に由来しているものと思われる。そして、この神話は、中世ヨーロッパのユダヤ人に強力な影響力を及ぼした。別な伝説は、アダムはエデンの園*から追放された後、リリットと性交し、世界をデーモンの子孫で満たそうとした、と語っている。リリットとその手先の影響力を抹消するための護符、呪文、身振りは、アシュケナズィーム+のあいだでは最近まで非常に一般的なものであった。

カバリスト*は、リリットのこれらの役割に、サマエルやスィトラ・アフラ（裏側）の支配者サタン*のデモニックな配偶者としての新たな役割を付け加えた。そうしてリリットは、神の女性的な面であるシェヒナー*の鏡像となった。リリットは、イスラエルの人びとを守る者というよりも、苦しめる者であった。

現代では、ユダヤ人のフェミニストたちは、リリットを女性の平等を認める象徴へと変換した。彼女らは、リリットはエデンの園でのアダムの権威に挑戦したために、父権制的な偏見を有したラビ+たちの伝統が彼女を非難したのである、と主張している。彼女たちは

りんご　APPLE

また、伝説は、創造の時の対等な配偶者としてではなく、危険な妻や奇怪な母親のような女性として不適切な描写をしていると主張してもいる。

---

(1)創世記　1：27、2：21　(2)BT エルヴィーン篇100b、BT ニダー篇24b、ベン・シラのアルファベット 23a‑b、33a‑b

象徴するもの：デーモン、平等、フェミニズム、父権社会

項目別分類一覧：誕生、人物、女性

参照箇所：アダム、護符、天使、エデン、エバ、サタン

りんご　APPLE（ヘブライ語：タプーアッハ）

りんごは昔から欲望の象徴とみなされていた。ローマ人は、りんごを愛の女神ヴィーナスと結びつけていた。りんごの横断面のまん中には、五芒星の形の中に5つの種がある。それらは象徴的に、五指、五感、五体（四肢と頭）を持った人間に照応している。これらの結びつきは、りんごと人間の官能を等しいものとみなしていた古代の考えを説明しているのかもしれない。

りんごは聖書ではその香り、味覚、良い形について記されている。恋しい人は、りんごの香りにたとえられていた。(1) また、愛しい息子は祝福された野の香りにたとえられているが、ラビ✝たちはこの野をりんご園と考えていた。(2) 箴言は、時宜にかなって語られる言葉を「銀細工につけられた金のりんご」（25：11）にたとえているが、実際に、りんごは古代から、美術装飾品のひな形とされてきた。

聖書はエデンの園✳の禁断の果実について語る際に、果実という語に対して総称的な語プリーしか用いていないが、非ユダヤ人の美術や民間伝承は、この果実をりんごとみなすようになった。他方、ユダヤ人の伝承は、一般的にりんごを好意的な面からのみとらえていた。ラビたち✝はユダヤ民族をりんごの木にたとえていた——「りんごの木は、葉をつける前に花を咲かせる。それはちょうど『わたしたちは主が語られたことをすべて行い、守ります』と述べて、良い行ないをするように命じられる前に良い行ないをすべきであると気づいていたイスラエルの人びとと同じである」(3)

ラビたちはまた、シナイ✳山をりんごの木にたとえていた。ちょうどりんごの木がその実をスィヴァンの月〔西暦4月～5月〕に熟すように、トーラー✳はスィヴァンの月にイスラエルの人びとに与えられた。聖書が「りんごの木の下でわたしはあなたを目覚めさせた」と語っているのは、シナイ山のことを指しているとラビたちは主張している。(4) 彼らは雅歌の一節、「若者たちの中にいるわたしの恋しい人は、森の中に立つりんごの木」(5) を神へのイメージと解釈している。

アシュケナズィーム✝は、過ぎ越しの祭✳のセデル✳の時に、りんごをハロセット✳（フルーツ・ペースト）の一部として食べている。というのも、伝説では、敬虔なヘブライ人の女性たちは、ファラオ✳の死刑

種が五芒星の形をしているりんごの断面図。

執行人たちに自分たちの赤ん坊を引き渡したくなかったので、出産のためにエジプトのりんご園の中へ入って行った、と語られているからである。

カバリストたちは「聖なるりんご園」という語句を、人間が得ることのできる最高の聖性を描写するために用いている。この語句はシェヒナー*、すなわち、神の女性的な面について述べているのである。偉大なカバリストで聖なるアリ（獅子）と呼ばれていたイツハク・ルーリア+は、金曜日の夜〔シャバット*（安息日）〕の聖歌を作った。その最初の一節には、「わたしは聖歌を歌い、聖なるりんご園の入口に入る」と書かれている。(6)

りんごは、その完全な形、その甘い味、そして、その香りのゆえに、美しさ、甘さ、幸運への希望を象徴するようになった。りんごはまた、果物の中でも最も耐寒性があり、しかも世界中のいたる所に存在する果物のひとつでもある。それゆえに、蜂蜜*に浸したりんごは、幸運な甘い（楽しい）新年への願いを象徴し、ローシュ・ハ・シャナー*の食卓の中心的なものとなった。

(1) 雅歌7：9　(2) 創世記27：27、BT タアニート篇29b　(3) BT シャバット篇88a、出エジプト記24：7　(4) BT シャバット篇88a、雅歌ラバー8：2　(5) 雅歌2：3　(6) Scholem, *On the Kabbalah and Its Symbolism*, 140, 143

象徴するもの：美、聖性、希望、ユダヤ民族、愛、完璧、官能性、甘味

項目別分類一覧：食物、カバラーの象徴、過ぎ越しの祭り、ローシュ・ハ・シャナー、女性

参照箇所：エデン、5、蜜、カバラー、シェヒナー、シナイ、木

ルツ　RUTH（ヘブライ語：ルトゥ）

ルツ記によると、イスラエル人の未亡人ナオミはイスラエル人のいる故国に帰る時、彼女の死んだ2人の息子の妻たちにも自分たちの国へ帰るよう促した。オルパは義母の勧めに従ったが、ルツは拒み、こう主張した——「わたしは、あなたの行かれる所に行き、お泊まりになる所に泊まります。あなたの民はわたしの民、あなたの神はわたしの神」(1)

ナオミの生地ベツレヘムでは、ルツはナオミの親戚のボアズの大麦畑で落穂拾いをしていた。ボアズはその後ルツに恋をし、彼女と結婚した。彼らの曾孫がダビデ*王である。ルツはユダヤ人の信仰を奉じるために進んで自分の国民を捨てた正しい改宗者を象徴している。彼女はダビデ王と後のメシア*の祖先として、ユダヤ教への改宗者がユダヤ人の伝統の内部で演じた中心的な役割を典型的に示している。ルツはその献身的な愛、篤い信仰心、一途さのゆえに、婚礼*でその名前が引きあいに出される。

ルツ記はその収穫期の背景のゆえに、シャヴオート*の祝祭日に朗読される。ルツはまた、トーラー*を受け入れたことをも象徴している。したがって、ルツ記の朗読は、同じようにイスラエルの人びとがシナイ*山でトーラーを受け入れたことを記念する祭りでもあるシャヴオートにふさわしい。

(1) ルツ記1：16

象徴するもの：トーラーの受容、託身、改宗、信仰、忠誠、正しい改宗者

ルーラヴ　LULAV

項目別分類一覧：改宗、メシア、人物、シャヴオート、婚礼、女性

参照箇所：大麦、籠、隅、ダビデ、メシア、シャヴオート

ルーラヴ　LULAV（ヘブライ語：ルーラヴ）

秋の収穫祭であるスッコート*の祝いでは、ルーラヴ——なつめやし*の枝葉、柳の枝、茂った木の枝（ミルトス*）を束ね、右手に持って揺り動かす。トーラー*では、この祝祭日が最初に詳述されている。ルーラヴという語は、若枝を意味するが、トーラーにも、また聖書の他の個所にも出てこない。その代わりに、人びとになつめやしの枝葉だけを取ってくるように命じている。[1] なつめやしの美しい葉は、古代世界ではよく見られた装飾のモチーフである。

ミシュナー[+]の時代には、「ルーラヴ」はすべての木を指していたが、一般的にはスッコートの祝いに用いられるなつめやしのことを特に指していた。なつめやしの枝葉は、葉がまだ群生している生育の初期の段階では、ルーラヴと呼ばれている。[2] もっと大きくなる前のこの段階の枝葉を用いるのは、祭りの行進の時になつめやしの刺だらけの葉で怪我しないようにするためである。

ルーラヴのしっかりと直立した形は、数多くの解釈を生じさせた。ラビ[+]たちは、ルーラヴの夢を見ることは、神にひたむきに仕えていることを示していると述べている。というのも、ルーラヴには横枝がないからである。[3] 伝統的に、スッコートに用いられる4*種類の植物は、身体の異なった部分を表わしていた。ルーラヴは、その形から脊椎を表わしていた。ゲル〔ワルシャワ近郊の小さな町〕のレッベ[+]は、ルーラヴを精神的な達成と同一視していた——「あなたがたは、ミルトスをルーラヴにすることはできない」と彼は言った。しかし、もしも人がもっと著名な人と接するならば、「ちょうどミルトスがルーラヴに近づくように、その時、人はその人に傾倒するようになる」。[4] 彼はまた、ルーラヴのゲマトリア[+]による数値の総和は68であり、これは「ハイーム」（生命）の数値の総和と同じであるとも言っている。

古代ローマ*では、訴訟事件の訴訟当事者が訴訟に勝った時には、なつめやしの枝葉を持って法廷を出た。これは勝利を象徴していた。スッコートでルーラヴを持つことは、恐怖の時代にユダヤ人に対してなされた告発は払いのけられたということを象徴している。[5]

カバリスト*は、ルーラヴを神の霊の性的な面を表わしているスフィラー*・イェソッドの象徴とみなしていた。さらに、ルーラヴは男性性器を象徴しており、女性の生殖器を象徴しているエトログ*と結合すると、性的な成就を表わしていた。これは、スッコートの収穫祭にふさわしい象徴である。

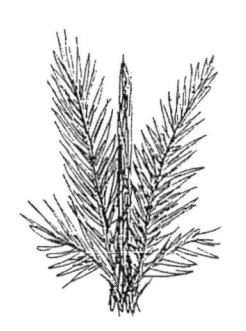

なつめやしの中心部に生育するルーラヴ

---

(1)レビ記 23：40　(2)BTスッカー篇 32a　(3)BTベラホート篇 57a　(4)Siah Sarfei Kodesh, J.K.K. Rokotz,

Lodz 1929, 2 : 46, #144　(5)プスィクタ・デ・ラブ・カハナ 27 : 2

象徴するもの：生命、神に仕えること、性欲、精神的な強さ

項目別分類一覧：植物、スッコート

参照箇所：エトログ、4種類の植物、カバラー、ミルトス、なつめやし、スッコート、柳

レア　LEAH（ヘブライ語：レア）

　レアは、ラバンの二人の娘のうちの姉の方である。ラバンは、ヤコブ*を騙して、妹のラケル*の代わりに彼女と結婚させた。ヤコブはレアよりもラケルの方が好きだったので、神はレアに同情し、たくさんの子供を授けることによって彼女を祝福した。[1] 彼女は6人の息子の母親であった。そのうちの二人、レビとユダは、それぞれ、祭司制度と王制という古代イスラエルの二つの大きな民族の世襲制度を確立した先祖である。[2] 彼女はまた、ヤコブのひとり娘ディナの母親でもある。

　トーラー*は、レアは「目が弱かった」[3]と記している。ラビたち†は、彼女の目*は、初めはラケルの目のように美しかったが、自分の不幸な運命を泣き悲しんでいたために目が弱くなってしまったと述べている。彼女は、ラバンの長女としてイサク*の長男である邪悪なエサウ*と結婚する運命にあった。彼女の涙は、彼女の運命を転換させたが、その代償として美しさを奪われてしまった。[4] タルムード†によると、レアは世界の創造以後、神を誉め称えた最初の人物として特別に評価されているという。[5]

　カバリスト†は、二人の姉妹は神の女性的な面であるシェヒナー*の二つの顔を表わしていると主張している。レアは、スフィラー*・ビナー（知性）、神の母性的特質を象徴している。ラケルは、スフィラー・マルフート（王国）、神の肉体的特質と離散を象徴している。彼女たち二人は、神のイスラエルの人びととのかかわりを象徴している。

　ルツ*記では、二人の姉妹はルツの婚礼*の祝福で引き合いに出されている――「あなたが家に迎え入れる婦人を、どうか、主がイスラエルの家を建てたラケルとレアの二人のようにしてくださるように！」[6]

　フェミニストたちは、レアに対する伝統的な偏見に批判的であり、姉妹を引き合いに出す時には彼女の名前を最初に出して、彼女に名誉を与えている。

---

(1)創世記 29 : 31、創世記ラバー 71 : 1 - 5　(2)創世記 29 : 31 - 35、創世記ラバー 70 : 15　(3)創世記 29 : 17　(4)創世記ラバー 70 : 16　(5)創世記 29 : 35、BT ペラホート篇 7b　(6)ルツ記 4 : 11

象徴するもの：祝福、連関、多産、嫉妬、母性、拒絶、兄弟姉妹間の抗争、分別知、礼拝

項目別分類一覧：人物、婚礼、女性

参照箇所：エサウ、ヤコブ、ユダ、カバラー、王、マンドレイク（恋なすび）、ラケル、スフィロート

レビヤタン　LEVIATHAN（ヘブライ語：リヴヤタン）

　聖書には異教の神話の痕跡が数多く含まれている。それらの中でも最もはっきりとしたものは、ズィズ・シャッダイ、ベヘモット*、ショール・ハ・バル（巨大な雄牛）、レビヤタンなどの原始時代の怪獣である。

バビロニアの神話によると、世界は創造神と海の諸勢力——ロタンと他の海獣との戦いで始まったという。聖書の創造物語では、神は「巨大な海獣——タニニーム・グドリーム」を第5日目に創造した。[1] 聖書全体を通して海獣は「タニニーム」（竜）、「ラハブ」（大洋）、「ヤム」（海）などの多くの名前を持っているが、最もよく知られた名前は、ユダヤ人の伝説で海の王として知られているレビヤタンである。[2] これらの海獣は、ワニや鯨のことをそう呼んでいた場合もあったかもしれないが、たいていの場合は、これらの呼称は並みはずれた怪獣を指していた。レビヤタンという名前そのものは、おそらくは、「とぐろを巻く」という意味の動詞に由来しているものと思われる。イザヤはこの生き物を「曲がりくねる蛇」[3] と描写している。ミドラッシュ✝はレビヤタンのことを、皮膚は玉虫色で、むかつくような臭いがし、飽くことを知らないほどの食欲があり、煮え立つような息づかいをしている、と描写している。[4]

伝承によると、レビヤタンの肉は、ベヘモット、ショール・ハ・バル、ズィズ・シャダイの肉と一緒に、来世✝の義人に食べられるという。そして、終末✝の時には、レビヤタンとベヘモット*は死闘を演じ、それらの肉はメシアの宴で義人の食べ物として供せられるという。[5] この戦いと天上での宴の場面は、シャヴオート*にシナゴーグ*で朗唱される11世紀の典礼詩「アクダムート」に写実的に描かれている。

ユダヤ芸術においては、レビヤタンはショール・ハ・バルとともに、来世の義人の報いを象徴している。

---

(1) 創世記 1：21　(2) 詩篇 74：14、104：26、ヨブ記 3：8、40：25-41：26　(3) イザヤ書 27：1　(4)BT バヴァ・バトラー 74b-75a　(5) レビ記ラバー 13：3

象徴するもの：死、神の力、贖い、報い
項目別分類一覧：動物、死、メシア、シャヴオート
参照箇所：ベヘモット、魚、メシア、シャヴオート、水

レンズ豆　LENTIL（ヘブライ語：アダシャー）

レンズ豆は、聖書ではヤコブ*がエサウ*に長子権と交換に売った赤い*煮物の形で最初に現れる。[1]

エサウは明らかにレンズ豆を過大評価していたが、ミシュナー✝やタルムード✝は、レンズ豆はその地域では最も重要な豆類であったことを認めている。レンズ豆は地面に非常に近接して生えるので、ラビ✝たちは「レンズ豆のように低く」[2] という新たな表現を創り出した。

伝統的に、喪に服するユダヤ人たちはレンズ豆を食べる。というのも、ちょうど、喪に服する人たちは日常の話題を話してはならず、死に向かい合って沈黙していなければならないように、「レンズ豆には口がない」からであった。喪に服すること自体は、レンズ豆のような丸い車輪にたとえられており、死ぬべき運命の無情な周期を象徴している。[3]（同様のことは、卵*にも言われている）。ラシ✝は、レンズ豆は死を思い起こさせるものとして古代の宴でも食べられていたと述べている。

---

(1) 創世記 25：34　(2)JT サンヘドリン篇 2：5, BT サ

ロウソク　CANDLE

ンヘドリン篇20b　(3)BT バヴァ・バトラー篇16b、創世記ラバー 63：14

象徴するもの：死、謙遜、服喪、沈黙
項目別分類一覧：植物、死、食物
参照箇所：ひよこ豆、円、卵、エサウ、エステル

ロウソク　CANDLE（ヘブライ語：ネロート）

　ロウソクは、宗教文化においては重要な役割を演じている。ロウソクは、その光*で神聖な光と精神を象徴している。ユダヤ教においては、ロウソクの使用は比較的遅い現象であった。というのも、パラフィンの発明以前は、ロウソクは通常、宗教儀礼上禁止されていた動物の脂肪で作られていたからである。聖書とミシュナー*の時代には、照明や宗教儀式を行なうためには、オイル*・ランプ*と松明（たいまつ）だけが使われていた。ユダヤ人は、ヤシ油や蠟と混ぜ合わされたパラフィンや獣油から作られたロウソクが取り入れられた後になってもまだ、油壺の奇跡の象徴であるハヌカー*と、神の臨在の象徴と古代の神殿のメノラー*の思い出であるネール・タミード*（永遠のともしび）には、オイル・ランプを好んで使っていた。しかしながら、ロウソクはしだいにユダヤ人の慣習においては非常に大きな重要性を帯びてきて、オイル・ランプに取って代わることとなった。

　今日、ロウソクはユダヤ人の慣習と儀式全体にとっては欠くことのできないものであり、喜び、精神性、生命とその消滅を象徴している。ロウソクは、人生の周期のほとんどの行事の他には聖日にのみ使用される。ロウソクはシャバット*や祝祭日を開始する際と終了する際に使用されている。たとえば、ハ

祭事用のロウソク
1．2．ハヴダラー用のロウソク、3．典型的なシャバット用のロウソク（金曜日の日没に少なくとも2本のロウソクに火がともされる）、4．ハヌカー用のロウソク、5．追悼式「ヤールツァイト」用のロウソク

ヌカー*の8日間をしるすために、過ぎ越しの祭り*の前にパン種（ハメッツ*）を探し、その象徴的な部分を焼くために、ティシュアー・ベ・アヴ*の晩に哀歌を読む際の厳粛な雰囲気を作り出すために、ヨーム・ショアー（ホロコースト記念日）に600万人*を表現するために、そして、ヨーム・キプール*や祝祭日にシナゴーグ*で特別な追悼礼拝（イズコール）が朗唱されている時に死者を追悼するために使用されている。コミュニティの中には、月曜日と木曜日には、聖櫃*からビマー*までロウソクをトーラー*に随行させているところもある。これは、「律法の光」を象徴している。ロウソクは誕生から死まで、一個人の人生の重要な変わり目の瞬間の中心的な象徴としての役割を果たしている。古代においては、割礼*の時に、新しいユダ

ローシュ・ハ・シャナー（新年）　ROSH HASHANAH

ヤ人の霊魂がコミュニティに入ることをしるすために、ロウソクに火がともされた。(1) アメリカにおいては時おり、バル／バット・ミツヴァー*の儀式の時に、この画期的な誕生日をしるすために13本のロウソクに火がもされることがある。コミュニティの中には、花婿や花嫁の亡くなった両親を象徴するために、フッパー*の下にロウソクを置いておくところもある。

　光は伝統的に霊魂を象徴しているので、ロウソクはしばしば、霊魂が生命から離れ去って行くことをしるすために用いられていた。民間信仰では、ロウソクは悪霊を祓い、霊魂をその最終的な安住の地に導くと考えられていた。臨終の際には、ロウソクの火をともすのが長い間の慣習であった。服喪（シヴァー）の1週間には、7日間燃え続ける特別なロウソクを用いている。ヤールツァイトと呼ばれる死者の追悼記念日には、24時間燃え続けるロウソクが用いられている。これらのロウソクは、「人間の霊魂は、神のともしびである」(2)ということを象徴している。あるヨーロッパのコミュニティでは、ロウソクの芯で新しい墓の寸法を測る風習があった。その芯はその後、故人の追悼のためにともされる追悼用のロウソクの中に入れ込まれた。あるコミュニティにおいては今でも、ヤールツァイトを記念するヒルラ儀式〔アラム語で「祝い事」の意味。有名なラビの命日に霊廟詣をして祝うこと〕の期間以外にも、ダビデ*やシムオン・バル・ヨハイ〔紀元後2世紀のタンナ✝。ラビ・アキバ✝の弟子〕のような有名な指導者や学者の墓の上にロウソクの火をともすのが慣習となっている。

　男性でもシャバット*のロウソクに火をともしている人は多いが、シャバットと祝祭日のロウソクに火をともすことは、ミクヴェー（儀礼用の沐浴場）に浸ることによって家庭の清めの律法を守ることと、パン*を焼く際にハラー*の練り粉の一部を分けておくこととともに、女性の三つの戒律のうちのひとつとして伝統的にみなされていた。

　一般的には、1本の芯のついた地味な白いロウソクが用いられている。しかし、シャバットや祭りの終わりを示すハヴダラー*の特別な儀式のためには、2本かそれ以上の芯のついたロウソクや、1本の芯のついた2本のロウソクを慣習的に用いている。そして、その時には、「ボレイ　メオレイ　ハ・エッシュ」（「炎の光を創造された御方よ」）と祝祷を唱える。シャバットや祭り、追悼のためのロウソクとは異なって、ハヴダラーのロウソクは儀式が終わると消された。

(1)BTサンヘドリン篇32b　(2)箴言20：27

象徴するもの：神の光、永遠性、信仰、聖性、希望、律法、学習、生命、厳粛、想起、霊魂、精神、トーラー

項目別分類一覧：死、ハヌカー、ホロコースト、祝祭日、祭具、シャバット、婚礼、女性

参照箇所：ハメッツ、ハヌカー、ハヴダラー、光、メノラー、油、ネール・タミード、シャバット、600万、ティシュアー・ベ・アヴ、婚礼

ローシュ・ハ・シャナー（新年）　ROSH HASHANAH（ヘブライ語：ローシュ・ハ・シャナー）

　ローシュ・ハ・シャナーは「その年の頭」

ローシュ・ハ・シャナー（新年） ROSH HASHANAH

を意味し、秋の月、ティシュレイ✛の月の1日と2日である。聖書は元来、過ぎ越しの祭り*の月であるニサン✛の月を「年の初めの月」とし、ローシュ・ハ・シャナーを、「角笛を鳴らして記念する聖なる集会の日」である第7の月の祭りの日として位置づけていた。(1) しかし、今ではユダヤ教の第1の月、新年となっている。ユダヤ教の暦*は、冬の終わりの祝祭日トゥ・ビ・シュヴァット*をも「樹木の新年」と呼んでいる。

セム族の人びとのあいだでは、秋の収穫期に経済上の年が始まるのが一般的であった。その時季には、穀物が市場に運びこまれていた。ローシュ・ハ・シャナーは、おそらくは、そのような収穫祭としてはじまり、農業上の循環のはじまりを示していたものと思われる。そしていつしか、そうした祭りの働きが、ローシュ・ハ・シャナーの2週間後に行なわれるスッコート*の祭りと結びついたのだろう。この時季は、毎年行なわれる王*の戴冠式の時季でもあった。神の王権という主題は、ローシュ・ハ・シャナーの礼拝にとっては中心的なものである。

聖書時代後期から今日に至るまで、ローシュ・ハ・シャナーは悔い改めの更新の時季と、礼拝の1年間の周期のはじまりを象徴していた。ユダヤ人がバビロニアでの捕囚から帰還した時、書記官エズラはローシュ・ハ・シャナーに人びとの前でトーラー*を朗読し、人びとに古代の伝統を思い起こさせた。そしてネヘミヤは、食べたり飲んだりして聖なる日を喜び祝うことを人びとに教えた。(2)

ローシュ・ハ・シャナーは第7の月、ティシュレイの月に行なわれるが、ゾディアック*の第7宮であるリブラ、天秤宮、天秤*座と一致している。天秤宮は伝統的に、精神的、宇宙的な平衡と、人間の中の善と悪の均衡を象徴している。天秤宮は公正の象徴でもあり、自己批判を緩和する作用を象徴している。これらの主題のすべては、ローシュ・ハ・シャナーの慣習にとっては中心的なものである。

ラビ✛たちは、世界はティシュレイの月の1日に創造されたと主張している。それゆえに、ローシュ・ハ・シャナーは、世界の誕生日──ハ・ヨーム・ハラット・オーラムである。(3)

ミシュナー✛は、ローシュ・ハ・シャナーには世界全体が裁きを受けると述べている。(4) 人それぞれの前の年の行為が秤にかけられ、「誰が健康であり、誰が病気になるか、誰が生き、誰が死ぬのか」という人それぞれの次の年の運命が決定される。この日に、神は生命の書*にわれわれの運命を記す。(5)

この日の中心的な儀礼は、ショファール*、雄羊*の角を吹き、人びとに悔い改めを呼びかけ、神に慈悲深い赦しを乞うことである。ショファールはシナゴーグでの礼拝の時のいくつかの儀式で吹かれるが、合計100回吹かれる。ムサーフ✛（追加の礼拝）がこの日にはたくさん行なわれ、マルフヨート（神の王権）、ズィクロノート（想起）、ショファロート（ショファールを吹くこと）の三つの主題に的が絞られている。

他の慣習としては、象徴的な食べ物を食べることがある。たとえば、甘い（楽しい）新年への希望を象徴している蜂蜜*に浸したりんごやなつめやしなどの甘い食べ物、幸運

な年への希望を象徴しているニラネギやかぼちゃなどのこの時季にたくさん取れる食べ物、その年の甘く、新たな「循環」への希望を象徴している干しぶどうの入った丸いハラー*、われわれの精神的な努力とこれからの運命の浮き沈みを象徴している梯子*の形をしたハラー、豊饒と豊富な善行への希望を象徴しているざくろ*やアニスの種子などを食べる。さらにまた、ある決まった食べ物を避ける風習もある。たとえば、そのヘブライ語の数値の総和が「罪」(ヘット)〔数値の総和は18〕と近似しているくるみ*(エゴーズ〔数値の総和は17〕)、酸っぱいものや、苦いもの、あるいは、黒いオリーヴやなすなどのような黒色のもの、ヘブライ語で「不安」を意味するダアグに近似した発音の魚*(ダグ)などは食べない(しかしながら、スファラディーム✝の多くは、この祝祭日には魚の頭を食べている。これは、彼らのコミュニティを正義へと向かわせたいという願望を象徴している)。タシュリーフ✝と呼ばれる儀式では、近くの小川や川にパン*屑を投げこむのが伝統的な慣習となっている。これは、罪を投げこむことを象徴している。(6)

(1) 出エジプト記12：2、レビ記23：24 (2) ネヘミヤ書8：1-12 (3) BT ローシュ・ハ・シャナー篇27a、ローシュ・ハ・シャナーの祈祷文 (4) ミシュナー・ローシュ・ハ・シャナー篇1：2 (5) BT ローシュ・ハ・シャナー篇16b (6) ミカ書7：19

象徴するもの：贖罪、始まり、誕生、創造、神の審判、豊饒、希望、想起、更新、悔い改め

項目別分類一覧：メシア、ローシュ・ハ・シャナー

参照箇所：アケダー、りんご、暦、冠、魚、ハラー、蜜、角、王、梯子、くるみ、ざくろ、雄羊、秤、ショファール、水、ゾディアック

ローシュ・ホデッシュ　ROSH HODESH（ヘブライ語：ローシュ・ホデッシュ）

ローシュ・ホデッシュは「月の頭」を意味するが、新月*がふたたびめぐってくることを示す祭りである。古代の月の崇拝は、月の女神が崇拝の対象であり、三日月がふたたび現われる時に行なわれ、中近東の宗教の中心的なものであった。古代イスラエルでは月の崇拝は禁じられていたが、月はそれでもなお人びとの宗教生活においては中心的な役割を演じていた。ラビ✝たちは暦を新月の出現に従って換算していた。新月は、山上で焚いた烽火*を中継することによってその地域全体に告げられた。第二神殿*時代以来、ローシュ・ホデッシュ（新月祭）は小祝祭日となり、シナゴーグ*や家庭で特別な祝祷、聖歌、聖典の朗読で祝われた。

タルムード✝時代から今日に至るまで、ローシュ・ホデッシュはユダヤ人女性にとってはとりわけ聖なる日であった。伝説によれば、荒野*で女性たちは黄金の子牛*を作るために彼女たちの装身具を差し出すのを拒み、そのために、彼女たちの信仰深さへの報奨として新月には休日が与えられたという。(1) 何世紀ものあいだ、ユダヤ人女性はこの日には重労働をしない。彼女たちは、古代の新月を告げる烽火を記念してロウソク*に火をともしている。タルムードは、新月を祝福するものはシェヒナー*（神の女性的な面）を迎え入れる者であると述べている。(2)

ローシュ・ホデッシュは、月が戻ってくる

ことを示しており、神の統一性の復活への希望の更新を象徴している。キドゥーシュ・レヴァナーと呼ばれる月を聖別する祈りが、三日月がふたたび現われ出る3日目から14日目のあいだに〔月の見える野外で〕捧げられる。この祈りは、なるべくシャバット*の終わりに行なわれるのが望ましい。その祈祷文は、メシアの時代には月はその輝きを初めは失っているけれども、やがてその元の輝きを取り戻すであろう、と予言している古代のミドラッシュ+を引用している。その祈祷文はまた、その家系からメシアが出現するダビデ*王についても言及している。(3) 現代の注釈者たちは、そのミドラッシュはユダヤ人女性が伝統の内部で完全な平等を獲得する未来の時について語っていると解釈し直している。(4)

近年、ローシュ・ホデッシュはユダヤ人女性の特別な祭りへと改められてきた。女性たちはローシュ・ホデッシュのグループを作り、古い儀礼や新しい儀礼を行ない、学び、祈るために新月に集会を持った。これらのグループは、月*、水*、女性についての古代と現代の象徴を採り入れた新しい儀式を創り出した。(5)

---

(1) ピルケイ・デ・ラビ・エリエゼル45 (2) BTサンヘドリン篇42a (3) 詩篇89：38、BTフリーン篇60b (4) Waskow, *Seasons of Our Joy*, 229; "Feminist Judaism: Restoration of the Moon," in "*On Being a Jewish Feminist*", ed. Susannah Heschel, 261 - 272 (5) Adelman, *Miriam's Well*.

象徴するもの：女性らしさ、フェミニズム、希望、更新、性的平等

項目別分類一覧：ローシュ・ホデッシュ、祈り、女性

参照箇所：暦、ダビデ、黄金の子牛、メシア、月、水

613 SIX HUNDRED AND THIRTEEN
（ヘブライ語：タルヤグ）

ラビ+の伝承によれば、トーラー*では613の戒律が特定されているという。これらの戒律には、太陽年の日数と身体の腱の数に照応した365の禁止律と、人間の骨の数に照応した248の義務律がある。(1) この数は、その数値が613に等しいヘブライ語の4文字の頭字語——「タルヤグ」〔タヴ・レイシュ・ユッド・ギメル〕と呼ばれることがある。何世紀にもわたって、学者たちはさまざまな分類方法に従ってこれらの戒律を類別した。たとえば、（1）消極性と積極性、（2）十戒*に従った分類、（3）聖書の記述に従った分類、などがある。ミドラッシュ+では、ざくろ*には613の種があるのが特徴であり、このことがざくろを特に聖なる果実としていると語られている。敬虔なユダヤ人は、これらの613の戒律に代表される宗教的な戒律全体を遵守すべく努力している。

---

(1) BTマコート篇23b

象徴するもの：聖性、ミツヴァー、正統性、敬虔、神意への服従、トーラー

項目別分類一覧：数字

参照箇所：ハガダー、数字、ざくろ、トーラー

600万 SIX MILLION

1938年から1945年までのホロコースト（「焼き尽くす献げ物」を意味するギリシア語に

由来する）の間、ナチは数百万人のヨーロッパ人とともに、600万人のユダヤ人を殺戮した。この数字は、当時ヨーロッパに住んでいたユダヤ人の3人のうち2人が殺された勘定になる。しかも、そのうちの100万人は子供たちであった。彼らの死とともに、1000年ものあいだ（特に東ヨーロッパの）イェシヴァー、シナゴーグ*、カフェ、劇場、出版社などで栄えた活力に満ちたユダヤ文化は、悲劇的な結末を迎えることになってしまった。彼らの生と死を記念するために、典礼、儀式、文学、芸術、博物館、教育の場で、多くのことがなされた。ニサン⁺の月の27日に行なわれるホロコースト記念日（ヨーム・ハ・ショアー）がユダヤ暦に加えられた。しかし、犠牲者の追悼となる最も心を動かす証（あかし）のひとつは、その死の永遠の象徴としての「600万」という数字の示している意味である。この数字を語るだけで、ユダヤ人の歴史と人類の歴史におけるホロコーストのぞっとさせるほどの重要性を自動的に思い起こさせる。

象徴するもの：ヨーロッパのユダヤ人の絶滅、ホロコースト

項目別分類一覧：ホロコースト、数字

参照箇所：アウシュヴィッツ、数字、ワルシャワ・ゲットー、黄色

ろば　ASS（ヘブライ語：ハモール）

ろばは、ほとんどの民間伝承におけるように、ユダヤ人の説話においても、うすのろや頑固者の象徴である場合が多く、「心（脳みそ）を持っていない」ものとして描かれている。しかし、ろばは多くの良い意味のものと

も結びついている。

古代の中近東においては、馬は戦争と結びついていた。他方ろばは、平和と労働と結びついていた。ヤコブ*は臨終の床で息子たちを祝福した際に、質素な農夫の生活を選んだイサカルを誉めて、「背をかがめて荷を担う骨太のろば」[1]にたとえていた。

トーラー*は、野生のろばと在留外人に同じような法律を適用している。在留外人は、不明瞭な立場でイスラエルの人びとの中で暮らし、いくつかの点においては同じ権利を与えられていたが、それ以外の権利は認められていなかった。たとえば、ろばと在留外人は安息日には休むことになっていた。「あなたは6日の間、仕事を行ない、7日目には、仕事をやめなければならない。それは、あなたの牛やろばが休み、女奴隷の子や寄留者が元気を回復するためである」。[2] しかし、両者は、イスラエルの人びととの親密な接触は禁じられていた。ろばは、イスラエル人の家畜と軛でつながれて一緒に耕すことはできなかった。在留外人はイスラエルの人びとと結婚することはできなかった。それゆえにこそ、ハモール（ヘブライ語でろばの意味）の息子であるカナン人のシケムがヤコブの娘ディナとの結婚を望んだ時、彼女の兄たちは残虐な行為で、その禁じられた不義を止めさせたのである。[3]

ユダヤ人の伝承で最も有名なろばは、バラムの言葉を話すろばである。伝承によれば、このろばは天地創造の第6日目の黄昏時に、他の不思議なことと一緒に創造されたという。このろばは主の御使いが抜き身の剣を手にして道にたちふさがっているのを見て、道から

それて主人の命を救ったけれども、バラムはろばを3回打った。もしも神がバラムの目を開けさせ、彼の忍耐力と分別の無さを叱らなかったら、彼はろばを殺していたことであろう。(4)

ろばはまた、王権の象徴でもある。この世の終わりにメシア*がろばに乗ってやってくるように、サウル、ダビデ*、ソロモン*、アブサロムも、ろばやらばに乗った。ゼカリヤは、メシアは「勝ち誇ってはいるが高ぶることなく、ろばに乗ってくる。雌ろばの子であるろばに乗って」エルサレムに入ってくることだろう、と預言している。メシアは、平和と謙遜の象徴であるこのろばの上に乗って、「エフライムから戦車を、エルサレムから軍馬を絶つ」。(5) タルムード*は、「夢の中でろばを見るものは、救済を望んでいるのだろう」と語っている。(6)

---

(1) 創世記49：14-15　(2) 出エジプト記23：12　(3) 創世記34章。この比較の十全な議論の展開は、Howard Schwartz, *The Savage in Judaism*, 126-127 を参照。(4) 民数記22：22-35　(5) ゼカリヤ書9：9-10　(6) BTベラホート篇56b

象徴するもの：愚かさ、謙遜、勤勉、労働、不可思議なこと、忍耐、平和、贖い、王権、頑固

項目別分類一覧：動物

参照箇所：メシア、十二部族

ローマ　ROME（ヘブライ語：ローマ）

ローマは数世紀ものあいだ、古代世界を支配していた。その帝国は、西はアイルランドから小アジアの東側の境界まで、そしてさらに、ヨーロッパから北アフリカまで広がっていた。ギリシア文化と思想がローマ法と道路と結合して、さまざまな人びとを単一支配の下で統合した。しかし、そうした統合の代償は、民族の主権の喪失であった。パレスティナのユダヤ人にとっては、宗教的な自由の喪失ともなった。

ローマがエルサレム*を征服した後、ユダヤ総督が置かれた。ユダヤ人は、増大する重税の重荷、腐敗、宗教的な無神経さに苛立ち、紀元後1世紀に反乱を起こした。ローマは神聖な神殿*とエルサレムの町を破壊し、その住民の多くを追放することによって、紀元後70年にその反乱を鎮圧した。バル・コフバの指導の下での紀元後135年の第2次反乱は、ユダヤ人の人口の10人に1人が選ばれて殺され、パレスティナでのユダヤ人の人口の優位性は実質的に終焉することとなった。ほんのわずかの人びとだけが残ったが、その中には、パレスティナのタルムード[+]のアカデミーでユダヤ教の口伝律法を発展させつづけていたラビ[+]たちもいた。しかし、宗教的な中心はバビロニアのアカデミーへと移った。

ローマはその圧制の歴史、とりわけ、神殿の破壊のゆえに、イスラエルの敵を象徴するようになった。タルムード全体を通して、ローマの残酷さ、道徳的退廃、傲慢、偶像崇拝は、ラビたちの知識の豊富さ、勇気、倫理意識、信仰心と対比させられている。ラビたちは検閲と逮捕から逃れるために、ローマについて語る場合にはエサウ*、エドム、アマレク*などのような別の古代のユダヤ人の敵の名前を用いていた。ローマはラビ文書では豚や鷲*で表わされている。鷲はローマ帝国の象徴であったが、ラビたちがそれを転倒さ

ローマ　ROME

せたのである。

　コンスタンティヌス帝が帝国の公けの宗教としてキリスト教を採り入れた後は、ローマはキリスト教の象徴となった。そしていつしかこの象徴的な役割は、ヴァティカンが引き受けることとなった。現代では教皇庁はユダヤ人にとっては両義的な象徴となっており、第2ヴァティカン公会議のゆえに和解を、そして、ホロコーストの時のヴァティカンの沈黙とイスラエル国家の認知のかたくなな拒絶のゆえに敵意を表わしている。

象徴するもの：傲慢、キリスト教、腐敗、残酷、敵、敵意、偶像崇拝、抑圧、和解
項目別分類一覧：場所
参照箇所：アマレク、鷲、エサウ、神殿

【ワ行】

鷲　EAGLE（ヘブライ語：ネシェル）

　鷲は、聖書の中で語られている多くの動物のように、二つの相反する価値を象徴している。鷲は、前向きで積極的、建設的な価値と、消極的で非建設的、否定的な価値を連想させる。鷲は、力強い翼を持った捕食生物として、権力、勝利、王権を象徴している。野獣の中で鷲に匹敵するものは、獅子*である。人間の中では、王*や女王*が鷲に匹敵する。

　鷲はまた、ローマ*帝国の象徴でもあった。ローマ人の主神であるユピテルは、その爪で稲妻をしっかりと摑んでいる鷲として描かれていた。ヘロデ時代には、黄金の鷲が神殿*の門*の上にとまっていた。これが、ヘロデの権力支配下における彼とユダヤ人との絶え間ない緊張関係の原因であった。東欧のユダヤ人の絵画では、ポーランドとプロイセンの国章であった鷲は、ユダヤ人市民に対して抑圧的なこれら二つの体制を象徴していた。

　他方、聖書は鷲のイメージを神の慈愛と加護を表わすためにも用いていた。鷲は自分の子供を伴い、飛び方を教える。同じように、神もイスラエルの人びとにこう思い起こさせている——「あなたたちは見た、わたしがエジプト人にしたことを、また、あなたたちを鷲の翼に乗せて、わたしのもとに連れてきたことを」。[1] 1948年にイスラエル国家が樹立された後にイエメンのユダヤ人がイスラエルに連れてこられた時、彼らは、彼らを聖地へ空輸した飛行機を、神の救済の象徴であるこの「鷲の翼」の現代版と考えていた。鷲がシナゴーグ*の絵画で用いられる場合には、地上の支配者よりも勝っている神の力を象徴している。

　ミシュナー✝では、鷲の軽やかさは、神の意志を実行するために必要な特質のひとつとして引用されている——「天におられるあなたの父の御心を実行するためには、豹*のように強く、鷲のように軽やかに、鹿*のように速く、獅子*のように勇敢であれ」。[2] これら3*匹の動物と鷲は、何世紀ものあいだ、シナゴーグ*とユダヤ人の家庭の絵画、織物、祭具の中に表現されてきた。

　鷲は、その速さと他の鳥よりも高く舞い上がる能力のゆえに、祈りを象徴している。「われわれの手は、鷲のように広げられてい

様式化された鷲

たか」と朝の礼拝で表明するが、これは、われわれはまだ神の祝福に十分に感謝していないということを述べている。

　アメリカに移民としてやってきたユダヤ人たちにとって、アメリカの国章である白頭鷲は、宗教的自由と経済的な成功の象徴となった。そして、それは、アメリカのユダヤ人の民俗芸術と宗教美術にも入りこんだ。

(1) 出エジプト記　19：4　(2) ピルケイ・アヴォート 5：20

象徴するもの：神の憐れみ、神の加護、自由、優美、好機、抑圧、力、ポーランド、祈り、プロイセン、王権、救済、アメリカ、勝利

項目別分類一覧：動物

参照箇所：王、獅子、女王、ローマ、翼

ワルシャワ・ゲットー　WARSAW GHETTO

　ホロコーストの時代には、東ヨーロッパのほとんどの大きなユダヤ人コミュニティはゲットーの中に閉じこめられていた。そこではユダヤ人は、悲惨な生活状態、絶え間ない迫害、死の収容所への大量移送などによって苦しめられていた。最終的にこれらのゲットーはナチによって「清算」され、生き残った住民たちは殺されるか移送されるかした。ほとんどのゲットーでは、武装して抵抗することはほとんど不可能であった。しかし、いくつかのゲットーでは、特にワルシャワ・ゲットーが有名であるが、頑強に抵抗し、反撃した。

　1943年4月、過ぎ越しの祭り*の最初の夜に、少数のユダヤ人は、ナチの強力な軍隊に対して蜂起した。28日間ものあいだ、彼らはこっそりと持ちこんだ武器や自家製の武器を用いて、圧倒的に優勢なドイツの軍事力に対して闘った。そして、彼らはついに敗れ、ゲットーは破壊された。生き残った人びとの中には、1943年8月まで散発的に抵抗を続けた者もいた。ワルシャワ・ゲットーの男性と女性の英雄的な行為は、ポーランド人とユダヤ人のパルチザンを鼓舞した。そして戦後、彼らの英雄的な行為は、詩、小説、芸術の中で称えられた。この出来事は多くのハガダー*に含まれている。

象徴するもの：勇気、自由、ホロコースト、抵抗

項目別分類一覧：ホロコースト、場所

参照箇所：アウシュヴィッツ、ハガダー、過ぎ越しの祭り、600万、黄色

用語解説

（ ⁺印の用語は用語解説で、＊印の用語は本事典の各項目で解説されている。）

アガダー：タルムード⁺とミドラッシュ⁺の法規以外の部分で、物語、伝説、動物寓話譚、諺、言葉遊び、医術、天文学、占星術などについての記述が含まれている。

アキバ：紀元後 50 ～ 135 年。タルムード⁺の最も偉大な賢者の一人。その学問、人間性、寛大さ、そして、ローマ人の手にかかって殉教したことで有名である。

アシュケナズィーム：アシュケナズィの複数形。字義的には、ヘブライ語で「ドイツで生まれた人びと」の意味。独特の習慣、芸術的伝統、ヘブライ語の発音、食べ物を有したヨーロッパ諸国出身のユダヤ人のことを指す。

アミダー：「立祷」の意味。最も古い典礼の祈りのひとつ。ユダヤ教のすべての礼拝にとって中心的なものであるので、タルムード⁺はこれを「祈り」とだけ呼んでいる。これはまた、元来 18 の祝祷からなっていたので、シュモネ・エスレー（数字の 18 ＊の意味）とも呼ばれている。

アモラ：アラム語で「話者」の意味。複数形はアモライーム。ミュシュナー⁺完成以後（紀元後 200 ～ 500 年）のミシュナーを解釈したラビ⁺たちの総称。彼らの解釈がバビロニア・タルームード⁺とエルサレム・タルムードの大部分を構成している。

アリ：ルーリア⁺の項参照

イェシヴァー：ヘブライ語で「座ること」を意味する。伝統的なタルムード⁺学校。

祈り：ユダヤ教の伝統は 1 日に 3 回祈ることを要求している。朝の祈りをシャハリート⁺、午後の祈りをミンハー⁺、夕方の祈りをマアリーヴ⁺という。シャバット＊と祝祭日にはムサーフ⁺という追加の礼拝がある。ヨーム・キプール＊には祝祭日を締めくくる 5 番目の礼拝、ネイラー⁺がある。正しいカヴァナー⁺を持って朗唱する祈りは、世界の大変革をなし遂げる。祈りには主として 3 つの働きがある。それらは、嘆願、賛美、感謝である。

失われた十部族：紀元前 722 年にアッシリアが北イスラエル王国を征服した時、その地域に住んでいた十部族は外国へ追放され、その後民族のアイデンティティを失ってしまった。十部族の運命について多くの伝説が生まれた。

用語解説

エルール：ヘブライ語で、ローシュ・ハ・シャナー*の前のユダヤ暦*の第6月のこと。この月は、霊的な準備と悔い改めの時である。西暦の8月〜9月。

外典（アポクリファ）：マカバイ記とユディト*記を含む第二神殿*時代にまで遡る著者不詳の歴史的、倫理的な文書の集成。アポクリファ（ギリシア語で「隠されたもの」の意味）という語は、非ユダヤ人が用いていた語であった。ラビ+たちは単に「外部の書物」〔スファリーム・ヒツォニーム〕と呼んでいた。ユダヤ人の伝統は、これらの書物を価値ある文学とみなしてはいたが、聖書の正典に含めてはいない。

解放時代：フランス革命とナポレオン戦争の後に続く時代で、ヨーロッパのユダヤ人は異邦人の大きなコミュニティ内で大きな市民権と個人の権利を獲得し始めた。

カヴァナー：ヘブライ語で「ある一定の方向に向けられた意向」の意味。祈りの最中に思考と感情を集中させる行為や神の命令の実践のこと。

カディーシュ：「聖性」を意味するヘブライ語（クドゥシャー+の項参照）から派生した語。死者を追悼して朗唱するアラム語の祈り。礼拝に区切りをつけたり、学習期間を締めくくる祈りでもある。

カバラー：神の霊の流出と神の秘密の御名の宇宙論に基づいたユダヤ教の秘教的伝統。カバラー*の伝承は2000年前にまで遡るが、13世紀の神秘的な作品『ゾハールの書』+（『光輝の書』）と16世紀のツファット*のユダヤ教神秘主義者の著作において最も精緻な体系が作られた。

カバリスト：カバラー*+を研究し、実践する人。

キドゥーシュ：ヘブライ語で「聖別」の意味。安息日*と祝祭日の始まりに朗唱されるぶどう酒*の上での祈り。

キドゥーシュ・ハ・シェム：ヘブライ語で「神の御名の聖別」の意味。宗教的な殉教のことも指す。

キブツ：イスラエル*の自発的に集まって形成した集団のコミュニティ。主として農作物を作っているが、工業製品も生産しているところもある。キブツィーム（キブツの複数形）は、20世紀初頭に始まり、財産の集団所有、協同での意思決定、メンバーの子供たちの集団全員での世話など、主として社会主義思想にのっとって運営されている〔現在では当初の創立理念が消失しているとのことである〕。

クドゥシャー：ヘブライ語で「聖性」の意味。ヘブライ語の語源は、神聖さと分離すること双方の意味を示している。

啓蒙主義：ヘブライ語ではハスカラー。ユダヤ人の教育においては世俗的な教育も宗教的な教育もともになされるべきである、という

用語解説

信念に基づいたヨーロッパのユダヤ人の運動で、18世紀後半に始まり、19世紀後半までつづいた。

ゲマトリア：ギリシア語に由来するヘブライ語。ヘブライ語の各文字にはそれぞれ固有の数値が割り当てられており、数値の総和が等しいヘブライ語の単語は同じ価値、同じ意味を有している、という体系。この「数値の等価性の体系」を用いて、ラビ＋たちやカバリスト＋たちは道徳的、宗教的、哲学的な原理を引き出した。

賢者：通常は、ミシュナー＋とタルムード＋の中で引き合いに出されているラビの学者のことを指す。

コーシェル：ヘブライ語で「宗教儀礼的に受け入れられること」の意味。

コール・ニドレイ：アラム語で「すべての誓い」の意味。ヨーム・キプール＊の祝祭日が始まる夕方の祈りマアリーヴ＋を開始する祈り。

細書術：小さなヘブライ文字でデザインを造り出す芸術で、通常、聖書、伝統的な祈祷書、カバラー＋＊の文書などからの一節が用いられる。

3回目の食事：セウダー・シュリシートの項参照。

サンヘドリン：ギリシア語で「議会」の意味。ローマ時代のエルサレム＊の宗教的、法律的、政治的な最高機関として働いていた〔70名あるいは〕71名の賢者の最高議会、最高法院のこと。

シェヘヒヤヌ：ヘブライ語で「われわれを生かさせてくれているお方」の意味。婚礼＊や祝祭日、バル／バット・ミツヴァー＊などのような人生での重要な時に朗唱される感謝の祈り。

シャハリート：ヘブライ語で「朝」の意味。「朝の祈り」のこと。「祈り」の項参照。

シャブタイ・ツヴィ：17世紀のトルコのユダヤ人。彼は自らをメシア＊であると宣言し、ディアスポラ＋のユダヤ人のあいだに広範な信奉者を獲得したが、スルタンによって死刑に処せられることよりもイスラームへの改宗を彼が選択した時に、その運動は幕を閉じた。ユダヤ人コミュニティの主流派はシャブタイ派のメシアニズムを異端とみなしてはいたが、ユダヤ人神秘主義者のあいだでは地下運動としてその後1世紀ものあいだ存続していた。

シャマイ：第二神殿＋時代の卓越した賢者（紀元前50年〜紀元後30年）。彼は法規上の厳しさ、厳格な個性で有名である。彼の一番の論敵ヒレル＋との間の論争については、ラビの伝統は、ベイト・ヒレル（ヒレル派）に味方してベイト・シャマイ（シャマイ派）に異を唱えている。

シャラッハ・マノス：ミシュローアッハ・

用語解説

マノートの項参照。

シャルシュデス：セウダー・シュリシートの項参照。

終末：ヘブライ語ではアハリット・ハ・ヤミーム。メシア*の時代。人間の歴史の終焉と、ダビデ*王の末裔であるメシア*の治世の始まりのこと。一般的には、政治的、宗教的な調和の時代とみなされている。伝統的なユダヤ教の原典は、死者の復活と全世界のユダヤ人のエルサレム*への帰還の時代とも語っている。

シュティーブル：イディッシュ語で「小さな正統派シナゴーグ」のこと。通りに面した商店や小さな部屋のことを指す場合もある。

シュテットゥル：イディッシュ語で「小さな町」の意味。複数形はシュテットゥラフ。第2次世界大戦前までユダヤ人が住んでいた東ヨーロッパの小さな村のこと指す。

シュマァ：ヘブライ語で「聞け！」の意味。シュマァと呼ばれるヘブライ語の祈り+の最初の語。「シュマァ　イスラエル、アドナイ　エロヘイヌ、アドナイ　エハッド」（聞け、イスラエル。われらの神、主は唯一の主である）で始まる祈りで、申命記6：4-9、11：13-21、民数記15：37-41 から成る。シュマァは典礼の中心的な祈りであり、伝統的に臨終の時にも朗唱される。

シュミニ・アツェレット：ヘブライ語で「集会の8日目」の意味。スッコート*の最後の日。この日に会衆は雨*乞いの特別の祈りを朗唱する。イスラエルではこの日はスィムハット・トーラー（トーラーの歓喜）の日でもある。

シュール：イディッシュ語でシナゴーグ*の意味。〔「学校」の意味もある〕

巡礼祭：ヘブライ語でシャローシュ・レガリームという。過ぎ越しの祭り*、シャヴオート*、スッコート*の祝祭日のこと。これらの祭りの期間中に、農作物の献げ物をエルサレム*の神殿*に持ってくるのが古代のユダヤ人の慣習であった。

論証テクスト（プルーフ・テクスト）：法規上、あるいは倫理的な事柄を正当化するために用いられる一節のことで、通常は聖書の一節、時としてラビ文書の一節を指す。

スィドゥール：ヘブライ語で祈祷書の意味。

スィムハット・トーラー：ヘブライ語で「トーラーの歓喜」の意味。シュミニ・アツェレット+の翌日で、この日に1年かけたトーラー+*の朗読が完了し、新たに最初から朗読が開始される。シナゴーグ*では会衆はトーラーの巻物を持って歌い、踊る。

スファラディーム：スファラディの複数形。字義的には、ヘブライ語で「スペインで生まれた人びと」の意味。独特の慣習、芸術的伝統、ヘブライ語の発音、食べ物を有した南

地中海、北アフリカ、中近東諸国出身のユダヤ人のことを指す。中近東出身のユダヤ人は、エドート・ミズラッハ（東方のコミュニティ）という別な呼称で呼ばれることもある。

聖所：聖櫃＊と祭壇＊を納めるために荒野で建造された移動できる幕屋、ミシュカン＊のこと。後になると、この語は、聖櫃が置かれたシナゴーグ＊の祈りの部屋を指すようになった。

セウダー・シュリシート：ヘブライ語で「3回目の食事」の意味。シャルシュデス✢とも呼ばれる。ハヴダラー＊の儀式を終える前に取る最後のシャバット＊の食事。この時にラビ✢が自分の学生にトーラー✢の言葉を語り聞かせるのが慣習となっている。

先唱者：ヘブライ語ではハザンと呼ぶ。礼拝の指導者。現代では、ハザンの役割は、主として会衆の音楽指導者となっている。

ゾハールの書：ヘブライ語で『光輝の書』の意味。カバラー✢＊文学の中心的な文書。タルムード✢の賢者シムオン・バル・ヨハイが著者となっているが、おそらくは、13世紀のスペインの神秘主義者モーゼス・デ・レオンが著作したものと思われる。

タシュリーフ：ヘブライ語で「投げる」の意味。ローシュ・ハ・シャナー＊の第1日目に行なわれる儀式で、パンくずを小川に投げ込む。これは、罪を投げ込むことを象徴化している。

タナッハ：トーラー✢＊（モーセ五書）、ネヴィイーム（預言者の書）、クトゥヴィーム（諸書）の略語。キリスト教徒が旧約聖書と呼んでいるヘブライ語聖書に対する伝統的なユダヤ教の用語。

タルムード：ヘブライ語で「教える」〔学ぶ〕という意味。紀元後500年頃にバビロニアとパレスティナで編纂された何世代にもわたる学者たちによるミシュナー✢についての議論の集成。グマラーとはミシュナーの注解のことであり、タルムードのもうひとつの重要な部分を構成している。

タンナ：アラム語で「教師」の意味。複数形はタナイーム。ミシュナー✢時代のラビ✢の教師たちのこと。その後につづくのがアモラ✢である。

血の中傷：ユダヤ人は過ぎ越しの祭り＊の儀式のためのキリスト教徒の血＊を得るためにキリスト教徒を殺している、という偽りの申し立て。中世では、そのような告発は、しばしばユダヤ人迫害を引き起こさせた。血の中傷の事例は、現代に至るまで報告されている。

ツァディーク：ヘブライ語で「義人」のこと。特に敬虔な人。つい最近までは、ハスィディム✢のコミュニティの指導者の呼称でもあった。

ツェダカー：ヘブライ語で「正義」を意味する。慈善行為、施しのこと。

用語解説

ディアスポラ：ギリシア語で「離散」の意味。ヘブライ語では、ガルートと言う。追放やイスラエル*の地の外に住んでいるユダヤ人の意味もある。

ティクン：ヘブライ語で「修復」の意味。カバラー✢*によれば、世界の調和は時の初めに粉砕された、という。そうして今や、ティクン・オーラム、つまり、宇宙の修復をなし遂げることが人間の課題となった。この語はまた、トーラー✢*の朗唱を学ぶために用いられる書物とシャヴオート*の祝祭日に行なわれた夜を徹したトーラーの学習（ティクン・レイル・シャヴオート）のことをも表わしている。

ティシュレイ：ユダヤ暦*の第7の月。この月にローシュ・ハ・シャナー*、ヨーム・キプール*、スッコート*の祝祭日がある。西暦9月～10月。

テトラグラマトン：ギリシア語で「四文字語」の意味。ユッド、ヘイ、ヴァヴ、ヘイの四文字（YHVH）からなる神の聖なる御名*のこと。イェホヴァーと誤って訳されることがしばしばある。

トゥシュヴァー：ヘブライ語で「帰還」、「回答」の意味。転じて、「回心」、「悔い改め」のことをいう。

ドゥラーシュ：ミドラッシュ✢の語源で、ヘブライ語で「捜し求める」という意味。聖典（たいていの場合は聖書）の最新の意味を解読し、提出すること。ドゥラシャーとは、この方法から引き出された説教や解釈のことを言う。

トーラー*：ヘブライ語で「教えること」の意味。モーセ五書、ギリシア語でペンタテューク、ヘブライ語でフマーシュ（ヘブライ語の数字5*から派生）とも呼ばれ、月曜日、木曜日、シャバット*、祝祭日にシナゴーグで朗読される。トーラーは、ユダヤ律法と慣習すべての基盤である。この語は非常に多義性に富んだ語であり、ある時はペンタテュークを指し、ある時はユダヤ教の教えと文学の総体を指し、また、伝統的な文書に基づいた個人の教えを指す場合も時々ある。

ナスィ：ヘブライ語で「長」の意味。サンヘドリン✢の長を指すタルムード✢時代の用語。ラビ✢時代には、ユダヤ人の霊的、政治的指導者をも指した。

ニサン：古代のユダヤ暦*の第1月のこと。過ぎ越しの祭り*はこの月の15日に行なわれる。西暦3月～4月。

ネイラー：ヘブライ語で「閉じること」の意味。ヨーム・キプール*を締めくくる最後の祈り。

ノタリコン：ギリシア語で「速記者」の意味。聖書の語や句を頭辞語や短い単語の組み合わせとして読むことによって解釈する方法。

ハヴラー：字義的には「仲間」の意味。ヘブ

ライ語で「友達」を意味する語ハヴェールに由来し、複数形はハヴロート。祈ったり、学習したり、祝典を催したり、あるいは、他のユダヤ人のコミュニティの活動に従事するために集まるユダヤ人の集団のこと。現代のハヴロートは、昔の形を模範にしてはいるが、メンバー各自の平等主義や自由参加に委ねたユダヤ人コミュニティの新しい現象である。

ハザン：先唱者の項参照

ハスィディズム：バアル・シェム・トーヴという名でも知られているラビ・イスラエル・ベン・エリエゼルが18世紀に創始した宗教運動。この運動のメンバーはハスィディーム（単数形はハスィード）と呼ばれている。

ハフタラー：安息日＊と祝祭日にトーラー✝＊の箇所が朗読された後に朗唱される預言者の書の箇所。

ハラハー：ヘブライ語で「道」の意味。聖書、タルムード✝、法規、その後のラビ✝の裁定に明確に表現されているユダヤ律法のこと。

バル・コフバ：アラム語で「星の子」の意味。紀元後2世紀のパレスティナでのローマ＊に対するユダヤ人の反乱の指導者。135年にベタールで敗北した。彼の同時代の人びとの多くは、特にラビ・アキバ✝は、彼はメシア＊であると宣言した。

ハレル：ヘブライ語で「賛美」の意味。ほとんどの祝祭日にシナゴーグ＊で朗唱される、主として詩篇113〜118で構成されている典礼の特別な箇所。

ピドゥヨン・ハ・ベン：ヘブライ語で「息子を買い戻すこと」の意味。長男を生贄に献げないですむように神に代価を支払うことを象徴した儀式。男の子の親はコーヘン（祭司階級の末裔）に代用硬貨を払い、この硬貨は慈善事業に寄付される。

ヒドゥール・ミツヴァー：ヘブライ語で「命令を美化すること」。「この方こそわたしの神。わたしは彼を崇める」（出エジプト記15:2）という聖書の一節にもとづいた、神の命令の実践を美化することは価値あることである、という観念。この一節はユダヤ教の宗教芸術を正当化するものとして引き合いに出されている。

ヒレル：第二神殿＊時代の最も偉大な賢者（紀元前1世紀後半〜紀元後1世紀初期）。その英知、寛大さ、謙譲、調停力で有名である。ヒレルと彼の一番の論敵シャマイ✝のあいだの多くの論争については、ラビ✝たちの伝統はヒレルの側についている。

ホシャナ・ラバー：「大いなるホシャナ」の意味。「どうか、お救いください！」〔詩篇118：25〕という意味の2語のヘブライ語から派生した。厳粛な雰囲気で迎えるスッコート＊の第7日目のこと。伝統的には、神がヨーム・キプール＊に下した裁きを最後に封印し、その年の降雨を割り当てる日であるとみなされている。この日のシナゴーグ＊での

用語解説

礼拝では行進が行なわれ、柳*の枝で床を叩く。

マアリーヴ：ヘブライ語で「夕方」を意味する語エレーヴから派生し、「夕方の祈り」を意味する。日没時の夕方、毎日朗唱される。「祈り✝」の項参照。

マイモニデス：12世紀のスペインの哲学者、法規学者、宮廷の侍医。「ラビ・モーゼス・ベン・マイモン」という彼の名前の省略形でラムバムとも呼ばれる。彼は、ユダヤ法規を編纂した『ミシュネー・トーラー』と哲学的、神学的な不朽の論考『迷える者への手引き』でよく知られている。

マフゾール：大祝祭日と三大巡礼祭のための特別な祈祷書。

ミシュナー：ヘブライ語で「繰り返し学ぶこと」の意味。紀元後200年にユダ・ハ・ナスィが整理、編纂したユダヤ人の口伝律法の最も古い法規集。

ミシュローアッハ・マノート：「贈り物を送ること」。シャラッハ・マノスとも呼ばれる。プーリム*の祭りには、酒の小瓶とともに果物、くるみ*、ハメンタシェン*と三角形のお菓子（ハマン*のポケット）を盛ったお皿をこの祝祭日を祝って友人や家族に送るのが伝統となっている。

ミツヴァー：ヘブライ語で「戒律」のこと。複数形はミツヴォート。トーラー✝*の中に表われている神が定めた613*の戒律のうちのひとつ。ミツヴァーはまた、「善行」をも意味する。

ミドラッシュ：ヘブライ語で「捜し出されたもの」の意味。聖書本文から意味を引き出したり、伝統的な教えを脚色したりするラビ文学のジャンル。この用語は、解釈の方法とその文学それ自体双方のことを指す。

ミンハー：ヘブライ語で「献げ物」の意味。正午から夕方まで朗唱される「午後の祈り」。「祈り✝」の項参照。

ムサーフ：ヘブライ語で「追加」の意味。安息日*と祝祭日になされる追加の礼拝。「祈り✝」の項参照。

メルカヴァー神秘主義：最も古いユダヤ教神秘主義の学派で、タルムード✝時代にまで遡る。この学派の実践と教えは、神の戦車*、すなわちメルカヴァー（エゼキエル書1章）についてのエゼキエルの幻視に基づいている。

モヘール：ヘブライ語で「割礼*を施す者」のこと。割礼の儀式を行なう者。

来世：ヘブライ語でオーラム・ハ・バー。来るべき世界。義人の魂が死後行く天の領域。各個人の行ないが「来世での運命」を決定する。

ラシ：1040～1105年。フランスの学者であったラビ・シュロモ・ベン・イツハキの名

用語解説

前の頭文字 RaShI を組み合わせた略称。聖書とタルムード✚についての彼のヘブライ語の注解は、現代でもユダヤ教の伝統において最も権威があると考えられている。

ラバン：ヘブライ語で「師」の意味。ラビよりも高位の称号で、サンヘドリン✚の長に対して用いられた。

ラビ：ヘブライ語で「師」、「教師」の意味。単数形の場合は、「ユダヤ教の教師」、「指導者」、「ユダヤ律法の裁定者」を指す。複数形の場合は通常、ミシュナー✚とタルムード✚の賢者のことを指す。彼らのユダヤ教の伝統の法規上の裁定と解釈が、今日信奉されているラビのユダヤ教とも呼ばれるユダヤ教の主流を形成した。アモラ✚とタンナ✚の項参照。

ルーリア、イツハク：16世紀のカバリスト✚で、聖なるアリ（獅子）とも呼ばれている。ツファット＊（イスラエル＊）のユダヤ教神秘主義の最も偉大な師。彼のカバラーの新しい解釈は、後のユダヤ人の霊的な運動、とりわけ、ハスィディズム✚に非常に大きな影響を及ぼした。

レッベ：イディッシュ語でラビの意味。ハスィディズム✚のコミュニティの指導者。レッベの信奉者は、ハスィディームと呼ばれる。

ローシュ・ホデッシュ：ヘブライ語で「月＊の頭」の意味。ユダヤ暦＊の月の第1日目は、小祝祭日として祝われている。

YHVH：テトラグラマトン✚の項参照。

訳者あとがき

　本書は、Ellen Frankel and Betsy Platkin Teutsch, *The Encyclopedia of Jewish Symbols*, Jason Aronson Inc., Lanham, Maryland, 1992 の全訳である。

　本書は、目次の266項目を見ればわかるように、ユダヤ教、ユダヤ思想、ユダヤ教神秘主義・カバラー、ユダヤ人の民間信仰・伝承伝説、ユダヤ祭時暦、旧約聖書の人物・動植物など多岐にわたった事項を取り上げ、多角的な視点からユダヤ教の象徴を論じている。「序論」で著者のユダヤ教の象徴についての考えを十全に論じているように、著者の象徴解釈は、合理主義的な説明と神秘主義的な説明、伝統的な説明と現代的な説明、メシアニズム的な説明と現世的な説明、父権的一神教からの説明と男性的・女性的な宗教的イメージからの説明のように、ひとつの固定した視点からの説明を極力回避し、ひとつの象徴を正反対の視点からも包括的に解釈している。タルムード時代のラビたちもそうであったが、ユダヤ教の律法『シュルハン・アルーフ』(『整えられた食卓』)を編纂した16世紀のヨセフ・カロは、律法学者であり、かつまたカバリスト(ユダヤ教神秘主義者)でもあった。著者は、ユダヤ教の象徴もそのようなものであると言う。著者のユダヤ教神秘主義・カバラーへの強い関心と女性としてのフェミニズムからの視点は項目の選択に現われており、本書をユニークな事典としている。とりわけ、カバラーの数秘学によるヘブライ語の解読は、象徴の隠された内奥の意味を開示している。

　著者は、ユダヤ教の象徴にはユダヤ人民衆の祭具、祭り、人物、植物、動物、場所などの事物への思い入れが現われているとして、象徴をユダヤ人の民間信仰からも読み解いている。ユダヤ教は一神教であり、偶像崇拝を禁止している。だが、聖櫃の上の一対のケルビムは偶像ではないのか、シナゴーグのモザイク床のゾディアックは異教の象徴ではないのか、と問題提起もしている。テオドール・ライクが『ユダヤ教における異教の祭儀』で異教の祭儀がいかにユダヤ教の祭儀の中に入り込んでいるかを論じているように、ユダヤ人は一神教の観点から異教の神話を廃

訳者あとがき

棄したが、民間信仰レベルでは異教の象徴をユダヤ教的に解釈し、取り込んだ。著者はこの創造的な「価値変換」の六つの過程を「序論」で提起している。一見すると硬直したような一神教のユダヤ教が、民衆の文化の裏口から異教の風習を取り込み、それが皮肉にもユダヤ教に活力を与えた。

おそらく、読者の中には、本書の象徴解釈に異論をお持ちの方もおられるのではないかと思う。こうした異論には著者も納得している。なぜならば、象徴の解釈は無限であり、多様であるからである。それゆえにこそ、象徴は日常生活に色彩を与え、精神生活を豊かにしてくれるのである。だが、象徴を一元化、絶対化、換言すれば、「神話化」すると、「偶像崇拝」となる。著者は、象徴の「神話化」の危険性、「偶像崇拝化」の陥穽を指摘して、象徴の「非神話化」をも同時に訴えている。

本文には、明らかに著者の思い違いと思われる箇所が多々あった。そのような箇所は文脈上の不整合と読者が誤解するのを避けるために、あえて削除した。たとえば、「顎鬚」の項では、「ヨブは自分の子供たちが死んだことを知ると、顎鬚を剃り落とした」とあったが、ヨブが剃り落としたのは頭髪である。また、紀元後4〜6世紀のイスラエル国内のシナゴーグのモザイク床のゾディアックの配置は、シナゴーグによっては時計回りであったり、反時計回りであったりして一定ではない、とラヘル・ハフリリの論文（"The Zodiac in Ancient Jewish Synagogue Art : A Review by Rachel Hachlili, *Jewish Studies Quarterly*, Vol.9, 2002）が述べているように、「モザイク職人はヘブライ語の書き方に従って、ゾディアックとユダヤ暦の月を右から左へと反時計回りに配置した」という箇所は、一般論でそのように言うことはできないので削除した。

ヘブライ語のカタカナ表記に関しては、すでに故人となってしまった二人の友人、イスラエル南部の荒野アラドを終の住み処とした毛利稔勝氏と、ヘブライ語音声学に後半生を捧げた栗谷川福子女史、そしてさらに、嘆きの壁をDiscotel（Disco+Kotel）と皮肉を込めて呼び、「偶像崇拝」ではないのかと問題提起したイシャヤフ・レイボヴィッツの心酔者で、嘆きの壁を一度も訪れたことがなく、これからも訪れる気はないという、イスラエルの友人メイールに貴重なアドバイスをいただいた。メイールは、メールに音声まで添付してわたしの質問に答えてくれた。しかしながら、最終的にはわたしが恣意的に表記した。わたしのカタカナ

訳者あとがき

表記が音声学上いかにバラガン（非法則的）か、栗谷川女史が笑っておられる声が聞こえる。

　SとShの発音については、旧約聖書士師記12：6に「エフライム人はギレアド人の標準的ヘブライ語発音であったシボレトshibboletのヘブライ語シンを正しく発音することができず、スィボレトsibboletとシンをヘブライ語サメフに発音してエフライム人であることがばれてしまい、4万2千人が殺された」と、その発音の大きな違いがエフライム人にとって惨劇となったことが書かれているが、本事典でも、ハシディズムではなくハスィディズムと、シフルートではなくスィフルートというように、ヘブライ語のシンとサメフのカタカナ表記を区別した。Ziの場合も同様に、ジではなくズィと表記した。ただし、シナイのように既に表記が定着している語については慣例上の表記に従った。

　日本語訳旧約聖書は、今思うに、その訳語と訳文を少々尊重しすぎた気がしないでもない新共同訳、そして、1955年改訳、旧約聖書翻訳委員会訳（岩波書店）を、70人訳聖書は秦剛平訳（モーセ五書。河出書房）を、英訳旧約聖書は著者も利用した"TANAKH The Holy Scriptures"(Jewish Publication Society) を、そしてもちろんのこと、ヘブライ語聖書も常に参照した。本書で頻繁に引用されているピルケイ・アヴォートの節番号は、著者が参照したと思われる英訳本とヘブライ語原文では異同があったので、ヘブライ語原文にもとづいて統一した。

　本書の翻訳中、ならびに決定稿作成中には下記の文献を参照した。一介の「ユダヤ思想のサクラン（ヘブライ語でcurious, pryingの意味）」である訳者にとっては、下記の文献は最良の「師」であった。

日本語文献
(1)『ユダヤの祭りと通過儀礼』吉見崇一著、リトン、1994年（『ユダヤ人の祭』、エルサレム文庫4、エルサレム宗教文化研究所、1986年の増補版）
(2)『ユダヤ教小辞典』吉見崇一著、リトン、1997年
(3)『ミシュナ　アヴォート　ホラヨート』石川耕一郎訳、エルサレム文庫1、エルサレム宗教文化研究所、1985年
(4)『ミシュナ　ベラホート』石川耕一郎訳、エルサレム文庫3、エルサレム宗教文化研究所、1985年

訳者あとがき

(5) 『ミシュナ　タアニート、メギラァ、モエード・カタン、ハギガァ』石川耕一郎訳、エルサレム文庫5、エルサレム宗教文化研究所、1986年
(6) 『ミシュナ　ペサヒーム』石川耕一郎訳、エルサレム文庫10、エルサレム宗教文化研究所、1987年
(7) 『タルムード・モエードの巻、メギラー篇』市川裕・岩下賜示訳、三貴、1993年
(8) 『タルムード・ナシームの巻、ケトゥボート篇』三好迪訳、三貴、1994年
(9) 『タルムード・ナシームの巻、ソーター篇』三好迪訳、三貴、1995年
(10) 『タルムード・モエードの巻、スッカー篇』三好迪・宇佐美公史訳、三貴、1995年
(11) 『タルムード・モエードの巻、ローシュ・ハ・シャナー篇』山田恵子訳、三貴、1997年
(12) 『ユダヤ古代誌』全6巻、フラウィウス・ヨセフス著、秦剛平訳、ちくま学芸文庫、1999～2000年
(13) 『ユダヤ戦記』全3巻、フラウィウス・ヨセフス著、秦剛平訳、ちくま学芸文庫、2002年
(14) 『聖書の植物』H&A・モルデンケ著、奥本裕昭訳、八坂書房、1991年
(15) 『新聖書植物図鑑』廣部千恵子著、教文館、1999年
(16) 『聖書動物大事典』ウイリアム・スミス著、小森　厚、藤本時男訳、国書刊行会、2002年
(17) 『聖書象徴事典』マンフレート・ルルカー著、池田紘一訳、人文書院、1988年
(18) 『図説古代オリエント事典』ピョートル・ビエンコウスキ、アラン・ミラード編著、池田裕・山田重郎翻訳監修、東洋書林、2004年
(19) 『ニューエクスプレス　古典ヘブライ語』山田恵子著、白水社、2012年
(20) 『ニューエクスプレス　現代ヘブライ語』山田恵子著、白水社、2013年
(21) 『ヘブライ語の基礎』栗谷川福子著、大學書林、1998年

(22)『ヘブライ語小史』ハイム・ラビン著、毛利稔勝訳、私家版、2012年

外国語文献

(1) "*Encyclopedia Judaica*" 16 vols., Keter Publishing House
(2) "*Hebrew-English Edition of The Babylonian Talmud*", The Soncino Press
(3) "*Mishnayoth*", Judaica Press, 1990
(4) "*Oxford Dictionary of Jewish Religion*" edited by R.J.Zwi Werblowsky & Geoffrey Wigoder, Oxford University Press, 1997
(5) "*The Jewish Religion: A Companion*" by Louis Jacobs, Oxford University Press, 1995
(6) "*Dictionary of Jewish Lore & Legend*" by Alan Unterman, Thames and Hudson, 1991
(7) "*The Encyclopedia of Jewish Myth, Magic and Mysticism*" by Rabbi Geoffrey W. Dennis, Llewellyn Publication, 2007
(8) "*Encyclopedia of Folklore, Customs and Tradition in Judaism*" by Yom-Tov Lewinsky, The Dvir, 1970(Hebrew)
(9) "*Kabbalah*" by Gershom Scholem, Keter Publishing House, 1977
(10) "*Jewish Magic and Superstition : A Study in Folk Religion*" by Joshua Tranchtenberg, Atheneum, 1939

　シナゴーグのゾディアックについては、ハフリリの前述の論文とレスター・ネスの "*Written in the Stars : Ancient Zodiac Mosaics*"（Lester Ness, Warren Center, 1999）が参考になった

　本書の各項目を執筆したエレン・フランケルは、ミシガン大学を卒業後、プリンストン大学で比較文学博士号を取得。プロフェッショナルな語り部として、全米各地のシナゴーグや教育機関、ユダヤ人女性グループ、博物館、ラジオなどで講演し、かつカレッジや大学などで創作と文学を講義した。1991年から2009年まで、ユダヤ出版協会の編集長兼最高責任者として働き、現在は名誉編集長として、かつユダヤ民俗学者として著述に専念している。著作には、『古典説話――4千年のユダヤ民間伝承』、『ミリアムの五書――女性の視点からのトーラーの注解』、『ユダヤ精神――説話と芸術の賛美』、また小学校高学年向けの説話集『選

訳者あとがき

ばれし者への選択』などがある。アンドレア・クリアフィールドが作曲したオラトリオの台本を書いたこともあり、現在は『プラハのゴーレム』の台本を執筆しているとのことである。ユダヤ人の民間信仰や民話、そしてユダヤ教神秘主義・カバラーについて該博な知識を有する彼女には、現代イスラエルで今も実際に起こっているディブーク（憑霊）やプルサ・ディ・ヌーラ（呪殺）なども含めた『ユダヤ民間信仰・伝承伝説事典』を、本事典の続編として是非とも編集・執筆していただきたいものである。

　本書のイラストを描いたベツィ・プラトキン・トイチは、ブランダイス大学でユダヤ学を専攻し、ヒブリュー・ユニオン・カレッジでユダヤ教育学修士号を取得。全米で有名なユダヤ人芸術家である彼女は、最初は顧客の注文に応じてクトゥバー（結婚契約書）をデザインすることで知られるようになった。現在はカリグラファー、ユダヤ教の祭具のデザイナー、ユダヤ教育者、出版物のイラストレーターである。作品としては、マイケル・ストラスフェルドの『ユダヤ教の祝祭日』、伝統的な過ぎ越しの祭りの歌を翻訳し、イラストも描いた『ハッド・ガドゥヤ──1匹の子山羊』、再建派ユダヤ教の祈祷書『コール・ハ・ネシャマー』などがある。さらに、彼女の作品はしばしばユニセフのグリーティング・カードにも採用されている。彼女は環境問題の積極的な活動家でもある。

　1992年8月、当時、毎年夏には数日間ニューヨークに滞在していたが、その際には必ず立ち寄っていた書店 Barnes & Noble-Union Square で本書の魅惑的なタイトルが目にとまり、購入した。英語でのユダヤ教の辞典・事典は、大部のものとしては、古くは1900年代初期に刊行された全12巻の *The Jewish Encyclopedia* と、現代ではイスラエルで1970年代に刊行された *Encyclopedia Judaica* 全16巻（2006年に全22巻の増補改訂版が刊行された）があり、1巻本の辞典・事典は多数刊行されている。また、ユダヤ教や旧約聖書の象徴についての研究書は、著者も本書執筆中大いに参考にしたと思われるアーウィン・グドイナフの全13巻の浩瀚な書『ギリシャ・ローマ時代のユダヤ教の象徴』をはじめとして、何冊か刊行されている。しかし、ユダヤ教の象徴についての事典は本書が初めての事典であり、本書刊行後20年以上たった現在でも、同様の事典は出版されてはいない。当時、日本語での聖書の象徴事

訳者あとがき

典はマンフレート・ルルカーの『聖書象徴事典』のみであった。しかも、日本語でのユダヤ教の辞典・事典は現在、『ユダヤ教小辞典』（吉見崇一著、リトン、1997年）、『古典ユダヤ教事典』（長窪専三著、教文館、2008年）、『ユダヤ小百科』（ユーリウス・H・シェプス著、水声社、2012年）の三冊が出版されているが、その当時は皆無であった。

　その年の秋、現在ケンブリッジ大学でフェローとして教えておられる秦剛平先生が、偶然であるが本書の翻訳をお勧めくださった。1993年1月に翻訳に着手し、1995年11月に訳了した。しかし、その後出版の機会に恵まれず15年が過ぎた。ワープロで作成した訳稿を保存していたフロッピーはワープロからパソコンに切り替えた時に紛失した、とばかり思っていたところ、2010年7月に偶然見つかり、それをパソコン用CDに変換してもらい、新たに訳文を見直し、決定稿を作成した。2012年1月、全国紙の一面で悠書館の広告を見て、本書の出版に関心を持ってくれるのではないかと直感し、ただちに原稿を送ったところ、出版快諾のお返事をいただいた。訳し始めてから21年、訳了から19年、悠書館の長岡正博氏のお陰で約1500枚の原稿が紙屑にならずに済んだ。長岡氏には心より感謝している。

　本書の校正は3回行った。校正のたびに訳語や訳文に赤字を入れた。おそらく4回、5回と校正をおこなえば、その都度、訳語や訳文に赤字が入ったのではないかと思う。校正のたびに長岡氏から貴重なアドバイスをいただいた。長岡氏の丁寧な本作りにはただただ敬服している次第です。

2014年12月7日

木村光二

付表 A
〈象徴の項目別分類一覧〉

イスラエル国
青
イスラエル
エルサレム
サブラ
鹿
ダビデの星
旗
ぶどう
メノラー（燭台）

イスラエルの地
イスラエル
いちじく
いなご豆
エルサレム
オリーヴ
小麦
ざくろ
サブラ
乳
ツファット
なつめやしの木
7種類の植物
東
ぶどう
蜜
4種類の植物

祈り
3
18
雨
イサク
岩
王
キッテル
キッパー
輀
祭司職
祭司の祝祷
シナゴーグ（会堂）
シャバット（安息日）
書物
心臓（心）
神殿
過ぎ越しの祭り
聖櫃（契約の箱）
タリート
月
翼
天使
トゥフィリン
トーラー
名前
ハヴダラー
東
水
ミンヤン
メシア
門
ヤコブ
ヨーム・キプール（贖罪日）
ローシュ・ホデッシュ

衣服
衣服
円
冠
黄色
キッテル
キッパー
経帷子
護符
婚礼
祭司職
白
隅、端
タリート
結び目
胸当て

カバラーの象徴
1
4
7
10
赤
アケダ—
顎鬚
頭
アダム
アロン
椅子
衣服
ウリムとトンミム
エリヤ
エルサレム
王
顔
鏡
風
カバラー
木
宮殿

付表A〈象徴の項目別分類一覧〉

玉座
雲
ケルビム
ゴーレム
護符
シェヒナー
シャバット（安息日）
女王
心臓（心）
スフィロート
戦車
ダビデ
タリート
翼
ツファット
手
天使
トーラー
名前
虹
ハッド・ガドゥヤ
ばら
パルデス
火
光
星
メシア
メノラー（燭台）
夢
ランプ
りんご

木
アーモンドの木
いちじく
糸杉
いなご豆
オリーヴ
木
くるみ

ざくろ
杉
トゥ・ビ・シュヴァット（樹木の新年）
なつめやしの木
松
ミルトス
柳

祭具（聖具）
ウシュピズィン
割礼
ガラガラ
冠
香料入れ
盃
ざくろ
塔
トーラー
ネール・タミード（永遠のともしび、常夜灯）
パロヘット
胸当て
メギラー
メズザー
メノラー（燭台）
ヤッド
ランプ
ロウソク

色彩
青
赤
アダム
黄
祭司職
色彩
十二部族
白
虹

旗

自然現象
雨
井戸
岩
風
雲
地
露
虹
火
水

シナゴーグ
入口
王
冠
木
キッパー
祭司職
ざくろ
獅子
シナゴーグ（会堂）
十戒
神殿
聖櫃（契約の箱）
トーラー
ネール・タミード（永遠のともしび、常夜灯）
花
パロヘット
東
光
ビマー
ミンヤン
胸当て
メノラー（燭台）
門
ヤキンとボアズ

付表A〈象徴の項目別分類一覧〉

ヤッド

シャバット
3
7
油
衣服
風
香料入れ
盃
魚
塩
シャバット（安息日）
女王
白
ダビデ
天使
塔
ハヴダラー
花
パン
光
ひよこ豆
ぶどう酒
ミルトス
メシア
ランプ
ロウソク

住居
入口
宮殿
シナゴーグ（会堂）
神殿
杉
スッカー（仮庵）
聖櫃（契約の箱）
塔
ミシュカン（幕屋）
メズザー

祝祭日
暦
盃
シャヴオート（7週の祭り）
7
613
アレフベイト
大麦
オメル
籠
カバラー
クトゥバー（結婚契約書）
シナイ
シャヴオート（7週の祭り）
十戒
乳
トーラー
7種類の植物
梯子
花
ばら
光
ルツ
レビヤタン

過ぎ越しの祭り
3
4
7
アフィコマン
エリヤ
円
大麦
雄羊
オメル
くるみ
死の天使
シフラとプア

出エジプト
過ぎ越しの祭り
セデル
ゾディアック（黄道十二宮、獣帯）
卵
露
ハガダー
ハッド・ガドゥヤ
ハメッツ（種入りパン）
ハロセット
羊
ひよこ豆
ファラオ
ぶどう酒
マロール
メシア
山羊
りんご

スッコート（仮庵の祭り）
7
雨
ウシュピズィン
エトログ
円
キッテル
スッカー（仮庵）
スッコート（仮庵の祭り）
ゾディアック（黄道十二宮、獣帯）
トーラー
なつめやしの木
旗
花
ハラー
ぶどう
水
ミルトス
メシア

337

付表 A〈象徴の項目別分類一覧〉

柳
4種類の植物
ルーラヴ
ティシュアー・ベ・アヴ
エルサレム
神殿
卵
ティシュアー・ベ・アヴ
メシア
柳
トゥ・ビ・シュバット（樹木の新年）
4
アーモンドの木
いなご豆
オリーヴ
カバラー
木
くるみ
ざくろ
白
セデル
トゥ・ビ・シュヴァット（樹木の新年）
なつめやしの木
ぶどう
ぶどう酒
ハヌカー
油
岩
くるみ
四角い独楽
乳
ハヌカー
ハラー
光
メシア
メノラー（燭台）
ユダ・マカバイ
ユディト

ロウソク
ぶどう酒
プーリム
アマレク
エステル
王
仮面
ガラガラ
魚
女王
ゾディアック（黄道十二宮、獣帯）
ハマン
ハメンタシェン
ばら
ハラー
ひよこ豆
プーリム
メギラー（巻物）
ヨーム・ハ・ショアー（ホロコーストの項参照）
ヨーム・キプール（贖罪日）
10
衣服
割礼
キッテル
荒野
祭司職
サタン
ショファール
書物
白
聖櫃（契約の箱）
鳥
梯子
ハラー
光
メシア
門
ヨーム・キプール（贖

罪日）
ヨナ
ヨーム・ハ・アツマウート（イスラエルの項参照）
ラグ・バ・オメル
いなご豆
マナ
ラグ・バ・オメル
ローシュ・ハ・シャナー（新年）
3
7
10
アケダー
頭
イサク
イシュマエル
円
王
雄羊
玉座
くるみ
サタン
サラ
ショファール
書物
白
角
天秤
鳥
ハラー
パン
ひよこ豆
水
蜜
メズザー
ラケル
りんご
ローシュ・ハ・シャナー

付表A〈象徴の項目別分類一覧〉

　　（新年）
ロウソク
ローショ・ホデッシュ
　月
　ローシュ・ホデッシュ

植物
　アーモンドの木
　アダム
　いちじく
　いなご豆
　エトログ
　大麦
　オリーヴ
　木
　くるみ
　小麦
　ざくろ
　サブラ
　杉
　トゥ・ビ・シュヴァット（樹木の新年）
　なつめやしの木
　7種類の植物
　花
　ばら
　ぶどう
　松
　マンドレイク（恋なすび）
　蜜
　ミルトス
　メシア
　燃える柴
　柳
　4種類の植物
　ルーラヴ
　レンズ豆

食物
　アーモンドの木

アフィコマン
油
いちじく
エトログ
円
大麦
オリーヴ
カシュルート（食餌規定）
風
くるみ
小麦
盃
魚
塩
シャヴオート(7週の祭り)
食卓
過ぎ越しの祭り
セデル
卵
血
鳥
なつめやしの木
ハメッツ（種入りパン）
ハメンタシェン
ハラー
ハロセット
パン
ひよこ豆
プーリム
ぶどう
マッツァー（種なしパン）
マナ
マロール
蜜
メシア
山羊
りんご

女性
　4

7
泉
井戸
衣服
ウシュピズィン
エステル
エトログ
エバ
円
割礼
髪
キッパー
クトゥバー（結婚契約書）
護符
婚礼
サラ
シェヒナー
シフラとプア
女王
白
タリート
血
乳
月
鉄
デボラ
なつめやしの木
名前
西壁（嘆きの壁）
ハヌカー
ハラー
ひよこ豆
ブルリアー
松
水
ミリアム
結び目
メシア
ユディト
ヨーム・キプール（贖罪日）

339

付表A〈象徴の項目別分類一覧〉

ラケル
リベカ
リリット
りんご
ルツ
レア
ロウソク
ローシュ・ホデッシュ

人生の周期
新しい家
　塩
　パン
　メスザー
改宗
　アブラハム
　割礼
　サラ
　水
　ルツ
割礼
　アケダー
　アブラハム
　エリヤ
　鎖
　タリート
　血
　ぶどう酒
　水
月経
　血
　水
婚礼
　7
　糸杉
　衣服
　入口
　円
　オリーヴ
　髪

冠
木
キッテル
クトゥバー（結婚契約書）
婚礼
盃
白
杉
タリート
灰
パン
フッパー（天蓋）
ぶどう酒
松
水
リベカ
ルツ
レア
ロウソク

死
　7
　衣服
　入口
　鏡
　風
　経帷子
　髪の毛
　木
　キッテル
　祭司職
　死の天使
　ショファール
　白
　卵
　タリート
　灰
　光
　松
　水

結び目
メシア
山
ヨーム・キプール（贖罪日）
レビヤタン
レンズ豆
ロウソク

誕生
　割礼
　神の御名
　木
　鎖
　護符
　塩
　杉
　血
　鉄
　ひよこ豆
　結び目
　リリット

バル／バット・ミツヴァー
　13
　タリート
　トゥフィリン
　トーラー
　バル／バット・ミツヴァー

養子縁組
　籠
　水

身体の部位
　アーモンドの木
　顎鬚
　頭
　顔
　髪
　心臓（心）
　隅、端

付表A〈象徴の項目別分類一覧〉

手
ハムサ
目
4種類の植物

神殿
アケダー
アフィコマン
アロン
糸杉
入口
エサウ
エルサレム
籠
冠
宮殿
金
ケルビム
祭司職
祭壇
ざくろ
塩
獅子
シャヴオート（7週の祭り）
十戒
ショファール
神殿
杉
聖櫃（契約の箱）
ソロモン
竪琴
ダビデ
卵
血
角
ティシュアー・ベ・アヴ
トーラー
7種類の植物
西壁（嘆きの壁）
ネール・タミード（永遠のともしび、常夜灯）
花
パロヘット
パン
東
光
ベツァルエル
ミシュカン（幕屋）
水
胸当て
メシア
メノラー
門
ヤキンとボアズ
山
ヨーム・キプール（贖罪日）
4種類の植物
ランプ

人物
アダム
アブラハム
アマレク
アロン
イサク
イシュマエル
イスラエル
ウシュピズィン
エサウ
エステル
エバ
エリヤ
神の御名
サラ
シフラとプア
ソロモン
ダニエル
ダビデ
デボラ
ノア
ハマン
ファラオ
ブルリアー
ミリアム
モーセ
ヤコブ
ユダ
ユダ・マカビー
ユディト
ヨセフ
ヨナ
ヨブ
ラケル
リベカ
リリット
ルツ
レア

数字
1
3
4
5
7
10
13
18
40
70
613
600万
アレフベイト
暦
十二部族
数字
スフィロート
タリート
旗
ミンヤン
4種類の植物

付表A〈象徴の項目別分類一覧〉

天文学
7
円
暦
十二部族
戦車
ゾディアック（黄道十二宮、獣帯）
太陽
地
月
光
星
メズザー

動物
いなご
雄羊
熊
魚
鹿
獅子
ショファール
角
鳥
野ウサギ
ハッド・ガドゥヤ
鳩
羊
豹
蛇
ベヘモット
メシア
山羊
レビヤタン
ろば
鷲

場所
アウシュビッツ
エジプト
エデンの園
エルサレム
ギリシア
ゲヒノム
荒野
シナイ
ツファット
西壁（嘆きの壁）
ヘルム
マサダ
山
ローマ
ワルシャワ・ゲットー

ホロコースト
600万
アウシュビッツ
アケダー
黄
火
燃える柴
ロウソク
ワルシャワ・ゲットー

メシア
アフィコマン
油
イスラエル
いちじく
エデンの園
エリヤ
エルサレム
王
割礼
カバラー
魚
シェヒナー
四角い独楽
獅子
シャバット（安息日）
ショファール
神殿
過ぎ越しの祭り
スッコート（仮庵の祭り）
スフィロート
ダニエル
ダビデ
地
月
角
露
ティシュアー・ベ・アヴ
ハヴダラー
ハッド・ガドゥヤ
豹
ぶどう
ベヘモット
ミルトス
山
ヨーム・キプール（贖罪日）
ヨセフ
ラケル
ルツ
レビヤタン
ローシュ・ハ・シャナー（新年）

付表B
〈象徴する抽象的概念と、関連する収録項目一覧〉
(数字は、本事典収録項目の通し番号〔巻頭目次参照〕である)

ア行

愛　4, 69, 75, 83, 89, 106, 136, 157, 176, 177, 184, 213, 232, 248, 252

贖い　8, 9, 20, 22, 24, 33, 35, 38, 39, 58, 59, 82, 87, 88, 99, 106, 111, 115, 123, 125, 129, 136, 137, 143, 144, 148, 152, 155, 175, 178, 195, 205, 210, 224, 228, 230, 235, 240, 241, 243, 256, 263

悪　11, 32, 90, 102, 105, 152, 179, 204, 222

欺き　56, 204

アメリカ　265

憐れみ　38, 50, 128, 152, 158, 167, 168, 196, 202, 230, 232, 248

安全　86

安全保障　198, 229

安定性　244

アンティ・セミティズム（反ユダヤ主義）60

意識　139

怒り　190

生き残り　39, 111, 137, 164, 165, 167, 168, 189, 219, 226

威厳　6, 65

イスラエル　(付表A、「イスラエルの地」の項参照)

いたわり　59

祈り　101, 116, 128, 139, 173, 191, 194, 219, 232, 265

畏怖　62

癒し　133, 159, 204

祝い　27, 57, 58, 69, 83, 86, 87, 97, 134, 172, 177, 199, 200, 247

うぬぼれ　136, 154, 181

裏切り　11, 42

運命　116, 163

運命の逆転　7, 201, 223, 240

永遠性　35, 38, 52, 59, 106, 166, 227, 258

栄光　39, 47, 120, 132, 136

永続性　95

えこひいき　240

エコロジー　9, 124, 155

選ばれること　15

王権　3, 6, 58, 65, 67, 99, 115, 122, 136, 144, 157, 233, 263, 265

教え　116, 157

男らしさ　5

おもいやり　4, 10, 34, 158, 250

愚かさ　41, 206, 263

音楽　134, 136, 158, 217

女嫌い　37, 202

カ行

会見　214

改宗　10, 92, 104, 215, 253

解放　33, 111, 123, 237

戒律（ミツヴァー）　⇒ミツヴァー

隠されたもの　27, 34, 56, 72

学習　14, 36, 58, 99, 116, 142, 157, 185, 192, 202, 249, 258

家族　40, 59, 83, 85, 106, 114, 123, 129, 163, 236, 240

家庭　83, 198, 225

過度　66, 200

悲しみ　95, 171

カヴァナー　191

神　14, 19, 21, 29, 41, 51, 55, 59, 65, 72, 88, 94, 98, 99, 108, 113, 119, 126, 130, 133, 139, 148, 154, 157, 158, 164, 180, 184, 190, 191, 192, 215, 222, 231, 244

神とイスラエルの関係　83

神に仕えること　84, 254

神の愛　23, 145, 214

神の憐れみ　6, 16, 29, 65, 100, 115, 145, 152, 229, 241,

付表B〈象徴する抽象的概念と、関連する収録項目一覧〉

243, 265
神の怒り　190
神の栄光　2, 63, 65, 94
神の王権　41, 65
神の恩寵　13, 15, 47, 80, 147, 247
神の加護　2, 3, 14, 18, 28, 29, 63, 72, 76, 79, 83, 85, 88, 121, 124, 128, 135, 139, 140, 145, 148, 158, 164, 166, 168, 180, 211, 214, 222, 225, 226, 227, 265
神の権威　100, 157
神の住居　39, 63, 128, 231
神の審判　3, 16, 29, 100, 116, 152, 153, 190, 241, 243, 259
神の神秘　14, 72, 126, 130
神の摂理　12, 121, 201
神の属性　108
神の単一性　55, 139
神の力　14, 18, 33, 41, 47, 51, 122, 128, 145, 148, 152, 180, 207, 227, 233, 256
神の光　226, 258
神の導き　31, 214, 239
神の臨在　7, 30, 53, 72, 75, 94, 100, 120, 128, 145, 158, 160, 164, 166, 192, 214, 227, 233, 235, 246, 249
神の霊　6, 9, 14, 99, 143, 147, 249
神への敬意　62
かよわさ　177, 184
軽はずみな行為　201
変わり目　28, 45, 79, 81, 83, 170, 171, 186, 188, 215, 229, 239
歓迎　229
頑固　263
感謝の祈り　86, 104, 125, 162, 200
完成　14, 40, 83, 93, 104, 106, 107, 118, 121, 186, 198, 214, 244
簡素　64, 77, 176, 209
官能性　9, 252
完璧　7, 14, 35, 39, 40, 81, 106, 107, 118, 120, 121, 128, 157, 184, 185, 214, 252
甘味　26, 36, 91, 216, 218, 252
危険　77, 82, 115, 121, 130
飢饉　25
奇跡を起こす力　13, 38, 97, 130, 178, 192, 226, 227
犠牲にすること　193
貴重さ　67

危難　14
基盤　157
希望　8, 12, 13, 17, 26, 39, 69, 111, 120, 123, 125, 136, 168, 176, 177, 191, 192, 216, 218, 224, 240, 241, 248, 252, 258, 259, 260
逆転　56, 201
宮廷ユダヤ人　240
教育　104
境界　28, 127, 170, 188, 229, 244
強靭性　91
協力関係　52, 189
兄弟姉妹間の抗争　32, 232, 240, 248, 255
兄弟関係　17
救済　87, 145, 191, 201, 224, 265
休息　106
拒絶　255
清め　3, 95, 123, 170, 215
キリスト教　32, 264
均衡　153, 232
勤勉　263
悔い改め　17, 44, 61, 115, 116, 152, 170, 173, 229, 241, 243, 259
偶像崇拝　17, 42, 66, 67, 82, 204, 264
供犠　4, 8, 16, 84, 86, 138, 183, 193
口伝律法　94
口（付表A、「身体の部分」の項参照）
苦痛　170, 212
苦難　6, 94, 95, 212, 242
区別　5, 27, 50, 52, 127, 171, 181
軍事力　174, 237
敬虔　62, 135, 146, 156, 196, 202, 242, 261
啓示　14, 100, 104, 112, 157, 184, 227, 228, 235
芸術的才能　146, 203
継続性　8, 26, 46, 59, 68, 101, 123, 137, 138, 163, 165, 172, 186, 226, 227, 240
契約　10, 20, 52, 69, 77, 83, 95, 106, 120, 128, 139, 140, 164
結合　69, 83, 87, 106
結婚　15, 21, 37, 58, 69, 125, 198, 199
権威　41, 81
限界　127
権限の付与　186
幻視　48, 135

344

付表B〈象徴する抽象的概念と、関連する収録項目一覧〉

厳粛　87, 117, 125, 258
源泉　157
謙遜　14, 61, 100, 209, 227, 228, 257, 263
現代性　242
賢明　34, 232, 240, 250
権力の悪用　41
幸運　8, 76, 79, 88, 110, 121, 131, 137, 138, 143, 148, 160, 171, 180, 189, 200, 207, 218, 225
好機　265
攻撃　195
高潔　10
耕作　7
更新　106, 123, 143, 176, 177, 211, 259, 260
公正　50, 65, 99, 132, 151, 153, 218, 224
肯定　226
行動主義　238
傲慢　181, 240, 264
心（心臓）（付表A、「身体の部分」の項参照）
コミュニティ　20, 50, 107, 172, 219, 229
婚約　177

サ行

最小　46
祭司制度　15, 31, 58, 85, 89, 134, 183, 221
再生　4, 13, 20, 59, 73, 123, 138, 141, 147, 155, 163, 168, 170, 176, 193, 216, 226
菜食主義　34, 35, 50, 135, 196
再統合　224, 240
挫折　170
残酷　32, 102, 264
死　35, 61, 102, 116, 117, 121, 138, 140, 141, 170, 215, 256, 257
シオニズム　137, 174
時間　131
子宮（付表A、「身体の部分」の項参照）
自己権力の拡大　154, 179
自己欺瞞　206
自己陶酔　48
死後の生命　185
識別　174
自制　50, 52, 156
自然　152
慈善行為（ツェダカー）　114, 127

嫉妬　32, 105, 255
指導力　6, 151, 161, 202, 228
支配　7
市民権　186
市民の不服従　103
自由　28, 33, 77, 111, 123, 129, 158, 163, 178, 187, 210, 211, 265, 266
上昇　45, 173
女性　（付表A、「女性」の項参照）
女性の学習　202
女性の指導力　217
女性の抑圧　202, 217
女性の霊性　23
首位　14
終焉　224
周期　40
宗教的不寛容　165
従属　37
羞恥心　42, 54
主権　20, 174, 229
守護　38, 75, 99, 154
祝福　9, 12, 22, 35, 38, 47, 69, 80, 83, 84, 85, 88, 92, 133, 141, 147, 148, 163, 171, 255
宿命　173, 207, 243
狩猟　32
殉教　4, 44, 86, 193, 208
順序　129, 131
純粋　5, 61, 64, 77, 84, 95, 117, 120, 138, 142, 146, 176, 190, 192, 210, 243
情熱　89, 190
滋養物　26, 43, 80, 183, 189, 211, 217
勝利　39, 57, 151, 159, 165, 178, 182, 201, 223, 237, 238, 247, 265
勝利の喜び　178
贖罪　61, 86, 114, 120, 140, 152, 170, 189, 215, 230, 243, 259
女性らしさ　19, 36, 94, 117, 143, 209, 215, 260
神意　141
神意への服従　4, 16, 44, 50, 62, 70, 115, 156, 228, 241, 242, 261
親交　10
信仰　4, 10, 16, 26, 108, 135, 166, 210, 232, 241, 242, 253, 258

345

付表B〈象徴する抽象的概念と、関連する収録項目一覧〉

信仰の試み 4, 190
信心深さ 7
神聖なものとの親密さ 156, 228
神聖なものとの交わり 235
神聖なものへの接近 63, 113, 194, 214
人生の周期 40
親切なもてなし 10, 30, 92, 106, 114, 123, 124, 125, 129, 250
心臓（心）（付録A、「身体の部分」の項参照）
神殿の破壊 149
神秘 14, 53, 138, 160, 184, 185, 188, 192, 228
神秘主義 53, 126, 130, 146, 185
神秘的な力 5
神霊感応 51
真理 31, 192
正義 80, 159, 167, 224, 232, 240
性的平等 260
生産力 148
脆弱 13, 45, 51, 124, 125, 170, 177, 234, 243
聖所 114, 139, 154, 168
生殖力 144, 196, 213, 234, 246
聖性 2, 4, 9, 14, 15, 20, 27, 28, 39, 50, 54, 55, 64, 75, 78, 83, 84, 86, 87, 92, 93, 98, 100, 101, 106, 113, 117, 119, 120, 121, 127, 128, 130, 140, 146, 152, 156, 157, 160, 161, 165, 173, 178, 190, 191, 192, 200, 214, 215, 221, 228, 229, 231, 243, 252, 258, 261
成熟 108, 177, 186, 245
成長 59, 216, 234
精神 12, 118, 147, 192, 258
精神的充足 45, 224
精神的集中 139
精神的な美しさ 232
精神的な啓蒙 166, 229
精神的な強さ 5, 99, 254
精神的な発達 173
贅沢 88
正統性 261
聖別 95, 106
生命 3, 12, 14, 19, 23, 37, 54, 59, 73, 86, 87, 110, 116, 122, 138, 140, 142, 155, 157, 161, 168, 192, 200, 215, 226, 254, 258
生命の源 141

性欲 19, 138, 254
世界 119, 131
世界の修復（ティクン・オーラム）⇒ティクン・オーラム
脊柱 （付表A、「身体の部分」の項参照）
責任 186, 243
世代 245
潜在的能力 72, 138, 177
善性 192
戦争 150, 237
全体性 21, 40, 161, 168, 244
想起 29, 45, 89, 97, 116, 120, 156, 163, 166, 181, 225, 231, 233, 246, 247, 258, 259
喪失 242
創造 14, 106, 259
創造力 14, 82, 148, 169, 172, 183
想像力 169, 239
族長たちの妻たち 72, 244
そそのかし 90, 197, 204
粗暴 32
尊敬 27, 62

タ行

怠惰 25
代用 54
高さ 122
託身 2, 70, 139, 156, 186, 208, 253
多産 36, 52, 213, 250, 255
正しい異邦人 242
正しい改宗者 253
単一性 21, 108
誕生 35, 147, 259
地位 9, 27, 62, 98, 163, 191
知恵 23, 58, 116, 118, 132, 135, 151, 157, 192, 200, 202, 203
力 14, 41, 58, 65, 71, 82, 115, 121, 122, 130, 132, 133, 144, 154, 174, 192, 204, 205, 220, 229, 233, 265
力強さ 54, 59, 99, 115, 120, 122, 144, 148, 151, 154, 165, 195, 236, 237
知性 7, 118
知識 116, 203
秩序 81, 207
仲介 38, 94, 152

346

付表B〈象徴する抽象的概念と、関連する収録項目一覧〉

中心　29, 39, 101, 118, 128, 194, 214, 235
忠誠　253
寵愛　9
挑戦　242
長寿　8, 26, 46, 110, 122, 228
調停　38
調和　35, 117, 153, 224
沈黙　14, 82, 257
追放　94, 120, 165, 191, 226, 244, 248
ツェダカー（慈善行為）⇒慈善行為
慎み深さ　27, 34, 62, 176, 250
罪　3, 7, 22, 42, 73, 74, 77, 102, 116, 141, 170, 181, 230
ティクン・オーラム（世界の修復）　8, 100
抵抗　103, 123, 129, 208, 266
貞節　238, 240
デーモン　251
敵　11, 17, 32, 66, 179, 182, 197, 204, 264
敵意　264
テクノロジー　167
哲学　10
適応性　81, 97
伝統　68
伝統への忠誠　5, 62, 127, 225
天　2, 28, 35, 65, 128, 185, 214, 229
伝達　186
統一性　7, 14, 39, 40, 107, 109, 120, 121, 148
同化　66, 81, 163
洞察力　48, 222
闘争　232
動物へのおもいやり　158, 168
獰猛さ　71
富　9, 67, 116
トーラー　19, 23, 58, 59, 73, 76, 89, 112, 116, 119, 142, 184, 192, 215, 249, 258, 261
トーラーの受容　253
奴隷状態　33, 70, 187, 210, 212
貪欲　48, 132

ナ行

内奥　118
内部生命　118
二価性　117
苦味　26

肉欲　204
入会　144, 186
人間　7, 98
人間性の剥奪　121
忍耐　228, 263
熱狂　38
農業　7, 43, 49, 80, 162
呪い　141

ハ行

敗北　120, 165
破壊　25, 57, 120, 190
はかない人生　13
迫害　27, 60
始まり　6, 14, 35, 43, 44, 61, 138, 191, 259
罰　74, 77, 175
速さ　96, 195
春　13, 43, 44, 123, 129, 138, 176, 213
繁栄　22, 80, 189
反逆　7, 42
犯罪行為　42
繁殖力　88
反デーモン　115, 144, 213, 226
反ユダヤ主義（アンティ・セミティズム）⇒アンティ・セミティズム
美　5, 7, 13, 24, 34, 36, 39, 46, 54, 58, 67, 89, 92, 96, 113, 120, 122, 134, 136, 146, 158, 159, 176, 177, 184, 209, 218, 248, 250, 252
卑小さ　25
平等　37, 61, 62, 64, 69, 153, 209, 210, 251
悲嘆　242
避難所　28, 72, 124, 244
肥沃　9, 12, 26, 35, 80, 141, 162, 168, 199, 246
貧困　26, 43, 210
不安　45, 105
不運　105, 121
フェミニズム　94, 143, 151, 251, 260
不可思議なこと　177, 211, 263
復讐　11, 74, 102, 105, 175
服喪　5, 27, 45, 46, 54, 62, 138, 149, 165, 170, 234, 248, 257
不敬な言行　201
父権社会　55, 251

347

付表B 〈象徴する抽象的概念と、関連する収録項目一覧〉

不平等　69, 165
復活　4, 12, 13, 115, 141, 147, 204, 205, 215, 235
不在　18
不死　35, 46, 59, 130, 158, 199, 204, 218
不純　170, 181
ぶどう栽培　167, 199, 200
不妊　117, 248
腐敗　181, 264
普遍性　77
普遍的倫理　167
冬　117
舞踊　217
プロイセン　265
文化　66
分別知　255
文明　66
分離　5, 27, 50, 52, 171
兵役　174
平和　15, 22, 35, 38, 39, 46, 47, 80, 85, 86, 106, 124, 152, 164, 176, 185, 195, 224, 263
勉学　71, 89, 101
変容　163
法　153
豊饒　46, 49, 89, 92, 142, 143, 144, 159, 215, 259
放棄　120
ポーランド　265
暴力　32, 150
保護　27, 38, 79, 82, 95, 116, 145, 150, 154, 161, 198, 249
保守派ユダヤ教　227
母性　37, 59, 92, 158, 215, 248, 255
ホロコースト　1, 51, 190, 262, 266

マ行

魔術　14, 38, 40, 55, 79, 82, 85, 93, 150, 161, 220
ミツヴァー（戒律）　70, 89, 139, 192, 249
民主主義　186
民族主義　178, 237
民族の再生　39, 235
無垢　7, 158, 176, 193
報い　256
無限　207
無抵抗　16, 44
空しさ　13, 41, 48, 51, 67, 130, 240

無防備　4, 77
名声　6
名誉　9, 27, 58, 64, 115, 137, 144, 194, 240
メシアの時代　（付表A、「メシア」の項参照）
黙示　190
もろさ　13, 124, 198

ヤ行

唯一無二性　21
優越　6
勇気　34, 99, 103, 135, 136, 144, 151, 208, 237, 238, 247, 266
友情　136
ユーモア　206
優美　96, 113, 158, 159, 234, 265
誘惑　54, 66, 90, 204
ユダヤ教　137, 157, 226
ユダヤ人のアイデンティティ　27, 50, 52, 62, 101, 108, 129, 137, 163, 225
ユダヤ人のコミュニティ　101, 107, 108, 219
ユダヤ人の想像力　101
ユダヤ人の誇り　101, 163, 178, 208
ユダヤ人の歴史　101, 143, 172, 173, 175, 232, 240
ユダヤ民族　19, 20, 73, 91, 99, 109, 116, 120, 123, 129, 137, 157, 159, 169, 174, 175, 176, 177, 184, 192, 193, 199, 226, 227, 230, 232, 236, 246, 249, 252
ユダヤ律法　112, 215
赦し　241
養子縁組　49, 215
幼児期　211
ヨーロッパのユダヤ人の絶滅　1, 262
預言　10, 13, 15, 31, 48, 51, 92, 135, 152, 207, 217, 221, 228, 239, 241
抑圧　33, 60, 197, 264, 265
欲望　213, 222
喜び　9, 57, 87, 89, 97, 106, 125, 134, 190, 192, 199, 200, 201, 246

ラ行

来世　28
律法　93, 100, 157, 228, 258
臨在　18
ロマンス　23, 232

付表B 〈象徴する抽象的概念と、関連する収録項目一覧〉

霊　48
霊感　203
霊魂　14, 51, 78, 158, 176, 192, 249, 258
霊的権威者　235
霊的指導　18
礼拝　101, 134, 255
レビ人　31, 134, 215

労働　95, 189, 263
老齢　59, 122, 159
連関　40, 59, 121, 124, 127, 220, 255

ワ行

和解　264

付表C
〈ユダヤ史年表〉

(現代の考古学は聖書に記述されている多くの出来事を確証しているが、聖書の年代は概算であり、ユダヤ史の伝統的な読み方を反映している。)

出来事	一般年代
世界の創造（ユダヤ紀元1年）	前 3760 年
アブラハムとサラがメソポタミアを出立	前 2000 〜 1900 年
出エジプト	前 1300 年
ダビデ、エルサレムで王となる	前 1000 年
第1神殿時代	前 967 〜 586 年
アッシリアによる北の十部族の捕囚	前 722 年
第1神殿の破壊	前 586 年
第2神殿時代	前 536 〜 後 70 年
マカバイの勝利	前 136 年
第2神殿の破壊／離散	後 70 年
ミシュナーの完成	200 年
タルムードの完成	500 年
アラブのパレスティナ征服	637 年
バビロニアの学院の衰退	1000 年
第1次十字軍	1096 年
ラシ	1040 〜 1105 年
マイモニデス（ラムバム）	1135 〜 1204 年
英国からのユダヤ人追放	1290 年
スペインからの追放	1492 年
シュルハン・アルーフ（ユダヤ法典）	1563 年
フメルニツキーの大虐殺	1648 年
シャブタイ・ツヴィ（偽メシア）	1665 〜 1676 年
バアル・シェム・トーヴ／ハスィディズムの誕生	1700 〜 1740 年
啓蒙主義の開始	1780 年
ナポレオンのゲットー解放	1800 〜 1815 年
イスラエルへの第1次移住／アメリカへの大量移住	1800 年
バルフォア宣言	1917 年
水晶の夜／ホロコースト	1938 〜 1945 年
イスラエル国家の樹立	1948 年
六日間戦争／エルサレムの再統合	1967 年

参考文献

Adelman, Penina. *Miriam's Well*. Fresh Meadows, NY: Biblio Press, 1986.

Agnon, S. Y. *Days of Awe*. New York: Schocken, 1965.

Altshuler, David, ed. *The Precious Legacy: Judaic Treasures from the Czechoslovak State Collections*. New York: Summit Books, 1983.

Amichai, Yehuda. *Selected Poetry of Yehuda Amichai*. Ed. and trans. Chana Bloch and Stephen Mitchell. New York: Harper and Row, 1986.

Appelbaum, Simon. "The Minor Arts of the Talmudic Period." In *Jewish Art: An Illustrated History*, ed. Cecil Roth, rev. ed. Bezalel Narkiss, pp. 93-101. Greenwich, CT: New York Graphic Society, 1971.

Avigad, Brakha, Berliner, S., and Silberstein, Z. *Trees and Shrubs in Israel*. Haifa: Department of Education, Municipality of Haifa, 1963.

Avi-Yonah, Michael. "Synagogue Architecture in the Late Classical Period." In *Jewish Art: An Illustrated History*, ed. Cecil Roth, rev. ed. Bezalel Narkiss, pp. 65-82. Greenwich, CT: New York Graphic Society, 1971.

Bickerman, Elias. *From Ezra to the Last of the Maccabees: Foundations of Post-Biblical Judaism*. New York: Schocken, 1962.

Blunt, A. W. F., et al. *Helps to the Study of the Bible*. 2nd ed. London: Oxford University Press, 1932.

Braunstein, Susan L., and Weissman, Joselit, eds. *Getting Comfortable in New York: The American Jewish Home 1880-1950*. New York: The Jewish Museum, 1990.

Buber, Martin. *Tales of the Hasidim*. 2 vols. New York: Schocken, 1947.

Cirlot, J. E. *A Dictionary of Symbols*. New York: Philosophical Library, 1962.

Davis, Eli, and Davis, Elise. *Jewish Folk Art Over the Ages*. Jerusalem: Rubin Mass, 1977.

De Breffny, Brian. *The Synagogue*. London: Weidenfeld and Nicholson, 1978.

De Saulcy, F. Caignart. *Histoire de l'Art judaique*. Paris: Didiers et Cie, 1858.

Douglas, Mary. *Natural Symbols: Explanations in Cosmology*. New York: Vintage, 1973.

———. *Purity and Danger*. London: Routledge and Kegan Paul, 1966.

Dresner, Samuel. *The Jewish Dietary Laws*. New York: Rabbinical Assembly of America, 1982.

Eder, Asher. *The Star of David*. Jerusalem: Rubin Mass, Ltd., 1987.

Eliade, Mircea. *The Sacred and the Profane*. New York: Harper and Row, 1959.

Falk, Marcia. *The Book of Blessings: A Feminist-Jewish Reconstruction of Prayer*. San Francisco: Harper, 1993.

Fine, Lawrence. "Kabbalistic Texts." In *Back to the Sources*, ed. Barry Holtz, pp. 305-309. New York: Summit Books, 1984.

Firth, Raymond. *Symbols: Public and Private*. Ithaca, NY: Cornell, 1973.

参考文献

Fredman, Ruth Gruber. *The Passover Seder: Afikoman in Exile.* Philadelphia: University of Pennsylvania Press, 1981.

Gaster, Theodore. *Festivals of the Jewish Year.* New York: William Morrow and Company, 1952.

──── . *The Holy and the Profane: Evolution of Jewish Folkways.* Rev. ed. New York: William Morrow and Company, 1980.

Geertz, Clifford. *The Interpretation of Cultures.* New York: Basic Books, 1973.

Ginzberg, Louis. *Legends of the Jews.* 7 vols. Philadelphia: Jewish Publication Society, 1909-1938.

Glazerson, Mattityahu. *Above the Zodiac.* Trans. M. Kalish. Jerusalem, 1985.

Goodenough, Erwin R. *Jewish Symbols in the Greco-Roman Period.* Ed. and abr. Jacob Neusner. Princeton: Princeton University Press, 1988.

Gottlieb, Freema. *The Lamp of God.* Northvale, NJ: Jason Aronson, 1989.

Green, Arthur. "Bride, Spouse, Daughter: Images of the Feminine in Classical Jewish Sources." In *On Being a Jewish Feminist,* ed. Susannah Heschel, pp. 248-260. New York: Schocken, 1983.

Greene, Gloria Kaufer. *The Jewish Holiday Cookbook.* New York: Times Books, 1985.

Gross, Rita. "Steps Toward Feminine Imagery in Jewish Theology." In *On Being a Jewish Feminist,* ed. Susannah Heschel, pp. 234-247. New York: Schocken, 1983.

Grossman, Cissy. *The Jewish Family's Book of Days.* New York: Abbeville Press, 1989.

──── . *A Temple Treasury: The Judaica Collection of Congregation Emanu-El.* New York: Hudson Hills Press, 1989.

Gutmann, Joseph, ed. *Beauty in Holiness.* New York: Ktav, 1970.

──── . *Jewish Ceremonial Art.* New York: A. S. Barnes and Company, 1964.

──── . "Wedding Customs and Ceremonies in Art." In *Beauty in Holiness: Studies in Jewish Customs and Ceremonial Art,* ed. Joseph Gutmann, pp. 313-319. New York: Ktav, 1970.

Hadas, Moses, ed. and trans. *Letter of Aristeas.* New York: Harper and Row, 1951.

Hall, James. *Dictionary of Subjects and Symbols in Art.* New York: Harper and Row, 1974.

HaNakdan, Berechiah ben Natronai. *Fables of the Jewish Aesop: From the Fox Fables of Hanakdan.* Trans. M. Hadas. New York: Columbia University Press, 1966.

Hareuveni, Nogah. *Nature in Our Biblical Heritage.* Kiryat Ono, Israel: Neot Kedumim, Ltd., 1980.

──── . *Tree and Shrub in Our Biblical Heritage.* Kiryat Ono, Israel: Neot Kedumim, Ltd., 1984.

Henry, Sondra, and Taitz, Emily. *Written Out of History: Our Jewish Foremothers.* Fresh Meadows, NY: Biblio, 1983.

Heschel, Abraham Joshua. *Man's Quest for God: Studies in Prayer and Symbolism.* New York: Scribners, 1954.

Heschel, Susannah, ed. *On Being a Jewish Feminist.* New York: Schocken, 1983.

Hirsch, Samson Raphael. "A Basic Outline of Jewish Symbolism." In *Timeless Torah,* ed. Jacob Breuer, pp. 303-419. New York: Philip Feldheim, 1957.

Hoffman, Lawrence. *The Art of Public Prayer.* Washington, DC: The Pastoral Press, 1988.

Huberman, Ida. *Living Symbols.* Israel: Massada, 1988.

Idel, Moshe. *Kabbalah: New Perspectives.* New Haven: Yale University Press, 1988.

Isserlin, Benedict. "Israelites During the Period of the Monarchy." In *Jewish Art,* ed. Cecil Roth, rev. ed. Bezalel Narkiss, pp. 273-285. Greenwich, CT: New York Graphic Society, 1971.

Jamilly, Edward. "The Architecture of the Contemporary Synagogue." In *Jewish Art*, ed. Cecil Roth, rev. ed. Bezalel Narkiss, pp. 273-285. Greenwich, CT: New York Graphic Society, 1971.

Jung, Carl. *Man and His Symbols*. London: Aldus Books, Ltd., 1964.

Kaplan, Aryeh. *Meditation and Kabbalah*. York Beach, ME: Samuel Weiser, 1982.

———. *Tzitzith: A Thread of Light*. New York: National Council of Synagogue Youth/Orthodox Union, 1984.

Kaplan, Mordecai. "The Future of Religious Symbolism: A Jewish View." In *Religious Symbolism*, ed. F. Ernest Johnson. Port Washington, NY: Kennikat Press, 1955.

Kashtan, Aharon. "Synagogue Architecture of the Medieval and Pre-Emancipation Periods." In *Jewish Art*, ed. Cecil Roth, rev. ed. Bezalel Narkiss, pp. 103-117. Greenwich, CT: New York Graphic Society, 1971.

Katz, Karl, Kahane, P. P., and Broshi, Magen. *From the Beginning: Archaeology and Art in the Israel Museum*. New York: William Morrow, 1968.

Kitov, Eliyahu. *The Book of Our Heritage*. Rev. ed. New York: Feldheim, 1978.

Kon, Maximilian. "Jewish Art at the Time of the Second Temple." In *Jewish Art*, ed. Cecil Roth, rev. ed. Bezalel Narkiss, pp. 51-64. Greenwich, CT: New York Graphic Society, 1971.

Kushner, Larry. *The Book of Letters*. New York: Harper and Row, 1975.

Lamm, Maurice. *The Jewish Way in Death and Mourning*. New York: Jonathan David, 1969.

Landsberger, Franz. "A German Torah Ornamentation." In *Beauty in Holiness: Studies in Jewish Customs and Ceremonial Art*, ed. Joseph Gutmann, pp. 106-121. New York: Ktav, 1970.

———. "Hanukkah Lamps." In *Beauty in Holiness: Studies in Jewish Customs and Ceremonial Art*, ed. Joseph Gutmann, pp. 283-312. New York: Ktav, 1970.

———. "Illuminated Marriage Contracts." In *Beauty in Holiness: Studies in Jewish Customs and Ceremonial Art*, ed. Joseph Gutmann, pp. 370-416. New York: Ktav, 1970.

———. "Old Hanukkah Lamps." In *Beauty in Holiness: Studies in Jewish Customs and Ceremonial Art*, ed. Joseph Gutmann, pp. 283-312. New York: Ktav, 1970.

———. "The Origin of the Decorated Mezzuzah." In *Beauty in Holiness: Studies in Jewish Customs and Ceremonial Art*, ed. Joseph Gutmann, pp. 468-485. New York: Ktav, 1970.

———. "The Origin of European Torah Decorations." In *Beauty in Holiness: Studies in Jewish Customs and Ceremonial Art*, ed. Joseph Gutmann, pp. 87-105. New York: Ktav, 1970.

———. "The Origin of the Ritual Implements for the Sabbath." In *Beauty in Holiness: Studies in Jewish Customs and Ceremonial Art*, ed. Joseph Gutmann. New York: Ktav, 1970.

Lauterbach, Jacob Z. "The Ceremony of Breaking a Glass at Weddings." In *Beauty in Holiness: Studies in Jewish Customs and Ceremonial Art*, ed. Joseph Gutmann, pp. 340-369. New York: Ktav, 1970.

———. "The Origin and Development of the Sabbath Ceremonies." In *Beauty in Holiness: Studies in Jewish Customs and Ceremonial Art*, ed. Joseph Gutmann, pp. 204-261. New York: Ktav, 1970.

Lutske, Harvey. *The Book of Jewish Customs*. Northvale, NJ: Jason Aronson, 1986.

Mann, Vivian, ed. *Gardens and Ghettoes:*

The Art of Jewish Life in Italy. Berkeley: University of California Press, 1989.

Moldenke, Harold, and Moldenke, Alma. *Plants of the Bible*. New York: Dover Publications, 1986.

Montefiore, C. G., and Loewe, H. *A Rabbinic Anthology*. New York: Schocken, 1974.

Nadich, Judah. *Jewish Legends of the Second Commonwealth*. Philadelphia: Jewish Publication Society, 1983.

Namenyi, Ernest M. "The Illuminations of Hebrew Manuscripts After the Invention of Printing." In *Jewish Art*, ed. Cecil Roth, rev. ed. Bezalel Narkiss, pp. 149-162. Greenwich, CT: New York Graphic Society, 1971.

Nathan, Joan. *The Jewish Holiday Kitchen*. New York: Schocken, 1979.

Newman, Louis. *The Hasidic Anthology*. Rev. ed. Northvale, NJ: Jason Aronson, 1987.

Patai, Raphael. *The Hebrew Goddess*. New York: Avon, 1978.

_____. *Tents of Jacob*. Englewood Cliffs, NJ: Prentice-Hall, 1971.

Petrie, Flinders. *Decorative Patterns of the Ancient World for Craftsmen*. New York: Dover Publications, 1974.

Plaskow, Judith. "The Right Question is Theological." In *On Being a Jewish Feminist*, ed. Susannah Heschel, pp. 223-233. New York: Schocken, 1983.

Plaut, Gunther. *The Magen David*. Washington, DC: B'nai B'rith Books, 1991.

_____, ed. *The Torah: A Modern Commentary*. New York: Union of American Hebrew Congregations, 1981.

Podwal, Mark. *A Jewish Bestiary*. Philadelphia: Jewish Publication Society, 1984.

Posner, Raphael, and Ta-Shema, Israel, eds. *The Hebrew Book: An Historical Survey*. Jerusalem: Keter, 1975.

Reich, Rosalie, trans. *Tales of Alexander the Macedonian*. New York: Ktav, 1972.

Reznick, Leibel. *The Holy Temple Revisited*. Northvale: NJ: Jason Aronson, 1990.

Roth, Cecil, ed. *Encyclopaedia Judaica*. Jerusalem: Keter, 1972.

_____. *Jewish Art*. Rev. ed. Bezalel Narkiss. Greenwich, CT: New York Graphic Society, 1971.

Sabar, Shalom. *Ketubbah*. Philadelphia: Jewish Publication Society, 1990.

Salomon, Kathryn. *Jewish Ceremonial Embroidery*. London: B. T. Batsford, Ltd., 1988.

Scherman, R. Nosson, ed. *Complete Artscroll Siddur, Nusach Sephard*. New York: Mesorah Publications, Ltd., 1985.

Scholem, Gershom. *Major Trends in Jewish Mysticism*. New York: Schocken, 1961.

_____. *The Messianic Idea in Judaism*. New York: Schocken, 1971.

_____. *On the Kabbalah and Its Symbolism*. New York: Schocken, 1965.

Schwartz, Howard Eilberg. *The Savage in Judaism*. Chicago: University of Chicago Press, 1990.

Schwarz, Karl. "Jewish Sculptors." In *Jewish Art*, ed. Cecil Roth, rev. ed. Bezalel Narkiss, pp. 313-327. Greenwich, CT: New York Graphic Society, 1971.

Siegel, Richard, Strassfeld, Michael, and Strassfeld, Sharon. *The Jewish Catalog*. Vol. 1. Philadelphia: Jewish Publication Society, 1973.

Spiegel, Shalom. *The Last Trial*. Trans. Judah Goldin. New York: Pantheon, 1967.

Steinsaltz, Adin. *Strife of the Spirit*. Northvale, NJ: Jason Aronson, 1988.

Strassfeld, Michael. *The Jewish Holidays*. New York: Harper and Row, 1985.

Tishby, Isaiah, ed. *The Wisdom of the Zohar: An Anthology of Texts*. Trans. David Goldstein. Oxford: Oxford University Press, 1989.

Trachtenberg, J. *Jewish Magic and Superstition*. New York: Atheneum, 1939.

Tsachor, Yakov, ed. *Israel Postage Stamps 1948-88*. Jerusalem Postal Authority, 1989.

Turner, Victor. *The Forest of Symbols*. Ithaca, NY: Cornell University Press, 1967.

Ungerleider-Mayerson, Joy. *Jewish Folk Art from Biblical Days to Modern Times*. New York: Summit Books, 1986.

Vilnay, Zev. *Legends of the Galileee, Jordan, and Sinai*. Philadelphia: Jewish Publication Society, 1978.

——. *Legends of Jerusalem*. Philadelphia: Jewish Publication Society, 1973.

Walker, Barbara. *The Woman's Dictionary of Symbols and Sacred Objects*. New York: Harper and Row, 1988.

Waskow, Arthur. *Seasons of Our Joy*. New York: Bantam, 1982.

Wischnitzer, Rachel. "Jewish Pictorial Art in the Late Classical Period." In *Jewish Art*, ed. Cecil Roth, rev. ed. Bezalel Narkiss, pp. 83-92. Greenwich, CT: New York Graphic Society, 1971.

Zerubavel, Eviatar. *The Seven Day Circle: The History and Meaning of the Week*. Chicago: University of Chicago Press, 1985.

索　引

（太字は、本事典で立項した見出し項目）

〈ア行〉

アウシュヴィッツ　2
青　2〜3
赤　3〜4
アケダー　4〜6
顎鬚　6〜7
頭　7〜8
アダム　8〜9
アニミズム
　　　　――への憎悪　x〜xi
アフィコマン　9〜10
油　10〜11
アブラハム　11〜12, vii, xix
アマレク　12
雨　12〜13
アーモンドの木　13〜15
アーモンドの実　⇒アーモンドの木
荒れ地　⇒荒野
アレフ　⇒アレフベイト
アレフベイト　15〜18
アロン　18〜19
安息日　⇒シャバット
アンビヴァレンス（二面性、二価性）
　　　象徴の――　xv〜xvi
家
　　　空間描写の象徴　xvii〜xviii
イサク　19〜20
イシュマエル　20
椅子　20〜21
泉　21〜22

イスラエル　22〜23
イスラーム
　　　　――の偶像破壊　xiii
1　23〜24
いちじく　24〜25
一神教
　　　モーセと――　xix
　　　象徴と――　xiv〜xv
一角獣（ユニコーン）　⇒鹿、ショファール、十二部族
井戸　25〜26
糸杉　26
いなご　26〜27
いなご豆　27〜28
祈り
　　　空間描写の象徴　xvii〜xviii
衣服　28〜30
意味
　　　象徴の役割と――　vi〜vii
イメージ
　　　象徴に表われている言葉と――の密接な結びつき　i
入口　30〜31
岩　31
隠喩
　　　象徴の源泉　xviii
ヴィムペル　⇒トーラー
ヴェール　⇒服、婚礼、パロヘット、リベカ
ウサギ　⇒野ウサギ
ウシュピズィン　31〜32

357

索　引

馬　⇒ろば
ウリムとトンミム　32〜33
永遠のともしび　⇒ネール・タミード
エイン・ソフ
　　　シンボルの役割と──　vi
エサウ　33〜34
エジプト　34
エジプト文化
　　　同化と──　xiii
　　　象徴体系と──　xi
エステル　34〜35
エッツ・ハイーム　⇒木、トーラー
エデンの園　35〜36
エドム　⇒エサウ
エトログ　36〜37
　　　象徴群　xvi
エバ　37〜38
エフォド　⇒胸当て
エリアーデ、ミルチャ　v, xviii
エリヤ　38〜40
　　　象徴と──　xviii
エルサレム　40〜43
円　43〜44
王　44〜46
黄金　⇒金
黄金の子牛　46
雄牛　⇒黄金の子牛
大麦　46〜47
雄羊　47〜48
オメル　48〜49
オリーヴ　49〜50
オリーヴ山　⇒山
雄鶏　⇒鳥

〈カ行〉

会堂　⇒シナゴーグ
顔　51〜52
鏡　52

花冠　⇒冠
学際的な展望
　　　象徴についての──　vii
籠　52〜53
果樹園　⇒パルデス
カシュルート　53〜55
風　55〜56
ガゼル　⇒鹿
かつら　⇒髪
割礼　56〜58
カナン文化
　　　象徴体系と──　xi
カバラー　58〜60
　　　象徴と──　xviii
カプラン、モルデカイ　ix
壁　⇒西壁
髪　60〜61
神
　　　一神教、象徴、そして──　xiv〜xv
　　　象徴の役割と──　vi〜vii
神の御名　61〜64
仮面　64
ガラガラ　64〜65
仮庵　⇒スッカー
仮庵の祭り　⇒スッコート
カリグラフィー
　　　言葉と芸術の密接な結びつき　i
川　⇒エデンの園、乳、水
冠　65〜66
木　66〜68
黄色　68〜69
儀式
　　　時間と──　xvii
キッテル　69〜70
キッパー　70〜72
キドゥーシュ　⇒ぶどう酒
宮殿　72
経帷子　72〜73

玉座　73～74
ギリシア　74～75
キリスト教徒
　　　——による迫害　xiii
儀礼
　　　象徴の役割と——　vi～vii
　　　時間と——　xvii～xviii
金（黄金）　7
空間
　　　象徴の形態と——　xvii
偶像
　　　ユダヤ教と——　x
偶像破壊
　　　イスラームの——　xiii
供犠　⇒アケダー、祭司の祝祷、祭壇、神殿、
　　　血
鎖　75～76
鯨　⇒魚、ヨナ
果物の初物　⇒7種類の植物
グドイナフ、アーウィン　xi
クトゥバー（結婚契約書）　76～77
　　　象徴と——　i
軛（くびき）　77
熊　77～78
雲　78～79
くるみ　79
群
　　　象徴——　xv～xvi
芸術
　　　象徴と——　ix～xi
形象
　　　象徴の源泉　xvii～xviii
契約
　　　象徴の役割と——　vi～vii
契約の箱　⇒聖櫃
結婚契約書　⇒クトゥバー
ゲットー
　　　フカット・ハ・ゴイ（異教徒の規則）と

　　　——　xiii～xiv
ゲヒノム　80
ゲマトリア　⇒数字
ケルビム　80～82
言語
　　　象徴と——　v
現実
　　　象徴の役割と——　vi
現世
　　　メシアニズム対——　xiv
建築
　　　神聖な神殿（エルサレム）と——　x
　　　空間描写の象徴　xvii～xviii
5　82
恋なすび　⇒マンドレイク
紅海　⇒出エジプト
黄道十二宮　⇒ゾディアック
合理主義
　　　神秘主義対——　xiv
コーシェル　⇒カシュルート
コーヘン　⇒祭司職
荒野　82～83
香匙
　　　象徴群　xvi
香料入れ　83～84
声
　　　象徴と——　v, vi ,xvi
心　⇒心臓
古代ギリシア
　　　象徴と——　vi～vii
言葉
　　　象徴に表われている——とイメージの密接
　　　な結びつき　i
子供　⇒ハッド・ガドゥヤ、山羊
護符　84～86
小麦　86～87
小麦粉　⇒小麦、パン
暦　87～89

索　引

象徴と―― xvii
孤立
　　同化と―― xiii
　　フカット・ハ・ゴイ（異教徒の規則）と
　　　　―― xiii ～ xiv
ゴーレム　89 ～ 90
婚礼　90 ～ 92

〈サ行〉

再建派ユダヤ教
　　原始宗教と現代宗教の対比　ix
祭司職　93 ～ 94
祭司の祝祷　94 ～ 96
祭壇　96 ～ 97
盃　97 ～ 98
魚　98 ～ 99
ざくろ　99 ～ 101
サタン　101 ～ 102
サマエル　⇒サタン
サブラ　102
サムソン　⇒髪
サラ　102 ～ 103
3　104 ～ 105
36　⇒18
シェイトル　⇒髪
シェヒナー　105 ～ 107
塩　107
シオン　⇒エルサレム
シオン山　⇒エルサレム、山
鹿　107 ～ 108
四角　⇒隅（端）、4
四角い独楽　108 ～ 109
時間
　　象徴の形態　xvii
色彩　109 ～ 110
獅子　110 ～ 112
自然
　　象徴の源泉　xviii ～ xix

シトロン　⇒エトログ
シナイ　112 ～ 114
シナイ山　⇒シナイ、山
シナゴーグ　114 ～ 116
　　建築と――　x
　　空間描写の象徴　xvii ～ xviii
死の天使　116 ～ 117
シヴィティ　⇒東
シフラとプア　117
シムオン・バル・ヨハイ　⇒カバラー、ラグ・
　　バ・オメル
社会的契約
　　象徴の役割と――　vi ～ vii
シャヴオート（7週の祭り）　117 ～ 119
邪視　119 ～ 120
シャバット（安息日）　xvi ～ xvii, 120 ～ 122
10　122 ～ 123
宗教
　　芸術と――　x ～ xi
　　象徴と――　viii ～ ix
宗教儀礼　⇒儀礼
13　123 ～ 125
獣帯　⇒ゾディアック
12　⇒十二部族
十二部族　125 ～ 128
18　128 ～ 129
呪術的力
　　象徴の――　ix
出エジプト　129
十戒　129 ～ 130
　　聖櫃と――　x
シュマァ
　　一神教と――　xv
シュミニ・アツェレット　⇒スッコート
象徴
　　――の正反対の意味　xv ～ xvi
　　芸術と――　ix ～ x
　　――群　ⅹⅴ・xvi

文化の伝播と——　x・xiv
　　文化と——　v
　　——の危険性　xix～xx
　　装飾芸術と——　xi
　　——の定義　ii
　　——の役割　vi
　　歴史と——　ix
　　——への学際的展望　vii
　　合理主義対神秘主義　xiv
　　——と徴（しるし）の対比　viii
　　——の源泉　xviii～xix
　　——によって形成された時間と空間　xvii～xviii
　　トーラーと——　xix
　　借用された象徴の価値変換　xii～xiii
　　——に表われている言葉とイメージの密接な結びつき　i
常夜灯　⇒ネール・タミード
女王　130～132
贖罪の山羊　⇒山羊
贖罪日　⇒ヨーム・キプール
食餌規定　⇒カシュルート
燭台　⇒メノラー
食卓　132～133
職人の技能
　　象徴の源泉　xviii～xix
ショファール　133～135
　　象徴群　xvi
書物　135～136
徴（しるし）
　　象徴と——の対比　viii
白　136～138
シン　⇒アレフベイト
信仰
　　象徴と——　v
神聖な神殿
　　建築と——　x
　　空間描写の象徴　xvii～xviii

心臓（心）　138～139
身体　139～140
神殿　140～142
新年　⇒ローシュ・ハ・シャナー
スィムハット・トーラー　⇒スッコート、トーラー
数字　142～144
数字遊び（ゲマトリア）
　　異文化の象徴の価値変換　xii～xiii
杉　144～145
過ぎ越しの祭り　145～146
スッカー（仮庵）　146～147
スッコート（仮庵の祭り）　147～149
脛の骨　⇒セデル、羊
スフィロート　149～152
隅、端　152～153
聖書
　　芸術と——　x-xi
聖所　⇒神殿、ミシュカン
聖典
　　言語とイメージの密接な結びつきが表われている象徴　i
聖なる4文字 YHVH　⇒神の御名
正反対の意味
　　象徴の——　xv～xvi
聖櫃（契約の箱）　153～155
　　芸術と——　x
生命の木　⇒木
石板　⇒十戒
説教的な説明
　　異文化の象徴の価値変換　xi～xiii
セデル　155～158
閃光　⇒火
占星術　⇒ゾディアック、太陽、月、星
戦車　158～159
装飾
　　言葉と芸術の密接な結びつき　i
装飾美術

索　引

象徴と——　xi
相対的な見方
　「人間性」に根ざした見方と——　viii
族長たち　⇒アブラハム、イサク、ヤコブ
　象徴と——　xviii
族長たちの妻たち　⇒ラケル、リベカ、レア
　象徴と——　xviii
ゾディアック（黄道十二宮、獣帯）159 ～ 162
ソロモン　162 ～ 163

〈夕行〉

太陽　164 ～ 165
タシュリーフ　⇒パン、水、ローシュ・ハ・シャナー
多神教
　　——の消滅　xv
竪琴　165 ～ 166
ダニエル　166
種入りパン　⇒ハメッツ
種なしパン　⇒マッツァー
ダビデ　167 ～ 168
　象徴と——　xviii
ダビデの星　168 ～ 170
ダビデの盾　⇒ダビデの星
卵　171
タリート　171 ～ 174
　一神教と——　xv
男性・女性の宗教的イメージ
　父権的一神教対——　xiv
血　174 ～ 175
地　176 ～ 177
乳　177 ～ 178
超現実
　象徴の役割と——　vi
塵　⇒地、灰
ツィツィート　⇒隅（端）、タリート
月　178 ～ 180
角　180 ～ 181

翼　181 ～ 182
ツファット　182 ～ 183
露　183
手　183 ～ 184
ディアスポラ
　同化と——　xiii ～ xiv
ティシュアー・ベ・アヴ　184 ～ 185
ディナ　⇒十二部族、ヤコブ、ろば
鉄　185 ～ 186
テトラグラマトン　⇒神の御名
デボラ　186
天蓋　⇒フッパー
天使　186 ～ 188
天秤　188 ～ 189
天幕　⇒アブラハム、サラ、ミシュカン、リベカ
天文学　⇒ゾディアック、太陽、月、星
塔　189 ～ 190
同化
　文化と——　xi - xiv
トゥ・ビ・シュヴァット（樹木の新年）190 ～ 191
トゥフィリン　191 ～ 193
　一神教と——　xv
ともしび　⇒ランプ
トーラー　193 ～ 197
　ユダヤ人の生き残りと——　xiii
　象徴と——　vii, viii, xix
扉　⇒入口、門
鳥　197 ～ 198

〈ナ行〉

嘆きの壁　⇒西壁
なつめやしの実　⇒なつめやしの木
なつめやしの木　199 ～ 200
7　200 ～ 202
70　202 ～ 203
7週の祭り　⇒シャヴオート

索　引

7種類の植物　203〜204
名前　204〜206
苦菜　⇒マロール
虹　206
西壁（嘆きの壁）　206〜207
22　⇒アレフベイト、数字
乳牛　⇒黄金の子牛
鶏　⇒鳥
人間性
　　象徴と——　viii
ネール・タミード（永遠のともしび、常夜灯）
　　207〜208
ノア　208
ノアの箱舟　208〜209
農業
　　暦と——　xvii
野ウサギ　209〜210

〈ハ行〉

ハイ　⇒18
灰　211〜212
ハヴダラー　212〜213
ハガダー　213〜214
　　——の象徴的意味　vi
ハガル　⇒アブラハム、イシュマエル、サラ
迫害
　　——によって減じている同化　xiii
端　⇒隅
梯子　214〜215
旗　215〜216
バッタ　⇒いなご
ハッド・ガドゥヤ　216〜217
鳩　217〜218
花　218〜219
ハヌカー　219〜220
ハヌキヤー　⇒メノラー
バビロニア文化
　　同化と——　xiii

バベル　⇒塔
ハマン　220
ハムサ　220〜221
ハメッツ（種入りパン）　221〜222
ハメンタシェン　222〜223
ハラー　223〜224
　　象徴群　xvi
ばら　224〜226
パラダイス　⇒エデンの園、パルデス
パレスティナ　⇒イスラエル
パルデス　226
バル・コフバ　⇒テシュアー・ベ・アヴ、星、
　　メシア、ラグ・バ・オメル
バル／バット・ミツヴァー　226〜228
ハロセット　228〜229
パロヘット　229
パン　229〜230
パン種　⇒ハメッツ
火　230〜232
東　233〜234
光　234〜236
ピスケス　⇒魚、ゾディアック、プーリム
羊　236〜237
ビマー　237〜238
豹　238
ひよこ豆　238〜239
ファラオ　239〜240
フカット・ハ・ゴイ（異教徒の規則）
　　分離主義と——　xiii〜xiv
父権的一神教
　　男性・女性の宗教的イメージ対　xiv
フッパー（天蓋）　240
ブディカット・ハメッツ　⇒ハメッツ、パン、
　　マッツアー
ぶどう　240〜242
ぶどう酒　242〜244
ぶどうの木　⇒7種類の植物、ぶどう、ぶどう
　　酒

363

索　引

船　⇒ノアの箱舟
ブリット・ミラー　⇒割礼
プーリム　244～245
ブルリアー　245～246
文化
　　同化と——　xiii
　　人間性と——　viii
　　象徴の源泉　xviii～xix
文化人類学
　　象徴の役割と——　vi
文化の伝播
　　象徴と——　xi～xii
分離主義
　　フカット・ハ・ゴイ（異教徒の規則）xiii～xiv
ベイト　⇒アレフベイト
ペオート　⇒隅（端）
ペサハ　⇒過ぎ越しの祭り
ヘシェル、アブラハム・ジョシュア　v, xx
ベツァルエル　246
蛇　246～247
ベヘモット　247～248
ヘレニズム時代
　　同化と——　xiii
　　象徴と——　xi
ヘルム　248
星　248～250
墓碑
空間描写の象徴　xvii–xviii

〈マ行〉

マイモニデス、モーゼス　xv
マカバイ　⇒ユダ・マカバイ
巻物　⇒メギラー
幕屋　⇒ミシュカン
マゲン・ダヴィード　⇒ダビデの星
マサダ　251
松　251～252

マッツァー（種なしパン）　vi, 252～253
マナ　253～254
マロール　254～255
マンドレイク（恋なすび）　255～256
ミクヴェー　⇒水
ミシュカン（幕屋）　256～257
水　257～260
ミズラッハ　⇒東
蜜　260
ミドラッシュ
　　象徴と——　xi
ミリアム　260～262
ミルトス（銀梅花）　262～263
民俗的語源説
　　異文化の象徴の価値変換　xii～xiii
ミンヤン　263
民間伝承
　　異文化の象徴の価値変換　xii～xiii
民話
　　ラビの伝承と——　ii
無意識の伝達
　　異文化の象徴の価値変換　xi～xiii
結び目　263～265
胸当て　265
群
　　象徴の——　xvi
目　265～266
メギラー（巻物）　266～267
メシア　267～270
メシアニズム
　　象徴と——　xviii
　　現世対——　xiv
雌鹿　⇒鹿
メズザー　267～272
　　一神教と——　xv
メソポタミア文化
　　同化と——　xiii
　　象徴体系と——　xi

364

索　引

メノラー（燭台）　272～275
　　　象徴群　xvi
燃える柴　275～276
モーセ　xiii, xviii, xix, 276～277
文字　⇒アレフベイト
門　277～279

〈ヤ行〉

山羊　280～281
ヤキンとボアズ　281～282
ヤコブ　282～283
ヤッド　283～284
柳　284～285
山　285～286
山鳩　⇒鳩
ヤルムルケ　⇒キッパー
ユダ　286～287
ユダ・マカバイ　287～288
ユダヤ人の生き残り
　　　象徴体系と──　xiii
ユッド　⇒アレフベイト
ユディト　288
ユーデンシュテルン（ユダヤの星）　⇒ダビデの
　　　星、ランプ
弓　⇒虹
弓と矢　⇒ラグ・バ・オメル
夢　288～289
ゆり　⇒花、ばら
ヨセフ　289～290
ヨナ　290～291
ヨナタン　⇒ダビデ
ヨブ　291
ヨーム・キプール（贖罪日）　291～293
ヨーム・ハ・アツマウート　⇒イスラエル
ヨーム・ハ・ショアー　⇒６００万
4　293～294
40　294～295
4種類の植物　295～296

〈ラ行〉

ラグ・バ・オメル　297～298
ラケル　298～299
ラビの伝承
　　　民話と──　ii
ランプ（ともしび）　299～300
リベカ　300～301
リモニーム　⇒ざくろ
リリット　301～302
りんご　302～303
ルツ　303～304
ルーラヴ　304～305
　　　象徴群　xvi
レア　305
歴史
　　　象徴の源泉　xviii～xix
歴史的な人物
　　　象徴と──　xviii
レビ人　⇒祭司職
レビヤタン　305～306
レンズ豆　306～307
ロウソク　307～308
ローシュ・ハ・シャナー（新年）308～310
ローシュ・ホデッシュ　310～311
６１３　311
６００万　311～312
ろば　312～313
ローマ　313～314
論証テクスト
　　　異文化の象徴の価値変換　xi～xiii

〈ワ行〉

輪　⇒円、婚礼
惑星　⇒7、星
鷲　315～316
ワルシャワ・ゲットー　316

365

【著者】
エレン・フランケル（Ellen Frankel）
1951年生まれ。1973年ミシガン大学卒業。1978年プリンストン大学で比較文学博士号を取得。プロフェッショナルな語り部として、全米各地のシナゴーグや教育機関、ユダヤ人女性グループ、博物館、ラジオなどで講演し、かつカレッジや大学などで創作と文学を講義した。1991年から2009年まで、ユダヤ出版協会の編集長兼最高責任者として働き、現在は名誉編集長として、かつユダヤ民俗学者として著述に専念している。著作には、『古典説話―4千年のユダヤ民間伝承』、『ミリアムの五書―女性の視点からのトーラーの注解』、『ユダヤ精神―説話と芸術の賛美』、また小学校高学年向けの説話集『選ばれし者への選択』などがある。アンドレア・クリアフィールドが作曲したオラトリオの台本を書いたこともあり、現在は『プラハのゴーレム』の台本を執筆している。

【イラスト】
ベツィ・プラトキン・トイチ（Betsy Platkin Teutsch）
ブランダイス大学でユダヤ学を専攻し、ヒブリュー・ユニオン・カレッジでユダヤ教育学修士号を取得。全米で有名なユダヤ人芸術家、カリグラファー。最初は、顧客の注文に応じてクトゥバー（結婚契約書）をデザインすることで知られるようになった。ユダヤ教の祭具のデザイナー、ユダヤ教育者、出版物のイラストレーター。それらには、マイケル・ストラスフェルドの『ユダヤ教の祝祭日』、伝統的な過ぎ越しの祭りの歌を翻訳し、イラストも描いた『ハッド・ガドゥヤ―1匹の子山羊』、再建派ユダヤ教の祈祷書『コール・ハ・ネシャマー』などがある。さらに、彼女の作品はしばしばユニセフのグリーティング・カードにも採用されている。彼女は環境問題の活動家でもある。

【翻訳者】
木村光二（きむら・こうじ）
1949年、千葉県船橋市生まれ。早稲田大学政治経済学部政治学科卒業。キブツで1年間生活した後、1978～80年、ヘブライ大学イスラエル思想学科留学。訳書にデイヴィッド・ビアール著『カバラーと反歴史―評伝ゲルショム・ショーレム』（1984年）、ヨセフ・ハイーム・イェルシャルミ著『ユダヤ人の記憶　ユダヤ人の歴史』（1996年）（以上、晶文社刊）、リチャード・ジムラー著の歴史小説『リスボンの最後のカバリスト』（2009年、而立書房）がある。

図説
ユダヤ・シンボル事典

2015 年 9 月 28 日　初版発行

著　者	エレン・フランケル
挿　画	ベツィ・P・トイチ
翻　訳	木村光二
装　幀	高麗隆彦
発行者	長岡正博
発行所	悠書館

〒113-0033　東京都文京区本郷 2-35-21-302
TEL 03-3812-6504　FAX 03-3812-7504
http://www.yushokan.co.jp/

印刷:(株)理想社／製本:(株)新広社

Japanese Text © Koji KIMURA, 2015 printed in Japan
ISBN978-4-903487-91-5
定価はカバーに表記してあります

古代ユダヤ戦争史
——聖地における戦争の地政学的研究——

旧約聖書に描かれた戦争を、現代の地政学および考古学の知見をふまえて分析し、臨場感ゆたかに再現。

M・ギホン&H・ヘルツォーグ=著
池田裕=訳
4800円+税

西アジア文明学への招待
——古代西アジアは、なぜ現代文明の基層となりえたのか——

自然科学、考古学、文字文献学、保存科学の研究者たちが、現地調査の成果や研究方法、危機遺産などにつき紹介。

筑波大学西アジア文明研究センター=編
2500円+税

図説 古代エジプト人物列伝

著名な王や王妃のみならず、神官や軍人、医師や職人、農夫や犯罪者まで、ファラオのもとで営まれる多様な人生模様。

トビー・ウィルキンソン=著
内田杉彦=訳
6000円+税

ルネサンス美術解読図鑑
——イタリア美術の隠されたシンボリズムを読み解く——

巨匠たちの作品百点余りを、文学・歴史・建築・宗教等との関連から分析。視覚的な暗号に満ちた豊穣な世界への扉を開く。

リチャード・ステンプ=著
川野美也子=訳
9500円+税